Zu diesem Buch

Diese Bände erzählen von wenig bekannten Freiheitsbewegungen des deutschsprachigen Raumes, gelegentlich auch der Nachbargebiete. Sie können kaum je an lebendige Überlieferung oder selbstverständlich Gewußtes anknüpfen.

Den Verlierern bei den Bestrebungen für mehr Freiheit, Rechte und Lebensmöglichkeiten wurden keine Kränze geflochten, eher Flüche nachgeschickt. Ihre Spuren finden sich versteckt in schwer zugänglichen Archivbeständen und in nur mit Mühen erreichbarer Literatur. Deshalb greifen diese Lesebücher, sooft es möglich war, auf unveröffentlichtes Archivmaterial zurück. In Quellentexten und Darstellungen kommen die Besiegten selbst zu Wort. Aus der Verschüttung tauchen Personen, Orte und Ereignisse einer Freiheitsgeschichte auf, die wieder lebendig werden sollte.

Die Quellentexte werden durch Übersetzungen, Anmerkungen und Kommentare erschlossen. Verbindende Texte des Autors stellen die Zusammenhänge her. Auf Quellen und Literatur wird am Ende jedes Kapitels verwiesen. So eignet sich dieses Panorama der Freiheitskämpfe auch als Arbeitsbuch für diejenigen, die Geschichte zu lehren haben oder aus ihr lernen wollen.

Hellmut G. Haasis, geboren 1942, aufgewachsen in Württemberg. Studium der Evangelischen Theologie, Geschichte, Politik und Soziologie in Tübingen, Marburg und Bonn. Danach zeitweise Dozent einer Sozialpädagogischen Fachhochschule und in der gewerkschaftlichen Jugendarbeit tätig. Veröffentlichungen zu den deutschen Jakobinern, der Revolution von 1848, der Arbeiterbewegung, den FIAT-Kämpfen in Turin und den Wandmalereien auf Sardinien, dazu schwäbische Mundartdichtung. Er lebt als Schriftsteller, Clown und Kabarettist in Reutlingen unter der Achalm.

Hellmut G. Haasis

Spuren der Besiegten

2 Von den Erhebungen gegen den Absolutismus bis zu den republikanischen Freischärlern 1848/49

rororo
Rowohlt

Redaktion: Wolfgang Müller
Umschlagentwurf: Heinz Waldvogel
(Radierung «Gespräch eines Juden zu Caßel»
von 1793 / Kunstsammlungen Veste Coburg)
Karten: Werner Knaut

Originalausgabe
Veröffentlicht im Rowohlt Taschenbuch Verlag GmbH,
Reinbek bei Hamburg, November 1984

Satz Sabon (Linotron 202)
Gesamtherstellung Clausen & Bosse, Leck
Printed in Germany
1680-ISBN 3 499 16281 4

Inhalt

2. Band: Von den Erhebungen gegen den Absolutismus bis zu den republikanischen Freischärlern 1848/49

67 Der dreißigjährige Bauernaufstand in der Grafschaft Schönburg (1650–1681) 415
68 Die schweizerische Bauernrevolution von 1653 423
69 Vergewaltigung und Ermordung von «Hexen» 447
70 Bauernaufstand in Österreich gegen die Pfaffen und Herren während des Türkeneinfalls (1683) 458
71 Weitere Freiheitsbestrebungen von Bauern und Bürgern in der 2. Hälfte des 17. Jahrhunderts 478
72 Zigeuner: Freiwild im Widerstand 486
73 Brief eines Zigeuners an seine Frau 492
74 Radikaldemokratische Bewegung in Vorarlberg (1691–1727) 493
75 Der große bayerische Bauernaufstand (1705/06) 508
76 Streik der Augsburger Schustergesellen (1726–1729) 525
77 Weitere Kämpfe der Arbeiterbewegung vor der Jakobinerzeit 534
78 Die Erhebung der ostfriesischen Stände gegen den Landesherrn (1720–1744) 539
79 Widerstand gegen den Siebenjährigen Krieg (1756–1763) 545
80 Bewaffneter Aufstand von Bürgern und Bauern der Reichsstadt Zell am Harmersbach (1760) 553
81 Die oberschlesischen, böhmischen und mährischen Bauernaufstände (1764–1776) und Kaiserin Maria Theresia 562
82 Des künftigen Kaisers Leopold II. Theorie von der Nützlichkeit eines «mäßigen Bauernaufstands» gegen den reaktionären Adel (1778) 567
83 Der rumänische Bauernaufstand in Siebenbürgen (1784) 569
84 Freiheitsbestrebungen von Bauern und Bürgern vor der Jakobinerzeit 580
85 Aufstand von Handwerkern, Gesellen, Frauen und Stadtarmut in Straßburg (Juli 1789) 592
86 Nürnberger Aufrufe zur Revolution (1789–1792) 600
87 Stuttgarter Untergrundliteratur (1790–1794) 609
88 Jakobinische Fabeln und Gleichnisse 617

89 Böhmische und mährische Jakobiner (1790–1800) 623
90 Jakobinische Flugblätter in Siebenbürgen (1793) 635
91 Wanderungen revolutionärer Flugschriften nach Franken (1790–1793) 640
92 «Aufruf an Bayreuthens Sklaven» (1794) 644
93 Arbeiteraufstand in Solingen (1795) 648
94 Republikanischer Bauernaufstand am Zürichsee (1804) 653
95 Der Mergentheimer Bauernaufstand (1809) 664
96 Die rebellischen Manharter im Brixental (1809–1826) 678
97 Der Kalchgruber: ein oberösterreichischer Sozialrebell 28 Jahre in der Illegalität (1821–1849) 690
98 Arbeitererhebungen in Eupen (1821), Solingen (1826), Krefeld (1828) und Aachen (1830) 705
99 Die fast ausgestorbene Kunst, aus der jahrhundertelang unterdrückten Rebellengeschichte zu erzählen 720
100 Der deutsche Arbeiterverein «Löwenfels» in Mülhausen/Elsaß (1835/36) 734
101 Die Siebenbürger Sachsen in der 48er Revolution 743
102 Barrikadenkampf von zehn Leipziger Arbeitern (6./7. Mai 1849) 757

1. Band: Freiheitsbewegungen von den Germanenkämpfen bis zu den Bauernaufständen im Dreißigjährigen Krieg

Statt einer Widmung 11

Einleitung 13

1 Kämpfe der Kimbern, Teutonen und Ambronen mit den Römern (115–101 v. d. Z.) 21
2 Germanenkämpfe am Rhein zur Zeit Caesars (58–53 v. d. Z.) 27
3 Der entscheidende germanische Sieg unter Arminius im Jahr 9 31
4 Römischer Soldatenaufstand in Köln im Jahr 14 38
5 Der Bataveraufstand der Jahre 69/70 41
6 Bauernaufstände in Gallien und im Trierer Land 285/286 44
7 Aufstände des 6. Jahrhunderts 46
8 Die Aufstände der Sachsen und Friesen im 8. Jahrhundert 50
9 Fronverweigerungen, Verschwörungen und Erhebungen des 8. und 9. Jahrhunderts 65

10 Der sächsische Stellinga-Aufstand von 841–843 71
11 Frühe Aufstände der Westslawen 76
12 Die Slawenaufstände des frühen 10. Jahrhunderts 79
13 Der große Slawenaufstand von 983 82
14 Das politische Leben des rebellischen Lutizenbundes 85
15 Der letzte große Slawenaufstand von 1066 86
16 Die Slawen an Main und Regnitz 88
17 Rebellische Ketzer zwischen dem 10. und 13. Jahrhundert 91
18 Bauernwiderstand am Beginn des 11. Jahrhunderts 95
19 Bauernaufstände und Kämpfe der Markgenossenschaften (11./12. Jahrhundert) 98
20 Der große sächsisch-thüringische Bauernaufstand 1073–1075 104
21 Die Kommunebewegung (11./12. Jahrhundert) 115
22 Die Massenmorde an den Juden im Rheinland durch Kreuzfahrer (1096) 125
23 Gottesfriedensbewegung und Bauernbewaffnung 130
24 Die Leiden der italienischen Kommunen unter den deutschen Kaisern (11./12. Jahrhundert) 132
25 Die friesischen Bauernrepubliken (11./12. Jahrhundert) 140
26 Die slawischen Pomoranen und Woliner unterliegen dem christlichen Feudalismus (1121–1124) 146
27 Der gescheiterte Raubzug gegen die Slawen unter dem Zeichen des Kreuzes (1147) 148
28 Bürgeraufstände im Würzburg des 13. Jahrhunderts 155
29 Widerstandsaktionen bäuerlicher Markgenossenschaften (13. Jahrhundert) 160
30 Die Unterwerfung der Pruzzen im Baltikum (1215–1273) 165
31 Die Behauptung der friesischen Freiheit 168
32 Die erträgliche Lage von Klosterbauern 172
33 Die Dithmarscher erhalten ihre Freiheit wieder (1227) 174
34 Der Untergang der freien Bauern in Stedingen an der Unterweser (1233/34) 176
35 Die Pastorellenaufstände (1251 und 1320/21) 188
36 Die Utopie des Gemeineigentums in Flandern 190
37 Der Kampf der Kölner gegen ihre Erzbischöfe (13. Jahrhundert) 191
38 Der Bürgeraufstand in Magdeburg (1293/94) 196
39 Die Niederschlagung des Braunschweiger Aufstandes von 1293/94 202
40 Die Geburt der Schweizerischen Eidgenossenschaft (1291) 210
41 Bauernaufstand und Judenmorde in Franken (1298) 216

42 Das weitere Vordringen der Kommunebewegung (13. Jahrhundert) 228
43 Die erste Krise des Feudalismus (14. Jahrhundert) 231
44 Kämpfe zwischen patrizischen Geschlechtern und Bürgern in Straßburg (1308–1349) 235
45 Die militante Opposition um 1320 gegen die päpstlichen Machtansprüche 239
46 Der Kampf der Mainzer Bürger um die Macht (1332) 243
47 Bauernaufstände der Armlederbewegung (1336–1338) 247
48 Freiheitsbestrebungen von Bauern, Bürgern, Gesellen und Ketzern im 14. Jahrhundert 264
49 Aufständische Bauernbünde um den Bodensee (1401–1408) 276
50 Die hussitische Revolution und die deutschen Hussiten 283
51 Die Bürgeropposition von Glogau im Hungerturm (1488) 290
52 Freiheitsbestrebungen von Bauern, Bürgern und Gesellen im 15. Jahrhundert 294
53 Sieg der Dithmarscher über die Große Garde (1500) 302
54 Die Ermordung der württembergischen Landtagsopposition (1516/17) 310
55 Michael Gaismair und die Südtiroler Bauernrevolution 1525/26 317
56 Banditen als verkannte Rebellen 328
57 Freiheitsbestrebungen von Bauern, Bürgern und Gesellen im 16. Jahrhundert 338
58 Bergarbeiterbewegung in Mansfeld (1606, 1622) 345
59 Der «Rappenkrieg» am Hochrhein gegen den «bösen Pfennig» (1612–1614) 352
60 Bewaffnete Befreiung von vier «Hexen» in Bodenheim bei Mainz (1614/15) 358
61 Volksbewegungen gegen Hunger und galoppierende Inflation (1621–1623) 363
62 Der große oberösterreichische Bauernaufstand (1626) 366
63 Der elsässische Bauernaufstand im Sundgau (1633) 376
64 Der bayerische Bauernaufstand (1632–1634) 382
65 Steuerverweigerung der Züricher Seebauern (1646) 392
66 Weitere Freiheitsbestrebungen von Bauern, Bürgern und Bergarbeitern in der ersten Hälfte des 17. Jahrhunderts 398

3. Band: Freiheitsbewegungen vom demokratischen Untergrund nach 1848 bis zu den Atomkraftgegnern

103 Das harte Brot der Emigration ____ 775
104 Flüchtig wie Banditen ____ 789
105 Haftbedingungen im Bruchsaler Zellengefängnis, dem Stammheim der 48er ____ 796
106 Gesinnungsschnüffelei, Berufsverbote und dennoch Sympathien mit den Verfolgten ____ 810
107 Die Demokratie kämpft weiter ____ 819
108 Der verstummenden Republikaner letzte Stimme gegen die drohende Völkerschlächterei (1866) ____ 829
109 Münchner Arbeiterwiderstand gegen den drohenden Krieg (1870) ____ 834
110 Streik der italienischen Arbeiter in Göschenen am Gotthard-Tunnel (1875) ____ 837
111 Jagd auf Sozialisten und Anarchisten: das Aufblühen des Polizeistaats ____ 846
112 Die Haberer, eine verkannte Bauernbewegung Oberbayerns ____ 853
113 «Alle Reeder stehen still ...» Dokumente zum Hamburger Hafenarbeiterstreik 1896/97. Ein Beitrag von Michael Grüttner ____ 869
114 Der Kohlenarbeiterstreik in Berlin-Moabit (1910) ____ 887
115 Früher Widerstand in Bayern gegen den Ersten Weltkrieg (1915/16) ____ 897
116 Bayerische Soldatenbriefe gegen den Krieg (1916) ____ 906
117 Rebellionen bayerischer Soldaten, Frauen und Jugendlicher gegen den Krieg (Mai/Juni 1918) ____ 913
118 Italienische Flugblätter für den Frieden flattern vom Wiener Himmel (9. August 1918) ____ 923
119 Die deutsche Tscheka: die finsterste Seite der autoritären Arbeiterbewegung ____ 927
120 Der Streik der ostfriesischen Landarbeiter im Jahre 1923. Ein Beitrag von Gabriele Frerichs, Klaus Frerichs und Hermann Roolfs ____ 941
121 Die rote Kommune Mörfelden (1932) ____ 951
122 Der Februaraufstand der österreichischen Arbeiter (1934) ____ 961
123 Widerstand in Augsburg ____ 986
124 Der oberösterreichische Bauer Franz Jägerstätter als Kriegsdienstverweigerer (1943) ____ 995
125 Widerstand von Frauen ____ 1000

126 Vom Widerstand in Paris zum undogmatischen Marx-Studium. Ein Interview mit Maximilien Rubel 1004
127 Die Reise eines italienischen Flugblatts von Neunkirchen (Saar) nach Torino (Juli 1943) 1012
128 Der italienische Partisanensender «Radio Libertà» von Biella (1944/45) 1015
129 Deutsche Partisanen in Italien 1020
130 Der Arbeiteraufstand des 17. Juni 1953 1027
131 Willi Bleicher: ein sozialistischer Metaller jenseits von Stalinismus und Anpassung 1053
132 Schulkampf und Berufsverbot in Baden-Württemberg. Ein Beitrag von Fritz Güde 1067
133 Für das Leben – gegen die Atomkraftwerke 1085
134 «Sucht weiter!» 1114

Ortsregister 1119
Personenregister 1133
Sachregister 1143

67 Der dreißigjährige Bauernaufstand in der Grafschaft Schönburg (1650–1681)

Zwischen Zwickau und Chemnitz (heute Karl-Marx-Stadt), im Gebiet der mittleren und oberen Zwickauer Mulde, erstreckte sich die teils reichsunmittelbare, teils den kursächsischen Ständen angehörende Grafschaft Schönburg. Im Jahr 1525 erreichte der sächsische Bauernaufstand gerade um Zwickau seinen Höhepunkt. Das im Süden angrenzende Vogtland und das Erzgebirge spielten in der langen Geschichte der Freiheitskämpfe schon früher eine wichtige Rolle.

Seit der 2. Hälfte des 16. Jahrhunderts machte sich in Kursachsen, dem mächtigsten Nachbarn der Grafschaft Schönburg, eine tiefgehende, langanhaltende Wirtschaftskrise bemerkbar. Die einst blühende Silberförderung ging angesichts billiger Importe aus den spanischen Kolonien stark zurück. Die städtische Textilindustrie, das Rückgrat des bürgerlichen Selbstbewußtseins, litt unter englischer und niederländischer Konkurrenz.

In dieser Krise sah der niedere Adel seine Chance gekommen, sich nach einem jahrhundertelangen Niedergang wieder nach oben zu arbeiten. Er drängte darauf, die Grundherrschaft, in deren Rahmen die Bauern noch relativ viele Freiheiten genossen, in eine Gutsherrschaft umzuwandeln. Die Bauern sollten zu vollständig Unfreien, zum bloßen arbeitenden Zubehör des Rittergutes herabgedrückt werden.

Zu diesem Zweck erhöhten die Gutsherren die Fronlasten und die Steuern. Angesichts der hohen Belastungen auf seinem Hof konnte ein Bauer wirtschaftlich nicht mehr überleben, er mußte als Höriger in die Dienste des Rittergutes treten. Gerade in der Grafschaft Schönburg saßen die Bauern noch auf Höfen mit Erbpacht-Recht, was dem Adel ein Dorn im Auge war. Ihre angestammten Rechte wollten die Bauern in einem Aufstand verteidigen, der dann 30 Jahre währte. Der Druck, der sich immer schwerer auf die Landbewohner legte, verschärfte sich mit dem Dreißigjährigen Krieg. Der lange Streit zwischen Ständen und Zentralmacht verheerte das sächsische Gebiet, darunter die Grafschaft Schönburg. Nun versuchte der

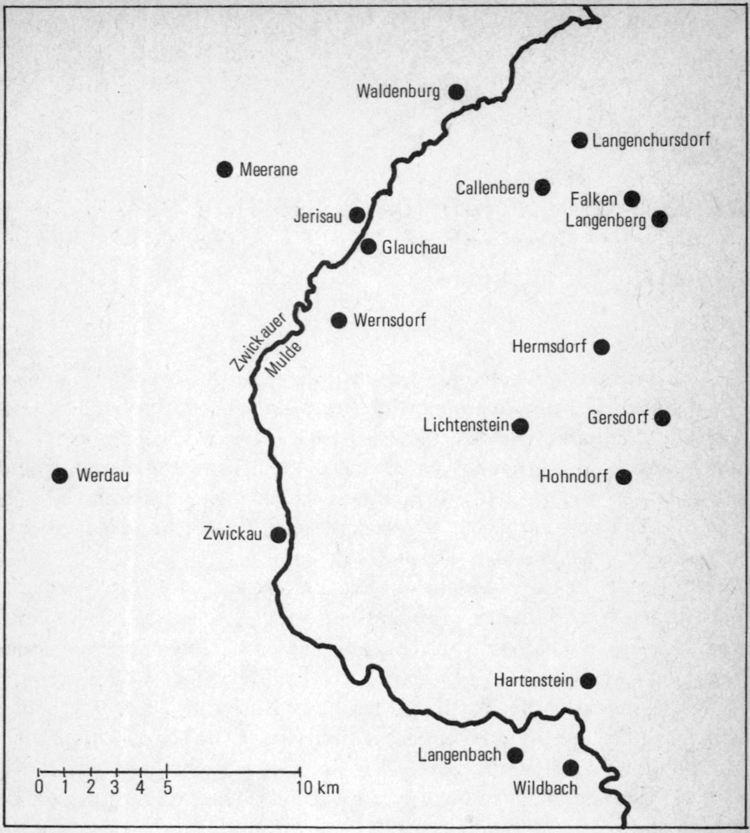

Karte 29

Adel rasch seine Verluste auszugleichen. Keine Lüge, kein juristischer Trick, keine Gewalt waren verpönt, wenn es darum ging, den Bauern die Anzahl der Frontage bis zur Unerträglichkeit zu erhöhen.

Der lange Krieg stärkte freilich insofern die Position der überlebenden Bauern, als er zu einem allgemeinen Arbeitskräftemangel führte. So brauchten sich die Bauern nicht alles gefallen zu lassen, was den Grundherren an Verschlechterungen einfiel.

Der Schönburger Bauernaufstand, der längste und hartnäckigste in der Zeit des Absolutismus, brach 1650 in den Dörfern Langenberg und Langenchursdorf aus. Der Rittergutsbesitzer von Callenberg, ein Herr von

Planitz, hatte das Vorwerk (Meierhof, Fronhof) von Langenchursdorf an einen anderen adligen Bauernschinder unterverpachtet (Afterlehen). Dieser Fronhofbesitzer verlangte von den Bauern mehr Frondienste und mehr Abgaben, als bisher üblich und rechtens gewesen war. Dieser lukrative Rechtsbruch, vorerst ungeahndet, stachelte den Callenberger Gutsherren zur Nachahmung an. Doch nun taten sich die Langenberger und Langenchursdorfer zusammen und verweigerten jegliche Fron. Der Unterpächter mußte das Vorwerk aufgeben. Es wurde unter die Bauern aufgeteilt, die jetzt erst recht keine Fronpflichten gegenüber Callenberg mehr anerkannten.

Dieser erste Bauernsieg regte den Appetit auf die lang nur geträumte Bauernfreiheit erst richtig an. Nun verweigerten im selben Jahr 1650 alle Dörfer der Herrschaften Hartenstein, Glauchau und Lichtenstein die Frondienste. Zwischen Meerane und Glauchau sammelten sich 7000 bewaffnete Bauern, aber sie griffen das nur fünf km entfernte Rittergut Callenberg nicht an. Die Rebellen zahlten auch keine Römermonate mehr. «Römermonate» hieß die monatliche Steuer zur Erhaltung von zehn Fußknechten und vier Reitern bei der Reichsarmee. Monatlich belief sich diese Reichskriegssteuer für die ganze Grafschaft Schönburg auf 88 Gulden.

Ein defensiver Zug kennzeichnete den ganzen Aufstand. Die Bauern sahen angesichts der benachbarten mächtigen Feudalherrscher von Kursachsen, Sachsen-Altenburg und Böhmen ihre Stärke in einer defensiven Form der Guerilla. Kam der Feind übermächtig, zogen sie sich in die für Reiter unzugänglichen Wälder zurück. Trafen nur wenige Soldaten ein, wurden diese in einem Überraschungsangriff weggejagt. Auf diese Weise konnten die Aufständischen 30 Jahre lang aushalten und den Adel ermüden.

Gleich anfangs brachten die Bauern ihren einzigen Besitz, ihr Vieh, in den benachbarten sächsischen, altenburgischen und waldenburgischen Orten in Sicherheit. Aber die Reiter des Callenberger Rittergutsbesitzers respektierten die Grenzen nicht. Sie fielen dort ein und hausten wie im Feindesland. Die zuständigen Feudalherren waren damit offenbar nicht nur einverstanden, sondern sogar zufrieden. Denn wie leicht konnte mit den Aufständischen auch die Hoffnung auf mehr Bauernfreiheit die Grenzen überschreiten.

Der Callenberger Gutsherr vermochte den Widerstand seiner Bauern nicht zu brechen. Die Wälder bildeten eine uneinnehmbare Bauernfestung. So baten die Grafen von Schönburg im Januar 1654 den sächsischen Kurfürsten um militärische Hilfe. Der Kurfürst hielt sich zurück. Er war sich offenbar der Gefahr bewußt, daß ein militärischer Schlag den antifeudalen Brandherd weniger austreten als vielmehr erst richtig ausbreiten konnte.

Am Jahresende 1654 mühte sich der Herzog von Sachsen-Altenburg ab, den Bauern seine Vermittlung aufzuschwatzen, «weil wir» – wie er schrieb – «dafür halten, daß [...] ein gefährliches Feuer und böse Nachfolge bei anderen entstehen könnte». (Stulz/Opitz, S. 33)

Die Bauern bissen nicht an. Sie warteten bis zum Frühjahr, um dann wie bisher ihre Höfe zu verlassen und sich mit dem Vieh im Wald aller Verfolgung zu entziehen. 7000 befanden sich im Aufstand. Kursachsen wußte nicht, woher genügend Truppen zur Niederschlagung zusammenbringen. So sah sich der Kurfürst genötigt, an die letzte Instanz der Feudalordnung zu appellieren, an den Kaiser. Doch dessen Arm reichte nicht in die Gegend um Glauchau, wo die Bauern ohne Herrscher zu leben lernten.

1658 versuchten es die Feudalherren mit dem Köder einer Schlichtungskommission. In Wirklichkeit strebten sie keinen Kompromiß an, sondern die Preisgabe jeder bäuerlichen Freiheit. Mit dem Vorsitz dieser Kommission betrauten sie ausgerechnet den kursächsischen Amtschösser (Amtmann) Romanus von Zwickau. Der entpuppte sich nur wenige Wochen später als der ärgste Bauernschinder.

Im Juli 1658 terrorisierten wieder Reiter die befreiten Dörfer. Aus dieser Zeit besitzen wir – ein Glücksfall für die Geschichtsschreibung – eine ausführliche bäuerliche Darstellung, als Bitte und Information an einen Richter oder Anwalt niedergeschrieben. Hierin kommt in seltener Anschaulichkeit das bäuerliche Schicksal im zähen Freiheitskampf zur Sprache. Da der Text nur zeitraubend und kostspielig zu beschaffen ist, sei er hier fast vollständig wiedergegeben.

Ganz trauriger und hochbetrübter Bericht, wie wir arme Untertanen der beiden Gemeinden Langenberg und Langenchursdorf unter dem Edelmann zum Callenberg Heinrich Hildebrandt v. d. Planitz, wie er so ganz unbarmherziger Weise mit uns armen Leuten verfahren tut, in diesem 1658. Jahr.

Zum ersten hat Planitz uns eine Kommission angetragen und vorgeschlagen, daß dieselbe zu Zwickau durch den Herrn Amtschösser [Amtmann] gehalten und verrichtet werden sollte. Weil wir aber der Sachen nicht genugsam mächtig und verständig sind, so haben wir uns zwar bemüht um einen Mann, der die Sachen verstünde, solche Kommission anzuhören, was uns dabei vorgeschlagen und vorgetragen würde. Und weil wir denn keinen allhier in der Nähe bekommen können, ob wir gleich ihre Mühewaltung gerne bezahlen wollen, so haben's etliche uns ganz abgeschlagen. Die anderen: einer, er wollte nicht 10 Reichstaler; der andere, er wollte nicht 20 Reichstaler; der dritte nicht 100 Reichstaler nehmen und wollte die Sache verrichten und anhören ohne unser Beisein, und weil wir aus Furcht nicht gegenwärtig sein können, weil wir früher auch neben einem Doktor erschienen und danach alle, so da zugegen gewesen, in das Gefängnis geworfen worden und Jahr und Tag darin zubringen müssen – so hat uns endlich die Not gezwungen, solche Kommission abzulehnen.

Hierauf, als wir den Tag [Verhandlung der Kommission] abgelehnt, sind wir abermal zitiert worden bei 400 Rheinischen Gulden Strafe, daß wir uns stellen sollten und solche Kommission halten, welches wir nicht tun können. Und sind uns insgesamt auf vier unterschiedliche Male 1000 Rheinische Gulden zur Strafe angesetzt worden. Ob wir gleich dem Planitz unterdessen wöchentlich zwei Tage zur Fron gezogen, hat es doch nichts helfen wollen, sondern hierauf hat der Edelmann die Bürger in der Stadt Werdau durch Zugebung des Schössers von Zwickau geholt und am 11. Juli alten Kalenders früh um fünf und sechs Uhr unter der Frühpredigt in beiden Gemeinden einfallen lassen zu Roß und Fuß, die Häuser gestürmt, in Langenberg die Kirche auseinandergetrieben und auf dem Kirchhof geschossen, daß alles voll Dampf gewesen, daß man nicht gewußt, wo man vor Schrecken bleiben soll. Wie denn auch etliche schwangere Weiber und alte Leute, so in der Kirche gewesen, deshalb erschrocken, so daß sie noch krank sind. Das wird auch ohne Todesfälle nicht abgehen, weil die Soldaten mit mörderischen Gewehren, als der Pfarrer noch auf der Kanzel gewesen, in die Kirche gelaufen, haben auch ihrer acht [Einwohner] darin gefangen genommen, welche zwar nur kleine Häuslein haben und dem Edelmann seine Frontage verrichtet, auch vier Wochen sein Garn spinnen mußten, wozu er sie gezwungen. Weil sie keinen Bauern in der Kirche, wie sie gemeint, zu bekommen – weil die Bauern aus Furcht nicht hineingegangen, wegen der angedrohten Strafe – [...] so haben sie das ganze Dorf durchsucht und, was verschlossen gewesen, aufgeschlagen, desgleichen mitgenommen, was sie wollten.

Dann haben sie die gefangenen Häusler von Langenberg nach Callenberg geführt. Von dort haben sie zwei und zwei zusammengeschlossen und unbarmherzig nach Zwickau wie die ärgsten Übeltäter geführt, indem sie um sie herumschossen, daß sie taub und krank werden sollten. Die Häusler sind danach in die ärgsten Gefängnisse geworfen und ganz übel behandelt worden, wie man die Mörder und Diebe zu behandeln pflegt.

Ebenso hat Planitz am 17. Juli abermal die Dörfer Langenberg und Langenchursdorf durch Reiter überfallen und alles aus dem Feld jagen lassen, was drin gewesen, das Gesinde mit dem Zugvieh vom Acker, die Weiber und Kinder aus dem Flachs und Kraut mit der Drohung: wenn sie sich noch einmal erwischen ließen, so wollten die Reiter sie krumm und lahm hauen und schlagen.

Die Soldaten verschonen auch keine andere und fremde Grenze, dort einzufallen, sei es kurfürstliches, altenburgisches oder waldenburgisches Gebiet, so daß man sich an keinem Ort sicher aufhalten kann. Wir armen Leute müssen uns gleich wie das Wild Tag und Nacht in den wilden Hölzern bald hier, bald dort aufhalten.

Es hat sie der Richter in Falken, als sie die Gefangenen über seinen Gerichtsbezirk führen wollten, nebst seinen Nachbarn gefragt, ob sie denn auch Befehl von ihrem Herrn hätten, daß sie die Gefangenen über seinen Gerichtsbezirk führen wollten. Aber sie haben ihm gar schlechte Antwort gegeben, unter sie geschossen und geschlagen, daß die Gemeinde gemeint, sie würden ein Haus mit dem Schießen in Brand stecken, weil das Papier auf dem Dach gelegen und geglimmt hat.

Es haben die Bauern dem Edelmann gerade am vorhergehenden Samstag gefront, so daß sie bei Sonnenuntergang noch nicht zu Hause gewesen sind. Da haben die Reiter am Sonntag frühmorgens den Einfall gemacht. Die Bauern sind auch am Montag wieder beim Frondienst gewesen, wo Planitz einen solchen Überfall nicht hat machen lassen.

Wir arme Untertanen können nun auf diese Weise nicht mehr fronen, weil sich kein Bauer sehen lassen darf, das Gesinde aus Furcht auch nicht hinziehen will.

Die beiden Gemeinden bitten den Herrn, [...] eine herzseufzende und demütige Bitte um Schutz und Hilfe aufzusetzen und hinzuzufügen, was sich noch ereignet und der Bote weiß.

Nun nicht mehr denn uns alle in Gottes Schutz treulich befohlen. Gegeben Langenberg und Langenchursdorf.

[Nachtrag]

Den 19. Juli alten Kalenders hat der Edelmann v. d. Planitz seine Reiter wieder in das Dorf Langenberg geschickt. Diese haben den Schäfer mit den Schäferhunden, die Weiber und das Gesinde auf das allerärgste verfolgt. Wen sie auf den Feldern haben erhaschen können, den haben sie krumm und lahm geschlagen.

Besonders Hans Herold's Knecht haben sie beim Pflügen im Feld so sehr unbarmherziger Weise geschlagen, daß er wohl lebenslang ein Krüppel bleiben wird. Er ist keinem Menschen mehr ähnlich, da ihm die Hunde und die unbarmherzigen Gesellen nach Leib und Leben getrachtet haben.

Ebenso ist es Michel Lindner's Tochter ergangen, als sie auf dem Feld im Kraut gewesen. Die ist auch so zugerichtet, daß sie keinem Menschen ähnlich ist, und sie wird es auch Zeit ihres Lebens nicht verwinden.

Ebenso ist es Martin Vogel's Magd ergangen, die auch auf dem Feld so sehr geschlagen worden ist, daß sie ihren Kopf nicht emporhalten kann, und es ist zu zweifeln, daß sie wieder richtig werden wird.

Das geschieht nun alle Tage. Und uns ist auch hart gedroht: wen die Reiter bekommen, den wollen sie genauso behandeln, daß wir es wohl genügend fühlen sollen. (Schaller, 1910)

In einem zügellosen Terror drohte die Bauernfreiheit unterzugehen. Endlich gewannen die Aufständischen doch zwei Anwälte der Grafschaft Schönburg, die Stadtrichter Prätorius von Rochlitz und Meusel in Grimma, die auch den Pressionen der Grundherren standhielten. Beide strengten einen Prozeß beim Reichskammergericht in Speyer an, damals die einzige Hoffnung für entrechtete Bauern, sofern diese überhaupt noch etwas vom Rechtsweg erwarteten.

1660 ließen die Schönburger Landleute nicht mehr zu, daß Tagelöhner dem Callenberger Junker das Rittergut bearbeiteten. Sie vertrieben die

Landarbeiter. Sie hatten erkannt, daß ihnen nur durch den wirtschaftlichen Ruin des Gutsbesitzers ein freieres Leben aufblühen konnte. Militär überfiel wieder die Dörfer und plünderte Vieh und Leinwand. Die Bauern lebten in den Wäldern. Die Versteigerung des gesamten Raubes der Exekutionstruppen deckte mit Mühe die militärischen Kosten. Es ging also nicht um Wirtschaftlichkeit, sondern allein um die absolute Macht der einen und damit um die Freiheit der anderen.

Im nächsten Jahr (1661) planten die Aufständischen, die jetzt auch noch die Türkensteuer, eine außerordentliche Reichskriegssteuer, verweigerten, erstmals eine Offensive. Die Lichtensteiner wollten ihren Grafen überfallen, wurden aber verraten, einige ihrer führenden Leute verhaftet: Martin Windisch von Hermsdorf, Hans Selbmann und Hans Landgraf von Gersdorf, Peter Selbmann und Peter Römer von Hohndorf.

Der als Anführer der ganzen Aufstandsbewegung geltende Hans Türschmann von Langenchursdorf wurde erst später verkleidet auf dem Glauchauer Jahrmarkt erwischt. Schon in der ersten Nacht entfloh er. Später ließ er sich durch ein Versprechen des Junkers von Planitz nach Callenberg locken. Er landete für 24 Wochen Dunkelhaft bei völliger Isolation im Gefängnis von Zwickau, dann für drei Jahre auf der Festung von Dresden.

Doch die Bauern setzten ihren Kampf gegen Fron, Steuern und Rechtswillkür auch ohne diese Anführer fort. Vor jeder Einquartierung von Militär wichen sie in ihre Wälder aus.

Die gegnerische Seite sann auf neue Druckmittel. Ein Schönburger Rat ließ drei Rechtsvertreter der Bauern bei Unterhandlungen kurzerhand festnehmen und jedem 300 Taler Strafe auferlegen. Die Geistlichen verweigerten denjenigen Bauern das Abendmahl, die vom Prozeß beim Reichskammergericht in Speyer nicht zurücktraten.

1665 griffen die Adligen zu ihrem letzten Mittel: sie drohten, alle weiterhin Widerstand leistenden Bauern von den Höfen zu verjagen und die leeren Höfe anderen Bauern zu übergeben. In diesem Jahr traf auch das Urteil aus Speyer ein, das zugunsten der rechtsbrechenden Gutsherren ausfiel und die Bauern zur Zahlung von zehn Mark lötigen Goldes Prozeßkosten verurteilte. Der offene Widerstand brach nun zusammen. Doch in der Asche des nun 15jährigen Brandes schwelte es weiter.

Im Sommer 1674 verweigerten die Bauern von Wildbach und Langenbach erneut die Fron, zur Zeit der Heuernte. Andere Dörfer folgten ihrem Beispiel. In kleineren Gefechten siegten mehrmals die Rebellen.

Der 29. März 1676 brachte nördlich von Glauchau, bei Jerisau an der Zwickauer Mulde, die schwerste Niederlage einer Bauerntruppe. Nach den Herkunftsorten der Verwundeten und Gefallenen zu schließen, handelte es sich um eine zentrale Bauernkompanie der ganzen Umgebung. Die Rebellen stellten sich verhängnisvollerweise im offenen Feld, verließen also ihre bewährte Hinhaltetaktik. Möglicherweise wiegte sie der bürgerliche Widerstand im nahen Glauchau in Sorglosigkeit. Denn während draußen das Gefecht begann, brach in Glauchau ein Aufstand aus:

Da der Handel [bewaffneter Streit] mit den Bauern angegangen, [haben] die Bürger in der Stadt zugleich mit den Glocken gestürmt und einen solchen Tumult verführt, daß unsere Bedienstete [die Beamten der Grafen von Schönburg] ihres Lebens nicht sicher gewesen. (Stulz/Opitz, S. 36)

Die Exekutionstruppen sollten den Widerstand gegen eine vom Kurfürsten von Brandenburg ausgeschriebene, neue Vermögenssteuer brechen. Die Steuer erhöhte sich in kurzer Zeit von einem Groschen vier Pfennig pro Schock (ein Schock = 60 Groschen Vermögenswert; also 2,8 % Steuersatz) auf vier Groschen im halben Jahr (13,3 % Jahressteuersatz). Außerdem mußten die Schönburger Bauern 7,5 % Steuer ans Schönburger Amt zahlen. Für Bauernwirtschaften, die kaum Bargeld sahen, ein Raub des unantastbaren Notpfennigs.

Diese detaillierten Angaben verdanken wir einem zweiten, sehr anschaulichen Bauerntext aus dieser herausragenden Freiheitsbewegung. Michael Schulze aus Wernsdorf schilderte darin auch das Jerisauer Gefecht vom 29. März 1676 zwischen 200 Reitern und 200 Bauern (Schaller, 1922; nachgedruckt bei Schulze, S. 248–250).

Selbst nach dieser Niederlage erlosch der Bauernwiderstand nicht. Die Rebellen erklärten den Feudalbeamten, «sie wüßten von keinem Herren, erkennen unsern [den Schönburger] auch nicht dafür» (Stulz/Opitz, S. 36).

Die bedeutendste Bauernbewegung Mitteldeutschlands zur Zeit des Absolutismus endete 1681 mit einem Vergleich. Der Wortlaut ist nicht bekannt, aber er scheint doch den Bauern entgegengekommen zu sein. Denn von jetzt an mußten sich die Landleute nicht mehr auf so breiter Ebene zur Wehr setzen, um ihr Absinken in völlige Unfreiheit zu verhindern. Das einmal eroberte Selbstbewußtsein lebte weiter. Gegen die Zwangsrekrutierung im Siebenjährigen Krieg für die polnische Garde entstand 1753 im selben Gebiet erneut eine erfolgreiche Bauernbewegung.

Der dreißigjährige Aufstand hatte sich für die Bauern der Grafschaft Schönburg gelohnt. Sie bewiesen den Feudalherren, daß auch der Weg zum Absolutismus auf Schranken stieß, die ein Herrscher nur unter Ruinierung seines ganzen Landes durchbrechen konnte. Die Bauern waren weiterhin nicht gesonnen, willenlose Objekte adliger Herrschaftsausdehnung zu werden. So ersparten sie sich und ihren Nachkommen den ostelbischen Weg in die schutzlose, entwürdigende, deprimierende Erbuntertänigkeit.

Quellen und Literatur
E(DMUND) SCHALLER: Der große schönburgische Fronaufstand, in: Sachsen-Post, Dresden, Jg. 1910, Nr. 200 vom 3. 8., S. 1/2; Nr. 201 vom 10. 8., S. 1–4 (Standort: Dresden, Landesbibliothek)
Ders.: Die Jerisauer Bauernschlacht im Jahre 1676, in: Sächsische Heimat 5, Dresden 1922, S. 263–266
WINFRIED SCHULZE: Bäuerlicher Widerstand und feudale Herrschaft in der frühen Neuzeit, Stuttgart–Bad Cannstatt 1980
PERCY STULZ/ALFRED OPITZ: Volksbewegungen in Kursachsen zur Zeit der Französischen Revolution, Berlin (DDR) 1956, S. 11–42
KURT WERNICKE: Untersuchungen zu den niederen Formen des bäuerlichen Klassenkampfes im Gebiet der Gutsherrschaft 1648–1789, Diss. phil. Berlin (DDR) 1962 (Masch.; Standort: Frankfurt/Main, Deutsche Bücherei)

68 Die schweizerische Bauernrevolution von 1653

Bereits vor dem Dreißigjährigen Krieg zeigte sich, daß auch die Eidgenossenschaft den allgemeinen Weg Europas in den Absolutismus einschlug (siehe Kapitel 1, 59, 63, 65).

Die schwere Krise im Gefolge dieses katastrophalen Krieges verstärkte den Drang der Herrschaften nach einer politischen Ausschaltung der Stände und einer Niederhaltung der unteren Volksschichten. Die Eidgenossenschaft machte sich daran, ihre freiheitliche Sonderstellung innerhalb Mitteleuropas (vgl. Kapitel 25) zu widerrufen.

Die Voraussetzungen in der Eidgenossenschaft selbst zu dieser demokratiefeindlichen Entwicklung reichen weit zurück. Sie gründen in der Schaffung von Untertanenländern um die alten, freien, eidgenossenschaftlichen Orte herum (siehe Kapitel 40). Die neu erworbenen, den Gegnern abgerungenen oder abgekauften Gebiete machten die jeweilige «*Landschaft*» eines dem eidgenossenschaftlichen Bündnis angeschlossenen Ortes aus. Doch selbst diese Untertanen genossen im 14. und 15. Jahrhundert verbriefte Rechte und Freiheiten. Bei gewichtigen Entscheidungen (Krieg, neue Steuern, Abschluß eines Bündnisses) mußten die Untertanen in «Volksfragen» um ihre Zustimmung gebeten werden.

Während des Absolutismus ging in der Eidgenossenschaft dieses Recht auf Volksbefragung unter. In den Städten wuchs eine Schicht selbstherrlich regierender Patrizier heran, die noch nicht einmal das arbeitende Bürgertum an der Macht teilhaben ließ. Zu ihren Vorbildern wählte sie die Aristokratie Frankreichs und Spaniens. Die absolutistischen Eidgenossen fanden nichts Bedenkliches dabei, daß sie im Sold der mächtigen Aristokraten Europas standen. Die Eidgenossenschaft drohte in zwei Parteien zu zerfallen: eine kaiserlich-habsburgisch-spanische (die größte Partei) und eine königlich-französische Partei (die kleinere). Bestechungsgelder nahmen sie alle, damit sich auswärtige Mächte Kanonenfutter aus dem Schweizer Volk holen konnten. Den Unzufriedenen in den mehr und mehr gedrückten Untertanengebieten öffnete sich so ein Ventil. Die Söldner halfen woanders mit, ganze Landstriche zu verheeren und freiheitsliebende Bauern, Bürger und Arbeiter niederzuschlagen. Gewiß alles andere als ein Ruhmesblatt in der überaus interessanten und aktuellen, noch immer lehrreichen Geschichte der Eidgenossenschaft.

Wie unterwürfig, fast hündisch die Mehrzahl der Eidgenossen ihren Herren zu begegnen hatte, mag eine Anrede aus einem Schreiben von 1654 an den großen Rat von Bern verdeutlichen:

> Wohledle, strenge, hoch- und wohlgeachtete, ehren- und notfeste, fromme, vornehme, vorsorgliche, hoch- und wohlweise, besonders hochgeehrte, großgünstige und vorzügliche gnädige Herren, Oberen und Väter. (Guggenbühl, S. 10)

Die Herren verstanden sich als Herren «von Gottes Gnaden». Für «gnädig» hielten sie sich allemal. Sie nannten sich «Junker» und adelten sich. So beleidigten sie die alte Eidgenossenschaft. Die verächtlich betrachtete «Landschaft» ließen sie von Landvögten in hartem, militärischem Geist knebeln. Bauernversammlungen, die alten eidgenössischen Landsgemeinden, galten bereits als Aufstand, das Verfassen von Beschwerden als Verbrechen. Den bäuerlichen Gemeinden entwanden die Patrizier die alten Freiheitsbriefe. Damit machten sie den Verfassungsbruch zum Normalzustand.

Diese unheilvolle, demokratiefeindliche Tendenz erhielt neue Nahrung durch eine schweizerische Wirtschaftskrise nach dem Ende des Dreißigjährigen Krieges. Die Schweizer Bauern hatten während des Krieges durch Lebensmittellieferungen ins benachbarte Deutschland gute Gewinne erzielt. Landwirtschaftliche Produkte standen hoch im Kurs. Folglich stiegen die Preise für Höfe und Äcker. Die Patrizier legten ihr Geld gerne hier an, angesichts der schweizerischen Agrarkonjunktur erreichten sie gute Zinsen. Für eine Belebung des inneren Absatzes sorgten außerdem die reichen Flüchtlinge aus dem vom Krieg überzogenen Deutschland.

Nach dem Friedensschluß von 1648 erlebten die Schweizer einen ungeahnten Preisverfall. Es gab keine Massenheere mehr zu ernähren. Die deutschen Nachbarländer errichteten Zollmauern, wollten die eigene

Wirtschaft wieder aufbauen und einen Abfluß des knappen Geldes ins Ausland verhindern. Die deutschen Flüchtlinge kehrten heim.

Mit den Preisen für landwirtschaftliche Erzeugnisse fielen auch die Grundstückspreise. Die Bauern nahmen weniger ein, die verschuldeten unter ihnen hatten jedoch die vertraglich vereinbarten, hohen Zinsen an das städtische Wucherkapital zu zahlen. Die Schuldforderungen erhöhten sich ständig. Dies heizte den Stadt-Land-Gegensatz an. Während der Revolution von 1653 erhellte ein Luzerner Bauer diesen Zusammenhang schlaglichtartig mit seinem Ausspruch:

Mein Lebtag hab ich gehört: wenn man gegen die Stadt die Kanonen abschießt, so schießt man die Hypotheken hinweg! (Mühlestein, S. 52)

Der Friede stürzte die schweizerische Wirtschaft in eine schwere Krise. Vorher war der Nachbarn Leid zugleich der Schweizer Freud gewesen. Nun kehrten auch die überlebenden Söldner zurück, oft geprellt um hohe Soldsummen, erst recht um ihre Pensionsansprüche. Zu Hause ließ der Konjunkturverfall sie nur ein geringes Auskommen finden. Aus dem Krieg brachten sie aber die Erfahrung mit: wer etwas braucht, muß es sich selbst holen.

In dieser Krise wollten sich die Patrizier auf Kosten des Landvolkes schadlos halten. Sie erhöhten nicht nur die alten Abgaben, sie führten neue ein. Auch hier erfreute sich, wie im Dreiecksland (Basellandschaft, Vorderösterreich; siehe Kapitel 59), die Weinsteuer, das Ohmgeld, eines besonderen Hasses. Viehverkaufssteuer (Trattengeld), Brücken-, Stadt- und Landeszölle füllten den Aristokraten die Beutel, ließen aber viele Bauern weiter verarmen. Durch die Einführung des städtischen Salzmonopols stieg der Salzpreis. Damit verteuerte sich die Viehhaltung. Damals wurde weit mehr Salz verfüttert als heute. Und immer wieder schlugen die Schuldboten des Großen Rates zu, lebten lustig im nächsten Wirtshaus auf Kosten des armen Schluckers, bis dieser bezahlte.

Das Maß der Herren war voll, als Luzern im Dezember 1652 die Silberbatzen «verrief», d. h. für ungültig erklärte. Sie mußten eingetauscht werden, allerdings mit einem Verlust von einem Viertel bis zur Hälfte ihres Wertes. Zudem lag der Tauschtermin so knapp, daß viele Bauern ihn nicht mehr wahrnehmen konnten. Kurz vorher hatten aber städtische Finanzspekulanten Massen der bald weniger wertvollen Münzen in die Landschaft hinausgeschafft und gegen Edelmetall, Höfe, Land oder Hypothekenbriefe eingetauscht (Mühlestein, S. 20/21). So schlug, wie schon so oft (siehe Kapitel 58, 61), aus einer Münzmanipulation die Stichflamme für eine Erhebung.

Die selbstherrlich Regierenden hatten vergessen, welche rebellische

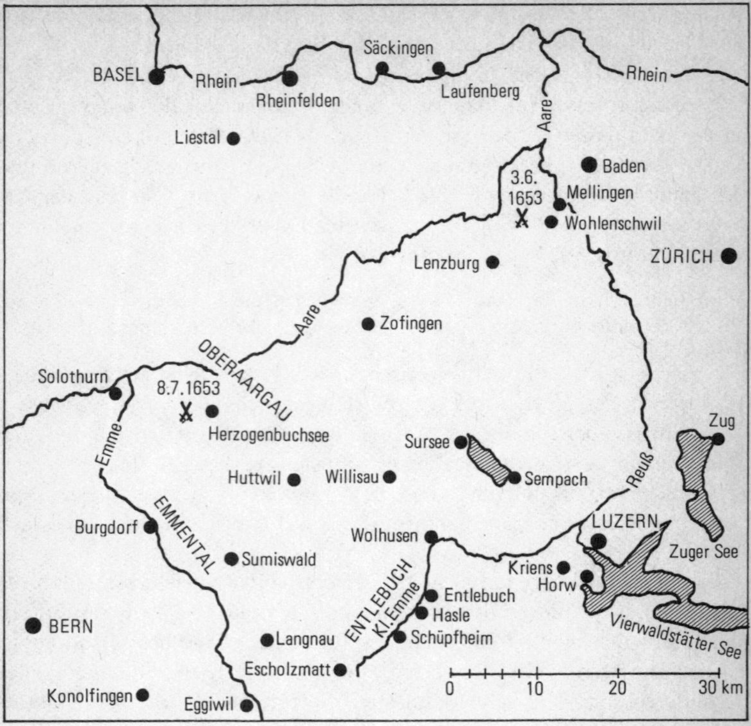

Karte 30

Tradition der Volksfreiheit noch immer in der Landschaft draußen lebte. Sie witterten zwar Gefahren und ließen jeden Bauern, den sie bei einem oppositionellen Ausspruch erwischten, einkerkern und finanziell schwer büßen, aber sie bauten weiter ihre Alleinregierung aus, zur wahren Landplage.

Auf den schärfsten Bauernwiderstand in der Innerschweiz stießen die Luzerner Herren im Entlebuch, dem Gebirgstal der Kleinen Emme. Nur diesen Gebirgsbauern hatten sie ein gewisses Maß der alten Selbstverwaltung noch nicht entreißen können. Die Entlebucher verfügten über eigene Gerichte und Geschworene, ein eigenes Landessiegel und ein eigenes Landespanner (Fahne und Aufgebot). In der Revolution konnten sie also auf eine eigene Führungsschicht zurückgreifen, der das Bauernaufgebot Folge leistete: den Landespannermeister (Führer des Aufgebots), den Landeshauptmann (politischer Führer der Selbstverwaltung), den Landesfähnrich und den Landessiegler.

Das Entlebuch hatte seine revolutionäre Tradition nicht einrosten lassen. In den letzten 200 Jahren, zwischen 1434 und 1636, hatten sich hier die Landleute sechsmal erhoben, um ihre Freiheiten gegen Luzern zu verteidigen. Die Entlebucher spürten am stärksten, daß die neuen Abgaben, Steuern und Verordnungen einen Bruch des Verfassungslebens bedeuteten. Solange aber die militärische Kraft der Eidgenossenschaft auf dem bäuerlichen Aufgebot und nicht auf einem Söldnerheer beruhte, saß die absolutistische Herrschaft der Städter auf wackligem Thron.

Am 28. Dezember 1652 trifft sich im Haus von Käspi Unternährer in Schüpfheim im oberen Entlebuch die erste geheime Versammlung der führenden, oppositionellen Bauern. Zu den Teilnehmern gehört der später bestimmende Kopf der ganzen Luzerner Revolutionsbewegung, der Landespannermeister Hans Emmenegger von Schüpfheim. Ein reicher Großbauer mit 79 Stück Vieh und 19 Pferden in den Ställen, aber kein Aristokrat, sondern ein begeisteter Verfechter der ererbten Bauernfreiheit. Schon 1635 nahm er an einer Revolte gegen den verhaßten Luzerner Landvogt teil und entging nur knapp der Hinrichtung.

In Verbindung mit dieser Entlebucher Verschwörergruppe findet sich Anfang Januar 1653 auch in der Berner Landschaft eine Rebellengruppe zusammen, in Eggiwil im Haus von Uli Galli. 1641 erwarben sich die Berner Bauern im Thuner Aufstand revolutionäre Erfahrung. Viele aus der jetzigen Kerngruppe machten schon damals mit.

Der Verständigungsversuch einer Entlebucher Delegation mit den Luzerner Ratsherren am 9. Januar 1653 scheitert. Die Aristokraten wissen nur zu drohen und die Untertanen warten zu lassen. Diese befürchten zu Recht, festgenommen zu werden. Fluchtartig verlassen sie Luzern.

Nachdem sich dann aus den Anfängen eine Bauernrevolution entwikkelt hat, jammern die Herren, alles sei doch nur «ein Mißverständnis» gewesen. Solche «Mißverständnisse» pflegen sich erst herauszustellen, wenn die Herrschaften ihre Felle davonschwimmen sehen. Vorher pfiffen den Schwächeren ganz andere Töne in den Ohren.

Die Entlebucher holen sich kräftige, eichene Knüppel aus den Wäldern, spicken sie mit Nägeln und Eisenstücken. Diese Morgensterne, eine uralte Bauernwaffe, tauchten bei den Züricher Seebauern 1646 (Kapitel 65) und schon früher in Bauernerhebungen auf.

Als ein verwünschter Luzerner Schuldbote ins Entlebuch kommt, gerade ins Rebellenzentrum Schüpfheim, bringt er wider Willen die lang unterdrückte Volksphantasie zum Aufblühen. Die Schüpfheimer ergreifen ihn und setzen ihn mit gebundenen Händen, einen Weidenzaum im Mund, auf einen Schuhmacherstuhl, pfeifen ihn aus. Damit parodieren sie herrschaftliche Strafen.

Auf diese Pantomime folgen ein historisch-aktuelles Volksschauspiel und neue Freiheitslieder. Beweise einer großen Fähigkeit, die eigene, unterdrückte Kultur spontan auszudrücken. Am 26. Januar 1653 ziehen alle sieben Entlebucher Pfarrgemeinden in einer Demonstration, nicht bloß einer Prozession, zum Wallfahrtsort Heiligenkreuz hoch über Hasle. Hier finden sonst alljährlich im September die beliebten Volksfeste und Wettkämpfe statt. Die Entlebucher führen wohl Kreuz und Fahnen mit sich, doch an der Spitze ziehen die «drei Tellen», als historische Figuren verkleidete Revolutionsführer: Käspi Unternährer aus Schüpfheim als Wilhelm Tell mit Pfeil und Bogen, der Hintervoli von Hasle als Stauffacher, Hans Stadelmann aus Marbach als Arnold von Melchthal.

Mit den drei Tellen hebt die Revolution an, mit ihrem letzten Kampf wird sie erstickt werden. Am Wallfahrtsort legen die Entlebucher den Eid ab, ihre Not zu beseitigen. Der erste Schritt zu einem neuen Bauernbund ist getan.

Die Luzerner Aristokraten haben auf einmal genug Zeit. Sie schicken am 14. Februar 1653 eine Delegation nach Schüpfheim, die beim Volk eine trotzige, bewaffnete Versammlung auslöst. Als die Herren bis spät beim Wein sitzen, bekommen sie eine rebellische Nachtmusik zu hören. Kaspar Emmenegger, des Landespannermeisters Vetter, hat auf die Melodie des alten Tellenliedes ein neues geschrieben. Vor den Fenstern ihres Quartiers müssen die Luzerner nachts Dutzende Entlebucher singen hören:

Als man zählt sechshundert
und drei und fünfzig Jahr,
ereignen sich groß Wunder;
ist kund und offenbar.

Was wend [wollen] wir aber singen
us Gnad Herr Jesu Christ?
Vom Tellen fürzubringen,
der längst gestorben ist.

Ich sing es niemand z'tratzen [zum Trotz];
man soll mich recht verstohn:
Von wegen ganzen Batzen
ist dieser Krieg herkohn [hergekommen].

Ach Gott! ich muß sie klagen,
des Landmanns große Klag.

Es ist, wie ich werd sagen,
gar heiter an dem Tag.

Gleich wie zu Tellen Leben,
also tut's jetzt hergohn:
Der Landmann sollt hergeben,
geb, wo'rs möcht überkohn [vermögen].

Ach Tell! ich wollt dich fragen.
Wach auf von deinem Schlaf!
Die Landvögt wend alls haben,
Roß, Rinder, Kälber, Schaf!

Ein jeder Herr will leben
wie'n junger Edelmann.
Es muß es ihm hergeben
der arme, gringe Mann.

Ein armer Bauernzüttel [kümmerlicher, einfältiger Bauer],
der nicht wollt ziehen dran
mit Entlebucherknüttel
und eisnen Stefzgen [Zinken] dran.

Darum, ihr lieb Eidgenossen!
Stönd [steht] zusammen, haltet fest!
Verachtet Herrenpossen
und schüchet [verjagt] fremde Gäst!
[gemeint sind Aristokraten, ihre Landvögte und Soldaten]

Tünd's [tut sie] ussem Land verjagen
alsbald mit gwehrter Hand,
um Fried' und Ruh' zu haben
in eurem Vaterland.

Denkt an den Bruder Klausen
und sprecht früh und spat:
«Mit Knütteln muß man lausen,
und folget minem Rat».

(Mühlestein, S. 43/44; eine stark abweichende Fassung bei Guggenbühl, S. 24/25. Fundorte späterer, erweiterter Fassungen bei Mühlestein, S. 661).

1400 Entlebucher, von den Ideen einer schläfrigen Vertreterdemokratie noch nicht angekränkelt, versammeln sich am nächsten Morgen in Waffen auf freiem Feld. Sie wissen, daß ohne einen solchen Hintergrund die

Verhandlungen nicht viel taugen. Die drei Tellen begleiten die Gesandten im bewaffneten Zug zur Versammlung. Die Herren gestehen den freien Salzverkauf, Abschaffung der Viehverkaufssteuer und des neuen Brükkenzolles von Wolhusen zu. Die Entlebucher fordern außerdem die Herausgabe ihrer alten Freiheitsbriefe, die Einstellung der Schuldeintreibungen, die Senkung der Schuldzinsen um ein Drittel. Sie wollen die Kriegsdienste für Luzern verweigern, wenn diese über eine Tagreise von der Heimat entfernt zu leisten sind. Die Delegation scheitert.

Der Entlebucher Aufstand gewinnt Anhänger in der ganzen Luzerner Landschaft. Als ein zweites, wichtiges Zentrum schließt sich das Amt Willisau an. «Sendboten», wie damals die Agitatoren heißen – zur Zeit der bürgerlichen Revolution werden sie dann von den zitternden Regierungen «Emissäre» genannt – durchziehen das Land. Die Entlebucher laden alle Ämter auf den 26. Februar 1653 (Aschermittwoch, Feiertag) zu einer Landsgemeinde nach Wolhusen ein, am Eingang zum Entlebuch. Im Einladungsschreiben heißt es:

Dort soll ein Bauernbund geschlossen werden, der nicht allein uns, sondern auch unseren Nachkommen zum Wohl gereichen und dazu helfen wird, daß sie uns nach unserem Tode noch loben und danken und ewig unser gedenken. (Guggenbühl, S. 27)

Die Landsgemeinde tagt in der Kirche von Wolhusen, die zum Ratssaal umgebaut ist. Auf der Bühne der Entlebucher Landespannermeister Emmenegger (amtliche Wiedergabe seiner Rede bei Vock, S. 62), die drei Tellen und der Lehrer von Schüpfheim, Johann Jakob Müller. Dieser liest mit Billigung der anwesenden Geistlichen den neuen Bundesbrief vor (Text bei Vock, S. 64–69, Mühlestein, S. 73–76). Die Landsgemeinde schwört darauf. Damit ist der Bund der zehn Luzerner Ämter gegründet, nach dem kleineren, vorhergehenden Bund der vier Ämter (die Namen bei Vock, S. 67) bereits die zweite Stufe auf dem Weg zu einer neuen, revolutionären Eidgenossenschaft.

Auf einmal legen sich die Herren aus den mit Luzern zusammenhängenden sechs katholischen Orten (Uri, Schwyz, Unterwalden, Zug, Fribourg, Solothurn) ins Zeug und wollen vermitteln, wie bedrohte Herrschende ihre Selbstrettung zu umschreiben pflegen. Die Aufständischen haben eine lange Erfahrung hinter sich, die sie den Herren nicht mehr trauen läßt. Der Luzerner Schultheiß schreibt zu dieser Zeit:

Die Bauern sind hartnäckig und härter als Stein. Sie wollen von ihren Punkten nicht eines Nagels Breite weichen. (Guggenbühl, S. 29)

In Luzern überfällt ein Katzenjammer die arroganten Aristokraten. Der Rat gelobt eine Wallfahrt nach Einsiedeln, verbietet allen Luxus und das Tragen von Goldschnüren an der Kleidung für die nächsten 20 Jahre. Der Grund für diesen Stimmungsumschwung liegt vor der Stadt: 3000 bewaffnete Bauern unter dem Entlebucher Christian Schybi von Escholzmatt, einem baumstarken Wirt, erfahren in italienischen Kriegsdiensten.

Die Entlebucher wollen aber vorerst nur eine Einigung erzwingen. Verhängnisvollerweise scheuen sie vor dem Sturm auf die Stadt zurück, die in ihren Mauern mit einer bürgerlichen Opposition zu tun hat. Am 19. März 1653 lassen sich wankelmütige Bauernvertreter eine Einigung aufschwatzen, die die meisten Rebellen ablehnen. Der Luzerner Rat hetzt inzwischen auf diplomatischem Weg die Eidgenossen gegen den Wolhuser Bauernbund auf.

Während die Entlebucher gegen Luzern ziehen, erheben sich auch die Bauern im bernerischen Emmental, im Oberaargau, in der Grafschaft Lenzburg, in Solothurn und in der Landschaft Basel (Verzeichnis der aufständischen Gebiete bei Wirtz, S. 133/134). Das Emmental grenzt im nördlichen Teil an das Revolutionszentrum Willisau, im südlichen an das obere Entlebuch. Über die Pässe stellen Sendboten die Verbindung her.

Delegierte der Berner Bauern erleben bereits den Wolhuser Bundesschluß mit. Sie nehmen eine Abschrift des neuen Bundesbriefes mit. Mitte März folgen die ersten großen Versammlungen des Emmentals: in Langnau, in Trachselwald, dann die Landsgemeinde in Konolfingen. Auch die Berner Regierung gibt sich nur nach außen kompromißbereit. Im Hintergrund betreibt sie die Zusammenstellung eines Repressionsheeres aus ihren südlichen Untertanengebieten, Söldnern und eidgenössischen Zuzügen.

Anfang April unterwerfen sich in Bern – auf Vermittlung des Züricher Bürgermeisters – die Ausschüsse der aufständischen Bauern, unter ihnen der spätere Obmann des Huttwiler Bundesheeres, Niklaus Leuenberger von Schönholz, ein nicht unbemittelter Hofbesitzer aus der Gemeinde Rüderswil, 38 Jahre alt. Doch die übrigen Emmentaler trauen dem Herrenfrieden mit den geringen Zugeständnissen nicht. Damit wiederholt sich, wie schon vor Luzern, die Spaltung zwischen den Aufständischen und ihren Deligierten.

Die Rebellion erfaßt schließlich auch die Landschaft Zürich, wo die Rechnung aus den Jahren 1645/46 noch offensteht (Kapitel 65). Ein Chronist schreibt dazu:

Es ist geschehen, daß in der Landschaft Zürich 14 Gemeinden zusammengeschworen und im Namen von 70 Kirchengemeinden 20 ausgeschossene [gewählte] Bauern in das Schloß Kyburg gekommen sind und dem Obervogt angezeigt haben, daß sie sich zu beschweren hätten über zehn Artikel, daß sie nicht mehr wollen gedrängt sein, Kontributionen [Kriegssteuer] zu geben, sondern eher sich derselben mit dem Schwerte ledigmachen. (Vock, S. 214, Anm. 33)

Wieder sind die Züricher Seebauern des Wädenswiler und Knonauer Amtes dabei (Mühlestein, S. 185). Inzwischen verständigen sich die bedrohten Aristokraten auf der eidgenössischen Tagsatzung in Baden (Aargau; Bild bei Mühlestein, Abb. 20). Sie mobilisieren die ganze Eidgenossenschaft, um den Rücken der Bauern ihre Herrenprivilegien noch fester aufzubürden. Die Eidgenossenschaft offenbart so ihre weniger schöne Kehrseite, die gerne übersehen wird. Angesichts des massiven Bauernwiderstands entlarvt sie sich als eine Repressionsgenossenschaft der dünnen Herrenschicht.

Am 22. März 1653 erläßt die Tagsatzung in Baden, aufgehetzt von Luzern und Bern, eine gehässige Proklamation an die Eidgenossen (Text bei Vock, S. 126–130). Damit schüttet sie Öl ins Feuer. Die Gesandten der einzelnen Orte erklären,

daß ein guter Teil ihrer Untertanen [...] sich wider göttliche und weltliche Rechte, mit Hintansetzung ihrer schuldigen Eidespflicht, Treue, Ehre und Glauben, wider ihre natürliche hohe Obrigkeit aufgelehnt und empört, ja sogar die Waffen wider sie ergriffen und allerhand hochsträfliche Fehler und Mutwillen, wie öffentlich am Tag, unverantwortlich verübt und begangen, ja sich noch dabei soweit erkühnt, auch anderer Obrigkeiten Untertanen an sich zu ziehen und solche unter allerhand falschem Schein und Vorwand auch zu dem Abfall von ihrer, von Gott vorgesetzten Obrigkeit zu bewegen. Durch unverdrossene Mühe, auch hin und wieder ausgeschickte Aufwiegler und ihresgleichen böse Buben haben sie es so weit durchgetrieben, daß sie zu ihrem bösen Vorhaben ziemlichen Beifall gefunden und sogar etliche Ämter und Herrschaften mit ihnen zum Aufstande gebracht. (Vock, S. 127)

Wie in klassischen autoritären Staaten verbietet die Proklamation allerhand Zusammenrottierung, Empörung und Aufruhr, bei Leibes und Lebens Strafe. (Vock, S. 128)

Wer unter den Bauern noch an die nach außen so liebreichen Vermittlungsversuche geglaubt hat, sieht jetzt, was hinter der patriarchalischen Maske steckt. Im Entlebuch flammt der Aufstand zuerst wieder auf. Sendboten bearbeiten so heftig und erfolgreich die Untertanengebiete, daß dem Rat von Solothurn in einem Schreiben vom 5. April 1653 an die Vermittler in Bern ganz wider Willen folgendes sprachliche Bild gelingt:

Die Rebellion ist wie eine durchfressende Made in einem Käse; sie frißt um sich. (Vock, S. 170, Anm. 174)

Am 23. April (Mittwoch, Georgitag, Feiertag) findet in Sumiswald (Emmental) eine Landsgemeinde statt. Auf einer Wiese beim Ort führt Niklaus Leuenberger den Vorsitz über die Versammlung der 2–3000 Bauern. Anfang April glaubte er noch an eine Versöhnungsbereitschaft der Berner Herren. Neben ihm leiten die Versammlung auch zwei Entlebucher, Hans Emmenegger und der Landessiegler Niklaus Binder. Die Vereinigung der katholischen Luzerner mit den protestantischen, zum guten Teil sogar täuferisch beeinflußten Berner Bauern bahnt sich an. Zudem nehmen Delegierte aus Baselland und Solothurn teil. Landschaftliche wie konfessionelle Grenzen beginnen durchlässig zu werden.

Der Münsinger Notar Johann Konrad Brenner, gebürtig aus Britzingen bei Müllheim in der Markgrafschaft Baden, aber seit 40 Jahren schon in der Eidgenossenschaft, Schreiber der revolutionären Bauern, liest den Entwurf eines Bundesbriefes vor (Text bei Vock, S. 205–209, Mühlestein, S. 303–306). Dieses großartige Zeugnis eines revolutionären Bauernbundes bildet die Grundlage für den späteren Huttwiler Bund. Die Landsgemeinde wählt Leuenberger zum Obmann des Sumiswalder Bundes, Hans Emmenegger zum Generalobersten, also zum Chef des Kriegsrates, wie der Generalstab heißt.

Nun steht die ganze Berner Landschaft auf. Die Bauern stellen an den Straßen, Pässen und Flußübergängen Wachen aus, untersuchen alle Reisenden und entdecken so manche interessante, revolutionsfeindliche Korrespondenz. Die Frauen stehen nicht abseits. Auch sie sind dabei, in den Wäldern Verhaue anzulegen, Waffen und Lebensmittel zu beschaffen (Vock, S. 219). Einem zeitgenössischen Chronisten kommen die ganzen Aktivitäten vor wie ein wütendes Wildwasser der Empörung (Wirtz, S. 152).

Die beiden nächsten Landsgemeinden in Huttwil (Emmental) am 30. April und 14. Mai 1653 bestätigen und erweitern den Sumiswalder Bundesbrief. 3000 Bauerndelegierte verhandeln fünf Stunden lang auf freiem Feld, sogar nahe der Gerichtsstätte, was die selbstbewußten Rebellen nicht geniert. Die neue Eidgenossenschaft, hervorgegangen aus einer sich mehr und mehr verbreiternden Bauernrevolution, befindet sich auf ihrem Höhepunkt. Im Huttwiler Bundesbrief haben wir eines der bedeutendsten Dokumente einer demokratischen, bäuerlichen Staatsbildung vor uns. Deshalb sei dieser Beschluß vollständig wiedergegeben.

Zu wissen und kund ist jedermann, was im Jahr 1653 in der Herrschaft Luzern im Entlebuch für ein Zerwürfnis und eine Streitigkeit entstanden wider ihre gnädige Obrigkeit der Stadt Luzern aus den Gründen, daß sie ihnen viele neue Auflagen, große Strafen und Belastungen auferlegt und dazu gezwungen haben trotz ihrer Briefe und Siegel, mit denen die Entlebucher ihre Vertreter an ihre gnädige Obrigkeit geschickt, welche freundlich, untertänig und unter Wahrung des Anstands mit großer Bitte angehalten haben, von solchen Beschwerden sie zu befreien und diese ihnen abzutun. Die Vertreter haben nicht allein nichts erreichen können, sondern sind noch ausgescholten und bedroht worden.

Deshalb sind die Bauern erzürnt worden und haben zusammen geschworen, Leib und Leben dranzusetzen und ab sofort den Luzernern keinen Zins oder Geldschulden mehr zukommen zu lassen, bis ihre gnädige Obrigkeit die alten Freiheitsbriefe und Vergleiche der Entlebucher wieder ausliefere, die sie ihnen genommen haben; denn die Obrigkeit will ihre übrigen Untertanen aufrufen, die Entlebucher zum Gehorsam zu zwingen.

Als die anderen Untertanen aber den Grund vernommen, haben sie sich von den gleichen Belastungen beladen gefunden. Darum sind sie auch zu denen ins Entlebuch gestanden und haben zu Wolhusen zusammengeschworen, weil sie mit Bitten nichts Besonderes erlangen konnten, was ihnen gehörte. Darüber war ihre Obrigkeit unzufrieden.

Dann schrieben die Luzerner den Herren Gesandten aus den sechs katholischen Orten, welche Herren recht lange mit der Angelegenheit sich beschäftigt haben. Inzwischen schrieben die Luzerner um Hilfe. Und so wird der Streit je länger, desto böser, so daß die Bauern der Ämter vor die Stadt Luzern zogen, weil die Herren die erzürnten Bundesgenossen von Kriens und Horw [bei Luzern] stark und schwer bedroht haben, alles zu zerstören, wenn diese nicht wieder zur Stadt schwören wollten.

Währenddessen haben die Gesandten der dreizehn und der zugewandten Orte der Eidgenossenschaft in Baden eine ungute, unwahre Proklamation gemacht. Der Inhalt behauptet, die Bauern hätten allerhand Verbrechen und unverantwortlichen Mutwillen, wie offenbar am Tage liege, verübt. Diese Erklärung haben die Gesandten gegen die genannten Anfänger im Entlebuch und gegen alle, die ihnen beigestanden sind, ausgehen lassen, damit sie von den Untertanen aller eidgenössischen Orte festgenommen würden. Damit ihnen das nicht passierte, sollten sie wegen der Proklamation nicht mehr zu den Nachbarn aller Orte kommen dürfen, weil sie so stark herabgesetzt und verleumdet worden, daß sie ihres Leibes und Lebens nicht mehr sicher wären, sondern in Gefahr schwebten. Inzwischen sollten von vielen eidgenössischen Orten fremde und einheimische Kriegsleute über sie herfallen.

Deshalb sind die Erlebucher gekommen, um mit uns Berner Bauern zu reden und zu planen, daß wir einander kein Leid und Schaden zufügen, auch keine fremde oder einheimische Soldaten durchziehen lassen wollen, welche die Entlebucher oder uns schädigen. Wir wollen als treue, liebe Nachbarn miteinander leben, auch unsere Häuser, Höfe, Hab und Gut, Weiber und Kinder in gutem Frieden erhalten.

Wir im Berner Gebiet sind oft Willens gewesen, unsere gnädige Herren und Obrigkeiten zu bitten, auch unsere Beschwerden abzustellen. So sollte es vor

Jahren im Thuner Krieg oder Streit [1641] ebenfalls vereinbart werden, was aber schlecht gehalten worden ist. Deshalb haben wir erneut Vertreter an unsere Obrigkeit nach Bern geschickt und sie untertänig gebeten, unsere Belastungen wegzunehmen. Die Herren haben unsere Gesandten gezwungen, in unser aller Namen auf die Knie niederzufallen, um Gnade zu bitten und eine Erklärung anzunehmen, die die Herren danach doch nicht gehalten haben, wie sie unseren Gesandten versprochen.

Deshalb haben wir Grund bekommen, uns in allen Dingen selbst zu helfen. Auf den 23. April im Jahr 1653 ist zu Sumiswald eine Landsgemeinde gehalten worden wegen unseren Klagartikeln und der unguten Proklamation, die unsere Ehre und unserem guten Namen schadet, woran uns aber nichts gelegen ist. Deshalb sind wir aus den Herrschaften Bern, Luzern, Solothurn und Basler Gebiet und aus den nachher genannten Orten zusammen gekommen. Da haben wir uns freundlich besprochen wegen unserer Beschwerden und besonderen Gründen, und wir haben darüber auf freiem Feld einhellig einen verabschiedeten, ewigen, aufrichtigen, steten und festen Eid und Bund beim wahren und ewigen Gott geschworen, die folgenden Artikel treu zu halten:

Im Namen der hochheiligen Dreifaltigkeit Gott Vater, Sohn und Heiliger Geist, Amen. Wir haben zusammengeschworen auf den 1. Artikel, daß wir den ersten eidgenössischen Bund, den die uralten Eidgenossen vor hundert Jahren [tatsächlich 1291] zusammengeschworen, haben und erhalten wollen. Wir helfen, die Ungerechtigkeit einander zu beseitigen. Wir schützen und schirmen einander mit Leib, Hab, Gut und Blut. Was den Herren und Obrigkeiten gehört, soll ihnen bleiben und gegeben werden, und was uns Bauern und Untertanen gehört, soll auch uns bleiben und zuteil werden, unbeschadet der unterschiedlichen Religionen.

2. Wir wollen einander helfen, alle unguten neuen Auflagen abzuschaffen. Die Untertanen jedes eidgenössischen Ortes sollen ihre Rechte selbst von ihren Obrigkeiten fordern. Wenn sie aber einen Streit gegen ihre Obrigkeit bekommen, sollen sie nicht ohne Wissen und Willen der anderen Bundesgenossen zum Kampf ausziehen, damit man vorher sehen kann, welche Seite Recht oder Unrecht hat. Haben unsere Bundesgenossen Recht, so wollen wir ihnen dazu verhelfen. Haben sie aber Unrecht, so wollen wir sie abweisen.

3. Wenn die Obrigkeiten uns Untertanen fremde oder einheimische Soldaten auf den Hals jagen wollen, so wollen wir diese einander zurückweisen helfen und nicht dulden, sondern wir wollen, so es nötig ist, einander getrost und tapfer beispringen.

4. Wenn irgendeine Person in Städten oder auf dem Land wegen dieses ausgebrochenen Kampfes von einer Herrschaft oder anderen Leuten festgenommen oder an Leib und Gut oder Leben geschädigt wird, so sollen unsere Bundesgenossen aller Orte denselben mit Leib, Gut und Blut befreien helfen, wie wenn es einen jeden selbst getroffen hätte.

5. Dieser unser beschworene Bund soll alle zehn Jahre vorgelesen und von den Bundesgenossen erneuert werden. Wenn ein Ort wegen seiner Obrigkeit

oder wegen etwas anderem eine Beschwerde hat, so will man denselben stets zum Recht verhelfen, damit unseren Nachkommen keine neuen Pflichten und ungebührlichen Belastungen mehr aufgeladen werden können.

6. Keiner unter uns soll so vermessen und frech sein, gegen diesen Bundesschwur zu reden oder zu planen, wieder davon abzulassen und ihn zunichte zu machen. Wer aber dagegen verstößt, soll für einen meineidigen und treulosen Mann gehalten und angemessen bestraft werden.

7. Keine Bundesgenossen eines Ortes sollen mit ihrer Obrigkeit über diese Angelegenheit sich vergleichen und einen Vertrag abschließen, bevor nicht auch unsere anderen Bundesgenossen in allen Orten diesen Vertrag abschließen können, so daß der Vertrag und der Friede miteinander gleich geschlossen werden.

Es folgen hier die Orte und Vogteien, die in diesem Bundesschwurbrief eingeschlossen sind und geschworen haben.

[Land Entlebuch, Bern, Solothurn, Basel]

Dieser Bundesschwur und Eid sind zu Huttwil von den Ausgeschossenen [gewählten Vertretern] der genannten Orte im genannten Jahr am 14. Mai bestätigt und mit den daran gehängten Siegeln zum ewigen Gedächtnis, zum wahren Zeugnis behängt und bekräftigt worden. Von diesem Brief sind vier wörtlich gleichlautende Abschriften, jedem Ort eine, zugestellt worden, den Herrschaften Bern, Luzern, Solothurn und Basel. (Franz, S. 138–141)

Dieser Bundesbrief der Huttwiler Landsgemeinde stellt den Verfassungsentwurf einer neuen, revolutionären Bauerndemokratie dar. Anders als wir es bei Verfassungstexten gewohnt sind, spielt dabei die revolutionäre Tradition eine gewichtige Rolle, leitet sie doch ausführlich die Verfassungsartikel ein. Die Befreiungsgeschichte der Vergessenheit oder gar den Aristokraten preiszugeben, fällt den Huttwiler Eidgenossen nicht ein.

Noch halten die Bauern an der Existenz der alten Obrigkeiten fest, deren Rechte freilich stark beschnitten werden. Aber weder Tagsatzung noch Herrenrecht haben etwas im neuen Bauernstaat zu suchen. So gehen die Bauern über die Konzeption einer Doppelherrschaft hinaus. Rechtsfragen und Kämpfe trägt der neue Bund gemeinsam aus; er schließt bereits die gesetzgebende, die rechtsprechende und die ausführende Gewalt in sich.

Erstmals in der Schweizer Geschichte tritt ein Volksparlament in Aktion, bezeichnenderweise nicht reduziert auf wenige Personen in abgeschlossenen Räumen, sondern eine Masse auf freiem Feld. Diese Landsgemeinde von politisch noch unerfahrenen Landleuten bringt in wenigen Tagen das zustande, wozu verfassunggebende Versammlungen Monate brauchen. Gewiß sind viele künftige Probleme noch gar nicht angesprochen. Aber was der Huttwiler Bund im ersten Anlauf schafft, ist weit mehr als die Ureidgenossenschaft von 1291 (siehe Kapitel 40). Die revolutionären Luzerner, Berner, Basler und Solothurner überschreiten die kantonalen und konfessionellen Grenzen. Ganz entgegen der landläufigen, herabsetzenden Urteile über das Landvolk machen gerade Gebirgsbauern sich auf den Sprung zu einem einheitlichen, freiheitlichen Staat. Die patrizisch ruinierte Eidgenossenschaft erreicht dieses Ziel erst 1848.

Die Tagsatzung in Baden versteht, daß dies alles nicht bloß eine traditionelle Bauernerhebung wegen einiger Beschwerden ist, sondern daß die Bauern den Weg der Revolution eingeschlagen haben. Die Gesandten können nun auf einmal Süßholz raspeln. Sie weisen die Landvögte an, bescheidener zu herrschen, damit die Untertanen ihre Obrigkeit wieder lieben.

Die Aufständischen halten an ihren Verfassungsgrundsätzen fest. Sie wollen ihr Recht auf die Landsgemeinden nicht aufgeben. Sie streben eine Kontrolle über die Landvögte an, die notfalls hart zu bestrafen seien. Sie lehnen Verhandlungen mit den Tagsatzungsgesandten in Baden ab, verlangen statt dessen Auseinandersetzungen auf dem freien Feld vor der Landsgemeinde.

Inzwischen stellen die Aristokraten drei Repressionsarmeen zusammen. Eine feine Koalition entsteht da. Neben den Urkantonen, Zürich, Schaffhausen, Glarus und Thurgau auch alte Feinde: der Fürstabt von St. Gallen, die Stadt St. Gallen und beide Appenzell. Gerade die drei letzten verraten damit ihre eigene revolutionäre Geschichte (siehe Kapitel 49).

Die Huttwiler Eidgenossen kommen dem Angriff zuvor. Leuenberger, der Obmann des neuen Bundes, läßt am 21. Mai 1653 die Sturmglocken läuten und zieht mit einem Bauernheer vor Bern. Unseligerweise läßt er die Stadt nicht stürmen, um den Rat zu stürzen. Er hofft noch auf Verhandlungen. Eine immer wieder auftauchende Illusion von bisher Beherrschten, die noch keine ausreichende Erfahrung im Umgang mit den Mächtigen haben.

Vor Bern, auf dem Murifeld, erhält Leuenberger einen Friedensvertrag, der viele Einzelfragen regelt, aber den Verzicht auf den Huttwiler Bund verlangt und keine Landsgemeinden erlaubt (Text bei Vock, S. 303–310). Statt dessen die ewig gleiche, verdummende Beruhigung der Untertanen: die Bauern sollen ihr Anliegen zuerst untertänig an uns [die Patrizier] gelangen lassen, um die gebührende Abhilfe von uns zu erwarten (Vock, S. 305).

Erneut läßt sich eine Bauerndelegation durch Drohungen und leere Versprechen weichmachen. Diplomatisch unterliegen die Bauern regelmäßig. Ihre Stärke liegt in der Landsgemeinde auf offenem Feld.

Ein von den Aristokraten aufgestelltes Heer zieht währenddessen von Zürich nach Mellingen. Ihm gegenüber versammeln sich nach und nach 20000 bewaffnete Bauern. Die Basellandschäftler ziehen mit einer originellen Fahne heran: Auf dem weißen Seidentuch flattern vier Bauern: der erste trägt einen Degen an der Seite und eine Haue; der zweite eine Reuthaue auf dem Rücken; der dritte eine Schaufel; der vierte, in alter Schweizertracht, erhebt die drei Schwurfinger.

Man wartet mehrere Tage darauf, ob der Murifelder Friedensvertrag auf die ganze Eidgenossenschaft ausgedehnt wird. Doch selbst das ist den Herren zuviel. Sie brechen sofort den kaum getrockneten Vertragstext, während der gutgläubige Leuenberger daran festhält.

So kommt es am 3. Juni 1653 zum Gefecht bei Wohlenschwil, das unentschieden endet. Wieder läßt sich eine wankelmütige Bauernvertretung – dieses Mal allerdings keiner der anerkannten Bundesführer – am 4. Juni einen Friedensvertrag, den Mellinger, aufdrängen (Text bei Vock, S. 355–357), der erneut den Verzicht auf den Huttwiler Bund festlegt. Nun aber beharrt Leuenberger in einem Brief vom 5. Juni auf der neuen Eidgenossenschaft (Text bei Wirth, S. 193–195, Vock, S. 357/358). Doch Bern und den scharfmacherischen feindlichen Generalen geht selbst der für die Bauern unannehmbare Mellinger Frieden zu weit. Sie verlangen die Auslieferung des Bundesbriefes und der führenden Bauern, der sogenannten «Rädelsführer».

Das Bauernheer sieht, daß die Innerschweiz auf die Dauer der mobilisierten patrizischen Eidgenossenschaft nicht standhalten wird. Die Nachgiebigkeit mehrerer Bauerndelegationen und die dabei erzielten vielen, aber unwesentlichen Vertragspunkte haben die Bauern zunehmend unsicher gemacht.

Die Taktik der Herren trägt ihre Früchte. Die Mehrheit der Huttwiler Bundesgenossen geht nach Hause. Ein radikaler Rest, der die Politik der Aristokraten endlich durchschauen gelernt hat, zieht sich nach Herzogenbuchsee (Oberaargau) zurück, verteidigt sich am 8. Juni im Oberdorf und zuletzt auf dem Friedhof, kann aber die Niederlage nicht aufhalten.

General Sigmund von Erlach, der grausamste Patrizier in der ganzen Bauernrevolution, läßt im Land jeden verdächtigen Bauern aufhängen, dessen er nur habhaft werden kann. Damit erweist er sich würdig eines anderen Sprößlings dieses reaktionären Berner Patriziergeschlechts, des Hartmann von Erlach. Diesen erschlugen freilich die aufständischen Sundgauer Bauern im Jahr 1633 (Kapitel 63).

Der Sieg genügt den Herren nicht. Sie lechzen nach Rache, Demütigung, Vernichtung. Im Buch der eidgenössischen Geschichte schlagen sie nun eine der grausamsten Seiten auf: Hängen, Rädern, Köpfen, Halsabschneiden, Zungenschlitzen, Ohrenschlitzen, Ohrenabschneiden, Auspeitschen, Verbannung auf einige Jahre oder Lebenszeit, jahrelange Ankettung auf venezianischen Galeeren, schwere Geldbußen bis zur völligen Enteignung. Das Kriegsgericht in Zofingen schlägt brutal zu, für gemäßigte Orte wie Zürich zu hart, für eine Hochburg der Reaktion wie Basel noch viel zu mild. Liestal verliert seine Selbstverwaltung. Der Haß gegen Baselstadt, der endlich nach der französischen Julirevolution (1830) dann im Jahr 1832 zur Schaffung des liberalen Kantons Baselland führte, hatte also ehrwürdige, historische Wurzeln.

Leuenberger irrt durch das Emmental, wird am 11. Juni 1653 verhaftet, am 12. Juni nach Bern gebracht. Die Städter treiben ihren Spott mit ihm, hängen dem geschlagenen Bauerngeneral eine Schärpe aus Stroh und einen hözernen Degen um. Nach langen Folterungen und Verhören wird er am 6. September 1653 in Bern hingerichtet (Urteil bei Vock, S. 508). Eine Chronik überliefert uns:

Am 6. September wurde Leuenberger in Bern mit Michel Spring von Schüpfheim zuerst enthauptet, dann sollte sein Rumpf gevierteilt werden. Sein robuster Körper war aber den Pferden zu stark. Man schnitt ihn daher in Riemen und hängte diese Stücke an den in die Stadt führenden Straßen auf. Sein Kopf wurde mit dem Bundesbrief an den Galgen genagelt. (Bärtschi, S. 110)

In Luzern geht es nicht anders zu. Der bärenstarke Entlebucher Christian Schybi, General beim Zug gegen Luzerner, ist selbst mit der Folter nicht kleinzukriegen. Der Vorsitzende des Standgerichts, ein Luzerner Ratsherr, schreibt darüber am 5. Juli 1653 gewissenhaft und seelenruhig, während nebenan freiheitsliebende Bauern gefoltert werden:

Es ist gar viel hier zu schaffen. Diesen Morgen haben wir früh angefangen und zwölf Stunden verhört. Der Schybi hält sich fest und ist mächtig stark. Ihm sind kleine und große Steine, auch andere Sachen, aufgelegt worden. Doch hat er wegen Hexenzauberei nichts bekennen wollen, obwohl er heftig geschwitzt und dazu geweint hat. Wir glauben also nicht und können nicht finden noch spüren, daß weiteres aus diesem zu bringen sei. (Vock, S. 450/451)

Zwei Tage später wird Schybi hingerichtet, am 23. Juli Hans Emmenegger. So geht es noch Dutzenden. Aber der Wunsch nach Bauernfreiheit ist noch nicht gebrochen. Er offenbart sich selbst im Kampf um die Toten. Uli Galli, der eigentliche Organisator der Berner Revolution, endet sein Leben am 4. November 1653 am Galgen. Ein ehrloser Tod. Als seine stinkende Leiche noch im Mai 1654 am Galgen baumelt, wird sie offenbar von Anhängern der neuen Eidgenossenschaft abgeschnitten. Der Berner Rat sieht darin eine Schlappe im nie endenden Kampf gegen die Untertanen. Ein zeitgenössischer Berner Lehrer schrieb über die Reaktion des Rates in sein Tagebuch:

Im Mai [1654] hat man den gehenkten Uli Galli vom Galgen abgeschnitten. Nachher ist er auf obrigkeitlichen Befehl vom Meister Michel, dem Scharfrichter, wieder mit einer Kette unter den Armen aufgehenkt und der abgehauene Kopf an den Körper gesetzt worden. Ist dieser also zweimal gehenkt und einmal geköpft worden. (Haller, S. 137)

Einige der Bauernführer können entkommen, so der Lehrer Johann Jakob Müller von Schüpfheim, der als Schreiber die ganze Bauernkorrespondenz geführt hat. Er flüchtet ins Deutsche Reich, ernährt sich zeitweise in Haigerloch als Lehrer in hohenzollerischen Diensten. Dann verliert sich seine Spur. Was mag er die Kinder von Haigerloch gelehrt haben? Was erzählte er mal hier, mal da heimlich vom begeisternden, aber so kurzen Aufblühen der schweizerischen Bauerndemokratie? Daß er nicht schwieg, können wir annehmen, hatten doch die Freiheitsideen der Eidgenossenschaft in Süddeutschland jahrhundertelang begeisterte Anhänger.

In der Zeit der Verfolgung bewährt sich wieder einmal eine alte, der offiziellen Geschichtsschreibung stets verborgen gebliebene Bauernsolidarität (vgl. Kapitel 59). Am 9. August 1653 lassen die Basler Ratsherrn sieben Bauernführer der Basler Landschaft nach Venedig abführen, zu zwei bis zehn Jahren Strafe auf venezianischen Galeeren. Doch zwischen Säkkingen und Laufenburg (siehe Karte bei Kapitel 59) befreien vorderösterreichische Bauern, Schwarzwälder und Fricktaler, die Gefangenen aus den Händen der Begleitmannschaft und bringen sie in Sicherheit (Vock, S. 453, Anm. 53). Wahrscheinlich retteten noch weit mehr geschlagene Schweizer Rebellen ihr Leben durch die Flucht zu diesen sympatisierenden Nachbarn. Ein seltener Fall einer Schweizer Emigration nach Deutschland. Wir kennen sonst nur die Emigranten in der umgekehrten Richtung, nach besiegten deutschen Freiheitsbewegungen.

Auch die drei Tellen des Entlebuch entkommen, kehren aber bald heimlich zurück und knüpfen die Fäden für eine neue Verschwörung. Schon im August 1653 sammelt sich eine neue Revolutionsgruppe im Emmental und im Entlebuch. Am 19. August schreibt Hans Stadelmann, einer der drei Tellen, aus dem Entlebuch einen Brief an den französischen Gesandten in Solothurn. Er bietet Unterstützung durch Revolutionäre bei einem französischen Feldzug gegen Bern an (Text bei Vock, S. 510/511). Übrigens korrespondierte schon Leuenberger mit dem französischen Gesandtschaftssekretär (Rösli, S. 61).

Ende September 1653 erreicht die neue revolutionäre Agitation ihren Höhepunkt. Bei der Entlebucher Huldigung am 28. September vor den Luzerner Herren verweigern vor allem die Bauern von Schüpfheim und Hasle den Eid. Auf der Rückkehr, am 29. September, wird die Luzerner Ratsdelegation in einem Hohlweg von den drei Tellen beschossen. Einer der Aristokraten stirbt, ein anderer wird verwundet. Wieder einmal wirkt die weiterlebende, revolutionäre Tradition als brauchbare Lehrmeisterin. Hätten die Innerschweizer doch noch die neue Bauerneidgenossenschaft zustande gebracht, so würden diese drei Tellen heute in der Schweiz als Patrioten gefeiert. Wie Stauffacher und Tell von einst.

Doch die drei Tellen müssen in die Berge fliehen. Die Bauernbewegung kann sich nicht erholen. Die Luzerner schicken Truppen ins Entlebuch. Am 7. Oktober spürt man Käspi Unternährer und Hintervoli in einer Scheuer bei Schüpfheim auf. Die beiden wehren sich bis zuletzt, sogar noch vom Dach aus, bis sie heruntergeschossen werden. Beiden Leichen machen die Luzerner Herren wirklich noch den Prozeß, enthaupten die Toten und flechten sie aufs Rad. Der dritte Tell, Hans Stadelmann, führt ein gefährliches Leben in der Illegalität, bis auch er im Sommer 1654 geköpft und gerädert wird.

Ein anderer der tatkräftigsten Schüpfheimer, Hans Krummenacher – Weibel (gewählter Unteroffizier der Miliz), der stärkste Eidgenosse seiner Zeit, der beste Schwinger, Steinstoßer und Ringer – kann nach Rheinfelden entwischen. Als die Fahndung ihm nahekommt, flüchtet er in die Reichsstadt Colmar. Trotz Auslieferungsbegehren an das Deutsche Reich und einer Kopfprämie von 400 Gulden bleibt er unbehelligt. 1661 verurteilen ihn die Luzerner in Abwesenheit zum Vierteilen. Siebzigjährig kehrt er 1682 aus Heimweh zurück, 29 Jahre nach der Revolution. Nur die Bitten des ganzen Entlebuch und der Geistlichen verhindern die Hinrichtung des Greises. Der letzte große Revolutionär von 1653 muß sein Leben unter Hausarrest beenden, im Haus seiner Frau neben dem Schüpfheimer Kapuzinerkloster. 1705 stirbt er hier dreiundneunzigjährig, im Jahr des großen bayerischen Bauernaufstandes (Kapitel 75)

Die Herren konnten die Glut der Entlebucher Bauernbewegung trotz aller Anstrengungen nicht ganz austreten. Im Jahr 1659 brach ein letzter Aufstand los. Unter den Teilnehmern tauchte der Sohn des hingerichteten Entlebucher Landespannermeisters Hans Emmenegger auf. Freiheitliche, revolutionäre Familientraditionen dürften, wie in anderen rebellischen Gebieten, so auch hier ein größeres Gewicht gehabt haben, als wir heute noch nachweisen können.

Noch lange lebten die Bauernrevolutionäre von 1653 im Gedächtnis des Volkes. Das neue Tellenlied hielt sich trotz des allgemeinen Verbotes von Liedern über diese Erhebung. Es gesellte sich ein anderes Lied über den Leuenberger hinzu. Wir kennen es leider nur in einer offenbar stark zersungenen Fassung, deren möglichen älteren Zustand wir hier zu rekonstruieren versuchen. Den Wortlaut lassen wir wegen der Mundart unverändert.

Was wey [wollen] wir aber singen,
was wey wir heben an.
Wir wey singen vom Leuenberger,
wie ihm's ergangen war.

Sie zugene ä klein baß uhen, [sie zogen etwas stärker hinaus]
wohl uhen fürs Buchse Haus. [Herzogenbuchsee, 8. Juni]
Da sprach der Leuenberger:
meins Leben ist jetzt bald aus.

Er schlüg wohl auf der Trommen,
den Frieden rüft er aus:
Kömmt her, meine lieben Soldaten,
mein Leben ist jetzt bald aus.

Wir begehren nie zu kriegen.
Wir begehren wiederum hey [he!]
Wir begehren nüt weder [als] das Rechte,
wie wir's vorhin ghaben hey [haben].

Es ist ihm nit wohl ergangen.
Es wird ihm nit wohl ergahn.
Sie hey ihn zu Riemen gschnitten.
Sie henkten ihn an die Straß.

Wer uns das Lied hat gsungen,
von neuem hat gemacht,
derselb wünscht allensammen
eine gute, glückselige Nacht.
(Bärtschi, S. 111/2)

Bis in die 2. Hälfte des 19. Jahrhunderts blieb dieses Leuenberger-Lied in Rüderswil populär.

Lange behaupteten die geschlagenen Bauern und ebenso ihre Nachkommen die Erinnerung an die gefallenen und hingerichteten Freiheitskämpfer. Der Kampf um das Geschichtsbewußtsein bedeutet allemal die letzte Etappe einer Freiheitsbewegung. Ein solcher Streit geht nicht zu Ende, solange noch unerfüllte Hoffnungen darin verborgen liegen.

Ein verstärkter Anstoß zum Kampf um die Toten fiel in die Zeit der Erhebung von 1659, ungefähr um das populäre Berg- und Sportfest am Wallfahrtsort Heiligkreuz. Ein ungebrochener Entlebucher Rebell nannte die umgekommenen Bauernführer Heilige, deren Fürbitte schon viele Menschen gesund gemacht hätte. Die Volkssage spann ihre Fäden um die Hingerichteten. Eine gefährliche Konkurrenz für die Kirche. In einem bauernfeindlichen Lied dieser Zeit kommt der revolutionäre Eidgenosse zum Ausdruck:

Was nützen der Heiligen Örter,
Gottshäuser und auch Klöster,
was nützen die Tempel,
was nützen der Heiliger Beiner,
wenn heiliger ist der Steiner,
der gewest ist ein Rebell. (Lütolf, S. 429)

Gemeint ist Kaspar Steiner (Bild bei Mühlestein, Abb. 5), Oberst der Rothenburger Bauerntruppen, hingerichtet am 23. Juli 1653.

Die Bauern wallfahrteten jetzt viel lieber zur Hinrichtungsstätte ihrer Revolutionsführer. Im Mai 1660 verbot der Luzerner Rat diese Wallfahrten. Denn selbst aus den Spuren der toten Mitkämpfer konnte den Besiegten neue Kraft erstehen.

Trotz der Niederlage wäre es ein Irrtum, anzunehmen, die schweizerische Bauernrevolution von 1653 wäre ergebnislos gewesen. Die Patrizier mußten – schon im eigenen Interesse, um ähnliche Erhebungen zu verhindern – den wirtschaftlichen Druck mildern. Die willkürlich herrschenden Landvögte wurden besser kontrolliert. Einen, den besonders verhaßten von Trachselwald, wiesen die Berner sogar außer Landes.

Auch wenn die Herren den Weg des Absolutismus weitergingen, so hatten die Innerschweizer Bauern doch unübersteigbare Schranken aufgestellt. Zur völligen Rechtlosigkeit ließen sie sich nicht herabwürdigen. Am Bauernwiderstand, der im Untergrund fortlebte, endete auch das eidgenössische Gottesgnadentum.

Auf die schweizerische Bauernrevolution von 1653 fällt ein glänzendes Licht vor dem Hintergrund der mitteleuropäischen Entwicklung. Zum letztenmal stand ein Bauernvolk vor der Chance, gegen die Herrschenden einen freiheitlichen Bauernstaat aufzubauen. Landleute aus Gebirgstälern waren es, die als erste und lange vor dem Bürgertum den so viel bespöttelten Kantönligeist überwanden. Katholiken, Täufer und Evangelisten lernten gemeinsam ihre politischen Vorstellungen zu beraten.

Die Ursachen der Niederlage liegen außerhalb der Kräfte dieser Gebirgsbauern. Der Stadt-Land-Gegensatz hatte ein solches Gewicht angenommen und die bürgerlich-städtische Opposition, die nach der Bauernniederlage ebenfalls blutig unterdrückt wurde, war noch so schwach, daß ein gemeinsames Vorgehen von Bauern und unterpriviligierten Stadtbürgern nicht zustande kam. Zudem förderte die von den Städten ausgehende Wirtschaftsentwicklung die sozialen Gegensätze auf dem Land. Je näher an der Stadt, desto mehr orientierten sich die Bauern an den feinen, reichen, mächtigen Herren, mit denen sie zunehmend in Wirtschaftsbeziehungen standen. Die alte eidgenössische Idee einer Demokratie der bäuerlichen

Landsgemeinden lebte am stärksten noch in den weiter abgelegenen Gebirgstälern. Von dort aus ließen sich aber zahlungskräftige und folglich kampfstarke Städte nicht mehr erobern. Die Zeit eines reinen Bauernstaates war vorüber, wie auch der Untergang der Bauernrepubliken an der Nordsee zeigt (siehe Kapitel 53,57).

Die Erhebung von 1653, die wir als ein spätes Schweizer Bergecho auf die Große deutsche Bauernrevolution von 1524 bis 1526 verstehen können, fand noch bis ins 19. Jahrhundert mehr als einen Nachhall in der Schweiz. Als sich 1798, am Beginn der Helvetik, der Zeit der Schweizer Jakobiner, eine neue Möglichkeit ergab, Freiheit und Gleichheit zu verwirklichen, waren gerade die Innerschweizer Bauern auf die Seite der Reaktion abgedrängt worden. Anders die Basler und Züricher Untertanen, die unentwegt ihre Gleichstellung mit der Stadt forderten und sich deshalb auf die Seite der helvetischen Republik schlugen. Das Ersticken der Bauerndemokratie rächte sich schwer. Daraus stömten der antidemokratischen Reaktion neue Kräfte zu, die die Eidgenossenschft in den 1840er Jahren zu spalten drohten. Erst im Sonderbundskrieg von 1847 unterlag diese Strömung.

Auch die Freiheitsgeschichte der Schweizer Demokratie von 1653 an ist alles andere als abgeschlossen. Sie steht so lange offen, als viele ihrer Anregungen noch nicht verwirklicht sind.

Wie eine Demokratie besser gedeihen mag, können wir uns gerade anhand der Erfahrungen von 1653 ausmalen. Unsere drängenden Probleme (eine demokratisch nicht kontrollierte Wirtschaftsentwicklung, ein drohender Atomstaat, ein bereits eingespielter Polizeistaat, eine immer gigantischer wuchernde Aufhäufung tödlichen Kriegsmaterials) wären mit einer anderen Qualität von Demokratie zwar nicht glatt gelöst, aber doch leichter überhaupt erst einmal anzugehen.

Die Entlebucher und Emmentaler Demokraten könnten uns wärmstens empfehlen: möglichst viel direkte Demokratie, möglichst wenig Abgeordneten-, Minister- und Verwaltungsherrschaft; Versammlungsdemokratie, keine vereinzelnde Wahlzetteldemokratie; jederzeit Volksabstimmungen bei wichtigen Entscheidungen; jederzeit Abwahl eines gewählten Vertreters; entscheidende Verhandlungen nicht hinter verschlossenen Türen, sondern vor der Bürgerversammlung.

Doch auf diese Ideen antwortet derzeit die Presse der sich bedroht fühlenden Kreise noch weitgehend mit dem gönnerhaften Urteil, es handle sich bloß um Ideen von Spinnern; nicht zu überhören sind auch schon Töne, die eine Verfassungsfeindlichkeit feststellen wollen. Die sich mit Parteienprivileg, 5%-Klausel, undurchschaubaren Beziehungen, genügend Geld, Beherrschung der Wirtschaft und der Massenmedien an die Macht gebracht haben, wissen genau, daß sie sich durch eine autoritäre, verwaltete, unkontrollierbare Spielart der Demokratie dort oben halten können.

Wer die keineswegs erschöpfte Aktualität der Revolution von 1653 mit einem anschaulichen Erlebnis der Landschaft verbinden will, dem sei eine Ferienreise durch die alten Aufstandsgebiete ans Herz gelegt. Folgende Route wäre denkbar:

Basel Stadt, *Liestal* (Hauptort des Kantons Baselland), *Rheinfelden* (hier Abzweigung zu den Orten und Tälern von 1612 bis 1614, vgl. Kapitel 59), *Baden*, *Mellingen*, *Wohlenschwil*, *Lenzburg*, *Herzogenbuchsee*, *Huttwil* (Denkmal), *Sumiswald* (Gedenktafel am Friedhof), *Rüderswil* (Denkmal, Hof Leuenbergers im Schönholz), *Konolfingen*, *Bern*, *Eggiwil*, *Escholzmatt* (Denkmal), *Schüpfheim* (Denkmal), *Hasle* (Wallfahrtsort Heiligenkreuz), *Entlebuch* (Hotel «Drei Könige» mit einem im Stil des 17. Jahrhunderts gestalteten Schybi-Keller, darin zehn Wandmalereien von August Frey [1953] über den Bauernführer Schybi, historische Bauernwaffen), *Wolhusen*, *Willisau*, *Sursee*, *Sempach* (berühmter Schweizer Sieg über die Habsburger vom 9. Juli 1386, Schlachtkapelle), *Rothenburg*, *Luzern* (ab hier Abzweigung möglich zu den Orten des Aufstands der Züricher Seebauern, Kapitel 65), *Zürich*.

Quellen und Literatur

Julius Aregger-Marazzi: Christian Schibi und seine Familie, o. O. u. J. [Entlebuch, um 1975]

Hanns Bächtold-Stäubli (Hg.): Handwörterbuch des deutschen Aberglaubens, 3. Bd., Berlin und Leipzig 1930/31, Sp. 258–269 (Galgen); 4. Bd., 1931/32, Sp. 37–58 (Hingerichteter)

Alfred Bärtschi: Von dem Löwenberger, in: Blätter für Bernische Geschichte, Kunst und Altertumskunde, 20, 1924, Heft 1, S. 108–112

Cornelius Bergmann: Die Täuferbewegung im Kanton Zürich bis 1660, Leipzig 1916

Dominik Brun: Puurechrieg, Schüpfheim 1978 (Theaterstück in Entlebucher Mundart, im Anhang Dokumentation mit Auszügen aus der Literatur, leider kaum Quellen)

Jules Coulin: Der Anti-Philister. Maler Distelis Kalender, Basel o. J. [um 1915], S. 36–40 (Bilder)

Emil Emmenegger: Das Schrifttum zur Geschichte und Heimatkunde der Landschaft Entlebuch, Schüpfheim 1972, S. 26–32

G(ottfried) Flückiger: Klaus Leuenberger und der schweizerische Bauernkrieg von 1653, Bern 1903

Günther Franz (Hg.): Quellen zur Geschichte des deutschen Bauernaufstandes in der Neuzeit, Darmstadt 1976

(Samuel Geiser): Die Taufgesinnten-Gemeinden. Eine kurzgefaßte Darstellung der wichtigsten Ereignisse des Täufertums, Karlsruhe 1931

Gottfried Guggenbühl: Der schweizerische Bauernkrieg von 1653, Zürich 1913

Berchtold Haller: Zeitgenössische Notizen über den Bauernkrieg von 1653, in: Berner Taschenbuch, 1904, S. 123–137

Franz Helbing/Max Bauer: Die Tortur. Geschichte der Folter im Kriminalverfahren aller Zeiten und Völker, Berlin 1926, Nachdruck Aalen 1973

A(ndreas) Heusler: Der Bauernkrieg von 1653 in der Landschaft Basel, Basel 1854

Arnold Jaggi: Der Bauernkönig Niklaus Leuenberger. Erzählung, Bern/München 1. Aufl. 1964, 2. Aufl. 1965

Johann Jost: Die Chronik des Jost von Brechershäusern 1598–1656. Mitgeteilt von Wolfgang Friedrich v. Mülinen, in: Berner Heim, Sonntags-Beilage zum Berner Tagblatt und Bauernzeitung, Nr. 35 vom 28. 8. 1892, S. 278–280; Nr. 36, S. 285–288; Nr. 37, S. 292–295; Nr. 38, S. 302–303

Theodor von Liebenau (Hg.): Über die Geständnisse und letzten Augenblicke der luzernischen Bauernführer. Aus den Verhörprotokollen von 1653, in: Anzeiger für schweizerische Geschichte, 10, 1906, Nr. 3, S. 75–82

Alois Lütolf: Sagen, Bräuche und Legenden aus den fünf Orten Luzern, Uri, Schwyz, Unterwalden und Zug, Luzern 1865

Hans Mühlestein: Der große schweizerische Bauernkrieg, 1. Aufl. 1942, Nachdruck Zürich 1977 (viele gute Bilder; erläutertes Literaturverzeichnis S. 649–661. Die einzige, für die Bauern Partei ergreifende Gesamtdarstellung; eine Pionierleistung)

Ernst Müller: Geschichte der Bernischen Täufer. Nach Urkunden dargestellt, Frauenfeld 1895

Hans Nabholz: Der Kampf bei Wohlenschwil 3. Juni 1653, in: Anzeiger für schweizerische Geschichte, 1914, Nr. 1, S. 11–41

Joseph Rösli: Die Bestrafung der aufständischen Berner im Bauernkrieg von 1653, Phil. Diss. Bern 1931, Bern 1931

Otto Schiff: Die deutschen Bauernaufstände von 1525 bis 1789, in: Historische Zeitschrift, 130, 1924, S. 189–209, hier S. 192–194

Christoph Studer: Acht Briefe aus dem Bauernkrieg von dem St. Galler Stadthauptmann Christoph Studer, in: Anzeiger für schweizerische Geschichte, 10, 1908, S. 297–320

(Alois Vock): Der Bauernkrieg im Jahre 1653 oder der große Volksaufstand in der Schweiz, 2. Aufl. Aarau 1831

Johann Conrad Wirtz: Unparteiische substanzliche Beschreibung der eidgenössischen Unruhen im Jahr Christi 1653, in: Historische und kritische Beiträge zu der Historie der Eidgenossen, 3. Bd., Zürich 1739, S. 122–217 (Standort: Freiburg/Breisgau, Universitätsbibliothek) (Die Handschrift von Wirtz aus dem Jahr 1653 liegt in Zürich, Zentralbibliothek Ms R 110 dp 447, umfaßt 88 Seiten; die Fortsetzung wurde einst vom geängstigten Rat unterdrückt, damit eine wichtige Quelle zum Torso verurteilt.)

69 Vergewaltigung und Ermordung von «Hexen»

Die Krisen, die die christlich-feudale Gesellschaft des Mittelalters immer häufiger und nachhaltiger erschütterten, öffneten Hexenwahn und Ketzerverfolgung Tür und Tor. Soziale und wirtschaftliche Probleme, die man sich nicht erklären konnte, Epidemien und Naturkatastrophen, der Verfall weltlicher und geistlicher Autorität ängstigten die Menschen und verunsicherten ihre Orientierung in einer Welt, die aus den Fugen zu gehen schien.

Während die Ketzer, die religiös-weltanschaulich Andersdenkenden, die ideologische Rechtfertigung der Machtverhältnisse in Frage stellten, standen die Hexen unter dem Vorwurf, die «kleine Welt» in Verwirrung zu stürzen. Da die bestehenden Verhältnisse als Gottes Schöpfung ausgegeben wurden, mußten Abweichungen davon notwendigerweise als Teufelswerk erscheinen. Wie Abweichler vom Glauben oder von den gottgewollten politischen Herrschaftsverhältnissen durch Feuer und Schwert endeten, so sollte es auch den angeblichen Helfern und vor allem Helferinnen des Teufels ergehen, den «Hexen», die das verunsichernde Schwanken der geheiligten Gesellschaftsordnung gerade im Alltag zu verantworten hatten.

Auch die Hexenverfolgung gehört zu den unserer Geschichte tief eingegrabenen Spuren der Besiegten. Der Widerstand ganzer Landstriche erstickte unter dem Terror der Hexenjäger. Verloren die Freiheitskämpfer, so mußten sie unter denselben Foltern stöhnen wie eine Frau, die eine Kuh verhext haben sollte. Zwischen einer Hexenjagd und einer Jagd auf geschlagene Rebellen läßt sich kein wesentlicher Unterschied ausmachen: dieselbe Verhörmethode mit Foltern (Kapitel 51, 54, 56, 62, 65, 68). Das psychische wie das politische «Böse» waren gleichermaßen unter schrecklichen körperlichen Qualen auszurotten.

Die Hüter der unveränderlichen christlichen Ordnung gaben sich bei der Austilgung des angeblich Bösen wahren Orgien des Sadismus hin, ein lebenswichtiges Ventil für den psychischen Stau, den die sadomasochistische christliche Religion erzeugte. Die genüßlich nachvollzogenen Qualen Christi entluden sich in sadistischen Quälereien derjenigen, die im Geruch des Abnormalen standen. So schloß sich der christliche Teufelskreis. Ein Meer neuer Qualen verewigte die Leiden des Gekreuzigten.

Die Schrecken des Dreißigjährigen Krieges, von der Religion als Strafe für eigene Sünden und als Glaubensprüfung verherrlicht, bereiteten den Nährboden für Hexenverfolgungen. In einem Prozeß des Jahres 1655 in Bingenheim (bei Echzell in der Wetterau, nördlich von Frankfurt/Main) mußte eine während des Krieges mehrfach von Soldaten vergewaltigte Frau diese erlittene Qual nochmals durch die Gewalt eines christlichen Gerichts «büßen». Die sexuell repressiven Hexenrichter empfanden eine Vergewaltigung offenbar als ein Lusterlebnis, für das die vergewaltigte Frau zu leiden hätte.

Die «Besenkunigund», wie die Ehefrau des Johann Weigelt (Besenhans) von Echzell heißt, geriet 1655 in die Bingenheimer Verfolgungswelle, bei der allein zwischen 1650 und 1661 60 Menschen verbrannt wurden. Der Amtmann von Bingenheim, Dr. von Hünefeld, und sein eifriger Kommissar Caspari, der die Prozeßakten genau führte, ließen sich aus dem Vermögen der Gefolterten und Ermordeten bestens bezahlen. Hexenjagden mauserten sich zu einem einträglichen Erwerbszweig.

Kunigund Weigelt stammte aus dem Nachbarort Blaufeld, war um 1625 nach Echzell gezogen, hatte dort geheiratet. Sie galt als gesprächig, entgegenkommend und anhänglich. Kein Wunder, daß sie gut mit den Nachbarn ausgekommen war, die noch vor ihr als «Hexen» verbrannt worden waren. Das erregte Verdacht. Dorfklatsch blühte auf: sie habe an einem teuflischen Abendmahl teilgenommen, ihr Mann sei gestorben, nachdem er Äpfel aus ihrer Hand gegessen habe. Außerdem sei sie hurerisch. Was meinten die Hexenrichter damit? Bestach Kunigund Weigelt durch Charme? Brachte sie gelegentlich eine verklemmte Amtsperson aus der Fassung?

Möglicherweise zielte der Vorwurf viel tiefer, auf schwere Demütigungen von Frau Weigelt, wovon das Dorf wußte. Am Samstag, 14. Juli 1655, wurden der Kunigund Weigelt morgens die Folterinstrumente gezeigt, denen sie dann, nach einer Bedenkzeit, nachmittags ausgesetzt wurde. Das Protokoll verzeichnet:

Nach langem, gütlichem Zureden, so doch alles nichts half, ist Besenkunigund vom [Folter] Meister gebunden, ihr die Daumenstücke und hernach die eine Beinschraube angelegt worden, war ihre Antwort:

Sie sei eine Zauberin und nunmehr vor 30 Jahren dazu gekommen, durch Hurerei und Notzucht der Soldaten.

Sie wollte aber die Umstände nicht sagen oder das teuflische Zeichen weisen, sondern nach langem Kreuzverhör sagt sie, sie habe es so erdenken und sagen müssen. Sie sei keine Zauberin. Deshalb hat man ihr die anderen Beinschrauben auch anlegen lassen. Weil aber der Sonntagsfriede eingeläutet worden, hat sie dieses Mal entlassen werden müssen. (Koch, S. 7/8)

Die Folterknechte und die völlig korrekt, langsam mordenden Richter setzten ihr Handwerk am Montag, 16. Juli, fort. Kunigund Weigelt hört die heuchlerische Mahnung, «an ihrem Leibe nicht eine Mörderin zu werden» (Koch, S. 8). Um so konsequenter und selbstbewußter quälen die Herren. Frau Weigelt bekommt das Folterhemd angezogen. Die Haare werden ihr abgeschnitten (darin sitzt des Teufels Kraft!). Sie erhält die beiden Beinschrauben angelegt, die ihr sogar dreimal versetzt werden. Aber sie schreit nur die Wahrheit heraus:

Ach, ich weiß naut [nichts] zu sagen. Ach, ich weiß naut zu sagen, wenn ihr mich gleich tot foltert. (Koch, S. 8)

Nach stundenlanger, ergebnisloser Folter stellen die Richter sachlich, trokken fest, daß «die Beine übel zugerichtet» sind (Koch, S. 8).

Am nächsten Tag hat Kunigund Weigel eingesehen, daß die Sadisten in Amt und Würden etwas hören wollen, sonst finden die Quälereien wirklich erst beim Tod ein Ende. So offenbart sie ihre tiefste Verletzung, unter deren Eindruck ihr ganzes Leben gestanden haben dürfte.

Es mögen 20 Jahre her sein [um 1635], als Kroaten hier vorbeizogen. Doch hätte es niemand gewußt. Es sei im Sommer in der Ernte gewesen, als sie kurz zuvor mit zwei Kindern im Kindbett gelegen. Sie hätte ihrem jetzigen Ehemann etwas zu essen ins Blaufelder Feld, wo er geschnitten, bringen wollen. Und als sie von Echzell aus dahin gekommen, wär beim Abißguß [unbekannte Örtlichkeit] ein großer, schwarzer, ihr unbekannter Mann mit der [inzwischen] hingerichteten alten Heppin dahergegangen gekommen. Hätte die Heppin zu ihr, Kunigund, gesagt, es kämen Kroaten, wollten miteinander in Busch gehen. Deswegen hätte sie ein großer Schrecken überfallen. Unterdessen hätte der genannte, schwarze Mann sie gezwungen, daß sie ihm zu Willen wäre und bei ihm liegen müsse. Aber sein Beischlaf war ganz kalt und hart gewesen [übliche Teufelsvorstellung]. Und als er von ihr wieder aufgestanden, hätte sie gesehen, daß er zwei Kuhfüße gehabt, darüber sie noch mehr erschrocken. (Koch, S. 9)

Diese Vergewaltigung, für die sich die christlichen Richter nicht nur wegen den ihnen zuliebe angedichteten Kuhfüße interessierten, blieb nicht die einzige.

Als Kunigund Weigelt wieder aus dem Wald, wäre noch ein Trupp Kroaten gekommen. Da blieb einer zurück und habe sie genotzüchtigt, aber sie habe es ihrem Mann nicht sagen mögen. (Koch, S. 10)

Die Richter kommen zu ihrem Hochgenuß und schwatzen der Kunigund Weigelt einen weiteren Geschlechtsakt mit dem ersten vergewaltigenden Mann auf, dieses Mal angeblich sogar zu Hause. Der doppelt geschundenen Frau bleibt nichts übrig, als auch den Herren in der Folterkammer zu Willen zu sein: eine psychische Vergewaltigung.

Danach bringen die Herren ihr Opfer um. Sie nennen das den Vollzug eines rechtlichen Urteils. Überhaupt geht alles rechtlich einwandfrei zu: eine musterhafte Aktion eines Rechtsstaates. Eine Freilassung der vergewaltigten Frau wäre eine Verletzung des Rechtsstaates gewesen.

Damit endete als Justizmord, was als die Vergewaltigung einer Frau durch

Soldaten begonnen hatte. Hier rächte sich doppelt das Fehlen einer Freiheitsbewegung, die zuerst dem Wüten der Soldateska, dann dem der Gerichte hätte Einhalt gebieten können. Immer wieder brachen an den Vergewaltigungen von Frauen Rebellionen auf, so in Ruffach 1106 (Kapitel 21) oder in Bayern 1632 bis 34 (Kapitel 64). Was damals allein gegen Hexenriecherei half, waren weder Gebet noch Vernunft, noch geduldiges Abwarten, sondern die bewaffnete Befreiung der Inhaftierten (Kapitel 60). Die Obrigkeiten aller Zeiten und Gegenden und Gesellschaftssysteme hörten so etwas gar nicht gerne, ließen lieber Gewaltlosigkeit predigen, während die Scheiterhaufen weiterbrannten.

Die übrigen, gedruckten Protokolle des genannten Ortes Bingenheim in der Wetterau belegten, wie sozialer Neid, Außenseitertum und erklärliche Todesfälle Hexenwahn und -verfolgung zur Folge hatten (Koch, S. 14/15). Nicht nur Aufstände, sondern auch Hexenbrände waren von Familientraditionen durchzogen. So endeten nach und nach ganze Familien im Feuer.

Die Hexenverfolgung hatte System. Sie gehorchte einem spätmittelalterlichen Handbuch, dem 1487 veröffentlichten, berüchtigten «Hexenhammer». Daraus erklärte sich die weitgehende Gleichförmigkeit der Prozeßprotokolle. Dieses verheerende, lateinische Buch wurde erst im Jahr 1906 deutsch veröffentlicht. Die sonst so fleißig publizierende Geistlichkeit wollte dieses Schandbuch des Christentums dem Volk nicht zugänglich machen. Deshalb sei aus dem inhaltlich viel zu wenig bekannten «Hexenhammer» beispielhaft ein ganzes Kapitel mitgeteilt.

Vierzehnte Frage. Über die Art, die Angezeigte zu den peinlichen Fragen zu verurteilen, und wie sie am ersten Tag peinlich zu verhören sei, und ob man ihr die Erhaltung des Lebens versprechen könne. Zehnter Akt.

Was hat endlich der Richter an zweiter Stelle zu bedenken? Es besteht der Akt danach darin, daß er in der Weise, wie folgt, das Urteil fällt:

«Wir, Richter und Beisitzer, die wir auf die Ergebnisse dieses von uns geführten Prozesses gegen dich, den und den, von dem und dem Orte der und der Diözese, achten oder seine Ergebnisse erwägen, finden nach sorgfältiger Prüfung aller Punkte, daß du in deinen Aussagen veränderlich bist, weil du nämlich sagst, du habest die und die Drohung ausgestoßen, aber nicht in jener Absicht. Und doch sind nichtsdestoweniger verschiedene Indizien vorhanden, welche genügen, dich den peinlichen Fragen und Foltern auszusetzen. Deswegen erklären, urteilen und erkennen wir, daß du am gegenwärtigen Tage und zu der und der Stunde den peinlichen Fragen und Foltern ausgesetzt werden sollst. Gefällt ist dieses Urteil etc.»

Zweitens besteht der Akt darin, daß, wie vorausgeschickt worden ist, der Richter auch jetzt noch nicht zum peinlichen Verhör bereit ist, sondern der Angeklagte im Gefängnis zur Strafe und nicht mehr bloß zur Bewachung, wie bisher, festgehalten wird. Dann läßt der Richter jenes Freunde herbeiholen und stellt ihnen vor, daß er der Bestrafung entginge und vielleicht dem Tode nicht überantwortet würde, wenn er die Wahrheit gesteht, während er sonst bestraft wird; und ermahnt sie, daß sie den Angezeigten dazu bringen möchten. Denn das häufige Nachdenken, das Elend des Kerkers und die wiederholte Belehrung seitens rechtschaffener Männer machen ihn geneigt, die Wahrheit zu bekennen. Wir haben gefunden, daß die Hexen durch solche Belehrungen dermaßen stark gemacht worden waren, daß sie zum Zeichen des Widerstandes gegen den Teufel auf die Erde spieen, gleichsam dem Teufel ins Gesicht, und sagten: «Geh weg, verfluchter Teufel! Ich werde tun, was recht ist», und in der Folge ihre Verbrechen gestanden.

Wenn man aber auf den Angezeigten in passender Weise gewartet, ihm angemessene Zeit gewährt und ihn vielfach belehrt hat und der Richter im guten Glauben meint, daß der Angezeigte die Wahrheit leugne, so verhöre man ihn peinlich in mäßiger Weise, nämlich ohne Blutvergießen, da man weiß, daß die peinlichen Verhöre trügerisch und, wie berührt worden ist, öfters unwirksam sind.

Die Art aber, damit zu beginnen, ist diese: Während die Büttel sich zum peinlichen Verhör bereitmachen, entkleiden sie ihn danach; oder wenn es eine Frau ist, soll sie, bevor sie in das Strafgefängnis geführt wird, von anderen ehrbaren Frauen von gutem Rufe entkleidet werden, aus dem Grunde, damit entdeckt werde, ob vielleicht irgendein Hexenwerkzeug in die Kleider eingenäht ist, wie sie es häufig auf die Belehrung der Dämonen hin aus den Gliedern eines ungetauften Knaben herstellen; zu dem Zweck, daß sie des beglückenden Auges des Kindes beraubt werden. Während die Werkzeuge aufgestellt werden, soll der Richter für sich und durch andere gute Männer und Glaubenseiferer den peinlich zu Verhörenden bewegen, die Wahrheit frei zu gestehen; und wenn er nicht gestehen will, übergeben sie ihn den Bütteln, daß er ans Seil gebunden werde oder andere Werkzeuge zu spüren bekomme; und dabei sollen sie sogleich gehorchen, aber nicht fröhlich, sondern gleichsam erschrocken. Danach wird er wieder auf die Bitten einiger losgelassen, auf die Seite gezogen und wiederum zu bewegen gesucht und bei dem Bewegen belehrt, daß er dem Tode nicht übergeben wird, wenn er gesteht.

Hier wird gefragt, ob der Richter bei einem bescholtenen und durch Zeugen und Indizien der Tat gesetzmäßig überführten Angezeigten, da nichts fehlt, als daß er mit eigenem Munde das Versprechen gesteht, erlaubterweise die Erhaltung des Lebens versprechen könne, da er doch, wenn er das Verbrechen gesteht, mit der Todesstrafe bestraft wird. Es wird geantwortet: Von verschiedenen Leuten werden verschiedene Ansichten gehegt. Einige nämlich meinen, daß, wenn die Angezeigte sehr übel beleumundet und aufgrund der Indizien der Tat heftig verdächtig und sie selbst zum großen Schaden gleichsam die Lehrerin der anderen Hexen ist, sie auch dann noch unter diesen Umständen bezüglich ihres Lebens beruhigt werden könne, daß sie zu lebenslänglichem Kerker bei Wasser und Brot verurteilt wird, wenn sie nur die anderen Hexen an sicheren und durchaus wahren Zeichen bekanntgeben wolle. Jedoch ist diese Gefängnisstrafe, so wie sie verhängt wird, ihr nicht bekanntzugeben, sondern nur Zusicherung des Lebens ist ihr zu versprechen, und mit irgendeiner Sühne, z. B. durch Verbannung oder auf eine andere Weise ist sie zu bestrafen. Ohne Zweifel dürften sie um berüchtigter Hexen willen und zwar besonders solche, die den anderen Hexen mit Heilmitteln zusetzen und Behexte mit abergläubischen Handlungen heilen, in der Weise zu erhalten sein, daß sie entweder den Behexten zu Hilfe kämen oder die Hexen verrieten. Jedoch sollte man sich bei ihrem Verrate deshalb nicht beruhigen, weil der Teufel lügnerisch ist, außer wenn gleichermaßen noch andere Indizien der Tat samt Zeugen zusammenwirkten.

Anderen scheint es mit Bezug ebendarauf, daß im Falle sie in dieser Weise dem Gefängnis überantwortet sei, man ihr eine Zeitlang das Versprechen halten müsse und sie dann nach einem Zeitraume einzuäschern sei.

Es gibt eine dritte Art von Leuten, welche sagen, der Richter könne ihr getrost die Erhaltung des Lebens zusichern, jedoch so, daß er sich danach von der Fälschung des Urteils entlastete und an seiner Stelle einen anderen einsetzte.

Unter diesen Arten mag zwar die erste wegen der Heilung von Behexten nützlich scheinen; aber weil es nicht erlaubt ist, Hexenwerk durch Hexenwerk oder unerlaubte Taten zu beheben, wenn es auch, wie sich in der ersten und zwar einleitenden Frage dieses dritten Teiles ergeben hat, die Meinung sehr vieler ist, daß es erlaubt sei, Behexungen durch eitle und abergläubische Werke zu beheben; aber weil hierbei die Erfahrung, die Praxis und die abwechslungsreichen Geschäfte die Richter mehr belehren als irgend jemandes Kunst oder Lehre, so wird das den Richtern überlassen. Gewiß ist aber, wie es die Erfahrung mehrmals gelehrt hat: es würden viele die Wahrheit gestehen, wenn sie nicht durch die Furcht vor dem Tode zurückgezogen würden.

Drittens besteht der gegenwärtige Akt darin, daß, wenn sie weder auf Drohungen noch auf solche Versprechen hin die Wahrheit hat gestehen wollen, die Büttel das gefällte Urteil vollstrecken und sie dem peinlichen Verhöre nach den gewohnten und nicht neuen noch auch ausgesuchten Weisen leichter oder stärker ausgesetzt wird, je nachdem es das Verbrechen der Delinquentin verlangt; und während sie gefoltert wird, werde sie über gewisse Artikel befragt, wegen derer sie gefoltert wird, und zwar oft und häufig, mit den leichteren beginnend, weil sie das Leichte schneller zugeben wird als das Schwerere. Während dies geschieht, schreibe der Notar alles im Protokoll auf: wie sie gefoltert und wonach sie befragt und wie geantwortet wird. Beachte: wenn sie infolge der Folterungen gesteht, dann werde sie nach einem anderen Orte geführt, damit der Richter von neuem ihr Geständnis vernehme und wisse, daß er es nicht nur mittels der Macht der Folterungen vernommen habe.

Viertens besteht der Akt darin, daß, wenn der in mäßiger Weise peinlich Verhörte die Wahrheit nicht hat gestehen wollen, vor ihm andere Arten von Folterwerkzeugen mit den Worten hingelegt werden, daß er sie aushalten müsse, wenn er die Wahrheit nicht gestehe. Wenn er auch so nicht in Furcht gesetzt und zur Bekennung der Wahrheit gebracht werden kann, dann wird in seiner Gegenwart das Urteil auf Fortsetzung des peinlichen Verhörs auf die Folter für den zweiten oder dritten Tag, nicht auf Wiederholung – da nicht wiederholt werden darf, wenn nicht neue Indizien dazugekommen sind [unwirksames Verbot, da jeder Hexenrichter leicht neue Indizien findet] – in folgender Weise vorgetragen:

«Wir Vorgenannten, Richter etc., wie oben, bestimmen für dich N.N. den und den Tag zur Fortsetzung des peinlichen Verhörs, damit aus deinem eigenem Munde die Wahrheit herauskomme»; und alles werde vom Notar in das Protokoll gesetzt. Innerhalb der bezeichneten Zeit bewege ihn der Richter für sich oder durch andere rechtschaffene Männer dazu, die Wahrheit zu gestehen, in der vorausgeschickten Weise mit Zusicherung des Lebens, wenn es so zu frommen scheint. Es beachte der Richter auch, daß innerhalb jener Zeit beständig Wachen bei ihr sind, damit sie nämlich nicht allein gelassen wird, weil sie vom Teufel besucht werden wird, daß sie sich selbst den Tod antue, sei es, insofern der Teufel sie selbst zu verlassen strebt oder sei es, daß er von Gott aus gezwungen wird, sie zu verlassen. Denn gerade das kann der Teufel besser wissen, als jemand in Büchern berichten kann. (Sprenger/Institoris, S. 84–89)

Da sich das ganze Verfahren dem Prinzip des Ordnungsgemäßen unterstellt, müssen auch die Foltern ihre Ordnung haben. Sadisten können hier ihre tödliche Ordnungsliebe ausleben. Wenn schon langsamer Mord, dann nach ehrwürdigen, bewährten Regeln.

Die Folter, säuberlich umschrieben als «peinliche» oder «scharfe Frage», beginnt damit, daß die «Daumen mit Schrauben gequetscht werden» (das Folgende nach Kosch, S. 29/30). Wer nichts zu erzählen hat, muß den zweiten Foltergrad erleben: die «spanischen Stiefel»; das sind Beinschrauben, die oft bis zur Zersplitterung der Knochen angezogen werden. Mit einem Hammer schlägt der christliche Folterknecht auf die Schrauben. Der Gemarterte erhält einen Knebel in den Mund, um die feinfühligen Herren nicht durch ein Mark und Bein erschütterndes Gebrüll zu entnerven.

Der dritte Foltergrad bringt «die Ausdehnung oder Erhöhung», häufig auf einer Leiter. Das Opfer der Justiz bekommt die Hände auf den Rücken gebunden. Dann wird es in die Höhe gezogen und wieder auf den Boden hinabgestürzt. Geschieht das Aufziehen an einer Leiter, so bringen die Schinder spitze Gegenstände daran an, die beim Hochziehen und Ablassen ins Fleisch eindringen. Zur weiteren Verschärfung behängt man den Gequälten mit Steinen.

Beim vierten Foltergrad werden dem Gefangenen «brennender Schwefel und brennendes Pech auf den nackten Körper geschüttet» (vgl. die Folter von Conrad Breuning, Kapitel 54). Oder man versengt ihn mit brennenden Kerzen unter den Armen, den Fußsohlen und an anderen Körperteilen. Die Phantasie macht auch vor den Geschlechtsorganen nicht Halt.

Währenddessen können die Beinschrauben angelegt werden. Die Folterknechte zertrümmern die noch heil gebliebenen Knochen, schlagen den Gefolterten, spucken ihm ins Gesicht. Wer seine Unschuld beteuert, wird noch grausamer gefoltert. Wer eine auf der Folter abgerungene Erklärung, welche die Quälgeister für ein Geständnis halten, nachher ohne Folter vor dem Richter widerruft, muß die ganzen Foltern von neuem über sich ergehen lassen.

Wer die aufgenötigte Erklärung beibehält, endet auf dem Scheiterhaufen. Wer sie widerruft, stirbt irgendwann auf der Folter. So lautet die Alternative. Das Geständnis irgendwelcher erdichteter Untaten entspringt so dem verständlichen Willen, dieses jammervolle Leben aufzugeben. Ein aufgezwungener Selbstmord. Bis heute schöpfen gedanken- und gefühllose Geschichtsschreiber aus diesen «Geständnissen» ihre Kenntnisse über die Schuld eines Gefangenen.

Ein Freispruch kam sehr selten vor. Und wenn, dann wurde praktisch nur ein Krüppel entlassen, der sich kaum mehr ernähren konnte, mit dem niemand mehr etwas zu tun haben wollte. Seelisch, körperlich und sozial ein Wrack.

An der ganzen Hexenverfolgung verdienten die Landesherren und natürlich die Inquisitoren reichlich. Sie schürten den Hexenwahn, ließen sich von den Leuten bestechen, damit sie keinen vor das Hexengericht zogen. Konnte ein Dorf wirklich kein Geld mehr hergeben, zog der Inquisitor weiter. In Zeiten akuten herrschaftlichen Geldmangels, wie nach dem Dreißigjährigen Krieg, holten so die Landesherren aus dem Volk heraus, was durch neue Auflagen, Steuern, Zehnten, Zölle und Frondienste nicht herauszupressen war. In diesem Sinne stellten die Hexenjagden eine konsequente Entwicklung des Feudalismus dar.

Ein Leipziger Hexenprozeß des Jahres 1660 kann veranschaulichen, bis zu welcher Konsequenz der den Herren einträgliche Wahn getrieben werden konnte. Anna Eve, Ehefrau des Hirten Georg Eve in Vehlitz (17 km östlich von Magdeburg), fast im ganzen Dorf beliebt, wurde von zwei feindlich gesonnenen Frauen beschuldigt, ein Kind durch Hexerei getötet zu haben.

Anna Eve wird auf Anordnung des kurfürstlich-sächsischen Schöffenstuhls von Leipzig im Amtsort Gommern verhört. Da sie bei der Wahrheit bleibt, dem Kind nichts getan zu haben, unterwirft man sie am 9. Oktober 1660 in Gommern allen vorgeschriebenen Folterungen, bis zu der Leiter (Verhör bei Beier/Dobritzsch, S. 405–410). Frau Eve bleibt unerschütterlich bei der Wahrheit.

Am nächsten Tag teilt der Scharfrichter, der die Folterdienste versieht, den Schöffen mit:

> Er hätte viele Personen unter seinen Händen gehabt, aber dergleichen nicht wie die Beklagte gestern gewesen, welche soviel ausgestanden und nicht einmal geweint noch über Schmerzen geschrien. (Beier/Dobritzsch, S. 408)

Die Leipziger Richter glauben, viele Indizien gegen die Angeklagte zu besitzen. Auf der Oberburg, dem kurfürstlichen Schloß von Gommern, wird Anna Eve in der Trabantenstube am 3. November 1660 noch in tiefer Dunkelheit, um vier Uhr morgens, einer noch schärferen Folter ausgesetzt.

Die Angeklagte ist auf der Leiter ganz still gewesen, hat kein Wort auf Befragen geantwortet und die Augen offen gehalten. Die Angeklagte ist wieder von der Leiter etwas heruntergelassen, da hat sie wieder geredet, bald wieder aufgezogen und ihr ein Trank [aus bitteren Kräutern, Galle und Leber eines frischen Hechtes] eingegossen worden, die spanischen Stiefel sind noch härter zugeschraubt, die Haare am Leib abgesengt, unter der Nase und hinter den Ohren gebrannt worden, und hat also seit dem Anfang eine ganze Stunde auf der Leiter gehangen. Die Angeklagte aber hat in solcher Zeit auf die ihr vorgehaltenen Fragen nichts gestehen wollen, sondern gesagt: Sie wüßte nichts. Sie hätte einen guten Geist und wüßte von keinem bösen Geist. Die Angeklagte hat oft angefangen zu beten: «Du Sohn David, erbarme dich mein», frisch geredet, sich nicht verändert und eine frische, rote Farbe unterm Gesicht behalten. Die Angeklagte ist ferner mit brennendem Schwefel beworfen, bestrichen und beräuchert und auf der Leiter hin und wieder gerüttelt worden. Die Angeklagte hat hierauf geschrien, sie hätte keine Schuld.

Die Angeklagte ist mit der Leiter niedergelegt und ihr wieder ein Trank eingegossen, auch mit Schwefel gebrannt, wieder aufgezogen und noch ein Trank bekommen, womit die Angeklagte lange gegurgelt, und als sie den Trank eingeschlungen, sich angestellt, als wolle sie einschlafen, worauf sie wieder mit Schwefel unters Gesicht, den Armen, den Zehen und der Heimlichkeit [Geschlechtsorgan] gebrannt und auf der Leiter gerüttelt worden. Da hat die Angeklagte nichts mehr gesagt, als gerufen: «Du Sohn David, erbarme dich mein!» Nach dem ist sie eine lange Weile stille gewesen, und ob ihr gleich zugerufen, hat sie nicht geantwortet, nur geschnaubt, dabei unterm Gesicht eine gute Farbe gehabt, keine Tränen vergossen und keine Schweißtropfen gelassen. (Beier/Dobritzsch, S. 409/410)

Das Fehlen von Tränen und Schweiß galt als sicheres Anzeichen, daß der Teufel in den Gefolterten herrschte. Dieselbe Serie von Folterungen mußte die bejammernswerte Frau noch zweimal erleiden. Trotz alledem blieb sie bei ihrer Unschuldsbeteuerung. Spätestens bei den Folterungen am Geschlechtsorgan werden wir den Eindruck nicht mehr los, daß faschistische und ähnliche Foltermethoden auf eine erhabene christliche Tradition zurückblicken können.

Zum Schluß des ganzen Foltervorgangs vermerkt das akkurat geführte Protokoll:

Als die Angeklagte hiernach noch eine kleine Weile auf der Leiter gelegen, jedoch wieder nieder und die spanischen Stiefeln abgelassen, ist ein schwarzer und roter, bunter Buttervogel oder Mulkendieb um die Angeklagte und den Scharfrichter herumgeflogen, dem die Angeklagte nachgesehen und den Kopf so stark nach ihm umgewandt, daß der Scharfrichter mit seinen Gehilfen ihr denselben kaum hat halten können. Der Buttervogel ist hernach an das Fenster geflogen und da eine kleine Weile sitzen geblieben, endlich zum Fenster, welches ein wenig offen standen, hinausgekommen. Der Angeklagten Gesicht hat alsbald, als dieser Vogel sich sehen lassen, sich häßlich verstellt, das Maul weit auseinander und schief gesperrt und nichts geredet und geantwortet. Die Lippen sind ihr auch blau und braun geworden. Sobald aber der Buttervogel hinweggewesen, ist die Angeklagte sofort still geworden, als wollte sie gar verscheiden. Wie sie denn auch, als sie von der Leiter aufs Stroh gebracht, ob sie wohl noch gelebt und ihr Essig eingegeben, doch bald darauf tot geblieben. Die Glocke hat eben acht geschlagen. (Beier/Dobritzsch, S. 410)

Nach den vier Stunden währenden unvorstellbaren Grausamkeiten hatten die Folterer die Frau endlich umgebracht. Der ins Gefängnis sich verirrende Vogel enthob die Mörder jeder Verantwortung. Die Folterknechte hatten ausdrücklich die Anweisung bekommen, der Anna Eve nicht ans Leben zu gehen (Beier/Dobritzsch, S. 409), und sie trotzdem ermordet. Über ihre Bestrafung ist nichts bekannt, da solche Schinderknechte kaum jemals bestraft werden. Der Untertanengeist pflegt bei solchen Fällen entschuldigend einzufallen: «Die haben doch nur ihre Pflicht getan.» Die Ordnung wurde dadurch gewahrt, daß die Ermordete zwei Tage später wie eine überführte und hingerichtete Gesetzesbrecherin auf dem Schindanger verscharrt wurde.

Die Ermordung auf der Folter gehörte zum üblichen Schicksal standhafter «Hexen». 1682 erlag in Wehrheim (nördlich von Frankfurt/Main) eine Frau den Folterqualen, denen sie wegen des Verdachts der Brandstiftung ausgesetzt wurde. Die juristische Fakultät der nahen Universität Gießen hatte die Folterungen ausdrücklich erlaubt. Die verantwortlichen Amtspersonen verfertigten ein schauerliches Gutachten über den Tod und den chirurgischen Befund der Leiche, unter Hinzuziehung eines Chirurgen von Usingen (Schüler, S. 50).

Selbst eine Ermordung als «Hexe» war nicht umsonst zu haben. Die Rechnung eines Idsteiner Hexenprozesses von 1676 beweist, wieviel Leute bei dem grausamen Geschäft sich aus dem Vermögen der ermordeten Person den Beutel gefüllt hatten: der Oberamtmann, die Kanzleiräte, die Gefangenenwärter, der Gefängnisknecht, der Scharfrichter, die Blutschöffen, der Gerichtsschreiber, die Pfarrer, die Landesbeamten, der Ankläger, der Verteidiger, der Kanzleischreiber, der Glöckner, der Kantor und schließlich die Schuljugend, die die verurteilte Person zur Hinrichtung zu begleiten hatte. Als Ziemer 1938 seinen Aufsatz über die Kosten des Prozesses veröffentlichte, pflegten die Nazis bereits Rechnungen für ermordete Widerstandskämpfer zu verschicken und einzutreiben. Geschichte bleibt aktuell.

Wenn Hexenbrände um sich griffen und ganze Landschaften verwüsteten, stellte sich eine allgemeine Verdächtigungswelle ein. In einem anderen Echzeller Hexenprozeß der Jahre 1654/55 rächte sich eine Frau unter der Folter damit, daß sie auch den Schultheiß, dessen Frau und Tochter und des Schulrektors Frau beschuldigte, an Hexentänzen teilgenommen zu haben (Koch, S. 21). Freilich nützte dieses Ablenkungsmanöver selten, hatten doch die besseren Herrschaften mehr Ansehen und Mittel, sich vom Scheiterhaufen fernzuhalten.

Wenn ein solches Verteidigungsmittel wie die Denunziation herrschender Kreise zu unserer Zeit wiederkehrt, wirft das ein aufklärendes Licht auf die jeweiligen Machtverhältnisse. Den Anlaß zu diesem neuen Hinweis, daß Geschichte aktuell bleibt, liefert die stalinistisch-antikommunistische Verfolgungswelle in der Sowjetischen Besatzungszone. Eines ihrer Opfer im Frühjahr 1949 war der oppositionell-kommunistische Arzt Joseph Scholmer, Mitarbeiter der Zentralverwaltung für das Gesundheitswesen in Ostberlin. Als deutscher Kommunist, der der sowjetischen Unterwerfungspolitik Widerstand leistete, kam er ins Zentralgefängnis des sowjetischen Geheimdienstes nach Hohenschönhausen bei Berlin. Folterungen, ähnlich wie bei der Gestapo, gehörten zum Alltag dieser Lubjanka Berlins.

Schläge mit dem Gummiknüppel auf den Kopf, die Fußsohlen (bis man unfähig ist zu gehen) oder gegen die Hoden; Prügel mit einer Lederpeitsche; Schläge mit einer Eisenstange auf die Oberschenkel oder das Gesäß. Zur Erholung Fußtritte gegen die Schienbeine. (Scholmer, S. 17)

Angesichts fast ununterbrochener Verhöre, die keinen Schlaf mehr zuließen, konnte sich der kranke Häftling Scholmer ausrechnen, daß das weitere Bestehen auf der Wahrheit, kein Agent der Gestapo, des amerikanischen und des englischen Geheimdienstes gewesen zu sein, sein Leben kosten werde. Nach einer Bedenkzeit empfahl Scholmer höhere Parteiherren für ein ähnliches Erlebnis. Er «gestand»:

Ich habe nachgedacht. Ich nenne acht prominente Mitglieder des Zentralsekretariats der SED, von denen ich glaube, daß es in jeder Weise heilsam für sie wäre, den gleichen Prozeduren wie ich unterworfen zu werden. (Scholmer, S. 22)

Die Sowjets gingen auf den Vorschlag nicht ein. Nach monatelangen Verhören brachten sie den selbständig denkenden Kommunisten in das sibirische Konzentrationslager Workuta, nahe dem Eismeer. Dort starben die Häftlinge massenweise in tiefster Kälte bei Schwerarbeit und schlechter

Versorgung. Aber selbst bis dorthin strahlte der Arbeiteraufstand des 17. Juni 1953 aus (Scholmer, S. 214–247). Scholmer kam im Dezember 1953 endlich frei. Seine Erinnerungen gehören zu den eindringlichsten Zeugnissen oppositioneller Schicksale in der allerjüngsten Vergangenheit.

Quellen und Literatur

K. Beier/A. Dobritzsch (Hg.): Tausend Jahre deutscher Vergangenheit, in: Quellen heimatlicher Geschichte, insbesondere Leipzigs, 1. Bd., Leipzig 1911

Michel Foucault: Überwachen und Strafen. Die Geburt des Gefängnisses, Frankfurt 1976

Helbing/Bauer (siehe Kapitel 68)

Hugo Koch: Hexenprozesse und Reste des Hexenglaubens in der Wetterau, Gießen 1935

Josef Kohler/Willy Schee (Hg.): Die Peinliche Gerichtsordnung Karls V. Constitutio Criminalis Carolina, Halle 1900, Nachdruck Aalen 1968

Joseph Scholmer: Die Toten kehren zurück. Bericht eines Arztes aus Workuta, Köln/Berlin 1954 (hiernach zitiert). Neue Ausgabe unter dem Titel: Als Arzt in Workuta. Bericht aus einem sowjetischen Straflager, 1. Aufl. München 1963, 2. Aufl. 1981

(Theodor Schüler): Chirurgischer Befund der Todesursache einer 1682 in der Tortur abgeschiedenen Hexe zu Wertheim, in: Alt-Nassauischer Kalender 1905, S. 47–51

Jakob Sprenger/Heinrich Institoris (= H. Krämer): Malleus maleficarum (1. Ausgabe Straßburg 1487). Der Hexenhammer. Zum ersten Male ins Deutsche übertragen und eingeleitet von J. W. R. Schmidt, 3 Teile, Berlin 1906 (3. Aufl. 1922/23; Neudruck München 1982)

Max Ziemer: Umsonst ist selbst der Tod nicht. Ein Blick in die Kostenrechnung des Idsteiner Hexenprozesses von 1676, in: Alt-Nassau, 1938, Nr. 12, S. 1/2.

Weitere Literatur zu den Hexenverfolgungen ist im Anhang zu Kapitel 60 genannt.

70 Bauernaufstand in Österreich gegen die Pfaffen und Herren während des Türkeneinfalls (1683)

Im Zeitalter des Absolutismus unternahmen die Feudalherren den entscheidenden Anlauf, den Bauern das letzte Stück Freiheit zu entwinden, sie in die zweite Leibeigenschaft niederzudrücken. In Österreich unterlagen während des Dreißigjährigen Krieges endgültig sowohl die Ständeopposition (niederer Adel und Bürger) als auch die Bauernbewegung (Kapitel 62).

Der österreichische Feudaladel mußte dem ungarischen und dem slawischen Adel mehr Spielraum lassen, damit der widerspruchsvolle Vielvölkerstaat Österreich (seit dem 16. Jahrhundert mit Ungarn und Böhmen) dem zunehmenden Druck der Türken standzuhalten vermochte. Die Türkengefahr ließ die Herrschenden aller Nationen näher zusammenrücken. Aber auf die Dauer gefährdeten die türkischen Eroberungszüge die feudalen Machtverhältnisse auch im Innern. Angesichts der ständigen Kriegsgefahren mußten die Untertanen hohe Sondersteuern (Türkensteuer) zahlen, wodurch die Kluft zu den Herrschenden nur noch tiefer aufriß. Für einen unerträglich drückenden Staat mag kaum mehr ein Untertan einen Finger rühren.

Die Großmacht Österreich kämpfte an zwei Fronten, an der östlichen gegen die Türkei, an der westlichen gegen Frankreich, Schweden und beider Einfluß in West- und Mitteldeutschland. Die Kosten für die andauernden Machtkämpfe wollte der österreichische Adel durch die noch stärkere Auspressung der Bauern zusammenbringen. Die Wirtschaft gründete neben den feudalabhängigen Bauern auf Großkaufleuten, deren Monopolstellung zusätzlich auf dem Volk lastete und obendrein kein aufstrebendes Bürgertum entstehen ließ.

Die schon lange währende Widersprüchlichkeit des feudalen Vielvölkerstaats Österreich führte an den Rand des Staatszusammenbruchs, als in den 1660er Jahren und erst recht ab 1680 neue Türkenkriege auf die Habsburger Monarchie zukamen. Dabei drohte die Verständigung der Türkei mit Frankreich Österreich wie zwischen zwei Mahlsteinen zu zerquetschen.

Unter der Prunkdecke der glitzernden Habsburger Herrschaft rissen die Bauernaufstände praktisch nie ab (Kapitel 48, 49, 52, 55–57, 59, 62, 63, 66, 72). In Böhmen, dessen Bauern immer stärker zu Abgaben und Frondiensten herhalten mußten, wehrten sich häufig tschechische und deutsche Bauern gemeinsam, zum Entsetzen und Ärger der deutschnationalen Geschichtsschreibung. Selbst die Vorderösterreicher trugen ihren guten Teil zur Unterminierung des österreichischen Absolutismus bei (Kapitel 59, 63).

Gerade die absolutistischen Machtbestrebungen brachten das heikle Gleichgewicht zwischen der strengen Feudalherrschaft und einer gewissen Autonomie für den Adel der verschiedenen Völker des Habsburger Reiches ins Wanken. Nach der Niederwerfung der österreichischen Opposition in der ersten Hälfte des 17. Jahrhunderts schlug ab 1673 in Ungarn eine gewalttätige Gegenreformation zu. Sie verletzte nicht nur das Selbstbewußtsein der traditionell freiheitsliebenden Ungarn, sondern griff auch in die Selbstbestimmungsrechte des ungarischen Adels ein.

Als in den Jahren 1682/83 ein riesiges türkisches Heer Ungarn besetzte und im Juli 1683 Wien belagerte, sprachen die österreichischen Zeitgenossen von der berittenen Vorhut als von Tataren und Rebellen. Bei genauerer Untersuchung entpuppten sich die rätselhaften Rebellen als aufständische Ungarn und Österreicher (Passer, S. 353; Kleinschroth, S. 101, S. 112, S. 203). Dem Habsburger Absolutismus war es gelungen, die Front seiner Gegner durch die freiheitswillige Opposition aus dem eigenen Staat zu verstärken.

Schon die erste Gefährdung Wiens durch die Türken erschütterte das innere Herrschaftsgefüge, wie der hessen-darmstädtische Gesandte Justus Eberhard Passer an seine Landgräfin schrieb:

Die Bürgerschaft fängt an, wegen der schweren Auflagen schwierig [rebellisch] zu werden. (Passer, S. 358)

Die Herrscher hatten nichts gelernt. Obwohl die Kriegsgefahren anstiegen, behielten sie die Repression bei, selbst wenn deshalb wichtige Arbeitskräfte abwanderten.

Den 29. Dezember [1682; nach dem neuen Kalender] sind die Handwerkskerle häufig hier weggereist, weil man ihnen gedroht, wenn sie weiter in die schwedisch-evangelische Predigt gehen würden, wollte man sie durch den Rumormeister [Chef der Rumorknechte, einer Polizeitruppe für die innere Sicherheit] festnehmen und gegen die Türken schicken. (Passer, S. 360; vgl. Meldung unter dem 31. Dez., S. 360/361)

1683 trieb die österreichische Gegenreformation, aufgepeitscht von Jesuiten, auch die Deutschen und Ungarn des benachbarten Ödenburg (Sopron) zur Erbitterung. Die Geistlichkeit, die entscheidende ideologische Stütze in der weiteren Durchsetzung des Absolutismus, zog in Wien mehr und mehr Haß auf sich. Passer meldete am 25. Juni 1683 nach Darmstadt:

Heute in der Nacht sind dem Bischof Emmerich die Fenster eingeworfen und gerufen worden: Du Sch. [Schelm, damals ein starkes Schimpfwort, das wiederzugeben Passer sich geniert], du bist Ursach an dem Unglück! (Passer, S. 382)

Hier bekommen wir eine schwache Vorahnung der Volksmeinung in ganz Österreich. Drei Tage später, am 28. Juni, flüchtete auch der hessen-darmstädtische Gesandte Passer aus Wien, kurz vor ihm der Kaiser, beide die Donauebene aufwärts nach Oberösterreich. Schon am ersten Tag erfuhr der Gesandte, wie eine generationenlang angestaute Wut der Bauern sich endlich Bahn brach.

In dieser Gegend waren auch sieben Jesuiten von den Bauern so jämmerlich zugerichtet, daß etliche davon alsbald blieben, die anderen kaum davonkommen können. Die Bauern haben immer draufgeschlagen und gesagt: «Ihr Schelmen seid Ursache an all unserm Unglück.» Unterwegs hat ihnen kein Wirt was zu essen noch zu trinken geben wollen, sagend: «Ihr Schelmen hättet das Reformieren [gemeint ist die Gegenreformation, der brutale Zwang zum Katholizismus] bleiben lassen oder jetzt in Wien bleiben und Musketen auf die Achsel nehmen und die Stadt verteidigen sollen.

Wegen solcher Gefahr vor den Bauern haben sich die meisten Geistlichen in Zivilhabite verkleidet, um so eher durchkommen zu können; denn der Pöbel ist recht schwierig geworden. Abends sind wir zusammen gekommen bis St. Pölten. (Passer, S. 387)

Hier erfuhr der Gesandte Passer, daß sofort nach der Flucht des Kaisers aus Wien die Bauern die Schanzarbeiten um Wien verlassen hatten und aufs Land nach Hause zurückgekehrt waren. Jetzt mußten die Wiener Bürger schanzen, voran ihr Bürgermeister. Dies zeigt, auf welch brüchigen Grundlagen die Habsburger Monarchie selbst in ihrem Kernland beruhte. Nur noch an die Person des Kaisers fühlten sich die Bauern gebunden. Der Monarch allein, von dem die Bauern einen Ausgleich gegen die tyrannischen Feudalherren erhofften, hielt das Landvolk bei der österreichischen Sache. Mit der Flucht des Kaisers brach die bäuerliche Identifizierung mit dem Staat zusammen. Was von Österreich übrig blieb – das Österreich der katholischen Geistlichen und der gewinnsüchtigen, rechtsbrecherischen Grundherren – kam dem Landvolk als ein Scheusal vor, das es zu zerschlagen galt.

Am 1. Juli 1683 erlebte der Gedandte Passer auch zwischen Melk und Enns (Oberösterreich) dieselbe Bauernbewegung gegen die Jesuiten. Am 2. Juli dämmerte dem Gesandten mehr von den Motiven des militanten Bauernwiderstands:

Der gemeine Mann ist ganz schwierig [rebellisch], weil er so viel zum Türkenkrieg hat hergeben müssen und jetzt doch von Haus und Hof soll. Die Bauern haben sich alle mit dem Ihrigen in den Wald zurückgezogen, ihr Vieh dahin getrieben und etwas Leibesnahrung mitgenommen, die Frucht auf'm Land aber stehenlassen, nichts geschnitten, nichts angebaut. Deshalb muß notwendig eine Teuerung entstehen. (Passer, S. 388)

Die Zeitgenossen, die geschichtliche Zeugnisse überhaupt hätten überliefern können, nahmen diese Erhebung der Bauern nicht sonderlich ernst. Auf der Flucht davon belästigt, erzählten sie kaum mehr, als daß einige Bauern die Rücken und Köpfe vorzüglich der Jesuiten traktierten. Bald waren auch diese wenigen Notizen aus dem Geschichtsbewußtsein verschwunden. Besser, man schwieg über diese wenig staats- und kirchenfrommen Vorfälle.

Um so kostbarer erscheint uns deshalb die Reisebeschreibung eines Priesters, der mitten durch das Aufstandsgebiet gezogen war. Balthasar Kleinschroth, Geistlicher und Leiter der Sängerknabenschule im Zisterzienserkloster Heiligenkreuz (20 km nordwestlich von Baden bei Wien), flüchtete am 7. Juli 1683 vor der türkischen Vorhut, den Tataren und Rebellen, durch das Gebirge nach Linz. Mit ihm zogen seine zwölf Sängerknaben im Alter zwischen neun und vierzehn Jahren, hilflose Bürschlein angesichts der Tatarengefahr, der aufgebrachten Bauern und des unsäglich beschwerlichen Weges, den die armen Schlucker barfuß zurücklegen mußten.

Bedroht von Aufständischen, gelobte der Mönch, nach der Rettung eine Wallfahrt nach Altötting (Bayern) zu machen und dort auf dem Gnadenaltar die schriftlichen Erinnerungen an die Flucht niederzulegen. Er verlobte sich der Maria, wie es in der geistlichen Sprache hieß. Drei Jahre später unternahm er wirklich die Wallfahrt mit dem beendeten Manuskript. Vom Altöttinger Altar gelangte das unersetzbare Schriftstück durch wer weiß wie viele Hände, mehr und mehr beschädigt, in ein Antiquariat, wo es ein Kunstliebhaber erstand und 1896 dem Abt von Heiligenkreuz schenkte. Dieser ließ die Erinnerungen an ungehorsame Bauernmassen im Klosterarchiv verstauben, bis sie endlich 1956 veröffentlicht wurden.

Dem Gelübde Kleinschroths verdanken wir die interessanteste Quelle zum österreichischen Bauernaufstand von 1683. Deren Wert steigert sich noch dadurch, daß uns Kleinschroth mehrmals bei harten Zusammenstößen mit den Aufständischen nicht nur bäuerliche Aktionen, sondern auch bäuerliche Reden überlieferte. So taucht im Fluchtbericht eines Mönches ein Stück untergegangene Bauernliteratur auf. Von ihr besitzen wir leider viel zu wenig Zeugnisse. Daher werden die Erinnerungen Kleinschroths ausführlich zitiert.

Kleinschroths und der zwölf Sängerknaben Flucht steht von Anfang an unter einer doppelten Gefahr: im Rücken die türkische Vorhut, vorne die wütenden Bauern, die ihre lang ausstehenden Rechnungen mit den Herren Geistlichen zu begleichen haben. Schon in Alland erweist sich, daß der grimmige Haß den Jesuiten gilt. Bei Altenmarkt an der Triesting, im alten Rebellengebiet der Herrschaft Pottenstein (siehe Kapitel 56), stellt sich freilich heraus, daß die Bauernrebellion tiefer reicht. Anlaß gibt ein Pater von Heiligenkreuz, der überall erzählt, die Mönche dieses Klosters würden mit viel Geld flüchten.

Die Untertanen kamen in dieses Kloster [bei Altenmarkt] ihrer Geschäfte wegen. Sie erzählten den Herren Geistlichen, was ihnen der genannte Priester erzählt habe und wie es ihm ergangen, setzten auch hinzu:

«Es ist gut, daß wir wissen, daß die Pfaffen von Heiligenkreuz Geld haben und noch im Kloster sich befinden. Wenn sie bei uns durchpassieren müssen, wollen wir sie schon zu finden wissen.»

Die Herren Geistlichen erschraken darüber, konnten aber der Sache keinen

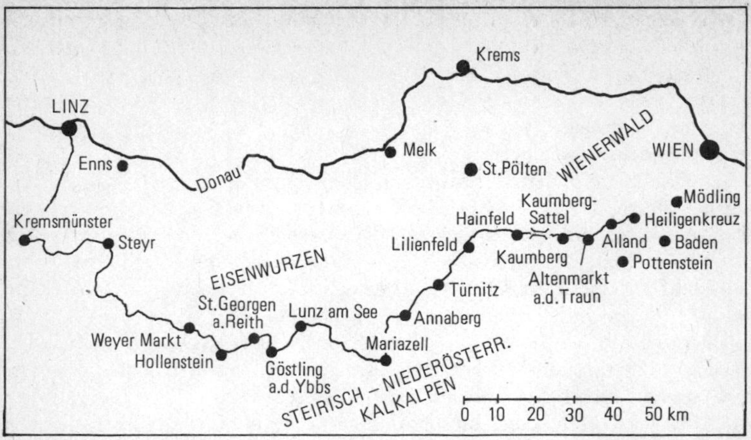

Karte 31: Der Fluchtweg von Balthasar Kleinschroth und seinen zwölf Sängerknaben, 7.–23. Juli 1683

Ausweg verschaffen, weil die Bauern überall wider die Geistlichen aufstanden und kaum ihre eigenen Herren schonten, ja wohl an etlichen Orten diese zuerst angriffen. (Kleinschroth, S. 41)

Vor dem Ort Kaumberg muß Kleinschroth, der sich wendig als armer Kapuziner ausgibt, an einer im Bau befindlichen Bauernschanze nur sechs bis acht Groschen Trinkgeld lassen. Die Sängerknaben schlüpfen zum Ärger der Bauern durch. Im ganzen Land erheben die Bauern Maut (Zoll) von den Flüchtlingen. Kleinschroth, ein armer Landgeistlicher ohne Herrschaftsgewalt über Leibeigene, kommt an den Bauernsperren so lange glimpflich davon, wie das Landvolk ihn kennt.

Vor dem Kaumberg-Sattel (575 m) macht sich ein langer Bauer, bewaffnet mit einer Axt, an die Flüchtigen heran, mit denen noch andere ziehen. Dabei entspinnt sich eine aufschlußreiche Auseinandersetzung:

Der Bauer hat angefangen zu reden, daß nämlich nicht allein die Jesuiten, sondern alle Pfaffen an diesem Krieg schuldig wären. Deshalb sollte man sie alle erschlagen.

Ich aber betete und ließ den weltlichen Herrn [Begleitperson] mit ihm reden. Dieser lockte je länger, desto mehr aus dem Bauern. Fragte ihn, wem er untertänig sei. Dieser antwortete, daß er unter den gnädigen Herren Prälaten von Lilienfeld [Zisterzienserkloster] seßhaft sei, setzte aber hinzu: «Jetzt, da dieser Pfaff (und was unverschämter Titel mehr sind, die ich der Ehre wegen auslaß) uns Bauern genug geschunden und sattsam Geld zusammengemacht hat, ist er mitsamt seinen Mönchen (als sie die Gefahr des Feindes vernommen) davongeflogen wie die anderen. Ist er denn nicht verpflichtet, im Kloster zu bleiben und sich mit uns Bauern zu wehren? Ach», schrie der Schalk, «was haben die Bauern getan, wo er durchgereist, daß sie ihn nicht wieder zurückgejagt oder zum wenigsten mitsamt seinen Mönchen erschlagen?»

Ja, dieser Bauer redete solche Sachen wider den guten Herrn Prälaten, seinen eigenen Herrn, daß es kein ehrliches Ohr ohne Verdruß hätte anhören können, wenn es zu einer anderen Zeit gewesen wäre. Deshalb sagte der Herr lateinisch zu mir, weil er zwei geladene Pistolen im Gürtel stecken hatte:

«Ich hätte schier Lust, ich schösse den Schelmen über den Haufen. Ich kann solche Reden nicht mehr dulden.»

Ich aber bat ihn, daß er sich verstellen und dem Bauern zu Gefallen reden sollte, dann würde er mehr aus ihm herausbringen können. Zudem muß man sich wohl in acht nehmen, da dieser Schalk nicht allein sein wird (wie es dann auch in Wahrheit war). «Ich kenne ihn schon», sagte ich weiter, «und werde dieses zu seiner Zeit am rechten Ort anzubringen wissen.» Also redete ihn der Herr mit freundlichen Worten wieder an:

«Mein lieber Freund, ihr seid schon zu spät gekommen. Die Geistlichen sind schon durchgezogen. Ihr hättet dieses früher bedenken sollen.»

Aber der Bauer antwortete eilends mit lachendem Mund: «Von wegen durch. Ein Teil, aber es sind schon noch einige zurück. Laßt uns dafür sorgen, wie lustig wir sie erwischen wollen. Es soll uns keiner entgehen. Wir haben uns schon an unterschiedlichen Wegen und Straßen aufgeteilt. Wir wollen's da verständiger angreifen und die Pfaffen uns redlich zahlen lassen.»

Der Herr aber warf ein: «Wie wollt ihr euch von den Herren Geistlichen zahlen lassen, habt ihr doch gesagt, daß sie schon von Lilienfeld ins Gebirge hinein in die Steiermark durchgegangen sind. Sie werden ja nicht heraus den Feinden in die Hände fliehen?»

Aber der Bauer schmunzelte und sagte:

«O nein, mein Herr, es ist noch eine große Partie Pfaffen zurück, welche uns gewiß nicht wird entgehen können.»

«Wo denn?» fragte der Herr weiter.

«Zu Heiligenkreuz», antwortete der Bauer. «Diese haben viel Geld. Wir wissen's schon, aber sie werden es uns geben müssen, oder wir wollen sie allesamt erschlagen.»

Da konnte ich mich nicht mehr zurückhalten, sondern sagte zum Bauern: «Vetter, ihr irrt sehr. Sie haben vorige Nacht alle um zwei Uhr entlaufen müssen; denn wenn Mödling oder Baden verloren sind, so ist das Kloster das erste, welches die Tataren angreifen werden. Es haben sich also in höchster Furcht alle Geistlichen hinweg begeben und haben alles im Kloster liegen und stehen lassen. Ihr Geld ist dahin. Sie werden sich mühselig durchbringen müssen, bis sie zu ihren Herren Prälaten kommen werden.»

Der Bauer hat mich kaum ausreden lassen, befahl mir Stillschweigen: «Herr, schweigt still. Ich kenn' euch nur zu gut. Ihr seid aus diesem Kloster. Weil ihr aber» (wie man dort im Spott zu sagen pflegt) «ein Gäupfaffe [Landpfaffe] seid und uns Bauern nichts in den Weg gelegt und auch selbst noch kein Geld von uns bekommen habt, so wird dem Herrn von uns nicht das Geringste widerfahren. Sei der Herr also zufrieden, daß ihm nichts geschieht. Im übrigen wissen wir nur zu gut, daß eure Heiligenkreuzer Pfaffen viel Geld haben. Das ist gut für uns.»

Ich wollte es dem Bauern noch einmal widerlegen. Er aber ließ mich nicht zur Rede kommen, sondern schrie: «Was bedarf's viel, hat uns dieses doch euer Pater N. selbst gesagt, dem zwei Pferd mit Geld genommen worden, so des Herrn Teil auch dabei gewesen» und erzählte uns alles von diesem Pater. Wie ich schon oben gemeldet hab, hat sich dieser gute Mann auch bei diesem Bauern übel verredet. [...] Dieser Bauer hat sich diese Meinung, obwohl ich es auf alle Weise widerlegt, nicht mehr nehmen lassen, sondern sagte mir, der Herr kann von uns aus hin und her reisen, wie oft er will, mit allen seinen Sachen. Wir Bauern werden ihm nicht das Geringste in den Weg legen, weil wir den Herrn allezeit im Guten kennengelernt haben, aber andere Pfaffen müssen uns entweder ihr Geld geben oder das Leben lassen. Denn jetzt ist die Zeit gekommen, da die Bauern einmal Herren werden, was schon längst prophezeit worden.»

Kurz, dieser Bauer wurde über seine vermeintlich nahende Herrschaft ganz erfreut und über die Geistlichen erbittert, setzte auch hinzu, daß dieses schon unter allen Bauern bekannt sei, und sie werden die Wege so besetzt halten, daß ihnen gewiß keiner der Pfaffen entkommen soll. (Kleinschroth, S. 45–47)

Die bedrohten Herren wissen sich zu verstellen. Die bisher unterdrückten Bauern sind viel zu gewitzt, um sich ihre Absicht ausreden zu lassen. Die anrückenden Türken verschaffen ihnen die Chance, eine unter den Bauern schon lange beliebte Utopie zu verwirklichen. Das Land steht im Aufruhr.

An weiteren Straßensperren lernt Kleinschroth allmählich, mit den Bauern umzugehen, sie zu besänftigen und möglichst anzulügen. Zuletzt läßt er seine Sängerknaben in Lilienfeld, geht nach Heiligenkreuz zurück und bringt einige Mönche in Sicherheit. Am 14. Juli 1683 kommt er gerade noch durch die Schanze am Kaumberg-Sattel, bevor sie wenige Stunden später von den Tataren erobert wird. Am Gersthof, kurz vor dem Ort Hainfeld, stößt die Flüchtlingsgruppe auf energischen Bauernwiderstand. Kleinschroth schreibt darüber:

Als ich mich umsah nach dem Pater Johannes, erblickte der mich eher, als ich ihn, und schrie mir:

«Ach, mein Bruder, lauf, was du laufen kannst! Unsere zwei Patres da vorne werden von vielen Bauern angehalten, und ich fürchte, sie werden erschlagen. Hörst du sie nicht schreien?»

Und in dem Augenblick vernahmen wir ein entsetzliches Geschrei der Geistlichen und der Bauern. Ich eilte der Wiese zu, in welcher sie von den Bauern bei einem großen Steg aufgehalten wurden. Ich schrie von Ferne den Bauern, die von den zwei Patres 100 Dukaten begehrt haben. Nachdem sie mich aber an der Stimme erkannten, haben sie 100 Taler gefordert (wie mir hernach von Bruder

Michael, der mit ihnen ging, berichtet worden). Während sich unterdessen die Patres weigerten, sie hätten nichts, komme ich bei den Bauern an. Pater Michael gab mir an, ich sollte von meinem Schwager und dem Schmied [Begleitperson Kleinschroths] auf sie Feuer geben oder wenigstens die beiden sich dazu vorbereiten lassen, wenn die Bauern Hand an die Patres legten. Aber ich sagte zu meinem Schwager:

«Nicht so! Ich will die Sache schon im Guten erledigen. Kenne ich doch viele unter ihnen. Was sollen zwei Gewehre und unsere wenigen Personen sein gegen so viele Bauern, welche alle mit großen Prügeln und heimlichen Waffen versehen sind?»

Dann sagte ich zu ihnen: «Meine lieben Vettern, was ist das? Seid ihr Straßenräuber oder Mörder? Ist dies eine Manier, daß ihr die Leute angreift und flüchtige Geistliche berauben wollt?»

«Herr», sagten sie, «wir greifen niemanden an. Aber weil wir hier die Wacht halten, dürfen wir wohl Trinkgeld fordern.»

«Was!» sagte ich. «Wer hat euch zur Wache bestellt?»

Sie antworteten: «Die Herren von Hainfeld.»

«Das ist nicht wahr», sagte ich, «denn ihr habt doch kein Gewehr, das zu den Wächtern gehört, zudem ist auch keine Schanze da.»

Aber als die Bauern sahen, daß sie mit Reden nicht durchkommen konnten, sagten sie geschwind darauf (und eben der mir am nächsten Stehende war darunter, den ich gut kannte, ebenso auch der Bauer vom Gersthof) [...]:

«Das ist gleichgültig. Die Pfaffen sollen Geld im Guten geben, oder wir schlagen's über die Pferd herab. Wir wissen schon, daß sie Geld haben und nur genug. Diese sind eben die Heiligenkreuzer, auf welche wir gewartet haben! Steht zusammen, Bauern!»

Und damit nahmen sie die Pferde bei den Zügeln, mich und die Patres in die Mitte.

«Was fordert ihr denn», fragte ich, «meine Vettern? Es ist schon recht. Ein Trinkgeld sollen sie euch geben. Laßt sie aber fortreiten. Ich bleib an ihrer Statt in euren Händen. Ich will euch schon ein Trinkgeld geben, daß ihr zufrieden sein sollt.»

Sie aber wollten nicht, sondern sagten:

«Von den Herren [gemeint sind Kleinschroth und weltliche Personen] fordern wir nicht einen halben Taler. Der Herr mag schon fortgehen, aber die Pfaffen sollen nicht von der Stelle kommen, es sei denn, daß sie 100 Taler geben. Und dieses tun wir den Herren zu Gefallen.»

Darauf nahm ich den Bauer des Gersthofes und noch einen bei der Hand und ging mit ihnen durch die Schar hinaus und sagte: «Meine lieben Freunde! Erinnert euch an mich! Hab ich euch nicht gestern gebeten, daß ihr mich passieren lassen wollt? Habt ihr mir doch alles versprochen, daß ihr nicht allein mich, sondern auch, die ich mitbringen werde, unbekümmert fortziehen lassen wollt?»

«Es ist schon wahr», sagten sie darauf, «daß wir dieses dem Herrn versprochen, aber es kann nicht mehr anders sein. Der Herr ist doch nicht bei ihnen gewesen, als wir sie bei dem Haus vorüberreiten sahen. Hätten wir den Herrn auch gesehen, so hätten wir euch alle freipassieren lassen; denn der Herr hätte uns hoffentlich ohnedies ein gutes Trinkgeld gegeben.»

«Das ist wahr», antwortete ich, «ohne Trinkgeld, und zwar ein gutes, würde es nicht abgegangen sein. Und seht, ich will euch noch ein gutes geben. Laßt sie nur fortziehen! Ich bitte euch, was ich bitten kann. Tut mir's zu Gefallen, wenn ihr es nicht für sie tun wollt. Es ist mir sehr viel an ihnen gelegen.»

Die Bauern wurden bewegt, nahmen mich deshalb mit sich zu den andern und sprachen:

«Ihr Nachbarn, dieser Herr führt diese Pfaffen. Wir haben ihm gestern freien Durchzug mit allen den Seinigen versprochen. Weil sie aber diesen Herrn nicht bei sich gehabt, sind wir nicht verpflichtet, unser Wort zu halten. Doch weil er für sie bittet und ihm viel daran gelegen, so wollen wir ein ordentliches Geld fordern.»

«Wieviel wollt ihr, daß sie geben sollen?»

Da sagten geschwind etliche «100 Taler», andere weniger, diese aber sagten: «Hört, ihr Pfaffen, gebt sofort 30 Gulden her! Und dieses ist nicht wegen euch – denn wir wissen wohl, daß ihr Heiligenkreuzer viel Geld habt –, sondern wegen diesem Herrn», auf mich deutend. Ich aber und die Patres versuchten, auch diese Summe zu verkleinern, aber eben diese zwei Bauern führten mich abermal mit sich weg und sprachen:

«Da hat der Herr einen Hut. Gibt der Herr geschwind die 30 Gulden hinein, weil's noch günstig ist. Dem Herrn soll weiter nichts geschehen. Aber die Pfaffen (denn die übrigen waren schon dazugekommen) wollen wir noch dazu so prügeln, daß sie sagen können, daß sie unter die Bauern gefallen.»

Ich hörte dieses mit Schrecken an, sagte dann: «Ach meine lieben Freunde, schlagt lieber mich als diese Geistlichen. Denn die Streiche, die ihr ihnen geben werdet, werden alle mir angerechnet werden. Seht, ich bin wegen ihnen gestern in das Kloster geritten, hab sie mit großer Gefahr von den Tataren gerettet. Jetzt aber sollen sie dieses Unglück unter euch Bauern ausstehen. Was wird mein gnädiger Herr zu mir sagen, wenn sie ihm dieses klagen werden. All mein Gunst und Verdienst wär' bei ihm verloren. Ich bitt' euch noch einmal, um Gottes Willen, verschont mich und schlagt mir die Patres nicht!»

Währenddessen griff ich in den Beutel, und, dies gesagt, gab ich einem jeden einen schönen, neuen Salzburger Taler in die Hand. Die Bauern, durch meine Bitte und mein Geld bewegt, nahmen mich mit sich abermal in den Kreis und sagten einer dem andern, daß man keinen schlage; denn dieser Herr hat schon das Seinige für sie getan. Sie klopften mir auf Achsel und hielten mir wieder den Hut vor.

«Da zahle der Herr», sagten sie, «eilends ohne alle Widerred die 30 Gulden herein! Es ist genug, daß man keinen prügle.»

Ich sagte den Patres lateinisch, sie sollten sich willig und gut gegen die Bauern zeigen. Es sei gewiß notwendig. Ich will ihnen danach schon sagen, was es für eine Beschaffenheit hab. Dann zählte ich ihnen 30 Gulden in den Hut. Darauf gaben sie mir die Hände und sprachen: «Jetzt können sie fortreiten.»

Als ich noch beim Zählen war, ritt ihr hochwürdiger Pater Prior von Mariazell vorbei (welcher wieder zurückgeritten war, um Nachricht über ihr Kloster einzuholen). Dieser sah alles, was uns geschah, konnte aber nicht helfen. Die Bauern begehrten von ihm auch ein Trinkgeld, welchen er fünf Groschen gab. Und mit diesen ließen sie ihn ohne Hindernis über den Steg reiten, sagten nebenbei:

«Der kann schon fortreiten. Wir kennen ihn schon. Es ist kein Heiligenkreuzer. Diese Pfaffen aber verkleiden sich unter weltliche Röcke, aber es hilft nichts. Man weiß gleichwohl schon, daß sie Heiligenkreuzer sind.» Sie deuteten auf den Pater Johannes, welcher einen schönen Rock mit einer Kapuze über sein Mönchsgewand anhatte. Sie machten ihm zugleich den Rock auf. Und einer von ihnen sagte spöttisch: «Sehet ihr die Pfaffenkutte!»

Ich machte desgleichen meinen Rock mit Kapuze auf und sprach zu ihm: «Sieh, Vetter, ich habe auch einen Rock mit Kapuze an, darunter aber gleichwohl eine Kutte! Was soll denn dieses bedeuten? Sind denn wir Pfaffen böser als andere Leute?»

Der Bauer antwortete mir geschwind: «Diese Kutte ist schon recht! Aber diese weiße und schwarze Mönchskutten [Gewand der Zisterzienser] soll man tüchtig ausklopfen!» Und drohte dem Pater mit seinem Prügel.

«Hast dich wohl verredet, Vetter», sprach ich, «und eben diese Kutte ist eurer Herren von Lilienfeld Gewand.»

Mit dieser Rede habe ich dem Bauern das Maul stopfen wollen, aber ich riß es ihm erst recht auf. Denn er fing erst recht an zu wüten und zu schreien: «Und eben deshalb soll man diese Pfaffen erschlagen, weil sie den unsrigen Herren gleich sind! Diese mitsamt ihren Prälaten haben uns schwer geschunden. Jetzt, da sie uns bei den Unsrigen erhalten sollten, sind sie wie andere durchgegangen!» Und hätte nicht viel gefehlt, die Bauern hätten von neuem angefangen, wild zu werden und mich samt den Patres zu prügeln. (Kleinschroth, S. 95–98)

Kaum sind die Pfaffen noch einmal leidlich durchgekommen, sinnen sie gleich auf Rache. Voran Kleinschroth, dem die Bauern nichts getan haben:

Ich setzte meinen Patres hinzu, dieses Geld getraue ich mir wohl zu bekommen; denn diese Bauern sind alle Untertanen von Lilienfeld, von denen ich etliche gut kenne. Sobald wir nach Hainfeld kommen werden, wollen wir allda über Nacht bleiben; denn wir waren alle sehr müde. Zudem mußte ich andere Pferde mieten. Unterdessen will ich einen eigenen Menschen zum Gersthof schicken, der diese Bauern alle kennt und mir die Namen sagt, welche ich dann dem Herrn Hofrichter von Lilienfeld einhändigen will. Es wird schon einmal wieder Zeit werden, daß man die Bauern festnehmen kann, mit welchen die Patres wohl zufrieden waren, weil sie nur ungeschlagen davongekommen sind. (Kleinschroth, S. 98)

Die Flucht der Geistlichkeit verschärft den Bauernhaß. Wo die Geistlichen eine Verteidigung gegen die Tataren organisieren, wie es die Mönche des Klosters Lilienfeld in Wirklichkeit bereits tun, bricht die schwelende Bauernrebellion nicht oder nur schwach auf. Dies gilt wenigstens für die nähere Umgebung des Klosters.

Die Bauern des Klosters Lilienfeld erzählten uns mit Freuden, wie ihr gnädiger Herr Prälat und die meisten Geistlichen entschlossen seien, sich mit ihnen im Kloster zu verteidigen, zu welchem Zweck sie ihnen Gewehre und alle Zubehör ausgeteilt hatten, wie auch die Wachen bestellt worden, bei welchen sich selbst die Herren Patres aufstellen ließen. Wir hörten diese Nachricht gern an und waren zufrieden, daß diese Bauern nicht mehr so schwierig waren wie die vorigen. (Kleinschroth, S. 101)

Der Prior von Lilienfeld sitzt spöttisch auf dem hohen Roß und meint, die Bauernherrschaft werde eh nicht lange dauern. In dieser Gegend können die Bauern übrigens geschickt mit Gewehren umgehen, da das Jagdrecht beim Kloster liegt und sie mit auf die Jagd zu gehen pflegen. Wo aber das Jagdrecht beim Kaiser liegt – wie um Wien –, der es praktisch gar nicht überall nützen kann, sammeln die Bauern wegen fehlender Jagden nie Erfahrungen im Umgang mit Schußwaffen. Dort kommen die Tataren am raschesten durch. Die freiheitsfeindliche Feudalordnung bietet den Feinden also ein offenes Tor zum Einfall.

Hinter Lilienfeld, kurz vor Türnitz, müssen die Geistlichen von Kleinschroths Gruppe an einer weiteren Straßensperre den drohenden Bauern wieder ein Trinkgeld geben. Ein rebellischer Bauer wird vom nächsten Amtmann in den Kerker geworfen. Der Bauernaufstand hat hier noch lange nicht gesiegt.

Kurz vor dem Annaberg wartet eine Bauernwache murrend auf Ablösung. Um diese zu erreichen, läßt sie den Amtmann bedrohen. Hier begegnet Kleinschroth einem Rebellen, dem man die Freude auf die künftige Bauernfreiheit nachfühlen kann.

Die Bauern boten mir ein Trinkgefäß mit engem Hals voll Wein von ferne an. Ich aber schüttelte den Kopf und wollte weitergehen. Doch einer, der schon etwas voll war, ist mir endlich mit dem Trinkgefäß rasch den Berg nachgestiegen, und als er mich eingeholt hatte, mußte ich mit ihm trinken. Dann sagte er zu mir:

«Herr, ich hätte eine schöne Bitte an euch. Sagt mir zu Gefallen unserem Amtmann auf dem Annaberg: wenn er uns nicht bald ablösen lassen wird, so wollen wir selber kommen und ihn erschlagen! Tut's und sagt's ihm, ihr seid gebeten.»

«Bei Leib und Leben nicht», sprach ich, «Vetter, ihr dürft nicht so reden! Wenn ich dieses dem Amtmann sagen würde, ich mein', er würd' euch festnehmen.»

«Herr», sagte der Bauer, «ich bitt' euch treu noch einmal, sagt's ihm! Denn jetzt ist eine wunderliche Zeit. Die Bauern werden auch Herren werden. Es gilt eins drauf!» Und trank fest aus dem Gefäß mit Freude, streckte dazu die Hand aus und schnalzte mit den Fingern dazu, wie wenn es schon gewiß wäre, daß er ein Herr werden würde. Dann gab er mir das Glas, tat einen hellen Jauchzer, daß es im Wald schallte. Ich mußte noch einmal trinken und dem Bauern die Hand darauf geben, daß ich's dem Amtmann sagen wollte. Danach ging er den Berg hinab und ich hinauf, welchen inzwischen meine Knaben ziemlich hinaufgestiegen waren. Die Bauern haben mir, als sie meiner hoch droben wieder ansichtig wurden, hinauf nachgeschrien und alle zugeprostet. Ich habe ihnen ebenso ein «Gseng Gott» [Segne es Gott!] hinabgeschrien. (Kleinschroth, S. 112/113)

Ein schwaches Licht Bauernutopie schimmert selbst durch die Pfaffenschilderung durch. Dann hört Kleinschroth mitten im Gebirge, daß dieser Weg durchs Gebirge den einzigen Fluchtweg darstellt. Die steinigen Gebirgspfade sind für berittene Truppen unpassierbar, angesichts der Bauern geradezu eine Falle. So streifen die Tataren und Rebellen inzwischen die Donauebene hinauf bis an die Grenze von Oberösterreich. Die Flüchtlingsgruppe, deren Weg und Schicksal wir verfolgen, stößt an der Oisbrücke zwischen Lunz am See und Göstling an der Ybbs, mitten im Gebirge der Eisenwurzen, auf eine der «radikalsten» Bauernschanzen.

Da fanden wir eine große Anzahl bewaffneter Bauern, welche keinen Menschen die Brücke über die Ybbs passieren lassen wollten. Es half weder Bitten noch Betteln. Sie wollten auf die Leute Feuer geben, wenn nur ein Mensch die Brücke betreten wollte. [...] Wir gingen der Brücke zu, aber es begegneten uns viele Hundert, ja ich darf wohl sagen, mehr als 1000 Personen, welche wiederum zurückgehen mußten, weil die Bauern niemand über die Brücke lassen wollten. Diesen allen sagte ich, daß es gut sei zu Lunz [gemeint ist: Lunz ist noch nicht von den Tataren verwüstet]. Sie aber ermahnten mich, ich sollte mit ihnen zurückkehren; denn es sei unmöglich, daß ich über die Brücke komme; denn die Bauern seien so harte Leute, daß es nicht möglich sei, sie zu bereden, weder mit Bitten noch mit Geld, daß sie einige Menschen durchpassieren ließen. Doch ich ließ mich nicht abwendig machen.

«Ich werd's probieren», sagte ich, «denn ich bin schon durch mehrere solcher Bauern gekommen. Diese werden auch nicht Unmenschen sein.»

Wir kamen endlich zu der Brücke. Da standen viele Menschen, die hinüber wollten, aber es nicht erreichen konnten. Diese rieten mir auf alle Weise ab, ich sollte nicht auf die Brücke gehen, sonst werde ich unfehlbar ein Unglück haben. Sie waren auch begierig zu sehen, wie es mit mir ablaufen würde, als sie vernahmen, daß ich mit den Bauern zu reden begann, damit sie danach vielleicht ebenso durchkommen könnten.

Die Bauern jenseits der Brücke waren sehr gut bewaffnet und verschanzt an einer gut gebauten Sperre. «Gute Freunde», rief ich hinüber mit lauter Stimme, da das Wasser stark rauschte. «Gute Freunde, darf man nicht über die Brücke gehen?»

«Zurück, zurück!» riefen geschwind etliche, «oder wir wollen dir den Weg weisen.»

«So nicht, meine lieben Leute», sprach ich, «laßt mich hindurch, ich will euch ein gutes Trinkgeld geben.»

«Es kann nicht sein», riefen sie entgegen, «scher dich nur bald von der Brücke, oder du sollst bald was anderes erfahren.»

«Seid keine wunderlichen Leute», schrie ich, «warum wollt ihr die Fliehenden nicht passieren lassen?» und ging dabei etliche Schritte weit auf die Brücke hinein. Als die Bauern dies sahen, sprangen geschwind etliche von ihnen mit Gewehren auf die Brücke herein und sagten:

«Steh still, Pfaff, und geh keinen Tritt weiter, sonst schießen wir dich ohne alle Mittel (sagten wohl auch beim verfluchten Teufel) über die Brücke hinab!»

Meine Knaben fingen zugleich an zu schreien, und alle Leute erschraken von Herzen; denn etliche wollten schon auf mich anlegen und schießen. Auf diesen so scharfen Bauernbefehl hin blieb ich auf der Stelle still stehen und sagte:

«Ei, was wollt ihr um Gottes Willen tun? Ihr seht ja, daß ich ein Geistlicher bin! Ihr seht ja, daß ich ohne Gewehr bin! Ihr seht ja, daß ich nichts als kleine Knaben mit mir führe und diese ohne Waffen. Traut ihr euch mit bewaffneter Hand gegen uns Schwache und Unbewaffnete Gewalt anzuwenden? Ihr so stattliche Männer und wehrhafte Bauern? Ihr, die ihr den Feind abwehren und aufhalten sollt, wollt euren Mut an einem Geistlichen und an Kindern beweisen? Ei, das laß ich mir nicht sagen. Ich bitte euch, laßt mich entweder zu euch gehen oder geht ihr zu mir her, daß ich wenigstens mit euch reden kann. Ihr seid ja auch Christen?»

«Freilich», sagte ein großer, ansehnlicher Bauer mit einem langen, schönen Bart. «Freilich sind wir auch Christen! Steht still, ich will gleich zu euch hinkommen und vernehmen, was euer Begehren ist.»

Er ging nun mit seinem Gewehr zu mir auf die Mitte der Brücke und forderte mich auch zu sich auf die Brücke hinein, die anderen aber blieben mit ihren Gewehren ordentlich auf der Brücke stehen. Ich ging gleich auf ihn zu. Meine Knaben weinten und wollten gar nicht, daß ich mich in solche Gefahr begeben sollte. Ich gab dem Bauern gleich die Hand, ebenso er mir, doch stand er sehr stolz und selbstbewußt vor mir mit weit gespreizten Füßen. Ich sagte zu ihm:

«Gott grüß euch, mein Freund! Seht, ich bin ein Priester und zwar zur Zeit ein armer und von allen meinen Sachen vertriebener und hab nichts bei mir mehr als zwölf kleine Knaben, mit welchen ich aus der Nähe von Wien fliehe und schon manche harte Gefahr unter den Tataren ausgestanden, doch durch die Hilfe Gottes habe ich sie bis hierher ohne Schaden gebracht. Ich bitte euch nun, laßt mich mit ihnen weiter und haltet uns nicht auf; denn ich komme sowieso mit so kleinen Kindern schwer voran. Ich will mich bei euch allen nach meiner Möglichkeit mit einem guten Trinkgeld bedanken. Ich weiß es gar zu gut, daß ihr Bauern an dieser Sperre viel ausstehen müßt, doch ihr seid in Wahrheit wackere Leute und werdet dem Feind, wenn er kommen sollte, eure Stärke gewiß zeigen, daß er das Zurückgehen vergessen wird.»

Diese Rede wollte dem Bauern gefallen. Er sagte: «Ihr müßt wissen, daß ich zur Zeit ein einfacher Führer dieser Bauern bei dieser Brücke bin, bis uns andere ablösen werden. Wir haben noch niemanden über die Brücke gelassen; denn es gehört sich nicht, daß man flieht. Ihr müßt tapfer stehenbleiben und euch mit uns wehren. Hättet ihr euch tapfer gewehrt, so wäre der Feind nicht so weit gekommen.»

«Verzeiht mir's, guter Freund», fiel ich ihm in die Rede. «Es hat eine andere Beschaffenheit mit uns gehabt. Der Feind hat uns früher überfallen, als wir uns zur Gegenwehr richten konnten. Zudem sind viele Hunde des Hasen Tod. Meint ihr, daß der Feinde so wenige sind? Es sind im Land mehr als 200000 Mann!»

«Ei, ist's wahr?» sagte der Bauer mit Verwunderung. «Nun, sagt uns, ist dem so, daß die Tataren ganz geharnischte Männer sind, wie auch ihre Roß?»

«Man hat euch», gab ich zur Antwort, «schlecht berichtet. Meine lieben Bauern, die Tataren haben weder Eisen noch Harnisch. Von ihren Pferden ist kaum eines unter 100 beschlagen und dies nur an den Vorderfüßen mit dünnen Eisen wie Blech. Sie haben keine andere Schußwaffen als Pfeile, aber geschwind sind sie und behend. Ich wünschte, daß wir solche Bauern um Wien herum hätten, wie ihr hier seid. Ich glaube, es würden uns nicht mehr viele Tataren beunruhigen.»

«Wir», sagte der Bauer mit Stolz (denn es hatten sich schon etliche zu ihm gesellt, welche sich ebenfalls nicht wenig einbildeten), «wir, gelt Nachbarn, wollen diese Schelmen so herbutzen, daß uns kaum einer entwischen soll. Es gibt ganze Kämpl [oberösterreichisch für «ganzer Kerl»], die keinem nachstehen. Ihr sollt euch wundern!»

«Das glaub ich gern», sagte ich, «meine lieben Leute, aber haltet mich nicht lang auf, laßt mich fortgehen!»

Unterdessen haben sich meine Knaben einer nach dem andern herein auf die Brücke begeben. Die Bauern haben's auch gelten lassen, aber andere Leute ließen sie nicht hineintreten. Die Knaben standen um mich und hielten sich alle an mir fest. Jeder wollt auch um mich seine Sorge tragen. Der Bauer sagte, nicht wissend, wie er sich hoch und stolz genug gebärden sollte:

«Ihr Pfaffen seid an diesem Krieg schuldig mit eurem Reformieren!» [Gegenreformation] Denn es gibt unter diesen Bauern, die man die Grünhütler [Bauern der Eisenwurzen, die niedrige, grüne Hüte mit breiten Krempen und goldbesetztem Quastenband tragen] nennt, noch viele lutherische Mägen. «Man soll euch nur aufhenken oder niederschlagen.» Und hielt mir eine lange Predigt, daß es mich zuzuhören verdroß. Zuletzt sprach er: «Ihr könnt die Bauern arg schinden, ihr verfluchten Pfaffen!»

«Ihr tut mir», sagte ich, «dieses Mal unrecht. Ich hab mein Leben lang keinem Bauern Leid angetan, ist mir auch keiner Untertan gewesen.»

«Ei, ihr Pfarrherren», sprach der Bauer, «habt gar kein Mitleid mit den Leuten. Man muß euch das Geld alles im voraus geben, ehe ihr einen begrabt oder sonst einen Kirchendienst tun müßt!»

«Abermal», sagte ich, «tut ihr mir unrecht. Ich bin auch niemals ein Pfarrherr gewesen!»

«Was seid ihr denn?» fragte der Bauer mit höhnischem Gelächter.

«Was», sprach ich, «ein Schulmeister! Das seht ihr ja an meinen Kindern.» Hiermit zeigte ich auf meine Knaben. «Diese habe ich gelehrt. Sie sind aus unterschiedlichen Orten, von guten Eltern gebürtig, und gehören zu den Herren Prälaten von Heiligenkreuz. Diesen muß ich sie zuführen, bis nach Linz. Ihr könnt mir's glauben, was ich alles mit ihnen bisher ausgestanden.»

Die Bauern schauten die Knaben alle an mit Verwunderung, daß so kleine Knaben sollten trompeten können. «Ja», sagte ich, «sie können singen, geigen, trompeten, pfeifen und trommeln etc. Wäre es nicht schad, daß so tüchtige Kinder von euch zurück- und unter die Tataren gejagt werden sollten?»

«Es ist wahr», sprach der Bauer. «Wartet ein wenig!» und ging zu der Wache zurück in die Schanze. Wir aber blieben unter etlichen Bauern bewacht auf der Brücke stehen. Andere Leute aber durften sich der Brücke nicht nähern. Er kam bald wieder und sagte:

«Die Knaben können fortgehen. Ihr aber und diese zwei», dabei deutete er auf meinen Herrn Schwager und den Schmied, «müßt uns verbleiben und euch helfen wehren. So werden wir's auch andern danach machen. Den, der sich wehren kann, werden wir aufhalten. Wer sich nicht wird wehren können, den wollen wir mit den Weibern und Kindern zurückjagen. Aber eure Knaben, weil sie so prächtige Kinder sind, wollen wir passieren lassen.»

Ich erschrak sehr, und «Ei, meine lieben Freunde», sprach ich, «wo werden diese Kinder ohne mich hingehen? Das kann nicht sein.» Mit den Kindern führten sie uns ans Ende der Brücke an die Schranke. Die Knaben fingen an zu schreien und wollten mich nicht von sich lassen. Sie riefen: «Wir wollen nicht fortgehen, sondern auch da bleiben; denn wo unser Herr ist, da wollen wir auch sein!»

Die Bauern beschlossen geschwind auf Zureden ihres Führers, ich sollte mit den Knaben nach Lunz in den Pfarrhof zurückgehen und dort bleiben; denn sie sagten, daß der Herr Amtmann dort mit dem Pfarrherrn gewichen sei, sollte ich ihr Seelsorger sein. Sie wollten ihren Pfarrherrn nicht mehr haben, sondern mir diese Pfarre völlig zusichern, jetzt aber alle Lebensmittel beischaffen. Aber ich bedankte mich für ihren guten Willen und sagte:

«Meine lieben Leute! Ich sehe und erkenne euren guten Willen gegen mich. Ich wollte, daß ich euch damit zu Gefallen sein könnte, aber es kann nun einmal nicht sein; denn mein gnädiger Herr Prälat erwartet mich mitsamt den Knaben. Wenn ich aber hier verbleiben soll, würde ich nicht wissen, wo ich mitsamt ihnen hinkommen soll.»

«Bleibt», sprachen sie, «da bei uns und laßt die Knaben fortgehen zu euren Prälaten.» Und so wollten sie die Knaben bei der Schranke hindurchlassen. Aber keiner wollte von mir weichen, sondern sie hielten sich zugleich an mich und baten die Bauern mit Tränen, sie sollten mich nicht aufhalten. Ich sagte zu den Bauern:

«Meine lieben Bauern, seht, ihr habt auch Kinder zuhause und wißt nicht, wo sie heute oder morgen hinkommen. Denkt daran, daß ihr hiermit euren Kindern Gutes oder Böses verursachen könnt; denn diese hier sind Knaben, die nicht allein ihre Sachen gut können, sondern auch teilweise von höheren Eltern und Stand sind, außerdem zur Zeit ihrer Eltern beraubt, und sie wären verloren gegangen, wenn ich mich nicht ihrer angenommen hätte und sie mit mir aus so vielen Gefahren herausgeführt. Euer Pfarrherr wird schon wieder zurückkommen. Laßt mich mit den Meinigen fortziehen!»

Der Bauernführer besann sich ein wenig und schien durch meine Reden und durch das Weinen der Knaben bewegt zu werden. So sprach er zu mir:

«Weil ihr weder Obrigkeit noch Pfarrherr gewesen, dazu euch um anderer

Leute Kinder so sorgfältig angenommen und keines (das sind des Bauern gleiche Formalia) [Auffassung, Grundsätze] von diesen euer ist, so geht mit ihnen hin in Gottes Namen! (Kleinschroth, S. 138–143)

Die Sängerknaben kommen durch, mit ihnen Kleinschroth, am Ende auch die zwei Begleiter, übrigens alle ohne ein Trinkgeld bezahlen zu müssen. Hunderte anderer Flüchtlinge müssen bleiben. Die Aufständischen verlangen die Verteidigung der Gegend. Das Gemeinwesen, das sonst die Feudalherren und die Geistlichen zu kontrollieren beanspruchen, machen nur noch die Bauern aus. Die hohen Herren haben sich verdrückt, so rasch es ging. Die Bauern der Eisenwurzen haben schon an den früheren Bauernerhebungen teilgenommen. Der alte Rebellengeist lebt noch.

Zwischen Göstling an der Ybbs und St. Georgen am Reith wird die Flüchtlingsgruppe durch 20 erboste Bauern angehalten. Kleinschroth entgeht knapp dem Tod. Einer der Sängerknaben zieht ihn zurück, als gerade ein Bauer mit einer großen Holzhacke ihn zu treffen versucht. Der Schlag geht nur wenige Zentimeter daneben.

Der Heiligenkreuzer Mönch gerät noch öfters in gefährliche Situationen. Je mehr sich sein Fluchtweg den alten Zentren traditioneller Bauernkämpfe Oberösterreichs nähert, desto selbstbewußter treten die Bauern gegen die verhaßten Geistlichen auf, die Ideologen der gottgewollten Unfreiheit in der Erbuntertänigkeit.

Besser wird es erst, als die Flüchtenden das Geleit eines über 80jährigen, noch rüstigen Bauern erhalten. Dieser streitbare Greis gewährt Kleinschroth einen überaus seltenen Einblick in die ländliche Volksreligion. Der Bauer glaubt sich gegen Gewehrkugeln unverletzlich (fest) gemacht zu haben, indem er am Sonnwendtag nachts rückwärts auf einen Berg ging, ein bestimmtes, nicht genanntes Kraut pflückte und dabei heilige, wohl lateinische, Worte sprach. Der Geistliche hält dies für Hexerei und Zaubern. Der Bauer antwortet ihm stolz, wobei er die Konkurrenz der Volksreligion zur Pfaffenreligion ausdrückt:

Die Pfaffen halten nichts auf solche Sachen. Sie wollen nur, daß allein ihre heiligen Gebete erlösen können. (Kleinschroth, S. 155)

Weitere Bedrohungen hört Kleinschroth in Kremsmünster, obwohl die Tataren noch weit weg sind.

Über die politischen Verhältnisse in Niederösterreich damals berichtete später eine ständische Kommission in Krems an der Donau. Der allgemeine Aufstand des verlassenen gemeinen Mannes sei durch die große Fluchtbewegung hervorgerufen worden (Nachrichten, S. 271). Die Kommission vermerkte auch eine Bauernsperre nahe bei Krems, zwischen Stein und Dürnstein, also links der Donau, während der Schwerpunkt des Bauernaufstandes eindeutig rechts der Donau lag, im Süden. Hier griffen die Bauern Klöster, Schlösser und Herrenhäuser an. Die Kommission beendete ihren Vortrag mit der Mitteilung, nach dem Sieg über die Türken habe jedes Kommissionsmitglied 3000 rheinische Gulden, höhere Würdenträger sogar ein kostbares Schmuckstück mit 100 Diamanten erhalten. Der Adel hatte nichts gelernt, wieder einmal.

Zur Rebellion des Jahres 1683 gehörten auch die Erhebungen in der Steiermark. Nur rund 50 km südlich des von Kleinschroth durchquerten Gebirges hatten bereits vom 14. bis 16. April 1683 die Bergknappen von Eisenerz und die Holzknechte einen Aufstand unternommen (Mell, S. 287, Anm. 132). Die Frau des Bergbaubesitzers von Vordernberg, Maria Elisabeth Stampfer, berichtete in ihrem Hausbuch von einem späteren Bergarbeiteraufstand:

Den 7. August 1683 hat sich mir ein schönes Stückl zugetragen. Da haben die ländlerischen Holzknechte, die Eisenerzischen Schmelzhüttenarbeiter und Knappen, auch unsere Schmelzhüttenarbeiter und Knappen – aber von allen unseren kaum Hundert, sind von denen aus Eisenerz aufgereizt worden – eine ganze Rebellion begonnen, haben den Herren Jesuiten Gut in der Trofeng [Trofaiach?] ganz geplündert, haben Geld haben wollen, haben gemeint, es sei welches dorthin gebracht worden. Wie sie aber keines bekommen haben, so haben sie im Haus ärger gearbeitet als der Türke selbst, die Türen eingestoßen, die Öfen und Fenster eingeschlagen, alle Sachen, die noch in einem Winkel gesteckt sind, haben sie zu sich genommen und schließlich nach Leoben und über die Jesuiten und Klosterfrauen herfallen wollen. Es sind 800 Bergleute gewesen. Die Bauern haben sich hören lassen, sie wollten auch mithalten. Wir sind also wegen diesen schlimmen Leuten in überaus großer Furcht gewesen, und es hat uns sehr verdrossen, daß wir vor unseren eigenen Leuten nicht sicher sind, wo wir doch gemeint haben, wenn wir in einer Not wären, würden sie uns helfen verteidigen gegen den Feind. Nun haben wir den Feind selbst bei uns. Wir haben dann noch gute Worte geben müssen, daß man alles beigelegt hat, weil es mit dem Türken am ärgsten hergegangen ist und man keine Soldaten gehabt hat, die es ihnen gezeigt hätten! (Stampfer, S. 77/78)

Die gute Frau strahlte gleich im nächsten Jahr, wie es mit ihrem Geld weiter aufwärts ging, als ob nichts gewesen wäre. Die Rebellen waren längst vergessen.

Im Jahr 1684, den 4. August, hat uns Gott der Allmächtige die große Gnade erwiesen und seinen reichlichen Segen dazu gegeben, daß wir 21 000 Gulden Bargeld haben auf 4 % Zins anlegen können. Gott sei hunderttausendmal Lob, Ehr und Dank gesagt. Möcht' er uns seinen heiligen Segen noch ferner mitteilen, auf daß wir ihn mögen loben und preisen und seine Gnaden und Gaben erkennen und darum dankbar sein und unsere Kinder zu seiner Ehre und ihrer Seligkeit auferziehen und selig sterben, Amen. (Stampfer, S. 82)

Und eine Woche später schrieb die Unternehmersfrau:

Meine Erbschaft ist 800 Gulden gewesen in allem, aber Gott hat sie uns reichlich vermehrt. (Stampfer, S. 83)

Gott? Fleißige Bergknappen und tüchtige Schmelzhüttenarbeiter und die kaum jemals streikenden Holzarbeiter. Die Söhne der Frau Stampfer stiegen in den Freiherrn-, die Enkel gar in den Grafenstand auf.

Die rasche Niederschlagung des Bauernaufstandes war nur möglich, weil die Türken bereits am 12. September 1683 nach der berühmten Niederlage am Kahlenberg bei Wien Österreich fluchtartig hatten räumen müssen. Der Aufstand war rasch zusammengebrochen; die Bauern hatten keine Machtpositionen aufbauen können. Verbündet mit Polen, Venedig und Rußland, ging Österreich gegen die Türkei vor. 1686 wurde Ungarn erobert, 1687 das bisher von der Türkei besetzte Siebenbürgen (heute Transsilvanien in Rumänien), 1688 Belgrad. Die Türken gingen, die Habsburger kamen.

Das traditonelle, nationalistische und in Teilen noch feudale Geschichtsbild feierte den Sieg am Kahlenberg über die Türken als ein epochales Ereignis. Danach erschütterten die Türken das feudale, christliche Abendland wie einst die Mauren und die Slawen. Alle drei stehen für abendländische Erbfeinde. Eine dieser Tradition folgende, zweifelhafte Würdigung des Sieges am Kahlenberg findet sich merkwürdigerweise auch im neuesten Geschichts-Lehrbuch der DDR von Gerhard Schilfert:

Die Befreiung Wiens, die nicht zuletzt auch den Leistungen seiner Bürger zu verdanken ist, und die siegreiche Schlacht auf dem Kahlenberge hatten europäische, ja weltgeschichtliche Bedeutung; denn sie geboten dem weiteren Vorrücken der Türken in Europa endgültig Einhalt. [...] Die Türkensiege des 17. Jahrhunderts hatten eine große nationale Bedeutung für die deutsche Geschichte: Sie sind das einzige Beispiel für ein erfolgreiches Zusammenwirken aller deutschen Länder und darüber hinaus der slawischen und ungarischen Völker der Habsburgermonarchie bei der Lösung einer Aufgabe von gesamteuropäischer Bedeutung. Es ist das einzige Beispiel dieser Art, das es in der Zeit der politischen Zersplitterung und Ohnmacht des Reiches zwischen dem Westfälischen Frieden und den Freiheitskriegen gibt. Zugleich war dieser Krieg der einzige, der sogar bei den unterdrückten Klassen in ganz Deutschland volkstümlich war. (Davon zeugen unter anderem viele Volkslieder.) (Schilfert, S. 60)

Den Aufstand von etlichen tausend Bauern, dem mächtigsten in Österreich zwischen 1636 und 1848, scheint Schilfert nicht zu kennen. Diese rebellischen Massen waren anderer Meinung als Schilfert. Bei ihm findet sich auch kein Wort über die ungarischen und österreichischen Rebellen im türkischen Heer. Aber offenbar fühlt sich Schilfert selbst nicht wohl bei seinem welthistorischen Jubel über die Habsburger, fügt er doch hinzu:

Für die Völker Ungarns brachte der Frieden von Karlowitz (1699) zwar die Abschüttelung des türkischen Jochs, aber nicht die Befreiung, die sie erhofft und für die sie gekämpft hatten. Die absolutistische Herrschaft der Habsburger behielt nicht nur die feudale Ausbeutung bei, sondern versuchte in der Folgezeit auch, das ungarische Volk und die nicht-ungarischen Völker gegeneinander auszuspielen, um das Land um so besser als Kolonie, vor allem als billige Rohstoffquelle für das österreichische Gewerbe, ausnutzen zu können. (Schilfert, S. 60)

Und das soll ein Sieg von nationaler Bedeutung sein? Wenn schon, dann nur ein Sieg der Herrennation. Die Bauern, Bergarbeiter und wohl auch viele Bürger dachten anders. Wir greifen lieber die verdrängten Stimmen der Rebellen auf, die uns in Kleinschroths Fluchtbericht nur am Rande überliefert wurden. Die Alternative am Kahlenberg – hier Habsburger Feudalismus, dort türkische Herrschaft – interessierte die Unterdrückten, wenn überhaupt, so nur in zweiter Linie. Der Sieg über die Türken stärkte ausschließlich den reaktionären Adel. Die österreichische Bauernbewegung, kaum begonnen, noch ohne Programm und ohne Verbindung der einzelnen Gegenden, wird gleich wieder erstickt, die ungarische Opposition erneut unterworfen. Der Sieg am Kahlenberg brachte den Völkern keine Freiheit, sondern noch stärkere Unterwerfung unter die Habsburger.

Für das, was die Herren «christliches Abendland» nannten, hatten die Bauern keine Lust, sich zu schlagen. Ihre Alternative lautete: Feudalismus oder Bauernfreiheit. In diesem Sinn unterlagen sie mit am Kahlenberg, an einer dritten Front, die beide Kontrahenten hätte besiegen müssen. Der Gewinner hieß das feudale, bauern- und demokratiefeindliche Abendland der Herren, das von der Zerstörung republikanischer Ansätze, von Hexenjagden, Judenpogromen, Zigeunerverfolgungen, von einer bigotten Bevormundung durch die Kirche, von der Ausmerzung abweichender Kulturen lebte. Dasselbe betrügerische Spiel wiederholte sich im Jahr 1815 nach dem Sturz Napoleons.

Wie wenig die unfrei Gehaltenen den angeblich epochalen Sieg zu würdigen gewillt waren, zeigte sich im zähen Fortleben des bäuerlichen und ständischen Widerstands. Ausgehend vom oberungarischen Bauernaufstand von 1703, erhoben sich die Stände Ungarns unter Franz Rákóczi II. (1676–1735) noch einmal bis ins Jahr 1711, um ihre verlorene Autonomie zurückzuerobern. Wäre es ihnen gelungen, den Anfang zu einer frühen Zertrümmerung des österreichischen Vielvölkerstaates zu setzen und hätten danach Bauern in einem mächtigen Aufstand den Feudalismus vernichtet, Europa wäre viel Unheil erspart geblieben. Das Jahr 1683 verbirgt eine verpaßte Chance, den Scheideweg zu mehr Freiheit der Völker und zur Beseitigung der Bauernknechtschaft einzuschlagen.

Quellen und Literatur
GEORG GRÜLL: Bauer, Herr und Landesfürst. Sozialrevolutionäre Bestrebungen der oberösterreichischen Bauern von 1650 bis 1848, Graz/Köln 1963, S. 226–233
G. FREIHERR VON HENGELMÜLLER: Franz Rákóczi und sein Kampf für Ungarns Freiheit 1703–1711, Stuttgart 1913
BALTHASAR KLEINSCHROTH: Flucht und Zuflucht. Das Tagebuch des Priesters Balthasar Kleinschroth aus dem Türkenjahr 1683, hg. von Hermann Watzl, Graz/Köln 1956
K(ARL) KÖCHL: Bauernaufstände und Unruhen in Steiermark, in: 57. Jahresbericht der Landes-Oberrealschule Graz, Graz 1908, S. 21
ANTON MELL: Der windische Bauernaufstand des Jahres 1635 und dessen Nachwehen, in: Mitteilungen des Historischen Vereins für Steiermark, 44, 1896, S. 205–287
Nachrichten über die Zustände auf dem flachen Lande von Niederösterreich während der Türken-Invasion im Jahre 1683, in: Blätter des Vereines für Landeskunde von Niederösterreich, NF 17, 1863, S. 270–276
JUSTUS EBERH(ARD) PASSER: Berichte des hessen-darmstädtischen Gesandten Justus Eberhard Passer an die Landgräfin Elisabeth Dorothea über die Vorgänge am kaiserlichen Hofe in Wien von 1680 bis 1683. Mitgeteilt von Ludwig Baur, in: Archiv für österreichische Geschichte, 37, 1867, S. 271–409
GERHARD SCHILFERT: Deutschland von 1648 bis 1789, 3. Aufl. Berlin (DDR) 1975
MARIA ELISABETH STAMPFER: Das Hausbüchl der Stampferin, 2. Aufl. Graz 1926

71 Weitere Freiheitsbestrebungen von Bauern und Bürgern in der 2. Hälfte des 17. Jahrhunderts

A *Bauern*

1650 **Viertel Cilli** (Krain, heute Slowenien/Jugoslawien): Bauernaufstand (Mell, Der windische Bauernaufstand S. 270–282; Schiff, S. 205)

1650 **Notzing** (westlich von Erding/Oberbayern): Die zum Kloster Attel bei Wasserburg/Inn gehörenden Bauern verweigern die Fron (Hörger, S. 133)

zwischen 1650–60 **Herrschaft Bärwalde** (sorbische Exklave in Brandenburg): Bauernwiderstand gegen die Einführung der unbegrenzten Dienste (Brankačk/Mětšk, S. 235)

1650–58 **Herrschaft Tüschenbroich** (bei Mönchengladbach): Kampf der Bauern gegen Wachtdienste, Fronfuhren und Abgaben (Schulze, S. 55)

1652 **Lausitz**: sorbische Dörfer verweigern die erstmals geforderten Spinndienste (Brankačk/Mětšk, S. 234)

1652–54 **Herrschaft Obergreiz:** die Bauern verweigern die Steuer (Wernicke, S. 145)

1652 **Herrschaft Teinitz** (Dekanat Leitmeritz/Litoměřice in Böhmen): Bauernaufstand (Bretholz, S. 57; Strauß, S. 45; Grüll, S. 215)

1653–61 **Herrschaft Illereichen** (bei Kempten): Bauernrevolte, Verweigerung aller Abgaben und Pflichten (Schulze, S. 55)

1654, 1680/01 **Laupheim** (südlich von Ulm): Bauern wehren sich gegen höhere Frondienste (Schulze, S. 55)

1654 **Herrschaft Falkenberg** (Oberschlesien): Drei Dörfer verweigern neu geforderte Frondienste; bewaffnete Kämpfe, Hinrichtung dreier Bauern (Wernicke, S. 59)

1655 **Amtsvogtei Burgwedel** (bei Hannover): Die Bauern errichten ein «Parlament», entsenden dorthin ihre Deputierten, offenbar unter dem Einfluß der englischen Revolution (Schilfert, S. 36)

1655–62 **Vogtei Wildeneck** (Oberösterreich): Bauernaufstand, Anfänge bereits 1601–1604, 1619–1621 (Grüll, S. 81–205, 612–619)

1658–61 **Stift Neuzelle** (nördlich von Guben in der Niederlausitz): Dienstverweigerung der Bauern, besonders in Göhlen (Lehmann, S. 14/15; Brankačk/Mětšk, S. 234/235)

1658 **Wellmitz** (bei Merseburg): Die Bauern verweigern dem Abt von Neuzelle die Kontributionszahlung (Lehmann, S. 8/9)

1658 **Radibor** (bei Bautzen in der Oberlausitz): Bauernerhebung (Brankačk/Mětšk, S. 234)

1658–62 **Herrschaft Grafenort** (bei Glatz in Niederschlesien): Verweigerung erhöhter Fronen, die Bauern verlassen die Dörfer und Felder, flüchten in die Wälder und zu Nachbargemeinden (Tschitschke, S. 58; Wernicke, S. 59)

1658–97 **Oberösterreich:** Jagdbeschwerden der Bauern zur Zeit der Türkenkriege, Einfluß auf den Bauernaufstand im Bayrischen Wald 1679–1683 (Grüll, S. 205–210)

1659 **Kemnitz** (Oberlausitz): die Bauern verweigern die Dienstpflicht (Peschel, S. 105)

1659–71 **Aitrang** (Fürststift Kempten): Streit der Bauern gegen die Forderungen des Fürstabtes (Schulze, S. 55)

1660er Jahre **Kreis Cottbus** (sorbische Exklave in Brandenburg): Der Widerstand von 4–5000 sorbischen Bauern gegen den sächsischen Kurfürsten wird von 800 Soldaten erstickt (Brankačk/Mětšk, S. 235/236; identisch mit dem Aufstand von 1667/68?)

1662 **Gottschee** (Kočevje, deutsche Enklave in Krain, heute Slowenien): Bauernaufstand, wird niedergeschlagen (Valvasor, 3. Bd; 11. Buch, S. 200)

1662 **Tal Nordrach** (bei Zell am Harmersbach, südöstlich von Offenburg, siehe Karte in Kapitel 80): Aufstand der Talbewohner, die ihre Reichsunabhängigkeit und damit ihre Freiheit gegenüber dem Zeller Rat fordern. Sie verweigern die Huldigung und alle Abgaben und Steuern, wählen ihre Gerichtsschöffen, legen sich ein eigenes Siegel zu. Die Gegenseite verhängt einen Wirtschaftsboykott über das Tal, das zuletzt militärisch unterworfen wird (Disch, S. 283–286)

1666 **Unter-Reudnitz** (bei Greiz): Fronverweigerung (Wernicke, S. 144)

1666–71 **Pfaffenrode** (bei Glauchau): die Bauern kämpfen um die ihnen entrissene Weide, verjagen den herrschaftlichen Schäfer, schlagen Soldaten zurück (Wernicke, S. 99, 149)

1666 **Fürststift Kempten**: die Bauern verlangen gegen die Masse neuer Abgaben ein Gutachten der juristischen Fakultät der Universität Ingolstadt (Schulze, S. 55, 228–233)

1667/68 **Amt Cottbus** (Niederlausitz): Aufstand von 55 Dörfern gegen ihre Herrschaften, die alle Bauern von den Gütern verjagen wollen (Schulze, S. 56)

1668 **Kreis Bunzlau** (Boleslav) und **Königgrätz** (Hradec Králové): Bauernaufstand (Bretholz, S. 57; Strauß, S. 45; Grüll, S. 215)

1673 **Kreis Leitmeritz** (Litoměřice/Böhmen): Bauernaufstand (Bretholz, S. 57; Strauß, S. 45; Grüll, S. 215)

1674/05 **Herrschaft Sanneck** (Steiermark): Bauernaufstand (Mell, Der windische Bauernaufstand, S. 282–287; Schiff, S. 205)

1674–81 **Ämter Laussa, Mitterberg, Windhaag, Maria Neustift, Pfnurreut, Ebersegg** (alle bei Steyr/Oberösterreich): Beschwerden und Konspiration der Bauern wegen der Jagd (Grüll, S. 210–213)

1675 **Mark Brandenburg**: einzelne Bauernbewegungen (Schulze, S. 56)

1675 **Scheer** (bei Sigmaringen): Streit wegen Leistungen an den Truchseß von Waldburg (Eisele)

1675–81 **Ostrach, Magenbuch, Lausheim, Levertsweiler** (südöstlich von Sigmaringen): Verweigerung der Fron, Leibeigenschaft, Einquartierung und Kriegssteuer gegenüber dem Kloster Salem (beim Bodensee). Die österreichische Regierung in Innsbruck entschied gegen die Rebellen, die sich unterwerfen und die rückständige Steuern bezahlen mußten (Eisele; Schulz, S. 56)

1678–80 **Herrschaft Grafenort** (bei Glatz): Fronverweigerung aller acht Dörfer (Tschitschke, S. 57–69; Wernicke, S. 46, 59/60, 99)

1679/80 **Böhmen**: Der größte Aufstand deutscher und tschechischer Bauern in der böhmischen Geschichte, beeinflußt Aufstände in Schlesien und Bayern (Franz, S. 155–165; Passer, S. 284–296; Ressel, Bauernführer; ders.: Urkundliche; Scheinpflug; Schlesinger, Hrdý, Bauernaufstand; ders.: Neueste Nachrichten; Jarschel; Fischer; Kind, S. 145/1466; Grünberg, S. 128–130; Lahmer, S. 98–103; Svátek, S. 179–188; Bretholz, S. 57–59; Schiff, S. 206/207; Strauß, S. 45–65, 137–141; Sieber, S. 217/218; Grüll, S. 215–220; Kašpar; Schulze, S. 56)

1679–83 **Bayrischer Wald**: Bauernaufstand gegen den Bischof von Passau im Grenzgebiet zu Oberösterreich (Enthofer, S. 298–303; Grüll, S. 213–215)

1680 **Niederschlesien**: Bauernaufstand (siehe auch zu 1678–80 Grafenort) (Lucae, S. 2240; Schuberth, S. 38/39, 50–52; Knauer; Wernicke, S. 60)

1681 **Ströbitz** (bei Cottbus): Bauern verweigern die Teichfron (Wernicke, S. 70)

1681/02 **Kemnitz**: Bauern verweigern die Dienste, kommen nach Görlitz ins Gefängnis (Peschel, S. 105/106)

1682 **Gospersgrün** (bei Werda/Sachsen): die Bauern wehren sich gegen die herrschaftlichen Schafe auf ihren Brachfeldern (Wernicke, S. 151)

1682 **Kreis Saaz** (Žatec/Böhmen): Erneuter Bauernaufstand, blutig niedergeschlagen (Strauß, S. 91)

1682 **Großlobming** (bei Knittelfeld/Steiermark): ein einzelner Bauer verweigert standhaft die Fron (Mell, Großlobming, S. 143/144)

1684 **Greiz**: die Bauern verweigern wegen zu schweren Steuern und Soldateneinquartierungen die Frondienste (Schilfert, S. 29)

1685 **Bramstedt** (Holstein): nach dem Verkauf des Dorfes an einen neuen Gutsherrn verweigern die Bauern die Fron (Wernicke, S. 48/49)

1686 **Wölsickendorf** (bei Eberswalde/Mecklenburg): die Bauern erschlagen ihren unerträglichen Junker (Wernicke, S. 135)

ab 1686 **Oberlausitz**: massenhafte Fronverweigerungen (Leszczyński, S. 124–128; Wernicke, S. 71; Boelcke, S. 225/226)

1689–1722 **Iglau** (Jihlava/Böhmen): Widerstand gegen die Fron (Strauß, S. 96/97)

1689 **Wendisch Priborn** (Kreis Parchim/Mecklenburg): Bauern widersetzen sich der Pfändung des Viehs beim Schultheiß und einem Bauern (Wernicke, S. 138)

1689–93 **Greiz**: Verweigerung von Fron und Steuern; der Anführer Hans Schimmel wird 1692 verhaftet, zu seiner Befreiung bricht erneut ein Kampf aus, scheitert. Derselbe Hans Schimmel macht noch einmal bei der Erhebung von 1714/15 mit (Wernicke, S. 79/80, 145; Schulze, S. 57)

1693–95 **Chodau** (Chodov/Böhmen): Bauernbewegung in Erinnerung an die alte, schon lange verlorene Freiheit (Strauß, S. 94/95)

1695 **Böhmen**: Bauernerhebung in Gebieten, die 1679/80 nicht teilnahmen (Strauß, S. 95/96)

1696 **Uhyst** (bei Bischofswerda/Oberlausitz): Widerstand gegen den Feudalherren (Boelcke, S. 226)

1696 **Gut Deutsch-Nienhof** (Kreis Rendsburg): die Knechte wehren sich mit Beilen gegen die Prügelstrafe (Wernicke, S. 127)

1697–1714 **Vogtei Elsoff** (Grafschaft Sayn-Wittgenstein, bei Bad Berleburg): Erhebung gegen Bau- und Jagdfron (Schulze, S. 56)

B *Bürger*

1652/03 **Ruhland** (Oberlausitz): die Bürger dieser kleinen sorbischen Stadt widersetzen sich beim Übergang in die sächsische Erbherrschaft dem Verlust ihrer alten Rechte (Brankačk/Mětšk, S. 234)

1654–60 **Rothenburg** (Oberlausitz): langer Kampf der kleinen sorbischen Stadt (Motiv wie bei Ruhland) (Brankačk/Mětšk, S. 234)

1654 **Laibach** (Ljubljana, heute Slowenien): Kampf der Bürger gegen die brutale Soldateska (Dimitz, S. 431/432)

1661 **Münster**/Westfalen: die Stadt verliert ihre Freiheit an den Bischof (Schilfert, S. 30)

1661–69 **Lübeck**: Opposition gegen die Patrizier im Rat und deren korrupte Finanzpolitik (Schilfert, S. 32)

1662 **Zell am Harmersbach** (südöstlich von Offenburg, Karte in Kapitel 80): Die Bürger, mit der Finanzpolitik des Rates unzufrieden, setzen einen Ausschuß durch, der ihre Beschwerden berücksichtigt (Disch)

1662–65 **Erfurt**: Erhebung der Bürger, sie verlieren ihre Stadtfreiheit an den Erzbischof von Mainz (Tettau; Reinhardt, S. 122–141; Beyer/Biereye, S. 589–629)

1666 **Magdeburg**: die Bürger verlieren ihre Stadtfreiheit an den Kurfürsten von Brandenburg (Gebauer, S. 65)

1671 **Braunschweig**: Opposition gegen die korrupte Finanzpolitik des Rates; der Herzog von Braunschweig erobert die Stadt, die ihre Selbstbestimmungsrechte verliert (Gebauer, S. 65; Moderhack, S. 251; Schilfert, S. 31/32)

1672 **Passau**: Die Bürger verweigern dem Fürstbischof eine Sondersteuer, die führenden Köpfe kommen auf dem Schloß Oberhaus in Haft (Enthofer, S. 298a)

1673 **Keisd** (Siebenbürgen): als die Zünfte von Keisd denen von Schäßburg (Sighişoara) einverleibt werden sollen, kommt es zum Aufstand für die Freiheit des Ortes (Göllner, S. 66/67)

1673–1712 **Hamburg**: demokratische Opposition (führend die Kaufleute) gegen den selbstherrlichen Rat. Gegen Eingriffe des Kaisers verbündet sich die Opposition mit Dänemark. Die Oppositionsführer Jastram und Snitger werden 1686 hingerichtet. Ab jetzt prägen die Handwerker die Opposition, die eine Alleinherrschaft des Bürgerkonventes anstrebt. Nach einigen Erfolgen verlieren am Ende die Demokraten (Wohlwill, S. 36–49; Rückleben, S. 137–216; Schilfert, S. 93)

1674–78 **Danzig**: durch soziale und politische Kämpfe Stärkung der Vertreter der «Dritten Ordnung» (Kaufleute, Handwerker), übernehmen später die Oppositionsführung gegen den Rat (Cieślak, S. 194/195)

1677 **Bremen**: Opposition gegen die korrupte Finanzpolitik des Rates (Schilfert, S. 32)

1680–86 **Köln**: Opposition gegen den Rat wegen Vetternwirtschaft, Korruption, Veruntreuung öffentlicher Gelder. Oppositionsführer Nikolaus Gülich löst 1683 mit den bewaffneten Bürgern den Rat auf, wird aber 1685 mit Hilfe des Kaisers gestürzt, 1686 hingerichtet. Eine «Schandsäule» mit seinem Kopf wird erst 1797, zur Zeit der deutschen Jakobiner, beseitigt (Wahrhaftig abbildender Aufruhr- und Empörungsspiegel, S. 113/114; Gülich, Sax und Mesthov; Bürgerrecht schlecht und recht; Merlo; Gürtler; Lobeck, S. 57/58; Diederich, S. 58–68; gedruckte Urteile in: Zürich, Zentralbibliothek)

1682 **Lüneburg**: Opposition gegen die korrupte Finanzpolitik des Rates (Schilfert, S. 32)

1694 **Nördlingen**: Frauenaufstand gegen die Kornspekulanten, die das Getreide verteuern (Beyschlag, S. 126)

1697 **Dresden**: Ein revolutionärer Maueranschlag ruft alle «Bürger wie auch Handwerksgesellen und Lehrjungen und alles, was man den Pöbel nennt» auf, an einem verhaßten Geheimrat ein Gericht zu vollziehen, auf eine «solche Art [sei es] in dem Königreich England» gemacht worden (Schilfert, S. 35)

C *Stände*

1651 **Braunschweig–Kalenberg**: die Stände verweigern dem Herzog alle Gelder für die Kriegsrüstung. Dazu erklärt der Kanzler: «Die Grundsätze der Puritaner [englische Revolutionäre] reißen gar sehr in Deutschland ein.» (Köcher, S. 33)

Quellen und Literatur

Carl Beyer/Johannes Biereye: Geschichte der Stadt Erfurt von der ältesten bis auf die neueste Zeit, 1. Bd., Erfurt 1935

C(arl) Beyschlag: Geschichte der Stadt Nördlingen bis auf die neueste Zeit, Nördlingen 1851

WILLI BOELCKE: Bauer und Gutsherr in der Oberlausitz, Bautzen 1957
JAN BRANKAČK/MĚTŠK: Geschichte der Sorben, Bd. 1, Bautzen 1977
BERTOLD BRETHOLZ: Geschichte Böhmens und Mährens, 3. Bd., Reichenberg 1924
Bürgerrecht schlecht und recht oder Nachtrag zu den Urkunden, die stadtkölnischen Unruhen betreffend, in: Materialien zur geist- und weltlichen Statistik des niederrheinischen und westfälischen Kreises und der angrenzenden Länder, nebst Nachrichten zum Behuf ihrer älteren Geschichte, 1, 10. Stück, Erlangen 1781, S. 319–326
EDMUND CIEŚLAK: Einige Probleme der politischen und sozialen Auseinandersetzungen in Danzig in der Mitte des 18. Jahrhunderts, in: Konrad Fritz/Eckhard Müller-Mertens u.a. (Hg.): Neue Hansische Studien, Berlin (DDR) 1970
TONI DIEDERICH: Revolutionen in Köln 1074–1918, Köln 1973
AUGUST DIMITZ: Geschichte Krains, 3. Teil, Laibach 1875
FRANZ DISCH: Chronik der Stadt Zell am Harmersbach, Lahr 1937
F(RIEDRICH) EISELE: Die Ostracher «Rebellion» von 1675–1681, in: s' Zollerländle. Hg. von Eugen Flad. Beilage zum «Der Zoller», Hechingen, 3, 1927, S. 33/34, wieder abgedruckt in: Hohenzollerische Heimat, 3, 1953, S. 13
FERDINAND ENTHOFER: Ein Bauernaufstand im Bayerischen Walde (1680–83), in: Die ostbairischen Grenzmarken, 15, 1926, Heft 11, S. 263–272, S. 297–303
JOSEF FISCHER: Petrus Thiel, der Bauernführer, in: Mitteilungen des Vereines für Heimatkunde des Jeschken-Isergaues, 13, 1919, S. 106
GÜNTHER FRANZ: Deutsches Bauerntum, 2. Bd., Weimar 1939
J. H. GEBAUER: Die Hildesheimer Unruhen vom Winter 1702/1703. Ein Bild aus dem Niedergang der deutschen Stadtfreiheit, in: Zeitschrift des Harz-Vereins für Geschichte und Altertumskunde, 50, 1917, S. 65–82
CARL GÖLLNER: Siebenbürgisch-sächsisches Heimatbuch, Bukarest 1975
GRÜLL (siehe Kapitel 70)
KARL GRÜNBERG: Die Bauernbefreiung und die Auflösung des gutsherrlich-bäuerlichen Verhältnisses in Böhmen, Mähren und Schlesien, 1. Bd., Leipzig 1894
Gülich, Sax und Mesthov, oder Ausgang der letzten Rebellion in Köln von den Jahren 1684, 85, 86, in: Materialien zur geist- und weltlichen Statistik des niederrheinischen und westfälischen Kreises und der angrenzenden Länder nebst Nachrichten zum Behuf ihrer älteren Geschichte, 1, 10. Stück, Erlangen 1781, S. 307–318
JOSEPH GÜRTLER: Der Aufstand unter Nikolaus Gülich (1680–1686), in: Kölnischer Geschichtsverein, 1, 1908, S. 11–13
HERMANN HÖRGER: Die oberbayerischen Benediktinerabteien in der Herrschaftswelt, Gesellschaft und geistig-religiösen Bewegung des 17. Jahrhunderts, Ottobeuren 1971
JOHANN HRDÝ: Der Bauernaufstand im Friedländischen, 1680, in: Mitteilungen des Nordböhmischen Exkursionsclubs, 36, 1913, S. 284–291
Ders.: Die neusten Nachrichten über den Bauernaufstand im Bunzlauer Kreise im Jahre 1680, in: Mitteilungen des Nordböhmischen Exkursionsclubs, 36, 1913, S. 189–202
JOSEF JARSCHEL: Schuster Gottfried Heft in Auscha (1680), in: Mitteilungen des Nordböhmischen Exkursionsclubs, 31, 1908, S. 264–268
JAROSLAV KAŠPAR: Nevolnické povstání v Čechách roku 1680, Praha 1965 (mit deutscher Zusammenfassung und großem Literaturverzeichnis)
O. M. KIND: Geschichte von Seifhennersdorf, o. O. [Seifhennersdorf] 1892/93 (Standort: Berlin, Stiftung Preuß. Kulturbesitz)
PAUL KNAUER: Der Aufstand der Bauern von Eckersdorf (Grafschaft Glatz) zwecks Befreiung von den Roboten im Jahre 1680, in: Schlesische Geschichtsblätter, 1914, S. 43–45

Adolf Köcher: Die Geschichte von Hannover und Braunschweig 1648 bis 1714, 1. Teil, Leipzig 1884
Robert Lahmer: Chronik der Stadt Schluckenau, Schluckenau 1889 (Standort: Herne, Bücherei des Deutschen Ostens)
Rudolf Lehmann: Quellen zur Lage der Privatbauern in der Niederlausitz im Zeitalter des Absolutismus, Berlin (DDR) 1957
Jósef Leszczyński: Der Klassenkampf der Oberlausitzer Bauern in den Jahren 1635–1720, Bautzen 1964
Helmut Lobeck: Quellen zur Geschichte Kölns in der Neuzeit 1486–1793, Köln 1959
Friedrich Lucae: Schlesiens curieuse Denkwürdigkeiten, Frankfurt/Main 1689 (Standort: Marburg, J. G. Herder-Institut)
Anton Mell: Aus dem Herrschafts- und Landgerichtsprotokolle von Großlobming, in: Beiträge zur Kunde steiermärkischer Geschichtsquellen, 26, 1894, S. 108–144
Ders.: Der windische Bauernaufstand (siehe Kapitel 70)
J. J. Merlo: Nikolaus Gülich, das Haupt der Kölner Revolution von 1680–1685, in: Annalen des Historischen Vereins für den Niederrhein, insbesondere die alte Erzdiözese Köln, 46, 1887, S. 21–47
Richard Moderhack: Geschichte der Stadt Braunschweig im Überblick, in: Heimatkunde und Landesgeschichte. Zum 65. Geburtstag von Rudolf Lehmann, hg. von Friedrich Beck, Weimar 1958, S. 240–260
Passer (siehe Kapitel 70)
Johann Christoph Peschel: Geschichte von Kemnitz, Zittau o. J. [1861] (Standort: Zittau, Stadtbibliothek)
Emil Reinhardt: Benjamin Schütz, insbesondere seine Stellung zur Erfurter Revolution 1662–1664, Erfurt 1936
Anton Ressel: Vom Bauernführer Andreas Stelzig, in: Mitteilungen des Vereines für Heimatkunde des Jeschken-Isergaues, 24, 1930, S. 174–176
Ders.: Urkundliche und archivalische Beiträge zur Geschichte des Bauernaufstandes in Nordböhmen im Jahre 1680, in: Mitteilungen des Vereines für Heimatkunde des Jeschken-Isergaues, 20, 1926, S. 1–62
Hermann Rückleben: Die Niederwerfung der hamburgischen Ratsgewalt. Kirchliche Bewegungen und bürgerliche Unruhen im ausgehenden 17. Jahrhundert, Hamburg 1970
B. Scheinpflug: Noch ein Beitrag zur Geschichte des Bauernaufstandes in Böhmen im Jahre 1680, in: Mitteilungen des Vereines für Geschichte der Deutschen in Böhmen, 16, 1877/78, S. 238–242
Schiff (siehe Kapitel 68)
Schilfert (siehe Kapitel 70)
L. S(chlesinger): Zum Bauernaufstand vom Jahre 1680, in: Mitteilungen des Vereines für Geschichte der Deutschen in Böhmen, 25, 1887, S. 393–397
Heinrich Schuberth: Beschreibung und Geschichte der Burg Kinsberg in Schlesien, 3. Aufl. Breslau 1910
Schulze (siehe Kapitel 67)
Friedrich Sieber: Zeichen und Gebärden der Konspiration und Unterwerfung bei Bauernunruhen in der Oberlausitz und Nordböhmen, in: Lětopis, Reihe C, 1968/69, S. 215–220
Emil Strauss: Bauernelend und Bauernaufstände in den Sudetenländern, Prag 1929
Josef Svátek: Kulturhistorische Bilder aus Böhmen, Wien 1879
W. J. A. v. Tettau: Die Reduktion von Erfurt und die ihr vorausgegangenen Wirren 1647–1665, Erfurt 1863

M. Tschitschke: Der Bauernaufstand in der Herrschaft Grafenort 1679/80, in: Glatzer Heimatblätter, 17, 1931, S. 57–69
Johann Weichard Freiherr von Valvasor: Die Ehre des Herzogtums Krain, 3. Bd., Laibach 1689 (Standort: Tübingen, Universitätsbibliothek)
Wahrhaftig abbildender Aufruhr- und Empörungsspiegel, Friedberg 1687 (Standort: Göttingen, Universitätsbibliothek)
Wernicke (siehe Kapitel 67)
Adolf Wohlwill: Neuere Geschichte der Freien und Hansestadt Hamburg, insbesondere von 1789 bis 1815, Gotha 1914
Zürich, Zentralbibliothek, Ms B 28 p. 81 ff

72 Zigeuner: Freiwild im Widerstand

Die Zigeuner, ein immer wieder brutal unterdrücktes Nomadenvolk, stammen von nordindischen Volksstämmen ab, die sich seit dem neunten Jahrhundert in mehreren Auswanderungswellen nach Vorderasien und Europa durchschlugen. Ab dem Anfang des 15. Jahrhunderts tauchten sie in Deutschland auf, bald diffamiert und verfolgt.

Schon der Basler Humanist Sebastian Münster (1489–1552) offenbart in seiner berühmten Weltbeschreibung die Grenzen des Humanismus, wenn er über die Zigeuner ein Sammelsurium populärer Gehässigkeiten zum Besten gibt:

Als man das Jahr 1417 von Christi Geburt zählte, hat man zum ersten Mal in Deutschland die Zigeuner gesehen, ein rohes, schwarzes, wüstes und unflätiges Volk, das besonders gern stiehlt, am allermeisten die Weiber, die es ihren Männern zutragen. Sie haben unter sich einen Grafen und etliche Ritter, die gar wohl bekleidet sind und von ihnen geehrt werden. [...] Man hat erfahren, daß dieses elende Volk zu seinem Umherschweifen geboren ist. Es hat kein Vaterland, zieht also müßig im Land umher, ernährt sich mit Stehlen, lebt wie ein Hund. Es ist keine Religion bei ihnen, obwohl sie ihre Kinder unter den Christen taufen lassen. Sie leben ohne Sorge, ziehen von einem Land in das andere, kommen nach etlichen Jahren wieder. Doch teilen sie sich in viele Scharen und wechseln mit ihrem Zug in andere Länder ab. Sie nehmen auch Mann und Weib in allen anderen Ländern auf, die sich zu ihnen schlagen wollen.

Es ist ein seltsames und wüstes Volk, kann viele Sprachen und ist dem Bauernvolk sehr beschwerlich. Wenn die armen Dorfleute im Feld sind, durchsuchen sie ihre Häuser und nehmen, was ihnen gefällt. Ihre alten Weiber ernähren sich mit Wahrsagen, und während sie den Fragenden Antwort geben, wieviele Kinder, Männer und Weiber sie haben werden, greifen sie mit wunderbarer

Behendigkeit ihnen zum Säckel oder zu der Tasche und leeren sie, daß es die Person, die solches wissen will, nicht gewahr wird. (Avé-Lallemant, 1. Bd., S. 29/30)

Hier lernen wir den schon damals tödlich sich austobenden Haß der Seßhaften gegen die Nichtseßhaften kennen. Zigeunersein bedeutete, in einer anderen Kultur leben. Im 16. Jahrhundert wurden die Zigeuner offiziell zu Freiwild erklärt. Bauern, die der Jagd und jeglicher sonstigen Freiheiten verlustig gegangen waren, bekamen eine Ersatzjagd versprochen.

Neben den Schicksalen der Juden und «Hexen» haben sich auch die der Zigeuner in die Freiheitsspuren unserer Gegenden eingebrannt. Am Verhalten gegenüber den Außenseitern können wir jeweils den Freiheitsgrad einer Gesellschaft ablesen. Die Zigeuner unterliegen nur noch schlimmer der Gewalt, die jeder andere, in seiner Freiheit beschränkte Bauer, Arbeiter oder Bürger immer wieder über sich ergehen lassen muß. An den Zigeunern erlebt der Zeitgenosse am deutlichsten, was ihn im Fall eines Abweichens oder gar eines Austritts aus der Gesellschaft erwartet.

Die Zigeuner, auch wenn sie in eigenen Sippen und Stammesverbänden lebten, näherten sich den untersten Volksschichten. Wegen der ständigen Verfolgungen zogen sie sich bevorzugt in große, schwer kontrollierbare Wälder zurück, die es ja in früheren Jahrhunderten noch ausreichend im ganzen Deutschen Reich gab. Ausgedehnte Waldgebiete dienten auch aufständischen Bauern als Schutzburgen (siehe Kapitel 27, 67).

In Krisenzeiten trafen die Zigeuner auf der Wanderschaft mehr und mehr mit fahrenden Leuten und Vagabunden zusammen, den an den Rand Gedrängten einer zunehmend krisenhaften Gesellschaftsordnung. Zwangsläufig litten beide Gruppierungen unter derselben Repression.

Die gesellschaftlichen Auflösungserscheinungen, eine Folge des Dreißigjährigen Krieges, verstärkten sich erst recht durch die gewalttätige Politik der absolutistischen Fürsten. Wo sich noch Selbständigkeitsstreben regte, wo die Untertanen die Krise durch Widerstand und Selbsthilfe erträglicher zu gestalten suchten, trieben die Herrscher konsequent mehr und mehr Leute ins Abseits: auf die Straße, zum Diebstahl, zum Räuberleben, zum Banditentum.

Wenden wir uns beispielhaft dem Schicksal der Zigeuner in Böhmen zu (nach Svátek, S. 288–297). In dieser traditionellen Hochburg bäuerlicher Rebellionen lebten die Zigeuner generationenlang in den ausgedehnten Wäldern. Die Zeit des Absolutismus beendete auch ihre Freiheit. 1697 wurden sie in Böhmen für vogelfrei erklärt. Zwölf Stunden nach der Verkündung des betreffenden kaiserlichen Befehls begann eine Hetzjagd gegen die Zigeuner, wie das noch oft, selbst bis in unser Jahrhundert, zu beobachten sein wird. Die Männer endeten erschossen oder am Galgen. Den Frauen und Kindern wurden Ohren und Nasen abgeschnitten, dann schob man sie über die Grenze.

Zigeuner zu sein, stellte jetzt ein Verbrechen dar. Wer mit dem Leben davonkam, mußte bei der zweiten Verhaftung sein Leben lassen; denn ihm fehlten ja ein Ohr oder die Nase, ein untrüglicher Beweis dafür, daß derjenige sozusagen rückfällig geworden war.

Den Tod unausweichlich vor Augen, verteidigten sich die Zigeuner von Anfang an bewaffnet. Wieder einmal schufen sich die Herrschenden ihre angeblichen Verbrecher selbst (siehe Kapitel 56). Absolutismus und Banditentum gehören unauflöslich zusammen.

Kaiser Joseph I. von Österreich (1705–11) ließ alle Straßen, Wege und Orte an der Grenze mit Verbotstafeln besetzen, die jedem Zigeuner den Galgen ankündigten. Angesichts immer neuer Wellen von Zigeunerjagden und des staatlich angeordneten Mordens hielten sich die Zigeuner vorzugsweise im Böhmerwald auf, im Grenzgebiet zu Oberösterreich. Um ihr Leben möglichst teuer zu verkaufen, bildeten sie bewaffnete Gruppen mit bis zu 30 Mann, nun behördlich in den Rang von «Banden» erhoben. Auch sprachlich ist die Kontinuität bis heute nicht gebrochen.

So gut wie alle nachfolgenden Herrscher des 18. Jahrhunderts erneuerten die brutalen Beschlüsse zur Ermordung der Zigeuner. Offenbar tobte sich das Volk nicht immer so an den Zigeunern aus, wie es sollte.

Im Stadtarchiv des böhmischen Städtchens Choltic bei Chrudim befindet sich ein Revers der Zigeunerin Anna Janoš, ohne dessen Unterzeichnung sie das Leben eingebüßt hätte.

Ich, Anna Janoš, verurteilt zum Verluste des rechten Ohres durch Abschneiden desselben und zum Auspeitschen unter dem Galgen sowie auf ewige Zeiten aus den Ländern S(einer) K(öniglichen) M(ajestät) ausgewiesen, stelle diesen Kriminalrevers aus und schwöre bei Gott dem Allmächtigen, der seligen Jungfrau Maria der Gottesgebärerin und allen Heiligen, daß ich unter Todesstrafe alle erblichen Länder S(einer K(öniglichen) M(ajestät) meiden und nach an mir vollbrachter Exekution sogleich das Königreich Böhmen ohne weiteren Aufenthalt verlassen will. Wozu mir Gott der Allmächtige, die Jungfrau Maria und alle Heiligen verhelfen mögen. Amen. (Svátek, S. 294/5, Anm.)

Eine andere Zigeunerin wurde, wie so viele, nach ähnlicher Mißhandlung ein zweites Mal ergriffen. Auf die Frage, warum sie trotz Bestrafung nach Böhmen zurückgekehrt sei, gewährte sie mit ihrer Antwort einen interessanten Einblick in das Heimat- und Eigentumsverständnis der böhmischen Zigeuner. Wir müssen uns dabei vor Augen halten, daß die Gefangene diese Aussage angesichts des sicheren Todes machte:

Wenn alle [Böhmen] das Land verließen, dann würde ich gleichfalls von dannen ziehen. Da wir aber in Böhmen geboren sind, so wollen wir auch in böhmischer Erde unsere Gebeine ruhen lassen. Es möge nach dem Willen Gottes geschehen! (Svátek, S. 295)

Daraufhin wurde die Frau umgebracht. Mit einem derartigen Eigentumsverständnis unterschieden sich die in und von den Wäldern lebenden Zigeuner abgrundtief von den Feudalherrschern. Die riesigen Wälder gehörten dem, der sie nutzte, der in ihnen ständig sein Leben fristete, nicht aber dem, der sie durch eine angemaßte Gewalt an sich gerissen hatte und doch nicht darin lebte.

Insofern teilten die Zigeuner eine volkstümliche, außerordentlich weit verbreitete oppositionelle Eigentumsvorstellung, die von den ersten Bauernkämpfen gegen die Feudalherrscher an bis ins 19. Jahrhundert nicht ausgelöscht werden konnte (siehe Kapitel 19). In den Wäldern hielt sich am längsten der Widerstand gegen die feudalen Lebensverhältnisse. Dort lagen die letzten Enklaven eines freiheitlicheren, ungebundenen Lebens (siehe Kapitel 16).

Damit erklärt sich auch der zähe Kampf der Herrscher gegen die ebenso zähen, freiheitsbewußten Zigeuner. Von diesen Enklaven konnte jederzeit der Funke der Rebellion zum gequälten Bauernvolk überspringen. Und umgekehrt fanden die Aufständischen Unterschlupf in der autonomen Untergrundgesellschaft der Wälder.

Ein ähnliches Schicksal erlitten die Zigeuner in Bayern. 1705 wurden sie dort vogelfrei. Zu dieser Zeit, in der eine österreichische Besatzungsarmee die Bayern bis zur Weißglut trieb (siehe den großen bayerischen Bauernaufstand 1705/06, Kapitel 75), überfielen schlagkräftige Räubertruppen ganze Ortschaften.

Wer damals Bayern betrat, fand an der Grenze Säulen mit dem Anschlag «Tod den das Land Bayern betretenden Zigeunern» (Sepp, S. 293). Wer erwischt wurde, endete am Galgen, wie zahllose der gefangen genommenen Rebellen vorher und nachher.

Nicht anders wurde damals mit den Zigeunern in Ostpreußen, Aachen, Hessen oder der Pfalz umgesprungen (Kopečný, S. 114/115). Der obrigkeitliche Terror ließ bei den Unterdrückten das Kampfmittel des Brandbriefes wieder auferstehen, bei Bauernerhebungen einst weit verbreitet (Kapitel 56). So meldet eine Chronik des Landes Hadeln an der Nordsee (Karte bei Kapitel 25):

Am 8. Februar 1709 sind in Neuhaus drei Zigeuner, nämlich ein Weib mit ihren beiden Kindern, ausgestrichen [öffentlich ausgepeitscht] und am 9. desselben Monats drei Zigeuner, nämlich zwei Männer und ein Weib, enthauptet und ferner ein Einwohner daselbst namens Reese ausgestrichen und des Landes verwiesen worden. Letzterer hatte die Zigeuner in seinem Hause gehegt, und als dieselben durch seinen Sohn einen Brandbrief an den Richter zu Osten hatten schreiben lassen, diesen Brief überbracht. Der Inhalt des Briefes war gewesen, daß der Richter ihnen durch den Überbringer 60 Reichstaler schicken solle für den Schimpf und die Schande, welche er ihren Leuten angetan, von welchen er zwei Weiber habe ausstreichen lassen, deren eins davon den Tod genommen; daß er, wenn er das Geld nicht schicken würde, seines Hauses und Hofes nicht sicher sein, sondern gewärtigen solle, daß sie solche, und wenn es auch 10, 20 Jahre daure, in die Asche legen würden. (Chronik des Landes Hadeln, S. 414/415; vgl. Eintrag unter dem 14. Mai 1732, S. 467)

Die Zigeunerverfolgung nahm immer größere Ausmaße an. 1748 erließ der Kur- und Oberrheinische Kreis in Frankfurt am Main eine 16seitige, 24 Paragraphen umfassende Strafordnung, in der die Zigeuner in einen Topf fallen mit «Diebs-, Raub-, Mord- wie auch herrenlosem und liederlichem Bettelgesindel und Landstreichern» (Poenalsanktion, S. 3). Wegen ihres «so strafbaren, dem gemeinen Wesen höchst nachteiligen Lebenswandels» ist den Zigeunern der Strang gewiß (Poenalsanktion, S. 4, § 2). Die Strafbarkeit liegt in «ihrer gottlosen Lebensart». Sie arbeiten nicht so emsig wie die Untertanen, leisten niemandem einen Huldigungseid, sind deshalb herrenlos. Diese Freiheit sticht jedem Fürsten in die Augen.

Wen die Obrigkeit in die Finger bekam, dem wurde als unauslöschliche Erinnerung ein Buchstabe eingebrannt, in Böhmen ein R (relegiert = ausgewiesen). So trug der Besiegte die Spur seiner Todesbedrohung unverlierbar an sich. Die zweite Verhaftung brachte den sicheren Tod.

Anfangs bedroht die Strafordnung von 1748 nur die «verbotene Lebensart» (Poenalsanktion, S. 6, § 6), das Leben ohne Herren. Am Ende wird sie deutlicher: es geht um die Ausrottung der Zigeuner, Vagabunden und des übrigen herrenlosen Gesindels (Poenalsanktion, S. 15, § 22). Das Ziel: staatlich organisierter und für rechtmäßig ausgegebener Massenmord, um kein andersartiges Leben dulden zu müssen.

Indem sich der absolutistische Feudalstaat im 18. Jahrhundert auf diese Weise die Krise und die Außenseiter vom Hals schaffen wollte, entwickelte er nach und nach wesentliche Bestandteile des modernen Polizeistaats. Ein primitives Polizeiarchiv trugen die Gebrandmarkten auf der Haut mit sich herum. Die Polizei kaufte Spitzel, versprach dem Verräter Straffreiheit, erließ Steckbriefe, übersäte das Land mit hetzerischen Plakaten, organisierte mit der Bevölkerung Jagden nach verdächtigen Leuten. Allein schon der ausgesprochene Verdacht genügte zur Rechtfertigung eines Mordes. Wer den Verfolgten Solidarität bewies, galt ebenfalls als Verbrecher (damals Kochemer = Vertrauter genannt). Heute tönt es dazu: Unterstützung einer kriminellen Vereinigung. Der moderne Strafvollzug als Arbeitshaus mit Spottlöhnen verdankt ebenfalls dieser Zeit seine Entstehung.

Der Polizeistaat provozierte aber auch Gegengewalt. Die anfangs noch Unbewaffneten griffen nach und nach zu besseren Waffen und organisierten sich. Zum berühmtesten Räuber unter den Zigeunern wurde Jacob Reinhard, volkstümlich «Hannikel» genannt. In Südwestdeutschland und der Schweiz operierte er geschlagene 20 Jahre lang erfolgreich, bis er 1787 in Chur (Schweiz) in die Schlinge ging. Bevor man ihn zur Hinrichtung nach Sulz am Neckar abtransportierte, appellierte er an das Freiheitsbewußtsein der Eidgenossen:

O ihr heiligen Schweizer, behauptet doch eure Rechte und Freiheit und erbarmt euch eines Unschuldigen, der niemand beleidigt hat. Mein Blut wird einst nach Rache über euch schreien, wenn ihr mich in andere Hände kommen lasset! Ich bin ein gelernter reisender Jäger und habe euch immer lieb gehabt. (Krausnick, S. 26)

Ein vergeblicher Appell und doch ein wertvoller Beweis dafür, wie stark die eidgenössische Idee unter dem Landvolk Südwestdeutschlands weiterlebte.

Während das grausige Schicksal der Juden schon oft kritisch behandelt worden ist und zum großen Teil heute zum Geschichtsbild gehört, bleibt das Volk der Zigeuner weiterhin im historischen Schatten. Der Massenmord an rund 500000 Zigeunern durch die Nationalsozialisten wurde weitgehend verdrängt. Ohne eine Beschäftigung mit der Geschichte werden sich die tiefen, alten Wurzeln der Zigeunerjagd nicht erkennen und so auch nicht beseitigen lassen. Aber ohne die Freiheit auch der Zigeuner gibt es kein freies Land.

Quellen und Literatur

Friedrich Christian Benedict Avé-Lallemant: Das deutsche Gaunertum in seiner sozialpolitischen, literarischen und linguistischen Ausbildung zu seinem heutigen Bestande, 4 Bände, Leipzig 1858–62, Nachdruck der ersten beiden Bände, Wiesbaden o. J. [um 1975]

Chronik das Landes Hadeln, Otterndorf 1843 (Standort: Göttingen, Universitätsbibliothek)

Edikt wider das Mord-, Raub- und Diebesvolk, auch anderes herrenlose Gesindel etc. und wie gegen solches, nach der äußersten Strenge, zu verfahren, Frankfurt, den 9. Martii 1763 (Standort: Pirmasens, Stadtarchiv/F3/1; Grünstadt, Stadtarchiv, A 15)

Grausame Mordtat, welche von dem Oberhaupte der Zigeuner namens Jacob Reinhard vulgo Hannikel an den württembergischen Grenadier a Cheval Pfister auf eine unerhörte Art ausgeübt worden, o. O. 1787 (Standort: Tübingen, Universitätsbibliothek)

Hannikels und seiner Konsorten letzte Auftritte, als ein Anhang zu seiner Lebensgeschichte, Tübingen 1787 (Standort: Tübingen, Universitätsbibliothek)

Alfred Höck: Recht auch für Zigeuner? Ein Kapitel Minderheitenforschung nach

hessischen Archivalien, in: Konrad Köstlin/Kai Detlev Sievers (Hg.): Das Recht der kleinen Leute. Beiträge zur rechtlichen Volkskunde. Festschrift für Karl-Sigismund Kramer zum 60. Geburtstag, Berlin (BRD) 1976, S. 77–88
Angelika Kopečný: Fahrende und Vagabunden. Ihre Geschichte, Überlebenskünste, Zeichen und Straßen, Berlin (BRD) 1980 (Literaturverzeichnis S. 183–188)
Michael Krausnick: Von Räubern und Gendarmen, Würzburg 1978
Carsten Küther: Räuber und Gauner in Deutschland. Das organisierte Bandenwesen im 18. und 19. Jahrhundert, Göttingen 1976
Kur- und Oberrheinische gemeinsame Poenalsanktion und Verordnung wider das schädliche Dieb-, Raub- und Zigeuner-, sodann herrenlose Jauner-, Wildschützen-, auch müßig und liederliche Bettelgesindel, Frankfurt, den 4. September 1748 (Standort: Pirmasens, Stadtarchiv F3/1)
J. N. Sepp: Denkwürdigkeiten aus dem Bayernoberland, München 1892
Svátek (siehe Kapitel 71)
(Christian Friedrich Wittich:) Hannikel oder die Räuber- und Mörderbande, welche in Sulz am Neckar in Verhaft genommen und am 17. Jul. 1787 daselbst justifiziert worden. Ein wahrhafter Zigeuner-Roman ganz aus den Kriminalakten gezogen, Tübingen 1787 (Standort: Marbach/Neckar, Schiller-Nationalmuseum)
Hölzerlips: Jenischer Schall (Schallplatte) (Pläne-Verlag, Dortmund, Nr. G 50161)

73 Brief eines Zigeuners an seine Frau

Aus dem Romanes anhand von Potts Anmerkungen in fortlaufende Zeilen gebracht und unter Verbesserung falscher Wortteilungen übersetzt von Gerhard F. Rüdiger, Baden-Baden.

Texte von Zigeunern, dazu noch in ihrer eigenen Sprache, sind von größter Seltenheit; todgeweihtes Freiwild brauchte nicht zu schreiben, sondern nur zu sterben. Der folgende Brief wurde erstmals 1755 veröffentlicht, dürfte ungefähr aus dieser Zeit stammen. Dieser «liel» (Brief) bezeugt das elende Leben eines Zigeuners. Der Unglückliche zieht von Frankfurt nach Neustadt (wohl an der Weinstraße, in der Pfalz). Die Unterkunft brennt ab. Alle verlieren ihr bißchen Besitz. Als er sich mit illegalem Holzschlag oder sonstigem Handel durchhelfen will, wird die Sippe von Soldaten überfallen. Drei bleiben tot. Der Briefschreiber wird zu lebenslänglicher Festungshaft bei Zwangsarbeit verurteilt. Damit erleidet dieser Zigeuner ein Schicksal, das sich mit dem zahlloser Rebellen vergleichen läßt. Schon die abweichende Lebens- und Denkart stellen die Herrschenden in Frage.

Meine liebe Frau!
Ehe ich von Frankfurt kam, bin ich gekommen und nach Neustadt gegangen. Auf dem Weg war mir nicht gut. Unsere Mitgesellen zankten sich zusammen. Es gab Kälte und schlimmes Wetter. Die Kinder wurden krank. Das Haus, wo wir eingekehrt waren, brannte ab; meine Ziege und das junge Kalb sind davongelaufen. Das Flachs, der Hanf und die Wolle, sowohl das der Schwägerin als das der Stieftochter, das sie gesponnen, sind auch verbrannt. Kurz, ich sage: ich wurde so arm, daß wir alle nackt gingen. Ich dachte, ich haue mir Holz und meiner Hände Arbeit, oder es ist nötig, daß ich handle und etwas verkaufe, auf daß ich's wieder verkaufe und daß ich denke, daß ich mich so ernähre.

Ich wurde so von den Soldaten [unvollständiger Satz], sie fielen über mich her. Sie verwundeten viele, sie töteten drei, und mich haben sie auf Lebenszeit zur Arbeit [Zwangsarbeit auf einer Festung] gebracht. Der Himmel, daß der Dich bewahre in allem vor dem, wo ich hineingekommen bin, und ich beharre, Dein Mann bis in den Tod. (Beytrag, S. 35–37)

Quellen und Literatur

Beytrag zur Rothwellischen Grammatik, oder Wörterbuch von der Zigeunersprache, Dresden 1755 (Standort: Freiburg/Breisgau, Universitätsbibliothek)
August Friedrich Pott: Die Zigeuner in Asien und Europa, 2. Teil, Halle 1845, Anhang S. 481/482, Nachdruck Leipzig 1964

Der Zigeunerforscher Gerhard F. Rüdiger, dem ich die Übersetzung verdanke, ist 1983 in Freiburg gestorben, erst 48 Jahre alt. Seine Frau Margret Rüdiger-Liede teilte Freunden und Bekannten den Tod unter dem Spruch mit: «Mer baschrah, ‹khelah›, tschin/o Meriben anela men ‹vri›.» «Wir musizieren, spielen (tanzen),/bis der Tod uns hinausbringt.» Margret Liede fügte hinzu: «Seine Gedanken gehörten bis zuletzt seinen Freunden, den Sinti und Roma.»

74 Radikaldemokratische Bewegung in Vorarlberg (1691–1727)

Während im Zeitalter des Absolutismus im allgemeinen die Bauern ihre letzten Freiheiten verloren und die Bürger ihre Stadtfreiheit einbüßten, behauptete sich doch hier und da eine freiheitswillige Bevölkerung in Enklaven der Volksfreiheit. Den absolutistischen Fürsten und Verwaltungen erfolgreich Widerstand zu leisten, gelang nur in weiter Entfernung von den Machtzentren. An den Randzonen der Herrschaftsgebiete lebte am längsten die alte, größtenteils direkt ausgeübte Volksherrschaft. Dies läßt sich an der Nordsee, in den Alpen wie in den großen Waldbezirken beobachten. Diese Landstriche hatten der Feudalisierung standgehalten, der Unterwerfung des Landvolkes unter eine Schicht von Grundherren, oder sie doch zumindest in engen Grenzen gehalten.

Zu diesen historisch überaus reizvollen Gegenden, die wegen ihren Freiheitstraditionen in ein viel helleres Licht zu rücken wären, zählt Vorarlberg. Im Süden des Bodensees, zwischen der Schweiz und Tirol, befand sich dieser Teil der Alpen jahrhundertelang im Spannungsfeld zwischen der Eidgenossenschaft und Habsburg.

Ihren ersten Höhepunkt erreichte die Vorarlberger Freiheitsbewegung im Jahr 1391, als sie erstmals eine Eidgenossenschaft gründete. Einen zweiten erlebte sie 1405 bis 1407. Damals machte sie einen Teil des militanten, radikal antifeudalen und demokratischen Bundes ob dem See aus (Kapitel 49). Nur mit brachialer Gewalt konnten die Feudalherrscher die Vorarlberger Eidgenossen am Aufbau der bereits in den Anfängen lebensfähigen Republik hindern. Aus diesen viel zu wenig beachteten Sternstunden bäuerlicher Staatsbildung retteten die Vorarlberger ein gutes Stück Gemeindedemokratie und Adelsfeindlichkeit über Jahrhunderte hinweg in die Neuzeit.

Aber der Absolutismus machte auch südlich des Bodensees nicht Halt. Gefördert wurde er durch die Innsbrucker Landesregierung, die den benachbarten Adel mit der Kontrolle über Vorarlberg beauftragte. Absolutistische Herrschaftswünsche höhlten ja auch schon die benachbarte Eidgenossenschaft, die einzige Hoffnung aller Untertanen im Süden des Deutschen Reiches, in ihrem demokratischen Gehalt aus (Kapitel 68). Wie wird das Vorarlberger Gebirgsvolk dem Angriff des Absolutismus begegnen? Dieses Problem stellte sich nach dem Ende des Dreißigjährigen Krieges immer schärfer.

Der sympathischen Sonderstellung Vorarlbergs in der Geschichte setzte der einstige Bregenzer Landesarchivar Benedikt Bilgeri mit Wärme ein schönes Denkmal:

Die Tatsache, daß Vorarlberg als einziges Land im Bereich der alten Habsburgermonarchie schon Jahrhunderte vor der bürgerlichen Revolution des Jahres 1848 eine echte Demokratie nach westlichen Begriffen besaß, wird von niemandem bestritten, der unsere Geschichte kennt. Auch im alten Reiche gab es ähnliches nur bei den Niederländern und Schweizern, jenen Völkern also, die in Erkenntnis ihrer Lage frühzeitig aus diesem Reiche ausgetreten sind. Nur das freie Vorarlberg bestand das Abenteuer, in einem Herrschaftsstaat erst patriarchalischer, dann absolutistischer Form völlig isoliert viele Jahrhunderte durchzustehen, ohne sein Leitbild zu verlieren. Es war eben nicht – wie es die Bürokraten sahen – ein zusammengekauftes Konglomerat von Herrschaftsgebieten, sondern eine dem Landesfürsten abgetrotzte Eidgenossenschaft aller Volkszugehörigen. Sein ständeloses, unter dem Namen «Landschaft» von den 24 Bezirken bestelltes Landesparlament ohne Adel und Geistlichkeit handelte grundsätzlich nur im Auftrag seiner Wähler; die Demokratie bestand somit nicht nur im hie und da geübten Wahlrecht allein, sondern im hohen Grad der Mitregierung des Volkes, in dessen Hand zudem die Selbstverwaltung in den Gemeinden wie im Lande, das Steuerrecht, ja selbst die Justiz gelegt war. Eines Volkes allerdings, das sich nicht durch Polizei und Verwaltungsapparat in Schach halten ließ, sondern das selbst die Waffen führte und dem die gesamte Landesverteidigung überlassen war. Nur hier allein in ganz Österreich gab es eine Landespolitik, die den Interessen des Volks entsprach. (Bilgeri: Demokratische Bewegung, S. 3)

Wie jedes Hohelied der Liebe, so drückt auch dieses hier und da ein Auge zu. In Wirklichkeit saß der Spaltpilz des Absolutismus schon im Landtag, in der Verwaltung, ja selbst im Landvolk, wie das Ende der heftigen demokratischen Kämpfe zwischen 1691 und 1727 aufdeckte. Große Spannungen prägten das Verhältnis der Radikaldemokraten, die meistens ärmeren Kreisen entstammten, zum Landtag, auch wenn dort keine Adligen und Geistlichen zu finden waren, sondern nur Bürger und Bauern. Diese pflegten allerdings die Ämter allein unter ihresgleichen zu verteilen, ohne Hinzuziehung der weniger Betuchten.

Die gesamteuropäische Krise, aus der die Herrscher durch die Vernichtung der Volksfreiheit und durch den unbeschränkten Ausbau ihrer Territorialherrschaft herauskommen wollten, schlug Vorarlberg mit Teuerungswellen, Hungersnöten und den zahlreichen Kriegen Habsburgs: Krieg mit den Türken (1682–1699), Krieg mit Frankreich (1688–1697), endlich der Spanische Erbfolgekrieg (1701–1714), ein gesamteuropäischer Krieg. Österreich griff nach der Vormachtstellung in Europa.

Die Vorarlberger sollten immer und immer wieder für diese Kriege bezahlen. Dabei hatte die Natur das Gebirge nicht mit Reichtümern bedacht. Der Wein fiel nicht sonderlich gut aus. Jährlich mußten 8000 Saisonarbeiter ins Ausland wandern, ein Beispiel einer frühen Arbeitsemigration. Die ärmsten Vorarlberger, die Oberländer, lebten von Viehwirtschaft und Holzschlag. Tausende stellten in mühevoller Heimarbeit Garn her, das die benachbarten Schweizer abnahmen. Das Textilgewerbe reichte im Bodenseegebiet bis weit ins Mittelalter zurück. Anders als in Tirol spielte in Vorarlberg der Transithandel keine Rolle. Exportiert wurden neben dem Garn und Holz auch Schmalz. Das Handwerk genoß keinen Schutz vor ruinöser Konkurrenz; denn Zünfte waren nicht zugelassen.

Vorarlberg war ein so kärgliches Land, daß es nicht so viel Steuern wie andere österreichische Gebiete aufzubringen vermochte (Brunner, S. 86/87). Diese Schwäche, die eine politische Kraftlosigkeit mit sich zu bringen drohte, wollte Habsburg ausnutzen. Zur Finanzierung des Spanischen Erbfolgekrieges verfolgte das Haus Habsburg ausgesprochen hochverräterische Pläne, bei Feudalherrschern durchaus üblich. Einerseits sollte Vorarlberg Konstanz am Bodensee zu einer großen Festung ausbauen helfen, mit hohen Geldsummen und Frondiensten. Andererseits betrieb Österreich in Geheimverhandlungen bereits die vierzigjährige Verpfändung oder sogar den Verkauf Vorarlbergs an landesfremde Kirchenfürsten, an den Abt von St. Gallen und an den Abt von Kempten. Beide Abteien hatten sich immer als Feinde der Volksfreiheit hervorgetan. Der Verkauf hätte überdies das Land zerstückelt.

Gleichzeitig hing Wien alten Revancheplänen gegen die Eidgenossenschaft nach. In einem Geheimvertrag von 1702 nahm Habsburg den Abt von St. Gallen, immerhin einen Verbündeten der Eidgenossenschaft, in Schutz, gestand ihm im Kriegsfall auch gegen den Willen der Vorarlberger zu, Konstanz und Bregenz mit St. Galler Truppen besetzen zu dürfen. Deutlich war von der Absicht die Rede, die ehemaligen habsburgischen Länder der Schweiz wieder an Österreich zu bringen.

Als diese verräterischen und gleichzeitig großspurigen Pläne durchsikkerten, lehnten sich die Eidgenossen noch mehr an das absolutistische Frankreich an. Damit wuchs die Kriegsgefahr für Vorarlberg. Die Vorarlberger wurden sich langsam des Zwanges zum selbständigen Handeln bewußt. Die Verwaltung tat ein übriges, durch Unterwürfigkeit gegen die Herrscher, durch Korruption und räuberische Finanzwirtschaft das Land auszusaugen und das Volk zu erbittern.

Ihren Ausgang nahm die neue radikaldemokratische Bewegung Vorarlbergs im Montafon (rätoromanisch mont = Berg, davo = hinten), dem Hochgebirgstal der Ill zwischen Silvretta und Bludenz. Seit den Appenzeller Freiheitskämpfen und dem eidgenössischen Bund ob dem See war hier die Volksbewegung nicht mehr in einen Dornröschenschlaf verfallen.

Schon vor 1663 entstanden im ganzen Tal aus dem Kampf für oder gegen die Amtsträger zwei große Parteien. In der alemannischen Mundart hießen sie «die Unrüebigen» (die Unruhigen, sie selbst nannten sich «die Gesunden») und «die Rüebigen» (von ihren Gegnern auch «die Pfinniger», die Peiniger genannt). Durch ungerechte Besteuerung, fehlende Rechnungslegung seit 1690, wachsende Selbstherrlichkeit der Amtsleute erhielt die Opposition neuen Auftrieb. Ihre Anhänger kamen aus den ärmeren Bauernschichten, verschuldeten Kleinbauern, die in den Gemeindeversammlungen häufig die Oberhand behielten. Die Partei nannte sich im Kampf dann vorwiegend «der Gemeine Mann». Hier erwischen wir wieder ein Stück Kontinuität mit der großen Bauernrevolution von 1524 bis 1526.

In einer Denkschrift von 1702 legen die radikalen Montafoner Demokraten erstmals ihr Programm vor. Die Hälfte aller Vorgesetzten (von den Geschworenen gewählt), Geschworenen und Steurer (Einnehmer der Weinsteuer) sei zu entlassen. Die Vertreter der Gemeinden sollen alle zwei Jahre die Geschworenen wählen und außerdem die Steuerveranlagung und die Rechnungslegung kontrollieren. Ein gut geordnetes Archiv und eine Gegenbuchhaltung soll die jederzeitige Überprüfung der Amtsführung ermöglichen. Verwandte bis zum dritten Grad dürften nicht mehr zusammen in Ämtern sitzen. Die Denkschrift hält am alten Recht der direkten Volksherrschaft fest, die Amtsträger vor der Landsgemeinde zur Rechenschaft zu ziehen. Bei Neuerungen seien sowohl die Genehmigung des Landesfürsten als auch des Gemeinen Mannes einzuholen. Die Amtsleute hätten die hohen Schulden des Montafon selbst zu bezahlen (Bilgeri, Demokratische Bewegung, S. 6/7).

Hier findet sich in allgemeinen Forderungen wieder, was teilweise bereits an einzelnen Orten verwirklicht war: so in den neuen Gemeindeordnungen von Bürs-Bürserberg (1698) und von Rankweil (1702).

Der demokratische Geist der Eidgenossenschaft schlägt wieder einmal durch. Konsequenterweise verfolgen Revolutionäre des Montafon und des benachbarten Klostertales seit 1702 den Plan, zusammen mit den südlich angrenzenden Graubündner Eidgenossen «eine gemeinsame Republik» aufzurichten, wie sie sagen. Die Berner Patrizier hintertreiben diese Verschwörung für die Freiheit, beweisen erneut, daß sie den Feudalherrschern näher stehen als einem aufstandswilligen, unterdrückten Landvolk. Die eidgenössische Idee lebt dennoch im Untergrund der Beherrschten weiter.

Unter dem Druck der Kriegslasten berät der Landtag am 10. September 1703 zu Bregenz über die gefährliche Volksstimmung. Es ziehen bereits Bauern von Montafon, Bludenz, Rankweil, Dornbirn und Sonnenberg von Gerichtsbezirk zu Gerichtsbezirk und halten Versammlungen der Rebellen ab. Die Rüebigen, die Demokratiegegner, knüpfen ihre Netze über das ganze Vorarlberg. Der Aufruhr klopft an die Tür.

Eine kaiserliche Untersuchungskommission unter Graf Saurau gesteht am 24. Oktober 1704 wesentliche Forderungen der Unrüebigen zu: freie Wahl der drei Kandidaten für die Geschworenen; Begrenzung des Geschworenenamtes auf vier Jahre; keine engen Verwandten unter den Amtsleuten; Kontrolle des Vorgesetzten durch einen Gegenschreiber. Der Kaiser bestätigt dieses Ergebnis. Es bleibt das einzige Mal, daß die Feudalherrschaft der Volksbewegung auf Landesebene nachgibt.

Die nächsten Wahlen der Geschworenenkandidaten bringen im Montafon einen überwältigenden Sieg des Gemeinen Mannes. Nun stellen die Radikaldemokraten auch die beiden Vorgesetzten des Tales und die Landtagsabgeordneten, unter ihnen Peter Netzer, einen ihrer führenden Köpfe.

Die hoffnungslos Unterlegenen, «die Ständischen», haben von rund 40 Geschworenen nur noch einen.

Das Programm, geprägt von den Handwerkern und Kleinbauern, erhält noch klarere Züge. Die Opposition gewinnt auch im Vorland an Boden. Der Gemeine Mann beansprucht wie jede wirkliche und nicht bloß verwaltete Demokratie ein Recht auf Widerstand gegen eine ungerechte Herrschaft. Wie seit alters, soll die Landsgemeinde, die Versammlung aller Gemeindegenossen (nur Männer mit Grundbesitz), die Grundlage der Verfassung ausmachen. Selbst der Landtag habe sich der Kontrolle durch Gemeindeabgeordnete zu unterziehen. Die Besteuerung müsse gerecht nach dem wirklichen Vermögen festgelegt werden. Auch der Adel und die Geistlichkeit seien zur Steuer heranzuziehen. Zünfte seien zu fördern.

Die führenden Köpfe des Gemeinen Mannes (Namen und Orte bei Bilgeri, Demokratische Bewegung, S. 12) treffen sich in der Bregenzer Oberstadt im «Ochsen» oder in Lingenau. Bald nimmt unter ihnen Hans Bader aus Hittisau, Maurer und staatlicher Schanzmeister von Vorarlberg, eine zentrale Stellung ein.

Die radikaldemokratische Opposition, die neben dem Montafon nun einen zweiten Schwerpunkt im Bregenzer Wald herausbildet, bekommt Oberwasser durch die feige Haltung der Stände und der Verwaltung angesichts der Kriegsbelastungen. Im Winter 1704/05 liegt Militär im Quartier, erpreßt von den nachgiebigen Ständen weit mehr Geld als zulässig. In einer kaiserlichen Untersuchungskommission, unter dem Fürsten von Hohenzollern, erkennt der Gemeine Mann bald «nur eine lautere Blenderei», wie der Schanzmeister Hans Bader in einer leider noch immer unveröffentlichten Schrift zur gesamten radikaldemokratischen Bewegung Vorarlbergs sagt (Bilgeri, Demokratische Bewegung, S. 15, 41, Anm. 25). Die Stände, das Militär und die Untersuchungskommission stecken unter einer Decke.

Darauf schicken Ende Juni 1705 die Gemeinden des Bregenzer Waldes und des Montafon Vertreter nach Wien, um ihre Beschwerden dem Kaiser selbst vorzutragen. Nun spielt sich das übliche Kasperletheater der habsburgischen Monarchie ab. Die Gemeindevertreter machen einen artigen Kniefall vor dem Kaiser. Der ist freundlich, was ihn nichts kostet, übergibt die Denkschrift seinen Bürokraten, die nach beiden Seiten um tüchtige Bestechungsgelder Ausschau halten. Acht Wochen warten die Vorarlberger Demokraten, werden vertröstet und vertröstet. Bei solchen Illusionsreisen nach Wien gewinnen nur die Gastwirte und die ohne hohe Bestechung keine Feder anrührenden kaiserlichen Räte.

Mit den der Landeskasse entwendeten Schmiergeldern erreichen indessen die ebenfalls nach Wien gereisten ständischen Vertreter die Begrenzung der Kriegskosten auf 170000 Gulden. Für Vorarlberg eine kaum aufzubringende Summe. Doch der Militärbefehlshaber Prinz Ludwig von Baden, ein Verbündeter Österreichs, plündert Vorarlberg erst recht aus, wie Feindesland. Er erpreßt 50000 Gulden im Monat, legt Exekutionstruppen ins Land. Die Stände ringen sich, wie alle untauglichen Landesvertreter, nur zu einem schwächlichen Brief nach Wien auf und lassen danach alles weiterlaufen.

Als die Bauern zum Mittel der Steuerverweigerung greifen, verhaftet das Militär den ehemaligen Bregenzer Weinsteuereinnehmer, zur Erpressung der Kriegskosten. Nun endlich bricht der lang schwelende Volkswiderstand los. Die Gemeindegenossen vom Hinteren Bregenzer Wald (Hinterwälder), von Lingenau, Sulzberg und Alberschwende werden sich einig, am Kreuzmittwoch, 12. Mai 1706, einem hohen Feiertag, nach Bregenz zu marschieren und den Gefangenen zu befreien.

Am geplanten Tag gehen dann nur die Frauen und Kinder zur Prozession. Mit ihren Waffen in der Hand, mit «klingendem Spiel», wie man die Musikbegleitung zu nennen pflegt, haben indessen die Männer am Tag zuvor ihre politische Freiheitsprozession nach Bregenz begonnen. Die Hinterwälder verhaften zuerst einmal ihren Landammann und den alten Landschreiber, beide führende Köpfe der antidemokratischen Strömung in den Ständen. Sie zwingen die beiden, diesen ersten Marsch auf Bregenz zu Pferd mitzumachen. Der Zug geht über Alberschwende nach Bildstein, sechs km vor die Tore von Bregenz. Hier bleiben die Bauern stehen und können um Mitternacht den rasch freigelassenen Weinsteuereinnehmer unter sich begrüßten.

Am 12. Mai rückt das Bauernheer nur bis Rickenbach vor, um die Zuzüge von Hofsteig, Hofrieden und Dornbirn aufzunehmen. Abends geben die 2000 Bauern ihre weitergehende Forderung bekannt: sofortiger Abzug des ganzen Militärs.

Die Bauernmiliz marschiert am nächsten Tag unaufhaltsam in Bregenz ein, veranstaltet Demonstrationen vor den Häusern der verhaßtesten Amtspersonen. Inzwischen mobilisieren auch die Radikaldemokraten im Montafon zum Marsch auf Bregenz.

Als die Gemeindeabgeordneten, trotz ihrer überlegenen Stärke in Bregenz, sich zu lange bei den Verhandlungen aufhalten lassen, greift die aufständische Masse zum wirksamsten Mittel, diese Verzögerungstaktik zu brechen. Der Schanzmeister Hans Bader aus Hittisau, selbst Mitglied der bäuerlichen Verhandlungsdelegation, schreibt dazu über deren Schicksal:

> Die Bauern haben noch stärker auf den Ausmarsch der Soldaten gedrungen. Und als selbige auf die von ihnen verlangte Stunde nicht ausmarschiert sind, haben die Bauern uns in Arrest genommen und so lange darin verwahrt, bis alle Soldaten zur Klause hinaus gewesen. (Bilgeri, Demokratische Bewegung, S. 43, Anm. 56)

BODENSEE
Lindau
Bregenz
11.–16.5.1706
Sulzberg
BREGENZERWALD
Bildstein
Hittisau
Rickenbach
Lingenau
Alberschwende
St.Gallen
Lustenau
Dornbirn
Egg
ALLGÄU
SCHWEIZ
Rhein
Schnepfau
Appenzell
2.Marsch
ab 26.2.1708
1.Marsch
11.–16.5.1706
Bregenzer Ache
Rankweil
Feldkirch
GROSSES WALSERTAL
Satteins
Schnifis
Röns
Schlins
WALGAU
Bludenz
Bürs
Bürserberg
KLOSTERTAL
Arlberg–Paß
Klösterle
Schruns
MONTAFON
St.Gallenkirch
Ill
GRAUBÜNDEN
TIROL
Rhein
0
5
10
20
30 km

Karte 32

Am 16. Mai 1706 verlassen die letzten hohenzollerischen Kürassiere und badischen Dragoner die Stadt. Nun, nach drei Tagen Besetzung, zieht auch das Demokratenheer aus Bregenz ab. Einer ihrer Abgeordneten bleibt zurück, um die seit langem fällige Rechnungslegung der Stände entgegenzunehmen.

Mit diesem ersten Sieg bleiben freilich noch die meisten Punkte des Bauernprogramms unerfüllt. Das vergessen die Gemeinden keineswegs. Der Bregenzer Stadtschreiber Rudolphi, ein erklärter Feind der Radikaldemokraten, meldet darüber am 26. Mai 1706:

Allein, dieses Feuer scheint noch nicht an allen Orten unter der Asche völlig erstickt zu sein, sondern die von einigen Gemeinden im Oberland uns verlautenden Schreiben und Bedrohungen lassen uns befürchten, daß, wenn sie erneut einen Anlaß dazu bekämen, könnten sie ohne langes Zögern nochmals mit größerer Gefährlichkeit anrücken. (Bilgeri, Demokratische Bewegung, S. 44, Anm. 63)

Zur Schwächung der siegreichen «Eidsteuerpartei», wie sich die Radikaldemokraten nach ihrem Steuerprogramm auch nennen, das die Gleichheit der Eidgenossen schaffen soll, tritt eine weitere Untersuchungskommission in Aktion. Die Feder führt dabei der General Freiherr von Kriechbaum, der erst vor kurzem bei der Niederwerfung des großen bayerischen Bauernaufstandes von 1705/06 sein wahres Gesicht als Volksfeind und Bluthund gezeigt hat (Kapitel 75). Er zersplittert die gesamte Vorarlberger Bewegung, indem er die Anweisung hinterläßt, die Gemeindevertreter dürften nur die Rechnungen ihres eigenen Gerichtsbezirks überprüfen. Wo der Gemeine Mann noch nicht gesiegt hat, also über keine amtlich anerkannten Vertreter verfügt, bleiben die Beschwerden unberücksichtigt. Die noch immer viel zu gutgläubigen Bauern gehen auf den Leim, wie der Schanzmeister Hans Bader, zu spät allerdings, erkennt:

Dem armen Landmann und Untertanen ist so in den meisten Gerichtsbezirken der Weg abgeschnitten worden, seine Beschwerden vorzubringen. (Bilgeri, Demokratische Bewegung, S. 19)

Den Fehler sieht er darin, daß «wir beim Eintreffen der Kommission nicht alle unsere Sachen, Beschwerden und Rechnungssachen insgesamt einem oder zwei Doktoren auszuführen übergeben haben» (Bilgeri, Demokratische Bewegung, S. 19)

Ziel müßte eine radikaldemokratische Verfassungsreform sein. Dafür fehlen aber den Bauern noch die politische Erfahrung, die juristischen Kenntnisse und eine gute Portion Mißtrauen gegenüber allen kaiserlichen Untersuchungskommissionen, ja gegenüber der Institution des Kaisers überhaupt. Kein Wunder, daß angesichts des Zurückweichens der Bauern die Untersuchungskommission wieder einmal die Stände deckt.

Das geht selbst dem gemäßigten Ambros Beer aus Schnepfau, Ratsmitglied des Hinterbregenzer Waldes, über die Hutschnur:

Der Bescheid [der Untersuchungskommission] war: was der Soldat zu viel empfangen habe, sei verschüttetes Wasser, was aber die Herren zu viel ausgegeben und verschenkt haben, dazu seien sie gezwungen gewesen. Es war wohl immer das Gerede, der Gemeine Mann hat Recht, aber niemand wollte mehr etwas zurückgeben. Lauter Hofbescheide, lauter Gerechtigkeit. Und also war man endlich wieder zufrieden. Es wäre kein besseres Mittel für den gemeinen Mann – ja wenn alle einen Kopf und Sinn hätten – als in einer rechtmäßigen Sache tapfer zusammenzuhalten und nicht voneinander zu weichen und endlich auch Gewalt anzuwenden. Denn mit Höflichkeit werden sie überall abgewiesen. (Bilgeri, Demokratische Bewegung, S. 20)

Dies sieht sogar ein Gemäßigter ein, aber er trauert zu spät über die inneren Spannungen der Volksbewegung. Von Zufriedenheit kann keine Rede sein. Der Kaiser proklamiert zwar am 7. Januar 1707 die Einführung der Eidsteuer, doch in Wirklichkeit läßt er die Durchführung von Anfang an hintertreiben. Währenddessen findet im Hinteren Bregenzer Wald bei Neuwahlen der längst fällige Machtwechsel statt. Die Radikaldemokraten siegen und errichten sofort Zünfte, um sich wirtschaftlich zu behaupten.

Doch die soziale Differenzierung in Reichere und Ärmere hat längst schon vom Vorland auf die hinteren Bezirke übergegriffen. Im Gerichtsbezirk Jagdberg (Satteins, Schlins, Schnifis, Röns), am Eingang zum Großen Walsertal, unterliegen die Demokraten bei den Wahlen, wenn auch nur knapp. Die Ständischen spüren Aufwind, verstärkt von den erneut ins Land gelegten Soldaten, die ihren Mut an der Opposition auszulassen suchen.

Erneut bricht ein Aufstand los, als die Regierung Ende 1707 eine Steuer auf die Ausfuhr von Garn erhebt. In Dornbirn versammeln sich rund 200 Frauen und protestieren gegen den verantwortlichen Oberkommissär. Die Leute bringen weiterhin ihr Garn in die Schweiz, jetzt eben auf Schleichwegen, als Schmuggler. Selbst der Rat von Feldkirch und sogar die Zöllner schließen sich dem Widerstand an. Dem Volk kommt zu Ohren, daß der oberste Regierungsbeamte, der Vogteiverwalter der Herrschaft Bregenz, Baron Andreas Pappus zu Laubenberg, sechs Reiterkompanien zur Niederschlagung des Widerstands herbeiholen will.

Am 24. Februar 1708 hört ein Zöllner im Hinteren Bregenzer Wald die Drohung:

Der Landsturm dürfte wieder kommen. Das vorige Mal ist es uns auch gelungen. Man kann den Verwalter [Pappus] zu Bregenz stürmen. (Bilgeri, Demokratische Bewegung, S. 22)

Und am selben Tag erzählen in Bregenz Leute aus dem Bregenzer Wald recht offen:

Niemand als der Pappus und der Hubmeister [Amtmann, Spitze der Finanzverwaltung] haben diese Garnsteuer eingeführt. Aber besonders der Pappus reist oft bei der Nacht. Dann kann man ihm schon einmal hinter einem Busch oder einer Hecke aufpassen und eine Kugel durch den Leib jagen. Es wird kein Hahn nach ihm krähen. Kürzlich sind zwei Steuereintreiber von Feldkirch bei Nacht geschickt worden. Wenn wir das gewußt hätten, wollten wir sie erwürgt und in den Rhein geworfen haben. (Bilgeri, Demokratische Bewegung, S. 23)

Pappus könnte also sein Ende in einem Hohlweg finden, wie mancher Blutsauger (vgl. Kapitel 56, 58). Die Radikaldemokraten belassen es nicht beim Reden. Am Sonntag, 26. Februar 1708, ziehen die Hofsteiger los und nehmen unterwegs gleich die Dornbirner zum zweiten Marsch auf Bregenz mit. Weit über 200 bewaffnete Landleute ziehen in Bregenz ein, während sich 600 Bregenzerwälder in den aufgewühlten Gemeinden bereithalten.

Pappus entkommt gerade noch ins Kapuzinerkloster, in dem jeder Flüchtling Schutz genießt. Er muß die Garnsteuer widerrufen und flüchtet sich für zwei Monate nach Lindau am Bodensee, von wo aus er bei der Innsbrucker Regierung gegen die Vorarlberger hetzt. Die Bauern verlangen wieder die Erfüllung ihrer alten, demokratischen Forderungen. Angesichts der offenkundigen Staatskrise tauchen Sehnsüchte auf, die seit mehr als 300 Jahren im Untergrund des Volkes von einer Generation zur anderen weitergegeben worden sind. Unter den Hittisauern leben wieder «Weissagungen der Sibylla» auf. Gemeint sind Volksüberlieferungen, die häufig im Geist des Joachim von Fiore (Abt in Kalabrien, etwa 1120–1202) von Weissagungen eines neuen, geistigen Zeitalters sprechen, vom Messias und dem Weltende. Schon im Mittelalter galt die Sibylle als eine Prophetin, als heidnisches Gegenstück zu den Propheten der Bibel. Die sibyllischen Weissagungen verdichteten sich mit der Zeit zu einem Volksbuch, dessen unzählige Handschriften meistens heute noch nicht veröffentlicht sind.

Im folgenden Jahr (1709) gibt Jos Vogt von Hittisau beim Verhör in Bregenz zu Protokoll, was er selbst von seinem Vater hörte. Vogt erzählt von der Freiheitssehnsucht im Vorarlberg:

Sie reden insgeheim davon, daß das Schweizerland sich so viel vergrößern werde, daß der Berg Bussen im Schwabenland [östlich von Riedlingen/Donau] inmitten des Schweizerlandes stehen soll und die sogenannten Schneebauern (worunter sie sich selbst verstehen) werden sich von Spreu und nicht von Korn ernähren, und alsdann werden sie herausfallen und alles erschlagen, und alsdann wird Friede werden. (Bilgeri, Demokratische Bewegung, S. 25)

Ein Unrüebiger vom Klostertal, der Wirt Joseph Freitag in Klösterle, brachte bereits 1701 ein ungebrochenes, eidgenössisches und antikaiserliches Staatsbewußtsein zur Sprache:

Wir sind keine kaiserlichen Untertanen, sondern der Kaiser ist nur unser Schutzherr, was daher kommt, weil wir vor alters in das Schweizerland gehört, auch daselbst einen Schutzvater gehabt haben, nach dessen Absterben man den Kaiser als Schutzvater angenommen hat. Wenn man demselben seinen gebührenden Tribut und Sold gibt, so sind wir dennoch keine kaiserlichen Untertanen. Es werden auch im Land irgendwo darüber noch Briefe vorhanden sein, daß man ins Schweizerland gehört hat. (Bilgeri, Demokratische Bewegung, S. 25)

Die Garnsteuer wird vom Kaiser zurückgenommen, die militärische Besetzung Vorarlbergs abgesagt. Am 10. Juni 1708 gehen sieben interessante Flugblätter über Bregenz und den zurückgekehrten Pappus nieder. Die Opposition droht, sich mit Österreichs Feinden, Bayern und Frankreich, zu verbünden. Zwei Flugblätter seien zitiert:

Des Obristen Flattieren [Schöntun], des Amtmanns Schmalz und Pferd Verführen [Steuer],
Des Pappusen eigner Sinn und Steuern, der Stände Landsunkosten,
Der Steurer und Ammänner Rechnen und der Ständ schelmisch Versprechen
Wird noch allen die Häls brechen und das bald.

Ein anderes Flugblatt lautet:

Des Amtmanns Lügen und Stehlen,
der Amtsleute unrechtes Befehlen,
der Stände bekannte Schmelmerei
der Obrigkeit verübte Tyrannei,
alle obige tun den Kaiser betrügen
und dem Bauern den Hals voll lügen.
Diesen allen ist zu wünschen, wie der Franzos sagt:
An den Galgen, ins Bordell, zum Teufel, wie nicht weniger:
O was ist der Himmel hoch und die Welt groß,
was gibt's da drinnen für Spitzbuben!
(Bilgeri, Demokratische Bewegung, S. 26/27;
die letzten drei Zeilen größtenteils französisch.)

Noch immer gilt nicht die Eidsteuer; denn noch immer bezahlen die Geistlichen und Adeligen nichts, die Großbauern und reichen Bürger viel zu wenig. Die Steuerverweigerung greift wieder um sich. Aber als die Habsburger Macht erneut den Weg der Unterdrückung einschlägt, zeigt sich, daß die jahrelangen Kämpfe schwer an den Kräften der Radikaldemokraten gezehrt haben. Es rächt sich auch, daß durch die Zersplitterung auf die einzelnen Gemeinden kein großes, gemeinsames Ziel mehr für alle Vorarlberger zu entwickeln gewesen ist.

Die Lingenauer erzwingen am 29. April 1709 durch den Boykott der Ammannwahl, daß der Schanzmeister Hans Bader kandidieren darf, der dann auch haushoch gewinnt. Auf Befehl von Wien wird Bader bald darauf verhaftet und nach Innsbruck verschleppt, mit ihm mehr als ein halbes Dutzend führender Demokraten. In Hittisau läuten Frauen und Mädchen die Sturmglocken. Aber der Befreiungsversuch schlägt fehl. Die Mitgefangenen kehren nach 33 Wochen Haft zurück, Bader erst nach einem Jahr und 13 Wochen. Keinem läßt sich ein Vergehen nachweisen. Dennoch muß Bader für zwei Jahre Vorarlberg verlassen. Er lebt im benachbarten Allgäu, in Oberstaufen und Immenstadt, einer aus früheren Bauernbewegungen bekannten Rebellengegend (Kapitel 49, 52, 57).

Die Gemeinden verwirklichen nach und nach die Eidsteuer, legen nun eigene Steuerbücher nach neuen Vermögensschätzungen an, lange bevor sich der Staat zu einer Steuerreform aufrafft. In den letzten Bezirken Vorarlbergs wird nun auch die Leibeigenschaft aufgehoben.

Erneuten Auftrieb für die Demokratenpartei bedeutete der Aufstand der Toggenburger 1707 bis 1712 gegen ihren Herrn, den Abt von St. Gallen. Wieder mischte sich Habsburg in die Eidgenossenschaft ein, um das Thurgau, einen alten habsburgischen Besitz, zurückzuholen. 1715 erhoben sich die Lustenauer gegen ihre Amtsleute, die dem Grafen von Hohenems unterstehen. 1720 hielt in Bludenz die Opposition der Stadtobrigkeit dieselben Vorwürfe entgegen, die wir aus dem Programm des Gemeinen Mannes von 1702 kennen: Vetternwirtschaft, fehlende Rechnungslegung, Mißbrauch der Amtsgewalt, Steuerungerechtigkeit. Die Opposition gewann mehrmals die Bürgermeisterwahlen, aber die Regierung erkannte nur solche Wahlen an, die die ihr genehmen Ergebnisse brachten. Ähnliche Kämpfe erlebte 1710 bis 1724 Feldkirch. In den Jahren 1712 bis 1735 errangen die Appenzeller und Außerrhodener die Gemeindedemokratie.

Ab 1723 drängte die Vorarlberger Bürokratie darauf, die bisher ungeschlagene Gemeindedemokratie zu vernichten. Auch wenn es den Vorarlbergern nicht gelang, ihr Land konsequent in eine Eidgenossenschaft, einen demokratischen Verfassungsstaat, umzuwandeln, so verteidigten sie doch zäh und erfolgreich ihre Demokratie auf Gemeindeebene. Vorarlberg bildete eine Ausnahme im österreichischen Staat.

Benedikt Bilgeri schloß seinen Aufsatz über Vorarlbergs Demokraten des beginnenden 18. Jahrhunderts mit der Würdigung:

Ungebeugten Sinnes und von den Stürmen des Schicksals gehärtet, schritt dieses tapfere Volk durch die große Wüste des Absolutismus. (Bilgeri, Demokratische Bewegung, S. 39)

Hat sich der Kampf der radikalen Demokratie gelohnt? Der gemäßigte Ambros Beer aus Schnepfau war da pessimistisch. Seiner Meinung nach seien Volkserhebungen fast immer nutzlos:

Denn man lese nur alte Chroniken oder Landbeschreibungen, so wird man wenige oder gar keine Rebellion finden, die einer Gemeinde oder einem Land nützlich gewesen wäre, ausgenommen unsere Nachbarn, die Schweizer, haben mit ihrer Rebellion ihr Land von großer Dienstbarkeit in sehr große Freiheit gebracht. (Bilgeri, Demokratische Bewegung, S. 18)

Diese Ansicht kann nicht verwundern, wenn wir uns die vielen Chroniken vornehmen, deren Absicht gerade darauf hinauslief, diesen liebsten Glaubenssatz aller Herrschenden und Amtsträger zu verewigen: Erhebungen für mehr Freiheit lohnen sich nicht. Was sich angeblich aber lohne, seien demütige Bitten, ruhige Stimmabgabe und ein langes Warten auf das Gute, das oben schon irgendwann beschlossen werde.

In Wirklichkeit hat sich die lange Gemeinderebellion zwischen 1691 und 1727 für Vorarlberg gelohnt. Die Gebirgsbewohner südlich des Bodensees bewahrten sich ihre Landsgemeinden, die Wahl ihrer örtlichen Vertreter, die örtliche Kontrolle über Justiz und Finanzen. Dem Vordringen des Absolutismus verlegten sie den Weg.

Unleugbare Spuren seiner eidgenössischen Vergangenheit rettete sich das österreichische Bundesland Vorarlberg bis in unsere Zeit hinüber. Als eines der wenigen Länder Österreichs genießt es das Recht auf Volksbegehren und Volksabstimmung. Für traditionelle «Volksvertreter» in der Regel ein rotes Tuch, dessen Vorzeigen einen wirklichen Demokraten um den Beruf bringen kann. Sicher braucht die Volksabstimmung allein noch nicht automatisch einen qualitativen Sprung der Demokratie zu bringen, denn die Abstimmung konnte und kann angesichts ungleicher Machtmittel (Geld, Massenmedien, Amtsinhaber, Verfilzung mit Industrie und Handel) sehr wohl auch mißbraucht werden, zu eigentlich demokratiefeindlichen und inhumanen Beschlüssen sogar. Aber das Offenhalten der Abstimmung erschwert zumindest die rasche Entfernung zu einem selbstherrlichen Regierungssystem. In der Bundesrepublik Deutschland wäre in den 50er Jahren gewiß eine Wiederbewaffnung zumindest sehr lange hinausgezögert, wenn nicht gar verhindert worden.

Quellen und Literatur

BENEDIKT BILGERI: Die demokratische Bewegung Vorarlbergs im frühen 18. Jahrhundert, in: Montfort, 17, 1965, S. 3–47
Ders.: Der Getreibeanbau im Lande Vorarlberg, in: Montfort, 2, 1947, Nr. 7/12, S. 178–248; 3, 1948, Nr. 2/6, S. 65–99; 4, 1949, Nr. 1/3, S. 11–49; Nr. 4/12, S. 142–229; 5, 1950, Nr. 1/12, S. 233–251
Ders.: Vorarlberger Demokratie vor 1861, in: Landstände und Landtag in Vorarlberg, o. O. [Bregenz] 1961
FRIEDRICH ZUR BONSEN: Die Schlacht am Birkenbaum, Essen 1940, S. 31
ANTON BRUNNER: Die Vorarlberger Landstände von ihren Anfängen bis zum Beginn des 18. Jahrhunderts, Innsbruck 1929
JOSEPH BURG (Hg.): Höchst merkwürdige Prophezeiungen des alten Bernhard, genannt Spiel-Bähn, auf unsere Zeit und die zukünftigen Geschlechter, Bonn 1848 (Standort: Köln, Stadtbibliothek)
J. GORBACH: Die bürgerlichen Unruhen in Bludenz von 1720–1727, Separatabdruck aus der «Vorarlberger Landeszeitung», Bregenz 1899 (Standort: Bregenz, Landesbibliothek)
VIKTOR KLEINER: Der Bauernaufruhr in Vorarlberg im Jahre 1706, in: Katholischer Volkskalender, 12, Feldkirch 1906, S. 124–130
Ders.: Der Bauernaufstand zu Dornbirn im Jahre 1708, in: Katholischer Volkskalender, 16, Dornbirn 1910, S. 121–125; 22, 1916, S. 126–130
ALFONS KURFESS (Hg.): Sibyllinische Weissagungen, o. O. 1951
AXEL MANTEL (Hg.): Die mittelhochdeutschen Versionen der Sibyllen-Weissagung, Orebro 1931 (Standort: Orebro/Schweden, Stadtbibliothek)
LEANDER PETZOLDT (Hg.): Deutsche Volkssagen, 2. Aufl., München 1978, S. 11
WILL-ERICH PEUCKERT: Die große Wende. Das apokalyptische Saeculum und Luther, Hamburg 1948, 2 Bände, Nachdruck Darmstadt 1966, I, S. 155–163, S. 172–191, S. 199, S. 237–239
OSKAR SCHADE (Hg.): Geistliche Gedichte des 14. und 15. Jahrhunderts vom Niederrhein, Hannover 1854 (darin Sibyllenweissagung erwähnt)
WALTER SCHLÄPFER: Appenzeller Geschichte, 2. Bd., Appenzell 1972, S. 162–192 («der Landhandel» 1712–35 mit Kampf und Sieg der Gemeindedemokratie in Appenzell und Außerrhoden)
WILHELM SCHRATTENHOLZ: Spielbähn, der Prophet, 7. Aufl., Bonn 1849 (Standort: Mainz, Universitätsbibliothek)
JACQUES SOLÉ: Christliche Mythen von der Renaissance bis zur Aufklärung, Berlin 1982
TIEFENTHALER: Über politische Sonderbestrebungen im Oberland um 1700, in: Alemannia, NF 1, 1935, S. 170/171
LUDWIG WELTI: Bludenz als österreichischer Vogteisitz 1418–1806, Zürich 1971, S. 129–132, S. 174–199
GOTTFRIED ZEDLER: Die Sibyllenweissagung. Eine in Thüringen entstandene Dichtung aus dem Jahre 1361, in: Zeitschrift für deutsche Philologie, 61, 1936, S. 136–166, S. 274–288

75 Der große bayerische Bauernaufstand (1705/06)

Während die Aufstandsbewegung bayerischer Landleute von 1632 bis 1634 erfolgreich aus dem Geschichtsbewußtsein verdrängt worden ist (Kapitel 64), erfreut sich der große Aufstand von 1705/06 noch heute einer gewissen Beliebtheit. Seit der Französischen Revolution schlugen in fast regelmäßigen Abständen Wellen von Erinnerungsfesten, Veröffentlichungen und Denkmaleinweihungen über Nieder- und Oberbayern zusammen.

Die bayerische Erhebung von 1705/06 zählt zu der langen Serie von Freiheitsbewegungen, die als Abwehrkämpfe des unsäglich ausgepreßten Landvolks gegen absolutistische Herrscher ausbrachen (Kapitel 59, 62–68, 70, 71, 73).

Der bayerische Kurfürst Maximilian II. Emanuel (1679 bis 1726; 1704 bis 1714 nach der Niederlage gegen den Kaiser des Landes vertrieben) wollte in der großen europäischen Politik mitmischen. Seine Bauern sollten für diesen Machtrausch zahlen und bluten. Maximilian stürzte sich so intensiv in Österreichs Türkenkriege, daß die bayerische Armee von 1682 bis 1699 fast dreimal ihren gesamten Mannschaftsstand verlor. Von 1682 bis 1714 befand sich Bayern praktisch dauernd im Kriegszustand. So ein zweiunddreißigjähriger Krieg mußte allmählich auch das geduldigste Landvolk aufbringen, die unterwürfigste Anhänglichkeit an das angestammte Herrscherhaus aufbrauchen.

Fast die gesamten Steuern verschluckte das Heer. Den Rest verpraßte die glänzende Hofhaltung. Teurung und Arbeitslosigkeit stellten sich ein. Der kurbayerische Staat versuchte, die Folgen der Inflation durch Münzmanipulationen dem Volk aufzubürden. Die Krise warf die Gescheiterten auf die Straßen: als Fahrende, Vagabunden, Bettler, Verurteilte, Gebrandmarkte, Flüchtige oder Räuber. Bayern sah nach alles anderem als nach einer patriarchalischen Idylle aus.

Kurfürst Maximilian herrschte unumschränkt. Die Landstände, ohnehin fast nur ein Instrument des Adels, wurden seit 1661 nicht mehr einberufen. Deren Ausschuß, die zehnköpfige Landschaftsverordnung, durfte über den langsamen Sturz des Landes nur jammern.

Bayerns Feudalgesellschaft gliederte sich in zahlreiche, verwirrende Abstufungen der sozialen Geltung und der wirtschaftlichen Kraft. Der Adel machte weniger als 1 % der Bevölkerung aus (damals Altbayern 700000 Bewohner, Oberpfalz 120000), die Geistlichkeit 1 %, die Einwohnerschaft

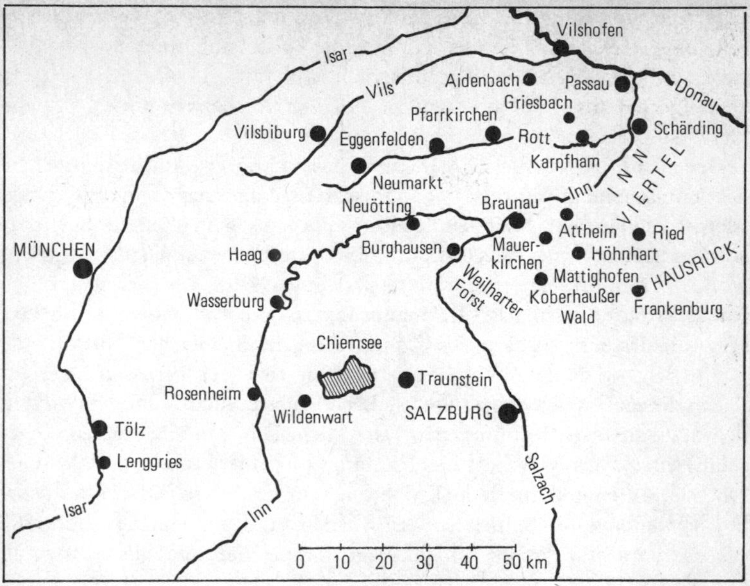

Karte 33

der landständischen Städte und Märkte rund 23 %. Die restlichen 75 %, das gesamte Landvolk, hatten nichts zu sagen. Die Hälfte davon lebte unter einer Grundherrschaft auf Hofmarken (Komplex von Grundstücken und Gebäuden, abhängig von einem Fronhof; der Hofmarksherr, meistens ein Adliger, übte die niedere Gerichtsbarkeit aus und galt deshalb als Obrigkeit).

Nur rund ein Fünftel der Bauern bewirtschaftete einen ganzen Hof. Die Mehrzahl der Landbewohner teilte sich auf in Leute mit halben Höfen (Huber), mit viertel Höfen (Lehner, Lechner), mit achtel Höfen (Bausöldner), mit sechzehntel Höfen (gemeine Söldner) und selbst mit zweiunddreißigstel Höfen (Häusler, Leersöldner). Das Sagen hatten die Bauern auf ganzen Höfen, fast gleich mit ihnen die Wirte, Müller und Schmiede. Dann kamen die Kleinbauern. Rund 35 % des Landvolks gehörten zu den Ärmsten, besaßen sie doch kein eigenes Haus (Probst, S. 24–26).

Diese differenzierte soziale Gliederung verhinderte eine Solidarität der Beherrschten. Dennoch kündigte sich eine Entwicklung in diese Richtung an, als die Kriegslasten immer schwerer das ganze Bauernvolk drückten. Um 1700 tauchte Widerstand gegen Steuereintreibung und Willkürherrschaft der Ortsobrigkeiten auf. Die vom Kurfürsten betriebene Militarisierung der Gesellschaft, die Ausrichtung aller Politik auf immer neue Kriegsziele, untergrub den fein abgestuften Gesellschaftsaufbau. Im Jahr 1700 verweigerten als erste die Bauern des Gerichtsbezirks Griesbach die Herbststeuern.

Den absoluten Kurfürsten kümmerte das nicht. Der Kampf um das Erbe der spanischen Habsburger, der Spanische Erbfolgekrieg (1701 bis 1714), trieb seine Pläne in schwindelnde Höhen. Gegen seinen alten Bündnispartner Österreich, damit gegen das ihn überall umgebende Deutsche Reich, wollte er sich an der Seite Frankreichs ein größeres Reich oder gar eine Königskrone erobern. Als Verräter am bayerischen Volk schwebte ihm vor, sein Kurfürstentum gegen den Königsthron der Spanischen Niederlande (heute Belgien) oder den von Neapel-Sizilien einzutauschen.

Um diesen Größenwahn zu befriedigen, stürzte Maximilian sein Volk in den aussichtslosen Kampf gegen Österreich. Das von allen Seiten eingeschlossene Bayern verschaffte sich anfangs Luft durch rasche Einfälle nach Oberschwaben und durch die Eroberung von Tirol (1703). Die schon vorher schwer einzutreibenden Steuern wurden auf das Dreifache erhöht, die Pferde, wo es nur ging, beschlagnahmt, Einquartierungen dem Landvolk aufgeladen. Das Wirtschaftsleben geriet ins Stocken.

Den ersten schweren Schlag erhielt Maximilian durch einen Aufstand der Tiroler Bergbauern. Am 1. Juli 1703 marschierte eine französisch-bayerische Truppe über Landeck innaufwärts, um über das Engadin (Graubünden) zu dem aus Oberitalien heranrückenden französischen Heer zu stoßen. Kurz vor der Pontlazer Brücke, neun km hinter Landeck, gerieten die Invasoren in einen Hinterhalt der Tiroler. Steinlawinen und Baumstämme prasselten auf die verhaßte Soldateska nieder, die Tirol in bayerischen Besitz genommen hatte. Wer überlebte, wurde erschlagen (Bilder bei: Kurfürst, S. 151–153).

Inzwischen verlegte die Südtiroler Miliz den Weg vom Brenner in den Süden. Als der Kurfürst nach Sterzing (Vipiteno) durchbrechen wollte, fing der allgemeine Aufstand im Rücken der schlecht gesicherten Armee an. Einmal mehr erwies sich das Gebirge einem bauernfeindlichen Herrscher als Falle. Vernichtend wirkte sich diese nur deshalb nicht aus, weil Maximilian in richtiger Erkenntnis der unschlagbaren Bauernposition rasch ganz Tirol räumte. Aufgrund ihres alten Waffenrechts verfügten die Tiroler über gute Waffen und eine ausgezeichnete Waffenübung. Beides fehlte leider den bayerischen Bauern im Aufstand von 1705/06.

Im Gegenzug führten die Tiroler kurze Vergeltungsschläge in Oberbayern. Das oberbayerische Bauernvolk fühlte sich schutzlos, von seinen Feudalherren verraten. So kam es hier schon 1703 zu den ersten Bauernerhebungen gegen die Feudalherrschaft, im Tegernsee-Tal und in der Hofmark Hohenburg bei Lenggries. Dieselbe Erfahrung der Schutzlosigkeit hatte bereits 1632 bis 1634 wesentlich zum Haß gegen den Fürsten und alle Adligen geführt (Kapitel 64).

Einen neuen Schlag erhielt die bayerische Armee 1704 von einem weiteren Bauernaufstand, als sie ins benachbarte Oberösterreich einmarschierte. Dort lebte noch immer ein rebellischer Geist. Davon lernten besonders die angrenzenden Innviertler (erst ab 1779 bei Österreich) und die Niederbayern.

Im selben Jahr ging über Bayern eine planmäßige Verwüstung durch die österreichischen Truppen hinweg. Die neuen Herren verschonten die kurfürstlichen Schlösser, fielen dagegen über die Städte und noch härter über das schutzlose, offene Land her. Damit zeigten sie überdeutlich, wen sie für den eigentlich gefährlichen Gegner hielten, dem das Rückgrat zu brechen war: die Bauernschaft.

Nordwestlich von Augsburg, bei Höchstädt, wurde die bayerische Armee am 13. August 1704 zusammen mit einem französischen Kontingent vernichtet. Rund 30000 bayerische Soldaten, die Hälfte der bayerischen Armee, bezahlten den Höhenflug des wittelsbachischen Absolutismus mit Tod, Verwundung oder Gefangenschaft. Maximilian ließ sein gemartertes Land im Stich, ging als Statthalter in die Spanischen Niederlande nach Brüssel. Damit endete die Selbständigkeit Bayerns, bis 1714 nur noch eine österreichische Kolonie, die Geld und Soldaten zu liefern hatte.

Die Österreicher übertrafen rasch den geflüchteten Kurfürsten an Härte und Grausamkeit. Soldaten vergewaltigten Frauen und kleine Mädchen. Ab Januar 1705 mehrten sich die Nachrichten, daß die erbitterten Bauern zur Selbsthilfe gegen die Soldateska griffen. Im Rentamt Burghausen erschlugen sie einige der schlimmsten Besatzungssoldaten. Hier bildeten sich auch einzelne bewaffnete Trupps – die Herren redeten gleich von verbrecherischen Banden –, die die Straßen zu kontrollieren suchten.

Unnachgiebig preßte Österreich durch die kaiserliche Administration mit Sitz in München in kurzer Zeit aus dem über weite Strecken verwüsteten Land die doppelte Steuersumme des besten Friedensjahres heraus. Am schwersten traf es die Bauern. Die Bürger genossen etwas Schutz durch ihre Stadtmauern, ihre erfahrenen politischen Vertretungen, ihre traditionellen Vorrechte vor dem flachen Land. Das übliche Bauernlos drückte sich in einer Bearbeitung des aus mehreren anderen Freiheitsbestrebungen bekannten Vaterunsers aus (Text bei Schäffler, S. 80/81; Probst, S. 120/121).

Ins bayerische Pulverfaß werfen die Österreicher endlich das brennende Zündhölzchen, als sie entgegen dem bayerischen Recht junge Männer vom Land zwangsweise zum Heer einziehen. Das beginnt im Winter 1704/05 und mündet ab Juli 1705 in die Anfänge eines Partisanenkrieges. Bisher durften die bayerischen Bayern nur in die Landfahnen, das Landesaufgebot, eingezogen werden, und nur zum Dienst im Landesinneren. Nach Tradition und Recht Bayerns gehörten die Landfahnen nicht zum regulären Militär. Damit brachen die Österreicher.

Die Wehrpflichtigen flüchten in die Wälder, ins Gebirge oder in benachbarte Länder. Die wenigen, die für das Heer eingefangen werden können, werden gefesselt und schwer bewacht nach Italien gebracht. Wenn sie fliehen, können sie auf die Fluchthilfe der traditionell antifeudalen Tiroler rechnen. So bahnt sich eine freiheitsfähige Bauernsolidarität an. Die von den Herrschern gezogenen Fronten beginnen zu verschwimmen.

Die Reste der kurbayerischen Regierung nehmen durch Agenten Kontakt zum Aufstand der ungarischen Stände unter Franz Rákóczi II. (1703 bis 1711) auf und versuchen, allerdings vergeblich, in Böhmen einen für Habsburg gefährlichen Bauernaufstand zu entfachen.

Eine entscheidende Bedrohung zuerst nur für die österreichische Besatzungsmacht, später auch für die bayerischen Feudalherren, entsteht im Rottal. Der Partisanenkampf greift um sich, verstärkt durch entlassene bayerische Soldaten. Im August 1705 hört man bereits von gewaltsamen Rekrutenbefreiungen, so auch aus Grafing bei Ebersberg.

Angesichts der Erntezeit steigert sich die Wut der Kriegsdienstverweigerer. Bei Eggenfelden, einem späteren Zentrum des Bauernaufstands, steht Ende September 1705 bereits eine Truppe von 200 bis 300 Rebellen, die eine Schanze aufwerfen. Die jungen Bauern, die Knechte und Tagelöhner, kurz die männliche Landjugend, verweigert Feldarbeit und Steuerzahlung, greift zum Mittel des Wirtschaftsstreiks. Die Rebellion erfaßt das ganze Rottal aufwärts bis Neumarkt.

Es folgt Mitte Oktober 1705 der Isarwinkel in Oberbayern, um Tölz, ein traditionsreiches Rebellengebiet. Auch hier fallen die Bewaffneten aus der Höhe über die Eindringlinge her. Dem kaiserlichen Obersten de Wendt gelingt es noch einmal, die Isarwinkler ohne große Gefechte zur Ruhe zu bewegen. So halten sich die Isarwinkler bis Mitte Dezember 1705 aus dem Aufstand heraus.

Die Zwangsrekrutierungen führen Anfang Oktober 1705 auch um Cham in der Oberpfalz, nahe dem Böhmerwald, zu einer Widerstandsbewegung. Dasselbe geschieht in Traunstein. Es handelt sich um spontane Erhebungen gegen eine sich verschärfende Besatzungspolitik. Diese wird nun nach und nach auch von den bayerischen Beamten mitgetragen, die bisher noch zwischen den Fingern durchgesehen haben.

So überträgt sich der Haß gegen die Österreicher auch auf die eigene

Beamtenschaft. Die Verbindungen zur angestammten Obrigkeit lockern sich um ein weiteres Stück.

Die nächste Etappe der Radikalisierung beginnen die Landbewohner des Innviertels und des Rott- und Vilstals. Ab Ende Oktober 1705 überfallen ledige Männer, unterstützt von herumstreifenden ehemaligen bayerischen Soldaten, die Beamten, plündern sie aus. Sie überfallen die Schlösser, holen sich die ihnen fehlenden Waffen bei Adligen und Geistlichen. Einer der ersten Anführer nennt sich nach dem ungarischen Aufstandsführer «der junge Rákóczy».

Der erste große Bauernhaufen läuft in Pfarrkirchen zusammen, ein zweiter im Amt Griesbach. Danach bilden sich weitere Haufen im Rottal- und Vilstal. Sofern sie weiterhin isoliert operieren, werden sie im November 1705 von der kaiserlichen Truppe unter de Wendt aufgerieben.

Im weiteren Verlauf geht die Aufstandsbewegung erheblich über Abwehrmaßnahmen und Selbstbewaffnung hinaus. Das hat die bayerische Geschichtsschreibung bis heute konsequent zu verschleiern verstanden, trotz eines Berges von Literatur. Anders oberösterreichische Autoren, bei denen die Ergebenheit für das Haus Wittelsbach nicht Fuß fassen konnte. So schrieb bereits vor mehr als hundert Jahren ein Oberösterreicher:

> Überhaupt war den Bauern nicht mehr um die Befreiung des Vaterlandes vom kaiserlichen Joche allein, sondern auch um die Freiheit von allen Obrigkeiten, Herrschaften und Abgaben zu tun, und sie wollten zu diesem Zwecke selbst die obderennsischen Bauern aufwiegeln. [...] Die Bauern betrugen sich sehr übel, vorzüglich die Rottaler, mißhandelten und verjagten ihre Obrigkeiten und erklärten, daß *sie* nun die Herren seien. (Lamprecht, S. 170/171, S. 176)

Ein Augenzeuge berichtet schon Mitte November 1705 davon, daß die Bayern ihre Pfaffen und Herren zu erschlagen suchen. Die Aufständischen seien dabei, «die Herrschaften, Obrigkeiten und Amtleute auszurotten und sich die völlige Regierungsgewalt zuzulegen». Dem Augenzeugen rufen die Bauern zu: «Geh her, Du Hund, ös [ihr] seid lang Herrn gewesen, jetzt sein wir's!» (Grüll, S. 267)

In Schärding/Inn deckt ein kaiserlicher Offizier schon am 17. September 1705 konspirative Verbindungen mit Oberösterreich auf. Alte obderennsische Bauern seien bei den Bayern gewesen. Für den Fall, daß die Festungen Braunau, Schärding und Burghausen an die Aufständischen übergingen, würden die oberösterreichischen Bauern gemeinsame Sache mit den Bayern machen und auch keine österreichischen Ersatztruppen nach Bayern durchziehen lassen. Ende November berichtet ein Beamter davon, bayerische und oberösterreichische Bauern wollten zusammen gegen ihre Herrschaft losschlagen (Grüll, S. 268). Die herrschaftsfeindlichen

Erhebungen der zwanziger und dreißiger Jahre des 17. Jahrhunderts scheinen wieder aufzuleben.

Zu dieser Zeit rumort es wieder einmal im Hausruckviertel, einer traditionellen Hochburg der Bauernrebellion (vgl. Kapitel 62). Hier versuchen die Bauern, ihre Nachbarn für die Steuerverweigerung zu gewinnen. Die geängstigte Obrigkeit läßt die Grenze nach Bayern scharf überwachen (Grüll, S. 268/269).

Die Innviertler finden ihren überragenden Anführer im Wirtssohn Johann Georg Meindl (1680–1767) aus Altheim. Er hat in Salzburg Philosophie studiert. Die Innviertler Bauernarmee legt ihre Freiheitsabsichten dadurch an den Tag, daß sie unterwegs Verwaltern die Perücken vom Kopf reißt und dafür Bauernhüte aufsetzt, Zeichen der anbrechenden Bauernherrschaft.

Auch im Gerichtsbezirk Braunau stürmen die Aufständischen die Amtshäuser, plündern die Häuser des verhaßten Adels, befreien Rekruten und Gefangene. Eine gezielte Agitation wirbt für die Steuerverweigerung.

Mitte November 1705 vereinigen sich endlich 6000 Weilharter (so nennen sich die Innviertler) und 3000 Taschner Bauern (so nennen sich die Rottaler), deren Anführer seit dem 9. November 1705 Georg Sebastian Plinganser (1681–1738) ist, ein Schreiber des Gerichtsbezirks Reichenberg bei Pfarrkirchen, mit Jurastudium in Ingolstadt, Sohn eines gräflichen Gutsverwalters.

Derweil beginnt de Wendt mit seiner Truppe einen isolierten Haufen nach dem andern aufzureiben, wobei er gleich nach dem ersten Sieg und nach dem Aufhängen von Gefangenen am 13. November in Eggenfelden mit einem Aufruf bekannt gibt:

Da Ihro Kaiserliche Majestät Dienst erfordert, daß die rebellischen Bauern und anderes loses Gesindel gestillt [unterdrückt] und auseinander getrieben werden, bin ich hiezu mit einigen Truppen beordert worden. Ich werde dieses lose Gesindel aufsuchen, da es Ihro Kaiserliche Majestät Willen auf keine Weise ist, daß das Land durch dieses Gesindel verderbt werden soll. (Probst, S. 172)

Die ersten Rebellen, die de Wendt verhört, nennen drei Gründe für ihre Erhebung: die rechtswidrige Zwangsrekrutierung; den Terror der Besatzungssoldaten; die unerträglichen Kriegssteuern. Von einem Zurückholen des geflüchteten Kurfürsten Maximilian ist nirgends die Rede. Das dichteten erst später in generationenlanger Arbeit Ideologen der bayerischen Monarchie dazu.

Die vereinigten Aufständischen erobern nacheinander die schon von den oberösterreichischen Verbindungsleuten empfohlenen Festungen

Burghausen (16. November), Braunau (26. November, durch einen Bürgeraufstand) und Schärding (4. Dezember). Das Innviertel befindet sich somit unter der Kontrolle des Bauernheeres. Die Forderungen der Rebellen gewähren uns einen tieferen Einblick in die Ziele des Aufstands:

Erstens begehren die ledigen Burschen, ohne Anstoß zu Haus zu verbleiben, und wollen sich keineswegs zu Kriegsdiensten gebrauchen lassen.

Zweitens will die steuerpflichtige Bauernschaft auf ein ganzes Jahr, um sich wieder etwas erholen zu können, aller Abgaben frei sein.

Drittens verlangt dieselbe durchgehends, daß alle im Land einquartierte Soldateska, sowohl die in Festungen als auch die an anderen Orten, ohne Gewehr abziehen und außer Landes marschieren soll.

Viertens will sie, daß, sofern sich etliche Mannschaften nach dem geschlossenen Vertrag den Grenzen nähern sollten, die Bauern die Macht haben, ihr Gewehr wieder zu ergreifen.

Fünftens begehren sie freien Weg, sich während der Zeit, solang man die Sache zur hochlöblichen kaiserlichen Administration überschickt, mit allen Rentämtern ihres Vaterlands wegen der ferneren Korrespondierung versammeln zu können. (Hormayr, S. 185/186)

Die Rebellen verlangen die Geltung ihrer bisherigen Rechte, Plinganser sagt dazu «die alte, kurbayerische Libertät» (ständische Freiheit). Die Steuerfreiheit für ein Jahr formuliert eine Kompromißbereitschaft der Bauernführer; denn schon ganze Gruppen haben jede Steuerzahlung abgelehnt. Das kaiserliche Militär soll das Land verlassen. Dann verlangen die Bauern wie die Tiroler und die Eidgenossen das Waffenrecht. Zuletzt das Recht zur Organisierung: ein Ansatzpunkt zur Gemeindedemokratie. Davon schimmert etwas in der Selbstbezeichnung des Braunauer Bauernheeres durch «eine ganze Gemein der Kurlande Bayern und besonders des Rentamtes Burghausen». Das Heer demokratisiert sich. Die Mannschaften wählen ihre Offiziere. Bei wichtigen Entscheidungen wirken noch Vertrauensleute der Mannschaften mit.

Während die antifeudale Zielsetzung der Bauernmassen durch die vermittelnden Anführer und das Parlament von Braunau aus der offiziellen Linie zurückgedrängt wird, lebt sie im entfernten Chiemgau erst recht auf. Besonders in Wildenwart blüht ähnlich wie im Vorarlberg (vgl. Kapitel 74) eine Agitation mit den chiliastischen Weissagungen der Sibylle. Die Gedrückten hoffen auf ein tausendjähriges Reich von Frieden und Freiheit, das durch den Umsturz der Weltordnung zu verwirklichen sei. Dafür müßte das Volk alle Herrschaft und Obrigkeit totschlagen (Probst, S. 201). Die Aufständischen erzwingen die Rückzahlung ihrer Abgaben. Die Wildenwarter verweigern im Dezember 1705 auch das Landesaufgebot, das von den alten, nicht weniger verhaßten Beamten Oberbayerns ausgeht.

In Burghausen arbeiten die Bauernführer auf die Legalisierung des Aufstandes hin. Offenbar trauen sie sich die Selbstverwaltung noch nicht zu. Angesichts ihrer schwierigen Lage tun sie alles, um einen Affront gegen Kaiser und Reich zu vermeiden. Die Illusion, der Umsturz könnte sich das Mäntelchen der Legalität umhängen, schwächt die Erhebung stark ab. So zwingen die siegreichen Aufständischen führende Gegner wie Adlige oder Bürger dazu, ihre Kommandanten zu werden. Kein Wunder, daß so der Feind seine Leute mitten im Bauernlager sitzen hat. Sobald es ernst wird, fallen diese falschen Anführer den Bauern in den Rücken.

Die alte Regierung in Burghausen wird nicht gestürzt, sondern erhält nur zwei Bürger und zwei Bauern zur Kontrolle, eine gegen gewiefte Bürokraten untaugliche Maßnahme. Die bayerischen Landstände wollen den Bauern einen Waffenstillstand vermitteln, der der kaiserlichen Verwaltung in München nur so lange recht ist, als die von auswärts angeforderten Truppen noch nicht eingetroffen sind. Der Chef der kaiserlichen Verwaltung schreibt zu dieser Zeit an den badischen Markgrafen, den er um Truppen bittet:

> Da man nun von der Seite des Militärs dermalen nicht im Stand ist, mit Gewalt die Gesetze der Unterwerfung dem Gesindel vorzuschreiben, so sind die Waffenstillstandsverhandlungen ein Mittel, Zeit zu gewinnen, um inzwischen mehr Truppen zur Hand zu bringen und demnächst mit besserem Erfolg das aufrührerische Volk bändigen zu können. (Probst, S. 237)

Eine Ausdehnung des Aufstands nach Kelheim an der Donau gelingt nicht. Unter dem Metzgermeister Matthias Kraus beherrschen die Rebellen nur vom 13. bis zum 17. Dezember 1705 die Stadt. Im selben Monat verfolgt der ehemalige bayerische Kriegskommissär Matthias Ägidius Fuchs den Plan, München mit einer Zangenbewegung vom Unterland und vom Oberland her einzunehmen. Dafür gewinnt er die Anführer. In München aber, wo ein Bürgeraufstand die Tore öffnen soll, schließt sich nur knapp ein Dutzend Verschwörer an.

Im Oberland haben sich nach den frühen antifeudalen Erhebungen die Feudalbeamten wieder stark durchgesetzt. Am 18. Dezember wird zum Marsch nach München aufgerufen, um die kaiserliche Verwaltung und Armee zu vertreiben. Dieser Marsch stützt sich auf einen gefälschten Aufruf des Kurfürsten (Text bei Roth, S. 19/20), auf die den Kurfürsten noch anhängenden Beamten, auf Predigten der Geistlichen, auf die Behauptung, die Österreicher wollten die bayerischen Prinzen entführen, auf illusorische Angaben über die geheime Münchner Opposition und auf die Hoffnung eines Zuzugs aus dem Unterland. Den Beamten gelingt es, die Bauernbewegung auf eine mehr kurfürstliche Zielsetzung abzulenken.

Am 21. Dezember 1705 tritt in Braunau erstmals in der bayerischen Geschichte ein Landtag auch mit Bauernvertretern zusammen. Dieser «Landesdefensionskongreß», der auch «Bauernkongreß» («Brunnkongreß» sagen die Bauern) oder schlicht «Parlament» heißt, umfaßt allerdings nur das Rentamt Braunau. Jeder Gerichtsbezirk soll je einen Adligen, Geistlichen, Bürger und Bauern entsenden. Vom Adel erscheinen wenige und die nur unter bewaffneter Bauerndrohung, von der Geistlichkeit niemand. Die Stadt- und Marktbürger machen zusammen mit den Bauern rund 100 Abgeordnete aus.

Der adlige Stand sitzt am Vorstandstisch für sich, das Volk unten im Saal. Der Adel macht sich gleich verdächtig, indem er unter sich zuweilen lateinisch und französisch spricht. Den adligen und bürgerlichen Feinden der Bauernfreiheit gelingt es, energische Maßnahmen hinauszuzögern. Insofern stellt dieser Landtag keineswegs einen Höhepunkt des Aufstands dar, sondern bereits den Beginn des Niedergangs.

Zwei Tage vorher, am 19. Dezember 1705, setzt die kaiserliche Administration in München die Brutalität auf die Tagesordnung. Sie fordert alle Rebellen auf, die Gewehre abzuliefern, die Rädelsführer auszuliefern und sich künftig ruhig zu verhalten.

Sofern nun dieses Unser ernstliches Gebot und Unser Befehl nicht vollzogen und das zusammengeloffene Bauernvolk sich dennoch nicht auseinander und zur Ruhe begeben sollte, wird kraft dieses Gebots allen kundgemacht, daß diejenigen Dörfer, Höfe und Häuser, wo die Bauernschaft sich abwesend befindet, ohne alle Gnad und Bedenken verbrannt und in Asche gelegt, diejenige Mannschaft aber, so in Wehr und Waffen verbleibt und darin ertappt wird, als Rebellen angesehen und mit Galgen und Schwert, Vertreibung ihrer Weiber und Kinder, auch Beschlagnahmung ihrer Habe und Güter gestraft und diese ihre beschlagnahmten Güter alsdann denen, so in der Ruhe und schuldigen Treue verblieben sind, zugeeignet werden soll. (Hormayr, S. 168)

Zu dieser Zeit befiehlt der Kriegskommissär Fuchs im ganzen Oberland den Marsch gegen München (Text bei Probst, S. 307/308), wovon die Besatzungsmacht natürlich bald weiß. Der Zangenplan scheitert schon im Ansatz; denn die von Burghausen abmarschierenden 8000 Bauern bleiben 30 km östlich von München stehen, als sie hören, daß kaiserliches Militär ihnen den Weg verlegen will.

In der Nacht vom 24. auf den 25. Dezember 1705 marschieren die inzwischen in Thalkirchen angekommenen 2400 Oberländer Rebellen auf München los. Vor ihnen liegen 4000 viel besser bewaffnete und geübte gegnerische Soldaten, geführt von General Kriechbaum, auf den wir im kommenden Jahr 1706 auch im Vorarlberg treffen (Kapitel 74). Die Oberländer werden zuerst beim Roten Turm an der Isar, südlich des Isartors, niedergemetzelt, eine zweite Truppe am Glockenbach, die Hauptmacht endlich bei Sendling (Karten bei Probst, S. 338, S. 340, S. 342). Kriechbaum verspricht den Aufständischen, die sofort ihre hoffnungslose Unterlegenheit erkannt haben, dreimal Pardon. Dreimal läßt er trotzdem seine Bluthunde die Bauerntruppe abschlachten. Ein Augenzeuge hat das grausige Ende der Oberländer Erhebung beschrieben:

Die Bauern haben eine Wagenburg formiert, mit dem Entschluß, sich bis auf den letzten Mann zu wehren. Nachdem sie aber aufgefordert worden, sich zu ergeben, und ihnen dabei Pardon versprochen wurde, haben sie ihre schwache Bewaffnung betrachtet und zu Gemüt geführt, daß die anderen an Macht überlegen, indem die Kaiserlichen alle gut beritten und bewaffnet waren. Daher haben sie sich entschlossen, den versprochenen Pardon anzunehmen, dessen sie nochmals vertröstet wurden mit dem Anhang, daß sie sich aus der Wagenburg in das flache Feld herausbegeben und das Gewehr ablegen sollten, so sie auch getan haben.

Als man ihnen das Gewehr abgenommen, hat man sie in einen Kreis zusammen in die Enge zu gehen beordert und befohlen, daß sie sich auf die Knie niederwerfen und um Begnadigung nochmals bitten sollten. Als sie solches auch bewerkstelligt, ritt der Oberstwachtmeister der Husaren hervor, machte mit seinem Säbel das Kreuz über dem Haufen, so das letzte Zeichen war, worauf ein ganzes Geschwader Reiter in das Volk fiel und ein volles Feuer mit allem Geschoß auf dieses arme Bauernvolk machte. Dann fiel fast alles tot, verwundet oder erschrocken zu Boden. [...]

Man schrie abermals: was noch am Leben, solle aufstehen und Pardon haben, worauf sich viele wieder aufgemacht. Gleichwie aber eine angezündete Fackel, je länger sie brennt, desto heftiger brennt, auch der Zorn, je länger, desto mehr wütet, welches Wüten weder die demütige Niederwerfung noch flehentliches Bitten zu lindern vermochte, sondern alles Bitten und Beten dem unlöschlichen Zornesfeuer zu einer angenehmen Speise und Nahrung diente, so ergriffen die Soldaten hierauf die Schwerter. Es wurde abermals ein unbarmherziges Metzgen und Töten. Ja, es machten sich zwei verwegene Gesellen auf, unter den Toten herumzusuchen. Der eine mit einer Holzaxt in der Hand und der andere mit einem Weidmesser versehen, welche den Toten, Halbtoten und Verwundeten ohne Unterschied einen Streich auf die Hirnschale und den Kopf oder einen Hieb in die Gurgel versetzten und also vielen unmenschlich den letzten Garaus machten. [...]

Beide Generale, de Wendt und Kriechbaum, kamen wegen solcher unmenschlicher Tat fast aneinander mit scharfen Worten, indem es der letztere nicht gutheißen und dem ersten die Schuld solcher Grausamkeit zulegen wollte. Und man hat geglaubt, es würde zu einem Zweikampf kommen. Der eine oder der andere aber hat nachgegeben. (Roth, S. 22–24)

Kriechbaums angebliche Empörung ist nur gespielt, will er doch die Verantwortung für das Bluthandwerk dem untergebenen de Wendt aufhalsen.

Zwischen den beiden tobt von Anfang an ein Rivalitätskampf. Gleich nach seiner Metzgerleistung schreibt Kriechbaum ungerührt an Prinz Eugen in Wien:

Dieser Streich wird nun hoffentlich unter diesem tollen Gesindel zweifelsohne eine große Kleinmütigkeit erwecken, besonders da die besten Schützen vom Gebirg in großer Menge zugrund gegangen. (Roth, S. 25/26)

Die romantische Geschichtsschreibung machte aus dem Massenmord vor Münchens Toren am 25. Dezember 1705, dem Gedenktag von Christi Geburt, «die Mordweihnacht». Zeitgenossen bestätigen, daß die Kaiserlichen furchtbarer als die Türken hausten. Ist das die kulturelle Überlegenheit des Abendlandes, die sich bis in die Gegenwart nicht hoch genug über die Türken, Slawen und andere meint erheben zu können?

Am 25. Dezember 1705 fielen vor München mehr als 1100 Oberländer Aufständische, das sind 45 % der zur Schlacht angetretenen Mannschaft. Ihre Massengräber lagen auf dem Friedhof von Sendling, auf dem Alten Münchner Südfriedhof und auf dem Friedhof Unserer Lieben Frauen. Eine Katastrophe für das immer zur Verteidigung seines Freiheitsgrades bereite Gebirgsvolk.

Nach der Nachricht von diesem Blutbad zerfiel das Unterländer Heer. Auch im übrigen Niederbayern gingen, wie schon bei den Oberländern, die Anführer durch, sobald der Kampf begann. Am 8. Januar 1706 fand bei Aidenbach die letzte Bauernschlacht statt. 3000 führungslose Bauern, schlecht bewaffnet, militärisch unerfahren, unfähig, ihre Stärke in einem langen Guerillakampf zu suchen, sie alle wurden von einer präzisen Kriegsmaschine niedergekämpft, von 800 Infanteristen und 500 bis 600 Reitern. Erstmals hören wir hier von einer Amazone, aus Schärding, die allerdings dem Morden zu entgehen wußte (Lamprecht, S. 182). Wieder bekamen die Bauern durch Kriechbaum Pardon angeboten. Wieder hielt der General sein Wort nicht. Das ganze umliegende Land war danach mit Leichen übersät, auch die Wälder. Die Metzelei dauerte vier Stunden. Die Massengräber befanden sich auf dem Kleeberg, dem Reschenfeld (das seitdem den Flurnamen «Mordfeld» trägt) und auf den Friedhöfen der umliegenden Dörfer.

Die Reste der Innviertler erkannten endlich ihre Stärke im Partisanenkampf, zogen sich in den Weilharter und Kobernaußer Wald zurück, vom Volk versteckt, gewarnt, versorgt. Die größte Gruppe von mehreren hundert Rebellen scharte sich um Meindl. Auch in anderen Gegenden fanden sich die versprengten Reste der Bauernarmeen als Partisanen zusammen, für die Herren natürlich nur Räuber.

Insgesamt sind in dieser bayerischen Erhebung von 1705/06 4500 bis 5000 Aufständische gefallen, ein halbes Prozent des damaligen bayerischen Volkes. In den Zentren der Freiheitsbewegung, im Oberland und im Rott- und Vilstal, muß jeder zweite oder dritte Hof einen Toten beklagt haben.

Beim Oberländer Aufstand will uns ein Verdacht nicht loslassen. Zum Zug nach München rief vor allem die alte Beamtenschaft auf, die sich dann rechtzeitig aus dem Staub machte und die Gebirgsschützen die eingebrockte tödliche Suppe bis zur Neige auslöffeln ließ. Der lange schon schwelenden, radikalen Rebellion gegen die Herrschaft sollte offenbar ein vernichtender Schlag versetzt werden. Nicht nur den Österreichern, sondern auch den bayerischen Feudalherren und deren Beamten konnte die schon während des Marsches sichere Niederlage der Oberländer Bauernbewegung nur nützen. So ließ sich der immer unbequeme Bauernwiderstand für lange Zeit ersticken.

Im Unterland kehrte nicht so rasch die allen Herren erwünschte Friedhofsruhe ein. Noch im Jahr 1707 streiften Partisanentrupps durch die großen Wälder des Innviertels. In Ried erklärten zwei Dutzende Rebellen, man müsse den Herren die Köpfe abschlagen und damit Kegel schieben. Für November 1707 ist aus der Gegend von Schärding bezeugt, daß die Bauern die schädliche Rolle des Parlaments von Braunau erkannt hatten, sagen sie doch:

> Hätten wir die Herren bei diesem Kongreß tot geschlagen, wäre unsere Sache fortgegangen! (Grüll, S. 269)

Aber die schwache Chance, den Herren ein Stück Freiheit abzuringen, war verspielt. Nun trat die Gerechtigkeitspflege auf den Plan. Auf dem Schrannenplatz in München (heute Marienplatz), wo üblicherweise Gesetzesbrecher und Oppositionelle zur öffentlichen Aburteilung kamen, zum Beispiel durch das schimpfliche «Reiten» auf einem riesigen Holzesel (siehe Bild von Michael Wenig zum «Eselreiten», vgl. John, S. 357), werden am 29. Januar 1706 vier Münchner Verschworene hingerichtet, später noch zwei weitere. Die Leichenteile sollten das Volk belehren, welches Eintrittsgeld für die Feiheit zu bezahlen sei. Sie steckten auf den vier Haupttoren der Stadt, die Köpfe am Isartor. Auf dieselbe Weise endete Matthias Kraus am 17. März 1706 in Kelheim (Bilder bei Probst, S. 247, S. 403, S. 407).

Von den wirklichen Bauernführern entkamen Meindl, der später Salzburger Offizier wurde, und Plinganser. Sie wurden für vogelfrei erklärt, wie Zigeuner, Banditen, Partisanen und zeitweise die Juden.

Die Wut des ausgepreßten, nun blutig niedergetretenen Volkes schwelte im geheimen fort. Immer wieder gab es Steuerverweigerungen. Partisanen machten dem Militär zu schaffen. Die Besatzungsmacht trieb noch mehr Leute in die Zahlungsunfähigkeit und so auf die Straße unter das fahrende Volk.

Allmählich sah auch die österreichische Administration ein, daß sie den Druck mildern mußte. Die Zwangsrekrutierungen für die Armee, seit dem Ausbruch des Aufstands eingestellt, wurden untersagt. Damit blieb die verlorene Bauernbewegung nicht ohne Früchte.

Im Frieden von Utrecht (1713) erhielt der bayerische Kurfürst sein Kurfürstentum zurück. Am 10. April 1715 schlich er sich nachts um 11 Uhr in die Residenzstadt seines verratenen Landes zurück. Angesichts der schlechten Stimmung mußte er mit Mißfallenskundgebungen rechnen. Aber auch er hatte nichts gelernt. Wieder dieselben hohen Steuern, folglich wieder Steuerverweigerungen und Zwangseintreibungen. Nur berufsmäßige Jubelpoeten am Hof konnten zufrieden sein und sich über die Rückkehr ihres Brotherrn freuen.

Das ganze 18. Jahrhundert hindurch haftete dem Aufstand von 1705/06 der Geruch eines unliebsamen Ereignisses an, das am besten rasch zu vergessen sei. Erst die Krise der bayerischen Monarchie durch die revolutionäre Demokratie am Ende des 18. Jahrhunderts regte auf Fürstenlob erpichte Geschichtsschreiber an, den Aufstand als eine Bewegung für Fürst und (feudales) Vaterland aus dem Hut zu zaubern, also ihr einen wahrheitswidrigen Sinn unterzuschieben. Dies beschreibt einleuchtend Maximilians Biograph:

Erst durch die komplexen Ereignisse, die mit der französischen Revolution und der napoleonischen Ära zusammenhingen, erhielt auch die Betrachtung des bayerischen Bauernaufstandes von 1705/06 einen wesentlich veränderten Aussagewert und eine neue Sinngebung. Die französische Revolution stürzte die Monarchie und tötete den Monarchen. Aufklärung und Revolution begannen, die Theorie der Volkssouveränität im gesellschaftlichen und politischen Leben zu verwirklichen. Die bayerischen Hofhistoriographen, die diese Theorie ablehnten, suchten nach Argumenten, die das Gegenteil zu beweisen hatten. Ihrer Ansicht nach wünschte das Volk nicht, Herr seiner selbst zu sein. Es ist seit Jahrhunderten aufs engste mit dem Herrscherhaus verbunden. Diese Tradition sei heilig und unbestreitbar. Sie könne bewiesen werden. Auf der Suche nach Beweisstücken kam man auf die Ereignisse des Aufstandes von 1705/06 zu sprechen. Man fragte sich, welches Ziel die Aufständischen vor Augen hatten. War es nicht die treue Anhänglichkeit an Fürst und Vaterland, die die Bürger des Landes zu den Waffen greifen ließ? Die bayerischen Bauern wollten die kaiserliche Administration, die kaiserlichen Soldaten aus dem Land jagen, den Kurfürsten aus den Niederlanden zurückholen und das angestammte Fürstenhaus als Führer in allen Stürmen wiederum etablieren. [...]

Ein zweiter Umstand kam hinzu. Durch Napoleon hatte Bayern das Ziel erreicht, das sich die bayerischen Wittelsbacher bereits ein Jahrhundert vorher gestellt haben, die Erhebung Bayerns zum Königreich. Franzosen und Bayern standen wieder gemeinsam im Kampf gegen Österreich. Der Tiroler Volksaufstand des Jahres 1809 unter Führung Andreas Hofers machte einen ungeheueren Eindruck in ganz Europa, besonders im betroffenen und benachbarten Bayern. [...]

Der Aufstand der Tiroler bot den aktuellen Anlaß, aus neuer Sicht den bayerischen Bauernaufstand zu bewerten. Der kurze dramatische Ablauf des bayerischen Bauernaufstandes, der in nichts der Volkserhebung der Tiroler unter Andreas Hofer nachstand, der Kampf der Unterländer gegen die kaiserlichen Besatzungstruppen, der Zug der Oberländer nach München in der Hoffnung, die Hauptstadt zu gewinnen, die kaiserliche Administration abzusetzen und außer Landes zu schicken, schließlich noch der Umstand, daß die Aufständischen die in der Münchener Residenz lebenden Kinder des geflohenen Kurfürsten davor bewahren wollten, ins Exil, in kaiserliche Gefangenschaft geführt zu werden, alle diese Komponenten machten den bayerischen Bauernaufstand der Tiroler Erhebung gleichrangig. Die nämliche Abneigung, die die Tiroler den Bayern entgegenbrachten, war psychologisch auch im umgekehrten Verhältnis sehr wohl begreifbar. Hatten die Kaiserlichen die bayerischen Bauern nicht auf brutale Art unterworfen – kein besonderes Ruhmesblatt für die österreichische Militärgeschichte? Mußte die Bevölkerung von München nicht die Leiden der Gefangenen und Verwundeten ansehen? Mußte sie nicht der Hinrichtung der Rädelsführer beiwohnen? Schließlich war noch zu bedenken, daß die Schlacht bei Sendling am Weihnachtstag stattfand, dem höchsten Fest der katholischen Christenheit, dem Tag der Menschwerdung Gottes. (Hüttl, S. 470–472)

Gleich nach dem Tiroler Bauernaufstand, der die mit Frankreich verbündete Armee hart traf, setzten im Jahr 1810 Bauern in Sendling ein Kreuz mit einer Inschrift auf zwei Seiten:

Hier ruhen 800 Landwehrmänner, welche in der Schlacht auf Sendlings Feldern am 25. Dez. 1705 für Fürst und Vaterland gefallen sind. Renoviert 1810.

Die Todeshügel von Sendling verkünden, auf welchen Grundsäulen der Thron unserer Könige ruht. (Des Historienmalers, S. 74)

In kurzer Zeit verkam der große Bauernaufstand gegen die Feudalherren, die Pfaffen und die Besatzungsarmee und für mehr Bauernfreiheit zu einer jämmerlichen Parodie. 1830 feierten die Münchner mit einem romantischen Festzug über das Schlachtfeld (kurze Beschreibung bei Hormayr, S. 116–118) die Legende der Wittelsbacher, von nun an ein unverzichtbarer Bestandteil der bayerischen Staatsideologie. Statt der wirklichen Freiheitsgeschichte nichts als ein monarchistischer Schmarrn.

Generation für Generation von bayerischen Schülern wurde diese Ideologie eingebläut (Beispiele bei Hüttl, S. 674–676). Kurz nach einer weiteren, erneut gescheiterten Freiheitsbewegung, der Revolution von 1848/49, schrieb der bayerische Innenminister seinem König:

Das Gemälde an der Sendlinger Kirche pflegt die Volkstreue und den nationalen Sinn der dortigen Bewohner mehr, als gelehrte Vorträge. (Hüttl, S. 674, Anm. 1293)

Den antidemokratischen Ursprung verlor diese staatstragende Geschichtsfälschung nicht mehr. In ihrem Geist beging der bayerische Staat 1905 die 200-Jahrfeier, folgten eine Menge Denkmäler. Die Nationalsozialisten setzten 1935/36 mühelos diese Linie fort.

Bis in die Gegenwart wandten die bayerischen Geschichtsschreiber ihren Blick konsequent davon ab, daß der Aufstand eine sozialrevolutionäre Zielsetzung gehabt hatte: die Entmachtung der Feudalherrscher. Hier macht auch die bisher fleißigste Arbeit, die von Probst, keine Ausnahme. Dort müssen wir gar ein zynisches Urteil lesen, das die Gefallenen nochmals ermordet:

Ein unparteiischer Betrachter, der den beiden Seiten, die sich in diesem Volkskrieg gegenüberstanden, gerecht werden will, muß der kaiserlichen Administration und ihren Militärs zubilligen, daß sie hervorragende Leistungen vollbracht haben. (Probst, S. 390)

Wer gegen die ideologische Umdeutung des Aufstandes die eigene Erfahrung setzen will, kann dazu eine Ferienreise unternehmen. Tracht und Dirndl müssen nicht sein, eher schon ein Rad oder ein Rucksack. Dann läßt sich die Aktualität der alten Rebellen im Gespräch mit den Einheimischen an Denkmälern, auf Marktplätzen oder in Gasthäusern und Bauernhöfen ergründen. Die Route: *München*: Isartor, Marienplatz, Falkenturm (bei der Falkenturmstraße, Gefängnis vieler Aufständischer), Sendlinger Tor, Schlachtorte Alter Südfriedhof. *Untersendling*: Friedhof und Kirche (Fresko). *Tölz*. *Waakirchen* (Gefallenendenkmal). *Chiemsee* (Wildenwart). *Burghausen, Weilharter Forst, Kobernaußer Wald*. *Braunau* (hier gibt's also auch etwas anderes als bloß Hitler). *Schärding*. *Vilshofen* (auch hier gibt's mehr als die berüchtigten Aschermittwochreden). *Aidenbach* (Denkmäler auf Handlberg und Kleeberg und an der Kirche). *Haarbach* (Denkmal auf dem Veitlberg). *Griesbach, Weng* (westlich), *Karpfham, Asbach* (alle Orte mit Gedenktafeln). *Pfarrkirchen* («Gasthof zum Plinganser» (einst von Plingansers Mutter geführt) mit Gedenktafel, Erinnerungsfigur auf dem Marktplatz, «Zum Jäger-Weißbräu» (einst Pfleggerichtsgebäude, wo Plinganser Schreiber war). *Eggenfelden*. *Neumarkt*.

Quellen und Literatur

(Maximilian Alram): Ein Aktenstück zur Geschichte der Sendlinger-Schlacht. Mitgeteilt durch Bibliothekar Föringer, in: Oberbayerisches Archiv für vaterländische Geschichte, 17, 1857, S. 325–344

Gustav Baumann: Der Bauernaufstand vom Jahre 1705 im bayerischen Unterland, in: Verhandlungen des Historischen Vereins für Niederbayern, 69, 1936, S. 1–87; 70, 1937, S. 1–80

Michael Doeberl: Entwicklungsgeschichte Bayerns, 2. Bd., 3. Aufl. München 1928

Max Fastlinger: Zur Geschichte des Oberländer Bauernaufstandes 1705/06, in: Forschungen zur Geschichte Bayerns, 14, 1906, S. 201–207, S. 318–325

Theo Goller, Die Aidenbacher Bauernschlacht vom 8. Januar 1706, in: Heimat an Rott und Inn, 1968, Eggenfelden, S. 32–41

Grüll (siehe Kapitel 70) S. 265–269

August Hartmann: Historische Volkslieder und Zeitgedichte vom sechzehnten bis neunzehnten Jahrhundert, 2. Bd., München 1910, S. 182–195

Her (Hg.): Ein im Jahre 1705 erlassenes, noch ungedrucktes Patent der kurbayerischen Landesdefension [19. 12. 1705], in: Oberbayerisches Archiv für vaterländische Geschichte, 2, 1840, S. 430–432

Des Historienmalers Wilhelm Lindenschmidt, des Älteren, Jugend und Bildungszeit bis zur Darstellung der Sendlinger Bauernschlacht an der St. Margarethenkirche zu Untersendling, in: Altbayerische Monatsschrift, 6, 1906, S. 37–90; 7, 1907, S. 1–38

(Joseph Freiherr von Hormayr:) Die Mordweihnachten von Sendling (25. Dezember 1705), in: Ders.: Taschenbuch für die vaterländische Geschichte, NF 6, 1835, S. 44–230

Ludwig Hüttl: Max Emanuel. Der Blaue Kurfürst 1679–1726. Eine politische Biographie, München 1976

Alois John: Sitte, Brauch und Volksglaube im deutschen Westböhmen, Prag 1905

Kurfürst Max Emanuel: Bayern und Europa um 1700. Bd. II. Katalog der Ausstellung im Alten und Neuen Schloß Schleißheim. 2. Juli bis 3. Oktober 1976, München 1976

Johann Ev. Lamprecht: Beschreibung der k. k. oberösterreichischen Grenzstadt Schärding am Inn und ihrer Umgebung, Wels 1860

(Wilhelm Lindenschmitt:) Geschichte der Sendlinger Schlacht, München 1831 (Standort: München, Staatsbibliothek)

(Hans Ferdinand Massmann:) Der Heldentod der bayrischen Landesverteidiger bei Sendling 1 Stunde von München in der Christnacht des Jahres 1705, München 1831 (Standort: München, Staatsbibliothek)

Konrad Meindl: Geschichte der ehemals hochfürstlich-passauischen freien Reichsherrschaft des Marktes und der Pfarrei Obernberg am Inn, 1. Bd., Linz 1875, S. 157–173

Georg Sebastian Plinganser: Bericht an den Kurfürsten Maximilian Emanuel über den Aufstand des bayerischen Volkes gegen die Österreicher in den Jahren 1705 und 1706. Hg. von Alois Schels, in: Verhandlungen des Historischen Vereins von Niederbayern, 8, 1862, S. 126–155

Christian Probst: Lieber bayrisch sterben. Der bayrische Volksaufstand der Jahre 1705 und 1706, München 1978 (Literaturverzeichnis S. 454–460; viele Bilder)

Sigmund Riezler/Karl von Wallmenich (Hg.): Akten zur Geschichte des bayrischen Bauernaufstandes 1705/06, 3 Bände, München 1912–1915

Adolf Roth: Lieber bayrisch sterben. Der oberländische Bauernaufstand von 1705. Zeitgenössische Berichte, München 1955

August Schäffler: Die oberbayerische Landeserhebung im Jahre 1705, Würzburg 1880
Schilfert (siehe Kapitel 70), S. 89
Karl Staudinger: Geschichte des kurbayerischen Heeres, Bd. II, 2. München 1905
Franz Stelzenberger: Der Spanische Erbfolgekrieg und Georg Sebastian Plinganser, in: Pfarrkirchen im Rottal/Niederbayern. Beiträge zur Stadtgeschichte, Pfarrkirchen 1964, S. 73–76
Stuttgart, Hauptstaatsarchiv, A 202, Bü. 2080 (darin zeitgenössische Druckschriften)
Karl von Wallmenich: Der Oberländer Aufstand 1705 und die Sendlinger Schlacht, München 1906
Ders.: Zur Geschichte des Oberländer Bauernaufstandes 1705/06, in: Forschungen zur Geschichte Bayerns, 14, 1906, S. 314–318
Henric L. Wuermeling: Volksaufstand. Die Geschichte der Revolution von 1705 und der Sendlinger Mordweihnacht, München 1980 (viele Bilder)
Rainer Zwing: Der bayerische Aufstand. Volksstück in 4 Akten. Lieder von Peter Jacobi, 2. Aufl., München 1973

76 Streik der Augsburger Schustergesellen (1726–1729)

Der Arbeitskampf, den die Augsburger Schustergesellen am 12. März 1726 begannen, sorgte für einen der gewaltigsten Paukenschläge der deutschen Gesellenbewegung im 18. Jahrhundert. Die Feudalherren und das städtische Bürgertum erlebten auf einmal, wie weit die Macht der Gesellenbruderschaften aus dem Untergrund heraus die Grundlagen des Absolutismus schon untergraben hatte. Reichstag und Kaiser versuchten dann im Jahr 1731 die Autonomie der Gesellenbruderschaften zu brechen, freilich ohne durchschlagenden Erfolg (Text bei Wissell, S. 553–568; Stürmer, S. 54–71; über die Durchführung des Reichsabschieds von 1731 Wissell, S. 569–578).

Gesellenverbände gab es seit dem 14. Jahrhundert. Sie verteidigten innerhalb der Zunftwelt die Lebens- und Arbeitsbedingungen der ausgelernten Arbeiter, die noch nicht Meister waren oder, was zunehmend geschah, nie Meister werden konnten. Die Notwendigkeit zum engen Zusammenhalt führte zu einem unerbittlichen Kampf gegen ökonomische und moralische Außenseiter (Pfuscher, Unehrliche).

Die Gesellenbruderschaften trugen zwei Gesichter, neben dem der Legalität, das ganz den Zunftvorstellungen entsprach (eine alte Solidargemeinschaft mit Krankenversicherung, Unterstützungskasse, Sterbevorsorge, kirchlichen Zeremonien, strenger Moralaufsicht, Kampf gegen Unzünftige), auch eines der Illegalität (Streiks, geheime Verbindungen mit den Branchenkollegen anderer Städte). Gewöhnlich heißt es, daß sie einen Staat im Staat bildeten.

Eher müßten wir sagen: mit ihren eigenen Gesetzen, mit ihren oft konspirativ arbeitenden Organisationen, mit ihrer eigenen Justiz stellten die Gesellenbruderschaften eine oppositionelle Gesellschaft im Untergrund der Feudalgesellschaft dar. Die eigentlichen Regeln dieser Untergesellschaft überlieferten sich nur mündlich von einer Generation zur anderen. Schriftliches zu hinterlassen, wäre zu gefährlich gewesen. Deshalb haben wir aus den vielen Kämpfen der Gesellenbewegung nur wenige Texte der Gesellen selbst. Um so glücklicher muß uns die relativ gute Quellenlage im Fall des Augsburger Streiks erscheinen.

In der ersten Hälfte des 18. Jahrhunderts, vor der allgemeinen Krise ab der Jahrhundertmitte, erfreuten sich die Gesellen einer starken Position. Das Wirtschaftsleben hatte sich vom Niedergang im Dreißigjährigen Krieg erholt. Die alten Reichsstädte erlebten ihre letzte Blüte, bevor sie in und nach der Jakobinerzeit endgültig den großen Territorialherrschern erlagen. Ihre Unentbehrlichkeit bei der guten Auftragslage stärkte die Gesellen in ihrem Selbstbewußtsein. Verschlechterungen ihrer Lage, verursacht durch kurzfristige Konjunkturschwankungen, nahmen sie nicht hin. So durchzog das ganze 18. Jahrhundert ein dicker, roter Faden von Gesellenkämpfen.

In den 1720er Jahren führte eine schwache Agrarproduktion zur enormen Steigerung der Lebensmittelpreise, besonders intensiv im Jahr 1725. Diese Phase endete ungefähr 1730. Hand in Hand damit ging eine starke Streikbewegung, vor allem 1724 bis 1726 im Süden des Reiches (vgl. Kapitel 77).

Ein erstes Sturmzeichen des großen Augsburger Schusterstreiks 1726–29 tauchte auf, als die Augsburger im Jahr 1724 ohne Wissen der Obrigkeit und der Meister einen geheimen Briefwechsel mit den streikenden Schustergesellen von Würzburg unterhielten. Zu diesem Zweck nahmen sie ihre Siegel aus der Lade heraus, ohne, wie sie nach Augsburger Patrizierrecht hätten tun müssen, einen Beisitzer aus der Meisterschaft hinzuzuziehen. Die Augsburger Gesellen beanspruchten somit die Autonomie ihrer Gesellenbruderschaft. Das Gewerbe- und Handwerksgericht, vom Rat kontrolliert, wollte am 24. Oktober 1724 den Schustergesellen aufzwingen, daß sie 1. das Bruderschaftssiegel von nun an jederzeit in der Lade liegen lassen,

2. die von außen herein an die Bruderschaft einlaufenden Schreiben einem vorsitzenden Herrn des Gewerbe- und Handwerksgerichts zum Öffnen jedes Mal überreichen und das Fernere abwarten,

auch 3., ohne begehrte und erlangte gerichtliche Erlaubnis an andere Orte hinauszuschreiben, sich niemals anmaßen, und auch

4. ohne Wissen und Beisein der jeweiligen Beisitzer in Handwerkssachen nichts einseitig und eigenmächtig unternehmen, sondern diesen mehr Respekt geben sollen.

Wer diesem gerichtlichen Bescheid in einem oder anderen Punkt zuwiderzuhandeln sich unterstehen wird, soll unausbleiblich mit ernster Bestrafung getroffen, diese Verordnung aber bei jeder gewöhnlichen Versammlung der ganzen Bruderschaft abgelesen und zu diesem Zweck in die Gesellenordnung eingeschrieben werden. (Wissell, S. 525)

Der Rat konnte vorerst diese Einschränkung der Gesellenrechte nicht durchsetzen. 1726 flammt der Streit plötzlich wieder auf, als unter den Gesellen aus unbekannten Gründen eine Schlägerei entsteht, die der Rat mit Geldbußen ahndet. Die verurteilten Gesellen appellieren an ihre Solidargemeinschaft, die die Geldbuße tragen soll. Die Gesellenbruderschaft empfindet die Strafe als Verletzung ihrer Ehre. Gemeint ist damit die Einmischung in das Recht auf eigene Gerichtsbarkeit. Was Ehre heißt und von vielen Geschichtsschreibern bis heute verständnislos, kopfschüttelnd und hochnäsig erörtert wird, meint in Wirklichkeit das stolze Selbstbewußtsein der Gesellen und die Autonomie ihrer Gesellenorganisation.

Als der Rat die Aufnahme seiner Rechtseinschränkungen den Schustergesellen in das Artikelbuch eintragen lassen will, zieht sich eine Spaltung mitten durch die evangelische wie die katholische Bruderschaft: «die Braven» (so nennen sich die Anhänger der Autonomie) und «die Spöttischen» (Meistersöhne und Meisterschaftsanwärter, sie sind vollberechtigte Bürger der Stadt). Es findet eine klare politische und soziale Scheidung statt. Die Religion spielt dabei keine Rolle.

Die Streikwilligen, bei weitem die Mehrheit, fallen mit dem Kampfmittel des «Beutelns» über die Streikunwilligen her, die sie, wie der Rat mit etwas obrigkeitlicher Übertreibung schreibt,

bei den Ohren und Haaren dergestalt ziehen, schütteln, stoßen, herumdrehen und werfen, auch sonst auf unmenschliche Art also mißhandeln, daß schon zuweilen einer schier gehörlos geworden oder gar dadurch in Todesgefahr geraten ist, dagegen doch der Gebeutelte nicht allein sich nicht wehren, noch ein widerwilliges Wort melden darf, wenn er anders will, daß man von dem Beuteln abstehe, sondern er muß noch dazu sich bedanken und beifügen, es sei ihm recht geschehen. (Wissell, S. 526)

Zu diesem Mittel greifen die Gesellen, weil durch die Spaltung Streikbrecher aufzutreten drohen, die die autonome Gesellenorganisation aushöhlen könnten. Im guten Bewußtsein ihres Rechts stehen nun die meisten Gesellen von der Arbeit auf. Dies meint das Wort «Aufstand», das damals allgemein für einen Gesellenstreik Verwendung findet. Den Streik gegen die Eintragung des neuen Herrenrechts in die Gesellenartikel wollen die Ratsherren mit Gewalt brechen. Die Altgesellen der evangelischen und der katholischen Gesellenbruderschaft, gewählte Vertreter, kommen in Haft, die anderen in Hausarrest auf die Gesellenherbergen. Mitten im späteren viermonatigen Streik beschreiben dann die Gesellen, was sie sich gefallen lassen mußten.

Man hat uns auf den Herbergen festgenommen und dergestalt hart traktiert, daß man den Arrestanten weder Wasser noch Brot gelassen, so daß wir wie das liebe Vieh haben leben müssen. Nachdem nun solche üble Behandlung 24 Stunden gedauert, sind wir samt und sonders durch die Wache auf das Rathaus geführt worden, wo wir, ohne daß man uns mit unserer Notdurft angehört hätte, zum Handgelübde angehalten wurden, daß wir wieder zur Arbeit gehen sollen. Dabei ist aber von der Obrigkeit versprochen worden, daß man unsere Lade und unsere von alters hergebrachte Freiheit im vorigen, unbegrenzten Stand verbleiben lassen wolle.

Es kam das Gegenteil. Nachdem die genannte Gesellenlade wieder auf die Herberge gebracht worden, folglich wir wieder gewohntermaßen die Vollversammlung aller Gesellen halten wollten und dazu auch die Lade geöffnet haben, fanden wir in der Tat, daß in das Artikelbuch solche Punkte eingeschrieben worden, daß wir deswegen ohne Nachteil mit keinem Vorlesen der Artikel in der Vollversammlung aller Gesellen mehr haben einverstanden sein können. (Wissell, S. 530)

Die Eintragung der neuen Punkte, die die Kontrolle der auswärtigen Korrespondenz durch den Rat zum Ziel haben, verletzt in der Tat das Gesellenrecht. Ohne die Mitwirkung der Gesellen darf die Lade nicht geöffnet und nichts ins Artikelbuch geschrieben werden. Die Gesellen stehen erneut von der Arbeit auf. Um nicht wieder inhaftiert zu werden, wollen sie zum Kampfmittel des Auszugs aus der Stadt greifen.

Aber der Rat läßt die Tore verschließen, worüber die Gesellen dann später schreiben:

Wir haben uns entschlossen, von Augsburg abzureisen, um unser Glück anderweitig zu suchen, was man uns aber keineswegs erlaubt, sondern die Tore verboten hat, obwohl im ganzen Römischen Reich einem jeden freisteht, nach seinem Gefallen dorthin und dahin zu verreisen. Aus den erzählten Umständen erhellt sonnenklar, daß wir nichts verlangen, als bei unseren alten Freiheiten und Privilegien behalten zu werden. (Wissell, S. 530/531)

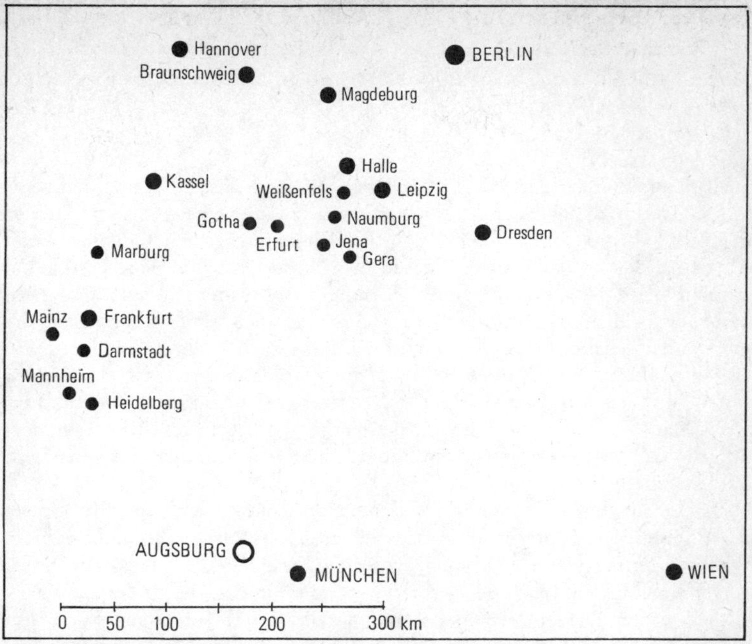

Karte 34: Streik der Augsburger Schustergesellen, 1726 bis 1729. An die Gesellenbruderschaften des Schusterhandwerks in den eingezeichneten Städten wurden «Laufbriefe» zur Unterstützung des Streiks und zum Boykott der Waren aus Augsburg gesandt.

Wo die Gesellen an den Toren auf Widerstand stoßen, müssen sie eben mit Gewalt durchbrechen. Am 13. Mai 1726 ziehen 40 katholische, am folgenden Tag 60 evangelische Schustergesellen aus Augsburg in die sieben Kilometer östlich liegende kurbayerische Stadt Friedberg. Später folgen nach und nach 36 andere. Unter den 136 Streikenden befinden sich nun auch 30 Meistersöhne und Meisterschaftsanwärter, vollberechtigte Bürger von Augsburg (Wissell, S. 537, S. 542), also nicht bloß «Schutzverwandte», wie die meisten Gesellen.

Nun bedienen sich die Streikenden der geheimen Kanäle ihrer Organisation. Sie berichten in sogenannten Laufbriefen zahlreichen auswärtigen Gesellenbruderschaften des Schuhmacherhandwerks von ihrem Kampf und fordern zu Solidarität und Boykott auf. Dem Augsburger Rat fallen durch die Polizei und andere geängstigte Städte Laufbriefe an 21 auswärtige Bruderschaften in die Hände (Karte 33, nach Angaben bei Wissell, S. 535, zusätzlich S. 532, München). Als Beispiel für diese selten überlieferte Gesellenliteratur sei der Laufbrief nach Frankfurt am Main wiedergegeben:

Gott zum Gruß.
Vielgeliebte Brüder, daß ihr mit diesem Schreiben belästigt werdet, hat seine Ursache darin, daß wir von Augsburg hinweg sind und einen Aufstand [Streik] gemacht haben. Das veranlaßt uns, euch solches zu schreiben, indem ein Edler Magistrat das Artikelbuch zu sich zu bringen begehrt und neue Punkte hat einschreiben lassen, nämlich, daß wir ohne Wissen einer gnädigen Obrigkeit keinen Brief an andere Bruderschaften schreiben, auch keinen Brief öffnen, der an die hiesige Bruderschaft kommt, obwohl uns solches sehr nachteilig ist. Ein erwähnter Edler Magistrat hat die Lade durch Soldaten auf das Rathaus holen lassen, was uns am Anfang März [12. März 1726] schon einen Aufstand erweckt hat. Wir haben uns alle auf die Herbergen begeben, etliche Tage dort aufgehalten, weil keiner mehr hat in die Arbeit gehen können, bis wir unsere Lade hatten.

Danach geschah es, daß man von den Bruderschaften der beiden Religionen die Altgesellen und noch einige mit denselben auf das Rathaus kommen ließ. Da begehrte der Magistrat von ihnen, sie sollten diese Punkte in das Artikelbuch einverleiben lassen. Nach der Weigerung sind sie in das übelste Gefängnis gesteckt worden. Die anderen aber waren plötzlich durch Soldaten auf den Herbergen dergestalt festgenommen worden: man sperrte sie in eine Stube, ohne ihnen Wasser und Brot zuzulassen, so daß welche ihren eigenen Urin trinken mußten. [Anmerkung des Augsburger Rats in einem Druck für den Reichstag: Ist neben anderem eine erzunverschämte Bosheit der ausgetretenen Schuhknechte.] Solches Übel dauerte 24 Stunden.

Danach sind die Altgesellen und die mit ihnen im Loch gesessen, mit dem Versprechen und Geloben losgelassen worden, unsere Lade und unsere von alters hergebrachte Freiheit sollten ungekränkt verbleiben. Die anderen auf den Herbergen wurden auch losgelassen. Darauf gehen wir alle wieder zur Arbeit.

Als wir aber nach der Gewohnheit unsere Versammlung aller Gesellen halten wollten, haben wir in der Tat selbst gefunden, daß die Punkte schon im Artikelbuch stehen. Weil wir uns angesichts dieser Punkte ohne Nachteil zu keinem Verlesen der Artikel verstehen können, ist nicht nur allein die Versammlung eingestellt geblieben, sondern wir haben einen Edlen Magistrat mehrmals ersucht, solche Punkte wieder herauszunehmen.

Es ist uns doch nicht willfahren worden, sondern es ist auch noch dazu gekommen, daß man unsere gewöhnliche Wanderzeit sperren will. Keiner kann in die nächstgelegenen Orte passieren, er habe denn von einer gnädigen Obrigkeit ein Zeugnis. Also mußten wir endlich dieses Mittel ergreifen, uns in die nächste Stadt nach Friedberg zurückzuziehen, wo wir, solang Gott will, bleiben.

Also können wir nicht anders, als euch um Gottes willen bitten, uns mit einer Beisteuer [Spende] an die Hand zu gehen. Wenn wir solche Schuld in der einen oder anderen Begebenheit wieder zurückgeben können, wollen wir es in keine Vergessenheit kommen lassen. Sollten wir solche in dieser Welt nicht erstatten, so wird's Gott in der andern Welt belohnen.

Nebst Empfehlung Göttlicher Gnaden verbleiben dienstergebenste

Altgesellen Joh. Friedrich Schröder, von Magdeburg.
Joh. Michael Adelmann, von Gräfenberg.
[Siegel der Bruderschaft]
Dermalen in Friedberg, den 27. Mai 1726.

Wenn ihr etwas an uns gehen laßt, so dient zur Nachricht, daß der Brief einen Umschlag haben muß, der auf einen Bürger in Augsburg namens Hieronymus Mayr, Wirt im «Bauerntanz», eingerichtet werden muß. Der tut uns alles überliefern nach Friedberg. (Stürmer, S. 189/190)

Den Heidelbergern gaben die Streikenden eine andere Deckadresse an:

Wenn ihr uns schreibt oder eine Beihilfe schickt, so macht ihr solches an die Herren Dominikaner und macht die Überschrift an den Herrn Frater Benedict Heiß; denn er ist in dem Kloster ein Bruder; denn er ist auch ein Schuhknecht [Schustergeselle] gewesen. So werden wir alles richtig empfangen. (Stürmer, S. 188/189)

Die Boykottaufrufe zeitigen einen vollen Erfolg, auch wenn viele Laufbriefe abgefangen werden. Die Gesellen verfügen noch über unkontrollierbare mündliche Kanäle. Kein auswärtiger Geselle nimmt im Augsburger Schusterhandwerk die Arbeit auf. Wer ohne Kenntnis des Streiks in Augsburg Arbeit sucht, wandert gleich weiter, sobald er vom Streik erfährt.

Die Schustergesellen liegen wochenlang arbeitslos in den Herbergen Friedbergs. Ihr gesamtes Hab und Gut befindet sich beschlagnahmt auf dem Augsburger Rathaus. Der schon bekannte Schröder aus Magdeburg, einer der beiden evangelischen Altgesellen, offenbar das führende Haupt der Streikbewegung, versucht, die restlichen Gesellen zum Auszug zu bewegen. Er schickt deshalb mindestens zwei Briefe nach Augsburg:

Gott zum Gruß.
Lieber Bruder Johann! Nimm's nicht übel, daß ich noch ein paar Zeilen an Dich ergehen lasse. Die Ursache dafür ist, daß ich und der Hans Girch uns noch brav gestritten haben wegen Dir. Sie haben alles auf Dich geschoben. Sie haben aber gesagt, wenn Du nur gehen [zum Streik ausziehen] wolltest, so gehen sie alle. So tu doch der Bruderschaft so viel zu Gefallen. Sie halten es für eine besondere Ehre; denn Du brauchst Dich nicht fürchten hier, sondern Du wirst hier lieb und angenehm sein. Damit siehst Du, ob bei uns ein Ernst ist oder nicht. Hiermit Gott befohlen.

Johann Friedrich Schröder.

(Wissell, S. 535; der zweite Brief S. 535/536)

In Verhandlungen mit einer Meisterdelegation, die nach Friedberg gekommen ist, verlangen die Gesellen außer der Garantie ihrer Freiheit und den Streichungen der neuen Punkte aus dem Artikelbuch noch: die Zehrkosten in Friedberg sollen andere bezahlen; ihre Verrufung im Reich als «unehrliche Kerle» soll zurückgenommen werden; Rückgabe ihres beschlagnahmten Hab und Gut; kein Nachteil für die mitstreikenden Meistersöhne und Meisterschaftsanwärter; Strafen für die Streikbrecher nach dem Gesellenrecht (Wissell, S. 537). Es kommt zu keiner Einigung.

Unter zunehmendem Druck von Reichstag, Kaiser und Kurfürstentum Bayern beginnt der Streik nach vier Monaten abzubröckeln. Bis Mitte September 1726 finden sich einzeln rund 130 Schustergesellen am Stadttor ein, sagen sich vom Streik los und unterwerfen sich bedingungslos der Obrigkeit. Der Rat jubiliert.

Die restlichen 50 Streikenden kehren am 18. und 19. September zurück. Die zwei evangelischen Altgesellen, alle übrigen 24 der evangelischen Bruderschaft samt einem katholischen Altgesellen und zwei katholischen Gesellen unterwerfen sich ohne Bedingungen. Die übrigen 21 Katholiken (ein Altgeselle, 20 Gesellen) bleiben hartnäckig bei der Verteidigung ihrer Autonomie, wollen Augsburg lieber endgültig verlassen. Sie werden ausgewiesen.

Bis zum Jahresende stellt sich heraus: der Rat jubilierte über einen Pyrrhus-Sieg. Das Ziel der schlitzohrigen Scheinunterwerfung war nur, den beschlagnahmten Besitz zurückzuerhalten. Die Mehrzahl wandert ab. Der Streikführer Schröder flüchtet nach Nürnberg. Einige der Ausgewiesenen schleichen in die Stadt und bedrohen die Streikbrecher. Denn der Streik ist für die Gesellen noch lange nicht zu Ende.

Der Rat erkennt allmählich, daß die Abgezogenen Augsburg verrufen haben. Kein Geselle darf weiterhin im Augsburger Schuhhandwerk arbeiten, wenn er nicht später im ganzen Reich durch die Gesellenverbände des Schusterhandwerks verfolgt werden will. Die Schuhmachermeister klagen dem Rat ihren unausweichlichen Ruin angesichts der harten Kampfmaßnahmen der auswärtigen Gesellen.

Inzwischen will es scheinen: sämtliche Schuhknechte sowohl in Böhmen, Schlesien, Österreich, Steiermark als auch in Bayern und anderen, an den Donaustrom angrenzenden Orten haben ein widerspenstiges Komplott wider die hiesige Hochlöbliche Freie Reichsstadt dahingehend geschmiedet, daß künftig keine Burschen mehr nach hier wandern, noch weniger mit der hiesigen Bruderschaft unter Androhung von Leibes- und Lebensstrafe Versammlung halten dürfen. Vor kurzem ist ein Schuhknecht von München, in Ingolstadt gebürtig, hierher gekommen, der auf der hiesigen Herberge freimütig bekennt, es habe ihm und anderen Schuhknechten die Bruderschaft allen Ernstes befohlen, dem bei der alten Maurerin Witwe allhier in Arbeit stehenden, sogenannten Schwaben einen Degen bis an das Heft durch den Leib zu stoßen und dieses darum, weil er vor fünf Monaten hier Arbeit angenommen und nebst anderen Burschen die Bruderschaftsversammlung vor der Lade besucht hat. [...]

Der erste Gesell, der von Wien sich hierher begeben und in Arbeit getreten, ist sogleich von den Wiener Burschen ausgekundschaftet und ihm von den dortigen Schuhknechten ein bedrohliches Schreiben zugestellt worden: sofern er hier an der Versammlung vor der Lade und der Verlesung der Artikel teilnehmen wollte, solle er an keinem Ort seines Lebens mehr sicher sein. (Wissell, S. 544/545)

Angesichts dieses Boykotts gehen die Schuhaufträge über an die unzünftigen Schuhmacher außerhalb der Stadt, an die ersten Fabrikanten und deren Lohnarbeiter, von den Zünftigen nur Pfuscher genannt und schwer bekämpft. Das Augsburger Schuhhandwerk fällt in eine schwere Krise. Viele Meister verarmen.

Der Kaiser schlägt gegen den Verruf der Gesellen zurück. Überall im Reich darf ein aus Augsburg ausgezogener Schustergeselle nur dann arbeiten, wenn er ein Zeugnis seiner Unterwerfung unter den Augsburger Rat vorlegen kann. Noch im Jahr 1732 müssen Schustergesellen um dieses Zeugnis nachsuchen (Text bei Wissell, S. 546). Der von auswärts fortgesetzte Streik scheint allmählich erstickt zu werden.

Der Streikführer Schröder wird in Nürnberg verhaftet, als er dort ähnlich agitiert, vermutlich für den Verruf von Augsburg. Aus dieser Zeit sind uns ein Schreiben der Magdeburger Schustergesellen an die von Nürnberg, gerade wegen Schröder, und zwei interessante Briefe von Schröders Mutter, Witwe eines Magdeburger Schuhmachermeisters, erhalten, äußerst seltene Dokumente der Gesellenkultur (Wissell, S. 547–549). Später scheinen Johann Friedrich Schröder und sein Bruder Johann Gabriel eine Streikbewegung in Wien angeführt zu haben. Dann verlieren sich ihre Spuren.

Bei diesem langjährigen Streik der Augsburger Schustergesellen ging es keineswegs um einen Ehrenpunkt (so Stürmer, S. 185), sondern um die Autonomie der Gesellenorganisation: ein politischer Streik, mehr gegen den Rat als gegen die Meister gerichtet. Der absolutistische Rat wollte nicht zulassen, daß im Untergrund der Stadt eine Gesellenvereinigung sich der politischen Kontrolle entzog und mit einem geheimen Briefwechsel eine fast unbesiegbare Schlagkraft für den Arbeitskampf schuf.

Die Augsburger Gesellen stritten um das Recht, die Regeln ihrer Organisation selbst zu bestimmen, um sich im ganzen Reich gegen Verschlechterungen ihrer Lebens- und Arbeitsbedingungen zur Wehr zu setzen. So stellte ihre Bewegung in Wirklichkeit einen Teil der wenig bekannten vorindustriellen Arbeiterbewegung dar, die vor allem durch Parteigeschichtsschreiber, Sozialdemokraten wie Parteikommunisten, mit dem arroganten

Vorwurf der bornierten Rückständigkeit belastet wird. Zu Unrecht scheint sich als Gemeinplatz durchzusetzen, die Anfänge der deutschen Arbeiterbewegung lägen in den 1830er Jahren und erst ab den 1860er Jahren dürften wir von einer organisierten Arbeiterbewegung sprechen. Gegen diese These führen Martin Henkel und Rolf Taubert eine scharfsinnige, mit archivalischen Forschungen wohlbegründete Polemik (Henkel/Taubert, S. 9–34, S. 165, S. 172/173 u. ö.).

Gab es denn im 18. Jahrhundert und noch früher keinen Gegensatz zwischen Kapital und Arbeit? Sind Lohnarbeiter eine Erfindung des 19. Jahrhunderts? Bleibt nicht auch heute die Autonomie der Arbeiterbewegung angesichts staatlicher Eingriffe, erzwungener oder freiwilliger Einschränkungen und dem Anhängen an eine staatstragende Partei ständig gefährdet?

Es wäre an der Zeit, die oft sehr harten Arbeitskämpfe der vorindustriellen Arbeiter mit mehr Respekt zur Kenntnis zu nehmen. Der jahrelange Verruf einer Stadt stellte eine Leistung dar, die beweist, daß diese Arbeiter weit über ihren Umkreis hinausblickten.

Quellen und Literatur

Martin Henkel/Rolf Taubert: Maschinenstürmer. Ein Kapitel aus der Sozialgeschichte des technischen Fortschritts, Frankfurt/Main 1979

Michael Stürmer (Hg.): Herbst des Alten Handwerks. Quellen zur Sozialgeschichte des 18. Jahrhunderts, München 1979

Verzeichnis 130 Augsburger Schustergesellen, die 1726 in den Ausstand getreten und nach Friedberg gezogen. (Standort: München, Staatsbibliothek, Handschriftenabteilung, Einblatt-Drucke VIII, 45)

Rudolf Wissell: Des alten Handwerks Recht und Gewohnheit, 1. Bd., Berlin 1929

77 Weitere Kämpfe der Arbeiterbewegung vor der Jakobinerzeit

Dieses Kapitel ist wohl stärker als jedes bisherige Sammelkapitel von Lücken gekennzeichnet. Die Forschungslage läßt noch viel zu wünschen übrig. Die häufige Nennung Bremens rührt nicht von einer überragenden Rolle der Bremer Gesellen her, sondern vielmehr von einer vorzüglichen Bremer Veröffentlichung.

1706/07 **Slowakei**: mehrere Bergarbeiterbewegungen wegen Lohnerhöhungen angesichts des Zerfalls der Münzen, während des Aufstands der ungarischen Stände unter Rákóczi (1703 bis 1711) (Hekkenast; Bánkuti)

1711 **Schneeberg (Erzgebirge)**: Kämpfe der Bergarbeiter (Schilfert, S. 104)

1712 **Althofen (bei Hüttenberg in Kärnten)**: Kämpfe der Bergarbeiter (Schilfert, S. 104)

1720 **Stuttgart**: Streik der Schustergesellen (Schilfert, S. 95)

1720 **Freiberg** (**Sachsen**): Kämpfe der Bergarbeiter, die Mehrarbeit ablehnen (Schilfert, S. 104)

1720er Jahre **Görlitz**: Gesellenkämpfe (Leszczyński)

1721 **Lissa** (Leszna) und **Züllichau** (Sulehów): Streiks der Tuchmachergesellen, von preußischen Truppen unterdrückt. Solidaritätsstreik in anderen preußischen Städten. Die Unterdrückung der Gesellenverbände mißlingt (Kuckuck; Schilfert, S. 96)

1722 **Reichenberg** (Liberec): Streik der Leinewebergesellen (Wissell, S. 475)

1722 **Wien**: Streik der Schustergesellen (Wissell, S. 476–478)

1722 **Bremen**: Streik der Steinhauergesellen (Schwarz, S. 245)

1723 **Hannover**: Streik der Schneidergesellen (Wissell, S. 476)

1723 **Hamburg**: Streik der Schneidergesellen (Wissell, S. 476)

1724 **Würzburg**: Streik der Schustergesellen (Wissell, S. 525; Fischer)

1728 **Freiberg** (Sachsen): die Bergarbeiter erheben sich gegen die Gewerke (meistens Kaufleute) wegen der Teuerung (Schilfert, S. 104)

1731/32 **Bremen**: Streik der Schustergesellen (Schwarz, S. 247/248)

1732 **Bremen**: Streik der Schneidergesellen (Schwarz, S. 249–252)

1736 **Bremen**: Streik der Schustergesellen (Schwarz, S. 253/254)

1738/39 **Freiberg** (Sachsen): große Bergarbeiterkämpfe gegen Wegfall eines Feiertags und gegen Brotpreiserhöhungen; Gefangenenbefreiung (Schilfert, S. 104)

1741 **Krefeld**: Die Leineweber wehren sich dagegen, daß sie bei der Umstellung auf Seidenweberei arbeitslos werden (Keussen, S. 465/466)

1742/43 **Monschau**: Streik der Tuchscherer und Rauher, dagegen gründet sich ein Unternehmerverband (Henkel/Taubert, S. 88/89)

1743 **Bremen**: Streik der Tischlergesellen (Schwarz, S. 254/255)

1744 **Erlangen**: Streik der Schustergesellen (Wissell, S. 478/479)

1744 **Breslau**: Streik der Tuchscherergesellen (Wissell, S. 479–481)

1750 **Hamburg**: Streik der Tischlergesellen (Stürmer, S. 196)

1751/52 **Danzig**: große Streikbewegung zahlreicher Gesellenbruderschaften, mit Solidaritätsstreiks von bis zu 20 anderen Bruderschaften, Teilnahme des armen Stadtvolks (Löschin, S. 169ff; Cieślak, S. 205/206)

1753 **Hamburg**: Kampf der Arbeiter und Gesellen, an der Spitze unzünftige Arbeiter (Gallois, S. 130/131; Schilfert, S. 211)

1753 **Bremen**: Kampf der Steinhauergesellen für das Recht des Arbeitsplatzwechsels in der Stadt (Schwarz, S. 260/261)

1758 **Berlin**: Streik in einer Manufaktur, Unruhen im Tiergarten (Schilfert, S. 102)

1758 **Bremen**: Streik der Lohgerbergesellen für die Gründung einer Bruderschaft (Schwarz, S. 261/262)

1759–68 **Augsburg**: Kampf der selbständigen, aber schon gesunkenen Weber gegen den Manufakturbesitzer Heinrich v. Schüle (1720–1811), der siegt, eine neue Kattundruckerei gründet, die in den 80er Jahren 3500 Arbeiter beschäftigt und mit 3 Mill. Gulden Jahresumsatz die größte Fabrik dieser Art in Europa ist. (Schilfert, S. 209)

1760/61 **Bremen**: Kampf der Reepschlägergesellen für Lohnerhöhung wegen den Preissteigerungen infolge des Siebenjährigen Krieges (Schwarz, S. 263/264)

1761 **Berlin**: Kampf der Tuchbereitergesellen (Schilfert, S. 246, Anm. 146; Berlin [DDR], Stadtarchiv, Nr. 1901–1916)

1761 **Bremen**: Streik der Steinhauergesellen für Bezahlung in guter Münze, eine Folge des Siebenjährigen Krieges (Schwarz, S. 264)

1762 **Bremen**: Kampf der Schustergesellen für eine Teuerungszulage (Schwarz, S. 264/265)

1762 **Eupen**: Streiks der Tuchscherer (Henkel/Taubert, S. 88)

1762 **Monschau**: Streiks der Tuchscherer (Henkel/Taubert, S. 90/91)

1763/64 **Aachen, Monschau, Burtscheid, Eupen, Düren**: Streiks der Tucharbeiter (Henkel/Taubert, S. 91/92)

1763 **Leipzig**: Streik der Schneidergesellen (Stürmer, S. 134–136)

1763 **Eberswalde**: Streik der Messerschmiedegesellen (Schilfert, S. 102)

1763 **Bremen**: Streik der Reepschlägergesellen gegen Senkung des Teuerungszuschlags (Schwarz, S. 266/267)

1764 **Eschweiler** (Rheinland): Streik der Bergarbeiter (Düsseldorf, Hauptstaatsarchiv, Jülich-Berg, III, Nr. 2215)

1764 **Bremen**: Streik der Perückenmachergesellen (Schwarz, S. 269/270)

1764 **Losenstein** (Oberösterreich): Streik der Nagelschmiedgesellen (Grüll, S. 392)

1765 **Bremen**: Streik der Schmiedegesellen für die Autonomie ihrer Bruderschaft; Streik der Maurergesellen (Schwarz, S. 270/271)

1769 **Bremen**: Streik der Zimmergesellen (Schwarz, S. 272/273)
1772 **Bremen**: Streik der Zimmergesellen (Schwarz, S. 273)
1785 **Berlin**: Streik der Seidenweber (Schmoller/Hintze, S. 130–133; Schilfert, S. 102)
1775 **Rawitsch** (bei Lissa/Leszno): Streik der Tuchscherergesellen um Arbeitszeit und Lohn (Wissell, S. 481)
1776 **Eschweiler** (Rheinland): Streik der Bergarbeiter (Verhörprotokolle in: Düsseldorf, Hauptstaatsarchiv, Jülich-Berg, III, Nr. 2215)
1776 **Solingen**: Streik der Messerschleifer, unterstützt durch Spendensammlungen. Dagegen sperren die Kaufleute alle Arbeiter aus (Conrady, S. 76; Henkel/Taubert, S. 178).
1778 **Bremen**: Streik der Lohgerbergesellen (Wissell, S. 273/274)
1779 **Bremen**: Streik der Lohgerbergesellen (Schwarz, S. 274)
1780 **Bremen**: Streik der Schiffszimmerleute (Schwarz, S. 274/275)
1781 **Linz**: Streiks der Weber und Kämmer in der Wollzeugfabrik gegen Lohnsenkung (Grüll, S. 392/393; zur dreimaligen Lohnsenkung 1783 siehe Gugitz)
1782 **Bremen**: Streik der Lohgerbergesellen und der Zimmergesellen (Schwarz, S. 275/276)
1783 **Elberfeld**: Aufstand der Weber gegen einen Fabrikanten; sie ziehen mit Werkzeug und Prügeln zum Rathaus, vernichten dort Akten. Niederlage: 50 Weber werden gefangen nach Düsseldorf gebracht, die Zunft aufgehoben (Conrady, S. 74/275)
1784 **Nürnberg**: Gesellen versuchen einen anderen Gesellen zu befreien, der zum Militär gezwungen wird (Stürmer, S. 220/221)
1784/85 **Augsburg**: Kämpfe der Webermeister und Webergesellen gegen Import (Augsburg, Stadtarchiv / Beschwerden der Webermeister und Webergesellen katholischen Teils und der daraus entstandenen Unruhen 1784, Band B; darin auch gedruckte Lieder; Haertel)
1785 **Augsburg**: Streik der Webergesellen gegen Lohnsenkung (Augsburg, Stadtarchiv / Bericht- und Dekreten-Buch de anno 1782 bis 1786, S. 235–241; Haertel)
1785 **Nowawes** (bei Potsdam): Streik der Weber, weil sie durch das Los auf die konkurrierenden Manufakturen verteilt werden sollen (Schilfert, S. 102, 175/176)
1785 **Bremen**: Streik der Tischlergesellen für die Autonomie ihrer Bruderschaft, Streik der Sattlergesellen (Schwarz, S. 277–279)
1786 **Berlin**: Streik der Posamentierer (Textilarbeiter, stellen Verzierungen an Polstermöbeln und Kleidern her) (Schmoller/Hintze, S. 460–467)
1786 **Bremen**: Streik der Schustergesellen (Schwarz, S. 279)

1787 **Bremen**: Streik der Tischlergesellen für die Autonomie ihrer Bruderschaft (Schwarz, S. 280)

1787 **Salzburg**: Streik der Schustergesellen (Haslberger, S. 105)

Quellen und Literatur

IMRE BÁNKUTI: Die Bedeutung des Bergbauwesens und die Bergarbeiterbewegung während des Rákóczi-Freiheitskrieges 1703–1711, in: Beiträge zur Geschichte des Bergbaus, 1. Bd., Leipzig 1964, S. 47–53

EDMUND CIEŚLAK: Einige Probleme der politischen und sozialen Auseinandersetzungen in Danzig in der Mitte des 18. Jahrhunderts, in: Konrad Fritze u. a. (Hg.): Neue Hansische Studien, Berlin (DDR) 1970, S. 193–208

ALEXANDER CONRADY: Die Rheinlande in der Franzosenzeit (1750–1815), Stuttgart und Berlin 1922

G. FISCHER: Die Würzburger Gesellenrevolution von 1724: Anlaß, Verlauf, Folgen, in: ders. (Hg.): Fränkisches Handwerk, Kulmbach 1958, S. 13–38

J(OHANN) G(USTAV) GALLOIS: Hamburgische Chronik von den ältesten Zeiten bis auf die Jetztzeit, 4. Bd., Hamburg 1862

GRÜLL (siehe Kapitel 70)

GUSTAV GUGITZ: Die Gimpelinsel. Eine Satire auf Linz im Jahre 1783, in: Jahrbuch der Stadt Linz 1954, Linz 1955, S. 311–335

VOLKER HAERTEL: Die Augsburger Weberunruhen 1784 und 1794 und die Struktur der Weberschaft Ende des 18. Jahrhunderts, in: Zeitschrift des Historischen Vereins für Schwaben, 64/65, 1971, S. 121–268

FELIX ADAUKTUS HASLBERGER: Salzburger Chronik. Hg. von Franz Martin, in: Mitteilungen der Gesellschaft für Salzburger Landeskunde, 69, 1929, S. 97–119

GUSTAV HECKENAST: Soziale Bewegungen der Bergleute in der Slowakei am Anfang des 18. Jahrhunderts, in: Zbornik Slovenského bánského muzea, 8, 1977, S. 205–211 (Standort: Budapest, Ungarische Nationalbibliothek)

HENKEL/TAUBERT (siehe Kapitel 76)

HERMANN KEUSSEN: Geschichte der Stadt und Herrlichkeit Crefeld, Krefeld 1864

JULIUS KUCKUCK: Die Wirren im märkischen Tuchgewerbe von 1721 bis 1725, in: Forschungen zur Brandenburgischen und Preußischen Geschichte, 52, 1940, S. 340–354

JÓZEF LESZCZYŃSKI: Aus der Geschichte der Bewegungen der Handwerksgesellen in Görlitz zu Anfang der zwanziger Jahre des 18. Jahrhunderts, in: Lětopis, Reihe B, 5/6, 1958/59, S. 372–394

G. LÖSCHIN: Geschichte Danzigs von der ältesten bis zur neuesten Zeit, 2. Teil, 2. Ausgabe, Danzig 1828

SCHILFERT (siehe Kapitel 70)

G(USTAV) SCHMOLLER/O(TTO) HINTZE (Hg.): Die preußische Seidenindustrie im 18. Jahrhundert und ihre Begründung durch Friedrich den Großen, 2. Bd., Berlin 1892

KLAUS SCHWARZ: Die Lage der Handwerksgesellen in Bremen während des 18. Jahrhunderts, Bremen 1975

HUGO STEIGER: Geschichte der Stadt Augsburg, München/Berlin 1941

STÜRMER (siehe Kapitel 76)

WISSELL (siehe Kapitel 76)

Vgl. auch A. GRIESSINGER: Das symbolische Kapital der Ehre. Streikbewegungen und kollektives Bewußtsein deutscher Handwerksgesellen im 18. Jahrhundert, Berlin 1981

78 Die Erhebung der ostfriesischen Stände gegen den Landesherrn (1720–1744)

Wir haben bereits am Beispiel der Eidgenossenschaft (Kapitel 68) und Vorarlbergs (Kapitel 74) gesehen, wie im Zeitalter des Absolutismus alte Demokratien untergraben zu werden drohten. Diese Entwicklung machte auch vor Ostfriesland nicht Halt. Seit Jahrhunderten stellte dort die Familie Cirksena die Landesherren. 1454 wurde sie zu Reichsgrafen ernannt, nach und nach unterwarf sie sich Ostfriesland. Der Entwicklung zum Absolutismus stellten sich aber die Stände in den Weg.

Den Nährboden für die Stärkung des Landesherren und die Schwächung der Bauern und Bürger schufen die beträchtlichen sozialen Unterschiede im Land. Außer in Tirol waren innerhalb des Deutschen Reichs nur in Ostfriesland auch die Bauern in der Ständeversammlung vertreten. Aber zwischen den reicheren, calvinistischen Marschbauern und den ärmeren, lutherischen Geestbauern lag eine soziale Kluft, die sich durch das verschiedene Bekenntnis zu einem abweichenden politischen Selbstbewußtsein verdichtete. Die Marschbauern hielten mehr zu den aus den niederländischen Generalstaaten eindringenden Ideen der Demokratie, die Geestbauern eher zum lutherisch-pietistisch eingekleideten Absolutismus.

Die Geestbauern hatten in den Ständen nichts zu sagen. Unter den Marschbauern bildete sich eine Honoratiorenschicht heraus, die die Dorfschaften allein zu vertreten beanspruchte. Das machte die Grenze der Ständeversammlung aus: die Problematik jedes Parlaments. Die umkämpfte ständische Freiheit Ostfrieslands offenbarte ihre tönernen Füße, wenn eine tiefgehende Krise mit sozialen, wirtschaftlichen und militärischen Aspekten das Land überzog.

Ostfriesland befand sich seit dem Ende des 16. Jahrhunderts, seit der niederländischen Revolution, im Interessenbereich der freiheitlichen Generalstaaten, die die ostfriesische Grafschaft für den Kampf gegen die Spanischen Niederlande (heute Belgien) gewinnen und die Stadt Emden (siehe Kapitel 57) für den holländischen Handel ausbauen wollten. Emdens Freiheit garantierten vertragsgemäß holländische und preußische Truppen und eine schwache kaiserliche Garnison. Praktisch kontrollierte das holländische Großbürgertum Ostfriesland. Der Wiener Reichshofrat, ein kaiserliches Regierungsorgan, warf den Generalstaaten vor, den «Grafenstand zu unterdrücken», Ostfriesland ihrer «Volksherrschaft» einzugliedern (Schmidt, S. 229). 1603 erhielten die ostfriesischen Stände im Haa-

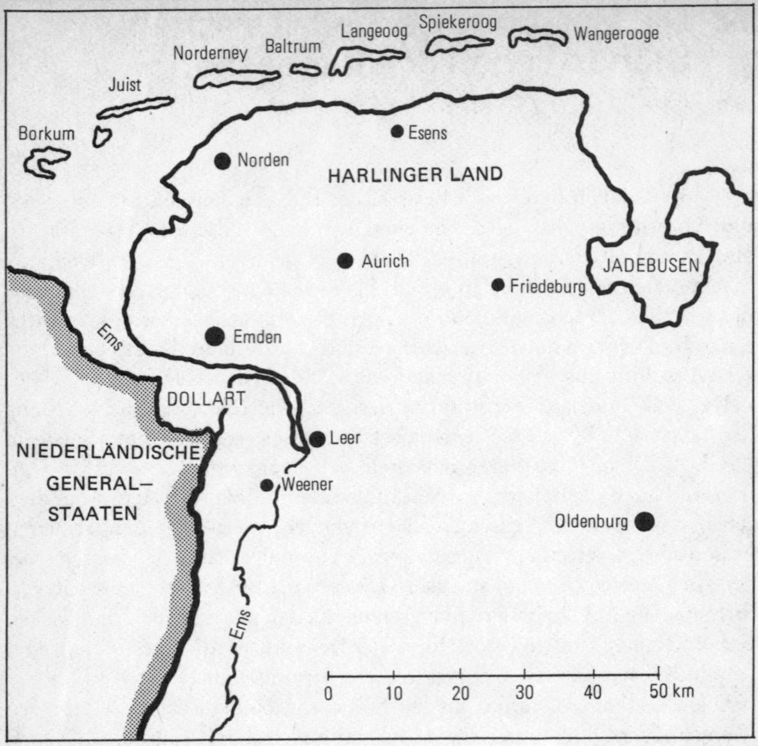

Karte 35

ger Vertrag das Recht, sich auch selbständig zu versammeln, selbst wenn der Graf die Einberufung verweigerte.

Ostfrieslands Ständedemokratie wurde durch die wirtschaftliche Not einer schweren Belastungsprobe unterzogen: 1715 wütete eine Viehseuche. 1716 vernichtete der Mäusefraß die landwirtschaftliche Produktion. 1717 durchbrach die «Weihnachtsflut» die Deiche an der Nordseeküste. Mehr als 2700 Tote waren zu beklagen. Wieder ging viel Vieh zugrunde. Große Teile des Marschlandes lagen auf Jahre hinaus unfruchtbar da.

Für den Wiederaufbau brauchte das Land erhöhte Steuern. Am Steuerrecht entzündete sich der Kampf zwischen dem absolutistischen Landesherrn und den Ständen. Den Streit begann der fürstliche Kanzler Enno Rudolph Brenneysen, geboren im absolutistisch regierten Harlinger Land, das keine ständische Mitregierung kannte. Der Kanzler, ein pietistischer Lutheraner, glaubte, das angeblich Böse im Menschen durch eine starke obrigkeitliche Autorität niederhalten zu müssen. Dagegen lasse eine demokratische Freiheit nur die Sünde wuchern. Eine solche antidemokratische Obrigkeitstheorie bestimmte bis in die Zeit des Nationalsozialismus, teilweise bis heute, das lutherische Gesellschaftsbild.

Brenneysen verlangte 1720, nur der Landesherr dürfe über die Steuern verfügen und die fremden Truppen hätten das Land zu verlassen. In diesem Sinn reichte er eine Klage beim kaiserlichen Reichshofrat in Wien ein. Im Land selbst agitierte er geschickt mit der nicht zu leugnenden Korruption und Mißwirtschaft der ständischen Honoratioren.

Der Deichbau sorgte für neuen Konfliktstoff. Weil die Stände die Löhne nicht pünktlich und vollständig ausbezahlten, traten die Deicharbeiter mehrmals in den Streik. Die Anlagen kamen lange über Flickwerk nicht hinaus: ein leichtes Spiel für neue Fluten. Endlich gewährten die Generalstaaten zwei große Kredite, wegen deren Rückzahlung die reichen Holländer kein Interesse an einem militanten Freiheitskampf der Ostfriesen hatten. Die Schulden zwangen zu einschneidenden Steuererhöhungen.

Kaiser Karl VI. (1711–1740) stellte sich 1721 mit Dekreten (Anordnungen) auf die Seite des Landesherrn, gegen die Stände und gegen die Stadt Emden. Dem Landesherrn gehöre die Oberaufsicht über die Landesgelder. Fremde Truppen seien zu entfernen. Die Stände hätten sich jeglicher außenpolitischer Aktivitäten zu enthalten.

Der Kaiser folgte einem noch heute geltenden Grundsatz, mit dem regionale Freiheiten zerstört werden sollen: Reichsrecht bricht Landesrecht. Und da das Reichsrecht nur Untertanen und keine demokratischen Bürger kannte, wollte er die ostfriesische Ständefreiheit untergraben. Der Absolutismus schickte sich an, die letzten Lücken zu schließen.

Erster Widerstand zeigte sich in Emden und Umgebung. Der Zwang zum gemeinsamen Deichbau einigt hier Bauern, Stadtbürger und Adlige. Die Mehrheit der anderen Städte und der Führungsschicht auf der Geest schließen sich an. Anders die nichtständischen Schichten, die kleinen Leute, besonders auf der Geest. Sie können nie in die Ständeversammlung kommen und werden doch stärker als die ständefähigen Dorfhonoratioren von der neuen Steuerpolitik belastet. Dem landesherrlichen Aufruf, den Ständen keine Steuern zu bezahlen, folgen diese ärmeren Leute nur zu gerne. Selten genug, daß der Gehorsam gegen die gottgewollte Obrigkeit mit einer Steuerersparnis zusammenfällt. Des absolutistischen Kanzlers Parole, «die Larve der Freiheit ist doch in der Tat die ärgste Sklaverei» (Schmidt, S. 314) fand hier fruchtbaren Boden vor.

In Norden kommt es deshalb im März 1724 vor dem Rathaus zum offenen Aufruhr der ärmeren Einwohner. Die einschreitende Emder Garnison wird mit Pflastersteinen empfangen.

Der Kaiser beauftragt den Kurfürsten von Sachsen – Sachsen war traditionell ein Feind der ostfriesischen Freiheit – und den Herzog von Braunschweig-Wolfenbüttel mit der Durchführung seiner Dekrete. Der Verfassungsbruch, die Aufhebung der ostfriesischen Ständefreiheit, soll durch einen Staatsstreich vollendet werden.

Unter diesem Druck fallen die lutherischen Abgeordneten der Städte und der Geestbauern vom ständischen Administrationskollegium in Emden ab. Sie bilden einen «gehorsamen Landtag». Ostfriesland ist gespalten.

Der Streit konzentriert sich auf die Akzise, die Verbrauchssteuer, eine indirekte Abgabe. Es kommt zu ersten bewaffneten Zusammenstößen beider Parteien. Die holländischen Generalstaaten sehen freilich bei einem Bürgerkrieg ihre Kredite und Zinsen in Rauch aufgehen, mahnen deshalb Emden im Februar 1726 zur Mäßigung:

Nochmal wollen wir den Magistrat in Emden und seine Anhänger hiermit erinnert haben, von allen ferneren Tätlichkeiten abzustehen, sich für ihr Vergehen zu entschuldigen und durch Gelindigkeit die Ruhe wiederherzustellen; denn die etwaigen Beschwerden wider die Kaiserlichen Dekrete müssen nicht durch Tumult und Tätlichkeiten, sondern durch ordentliche Mittel vorgebracht werden. Wir wollen uns mit den Feindseligkeiten nicht vermengen und daher unsere Miliz, welche in Emden liegt, bloß zur Sicherheit der Stadt dort halten, sie aber nicht außerhalb der Stadt zu den gegenwärtigen Unruhen gebrauchen lassen. (Wiarda, S. 289)

Im Stich gelassen von Holland, neigen auf der Seite der Rebellen Adel und Bürger zur Unterwerfung unter den Kaiser. Aber der fürstliche Kanzler strebt die absolute Rechtlosigkeit an. Der Kaiser erklärt die Stände zu «Rebellen im ganzen Römischen Reich».

So müssen die freiheitlichen Stände doch zu den Waffen greifen. Am 7. April 1726 gewinnen sie im Straßenkampf das Akzisekontor, das Steueramt, in Leer. Die Einflußgebiete beider Parteien überschneiden sich in Leer. Das Freiheitsheer besiegt die Truppe der Gehorsamen, vorwiegend Geestbauern und Harlinger. Neben der Emder Garnison stellen die Oberledinger (südlich von Leer) und Oberrheiderländer (um Weener, jenseits der Ems) die Rebellenmacht. Die Führung übernehmen die Deputierten der Dorfschaften bei den Ständen, die sogenannten Kommunherren (Wiarda, S. 281–283). Ein ostfriesischer Chronist schreibt dazu:

Die Eingesessenen des Fleckens Leer und die Kommunen in Oberrheider und Oberledingerland waren die hitzigsten Renitenten. (Wiarda, S. 284)

Die bäuerliche Kommunbewegung ist es vor allem, die den bewaffneten Kampf gegen den landesfürstlichen und reichsrechtlichen Absolutismus vorantreibt und am längsten daran festhält.

Der Wahlspruch der Rheiderländer lautet:

Wy sind Rheider Buren,
wy laten uns nicht luren. [überlisten] (Wiarda, S. 350)

Die Kommunherren, die Deputierten der Dorfschaften bei den Ständen, widerstehen auch den Emdener Vermittlungswünschen und tagen nicht in Emden, sondern in Leer. Sofort nach dem Sieg bieten sie unnachsichtig die Bauernmilizen auf. So schreiben sie an eine passive Gemeinde:

Leer, den 9. April [1726].

Uns befremdet es sehr, daß ihr euch verweigert habt, etliche Mannschaft in Leer zur Bereitstellung gegen die Räuber zu senden. Wir wollen euch hierdurch ersucht haben, hier täglich sechs Mann zu haben und auf den ersten Schuß oder Glockenschlag Mann bei Mann aufzukommen, bei 10 Reichstaler Strafe für jeden Mann. Sonst müssen wir euch zur Raison bringen. (Wiarda, S. 287)

Im Frühjahr und Sommer 1726 geht fast ganz Ostfriesland zur Partei der Ständefreiheit über. Viele aber nicht freiwillig. Die sozialen und bewußtseinsmäßigen Unterschiede lassen sich militärisch nicht einebnen. Die fortbestehende soziale und wirtschaftliche Spaltung Ostfrieslands bricht im Frühjahr 1727 erneut auf, als der Landesherr dänische Truppen ins Land holt. Der dänische König wird als Graf von Oldenburg auf der absolutistischen Seite in den Freiheitskampf hineingezogen. Ostfriesland droht zwischen ausländischen Mächten zerrieben zu werden.

Angesichts der drohenden dänischen Invasion singen in den Straßen Nordens die Rebellen das Lied:

Den Fürsten will wy fangen,
de Commissie [fürstliche Kommission] will wy hangen,
de Kanzler up dat Rad,
so hebben wy Oostfreesland platt. (Wiarda, S. 340)

Ein oppositioneller Auricher Ratsherr – Aurich ist fürstliche Residenz – schreibt im geheimen an die Rebellen:

Man verzage nicht!
Gut verloren, nichts verloren.
Mut verloren, halb verloren.
Doch Freiheit verloren, alles verloren.
Courage! Courage! (Wiarda, S. 340)

Was dieser Ratsherr unter Freiheit versteht, seine Regierungsmacht über das Land, kann Ostfriesland nicht einigen. Das ständische Heer setzt sich auf die Dauer immer weniger aus Bauernmilizen, immer mehr aus angeheuerten, besitzlosen Landarbeitern zusammen, die keine große Lust verspüren, ihre Haut für die Ständehonoratioren aufs Schlachtfeld zu tragen. Mitte Mai 1727 hat der Graf Karl Edzard Cirksena fast ganz Ostfriesland sich wieder unterworfen. Sein Sieg beruht auf dänischen Bajonetten.

Zur Strafe erlegt der Landesherr den Ständischen eine «Renitentensteuer» auf, beschlagnahmt den eingeschlossenen Emdern ihre Güter außerhalb der Stadt. Als er auch auf die «gehorsamen Ständevertreter» in Aurich zu drücken beginnt, nehmen nun diese die gesunkene Fahne der ständischen Freiheit in ihre Hände. Sie wollen ihre ohnehin schon beschränkte Mitwirkung bei der Regierung nicht preisgeben. Gegen diesen neuen Widerstand fehlen dem Grafen alle rechtlichen und politischen Machtmittel. Ein Pyrrhus-Sieg.

Die Emdener Stände müssen sich wohl im Juni 1727 dem Kaiser unterwerfen, aber neben den Generalstaaten wirkt Brandenburg-Preußen auf eine Stärkung der ständischen Opposition hin. Der Gegensatz Österreich–Preußen verhilft der ostfriesischen Freiheit von neuem zum Atemholen.

Der Kampf zwischen Ständen und Landesherrn endete erst 1744, als nach dem Aussterben des ostfriesischen Grafengeschlechts das Land an Preußen überging.

Quellen und Literatur

Schilfert (siehe Kapitel 70)
Heinrich Schmidt: Politische Geschichte Ostfrieslands, Leer 1975
F. Weymann: Zur Geschichte des ostfriesischen Ständekampfes in den Jahren 1737–1740, Emden o. J.
Tileman Dothias Wiarda: Ostfriesische Geschichte, Bd. 10, Leer 1817

79 Widerstand gegen den Siebenjährigen Krieg (1756–1763)

Preußens Aufstieg zur europäischen Großmacht verlieh in Deutschland ganzen Generationen glänzende Augen. Um die von der Großen Französischen Revolution ausgehenden Ideen der Gleichheit und Freiheit abzuwehren, entwickelte der deutsche Nationalismus ein Bild von Preußens Gloria, das bis heute viele Köpfe füllt.

Im Zentrum des nationalistischen, antidemokratischen Preußenbildes stehen der Siebenjährige Krieg und Friedrich II., genannt der Große (1740–86). Sofort nach seinem Regierungsantritt entriß «der alte Fritz» Schlesien den Österreichern. Die Bewohner Schlesiens – zum großen Teil Slawen, aber auch Nachkommen von Wallonen und Flamen, nicht nur von Deutschen – kamen vom Regen in die Traufe. Der militaristische Feudalstaat Preußen setzte die alte Ausbeutung und Unterdrückung nur noch schärfer fort. Die schlesischen Kriege isolierten auf die Dauer den preußischen Junkerstaat und bürdeten den Untertanen schwere Lasten auf. Das Preußen Friedrichs II. müßte entgegen der Legende als Symbol eines äußerst unfreien Staates gelten. Der Schriftsteller Gotthold Ephraim Lessing (1729–81) wußte dies, als er Preußen «das sklavischste Land Europas» nannte.

Der Wirtschaftskampf zwischen Frankreich und England um die Kolonien zog 1756 das Königreich Hannover in den Krieg, für dessen Schutz Preußen sorgen wollte. Dies trieb Frankreich, das ursprünglich Preußen unterstützte, an die Seite Österreichs, eines Rivalen Preußens. Dieser Bündniswechsel Frankreichs ließ auch in Süddeutschland Abneigung gegen die übermächtige Koalition von Frankreich, Österreich, Rußland und Schweden entstehen.

Friedrichs II. Aggressionslust, nach Schlesien auch noch Westpreußen, Sachsen und Schwedisch-Vorpommern an sich zu bringen, einigte alle europäischen Großmächte außer England gegen den Militärstaat. Dieser mitteleuropäische Krieg verstärkte die seit der Mitte des 18. Jahrhunderts anbrechende Wirtschaftskrise. Die üblichen Folgen: enorme Preissteigerungen, Münzmanipulationen mit folgendem Währungszerfall, Ausplünderung und Verwüstung ganzer Landstriche, Berge von Toten. Aus diesem Morast von Elend und Blut stand der deutsche Nationalismus auf. Seine grauenhaften Spuren schleppte er, bis weit in unser Jahrhundert hinein, hinter sich her.

Was hier interessiert, sind die Zeichen des Widerstands gegen diesen

Krieg. Der Widerstand äußerte sich in der Flucht des Landvolkes, in einer weitverbreiteten kriegsfeindlichen Stimmung, in Massendesertionen aus den gezwungenen Truppen, in einer Partisanenbewegung und in einer rebellischen Untergrundliteratur.

Preußen suchte gleich zu Anfang des Siebenjährigen Krieges Sachsen zu annektieren oder wenigstens auszuplündern. Wie das Heer über die nichtsahnenden Sachsen herfiel, beschrieb eine Chronik:

Als die Preußen Ende August [1756] in Sachsen einfielen, fingen sie sofort ein Häschergeschäft an, um Mannschaften für ihr Kriegsheer zu bekommen. Da aber die Kunde von diesem Vorhaben wie ein Lauffeuer vor ihnen herging, fanden sie bei ihrer Ankunft nur Frauen, Kinder und alte Leute zuhause; denn die tüchtigen Mannspersonen waren ausgeflohen und steckten in den Wäldern, Sträuchern etc. Darüber erbittert, tobten die Soldaten durch Städte und Dörfer und suchten die allgemeine Flucht an denen zu rächen, die zurückgeblieben waren, hielten wahre Treibjagden durch die Felder und Wälder und steckten die Gefangenen ins Heer. Allein sie hatten dabei wenig Glück; denn die meisten derselben liefen bei der ersten Gelegenheit wieder davon. Auch meldeten sich bei den Preußen viele Sachsen als Freiwillige und nahmen das Handgeld, empfahlen sich aber bald wieder ohne alles Geräusch. (Praßer, S. 501)

Die Bauern reagierten genauso, wie sie stets gegen Feudalherren reagieren mußten: mit Flucht in die Wälder, mit Verstellung und Desertion. Was die Hofgeschichtsschreiber «Krieg» nannten, schlug über die Bauern nur als eine verschärfte Plage von Feudalherren und deren Heer herein. Aus dieser Zeit dürfte das «Gebet eines sächsischen Bauern» stammen, ein Stück Volksliteratur:

Aus der Tiefe rufen wir, Herr, zu dir:
treib unseren Beschützer weit von hier!
Er sagt uns viel von der Religion,
bis wir zuletzt kein Brot mehr hon.
Haber und Heu hat er uns genommen,
ach hilf, daß die Husaren und Panduren
[ungarische Reitertruppe für den Kleinkrieg] kommen!
Knecht und Pferd sind entrissen.
Ach Herr! Er hat uns recht beschissen.
Vertilge ihn samt seinen Namen
und sprich dazu den Frieden. Amen.
(Steinitz, S. 99)

Preußen hatte den evangelischen Sachsen versprochen, sie vor den katholischen Österreichern zu bewahren. Aber wieder einmal verlor angesichts des feudalen Drucks die religiöse Frage jedes Gewicht.

Gegen den neuen Krieg regt sich auch im süddeutschen Volk, das bisher stark unter österreichischem Einfluß steht, großer Unwille. Schon im Oktober 1756 sieht sich der Markgraf von Baden genötigt, folgenden Erlaß drucken und öffentlich anschlagen zu lassen:

Wir, Carl Friedrich, von Gottes Gnaden, Markgraf zu Baden und Hochberg, Landgraf zu Hausenberg, Graf zu Sponheim und Eberstein, Herr zu Rötteln, Badenweiler, Lahr und Mahlberg etc. fügen hiermit zu wissen:

Da die zur Zeit vorwaltenden Kriegsläufe insbesondere dem gemeinen Mann zu unbesonnenem Räsonieren [Kritisieren] mannigfaltigen Anlaß geben, wodurch nichts anders als eine höchstschädliche Verbitterung entstehen muß, haben Wir nötig befunden, Unsere Landeseingesessenen und Untertanen wegen dieses ohnehin pöbelmäßigen Betragens landesväterlich zu verwarnen und, wie hiermit geschieht, auf das ernsthafteste zu verordnen, daß jedermann der Fällung eines Urteils über die Handlung hoher Fürsten ebenso, als alles unzeitigen Räsonierens und Geschwätzes von Kriegs- und Religionssachen sowohl in Wirtshäusern als sonst in öffentlichen Gesellschaften, wie auch des Herumtragens der meistenteils unbegründeten Zeitungen [Nachrichten] unfehlbar sich enthalten und sich, wie ohnedies Christen geziemt, mit den Benachbarten friedfertig betragen sollen, widrigenfalls Wir dergleichen Unbesonnenheit mit aller Strenge bestrafen zu lassen gesonnen sind.

Unser Wille ist daher, daß gegenwärtiger Befehl zu jedermanns Wissenschaft [Kenntnis] gebracht und zu diesem Zweck in öffentlichen Druck gegeben und an den üblichen Orten angeschlagen werde. Gegeben unter Unserm vorgedruckten Fürstlichen geheimen Kanzlei-Insiegel. Karlsruhe, den 11. Oktober 1756.

Carl Friedrich, Markgraf zu Baden.

(Karlsruhe, Generallandesarchiv, Abt. 74, Nr. 6273).

Das Rede- und Denkverbot ändert an der Volksstimmung nicht das Geringste. 1757 kommt es in Württemberg zu Rebellionen unter den Soldaten. Der württembergische Herzog Karl Eugen (1737–93) verkauft gegen teures Geld 5000 Untertanen an Frankreich, für den Krieg gegen Preußen. Das Geld ist am Hof rasch durchgebracht. Als der Herzog verfassungswidrigerweise seine Stuttgarter Haustruppen am 20. Juni 1757 außer Landes schicken will, entsteht ein Aufruhr. Die Soldaten werden vor dem französischen Gesandten gemustert, schreien aber:

Lieber sich totschlagenlassen, als für Frankreich kämpfen! (Feurer, S. 36)

Viele desertieren. Zum Schutz seiner unsicheren Residenz muß der Herzog Reichstruppen des Schwäbischen Kreises aus Ulm herbeiholen lassen (Stuttgart, Hauptstaatsarchiv, A 202 Bü. 2289). Massen von Deserteuren durchstreifen das Land. Es sollen 1000 sein. Auf diese kommt es beim

Volk der Vagabunden, Fahrenden und Räuber nicht an. Es ist die Zeit berühmter Räuber, so des Sonnenwirtle Johann Schwan aus Ebersbach (Fils). Trotz versprochenem Pardon kehren die meisten Ausreißer nicht zurück. Sie werden des Landes verwiesen, ihr Vermögen, wenn sie welches haben, beschlagnahmt (herzogliches Mandat; Pflugfelden, 9. August 1757, in Stuttgart, Hauptstaatsarchiv, A 202 Bü. 2289).

Noch wackelt der Thron nicht, trotz wiederholter Verfassungsbrüche des Herzogs. Um sein bereits verkauftes Soldatenkontingent zusammenzubringen, muß der Herzog im Land «Freiwillige» werben lassen. Ohne Zwang geht das nicht. Viele Untaugliche sind darunter. Bei diesem Krieg wollen wenige mitmachen. Die Stimmung der Württemberger richtet sich damals in bäuerlichen und bürgerlichen Kreisen zumeist gegen Österreich. Nur das geschäftstüchtige Patriziat der Reichsstädte steht auf seiten Österreichs, des Geldbeutels wegen.

Im Juli 1757 türmen die bei Rastatt zusammengezogenen Truppen des Schwäbischen Kreises. Derselbe Geist herrscht unter den 5000 Württembergern, die im August 1757 von Stuttgart nach Böhmen transportiert werden sollen. Unterwegs läuft davon, wer kann. Bei Geislingen, am Aufstieg auf die Schwäbische Alb, droht die Expedition in einer Massenflucht zu enden. Der Herzog statuiert ein Exempel.

Die Legende vom guten, alten, liberalen Württemberg breitet die Decke des Schweigens über die folgenden Brutalitäten. In Geislingen werden am 14. August 1757 bei der steinernen Brücke am Weg nach Eybach 16 ausgerissene und wieder eingefangene Soldaten standrechtlich erschossen. Angeblich Rädelsführer; wie wenn es bei dieser kriegsunwilligen Volksstimmung noch irgendwelcher führender Leute bedarf.

Am nächsten Tag werden 20 Mann durch die Spieße gejagt, viele mit 50 Prügeln gefoltert, ein weiterer erschossen. Die rechte Freude am Krieg der großen Herren will einfach nicht aufkommen. Von Günzburg bis Linz geht der Transport der Württemberger auf der Donau. In Linz setzt wieder eine Massenflucht ein (herzogliches Mandat; Stuttgart, 15. September 1757, in Stuttgart, Hauptstaatsarchiv, A 202 Bü. 2289). Was übrigbleibt, läuft nach der österreichischen Niederlage bei Leuthen (5. Dezember 1757) davon. Die Württemberger haben ein tüchtiges, bisher fast unbekannt gebliebenes Stück Arbeit gegen den Siebenjährigen Krieg geleistet.

Aus dieser Friedensbewegung existieren unveröffentlichte Verhörprotokolle mit aufgefangenen Ausreißern. Eindrucksvoll das Schicksal eines armen Schluckers aus der württembergischen Amtsstadt Nürtingen am Neckar. Unverkennbar, wie der Behinderte in eine Geisteskrankheit getrieben wird. Das Militär als Ertüchtigungsanstalt. Damit will sich der

Amtmann herausreden, daß er einen unbrauchbaren Rekruten ablieferte. Ein besserer war offenbar nicht zu bekommen.

Nürtingen. Miliz. Den 18. August 1757.
Vogt Dreher zu Nürtingen berichtet untertänigst, daß sich gestern nachmittag Johann Georg Feßmann, eines hiesigen Bürgers und Brunnenmachers Sohn, der sich vor ein paar Monaten unter die Fürstlichen Truppen anwerben lassen, unvermutet ohne Paß eingefunden habe, sofort aber von ihm, Vogt, arretiert worden sei, mit Bescheidserholung.

Durchlauchtigster Herzog, Gnädigster Fürst und Herr!

Als ich vor einigen Monaten von Euer Hochfürstlichen Durchlaucht gnädigsten Befehl erhalten hatte, sieben Mann Freiwillige unter die Fürstlichen Truppen anzuwerben, so hat sich unter anderen auch Johann Georg Feßmann, des hiesigen Bürgers und Stadtbrunnenmachers Franz Feßmanns Sohn, engagieren lassen.

Wie nun derselbe meines Wissens währender Zeit bei seinem Regiment sich wohl aufgeführt, auch bei dem erstern Ausreißen der Soldaten von Stuttgart [20. Juni 1757] mit einem ordentlichen Urlaubschein hierher gekommen und nach Verfluß seiner Urlaubszeit wieder willig zurückgekehrt, so ist derselbe hingegen gestern abends unvermutet allhier bei seinen Eltern ohne Paß, Montur [Uniform] und Gewehr angekommen und hat sich nebst seiner Mutter selbst bei mir gemeldet. Ich habe ihn aber gleichwohl augenblicklich arretiert und sodann über die Umstände seiner Desertion zu Protokoll, so ich hier untertänigst anschließe, [Das Protokoll ist leider nicht auffindbar] vernommen, welches er dann also rezensiert [geprüft].

Er sei schon zu Plochingen von der Hitz und dem starken Marsch umgefallen und seitdem immer nicht recht wohl gewesen, habe sich daher auf einen Zeltwagen gesetzt, und so sei es auch bei Geislingen geschehen, wo ihm der Wagenknecht, den er jedoch nicht kenne, da er gesehen, daß er so übel aussehe, den Rat gegeben, er solle fort- und heimgehen; dem er auch gefolgt, seine Montur ausgezogen und nebst seinen Schnappsack und Gewehr auf dem Wagen liegen lassen und nur im Zwillichkittel fortgeloffen sei. Unterwegs habe er ein paar Kameraden, die auch desertiert, angetroffen, die ihm den Weg Nürtingen zu gewiesen.

Er gibt übrigens zur Ursache seines Fortlaufens an, daß er des Exerzierens halber so oft und so sehr geschlagen worden und doch das Exerzitium [Übung] nicht begreifen können und auch sein Lebtag nicht lernen werde; desgleichen, daß man ihm immer vorgeworfen, er sei das Brot nicht wert, das er esse. [Dann frägt der Amtmann, wohin er den Gefangenen liefern soll.]

Doch kann ich mich nicht enthalten, Euer Hochfürstlichen Durchlaucht zu dessen Gunsten nach Pflichten noch untertänigst vorzustellen,

1.) daß dieser Feßmann in seinen jungen Jahren von der Gicht ganz außerordentlich gelitten und mitgenommen und ihm dadurch sein Verstand sehr geschwächt worden, so daß er in allen seinen Verrichtungen ziemliche Ungeschicklichkeit bewiesen und zu keinem Handwerk hat angehalten werden können;

2.) daß ich ihn zwar letzthin bei gnädigst anbefohlener Anwerbung der 7 freiwilligen Rekruten auch mit engagiert habe, solches aber einesteils bloß in der Hoffnung, daß er unter Euer Hochfürstlichen Durchlaucht Miliz bei der dabei bekanntlich beobachteten rühmlichen Disziplin und Ordnung nach und nach gewickelter und gewiegter werden und mit der Zeit noch einen tüchtigen Bürger abgeben könne, als einen übrigens ansehnlichen und wohl untersetzten Mann, angeworben, andernteils aber ihn gleichsam nur zur Prob auf einige Wochen in der Intention, bei dessen Zurücksendung einen andern Mann anzuwerben, hinabgeschickt, auch seiner Hochfürstlichen Durchlaucht Offiziers gleich privat ersucht habe, wenn es sich mit Erlernung des Exerzitiums bei ihm nicht schicken wolle, es für keine Bosheit zu halten, sondern seinen schwachen Sinnen und Verstand zuzuschreiben und Geduld mit ihm zu haben, ja, wenn er allzu viele Ungeschicklichkeit haben sollte, ihn gar wieder nach Hause zu schicken. Ob er nun

3.) so hart mit Schlägen traktiert worden, als er klagt, lasse ich dahingestellt sein, kann hingegen nicht verbergen, daß ich bereits wirklich wieder mehrere Konfusion im Kopf, sowohl nach seinen Reden als verstellten Augen, an ihm wahrnehme, als ich zur Zeit seines Engagements nicht verspürt, wovon auch als ein Merkmal angenommen werden kann, daß er gestern an hellem Tag öffentlich und ungescheut, quasi guter Dinge, in die Stadt herein und in seiner Eltern Haus gegangen, auch hernach selbst zu mir gekommen und gar nicht meint, daß er sich so sehr verfehlt habe, weil man ihm ja so immer vorgeworfen habe, es sei eine Sünde, daß er das Brot esse; so daß ich diesen Menschen in der Tat fast für untüchtig halte, weiter im Militär zu dienen, wiewohl ich es diesfalls auf das Urteil der von Euer Hochfürstlichen Durchlaucht etwa deswegen zu bestellenden Ärzte ankommen lasse [...]

Euer Hochfürstlichen Durchlaucht

Untertänigst verpflichteter Gehorsamster Vogt zu Nürtingen.

Js. F. Dreher.

(Stuttgart, Hauptstaatsarchiv, A 202 Bü. 2289)

Ein anderes Verhör stammt aus Rosenfeld (zwischen Balingen und Oberndorf am Neckar). Im benachbarten Bickelsberg ist um den 18. August 1757 der Gefreite Josias Ripp als Deserteur mit voller Montur eingetroffen.

Rosenfeld, geschehen den 30. August 1757. Vor mir, Vogt Landbeck.

Nachdem der Musketier Josias Ripp, von Bickelsberg gebürtig, dieser Tage alldorten angekommen, so wurde selbiger heute vorgefordert und folgender Gestalt vernommen und zwar:

1. Frage: Wie alt er sei und unter was Regiment und Kompanie er gestanden sei?

[Antwort] 30 Jahr und bereits 12½ Jahr in württembergischen Kriegsdiensten und letztmals unter dem Leibregiment Rommanischer Kompanie als Gefreiter.

2. Frage: Wann er in Bickelsberg angekommen und ob er die völlige Montur und Gewehr bei sich habe?

[Antwort] Vor ungefähr 12 Tagen sei er [vom Militär] weggegangen, Gewehr und Monturhosen habe er zurückgelassen, alles übrige aber bei der Hand samt dem Seitengewehr [Degen].

3. Frage: Ob er also desertiert sei, wo und wann, auch durch was Gelegenheit solches geschehen sei?

[Antwort] Er leugne das erstere nicht, und wie er mit andern zur Begleitung des Kompaniewagens kommandiert worden, sei er mit noch zwei seiner Kameraden namens Herre, aus dem Brackenheimer Amt, und Frey, aus dem Reichenbachischen Klosteramt, bei hellem Tag um 9 Uhr zwischen Süßen und Kuchen [Kuchen liegt 5 km vor Geislingen/Steige] bei Geislingen fortgegangen, da einer nach dem andern gesagt, er gehe nicht aus dem Land, hingegen in dem Land wolle jeder gerne bleiben.

4. Frage: Ob ihn unterwegs niemand angeredet, und was er für einen Weg von dem Platz, da er weggegangen, genommen habe?

[Antwort] Kein Mensch habe ihn oder seine Kameraden angeredet, und könne er auch keinen Ort so eigentlich namhaft machen, außer daß sie zu Kirchheim [unter der Teck] die Vorstadt und endlich auch Walddorf bei Tübingen passiert und so weiter gekommen, woselbst auch die zwei Kameraden Herre und Frey eine andere Tour genommen.

5. Frage: Was ihn denn bewogen habe, zu desertieren, da er gewußt, daß er zu der Fahne geschworen habe?

[Antwort] Er diene gemeldetermaßen schon 12½ Jahr und habe sich allezeit versichert, daß man in drei Jahren, wie man ihm bei der Musterung der Auswahl versprochen, ihn wieder loslassen werde, habe sich auch unter solcher Zeit verheiratet, welches ihn 40 Gulden gekostet, wodurch er vermeint, desto eher loszukommen, wie denn er die Entlassung öfters gesucht und mit Zurücklassung seiner Gage, welche wirklich [zur Zeit] 15 Gulden belaufe, erst kürzlich weitere 40 Gulden offeriert in der Hoffnung, los und zu Weib und Kindern zu kommen, sofort einen ehrlichen Bürger und Untertan abzugeben. Allein man habe ihm niemals willfahren, dahingegen seien die meisten, welche mit ihm gemustert worden, nach und nach entlassen worden und nur noch wenige vorhanden, die bisher auf ihre Vorstellungen und Ansuchen nicht entlassen werden wollen, worunter er eben auch einer sei. Er habe sich mithin nicht wohl anders zu helfen gewußt, indem er ein Feldgütle [kleiner Acker] habe und solches im Stand erhalten wolle, wie er dann auch vor der Ernt einen ordentlichen Urlaubszettel erhalten, sich nach Haus begeben und die Feldfrüchte einheimsen zu dürfen. Allein mitten in der Ernt sei eine Ordre eingelaufen, daß er sich wieder bei dem Regiment einfinden soll, welches er befolgt und deswegen ein Attestat mitgenommen und vorgewiesen, wie seine Sachen stehen und daß er gerne seine Entlassung haben möchte. Inzwischen hoffe er bei allen diesen Umständen auf gnädigsten Pardon, da ihm nichts als sein Weib und Kind und das Feldgütle hierzu veranlasset, auch er außerdem und wenn er noch ledig wäre, gerne geblieben wäre, wie er dann für seinen Abschied noch 40 Gulden offeriere, und was er guthabe, auch zurücklassen wolle.

Welches alles auf Wiedervorlesen eigenhändig bezeuget
Josias Ripp.
(Stuttgart, Hauptstaatsarchiv, A 202 Bü. 2289)

Die Ausreißer haben also auch starke soziale Gründe, den Militärdienst außer Landes zu verweigern. Die Desertionen entwickeln sich damals in Württemberg zu einer landesüblichen Erscheinung. Wer einen Deserteur erwischt, bekommt drei Gulden Belohnung. Wer auf Ausreißerjagd mitgeht, erhält die Zeit als Frondienst angerechnet (herzogliches Mandat; Stuttgart, 15. Dezember 1757, in Stuttgart, Hauptstaatsarchiv, A 202 Bü. 2289).

Eine andere Widerstandsform entwickelt sich im selben Jahr (1757) in Ostpreußen im Rücken der russischen Invasionsarmee. Die in die Wälder geflüchteten, erbitterten Bauern bedrängen im Guerillakampf die russische Armee. Daraus entwickelt sich geradezu ein Bauernaufstand, gegen den die Russen nur das Mittel der Landesverwüstung zu setzen verstehen (Legahn, S. 161–170).

Die Kriegsfolgen wie Teuerung, Erhöhung der Frondienste und Abgaben führen zu verschiedenen Bauernbewegungen (Kapitel 84) und Gesellenstreiks (Kapitel 77).

Mit dem Frieden von Hubertusburg (1763) beendeten die erschöpften Kriegsmächte den Kampf und stellten die Territorialverhältnisse vor 1757 wieder her. Eine Chronik aus Hadeln an der Elbmündung faßte das Ergebnis in eindrücklicher Knappheit zusammen:

Dieser unerhörte, schreckliche Krieg, welcher Europa um mehr als eine Million seiner kräftigsten Männer gebracht und über fast den ganzen Erdteil Verwüstung, Not und Leiden ohne Zahl gehäuft hatte, endete ohne irgendeine des Namens werte Frucht, weder fürs Allgemeine, noch für den einzelnen Staat, den britischen ausgenommen, dessen Handelsmacht er stärkte. (Chronik, S. 533)

Preußen stieg allmählich zur zweiten Hauptmacht Deutschlands auf. Aber der Dualismus Preußen–Österreich lähmte und zerriß schließlich das Reich. Diese rivalisierenden Mächte, beides Hochburgen freiheitsfeindlicher Politik, einigten sich auf jeden Fall, wenn es galt, Freiheitskämpfe niederzuwerfen.

Der preußische Militarismus setzte gestärkt seinen Weg zur Unterwerfung Deutschlands fort. Die Bauern hatten weiterhin unter ihren Grundherren zu stöhnen. Das polnische Volk erlitt, mit preußischer Beteiligung, drei Teilungen: 1772, 1793, 1795 (zur deutschen, chauvinistischen Geschichtsschreibung siehe Schilfert, S. 189/190). Mit dem Versuch, sich gegen Preußen zur Wehr zu setzen, leistete das polnische Volk auch einen Beitrag zur Freiheitsgeschichte der Deutschen. Denn die Schwächung der Feudalherrscher bot die Chance zu mehr Freiheit auch der in Preußen Beherrschten.

Quellen und Literatur

GEORG BURKHARDT: Geschichte der Stadt Geislingen an der Steige, 1. Bd., Konstanz 1963, S. 464
Chronik des Landes Hadeln, Otterndorf 1843
HERMANN DONNER: Der Sonnenwirtle von Ebersbach. Lebensbild eines Räubers aus der Mitte des 18. Jahrhunderts, Plüdershausen 1929, Nachdruck Ebersbach/Fils 1977
FEURER: Zeitbilder aus Stadt und Bezirk Göppingen aus der Mitte des 18. Jahrhunderts, in: Schwäbische Heimat, Blätter für Volkswohlfahrt und Heimatpflege, 24, 1929, S. 36
Karlsruhe, Generallandesarchiv, 74/6273
ERNST A. LEGAHN: Preußische Partisanen, in: Wehrwissenschaftliche Rundschau, 18, 1968, S. 159–175
F. C. PRASSER: Chronik von Großröhrsdorf, Stadt und Dorf Pulsnitz ..., Großröhrsdorf 1869 (Standort: Halle/Saale, Universitätsbibliothek)
SCHILFERT (siehe Kapitel 70)
D. A. SCHULTES: Chronik von Ulm von den Zeiten Karls des Großen bis auf die Gegenwart, Ulm 1915, S. 311–313
WOLFGANG STEINITZ: Deutsche Volkslieder demokratischen Charakters aus sechs Jahrhunderten, 1. Bd., Berlin (DDR) 1954, Nachdruck Berlin 1979
Stuttgart, Hauptstaatsarchiv, A 202 Bü. 2289

80 Bewaffneter Aufstand von Bürgern und Bauern der Reichsstadt Zell am Harmersbach (1760)

20 km südöstlich von Offenburg, in einem Seitental der Kinzig versteckt, liegt die ehemalige Freie Reichsstadt Zell am Harmersbach (1257 bis 1803). Zu ihrem Gebiet gehörten drei sogenannte Landstäbe oder Stabsgemeinden: die Landgemeinden Tal Nordrach und die Dörfer Biberach (Kinzig) und Ober- und Unterentersbach. Die Landbevölkerung genoß freilich nur Bürgerrecht zweiter Klasse, was zu einer Kluft führte, die der absolutistisch regierende Zeller Magistrat lange geschickt gegen die zur politischen Herrschaft drängenden Stadtbürger auszuspielen verstand.

Zell am Harmersbach führt den Absolutismus auf engstem Raum vor.

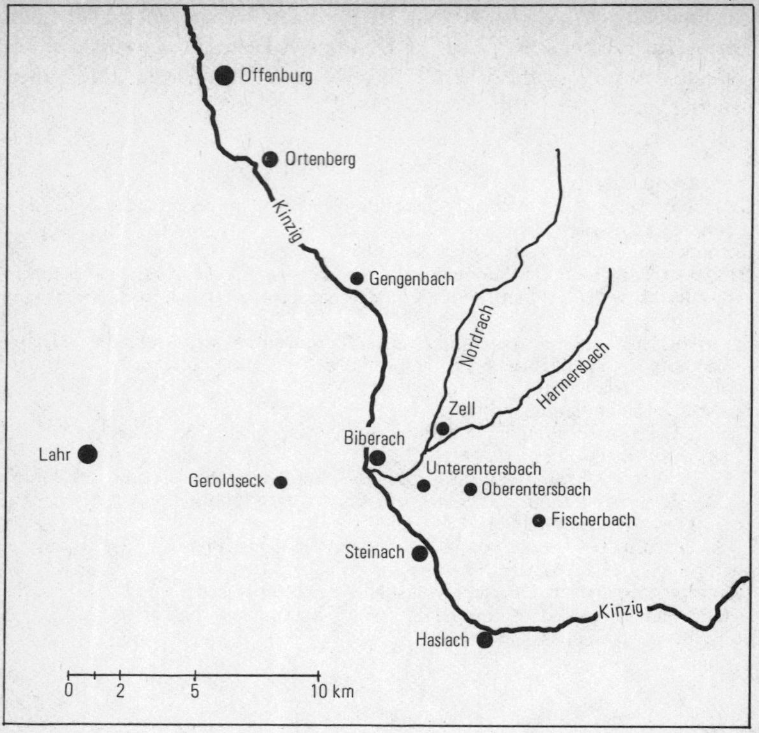

Karte 36

Nur 120 Vollbürger hatte die Stadt in ihren Mauern bei rund 600 Einwohnern. Hier ließen sich die Machenschaften selbstherrlicher Ratsherren leichter durchschauen als in großen Städten, zumal die Ratsherren sich von den aus dem Rat Ausgeschlossenen sozial wenig oder gar nicht unterschieden. Ein reiches, von der Bürgerschaft abgehobenes Patriziat existierte in Zell nicht.

Die Zeller Oppositionsströmung reichte weit ins 17. Jahrhundert zurück. 1662 erzwangen die Stadtbürger die Errichtung eines Ausschusses, um die korrupte Finanzpolitik des Rates unter Kontrolle zu bringen. Im selben Jahr begann das Tal Nordrach seinen achtjährigen Kampf um die Selbständigkeit, den 1670 militärische Gewalt erstickte (Kapitel 71). Vorbild für das Tal Nordrach dürfte das Reichstal Harmersbach gewesen sein, eine kleine, reichsunmittelbare Bauernrepublik (Disch, S. 328).

Der zwölfköpfige Rat, der sich selbst ergänzte, verschloß sich auch künftig jeder Mitwirkung der Bürgerschaft. Im Jahr 1735 war es endlich soweit, daß die Bürger, Vögte und Gerichtsschöffen 21 Beschwerdepunkte einreichten. Die Opposition beklagte sich über Sonderrechte der Ratsherren, über die Beschneidung der Bürgerrechte bei der Jagd und bei der Versorgung mit Holz, über die Nichteinberufung des Bürgerausschusses bei außerordentlichen Fragen. Ein Vergleich schien den Magistrat einzuengen, der sich freilich ganz im Geist des Absolutismus nie daran hielt. Die Verbitterung der Bürgerschaft wuchs. Eine Denkschrift des Magistrats aus dem Jahr 1761, verfaßt von dessen Anwalt, dem Straßburger Notar und Amtmann Schöll, in 325 Exemplaren gedruckt und an alle Regierungsstellen der Nachbarterritorien und an mehrere Gerichte verteilt, stellte dazu fest:

Die Folge hat gewiesen, daß in den Gemütern der mißvergnügten Bürger und Untertanen ein Same der Unruhe und Widersetzlichkeit zurückgeblieben; denn es äußerten sich von Zeit zu Zeit eine und andere Widerspenstigkeiten, welche jedoch durch die Sorgfalt des Magistrats unterdrückt und die zu besorgen gewesene öffentlichen Ausbrüche des Ungehorsams gleichsam in ihrer Geburt erstickt wurden. (Schöll, S. 3)

1759 kehrten die alten, nie abgestellten Beschwerden in einer bürgerlichen Protestschrift wieder. Der letzte Punkt griff die Vetterleswirtschaft an:

Art. 8 Beschweren sie sich darüber, daß fast alle Ratsglieder untereinander verwandt seien. (Schöll, S. 4)

Der Rat reagierte nicht. Am 24. Dezember 1759 reichten die Oppositionsführer eine umfangreichere Beschwerde von 31 Punkten ein, unterzeichnet von Franz Joseph Fahrländer, Hans Georg Wolff, Johann Augustin Himmler, Joseph Schmidt, Franx Xaver Röckel, Johann Caspar Michel und Joseph Knäble (Schöll, S. 6). Eine andere, gleichzeitig eingehende Beschwerdeschrift der drei Stabsgemeinden schien den selbstherrlichen Magistrat auch vom Land her in die Zange zu nehmen. Der Rat stellte sich jedoch taub.

Eine der üblichen Schlägereien nach einer Hochzeit (28. Januar 1760) nimmt nun der Rat zum willkommenen Anlaß, an der Opposition seinen Mut zu kühlen. Gerade die beteiligten Söhne führender Oppositioneller läßt der Rat unverhältnismäßig hart anpacken, mit mehrtägiger Einsperrung im Turm, darunter Antoni Schmidt, den Sohn des führenden Rebellen Joseph Schmidt. Der Vater, Müller Jörgle genannt, hält einigen Ratsherren auf offener Straße entgegen, es werde der Sibylla Weissagungen nach gehen müssen, wo der Knecht den Bauern und der Bauer den Herrn totschlage. (Disch, S. 290)

Wieder einmal stoßen wir damit auf die offenbar sehr weit verbreitete, selten an die Oberfläche unserer Geschichtsüberlieferung tretende Revolutionshoffnung: die chiliastische (das tausendjährige Friedensreich betreffende) Erwartung eines Sturzes aller Herrschenden und des Aufblühens eines Friedensreiches ohne Herren und Knechte. Schon in Vorarlberg um 1707 (Kapitel 74) und in Oberbayern 1705 (Kapitel 75) sind wir auf dieses geheime Geschichtsbewußtsein von Freiheitskämpfern gestoßen.

Die Ratsherren behalten die Inhaftierten unverhört im Turm. Nach acht Tagen dringen empörte Bürger ins Rathaus ein. Als einer der Inhaftierten, der schon bekannte Antoni Schmidt, nach dem Verhör zurück in den Turm geführt werden soll, greifen seine Eltern beherzt zu:

Nach geendigtem Verhör wurde befohlen, ihn wieder in seine Verwahrung zurückzuführen. Sein Vater und Mutter aber entrissen ihn dem Boten und der obrigkeitlichen Gewalt und ließen dem Magistrat die freche Rede zurücksagen: Sie hätten ihren Sohn mit nach Haus genommen. Wenn der Magistrat ihn ferner verlange, so könne er ihn von ihnen begehren. (Schöll, S. 10)

Die Eltern und den Sohn läßt der Rat am 6. Februar 1760 durch 90 Mann der noch gefügigen Bauernmiliz aus den Stabsgemeinden nachts um drei Uhr festnehmen. Die Müllersleute, die vor dem unteren Tor in der Neherschen Mühle wohnen und rasch den Sperrbalken am Tor vorwerfen, denken an einen Raubüberfall. Der Müller bleibt 90 Tage hindurch im langen Turm, dem Gefängnis von Zell.

Diejenigen, die protestierend ins Rathaus eingedrungen sind, sollen am selben Morgen des 6. Februar innerhalb einer Stunde je 30 Reichstaler Strafe bezahlen. Da die meisten soviel Bargeld – immerhin ungefähr ein durchschnittliches Monatseinkommen – nicht im Haus haben, läßt der Rat ihnen durch die Bauerntruppe den Hausrat oder das Warenlager ausräumen. Wer dabei kritische Bemerkungen macht, fliegt zu den anderen in den Turm.

Die absolutistisch sich gebärdenden Ratsherren führen den Ausnahmezustand ein, unter Verletzung des geltenden Rechts. Sie lassen die Stadttore schließen, terrorisieren die Bürgerschaft vier Tage lang mit der Landmiliz, stets bei geschlossenen Toren. Alle Bürger müssen sich einzeln schriftlich vor dem Rat für oder gegen die Opposition erklären. Damit gelten die Beschwerden als abgemacht. Die meisten Oppositionsführer liegen im Turm.

Bis zur äußersten Demütigung der erbosten Bürger will der Rat den Machtkampf weitertreiben. Den Antoni Schmidt verurteilt er zur sechsmaligen, öffentlichen Auspeitschung. Der Rebellensohn erhält beim erstenmal

die zehn Streiche mit dem Farrenschwanz, auf einem Stuhl liegend vier Schritte vom Lasterstein [Pranger] vor dem Rathaus, just als man aus der Kirche gekommen und viele Leute zugeloffen. (Disch, S. 292)

Der Magistrat schaut genüßlich aus den Rathausfenstern zu und befiehlt, da Antoni nicht schreit, noch härter draufzuschlagen. Unten zählt ein Ratsherr die Hiebe. Da dem Mißhandelten am Tag darauf Blut aus dem Mund quillt, werden ihm die weiteren fünf Schlagtage erlassen.

Die Opposition gewinnt angesichts solcher Maßnahmen an Boden und Entschiedenheit. Am 18. April 1760 reicht die Bürgerschaft eine Klage gegen den Magistrat beim Reichshofrat in Wien ein, der höchsten Gerichtsinstanz des Deutschen Reiches. Der Rat bemüht dagegen einen auswärtigen Juristen, dessen programmgemäße Ablehnung der Bürgerforderungen erst am 31. Oktober einläuft.

Inzwischen beginnen die selbstherrlichen Magistratspersonen, sich eine zweite gegnerische Front auf den Hals zu ziehen. Für den Bau eines neuen Kanzleigebäudes, worin das politisch wichtige Archiv untergebracht werden soll, verlangen sie sofortige Frondienste der Stabsgemeinden. Diese bitten um einen Aufschub des Neubaus, da sie wegen Hochwasserschäden genügend mit eigener Arbeit und auch mit Fronen belastet seien. Der Magistrat läßt nicht locker. Zuerst weigern sich die Biberacher mit ihrem Vogt, dann, davon unterrichtet, auch die anderen Landgemeinden. Den Tagelöhnern und Fuhrleuten aus Nachbargebieten, die als bezahlte Streikbrecher eingestellt werden sollen und deren Löhne hinterher doch alle Zeller Untertanen zu bezahlen hätten, verlegen sie die Wege nach Zell. Die Nordracher kontrollieren die Leute aus dem hinteren Harmersbacher Tal, die Biberacher die Geroldsecker und die Entersbacher die aus Fischerbach und Steinach. Der erste Schritt zum Bauernaufstand ist getan.

Gestützt auf das unmaßgebliche Gutachten des auswärtigen Juristen holt der Magistrat Anfang November 1760 zu einem weiteren Schlag gegen die führenden Bürger aus. Jeder bei der Klage unterschriebene Bürger soll 50 Gulden und die Kosten des Rechtsstreits bezahlen. Caspar Michel soll auf vier Tage in den Turm, weil er die Klageschrift dem Magistrat auf den Ratstisch legte. Den darauf erfolgenden, erregten Zusammenstoß der Oppositionsführer mit dem Rat schildert die dem Rat ergebene Gesamtdarstellung des Aufstands:

Als dieser Beschluß publiziert worden, führten sich die Bürger auf eine respektvergessene Art gegen den Magistrat auf. Joseph Schmidt brach in die Worte aus:

«Er möchte wissen, von wo das Dekret [Erlaß] komme und wer es aufgesetzt habe, da sie wegen dieser Sache sich auf höheren Richter berufen hätten. Sie, die Bürger, wollten auch wissen, wer brave oder liederliche Bürger seien. Strafen sei keine Kunst», gleich als wollte er sagen, der strafende Magistrat mache den liederlichen, die Gestraften aber den wackern Teil der Bürgerschaft aus.

Hans Michel Hihn war vor Zorn ganz tobend, stellte die Hände in die Seite und schrie dem Magistrat mit lauter Stimme zu: «Ob man ihnen denn nicht schriftlich erlaubt hätte, ihre Rechte zu suchen? Warum man sie dann jetzt strafe? Der Magistrat müsse warten, wie sie auch.» Diesem stimmte Franz Joseph Fahrländer bei.

Augustin Himmler sagte: «Sie nehmen die Strafe nicht an.» Joseph Schmidt setzte diesem bei: «Bürger zu Bettlern machen, nähmen sie nicht an.»

Caspar Michel wollte nicht in den Turm, und Johannes Lang brach in die Worte aus: «Bei Gott! Wir wollen alle beieinander sein, und der Caspar Michel soll nicht in den Turm.» (Schöll, S. 16/17)

Das Reichskammergericht in Wetzlar, ein konkurrierendes Gericht zum Reichshofrat in Wien, bezog schon im Mai 1760 die Position des Magistrats. Die Wiener Instanz und der Kaiser ließen die Klage der Zeller Bürger auf sich beruhen. In der Regel stehen aber auch sie auf der Seite der Obrigkeiten und gegen freiheitwillige Bauern und Bürger.

Anfang Dezember 1760 haben die Stadt- und Landbewohner die Ratsherrschaft endlich satt. Die Zeller Oppositionsführer fordern am 10. Dezember eine außerordentliche Ratssitzung, um ihre Beschwerden vorzubringen. Sie werden vertröstet. Aber die Unzufriedensten drängen weiter, wie der Straßburger Anwalt schildert. Sie gehen gruppenweise vor.

Den folgenden Tag, den 11. Dezember aber, erschienen morgens nach 8 Uhr zehn bis zwölf Mann, die man aus dem Wirtshaus zum Bären mit vollem Eifer hatte herausgehen sehen. Ihr Anführer war Johannes Heil, der Kronenwirt zu Biberach. Diese begehrten noch denselben Vormittag eine eigene Ratssitzung. Da ihnen aber von dem Herrn Reichsschultheißen die Unmöglichkeit, solche zu halten, vorgestellt, aber dabei frei gelassen wurde, ob sie bei dem auf den folgenden Freitag geplanten ordentlichen Ratstag erscheinen oder auf den Montag darauf einen eigenen außerordentlichen Ratstag haben wollten, so erklärte ihr Anführer Johannes Heil, daß sie dann also bei dem am Freitag zu haltenden ordentlichen Ratstag ihren Brief vorlegen wollten, und damit begab sich dieser Schwarm zurück, wurde aber sogleich von einem andern, der gleich wie der erste aus Stadtbürgern und Untertanen aus den Stabsgemeinden bestanden, abgelöst. Sie bekamen also auch gleich Antwort.

Gleich darauf erschien wieder ein dritter Haufe, welcher mit allem Ungestüm auf die augenblickliche Abhaltung eines außerordentlichen Ratstags mit den Ausdrücken: «Es müßte unumgänglich jetzt gleich sein», drang, aber von dem Herrn Reichsschultheißen zur Antwort erhielt, «daß es nicht sein könne und eben um ihres ungestümen Begehrens willen nicht geschehen werde.»

Worauf noch der vierte Haufen erschienen, aber eben die Antwort wie die vorhergehenden erhalten. Der erwähnte Johannes Heil war abermals der Anführer dieses vierten Haufens und erklärte, daß, weil denn der Magistrat keine Ratsversammlung halten wollte, «so wären sie, die Bürger, gezwungen, andere Maßnahmen zu ergreifen.» (Schöll, S. 19/20)

Nun reißt den aufgewühlten Bürgern in der Stadt und den Bauern auf dem Land der Geduldsfaden. Sie beschlagnahmen die Torschlüssel, schließen die Tore und ergreifen die Waffen, angeführt aber nicht von den Rottmeistern, den gewählten Hauptleuten der Miliz, sondern vom Oppositionsführer Hans Michel Hihn, dem sogenannten «Bronnenbeck». Nur die Unterentersbacher halten sich von jetzt an aus dem Kampf heraus, bis zum Ende.

Die Aufständischen besetzen das Rathaus und die Kanzlei. Sie stürzen den alten Rat und ernennen einen neuen, bestehend aus Franz Joseph Fahrländer, Joseph Knäble, Gottfried Mertz, Johannes Schneider, Hans Georg Wolff und Celestin Hihn (Ratsherren). Den Schulmeister Johann Michel Luchner machen sie zum Kanzleiverwalter, August Himmler zum Fleischschätzer (Schöll, S. 22).

Die kommende Nacht brennen Kerzen im Rathaus. Einige wißbegierige Rebellen stürzen sich auf das Studium der Geschichte. Aus den Akten und dem Archiv wollen sie ihre beschnittenen Rechte kennenlernen, um aus den geschichtlichen Zeugnissen Unterstützung im Kampf um die Behauptung der soeben erst errungenen Macht zu gewinnen.

Der gestürzte Magistrat ruft derweil den badischen Markgrafen in Rastatt zur Hilfe, den Reichslandvogt der Ortenau (Gebiet um Offenburg) und Schutzherrn der drei Reichsstädte Offenburg, Gengenbach und Zell. Ihn, den Herzog Karl Eugen von Württemberg und den Bischof von Konstanz fordert er zum bewaffneten Eingreifen auf.

Am 20. Dezember 1760 trifft eine markgräfliche Kommission unter dem Schutz von 121 Soldaten in Gengenbach ein, zwei Stunden von Zell entfernt. 600 Mann Ortenauer Bauernmiliz stehen in Ortenberg bereit. Die Zeller sind sich dessen bewußt, was gegen eine solche Kommission allein hilft. In Biberach findet der Leiter der Kommission, ein Notar, die Bürger bewaffnet im Gasthaus zum Bären.

Unterwegs von Biberach nach Zell beobachtete der Notar, daß das Gebirge mit bewaffneten Männern besetzt und zwei davon in aller Eile vor ihm her nach Zell geloffen und an dem untern Stadttor eingelassen worden, welches Stadttor aber, als er, Notar, davor gekommen, geschlossen und nicht eher geöffnet wurde, bis der von Biberach ihm mitgegebene Geleitsmann die innerhalb des Tors gestandenen Bewaffneten dazu beredet hatte. Bei seiner Einfahrt in die Stadt bekam der Notar an dem Tor, auf den Gassen und an den Fenstern nichts als bewehrte Leute zu sehen. (Schöll, S. 27)

Die dreiköpfige Kommission muß ohne ihre Schutztruppe nach Zell gehen; denn die Berge sind von 200 Bauern aus dem Nordracher Tal, die Stadt selbst von 500 Männern besetzt. Entgegen der ursprünglichen Absicht, nur Befehle zu erteilen, muß die Kommission verhandeln. Die Zeller lassen sich nicht einlullen, sondern verstärken ihre Abwehr.

Inzwischen blieben die Bürgerschaft und die Untertanen beständig unter den Waffen. Die in der Stadt befindlichen sechs eisernen Kanonen waren mit Hagelgeschütz geladen und immer alle Berge, Anhöhen und Zugänge mit bewaffneter Mannschaft besetzt. Die Rebellen hatten eine Menge Steine auf die Türme und Stadtmauern getragen, um die Mannschaft mit solchen, nebst ihrem Geschütz, zu empfangen. Kurz, ihre Anstalten zur hartnäckigsten Gegenwehr wurden von jedermann also beschrieben, daß die die schutzherrliche Mannschaft kommandierenden Offiziere es nicht für tunlich hielten, ohne Kanonen und mehr reguläre Mannschaft den Angriff auf die Stadt zu tun. (Schöll, S. 32)

Am 2. Januar 1761 kommt die Vermittlung zustande: eine Art Waffenstillstand. Der alte Magistrat kann wieder sein Amt antreten, doch beide Seiten behalten ihre umstrittenen Rechte. Kein Aufständischer darf bestraft werden. Der Anwalt des Rats schreibt dazu klagend:

Die Bürger und Untertanen erwiesen dem Magistrat nicht die geringste Ehrerbietung, und sie gehorchten nur, wenn es ihnen beliebte. Sie hielten öftere heimliche Zusammenkünfte und drohten lange Zeit mit dem endlich ausgebrochenen Aufruhr. So ist auch der jetzige Zustand beschaffen. Der Magistrat ist zwar wieder eingesetzt, aber wenn er den Bürgern etwas befehlen würde, welches ihnen nicht anstünde, so würde der Magistrat einen dem vorigen gleichenden Ungehorsam erfahren. (Schöll, S. 37)

Endlich schickt auch der Kaiser eine Untersuchungskommission. Zu deren Beeinflussung läßt der Anwalt Schöll in Straßburg eine gehässige Schrift gegen die Bürgerschaft drucken, aus der wir mehrfach zitiert haben. Darin wirft er der Bürgerschaft Landfriedensbruch, Aufruhr gegen die Obrigkeit und Majestätsbeleidigung vor. (Schöll, S. 83)

Den militärischen Kampf konnten die mehr als 1000 bewaffneten Zeller Bauern und Bürger unmöglich gegen die auf Dauer überlegenen Streitkräfte der Nachbarterritorien und des Schwäbischen Reichskreises wagen. Nirgendwo gab es Hilfe durch Verbündete. Der Kampf gegen die absolutistischen Herren von Zell blieb unvermeidlicherweise auf Zell beschränkt. Die Stärke der Opposition lag im unentwegten Widerstand, in der Beharrung auf den überlieferten Rechten.

Die Auseinandersetzung zog sich in die Länge. 1764 entschied das Reichskammergericht in Wetzlar und beschnitt dabei die finanzielle Korruption des Magistrats. Enge Verwandte durften nicht mehr im Rat sitzen.

Viele der Vorrechte gingen den Ratsherrn verloren. In wichtigen Dingen mußten künftig die Vögte, Gerichtsleute und die Geschworenen aus den Landgemeinden hinzugezogen werden. In Streitfragen entschied der Markgraf von Baden. Sein Ziel der absoluten Herrschaft konnte der Rat also nicht erreichen.

Die Oppositionsführer bekamen Freiheits- und Arbeitsstrafen von mehreren Monaten auferlegt. Der Rat dachte freilich noch immer nicht daran, seinen Traum einer unumschränkten Herrschaft aufzugeben. Die Bürger verweigerten die Zahlung der Geldstrafen. Sie forderten, wie schon 1735, nicht nur die Landgemeinden, sondern auch die Stadtbürger sollten durch einen Ausschuß an der Regierung beteiligt werden. Noch immer fand keine Wahl für den Rat durch die Vollbürger statt.

Die uns schon bekannten Anführer der Bürgerschaft betrieben in Wetzlar einen neuen Prozeß, der 1766 damit endete, die Opposition notfalls mit brachialer Gewalt niederzuwerfen. Dann wurde es stiller in Zell. Doch in der 1848er Revolution beteiligten sich auch viele Zeller, die dann geschlagen in die Schweiz emigrieren mußten. (Basel, Staatsarchiv)

Quellen und Literatur

Basel, Staatsarchiv, Politisches FF 5,2, 1. und 2. Verzeichnis.
DISCH (siehe Kapitel 71)
Karlsruhe, Generallandesarchiv, 228/110–125, 127–129, 164–173, 324–325
(SCHÖLL:) Beschreibung der in der Reichsstadt Zell am Hammerspach den 11. Dezember 1760 entstandenen Empörung und Aufruhr, auch Untersuchungen der Ursachen, welche die Aufrührer vorschützen, Straßburg 1761 (Standort: Freiburg, Universitätsbibliothek) (Sein Sohn Friedrich Schöll war in Straßburgs Revolutionszeit zuerst Polizeikommissar, wurde 1791 zum Friedensrichter gewählt, trat in den Jakobinerklub ein, wurde Mitglied der Departementsverwaltung, schloß sich bei der Klubspaltung den Gemäßigten an, war dort Sekretär, sprach und schrieb 1792 gegen die Jakobiner von Paris, Anhänger des 1793 guillotinierten Maire Dietrich, 21.8.1792 von den Konventskommissaren abgesetzt, Ende Dezember 1792 dennoch zum stellvertretenden Gemeindeprokurator gewählt, 11.2.1793 von den Konventskommissaren ins Innere Frankreich verwiesen; 1795 zum Mitglied des Zivilgerichts des Distrikts Straßburg ernannt.)
Zell am Harmersbach, Stadtarchiv

81 Die oberschlesischen, böhmischen und mährischen Bauernaufstände (1764–1776) und Kaiserin Maria Theresia

Der Siebenjährige Krieg, den der aufsteigende preußische Junkerstaat entfesselt hatte, verwüstete weite Landstriche Böhmens, Sachsens und Schlesiens. Einmal mehr hatte das Landvolk die Zeche zu bezahlen, wenn die Feudalherrscher Europas sich wegen eines höheren Anteils am Bauern- und Bürgerfleiß in die Haare gerieten. Nach dem Friedensschluß von 1763 sollte das Volk die erschöpften Kriegsmächte wiederaufbauen. Es hagelte geradezu Erhöhungen bei Steuern, Abgaben und Frondiensten.

Im verschärften Druck auf die Landbevölkerung hallte der Siebenjährige Krieg noch lange nach. Die nächsten Jahrzehnte durchzogen in Böhmen, Sachsen und Schlesien Serien von Bauernerhebungen (siehe Kapitel 84), die sich in der Jakobinerzeit zu Revolutionen verdichteten und erst mit der Bauernbefreiung des 19. Jahrhunderts endeten.

Seit 1763 steigt der Bauernwiderstand in der Nieder- wie in der Oberlausitz rasch an. 1764/65 bestimmen Fronverweigerungen die beiden Lausitzen (siehe Kapitel 84). Rebellionen brechen zur selben Zeit auch unter den polnischen Bauern von Österreichisch-Schlesien (der südliche Teil des bisherigen Oberschlesiens) aus: um Teschen an der Olsa (heute geteilt in das polnische Cieszyn, den rechts der Olsa liegenden Stadtteil, und das tschechische Český Těšín, den Stadtteil links der Olsa) und um das östlich gelegene Bielitz (heute das polnische Bielsko). 137 Gemeinden versammeln sich illegal und verweigern die «Robot» (Fron).

In diese Bauernbewegung greift Maria Theresia (1740–80) ein, die noch heute ein Hauch von Milde und verständnisvoller Mütterlichkeit (16 Kinder) umgibt. Am 20. Februar 1767 unterzeichnet sie in Wien einen Kanzleibefehl, der deutsch und polnisch verbreitet wird und ihre bauernfeindliche Feudalpolitik beleuchtet:

Wir Maria Theresia geben gnädigst zu vernehmen:
Im vorigen Jahr haben die dortigen Untertanen und ganze Gemeinden wegen ihrer vermeintlichen Beschwerden gegen ihre Obrigkeiten, ohne sich deshalb an die vorgesetzte Behörde und Stelle im Land zu wenden und daselbst ordnungsgemäß die ihnen nötig geschienene Abhilfe zu suchen, sich erkühnt, frevelhaft gegen ihre Obrigkeiten sich aufzulehnen, zusammenzurotten und auszutreten [fliehen], auch wider die bestehenden Anweisungen einige Deputierte unmittel-

bar an Unser Hoflager abzusenden. Wir hätten alle Ursache gehabt, dieses mutwillige, die Landesruhe störende Betragen ohne weiteres mit der standhaften Bestrafung zu belegen.

Wir sind hingegen bewogen worden, die Milde der Strenge vorzuziehen, und haben daher eine eigene Kommission verordnet, um die angeblichen Beschwerden sämtlicher, beschwert zu sein vermeinender Untertanen genauestens zu untersuchen und darüber den Bericht an uns zu unserer höchsten Beschlußfassung und Entscheidung der Sache zu erstatten.

Wir haben aber seither höchst mißfällig vernehmen müssen, daß unangesehen solches Unseres gütigsten Bezeigens und jetzt erwähnter mildester Anweisung diese aufrührerischen Leute, ohne die Beendigung der laufenden Untersuchung und den Erfolg Unserer rechtlichen Entschließung ruhig abzuwarten, in ihrer Aufsässigkeit und Widerspenstigkeit weiter verharren, auch zum Teil gegen Unsere verordnete Kommission selbst sich unanständig und frevelhaft betragen.

So wollen Wir alle Untertanen in diesem Unserem Erbherzogtum hiermit gnädigst und ernstlichst ermahnt haben, daß sie sich samt und sonders friedfertig betragen, den Ausgang der zur Zeit andauernden Untersuchungskommission ganz ruhig abwarten, indessen ihre seitherigen Schuldigkeiten und obrigkeitlichen Robotten unweigerlich leisten, folglich aller Widersetzlichkeiten, auch der weiteren Absendung einiger Deputierter an Unser Hoflager sich ganz sicher enthalten und allem dem umso gewisser gehorsamst nachleben sollen, widrigenfalls Wir gegen die dawider Handelnden mit der schwersten Bestrafung, auch an Leib und Leben, unfehlbar vorgehen lassen würden. (Grünberg, 2. Bd., S. 67/68)

Die Bauern tun recht daran, sich weder von einer Beamtenkommission noch von den Vertröstungen der Kaiserin etwas zu versprechen. Mit der Gutsherrschaft, die in Schlesien, Böhmen und Mähren herrscht, befinden sie sich als Leibeigene eines Großgrundbesitzers annähernd in Rechtlosigkeit. Denn der Gutsherr spielt gleichzeitig Richter und Obrigkeit. Wenn nun die Kaiserin die Absendung von Bauerndeputierten nach Wien untersagt – die einzige, wenn auch meist illusionäre Hoffnung der Gedrückten –, so stellt sie sich auf die Seite der Grundherren, die in nichts die rechtlose Lage der Bauern verbessern wollen. Etwas anderes bleibt ihr freilich auch nicht übrig, will sie nicht wütenden, unüberwindlichen Widerstand des Adels hervorrufen.

Aufgrund der absoluten Herrschaft des Adels über das Bauernvolk bleibt die Kaiserin ziemlich ahnungslos von dem, was die leibeigenen Untertanen zu erdulden haben. Der Hof, selbst aus adligen Grundherren zusammengesetzt, hält jede kritische Information fern. Die Frondienste sind ungemessen, was bedeutet: sie sind nicht schriftlich festgelegt und somit ohne Begrenzung gegen Erhöhungen. Sie können also jederzeit willkürlich vermehrt oder in unbeschränkt hohe Geldzahlungen umgewandelt werden. Je nachdem es dem Gutsherrn günstiger erscheint. Eine Klage bei Gericht wäre die Klage beim Grundherrn selbst, der auch die Gerichtsbarkeit besitzt. Eine Klage bei staatlichen Stellen in Prag oder Wien versandet in denselben Adelskreisen. Die Kaiserin ist trefflich abgeschirmt gegen ihre Untertanen.

Die schlesischen Bauernaufstände dauern bis in den Anfang der siebziger Jahre. Angeregt von den benachbarten böhmischen Bauernbewegungen der sechziger Jahre erstellt ein kaiserlicher Richter in Prag am 28. Februar 1768 ein gründliches Gutachten, das uns bisher leider nur in Bruchstücken bekannt ist (Grünberg, 2. Bd., S. 161–165). Der bauernfreundliche Verfasser, schon 18 Jahre lang Richter in Böhmen, zieht es vor, anonym zu bleiben, so eng hat sich der Grundadel mit dem ganzen Staatsapparat verfilzt. Er bestätigt die elende, rechtlose Lage der Bauern, die unter der Willkür der Feudalherren und Beamten leiden müssen. Er empfiehlt die vorläufige Einstellung der Robotdienste, bis die Bauern sich wieder erholt haben. Nicht ein Gremium am Hof, sondern eine Gelehrtenkommission soll die Lage der Bauern prüfen.

Die Kaiserin überläßt dieses Gutachten dennoch dem Staatsrat, befiehlt nur eine Erleichterung der Robot. Hof und Adel boykottieren selbst diesen Kompromiß. Alles bleibt bei den alten Zuständen. Über diese deprimierende Lage kursiert ein tschechisches Bauernvaterunser (deutsche Übersetzung bei Strauß, S. 75/76).

Die politische Krise spitzt sich zu, als sich die durch den Siebenjährigen Krieg ausgelöste europäische Wirtschaftskrise (Preissteigerung für Lebensmittel, Grund und Boden; Erschütterung des Gewerbes und des Kredits) 1770–72 in einer schweren Hungersnot niederschlägt (zeitgenössische Schilderung bei Stürmer, S. 287–294).

Unter dem Druck des weiterschwelenden Bauernkampfes erörtert eine kaiserliche Kommission in Böhmen Maßnahmen gegen die Hungerkatastrophe. Sie erreicht keine Linderung der Not. Sie kann und will nicht verhindern, daß in dieser Krise sich die Großgrundbesitzer, Kapitaleigner und Finanz- und Hausspekulanten bereichern, während die Landlosen zu einer verelendeten Schicht herabsinken (Stürmer, S. 274–277).

Der Bauernwiderstand, der auch in den beiden Lausitzen wieder zu Erhebungen führt, gipfelt für Böhmen und Mähren im großen Aufstand von 1775/76, mit dem Schwerpunkt in Nordböhmen. Die tschechischen und deutschen Bauern verweigern die Robot, tun sich bewaffnet zusammen, stürmen und plündern Schlösser und Pfarrhöfe, marschieren in zwei Kolonnen auf Prag, angeführt vom tschechischen Revolutionär Mathias Chwojka aus Roudničky. Der von den Gegnern spöttisch «Bauernkaiser» titulierte Aufstandsführer hat in Königgrätz (Hradec Králové) studiert, spricht neben seiner Muttersprache auch Lateinisch und Deutsch, erweist sich als mitreißender Redner. Nach der Niederlage verfaßt er in der achtjährigen Haft ein großes, 72 Strophen umfassendes Gedicht über den ganzen Bauernaufstand, das noch lange im tschechischen Volk fortlebte (Svátek, S. 193).

Ein Bericht der Prager Regierung (24. März 1775) an die Staatskanzlei schildert das Vorgehen der Bauern. Der böhmischen Hauptstadt nähern sich Bauernhaufen:

Allenthalben, wo die Bauern durchziehen, verlangen dieselben aus jedem Haus einen oder zwei Mann, die mit ihnen gehen müssen. Die sich dessen Weigernden werden mißhandelt und in jenen Häusern, wo die Wirte abwesend, Fenster, Öfen und Türe zerschlagen. Von den Beamten verlangen sie mit Ungestüm eine Urkunde, welche in den Jahren 1770 und 1771 bei Gelegenheit der angeordneten Numerierung der Häuser ergangen sei und ihnen die Freiheit von allen Robotten gewähren solle. Sie zwingen dabei die Beamten mit gefährlichen Bedrohungen von Schlägen und Anzünden der Schlösser zur Ausstellung eines Reverses, daß sie bis auf weitere allerhöchste Entscheidung die Untertanen zu keiner Robot anhalten wollen, und zugleich zur Unterfertigung eines Zeugnisses, daß von ihnen kein Exzeß [Ausschreitung] verübt, sondern lediglich etwas Bier denselben gutwillig gegeben worden, wo sie doch im Gegenteil Bier, Branntwein und Brot sich selbst hinwegnehmen oder von den Leuten erpressen und an vielen Orten rauben und plündern. (Grünberg, 2. Bd., S. 245)

Die nach Prag marschierenden Bauernhaufen werden aufgerieben. Aber immer wieder flackert in einem anderen Kreis der Aufstand auf. Die Bauern verfügen offenbar über ein weitverzweigtes Nachrichtensystem. Verschüttet geglaubte Erinnerungen an die Zeit der Hussitenrevolution des 15. Jahrhunderts brechen wieder auf, da sie sich jetzt wieder als lebensnotwendig erweisen. Die Landleute fordern die Befreiung von den Feudallasten.

Inzwischen empfiehlt die Wiener Kanzlei, die Erhebung mit Brutalität niederzuwerfen. Kaiserin Maria Theresia schließt sich dieser Linie an und verlangt, gehorsame, streikbrechende Bauern bei der Feldarbeit militärisch zu schützen (Grünberg, 2. Bd., S. 247). Über 1000 Rebellen werden festgenommen, davon sieben der führenden sofort standrechtlich gehenkt.

Die Bauernfreiheit blieb weiterhin versagt. Die halben Erleichterungen, die Maria Theresia beabsichtigt hatte, verschleppte der übermächtige Adel. Um diesen regierungsfeindlichen Boykott zu brechen, hob dann Kaiser Joseph II. (1765–90) im Jahr 1781, gleich nach dem Tod seiner Mutter (1780), die Leibeigenschaft auf. Die Grundherren liefen fast ein Jahrzehnt lang Sturm gegen diese und andere tiefgreifenden Reformen. 1790 scheuten sie sich nicht, zusammen mit dem Klerus den Kaiser noch auf dem Sterbebett zum Widerruf aller Reformen, also auch der Bauernbefreiung, zu zwingen. Ein beeindruckender Anschauungsunterricht für die Grenze der absolutistischen Kaisermacht.

Quellen und Literatur

Michael Auner: Zur Geschichte des rumänischen Bauernaufstandes in Siebenbürgen 1784, Hermannstadt o. J. [um 1935] (Standort: München, Staatsbibliothek)

Fritz Blaich: Die wirtschaftliche Tätigkeit der Kommission zur Bekämpfung der Hungersnot in Böhmen und Mähren (1771–1772), in: Vierteljahrschrift für Sozial- und Wirtschaftsgeschichte, 56, 1969, S. 299–331

Grüll (siehe Kapitel 70), S. 427

Grünberg (siehe Kapitel 71), 1. Bd., 1893, S. 215–219; 2. Bd., Leipzig 1894, S. 66–68, S. 161–165, S. 240–257

Václav Husa/Josef Petráň (Red.): Nevolnické Povstání r. 1775, Praha 1955

Robert Lahmer: Chronik der Stadt Schluckenau, Schluckenau 1889, S. 133 (Standort: Herne, Bücherei des Deutschen Ostens)

Josef Petráň: Nevolnické povstání 1775. Prolegomena edice pramenu, Praha 1972

Prameny k nevolnickému povstání v Čechách a na Moravě v roce 1775, Praha 1975 (tschechische, deutsche und lateinische Quellen)

Schiff (siehe Kapitel 68), S. 207

Schilfert (siehe Kapitel 70), S. 144–147, S. 196

Strauss (siehe Kapitel 71), S. 75/76, S. 98–107, S. 141/142

Stürmer (siehe Kapitel 76)

Svátek (siehe Kapitel 71), S. 191–205

Erika Weinzierl-Fischer: Die Bekämpfung der Hungersnot in Böhmen 1770–1772 durch Maria Theresia und Joseph II., in: Mitteilungen des Österreichischen Staatsarchivs, 7, 1954, S. 478–514

Wernicke (siehe Kapitel 67), S. 62/63

Ignaz Wodiczka: Zum Bauernaufstand im Jahre 1775. (Ein Beitrag zur Geschichte der Stadt Budweis), in: Mitteilungen des Vereines für Geschichte der Deutschen in Böhmen, 64, 1926, S. 66–69

82 Des künftigen Kaisers Leopold II. Theorie von der Nützlichkeit eines «mäßigen Bauernaufstands» gegen den reaktionären Adel (1778)

Die kaiserliche Familie war sich ihrer isolierten Stellung und der gefährlichen Macht des österreichischen Adels sehr wohl bewußt. Leopold, als Großherzog der Toskana in Florenz residierend, Bruder des Kaisers Joseph II., nach dessen Tod zwei Jahre lang selbst Kaiser (1790–92), vertraute 1778 seine wahre Ansicht über die Bauernfrage einem Brief an seine Mutter Maria Theresia an. Angesichts der höfischen Erziehung und der dauernden Beaufsichtigung ein kostbares, radikales Dokument, ein einmaliger Einblick in die enthusiastischen Pläne eines Reformers. Leopold stellte sich rückhaltlos auf die Seite des Beamten Franz Anton von Raab (1722–83), der in Böhmen auf den Kron- und Staatsgütern die Hörigkeit (Erbuntertänigkeit) aufheben und durch eine Erbpachtordnung ersetzen wollte.

Leopolds französisch geschriebener Brief ist nur in der Abschrift einer deutschen Übersetzung erhalten geblieben, aufbewahrt im Geheimarchiv des Hofes, erst 1961 entdeckt und veröffentlicht.

Florenz, den 28. Juni 1778

Liebste Mutter!
Ich habe Dero gnädigstes Schreiben vom 28. vergangenen Monats mit den Schriften von Raab erhalten, die ich, Ihnen hier beigeschlossen zurückzusenden, mich unterfange. Dieses Unternehmen muß sicherlich von großem Nutzen sein, sowohl für die Güterbesitzer als auch für die Untertanen, in Ansehung der Abkürzung und weniger Kosten der Verwaltung. Sie ist gerecht, nützlich und vorteilhaft für alle und kann Eurer Majestät nichts als den Segen der Untertanen zuziehen, welche, aus übel behandelten Sklaven ohne Stand und Ansehen hierdurch zu freien Leuten umgestaltet, ein Eigentum erlangen.

Ich wünsche nichts Sehnlicheres, als daß dieses für das Land so nützliche Beispiel auch von den übrigen Ständen nachgeahmt werden möge. Allein ich fürchte sehr, daß die alten Vorurteile, der Eigennutz und der den größtenteils übelgesinnten Menschen angeborene Neid, Neuerungen zu widersprechen, hauptsächlich, wenn sie nützlich sind und der Geist des Stolzes und Unterdrükkung, der in *Deutschland* allgemein unter dem Adel gegen ihre Untertanen und Volk *herrscht*, sie verhindern werden, diesem Beispiel zu folgen, welches Eure Majestät ihnen haben geben wollen.

Allein die Zeit wird sie hierin aufklären und ihre Untertanen, nachdem sie ihre Verfassung mit jener der Bauern und den Domänen Eurer Majestät verbinden, so werden ihre Nachbarn sie endlich zwingen, dieses System anzunehmen, und *so wird ein mäßiger Aufstand der Bauern dem Staat nützlich sein, um die Großen zu demütigen*, das zu tun anzutreiben, was recht und billig ist gegen ihre Bauern, deren Klasse ebenso gut ein Teil der Monarchie ist, als jene der Großen, die alle durch die Regierung müssen beschützt und unterstützt werden.

Vor allen anderen aber hauptsächlich die Klasse der Bauern, welche die zahlreichste, die nützlichste und notwendigste für den Staat ist und die schon nur allzusehr unterdrückt ist durch die Verachtung, Auflagen und Militärsystem etc., ohne noch anderer Übel zu gedenken, die den Umständen des Staats, die sie unterdrücken, indem sie auch noch den besonderen Abgaben der Herrschaften unterliegen, welche je größer, reicher und mächtiger sie in einem Staat sind und je größer Besitzungen sie darinnen haben, desto gefährlicher, desto stolzer sind sie, und die Unterdrückung ihrer Untertanen und Tyrannei gegen dieselbe ist ihre einzige Beschäftigung, ja sie machen besondere Corps [Körperschaften] aus und geben sich das Ansehen eines *Staates in dem Staat* [Randbemerkung von gleicher Hand, fraglich, ob von Leopold formuliert: NB (wohlgemerkt) will so viel sagen, sie machen in einem monarchischen Staat eine kleine Regierung aus], welches zu sehr die Waagschale ihrerseits in Ansehung ihrer aller Vorteile wankend macht und welche hernach ein überwiegendes und gefährliches Corpus aus allen jenen Ursachen, die schon gegen das Corps der Jesuiten angeführt worden, ausmachen, da nämlich alle Höfe diese Ausrottung verlangten.

Ich bitte Eure Majestät, dem Eifer dieser meiner Ausschweifung zu verzeihen, der meine wahre Denkungsart über diese Sachen enthält, die ich nicht verbergen kann; denn ich muß hier von Dingen reden, die die Unterdrückung des Schwächsten durch den Arm des Reicheren zum Gegenstand haben, und zwar von den nützlichsten Gliedern der Monarchie durch jene, welche darin weder nützlich noch notwendig sind. (Silagi, S. 118/119)

In diesem antifeudalen Geist sammelte Leopold schon in Florenz einen Kreis reformwilliger Beamter um sich, die er 1790 als engste Berater mit nach Wien nahm. Als Leopold am 1. März 1792 starb und mit seinem Sohn, Kaiser Franz II. (1792–1806), ein ausgesprochener Reaktionär an die Macht gelangte, wurde dieser Reformerkreis beiseite geschoben und in Richtung einer revolutionären Demokratie vorwärts gedrängt. Zu den führenden Köpfen dieser Gruppe der österreichischen Jakobiner zählte Andreas Riedel (1748–1837), einst Franzens Mathematiklehrer in Florenz.

Quellen und Literatur

Alfred Körner: Andreas Riedel, Phil. Diss. Köln 1969
Ders.: Die Wiener Jakobiner, Stuttgart 1972
Denis Silagi: Ungarn und der Geheime Mitarbeiterkreis Leopolds II., München 1961

83 Der rumänische Bauernaufstand in Siebenbürgen (1784)

Knapp fünf Jahre vor der Großen Französischen Revolution erhoben sich in Siebenbürgen die rumänischen Leibeigenen gegen ihre ungarischen Grundherren. Das mag auf den ersten Blick ein unwichtiger Nebenschauplatz sein. Dennoch gebührt diesem Ereignis eine besondere Stellung: wegen der hervorragenden, sofortigen Rezeption durch den später führenden französischen Revolutionär Brissot; wegen der Erschütterung Österreich-Ungarns, sowohl der schwankenden kaiserlichen Bauernpolitik als auch der ungarischen Feudalherrschaft; wegen der aufbrechenden rumänischen Nationalbewegung als Vorläufer des Zeitalters der antifeudalen Revolution.

Eine anonyme zeitgenössische Darstellung ließ leise etwas vom Grollen der neuen Zeit vernehmen:

Wir leben in einem Zeitalter, in welchem die Gärungen in den Staaten nichts Seltenes sind, und wo es den unruhigen Köpfen an Unterstützung fehlt, da schmieden sie wenigstens Kabalen [Ränke] und beneiden die Ruhe ihrer Mitbürger, in deren Herzen der Friede thront. Europa sieht großen Veränderungen entgegen, die jetzt noch in der Asche glimmen. (Kurze Geschichte, S. 3)

Und tatsächlich: der künftige revolutionäre, französische Demokrat Jacques Pierre Brissot (1754–93), als Haupt der Girondisten einer der ein-

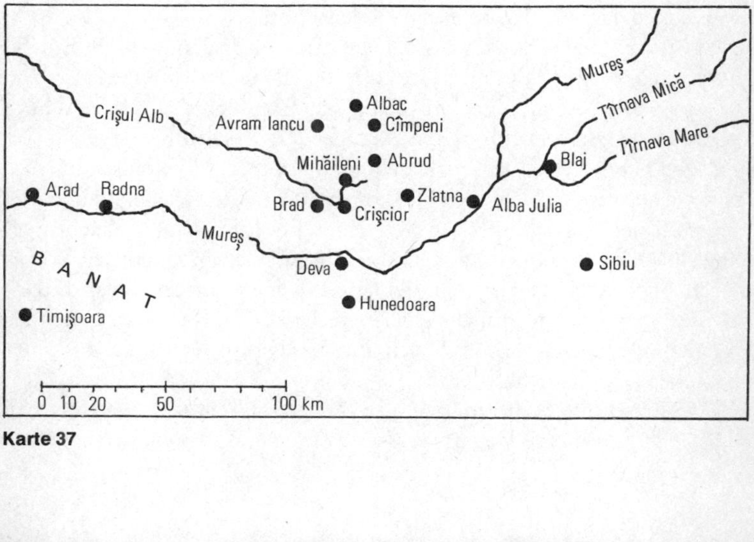

Karte 37

flußreichsten Revolutionsführer, am 31. Oktober 1793 nach dem Sturz der Gironde durch die Jakobiner guillotiniert, beschäftigte sich schon im Sommer 1785 mit dem erst ein halbes Jahr vorher niedergeschlagenen rumänischen Bauernaufstand (Auner, S. 37–47). In seinen Briefen an Kaiser Josef II. (1765–90) entwickelte er sein revolutionäres Verständnis der Menschenrechte gerade an diesem rumänischen Aufstand, der somit als einer der Paten an der Wiege der Großen Französischen Revolution stand. Brissot beklagte eine Ungerechtigkeit, die bis heute wiederkehrt: ein siegreicher Rebell – damals der Amerikaner Washington – genieße überall Verehrung, der besiegte, wie der Rumäne Horea, werde bei seiner Hinrichtung noch verspottet.

Uneingeschränkt verteidigte Brissot das Programm der Rumänen: Abschaffung des Adels, allgemeine Steuerpflicht, Enteignung der Großgrundbesitzer und Verteilung des Landes an die Bauern. Am rumänischen Beispiel schrieb er seine Theorie des Rechtes zur Revolution nieder. Jede Erhebung gegen eine despotische Regierung beruhe auf dem Naturrecht. Diese Gedanken fanden Eingang in die Menschenrechtserklärung der französischen Nationalversammlung.

Noch aus anderen Gründen sticht dieser rumänische Aufstand hervor. Er stellte Erzherzog Leopolds Theorie des «mäßigen Bauernaufstands» (Kapitel 82) auf die Probe. An diesem Kampf rumänischer Leibeigener sollte sich erweisen, wie ernst es der Kaiser Joseph II. und sein Bruder Leopold II. mit der Bauernreform meinten. Ja, noch mehr. Hier mußte sich zeigen, ob der Habsburger Feudalstaat überhaupt noch reformfähig war. Insofern die Habsburger Monarchie wesentlich die Politik des Deutschen Reiches bestimmte, erschütterte die rumänische Bauernbewegung von 1784 auch die Grundlagen der feudalen deutschen Reichspolitik.

In Siebenbürgen (Transsilvanien; rumänisch: Ardeal, ungarisch: Erdély) hatte es schon 1437/38 und 1514 kraftvolle Bauernerhebungen gegeben. Das Hochland Siebenbürgen wird eingeschlossen von den Ost- und Südkarpaten und vom Siebenbürgischen Erzgebirge (Apuseni-Gebirge) im Westen. Im Ostteil lebten die Szekler, ein madjarischer Volksstamm, im Südosten Siebenbürger Sachsen, Nachkommen deutscher Einwanderer. Die Mehrzahl der Siebenbürger (60 %) stellten die Rumänen, Wallachen genannt. Neben den drei «Nationen», wie damals die verschiedenen Völker hießen, neben den Ungarn, den Szeklern und den Deutschen, war die Nation der Rumänen noch nicht gleichberechtigt. Die Rumänen galten als Fremde: ihre Heimat läge im Süden, im Fürstentum Wallachei, das unter türkischer Oberherrschaft stand.

Das Fürstentum Siebenbürgen, seit 1415 türkisch, seit 1661 bei den Habsburgern, war den Ungarn zur Verwaltung und Ausplünderung überlassen. Die herrschende Großgrundbesitzerschicht machten die ungarischen Adligen aus, die auf Gutshöfen ihre rumänischen Leibeigenen unbeschränkte Robot (Fron) leisten ließen.

Die Wiege dieses rumänischen Aufstandes und damit ein wesentlicher Schritt zur Entstehung der rumänischen Nation stand im Gebiet von Zlatna (Kleinschlatten), einem Ort 38 km westlich von Alba Julia (Karlsburg; alter österreichischer Name: Weißenburg; rumänisch: Alba Julia; ungarisch: Guyula-Fehérvár). Wie schon oft in der Geschichte ländlicher Freiheitskämpfe, ging von Gebirgsbauern der erste Anstoß zum Widerstand aus: von den Motzen im Siebenbürgischen Erzgebirge, den Munţii Apuseni (Westgebirge). Motzen wurden die rumänischen Bauern und Bergarbeiter der Domänenherrschaft (Fiskalherrschaft) Zlatna genannt. Sie waren Leibeigene, die auf Staatsbesitz arbeiteten, auch im Bergbau. Seit 1770 erhielt die Bergbauförderung mächtigen Auftrieb. Neue Erzgruben wurden erschlossen. Deutsche Bergbauknappen arbeiteten mit, die eine Leibeigenschaft nie gekannt hatten und nun die Rumänen Tag für Tag den Unterschied sehen ließen. Anders als die übrigen Leibeigenen Siebenbürgens genossen die Motzen wenigstens Waldnutzungs- und Schankrechte.

Österreichs Kampf um die europäische Vorherrschaft verschlang riesige Summen. Ein guter Teil wurde aus den Fiskalbauern herausgepreßt, den Leibeigenen der Staatsgüter. Während der Bergbau in Schwung kam, zogen die Fiskalbeamten die Schraube an. Sie erhöhten ständig die Pacht, verlangten mehr Robot (zwei Frontage in der Woche), nahmen den Leibeigenen ihre wenigen Rechte oder ließen sie sich immer teurer bezahlen. Der Verlust der Schankrechte führte 1782 in Cîmpeni (Topánfalva, Topesdorf, 50 km nordwestlich von Zlatna, 18 km südöstlich von Albac) zu einem ersten schweren Zusammenstoß. Fünf Leibeigene wurden zum Tod verurteilt (Densuşianu, S. 88–96).

Gegen diese brutale Grundherrenjustiz wie gegen den allgemein zunehmenden Druck wehrten sich die Rumänen zuerst einmal mit dem in Österreich-Ungarn üblichen Mittel. Sie schickten einen Deputierten nach Wien, Nicolae Ursu, genannt Horea (um 1740–85), einen landweit bekannten Baumeister (Bilder von ihm und den anderen beiden Bauernführern Cloşca und Crişan bei Prodan, S. 255, Daicoviciu, S. 157). Horea stammte aus dem noch heute schwer erreichbaren Dorf Albac mitten im Siebenbürgischen Erzgebirge. Er reiste dreimal, schon ab 1779, zum Kaiser nach Wien, acht Wochen war er zu Fuß unterwegs. Einmal wartete er in Wien drei Monate, weil der Kaiser nach Italien gereist war. Als Leibeigener machte er sich bereits durch die unerlaubte Reise strafbar (Densuşianu, S. 105–114).

Die Bauern setzten – typisch für das bäuerliche Staatsbewußtsein in Österreich-Ungarn – auf die Reformwilligkeit des Kaisers. Sie glaubten, er habe mit den nur auf die äußerste Ausbeutung der Leibeigenen abzielenden ungarischen Gutsherren Siebenbürgens nicht das geringste gemeinsam. Horea forderte zuerst einmal die Aufhebung der barbarischen Todesurteile wegen der Revolte von Cîmpeni. Er erhielt von den Hofbeamten nichts als Vertröstungen. Seine Eingaben verschwanden im Rachen des bürokratischen Schlendrians, einer notwendigen Ergänzung der Adelsherrschaft.

Typisch für die kaiserliche Verwaltung: schon 1775 war der korrupte und brutale Fiskalbeamte von Zlatna entlassen worden, 1784 befand er sich noch immer unbehelligt im Amt. Nicht nur der ungarische Adel bildete, wie Leopold II. 1778 allgemein für den Adel festgestellt hatte, einen Staat im Staat (Kapitel 82), sondern in dessen Sog auch die Beamten der Staatsgüter.

Die vierte Reise im November 1783 machte Horea zusammen mit einem anderen Bauerndeputierten, dem 37jährigen Ion Orgă von Cărpeniş (Abrud Kerpenyes, Kapellendorf), genannt Cloşca. Bei der Rückkehr behaupteten beide, mit dem Kaiser gesprochen und den Befehl empfangen zu haben, die 1781 verkündete Aufhebung der Leibeigenschaft durchzuführen. Ein wertvolles Argument für die noch kaisergläubigen Rumänen.

Der wirkungsvollste Anstoß zum Aufstand kam unerwartet von anderer Seite her: von der Militarisierung Siebenbürgens. Die Regierung ließ neue Grenzregimenter ausschreiben, deren Soldaten gewöhnlich aus der Leibeigenschaft entlassen wurden. Im Sommer 1784 strömten die Bauern, darunter auch Siebenbürger Sachsen, aus den Verwaltungsbezirken (Komitate, Gespanschaften) Alba Julia, Hunedoara (ungarisch: Hunyad, deutsch: Eisenmarkt), Zarand und aus dem Kokelgebiet (Große und Kleine Kokel, Tîrnava Mare und Tîrnava Mică, nordöstlich von Alba Julia) nach Alba Julia, um sich in die Regimentslisten einschreiben zu lassen. Schon während der Einschreibung bekamen die ungarischen Adligen Töne zu hören, wie sie dann im November 1784 allgemein werden sollten. «Ungar» war gleichbedeutend mit Adliger, «Rumäne» mit dem Leibeigenen schlechthin.

Ihr Ungarn, jetzt ist euer Ende gekommen, eure Ländereien werden euch genommen und uns gegeben werden, und in 15 Tagen werden wir Waffen bekommen und euch alle töten, euch Ungarn. (Densuşianu, S. 122)

Einem ungarischen Gutsherrn wurde entgegengeschleudert:

Wir werden die Ungarn vertreiben und ihre Länder unter uns aufteilen. (Densuşianu, S. 128)

Als die Bauern heimkehrten, verweigerten sie die Robot. Sie hielten sich ab jetzt für frei. Als deshalb die Einschreibung bei den Grenzern eingestellt wurde, flammte der Widerstand noch mehr auf (Densuşianu, S. 114–134).

Aus den armen Bergsiedlungen des Apuseni-Gebirges bildeten sich starke Gruppen von Banditen, die die Gutsherren und die Verwalter überfielen. Die Räuber verstanden es lange, sich dem Zugriff der Behörden durch ständigen Wechsel über die siebenbürgisch-ungarische Grenze zu entziehen. Sie genossen starken Rückhalt im Landvolk, eine für Sozialbanditen typische Erscheinung. Viele ungarische Grundherren sahen sich gezwungen, ihre Landsitze zu verlassen und an befestigte Orte zu flüchten.

Im Grenzkomitat Zarand (östlich vom Banat) arbeitete als dritter führender Kopf der 52jährige Gheorge Marcul von Vaca, genannt Crişan, auf den Aufstand hin. Auch er war Leibeigener, hatte im Heer gedient, besaß also militärische Kenntnisse. Er drängte am stärksten auf die baldige Erhebung.

Als Hauptmann der Bauerntruppe im Auftrag des unbewaffneten Horea taucht ein Fremder auf, der 39jährige Ignaz Christian Herzog, geboren im preußischen Teil Schlesiens, ausgewiesen aus allen österreichischen Ländern. Zum Schutz nennt er sich Julius Ignaz Salis von Salfeld. Auf seinen Kopf sind 100 Gulden ausgesetzt (Densuşianu, S. 143/144).

Am 28. Oktober 1784 lädt nun Crişan zu einer Delegiertenversammlung in die Kirche von Mesteăcan (Mesztákon, Mestakin; Komitat Zarand) ein. Jedes Dorf soll drei bis vier Vertreter schicken. Am Sonntag, 31. Oktober, strömen in aller Heimlichkeit 500–600 unbewaffnet zusammen. Crişan ruft am Montagabend, 1. November, auf einer weiteren Versammlung in der Kirche von Curechi (östlicher Teil des Komitats Zarand) zum Aufstand auf. Nachts kann er nur knapp einer Verhaftung entgehen. Dann wird die kleine, ihn bedrohende Soldatengruppe von herbeigelaufenen Bauern entwaffnet, der Anführer durch die Aufständischen hingerichtet. Am 2. November ruft Crişan zum Zug nach Alba Julia auf, um sich entsprechend der Einschreibung in die Grenzregimenter Waffen zu verschaffen. Am 3. November beginnt der Bauernhaufe, in Criscior Adlige zu überfallen und umzubringen. Viele Adlige kommen mit dem Leben davon, wenn sie zur rumänisch-orthodoxen Kirche übertreten und sich sofort taufen lassen. Dann teilt sich der Haufe. Der eine Teil zieht nach Mihăileni, der andere unter Crişan greift die Adligen in Brad an. Überall gehen die Adelssitze, Schlösser wie Gutshöfe, in Flammen auf. Die Bauern zeigen gefälschte Befehle des Kaisers vor, die die Beseitigung des Adels und die Aufteilung des Großgrundbesitzes anordnen. Den allgemeinen Aufstand erreicht Crişan dadurch, daß er in jede Gemeinde zwei bis drei Boten schickt. In Brad spaltet sich der ständig wachsende Haufe erneut, verteilt sich im ganzen Komitat Zarand.

Die Bewegung, die mit der Forderung nach Enteignung der Adligen ein revolutionäres Gesicht gewinnt, dehnt sich auf das Komitat Hunedoara aus. Allein in den ersten sechs Tagen werden 230 adlige Landsitze zerstört, die kaiserlichen Domänengüter aber durchweg verschont. Die Bauern marschieren am 5. November gegen die Festung Deva (deutsch: Diemrich) bei Hunedoara, wohin sich der ungarische Adel des Mureş-Tales geflüchtet hat. Am 11. November gibt Horea in der Form eines Ultimatums an den eingeschlossenen Adel des Komitats die Bauernforderungen bekannt, praktisch das Programm der Revolution.

Erstens soll der Komitat samt allen seinen adligen Besitzern einen Eid unter das Kreuz ablegen.

Zweitens soll kein Adel mehr sein, sondern derjenige, der einen kaiserlichen Dienst bekommen kann, soll davon leben.

Drittens sollen die Edelleute aus ihren Besitzungen alsogleich den Fuß auf immer hinaussetzen.

Viertens sollen die Adligen [genau] so wie das gemeine Volk die Kontribution entrichten.

Fünftens sollen die adligen Grundstücke in Gemäßheit eines erfolgenden Allerhöchsten kaiserlichen Befehls unter das Volk verteilt werden. (Schaser, S. 77; vgl. Densuşianu, S. 151, Anm. 1)

Das Programm bedeutet: Übertritt zur rumänisch-orthodoxen Kirche (religiöse Gleichheit), Abschaffung des Adels, seine Enteignung und Besteuerung und die Aufteilung des Bodens unter die Bauern. Wahrhaftig ein radikal antifeudales Programm, würdig als Vorläufer der Französischen Revolution. Die Bauern glauben, damit den Willen des Volkskaisers, wie sich Josef II. gerne nennen läßt, gegen den Adel auszuführen. Sie wollen, wie sie schon früher erklärt haben, keine Untertanen mehr sein. Alle Ungarn sollen ermordet werden, Siebenbürgen soll ein Land der Rumänen sein. Andere Beamte seien einzusetzen (Densuşianu, S. 149/150).

Nach zwei blutig zurückgeschlagenen Sturmläufen (6./7. November) auf die Festung Brad teilt sich der Bauernhaufe am 8. November. Zwei große Haufen ziehen das Mureş- (Miereschtal) und das Crişul Alb-Tal (Krieschtal) hinab nach Westen, alle Adelssitze gehen in Flammen auf. Daneben entstehen neue Bauernhaufen. Wo sie erstmals auf kleine kaiserliche Truppen stoßen, lassen sie sich einen Waffenstillstand aufschwätzen, bis die Kaiserlichen besser gerüstet sind. Auf die bekanntesten drei Bauernführer werden je 300 Gulden Kopfgeld ausgesetzt.

Der ungarische Adel, der seine materielle Grundlage in den Ruin treiben sieht, greift ebenfalls zum Mittel des Aufstands (zum Adelsaufstand Densuşianu, S. 290–298). Darunter versteht Kaiser Josef II. die Tatsache, daß sich die Adligen illegal versammeln, illegal sich in den Besitz kaiserlicher Waffen bringen, in bewaffneten Banden auf eigene Faust Krieg führen und 60 gefangene Bauern in Deva und 40 woanders eigenmächtig hinrichten lassen (Beu, S. 50/51). So gut wie möglich versuchen kaiserliche und türkische Truppen, durch einen Grenzkordon in den Karpaten die Flucht rumänischer Bauern in die Wallachei zu unterbinden.

Der rumänische Bauernaufstand in Siebenbürgen trifft die Habsburger Monarchie in einer heiklen außenpolitischen Situation. Während die Holländer die Schiffahrt auf der Schelde blockieren, will Kaiser Josef II. mit Gewalt die freie Durchfahrt erzwingen. Josef hat ehrgeizige Pläne, er will seinen innerlich zerstrittenen Feudalstaat zur ersten Macht Europas machen. Es droht ein europäischer Krieg. Mit der von Österreich absichtlich herbeigeführten Kriegsgefahr möchte Josef Frankreich dazu bringen, dem alten Habsburger Plan zuzustimmen, die weit abgelegenen Österreichischen Niederlande (heute Belgien) gegen Bayern zu tauschen. Vor allem Preußen legt sich quer, da es die territoriale Stärkung Österreichs im Süden für gefährlich hält.

In dieser verzwickten Lage trifft in Wien am 12. November 1784 die erste Nachricht von der rumänischen Revolution ein. Der kaiserliche Gesandte in Berlin meldet bald die Schadenfreude Preußens (Auner, S. 6). Kein Wunder, daß der Wiener Hof im diplomatischen Verkehr die rumänische Erhebung verschweigt. Um so intensiver kümmert sich Josef um den Fortgang. Ohne schon etwas von den Ursachen der Bauernbewegung zu wissen, schreibt der Reformkaiser am 15. November 1784 dem Spezialkommissär Freiherrn Michael von Brukenthal nach Sibiu (Hermannstadt):

Dem so ärgerlichen, verderblichen, höchst betrüblichen Zufall von der Zusammenrottung der wallachischen Bauern und dabei vorgehenden Grausamkeiten und Verwüstungen muß mit allem Ernst und zugleich mit aller Geschwindigkeit abgeholfen werden.

Die ruhige Besitzung und Sicherheit im Staat, sowohl in Ansehung der Personen als der Habschaften, muß immer das vorzüglichste Augenmerk einer wohlbestellten öffentlichen Verwaltung sein. Da nun diese auf eine höchst ärgerliche Art verletzt ist, so zweifle ich nicht, daß Sie in der Entfernung bereits mit dem Generalkommando sich werden kurzerhand verständigt haben, um alles dasjenige zu veranstalten, auch die Komitate hierzu beiwirken zu lassen, was zur Stillung dieser Unruhe so nötig ist.

Da das standrechtmäßige Verfahren in derlei Fällen zum größten Schreckbild und Beispiel dienen muß, so werden Sie einige Beamte der Komitate, es seien Vizegespänne, Stuhlrichter oder Assessoren, mit den Truppen abgehen lassen, um diesen Tumultuanten in ihrer Sprache zuzureden, teils wider die Aufwiegler und jene, die sich besonders widerspenstig zeigen, nach einem summarischen Verhör Standrecht zu halten und die Verurteilten am Ort durch den bei der Hand habenden Scharfrichter hinrichten zu lassen. Es versteht sich, daß davon kein Mißbrauch gemacht werden muß und daß nur die verrufensten Bösewichter auf solche Art zu behandeln sind. Ebenso werden Sie die griechische [Rumänen der griechisch-unierten Kirche] Geistlichkeit dahin anweisen, daß sie sich sorgfältigst verwende, um diesen rasenden Menschen den Irrwahn zu nehmen und sie zur schuldigen Ruhe anzuhalten. Auf den Rädelsführer ist ein Kopfgeld von 300 Dukaten zu setzen, für den oder diejenige, so diesen Rädelsführer oder andere Hauptanführer ausliefern würden, welches mithin aller Orten bekannt zu machen sein wird. (Beu, S. 40/41)

Überraschend schnell ziehen der Kaiser und der sonst so widerspenstige ungarische Adel Siebenbürgens an einem Strang: beim Standrecht gegen lang vertröstete, stets unterdrückte, am Ende betrogene rumänische Leibeigene. Daran ändert sich auch nichts, als Josef aus einer Siebenbürger Kanzleimitteilung schließen kann, daß Gewalttaten der Beamten gegen die Untertanen durchaus üblich sind (Beu, S. 43). Am 19. November 1784 gibt Josef zu erkennen, daß er sich aus allen Nachrichten den richtigen Reim gemacht hat:

Aus den verschiedenen, über die in Siebenbürgen unter den Wallachen entstandenen Unruhen allhier eingehenden Berichten läßt sich nicht undeutlich entnehmen, daß dieser Empörungsgeist seinen Ursprung in den vielfältigen Bedrückungen der Grundobrigkeiten gegen ihre Untertanen habe, mit denen man bis nun zu der schon so lange verheißenen Urbarialregulierung [schriftliche Festlegung der Robotpflichten] zu schreiten, noch immer unterlassen hat. (Beu, S. 43)

Aber schon am nächsten Tag fällt Josef eine bequeme Ausrede ein: «Das gemeine Volk ist, wie es Ihnen genug schon bekannt ist, in seiner großen Dummheit ganz sicher irregeführt worden.» (Beu, S. 47)

Der Kaiser will wieder einmal eine Kommission einsetzen, um die rumänischen Beschwerden aufzunehmen, die ihm die beiden Bauerndeputierten ja schon mehrfach überreicht haben. Der Hof ist völlig untauglich zur reformerischen Regierungspolitik. Am 27. November 1784 schreibt Josef resigniert nach Siebenbürgen:

Bekannt ist Mir, daß seit mehreren Jahren die dringendsten Beschwerden von den Untertanen der Zlatner Herrschaft über Bedrückungen und Strenge sowohl der Beamten als auch der Grundobrigkeiten eingereicht worden sind, welche Ich zu wiederholten Malen, zu untersuchen und genau zu erheben, befohlen habe, aber leider bis jetzt vergebens. Zwar wurden Kommissionen hierzu ernannt, die aber nie etwas anderes fruchteten, als die Untertanen noch mehr mißhandeln zu machen und die Beamten zu beschönigen. Nie aber wurde das Übel aus seiner Wurzel gehoben. Freilich läßt sich auf einige Zeit die Sache durch Gewalt unterdrücken, aber wenn die Menschheit zu sehr mißhandelt und der Bogen endlich zu hoch gespannt ist, so bricht er auch ganz sicher. (Beu, S. 53)

Endlich scheint der Kaiser auf der Seite der geplagten Bauern zu stehen. Doch dann gerät er wieder ins Schwanken. Nachdem die ungarischen Grundherren in Deva mit Standgerichten ein Blutbad angerichtet haben, schreckt Josef wieder vor dem Standrecht zurück (Beu, S. 49, 62/63). Er empfiehlt Milde und gibt dennoch nach Siebenbürgen die zynische Anweisung:

Besonders ist zu trachten, daß die Zusammenrottierung einmal aufhöre und sich jedermann ruhig nach Hause begebe. Ist dieses geschehen, so kann man nachher die Rädelsführer ganz leicht einzeln abholen oder aufheben; denn solche jetzt von den versammelten und erbitterten Haufen abzufordern, ist wahrer Unsinn. (Beu, S. 60)

Die rumänischen Leibeigenen werden Anfang Dezember 1784 niedergeworfen, ein Haufe nach dem anderen aufgerieben, wie so oft in Bauernaufständen. Am 7. Dezember erfolgt die letzte Niederlage, Horea und Cloşca lösen bald ihre letzten Truppen auf, verstecken sich im Waldgebirge, wo sie am 27. Dezember 1784 von Bauern aus Albac verraten werden, die sich das traumhafte Kopfgeld verdienen wollen. Nur diesen Verrätern schenkt der Reformkaiser die von allen Rumänen ersehnte persönliche Freiheit. Er befiehlt, an den Aufstandsführern ein sadistisches Exempel zu statuieren:

An Horea und Cloşca muß allerdings ein einprägsames Beispiel gegeben, solches aber dergestalt eingeleitet werden, daß nicht an einem, sondern an mehreren Orten diese Bösewichter, wo sie ihre größten Schandtaten ausgeübt haben, herumgeführt, dem gemeinen Volk und ihren verführten Mitschuldigen zum schreckenden Beispiel dargestellt und nachher an einem zu verkündenden Tag an einem Hauptort, wo der größte Zusammenfluß der Untertanen sein kann und wo die unruhigsten Köpfe noch sind, auf eine eindrückliche Art diese hingerichtet werden.

Diese Hinrichtung muß auch unter der Autorität der Kommission an verschiedenen Orten geschehen, damit die Untertanen sehen und überführt werden, daß dieses Mein ernstlicher Wille und nicht jener allein der Siebenbürgischen Kanzlei oder des Komitatbeamten sei. (Beu, S. 78/79)

Crişan kann sich noch einen Monat versteckt halten. Am 30. Januar 1785 geht auch er in die Falle. Er erdrosselt sich schließlich im Gefängnis. Die beiden anderen Revolutionsführer werden am 28. Februar 1785 in Alba Julia öffentlich hingerichtet: die Glieder gebrochen und aufs Rad geflochten, lebendig die Eingeweide herausgerissen (Bilder der Hinrichtung bei Prodovan, S. 256, Daicoviciu, S. 160). Dann werden noch mehr als 500 hingerichtet. Fünf sterben im Gefängnis, einige wohl unter der Folter. Wenig später wird ein Teil der Motzen ins Banat deportiert: ein altes Gewaltmittel bei der inneren Kolonisierung (siehe Kapitel 8 Sachsen und Wenden;

Kapitel 84 die Hotzenwälder des 18. Jahrhunderts, die ebenfalls ins Banat mußten).

Der ungarische Adel Siebenbürgens gierte nach mehr Rache. Das Geschehene war ihm viel zu wenig. Der Kaiser sah daraus weiteres Unglück über die Bauern heraufziehen, wie er bereits am 10. Januar 1785 schrieb:

Die Gemüter der siebenbürgischen Adelschaft sind dergestalt erbittert und so auf Härte und Bedrückung gestimmt, daß man ganz sicher durch alle möglichen Vorwände neue Gefahren vorbilden und die unschuldigsten Handlungen des wallachischen Volkes als die gefährlichsten Empörungen wird darstellen wollen. Ja, man wird die Untertanen selbst durch Nachspionierungen, Hausdurchsuchungen, Verhaftungen entweder zur Auswanderung und zum Verlassen ihrer Häuser oder zu neuen Widersetzlichkeiten anzurichten trachten, und dieses nur, um, durch militärische Gewalt bezwungen, ihre freie Willkür sowohl der Komitatsbeamten als auch der Besitzer Rache auszuüben und sich den gehabten Schaden auch von Unschuldigen vergelten zu lassen. (Beu, S. 77)

Um seine Reformpolitik durchzusetzen, die die Leibeigenschaft abzulösen suchte, gab Josef einzelne Anweisungen, die Dienstpflichten der Bauern schriftlich festzulegen und folglich vor willkürlicher Erhöhung zu schützen. Die Handrobot sei herabzusetzen. Den Anfang verlangte er gerade im Ursprungsgebiet des Aufstandes: im Komitat Zlatna. Aber der Adel verschleppte auch diese Anweisung – wie gehabt. Bis zu Josefs Tod (1790) erlebten die Bauern keine Erleichterung. Die Grundherren sperrten sich gegen jede Veränderung, kostete sie doch die absolute Verfügungsgewalt über die Bauern.

Einmal, schon Mitte Dezember 1784, dämmerte Josef, welche revolutionäre Kraft in den Untertanenmassen steckte, um die Bauernfrage zu lösen:

Es ist ein Unmöglichkeit, wenn nicht einige schon lange im Land vorhandenen Bedrückungen besonders im Robotgeschäft und in den unterschiedlichen Zinszahlungen behoben werden, daß man sich auch von der größten Gewalt, weil man doch nicht die Armee, gegen eigene Untertanen zu gebrauchen, auf den Beinen hat, eine sichere Ruhe versprechen kann. Dieser traurige Beweis sollte den Adel und die Grundherren überzeugen, daß ihr Leben und ihre Besitzungen in den Händen des großen Haufens sind, nämlich des Volkes, und daß dieser nur durch billiges Entgegenkommen und durch Liebe und Vertrauen auf eine beständige Art in den Schranken gehalten wird. Das Übermaß der Strenge kann nur auf eine Zeit unterwerfen, und die erste Gelegenheit wird benützt von Leuten, die nichts zu verlieren haben, die an Haus und Hof nicht hangen, weil sie von denselben kaum ihr Leben fristen können, in die größte Ausschweifung auszuarten. (Beu, S. 61/62)

Doch am Ende schlug sich Josef wieder auf die Seite des Adels, mit wesentlicher Unterstützung seines Bruders Leopold (Beu, S. 29). Leopolds Theorie von der Nützlichkeit eines «mäßigen Bauernaufstands» gegen den reaktionären Adel erwies sich als Seifenblase, geplatzt beim Aufstand rumänischer Gebirgsbauern. Das Kaiserliche Haus offenbarte sich als ein Gefangener der Großgrundbesitzer. Der Kaiser, zwischen allen Stühlen sitzend, suchte die Grundherren und die Untertanen miteinander zu versöhnen (Beu, S. 88). Ein vergebliches Unterfangen.

Und doch blieb dieser rumänische Revolutionsversuch nicht ohne Wirkungen. Er verschärfte die Bemühungen des Kaisers um die Lösung der Bauernfrage. Josef II. veranlaßte die Einrichtung nationaler rumänischer Lehrerseminare und eines rumänischen Priesterseminars: erste Schritte zu einer autonomen rumänischen Kultur. Indem die niedergedrückten Rumänen während des Aufstands und auch danach zum bewährten Kampfmittel der Flucht griffen, schrieben sie dem Grundadel Grenzen der Ausbeutung vor. Viele adlige Familien hatte die Revolution in Armut gestürzt. Die noch einmal davongekommenen Gutsherren konnten daran sehen, welcher Preis auf die Überschreitung dieser Grenzen stand. Die Motzen blieben ein Zentrum des rumänischen Widerstandswillens in Siebenbürgen. 1839 erhoben sie sich erneut, dieses Mal angeführt von einer Frau: Katharina Varga (Kapitel 101). 1849 entstand im Siebenbürgischen Erzgebirge eine rumänische Partisanenarmee, unter der Führung von Avram Iancu (Kapitel 132), dessen Name heute ein Dorf trägt.

Quellen und Literatur

Auner (siehe Kapitel 81)

Gheorge Bartoş: Rascoala lui Horea. Bibliographie analitică, Bucureşti 1976 (Standort: Wien, Österreichische Nationalbibliothek)

J. Berlász: Az 1784-i erdélyi parasztfelkelés és II. Jozsef jobbágypolitikája. [Der Bauernaufstand in Siebenbürgen im Jahre 1784 und die Leibeigenen-Politik Josefs II.] in: G. Spira (Hg.): Tanulmányok a parasztság történetéhez Magyarországon 1711–1790, Budapest 1952, S. 385 ff (Standort: Wien, Öster. Nationalbibliothek)

Octavian Beu: Kaiser Josef II. und der Bauernaufstand Horias, Sibiu 1944 (Standort: Budapest, Ungarische Nationalbibliothek)

Paul Binder/Constantin Cîmpeanu: Zur Beteiligung der ungarischen und deutschen Bevölkerung Siebenbürgens an dem Bauernaufstand unter der Führung Horeas (1784), in: Forschungen zur Volks- und Landeskunde, 6, 1963, Sibiu (Hermannstadt), S. 152–158

Constantin Daicoviciu/Miron Constantinescu (Red.): Brève histoire de la Transsylvanie, Bucarest 1965, S. 156–161

Nic(olae) Densuşianu: Revoluţiunea lui Horian în Transsilvania şi Ungaria 1784–1785 scrisă pe basa documentelor oficiale, Bucureşti 1884 (Verzeichnis der älteren Literatur S. 6–24; Standort: Cluj/Klausenburg, Universitätsbibliothek, Mikrofilm in meinem Besitz)

(Adam Friedrich Geisler:) Horja und Klotska, Oberhaupt und Ratgeber der Aufrührer in Siebenbürgen, Karlsburg und Hermannstadt (vielmehr Dessau) 1784 (Standort: Wien, Österreichische Nationalbibliothek)

CARL GÖLLER: Die Siebenbürgische Militärgrenze. Ein Beitrag zur Sozial- und Wirtschaftsgeschichte 1762–1851, München 1974, S. 75/76

KEITH HITCHINS: The Rumanian National Movement in Transsylvania, 1780–1849, Cambridge, Mass., 1969, S. 37–41

ISTVÁN IMREH: Über die Fronarbeit der leibeigenen Bauern in Siebenbürgen am Ende des 18. Jahrhunderts, in: Forschungen zur Volks- und Landeskunde, 6, 1963, S. 139–151

Kurze Geschichte der Rebellion in Siebenbürgen, Straßburg (vielmehr Leipzig) 1785 (Standort: Wien, Österreichische Nationalbibliothek)

HANS MAGENSCHAB: Joseph II. Revolutionär von Gottes Gnaden, Graz/Wien/Köln 1979, S. 231/232

ŞTEFAN PASCU: Der transsilvanische Volksaufstand 1437–1438, Bukarest 1964

D(AVID) PRODAN: Supplex Libellus Valachorum or The political struggle of the Romanians in Transsylvania during the 18th century, Bucharest 1971, S. 250–271

JOHANN GEORG SCHASER: Denkwürdigkeiten aus dem Leben des Freiherrn Samuel von Brukenthal, Hermannstadt 1848, S. 60–99

GEORG ADOLF SCHULLER: Samuel von Brukenthal, 2. Bd., München 1967, S. 116–145 (Literatur auf S. 121, Anm. 405)

EDUARD WINTER: Der Josefinismus. Die Geschichte des österreichischen Reformkatholizismus 1740–1848, Berlin (DDR) 1962

CONSTANTIN VON WURZBACH: Biographisches Lexikon des Kaisertums Oesterreich, 9. Teil, Wien 1863, S. 272–275 (Nikolaus Horjah); 12. Teil, Wien 1864, S. 111/112 (Klocska) [beide Artikel sehr fehlerhaft]

FERDINAND VON ZIEGLAUER: Die politische Reformbewegung in Siebenbürgen in der Zeit Joseph II. und Leopolds II., Wien 1881

84 Freiheitsbestrebungen von Bauern und Bürgern vor der Jakobinerzeit

A *Bauern*

18. Jh. **Oberlausitz**: zahlreiche Bauernbewegungen (Palm)

1700–98 **Hohenzollern-Hechingen**: Kampf gegen das Jagdverbot, dann auch gegen Steuern, Abgaben und Frondienste. 1733 Sieg der bewaffneten Bauern im Gefecht bei Grosselfingen (bei Hechingen) (Stuttgart-Hauptstaatsarchiv, A 202, Bü. 1383; Actenmaeßiger kurtzer Bericht; Kurtze Facti Species; Kurze Beschreibung; Kraus; Schulze, S. 58)

1701/02 **Freyenstein** (in der Prignitz, im Nordwesten der Kurmark Brandenburg): Fronverweigerung (Wernicke, S. 45/46)

ab 1702 **Sayn-Wittgenstein** (Westerwald): Streit um die Fronpflicht (Schulze, S. 58)

1703 **Tirol**: Aufstand gegen die bayerische Besatzungsmacht (Staudinger, S. 942–951; Finger; Kurfürst Max Emanuel)

1703–11 **Oberösterreich**: Aufstände gegen Wildplage, Jagdfron und verheerende Jagden (Grüll: Bauer, S. 233–256, 619–622; Grüll, Robot, Tafel 7)

1704 **Molln** (Oberösterreich): Bauern verhindern bewaffnet den Kahlschlag eines Waldes zur Verschanzung gegen das feindliche Bayern (Grüll: Bauer, S. 256–263)

1705–29 **Herrschaft Hungen** (bei Gießen): Streit mit den Grafen von Solms-Braunfels wegen Fron und Steuern (Heymann; Schulze, S. 56)

1706 **Gut Preensberg** (bei Wismar): ein Bauer erschlägt bei der Fron den Verwalter, wird dafür hingerichtet (Wernicke, S. 128)

1706–23 **Michelfeld** (Odenwald): Empörung gegen Christoph von Gemmingen wegen zu hoher Fron und anderen Lasten (Schulze, S. 58)

ab 1708 **Herrschaft Dagstuhl** (um Wadern im Saarland): 1708 Verweigerung der ungemessenen Fron usw.; 1716 Gründung eines Bauernbundes, um in einem langen Prozeß sich behaupten zu können (Koblenz, Landeshauptarchiv; Hoppstädter)

1708 **Steinfurth** (Kreis Oberbarnim/Brandenburg): Kampf der Bauern (verpflichtet zu Spanndiensten) gegen die Ansiedlung von Kossäten (nur zur Handfron verpflichtet) (Wernicke, S. 156/156)

1711 **Herrschaft Altenbuch** (bei Trautenau/Böhmen): Aufstand von 20 Dörfern, Überfall auf das Schloß des Grundherrn (Svátek, S. 188)

1711 **Herrschaft Slatnian** (bei Chrudim/Böhmen): Erhebung gegen Grausamkeiten des Grundherrn (Strauß, S. 97/98)

1711/12 **Freyenstein**: Verweigerung der erhöhten Fron, Vertreibung des Exekutionskommandos durch einen Aufstand (Wernicke, S. 138/139)

1711/12 **Insel Ummanz** (nördlich von Stralsund): Kampf gegen Fronerhöhung (Wernicke, S. 132/133)

1712/13 **Großramingen** (Oberösterreich): Widerstand der Gebirgsbauern gegen erhöhte Steuern und andere Verschlechterungen (Grüll, Bauer, S. 270–278)

1713 **Herrschaft Peček** (Böhmen): Aufstand gegen den grausamen Grundherrn (Svátek, S. 188; Strauß, S. 98)

1713 **Herrschaft Görz** (Österreich, heute Gorizia in Friaul/Italien): wegen Steuerdruck fallen die Bauern der Umgebung bewaffnet in die Stadt Görz ein, zerstören zwei Häuser der Steuerpächter, unterliegen aber gegen Kroaten und deutsche Soldaten. Elf Aufständische werden hingerichtet, 61 inhaftiert (Wien, Österreichisches Staatsarchiv, Abt. Haus-, Hof- und Staatsarchiv, Bestand Österreichische Akten, Görz; Hanel; Grüll, Bauer S. 281/282)

1713 **Goisern** (Oberösterreich): Aufruhr wegen Zehnterhöhung (Grüll, Bauer S. 280)

1714/15 **Herrschaft Greiz** (westlich von Zwickau/Sachsen): erneute Steuer- und Fronverweigerung, Anführer wieder Hans Schimmel, wie schon 1689 bis 1693 (siehe Kapitel 71), Prozeß bis 1730 (Wernicke, S. 145/146; Schramm; Schulze, S. 57, 257–260)

1715 **Kreis Cottbus**: Aufstand von mehr als 70 Dörfern dieser preußischen Exklave, als ein Bauernführer wegen Vortragens der Beschwerde verhaftet wird. Es sammeln sich etliche tausend Bauern, um nach Berlin zu marschieren, werden niedergeschlagen. Das Gebiet verarmt durch die folgende Bauernflucht (Brankačk/Mětšk, S. 261–263; Schulze, S. 57).

1715 **Dobberbuse** (Niederlausitz): Die Bauern leisten den Eid für den neuen Grundherrn nur, wenn dieser schriftlich die bisherigen Untertanenpflichten einzuhalten verspricht (Lehmann: Verhältnisse, S. 51, vgl. S. 52).

1715–36 **Fürstentum Rudolstadt** (bei Gera): «Landstreit» der Bauern und Bürger gegen hohe Steuerforderungen, langer Prozeß (Schulze, S. 57, S. 261–264, S. 271–274)

1715–32 **Prisannewitz** (Kreis Rostock): bewaffnete Fronverweigerung, am Ende Niederlage durch Zwangseinquartierung von Exekutionstruppen (Wernicke, S. 139–141)

1716 **Gericht Gründau** (bei Gelnhausen/Hessen): Widerstand gegen Fron und Verlust von Gemeinderechten (Schulze, S. 58)

1716 **Czaslauer Kreis** (Böhmen): Aufstand wegen Einzug von Bauernfeldern, erhöhter Fron usw.; danach schwere Strafen (Strauß, S. 98)

1716 **St. Peter am Camersberg** und **Murau** (Steiermark): Aufstand (Mell, S. 287, Anm. 132)

1716–21 **Oberösterreich**: erneuter Aufstand wegen der Wildplage, Selbsthilfe der Bauern, die mit ihren Waffen nun selbst auf die Jagd gehen (Grüll, Bauer S. 282–340, S. 623).

1717 **Kreis Cottbus**: mit 4000 Aufständischen größte Bauernerhebung in Preußen, gegen Fronerhöhung. König Friedrich Wilhelm I. (1713–40) kümmert sich selbst um die militärische Unterwerfung (Wernicke, S. 68/69; Schilfert, S. 88)

1715 **Böhmen**: Bauernbewegungen in mehreren Herrschaften (Grünberg, 1. Bd., S. 134; 2. Bd., S. 13/14)

1717/18 **Eberstadt** (bei Heilbronn? bei Gießen?): Bauernrevolte, drei Brüder werden 1730 als Anführer bestraft (Schulze, S. 275–278)

1718 **Herrschaft Frauheim** (Steiermark): Widerstand gegen den Grundherrn (Mell, S. 287, Anm. 132)

1718–42 **Friedersdorf** (Niederlausitz): Die Bauern verweigern neue Fronen, verlieren den Prozeß 1739, verweigern weiter die neuen Pflichten, bewaffnen sich, unterliegen am Ende (Wernicke, S. 143/144; Lehmann, Verhältnisse, S. 53/54, S. 107–111, S. 116–120; Lehmann, Quellen, S. 98–123)

1719 **Freigrafschaft Hauenstein** (Hotzenwald im Südschwarzwald): Die Bauern der vorderösterreichischen Grafschaft lehnen den Anspruch des Abtes von St. Blasien auf Leibeigenschaft ab. Drei große Aufstände 1727/28, 1738/39, 1743 bis 1745 (Haselier; Lehner; Matt-Willmatt; Kroell, Lieder; Roland Kroell und die Salpeterer).

1719 **Gut Gresse** (Kreis Hagenow/Mecklenburg): Fronverweigerung (Wernicke, S. 153)

1719/20 **Gut Potrems** (Kreis Rostock): Bauern wehren sich gegen Prügelstrafe eines Verwalters. Ihre Aussprüche dabei sind überliefert (Wernicke, S. 128/129).

1720 **Pentz** (Mecklenburg): Ein Bauernpaar wehrt sich gegen Entrechtung (Wernicke, S. 134).

1720 **Grafschaft Mark**: Erhebung gegen brutale Rekrutenwerbung (Schilfert, S. 88)

1720–22 **Minden-Ravensberg**: Bauern wehren sich gegen Versuch der preußischen Domänenverwaltungen, die Erb- in Zeitpacht umzuwandeln, gegen Drangsalierungen durch die Verwalter. Aufstand in den Ämtern **Rahden** (nordwestlich von Minden) und **Petershagen** (Schilfert, S. 88).

1721 **Lika** (Kroatien): Aufstand (Schilfert, S. 131)

1721–23 **Grafschaft Saarwerden** (südlich von Saarbrücken; heute Département Bas-Rhin): Verweigerung der Steuererhöhung, Verschwörung, Erhebung des Landsturmes (Matthis, S. 146–153. Die 1894 in Wiesbaden befindlichen Akten sind heute wahrscheinlich in Strasbourg, Archives Départementales. Sie liegen weder in Wiesbaden noch in Koblenz, noch in Saarbrücken.)

1722 **Bechtheim** (Rheinhessen): Verschwörung der Dorfmehrheit (100 von 177): Eidverweigerung gegen den Markgrafen von Baden-Durlach (Huth, S. 14/15; Eckhardt, S. 71)

1722 **Ostpreußen**: Wegen der Rebellion ganzer Dörfer muß die Auspfändung von abgabeunwilligen Domänenbauern eingestellt werden (Wernicke, S. 141/142).

1722 **Iglau** (Jihlava/Mähren): in der Umgebung Aufstand, wird niedergeschlagen (Strauß, S. 97)

1722–54 **Herrschaft Falkenberg** (Oberschlesien, heute Niemodlin/Polen): Fronverweigerung, bewaffnete Kämpfe, langer Prozeß (Wernicke, S. 96–99)

1723–25 **Vogtei Elsoff** (Grafschaft Sayn-Wittgenstein, Westerwald; siehe zu 1702): Fortdauern des alten Widerstandes (Schulze, S. 265–271)

1723/24 **Znaim** (Znojmo/Mähren): Kampf um alte Freiheiten, blutig unterdrückt (Strauß, S. 97)

1725/33 **Laubst** (Niederlausitz): Verweigerung der Handfron, Haft und Flucht (Lehmann, Quellen, S. 53, S. 73/74)

1725 **Ströbitz** (Niederlausitz): Verweigerung der Teichfron, die Bauern sollen die Fische nach **Peitz** statt nach **Cottbus** fahren (Wernicke, S. 70) (vgl. 1681 und 1777).

1725 **Rittergut Jahnishausen** (bei Riesa/Sachsen): die Fronbauern aus Oelsitz, Pausitz, Nickritz und Altsattel weigern sich, wüst liegende Äcker in Fron zu pflügen (Wernicke, S. 72).

1725/26 **Herrschaft Wartenburg** (Oberösterreich): die einstigen Freibauern verteidigen ihre letzten Freiheiten, gegen erhöhte Robot (Grüll, Bauer S. 340–349).

1727 **Nassau-Siegen**: Fronstreit (Schulze, S. 58)

1727/28 **Hauenstein**: erste große Erhebung der Salpeterer (siehe zu 1719; Müller-Ettikon)

1727–32 **Fürststift Kempten**: Rebellion, am Ende Vertrag über Steuern und Abgaben (Schulze, S. 57)

1728/29 **Rißtissen** (bei Ehingen/Donau): der Bischof von Konstanz holt gegen die Bauern schwäb. Kreistruppen zu Hilfe (Schulze, S. 57).

1730 **Goldenbow** (Kreis Hagenow/Mecklenburg): die Bauern nehmen die ihnen entrissenen Äcker wieder in Besitz – mit Anklang bei den Nachbardörfern –, werden aber durch kaiserliche Truppen niedergeworfen (Wernicke, S. 153).

1731/32 **Obersteiermark**: Aufstand der lutherischen Bauern, die von ihrer katholischen Obrigkeit unterdrückt werden (Mell, S. 287, Anm. 132; Schilfert, S. 88).

1732, 1738 **Opocno** (Böhmen): Aufstände, von Soldaten niedergeschlagen (Strauß, S. 98)

1732 **Rittergut Wolftitz** (Amt Borna): Fronverweigerung (Wernicke, S. 74)

1732 **Untersteiermark**: Erhebung gegen Steuerdruck, Rekrutierung und Wildplage (Grüll, Bauer S. 352)

1733/34 **Stift Neuzelle** (Niederlausitz): die Bauern vertreiben die herrschaftlichen Schäferknechte (Lehmann, Quellen, S. 83–87; Lehmann, Verhältnisse, S. 52/53; Wernicke, S. 150, S. 177; Schulze, S. 57)

1734 **Wellmitz** (Stift Neuzelle): Die Bauern werfen den Gerichtsboten, der Schulden eintreiben will, ins Gefängnis. Im ganzen Stift lassen sie sich in den Dorfschmieden Waffen machen (Wernicke, S. 143).

1734/37 **Graz**: in der Umgebung Erhebung gegen Steuererhöhung, Rekrutierung und Wildplage (Grüll, Bauer S. 352)

1737–40 **Oberösterreich**: im Alpenvorland erneute Erhebungen wegen der Wildplage (Grüll, Bauer S. 352–359)

1738–40 **Oberlausitz**: Aufstand unter dem Einfluß der rebellischen böhmischen Nachbarn (Boelcke, S. 226, S. 228, S. 232)

1738/39 **Hauenstein**: zweite große Erhebung der Salpeterer (siehe zu 1719)

1739/40 **Steiermark**: Aufstand im Enns- und Paltental, «der große Hirschsturm» (Mell, S. 287, Anm. 132; Schiff, S. 205; Schilfert, S. 131)

1741 **Erzbistum Bremen**: die Marschbauern an der Unterweser prozessieren seit 1598 gegen ihren zu hohen Anteil an der Reichssteuer und gegen das Verweigern der Landstandschaft. Das letzte, negative Urteil des Reichskammergerichts ergeht 1741 (Schulze, S. 58).

1741 **Kreis Waldenburg** (Schlesien, heute Wałbrzych/Polen): Verweigerung der Holzfron (Wernicke, S. 61/62)

1743 **Grottewitz** (bei Grimma/Sachsen): Bauern verhindern, daß ein Rittergutsbesitzer auf einem wüsten Berg Vieh weiden läßt. Beim vierten Versuch läßt er 14 Bewaffnete kommen (Wernicke, S. 150).

1743–49 **Rossow** (Brandenburg): die Bauern weigern sich, dem Domänenamt **Wredenhagen** das ehemalige Kossätenland (Kossäte: ein vom Grundherrn angesetzter Siedler mit etwas eigenem Land, muß nur Handfron leisten) herauszugeben, das die Bauern nach dem Dreißigjährigen Krieg wieder bearbeitet haben. Niederlage 1749 (Wernicke, S. 156).

1743–45 **Hauenstein**: dritte große Erhebung der Salpeterer, Überfälle auf Waldshut (siehe zu 1719).

1746 **Oberösterreich**: Streik der Holzarbeiter in **Ebensee** und der Forstarbeiter in **Ischl** (Grüll, Bauer S. 392)

1746 **Grießen** (Kreis Guben): eine brutale Gutsherrin bricht den Widerstand ihrer Bauern gegen erhöhte Ausbeutung (Müller)

1747/48 **Deuben**: Fronverweigerung beim Brückenbau. Die Bauern verlieren den Prozeß, aber die Brücke wird nicht gebaut (Wernicke, S. 73/74).

1747/48 **Grafschaft Saarwerden**: Widerstand gegen eine strenge Auspfändungs- und eine neue Zehntordnung, bewaffnete Erhebung in **Herbitzheim** (Matthis, S. 155)

1750–60 **Württemberg**: der Räuber Johann Schwan, der Sonnenwirtle von Ebersbach/Fils (Stuttgart, Landesbibliothek, Cod. hist. 2°. 354; Kurz; Donner)

1752 **Geißlitz** und **Halbendorf** (Oberlausitz): wegen Steuerdruck Widerstand, vor Truppen Flucht in die Wälder, harte Unterwerfung (Boelcke, S. 226/227)

1752/53 **Anhalt-Bernburg**: Erhebung von Bauern und Bürgern gegen den Fürsten wegen der Akzise (Verbrauchssteuer) (Magdeburg, Staatsarchiv, Abt. Bernburg, C 11 e, Nr. 2; Schilfert, S. 244, Anm. 105; Schulze, S. 57)

1753 **Freyenstein**: die Bauern verjagen die rechtswidrig weidende, herrschaftliche Schafherde von ihren Äckern (Wernicke, S. 147). Obwohl die Bauern eine alte Schenkungsurkunde vorweisen können, will der preußische Staat in einer wüsten Gegend ein Kolonistendorf ansiedeln. Die Bauern ziehen fünfmal die Sturmglocke, vertreiben bewaffnet die Beamten, werden am Ende vom Militär unterworfen. Das Dorf wird rechtswidrig gebaut (Wernicke, S. 153/154).

1754/55 **Herrschaften Kerpen** und **Kasselburg** (Rheinland): die Bauern verweigern dem Herzog von Arnsberg die Steuern (Schulze, S. 57)

1754/55 **Unteres Mühlviertel** (Oberösterreich): Bauern verweigern die unbegrenzte Straßenrobot, bis die Robot auf vier Tage begrenzt oder ordentlich bezahlt wird (Grüll, Bauer S. 422/423).

1755 **Hauenstein**: erneute Erhebung, Niederschlagung, Verbannung von 112 Rebellen nach Temeswar (Timişoara) ins Banat (siehe zu 1719)

1758 **Hutberg** (bei Braunau, Braumov/Böhmen): Aufstand (Strauß, S. 98)

1758 **Grafschaft Kriechingen** (heute Créhange/Lothringen, südlich des Saarlandes): militärische Unterwerfung der seit langem widerspenstigen Bauern (Schulze, S. 291–294; zum Urteil von 1763, S. 58)

1759–65 **Kreis Guben**: Fronverweigerung (Lehmann, Verhältnisse, S. 50, 121/122; Wernicke, S. 70/71)

um 1761 **Herrschaften Lieberose** und **Pförten** (Niederlausitz): die Bauern wehren sich dagegen, daß ihnen das bessere Land gegen schlechte Heide getauscht wird (Brankačk/Mětšk, S. 284/285).

1761 **Domäne Heidhof** (Amt Dömitz/Mecklenburg): Fronverweigerung (Wernicke, S. 130/1)

1761–71 **Bayern**: der Wilderer Mathias Klostermayer, alias der bayrische Hiesel, wird in ganz Süddeutschland populär und unterstützt (Freundschaftliche Briefe; Leben und Ende; Schilfert, S. 143).

1762 **Burggrafenamt Meran** (Südtirol): Erhebung wegen Münzmanipulationen, neuen Auflagen und Rekrutierungen (Jäger; Schiff, S. 201; Schulze, S. 57)

1764 **Winzeln** (Pfalz): Rebellion gegen Viehpfändung bei Versäumnis der Zehntabgabe (Fahr)

1764/65 **Nieder-** und **Oberlausitz**: als Folge der Belastungen durch den Siebenjährigen Krieg neue Bauernaufstände (Boelcke, S. 229–233; Lehmann, Verhältnisse S. 51, S. 54, S. 130/131; Lehmann, Quellen, S. 152/153 S. 162–164, S. 167ff; Wernicke, S. 71/72, S. 137; Schulze, S. 57)

1764/65 **Stift Neuzelle** (Niederlausitz): neue Erhebung (Lehmann, Verhältnisse, S. 129; Lehmann, Quellen, S. 166/167; Wernicke, S. 47)

1765 **Rossow** (Brandenburg): die Bauern dieser Mecklenburger Enklave zahlen seit dem letzten Drittel des 17. Jahrhunderts Abgaben nur noch bei militärischer Exekution. Nun Aufstand, von 60 Husaren durch Verhaftungen niedergeschlagen (Wernicke, S. 141).

1765 **Westungarn**: Aufstand gegen Erhöhung der Bauernlasten (Auner, S. 9–12)

1765–78 **Niederösterreich**: Verweigerung der Holzrobotfuhren (Rauscher; Grüll, Bauer S. 423–427)

1766/67 **Anhalt-Bernburg**: Empörung von Bauern und Bürgern gegen hohe Steuerlasten als Kriegsfolge (Magdeburg, Staatsarchiv, Abt. Bernburg, C 11 e, Nr. 54–56; Schilfert, S. 244, Anm. 105; Schulze, S. 57)

1769, 1771, 1778 **Westerau** (bei Lübeck): als die Kleinbauern ihr Land an die Herrschaft abtreten sollen, ruft der Schulze die Bauern zum erfolgreichen Widerstand herbei. 1771 Widerstand gegen Pachterhöhung (Wernicke, S. 154/155), ebenso 1778 (S. 138).

1769 **Padberg** (bei Brilon, Fürstbistum Paderborn): die Bauern verteidigen die erst 1748 erstrittenen Waldnutzungsrechte gegen den Bischof von Paderborn (Keinemann, S. 340; Schulze, S. 57).

1769 **Hoyerswerda** (Oberlausitz): das Landvolk rächt sich an den Gutsherren durch Zerstören und Anzünden der Gutsgebäude (Boelcke, S. 234; zum Anschwellen der Prozesse 1770/71, S. 234/235).

1771 **Preußen**: Zirkular gegen Fronverweigerung (Novum Corpus, S. 257/258)

1771/72 **Nieder-** und **Oberlausitz**: in den Hungerjahren dauernd Kämpfe gegen die Belastungen (Brankačk/Mětšk, S. 285)

1775 **Preußen**: Edikt wegen Tätlichkeiten der Untertanen gegen ihre Herrschaften (Wernicke, S. 135/136).

1777 **Ströbitz**: die Bauern weigern sich, die Fische in der Fron nach Goyatz zu fahren (Wernicke, S. 70; vgl. 1681 und 1725).

1777 **Staudernheim** (bei Bad Kreuznach): wegen Vergabe der Winterweide zogen alle Bauern erbost in das 60 km entfernte Bingen/Rhein vor das Haus eines Ritterhauptmannes, um gegen ihre Ortsherrschaft zu klagen (Buß).

1777–83 **Schönau** (Böhmen): immer wieder Bauernbewegungen (Strauß, S. 107)

1779/80ff. **Ober-** und **Niederschlesien**: Aufstände wegen Fronerhöhungen, ausgehend vom **Kreis Leobschütz** (heute Głubczyce/Polen) (Wernicke, S. 46, S. 64/65; Schilfert, S. 147)

1780–1803 **Erzgebirge**: der populäre Wildschütze Karl Stülpner; er wird 1803 amnestiert (Schilfert, S. 143).

1782 **Neustadt** (Glatzer Land/Schlesien): Widerstand gegen Erhöhung der bäuerlichen Lasten (Schilfert, S. 147)

1783–88 **Steiermark**: Robotverweigerung (Posch)

1784 **Bischofswerda** (Oberlausitz): große Popularität der Lautermannschen Räubergruppe, die gegen die Reichen vorgeht (Boelcke, S. 234)

1784 **Grafschaft Schaumburg** (nördlich von Paderborn): Widerstand gegen neue Abgaben für den Straßenbau, bewaffnete Kämpfe (Schulze, S. 57)

1784 **Repten** (Niederlausitz): ein Bauer schildert sein brutales Schicksal unter dem Feudalherrn, Folter als Strafe (Lehmann, Quellen, S. 188–190; Lehmann, Verhältnisse, S. 132/133).

1784–87 **Herrschaft Greinburg** (Oberösterreich): Robotverweigerung (Grüll, Bauer S. 434–438; Grüll, Robot S. 206–215)

1785/86 **Schlesien**: bisher größte Fronverweigerung, zahlreiche bewaffnete Kämpfe (Wernicke, S. 66–68, S. 136/137; Schilfert, S. 194)

1788 **Muskau** (Oberlausitz): Aufstand (Boelcke, S. 233; Brankačk/Mětšk, S. 285).

B *Bürger*

1700 **Zittau**: Die alte Eidesformel (1659) der Stadt für die Ratsdörfer wird, offenbar aus gutem Grund, um den Zusatz erweitert: «Ich will auch nicht dabei sein, daß einige Verbündnis und Meuterei wider einen Edlen Rat gemacht werden.» (Wernicke, S. 176; eine interessante Eidesformel aus Mecklenburg, S. 175).

1701–18 **Storkow** (Kurmark Brandenburg): die Bürger wehren sich mit einer Verschwörung gegen ihre weitere Verelendung; angeführt sind sie vom Bürgermeister, der 1708 wiedergewählt wird. Ein erneuter Aufstand von 1718 wird niedergeschlagen (Brankačk/Mětšk, S. 257).

1702/03 **Hildesheim**: Erhebung der Zünfte gegen den selbstherrlichen

Rat, dann der unzünftigen Gemeinde. Die Bürgerschaft unterliegt gegen Truppen von Celle-Hannover. Nur die reichsten Zunftmeister bekommen neue Rechte (Gebauer; Schilfert, S. 94).

1727–35 **Mühlhausen** (Thüringen): wegen Mißwirtschaft des Rats Erhebung der Bürger, die einen 48er-Ausschuß wählen. April 1733 Sieg über Reichsexekutionstruppen, Mai 1733 Niederlage. 1735 erhalten nur die reicheren Zunftherren mehr Rechte (Schilfert, S. 94).

1757 **Freiburg** (Breisgau): «Weiberkrieg». 1756 werden zwei Freiburger Mehlhändler auf der illegalen Jagd von markgräflichen Bauern angeschossen, darauf im Freiburger Turm inhaftiert. Die schwangere Frau eines der beiden Gefangenen erreicht einen Auflauf von «teils ausgehausten, teils liederlichen» Leuten. 16. August 1757: eine große Frauendemonstration schlägt die Gefängniswache in die Flucht und befreit die Gefangenen mit Gewalt (Süß, S. 74–77).

1758 **Bremen**: Unruhen gegen den Rat, dem beim zweiten Einmarsch der Franzosen Verrat der Stadt vorgeworfen wird (Schwarz, S. 241).

1762 **Nagold** (Württemberg): der Löwenwirt Johann Albrecht Deubler, Ratsmitglied, 37 Jahre, erklärt: «Gott ist ein Lump, ich bin auch ein Lump. Gott ist kein Biedermann [rechtschaffener Mann], ich bin auch kein Biedermann.» Dafür erhält er drei Jahre Zuchthaus. Von der Todesstrafe wird gerade noch abgesehen (Stuttgart, Hauptstaatsarchiv, A 202, Bü. 1800).

1766 **Berlin** und **Halle**: Aufruhr gegen Akzise (Verbrauchssteuer) auf Tabak und Kaffee (Staatsmonopol), wodurch die Kriegskosten aufgebracht werden sollen (Schilfert, S. 187).

1774–78 **Köln**: Kampf der Meister und Gesellen gegen den selbstherrlichen Rat, Zugeständnis der Deputatschaft (ein Ausschuß zum Zweck des Prozesses, auf diese Zeit begrenzt), die 1789 nach einem erneuten Aufbrechen der Bewegung aufgelöst wird (Schultz, S. 17/18).

1775 **Wildberg** (Schwarzwald): der Schlosser Jakob Bernhard Wildeisen erhält für den echt schwäbischen Fluch «Leck mich der Teufel, Gott und überhaupt alles am Arsch!» ein Jahr Zuchthaus (Stuttgart, Hauptstaatsarchiv, A 202, Bü. 1800).

1776 **Wiblingen** (bei Ulm): der Student Joseph Nickel, Anhänger Klopstocks, Wielands, Lessings und Voltaires, wird wegen Verspottung von Maria und Joseph enthauptet und verbrannt (Schultes, S. 326/327).

1780 **Miltenberg**/Main: Aufruhr der Bürger, die sich im kalten Januar massenweise in einer Selbsthilfeaktion Holz aus den Wäldern des Mainzer Kurfürsten holen (Schwegler)

1787 **Holland**: demokratische Bewegung, gestützt auf die holländische Bürgermiliz; der Erbstatthalter läßt durch preußische Truppen das konservative Regiment wieder festigen (Gasser, S. 118).

Zur Arbeiterbewegung im 18. Jahrhundert siehe Kapitel 77.

Quellen und Literatur

Acten-maeßiger kurtzer Bericht von denen in dem Fürstenthum Hohenzollern-Hechingen fürwaltenden Unruhen, was darzu Ursach gegeben und worinnen solche eigentlich bestehen. o. O. u. J. [1733], Standort: Stuttgart, Landesbibliothek)

AUNER (siehe Kapitel 81)

BOELCKE (siehe Kapitel 71)

BRANKAČK/MĚTŠK (siehe Kapitel 71)

KARL BUSS: Eine Bauernrevolte zu Staudernheim im Jahre 1777, in: Heimatblätter für Meisenheim, 1926, S. 28/29

DONNER (siehe Kapitel 79)

ALBRECHT ECKHARDT: Die Bechtheimer Dorfordnung aus dem Jahr 1432 und der Bauernaufstand um Worms von 1431/32, in: Archiv für hessische Geschichte und Altertumskunde, NF 33, 1975, S. 55–85

EDUARD FAHR: Rebellion in Winzeln anno 1764, in: Pfälzer Heimat, Beilage zur Pirmasenser Zeitung, 1927, Nr. 9

DOMINIK URBACH GRAF VON FINGER: An die tirolischen Bauern (1703), in: Joseph Freiherr von Hormayr (Hg.): Taschenbuch für die vaterländische Geschichte, Neue Folge 6, 1835, S. 405–410

Freundschaftliche Briefe, worinnen das Leben und Taten des berüchtigten Wilderers Matthias (Brentans) Klostermayrs, vulgo Bayrischer Hiesel genannt, beschrieben werden von zweien Freunden, Dillingen 1771 (Standort: München, Staatsbibliothek)

ADOLF GASSER: Geschichte der Volksfreiheit und der Demokratie, 2. Aufl., Aarau 1949

J. H. GEBAUER: Die Hildesheimer Unruhen vom Winter 1702/1703, in: Zeitschrift des Harz-Vereins für Geschichte und Altertumskunde, 50, 1917, S. 65–82

GRÜLL: Bauer (siehe Kapitel 70)

GEORG GRÜLL: Die Robot in Oberösterreich, Linz 1952

GRÜNBERG (siehe Kapitel 71), 1. Bd., Leipzig 1894; 2. Bd., Leipzig 1893

EGON HANEL: Ursachen und Verlauf des Görzer Bauernaufstandes im Jahre 1713, Phil. Diss. Wien 1932 (Standort: Wien, Universitätsbibliothek)

GÜNTHER HASELIER: Die Streitigkeiten der Hauensteiner mit ihren Obrigkeiten. Ein Beitrag zur Geschichte Vorderösterreichs und des südwestdeutschen Bauernstandes im 18. Jahrhunderts, Phil. Diss. Freiburg/Breisgau, Karlsruhe 1940

HUGO FRIEDRICH HEYMANN: Der Hungener Aufruhr vom 28. Okt. 1716, in: Heimat im Bild, Beilage zum Gießener Anzeiger, 20, Jg. 1930, S. 80; Nr. 21, S. 83/84

KURT HOPPSTÄDTER: Der Dagstuhler Bauernaufstand, in: Geschichte und Landschaft. Heimatbeilage zur Saarbrücker Zeitung, Nr. 3, Dezember 1958, S. 1–3

HANS HUTH: Die romanische Basilika zu Bechtheim bei Worms, in: Der Wormsgau, 4, 1959/60, S. 5–97

A. JÄGER: Der Auflauf im Burggrafenamte 1762, in: Neue Zeitschrift des Ferdinandeums für Tirol und Vorarlberg, 8, 1842, S. 1–53

FRIEDRICH KEINEMANN: Unruhen und Krisen im Fürstbistum Paderborn am Ende des 18. Jahrhunderts, in: Westfälische Zeitschrift, 118, 1968, S. 339–362

Koblenz, Landeshauptarchiv, Best. 38, Nr. 604–608 (Insgesamt befinden sich in diesem Bestand 14 sehr umfangreiche Aktenbände über die Dagstuhler Bauernbewegung.)
J(OHANN) A(DAM) KRAUS: Beitrag zur Burladinger Rebellion 1706, in: Zollerheimat. Beilage der Hohenzollerischen Blätter für Zollerische Heimat- und Volkskunde, 1, 1932, S. 38
ROLAND KROELL: Lieder der Salpetererbewegung, in: Heiko Haumann (Hg.): Vom Hotzenwald bis Wyhl. Demokratische Traditionen in Baden, Köln 1977, S. 97–101
Roland Kroell und die Salpeterer (Schallplatte mit alten Liedern der Hotzenwälder Bauern in alemannischer Mundart), Waldshut-Tiengen 1977
KURFÜRST MAX EMANUEL: Bayern und Europa um 1700, 2 Bände, München 1976
Kurtze Facti Species der rebellischen Hohenzoller'schen Unterthanen / abermahligen Auffstandes, o. O. u. J. [1708] (Standort: Stuttgart, Landesbibliothek)
HERMANN KURZ: Der Sonnenwirt. Schwäbische Volksgeschichte aus dem vorigen Jahrhundert, Frankfurt 1855, Neuausgabe Kirchheim/Teck 1980
Kurze Beschreibung der zwischen Ihro Hoch-Fürstlichen Durchlaucht zu Hohenzollern etc. eines-, sodann dero widerspenstigen Untertanen andernteils bei Hochlöblich Kaiserlichen und Reichskammergericht zu Wetzlar strittigen Freien Pürst-Gerechtigkeit, o. O. u. J. [um 1705] (Standort: Stuttgart, Hauptstaatsarchiv, A 202, Bü. 1383)
Leben und Ende des berüchtigten Anführers einer Wildschützenbanden, Mathias Klostermayrs, oder des sogenannten Bayerischen Hiesels, aus gerichtlichen Urkunden gezogen und mit genau nach den Umständen jeder Begebenheit gezeichneten Kupfern gezieret, Augsburg, Frankfurt und Leipzig 1772 (Standort: München, Staatsbibliothek)
RUDOLF LEHMANN: Quellen (siehe Kapitel 71)
Ders.: Die Verhältnisse der niederlausitzischen Herrschafts- und Gutsbauern in der Zeit vom Dreißigjährigen Krieg bis zu den preußischen Reformen, Köln / Graz 1956
THOMAS LEHNER (Hg.): Die Salpeterer, Berlin 1977
HUBERT MATT-WILLMATT: Die Hotzenwälder Freiheitsbewegung der «Salpeterer» und ihre Vorgeschichte, in: Heiko Haumann (Hg.): Vom Hotzenwald bis Wyhl, Köln 1977, S. 80–96
G. MATTHIS: Bilder aus der Kirchen- und Dörfergeschichte der Grafschaft Saarwerden, Straßburg 1894
MELL (siehe Kapitel 70)
ERICH MÜLLER: Eine rabiate Gutsbesitzerin in Grießen, in: Aus Natur und Heimat von Guben und Umgebung, Heft 3, Guben 1957, S. 30/31
EMIL MÜLLER-ETTIKON: Der Schwarzmichel. Aus dem Leben eines Salpeterers, Freiburg 1980
Novum Corpus Constitutionum Prussico-Brandenburgensium, Bd. 5, Teil 1, Berlin o. J. [um 1820]
ERNST PALM: Beiträge zur Geschichte des Klassenkampfes des Oberlausitzer Landvolks zur Zeit des Spätfeudalismus, in: Lĕtopis, Reihe B, Heft 1, 1953, S. 3–120
FRITZ POSCH: Robotstreiks steierischer Bauern zur Zeit Kaiser Josefs II., in: Blätter für Heimatkunde, hg. vom Historischen Verein für Steiermark, 25, Heft 1, 1951, S. 53–62
WOLFGANG PRANGE: Flucht aus der Leibeigenschaft, in: Konrad Köstlin / Kai Detlev Sievers (Hg.): Das Recht der kleinen Leute. Beiträge zur rechtlichen Volkskunde. Festschrift für Karl-Sigismund Kramer zum 60. Geburtstag, Berlin 1976, S. 166–178 (Fall aus dem Jahr 1749)
FRANZ RAUSCHER: Die Bauernrevolte im Gföhlerwald anno 1769, in: Das Waldviertel, 5, Krems 1956, Nr. 3–4, S. 41–64

SCHIFF (siehe Kapitel 68)
SCHILFERT (siehe Kapitel 70)
RUDOLF SCHRAMM: Ein Bauernaufstand im Greizer Land 1714/15, in: Jahrbuch des Kreismuseums Hohenleuben-Reichenfels, Heft 4, 1954/56, S. 5–58
D. A. SCHULTES: Chronik von Ulm, Ulm 1915
HELGA SCHULTZ: Soziale und politische Auseinandersetzungen in Rostock im 18. Jahrhundert, Weimar 1974
SCHULZE (siehe Kapitel 67)
SCHWARZ (siehe Kapitel 77)
J(OHANN) S(CHWEGLER): Bürgerrevolte anno 1780, in: Heimat, Miltenberg, 1938, 8, S. 3/4 (Standort: München, Staatsbibliothek)
STAUDINGER (siehe Kapitel 75)
STRAUSS (siehe Kapitel 71)
ROLF SÜSS: Hochgericht und Lasterstein. Rechtsleben im alten Freiburg, Freiburg/Breisgau 1980
SVÁTEK (siehe Kapitel 71)
WERNICKE (siehe Kapitel 67)

85 Aufstand von Handwerkern, Gesellen, Frauen und Stadtarmut in Straßburg (Juli 1789)

Die Zeit der Jakobiner, wie wir die Epoche zwischen Bastillesturm (14. Juli 1789) und dem Friedensschluß von Lunéville (9. Februar 1801) nennen können, war das Zeitalter der revolutionären Demokratie. Unter einem Jakobiner verstehen wir im weitesten Sinn einen revolutionären Demokraten, dem die Volkssouveränität alles galt, der die Herrschaft der Grundherren und Patrizier notfalls mit Gewalt stürzen wollte.

Jakobiner finden wir in fast allen Ländern Europas. Die epochemachende Bedeutung gerade auch der außerfranzösischen Jakobiner – zum Beispiel in Deutschland, in der Schweiz, in Österreich, Böhmen, Mähren, Ungarn, Rumänien, Italien, Sardinien oder Polen – ist bis heute kaum über einen kleinen Kreis von Fachleuten hinaus bekannt geworden. Dabei brach nach dem Niedergang der Kommunefreiheit im Absolutismus erstmals wieder ein großer bürgerlicher Freiheitskampf aus. Die revolutionären Demokraten des Bürgertums standen bewußt in der Tradition der mittelalterlichen Kommunebewegung. In Straßburg, Mainz oder Nürnberg knüpften sie erneut an die lange unterdrückte, nie ganz erloschenen Tradition an.

Um die Erfahrung der Französischen Revolution nach Deutschland zu vermitteln, bedurfte es eines Grenzlandes, das sich politisch an Frankreich, kulturell aber noch zum größten Teil an Deutschland orientierte. Das traf in besonderer Weise für das Elsaß zu. Dessen gewichtige Rolle für die deutsche Revolutionsbewegung wäre erst noch zu entdecken. Das Elsaß, den Franzosen wegen seiner deutschen Kultur verdächtig, den Deutschen verdächtig, weil es unter französischer Hoheit stand, bot deutschen Jakobinern Schutz vor Verfolgung und obendrein die Möglichkeit, beim Aufbau einer neuen, einer demokratischen Gesellschaft praktische Erfahrung zu sammeln.

Der Sturm auf die Bastille vom 14. Juli 1789 erschütterte wenige Tage später auch Straßburg, den Hauptort des Elsaß. Seit 1681 Frankreich eingegliedert, befand sich die Stadt unter der Herrschaft des deutschen Patriziats. Die bürgerliche Opposition wartete nur auf einen Anstoß, um dem Rat der Stadt ein Stück Macht nach dem andern zu entwinden. Das Beispiel der ersten Straßburger Revolutionskämpfe veranschaulicht uns die Grenzen der heraufziehenden bürgerlichen Herrschaft, noch bevor diese überhaupt sich durchgesetzt hatte.

Der seit langem zwischen der französischen Nationalversammlung und dem König lodernde Gegensatz verschärft sich weiter im Juli 1789. Am 11. Juli entläßt der König den Finanzminister Necker, den mächtigsten Finanzier von Paris. Aus Protest schließen die Finanzspekulanten, die den Staatsbankrott kommen und ihre Gelder davonschwimmen sehen, die Börse. Am 14. Juli stürmt das Volk die Bastille, das legendäre Staatsgefängnis, Symbol der alten Zwingherrschaft. Am Tag darauf kapituliert der König in Versailles vor der Nationalversammlung. Er beruft Necker zurück. Zwei Tage später steckt er die dreifarbige Kokarde an. Nun emigrieren die Prinzen und andere Häupter der Reaktion. Damit beginnt die mehr als zehn Jahre andauernde Hetze der französischen Emigrierten gegen die Demokratie.

Die ersten Nachrichten dieser umstürzenden Ereignisse erreichen Straßburg am Samstag, 18. Juli, nach dem später zitierten Augenzeugen erst am Sonntag. Sie versetzen das Volk in einen Begeisterungstaumel. Die sich anschließenden ersten revolutionären Ereignisse in Straßburg schildert uns ein plastisch ausgefallener Augenzeugenbericht, bisher offenbar unveröffentlicht. Er sei deshalb vollständig wiedergegeben. Der Autor ist unbekannt.

Der allein von den Patriziern getragene Magistrat zögert schon lange die Verhandlungen mit dem Bürgertum über die umfangreichen Beschwerden hinaus. Um diesen Widerstand zu brechen, stecken sich entschiedene Bürger offenbar hinter die Handwerker, die dann, bewaffnet mit ihren Werkzeugen, am Montag, 20. Juli, zusammen mit der Stadtarmut – Verarmten,

Tagelöhnern, Deklassierten – vor dem Rathaus auf dem Gutenbergplatz (damals Gärtnersmarkt) erscheinen. Darunter befinden sich viele Frauen, deren Anteil an der Revolutionsgeschichte bald wieder in die Vergessenheit abgedrängt wird.

Am Dienstag, 21. Juli, erreicht die Straßburger Revolution ihren ersten Höhepunkt. Offenbar aufgerufen durch ein nicht mehr nachweisbares Nachrichtensystem der Opposition in den unteren Schichten, laufen um 15 Uhr die Handarbeiter, wieder bewaffnet mit ihren Werkzeugen, von ihren Arbeitsstellen zum Rathaus. Nur wenige Bürger mischen sich darunter. Den Widerwillen des Magistrats gegen das Zugeständnis des vorigen Tages brechen die Aufständischen mit Gewalt. Das Militär geht zum Dritten Stand über und läßt den Sturm auf das Rathaus geschehen.

Die knurrenden Mägen der ärmeren Leute können sich an der weiter unten berichteten festlichen Beleuchtung der Stadt nicht sättigen. Die Stadtarmut treibt es zur Plünderung, wobei Herrschaftsinstrumente und -symbole wie Möbel, Archive und Kutschen ein Opfer der begreiflichen Wut werden.

Schon einen Tag danach, am Mittwoch, 22. Juli, stellen sich das Bürgertum und der Adel gegen die handgreifliche Selbsthilfe der unteren Schichten. Die neue Koalition kennzeichnet sich durch weiße Armbinden. Armut und Radikalität werden äußerlich, sichtbar an der Kleidung, diskriminiert; denn wer die weiße Armbinde nicht trägt, ist verdächtig und wird gleich angegriffen. Die vom königlichen Provinzkommandanten und dem alten, verhaßten Magistrat gerne zugelassene weiße Garde Straßburgs, aus der dann die Nationalgarde hervorgeht, führt rechtswidrig massenweise Hausdurchsuchungen, Verhaftungen und Gegenplünderung durch. Schon am vierten Tag der Straßburger Revolution zieht sie unmißverständlich die Grenzen, die zu überschreiten sie der Revolutionsbewegung nicht gestatten wird.

Der Augenzeuge setzt mit der Begeisterung des Sonntags ein.

Sonntags, den 19. Juli 1789, wurde in Straßburg bekannt, was den 12., 13. und folgende dieses Monats in Paris und Versailles vorgegangen. Die Rede, welche der König den 15. in der Nationalversammlung gehalten, ward öffentlich angeschlagen und erfüllte aller Herzen mit Freude.

Abends wurde auf dem Paradeplatz [heute: Place Kléber, Kleberplatz] ein Freudenfeuer angezündet. Das Gasthaus zum Roten Haus, worin sich eine große Menge Bürger versammelt hatte, wurde illuminiert. Einige folgten diesem Beispiel aus eigenem Beweggrund, andern wurde von dem Volk zugerufen, sie sollen illuminieren! [die Häuser und Straßen durch Ausstellen von Kerzen in die Fenster beleuchten] Und es geschah.

In wenigen Minuten war der ganze Platz erleuchtet. «Vive le Roi, vive

Necker!» [«Es lebe der König, es lebe der Finanzminister Necker»] ertönte es sehr laut. Bis nach 11 Uhr war daselbst alles in Freuden. Nicht die geringste Unordnung ging dabei vor. Nicht nur vom Volk, sondern von ansehnlichen Leuten war der Platz erfüllt, aber das Freudenfeuer und gewiß auch Wein und Likör hatten die Gemüter erhitzt und so, wie man in den Provinzen die Pariser Mode nachgeahmt, so sollten auch hier ein Launay [Gouverneur der Bastille, nach der Erstürmung umgebracht] und ein Flesselles [Vorsteher der Pariser Kaufmannschaft, als Gegner der Revolution ebenfalls nach dem Bastillesturm umgebracht] geopfert werden. Das Los fiel, auf wen? Ammeister [Oberzunftmeister, Oberhaupt der Zünfte; in Straßburg das eigentliche Stadtoberhaupt, steht über den Bürgermeistern] Lemp.

Der Zug ging neben dem Haus des katholischen Städtmeisters [Bürgermeister] Oberkirch vorbei. Seine Fenster wurden eingeschlagen. In der langen Straße ward gerufen «Illumine» [beleuchte], und welche Fenster nicht sogleich beleuchtet wurden, erhielten einen Steinregen.

Bei Lemp wurden die Fenster eingeschlagen, unter den größten Scheltworten dessen Türe erbrochen. Man hatte einen Esel bereitet, auf welchem man ihn in der Stadt herumführen und hernach ertränken oder erdrosseln wollte. Noch zur rechten Zeit kam [der Stadtkommandant] Herr [Baron] von Klinglin mit einer starken Wache dazu und rettete ihn in ein benachbartes Haus, von wo er sich aus der Stadt begab.

Das Haus ward mit einer starken Wache besetzt, und drei oder vier Reiterpatrouillen bestrichen die ganze Gegend, welche aber doch niemand hinderten, die eingeschlagenen Fenster und Türen im Vorbeigehen zu betrachten. Herr von Klinglin sprach dem Haufen zu, sich damit zu befriedigen. Und nachts um 1 Uhr ward alles stiller, und jeder legte sich zur Ruhe.

Der Montag war bestimmt, um die Erklärung des Magistrats zu vernehmen. Des Morgens war der Magistrat wie gewöhnlich versammelt, und das Rathaus war von einer Menge Volks umgeben, welches jedes Magistratsglied, so sich blicken ließ, auspfiff. Um Mittag schlichen sich die Magistratspersonen, so gut sie konnten, durch eine ungewöhnliche Tür hinaus und ließen nach einiger Zeit ihre Kutschen leer heimfahren. Einige wurden dennoch mißhandelt, mit Steinen und Kot beworfen.

Nachmittags mußten die Magistratsglieder, welche lange dem Doleans [cahier de doléances; Beschwerdeheft] dekretiert [beschlossen] waren [!], sich einfinden auf dem Rathaus. Gleich wie die bürgerlichen Repräsentanten beschieden waren, um die Antwort des Magistrats zu vernehmen – das Rathaus war mit einer Menge Volks beiderlei Geschlechts, alt und jung, umringt und auch mit einer Wache umgeben. Diese hinderten aber den Steinregen und [die] Schimpfwörter gegen den Magistrat nicht.

Gegen 3 Uhr kam ein Regiment Infanterie auf den Paradeplatz, wo sich die ganze Generalität einfand und sich stellte, als ob sie das Regiment nun stärken [wolle], und so kamen alle hiesigen Regimenter auf den Platz und lösten einander ab.

Nach 3 Uhr kam ein Deputierter [Abgeordneter] des Magistrats zu der Generalität, welche vermutlich den Reitern die Ordre [Befehl] gab, aufzusitzen, um das Rathaus zu besetzen. Da aber diese Reiterei nicht zeitig genug bei der Hand war, so kam der Kommissär des Königs, Herr von Dietrich, selbst in Begleitung des Platzmajors zu der Generalität, und gleich darauf marschierte ein großes Detachement [Abteilung] Reiterei vor das Rathaus, trieben das Volk hinweg und setzten die noch übrigen Fenster in Sicherheit. Die Generalität erhielt von Zeit zu Zeit durch ihre Adjutanten und Platzmajors Nachricht, und endlich nach 6 Uhr kam Herr von Klinglin mit der Nachricht, daß der Magistrat die Doleans [Beschwerden] beantwortet habe und die Repräsentanten damit zufrieden [seien]. Das letzte Regiment zog also vom Platz, die Generalität ritt durch einen großen Teil der Stadt und riefen aus:

«Es lebe der Bürgerstand. Der Friede ist geschlossen. Morgen haben wir Freudenfeuer und Illumination.»

Die Tore, welche währenddem geschlossen waren, wurden geöffnet.

Der 21. dieses Monats ist ein unvergeßlicher Tag in der Geschichte dieser Stadt.

Nachdem der Magistrat den Tag vorher die sämtlichen Doleans unterschrieben und deren Abstellung zugesagt hatte, auch sogleich der Fleisch- und Brottax [festgesetzter Preis] um etwas weniges verringert worden war, sollte man um weiter keine Unruhe mehr besorgen, und der Magistrat hatte seine Sitzung des Vormittags ruhig gehalten.

Nachmittags wurde aber ausgestreut, die Doleans wäre nicht von allen Magistratspersonen unterschrieben worden, der Magistrat sei also nicht daran gebunden, er würde sein Versprechen nicht halten, die Verringerung des Fleisch- und Brottaxes sei zu gering und andere dergleichen Reden mehr, die zum Teil bei rechtschaffenen Bürgern Mißvergnügen und Zweifel, bei dem niedrigen Pöbel aber Wut erregten, welcher zusammenlief und sich um das Rathaus versammelte, welches mit Soldaten umstellt war, die aber keine andere Ordre hatten, als dazustehen.

Gegen 5 Uhr fing der Pöbel an, das Rathaus mit Leitern zu besteigen. Das Dach wurde abgedeckt, alle Türen erbrochen, die Möbel in allen Zimmern zertrümmert, zu den Fenstern hinausgeworfen, die Geldkisten erbrochen – die Geldkisten nicht nur in der Kapilationsstube [Kanzleistube], sondern auch in der Vogteistube, wo die nicht angelegten Gelder der Minderjährigen [Mündelgelder] bis zu deren Anlegung aufbewahrt wurden – und endlich in der Almosenstube wurde geplündert und hinweggetragen, das Archiv zerstückt, die Schriften zerrissen, zu den Fenstern hinausgeworfen. Der Gärtnersmarkt und [die] Schlossergaß lagen schuhhoch mit Schriften bestreut.

Nach 5 Uhr kam die ganze Garnison ins Gewehr. Ein großer Teil davon rückte vor das Rathaus, um dem rasenden Pöbel Einhalt zu tun? – Nein, um zu sehen, wie alles, was man fand, teils zertrümmert und zerrissen, teils aber das Geld öffentlich hinweggetragen wurde. In dem Keller unter dem Rathaus sind zwei Menschen in dem Wein, der halb mannshoch darin herumlief, ersoffen.

Dem Prinzen von Darmstadt hat die hiesige Stadt zu verdanken, daß die Kontraktstube [im Nebengebäude an der Schlossergasse] gerettet wurde, in welcher sich für viele tausend Gulden nur in Billette finden, wovon die Eigentümer keine Ausfertigung haben. Ich sprach mit diesem Prinzen und dankte ihm für diese Wohltat. Er sagte, daß ihm das Herz blutete, da er Zeuge von all diesem Unfug sein mußte, und ihm nicht erlaubt war, weil er unter eines andern Kommando steht, demselben [Unfug] Einhalt zu tun, da es leicht gewesen wäre, mit 20 oder 30 Mann Wache den rasenden Pöbel von dem Rathaus zu vertreiben.

Nachdem das Rathaus geplündert war, ging der Haufen an den Herrenstall, führte die Ratskutschen auf den Paradeplatz und zertrümmerte sie im Angesicht der Garnison, die daselbst im Gewehr stund. Der Pfennigturm [am südwestlichen Eck des Kleberplatzes; Schatzkammer des Magistrats] konnte nicht angegriffen werden, weil gleichwohl der Kommandant für gut gefunden hatte, den Zugang dazu mit einem starken Pikett [Posten] zu besetzen. Einige Magistratsglieder wurden durch Offiziere von ihrer Bekanntschaft gerettet, welche sich mit ihrer unterhabenden [untergeordneten] Mannschaft vor ihre Häuser gestellt hatten. Der Fünfzehner [Mitglied der patrizischen Fünfzehnkammer] Mogg [seit fast 40 Jahren mit der Familie Klinglin verfeindet] hatte das Glück nicht, und sein Haus wurde rein ausgeplündert.

Unterdeß war die ganze Stadt zur Bezeugung der Freude über die Vereinigung des Königs mit der Nation und des hiesigen Magistrats mit der Bürgerschaft zierlich illuminiert und die Garnison die ganze Nacht unter dem Gewehr!

Den 22. [Juli] morgens wurden die Zünfte versammelt und nachmittags durch Patrouillen der Bürgerschaft alle verdächtigen Leute arretiert [festgenommen] und aus den Häusern Möbel, Schriften und Geld, so auf dem Rathaus gestohlen, wieder zusammengeholt. Auf den Abend waren 600 Mann gefänglich gebracht.

Die Bürger, auch der Adel tragen weiße Bänder um den Arm. Aber auch solche, die bei der Plünderung waren, haben ihre Arme auf eben die Art geziert, sind aber nichtsdestoweniger arretiert worden. Doch nur wenig Bürger haben an der Plünderung teilgenommen. Es waren Schirmer [Stadtarmut] und liederlich Gesindel.

Den 23. [Juli] wurde ein fremder Zimmergesell, welcher 60 Louisdor gestohlen hatte, auf dem Platz gehenkt und durch Militär und Bürgerwache zum Galgen begleitet.

Die Inquisition [Untersuchung] wird gegen die übrigen fortgesetzt.

[Nachschrift von anderer Hand:] Den 27. dieses [Monats]. Es heißt, als sollten heute einige der Hauptaufwiegler aufgehenkt werden, doch ist daran zu zweifeln.

(Karlsruhe, Generallandesarchiv, 74/6274)

Ein Louisdor, die wertvollste Münze, aus Gold, macht damals zwei Dukaten oder elf Gulden aus. Für einen Lohn von einem Louisdor mußte in dieser Zeit in Nürnberg ein Handwerker mindestens elf Tage, ein Taglöhner 16½ Tage arbeiten. 60 Louisdor wären so der Lohn für 660 Tage, bei der faktischen Fünf-Tage-Woche (viele kirchliche Feiertage, blauer Montag) also mehr als zwei Jahreslöhne. Die Hinrichtung des 23. Juli trifft den Zimmergesellen Christian Wollmar aus Mainz, erst seit einem Monat in Straßburg, Sohn des kurfürstlichen Hofkutschers in Mainz. Die weiteren Todesurteile werden aus Furcht vor einem erneuten Aufstand nicht vollstreckt.

Dieses erste Aufbäumen in Straßburg findet seine Fortsetzung in den Gefangenenbefreiungen des August. Die Soldaten holen am 5. August 1789 ihre verhafteten Kameraden aus dem Gefängnis, am Tag darauf eine Menge Frauen aus dem Zucht- und Arbeitshaus. An diesem Tag ziehen sie durch die Stadt, um sich mit einer Zulage der Stadt einen fidelen Tag zu machen. Aber da die Wirtshäuser, Kaffeehäuser und Lebensmittelläden aus Angst geschlossen bleiben, brechen die Soldaten ein und holen sich bargeldlos, was sie zu verzehren wünschen. Auf der Straße rufen sie «Es lebe die Nation! Es lebe der dritte Stand!» Abends, nach der Arbeit, schließen sich Handarbeiter und Stadtarme den Plünderungen an.

Solche Selbsthilfeaktionen blieben außerhalb des bürgerlichen Horizonts der Jakobiner. Aber sie kehrten in Notzeiten immer wieder, so in dem von einer kräftigen Revolutionsbewegung geschüttelten Nürnberg in den Jahren 1793 bis 1795 (Erhard, S. 215–218). Verachtet und doppelt verfolgt, schwelte unter der jakobinischen Bewegung die soziale Rebellion der Habenichtse, die mit der bürgerlichen Heiligkeit des Eigentums gebrochen hatten.

Zuletzt ist über zwei in der Straßburger Revolution genannte Personen weiteres zu melden. Der gestürzte Ammeister Lemp emigrierte nach Karlsruhe, erhielt dort eine Stelle beim Prinzen der Markgrafschaft Baden; 1792 kehrte er nach Straßburg zurück, wurde am 7. Prairial II (26. Mai 1794) zusammen mit seiner Frau als Verdächtiger und Aristokrat verhaftet; im Juli 1800 war er Beisitzer am Zivilgericht von Straßburg.

Aufschlußreich verlief die Geschichte der Familie Klinglin. Der Großvater Johann Baptist Klinglin war 1701 Prätor von Straßburg, verfügte 20 Jahre lang über den entscheidenden Einfluß auf Straßburg, war Mitglied der elsässischen Ritterschaft. Sein Sohn Franz Joseph Klinglin war ebenfalls Prätor, besaß einen großen Einfluß am französischen Hof, betrieb den wirtschaftlichen Aufstieg Straßburgs, wurde wegen eines Korruptionsvorwurfes 1752 vom Gericht in Besançon verurteilt, starb mit über 70 Jahren im Gefängnis unter zweifelhaften Umständen. Sein Sohn, 1789 Stadtkommandant, emigrierte, befehligte ab 1795 als österreichischer General am Oberrhein; 1797 eroberten die Franzosen seinen Packwagen, worin sich der umfangreiche Briefwechsel des französischen Generals Pichegru mit dem Prinzen von Condé und dem englischen Agenten

Wickham befand. Klinglin selbst unterhielt einen regen Briefwechsel mit Royalisten im Elsaß. Bei der Verschwörung um Moreau 1804 spielte er noch einmal eine wichtige Rolle.

Quellen und Literatur

Beschreibung des jammervollen Aufruhrs in Straßburg, o.O. 1789 (Standort: Tübingen, Universitätsbibliothek)

Franz Böhm: Pfirt (Ferrette) nebst Umgebung, Mülhausen/Elsaß 1892, S. 101–106 (Revolution 1789 im Sundgau)

Erwin Dittler: August Wilhelm Lamey (1777–1861), der Franke am Rheinstrom, in: Die Ortenau, 59, 1979, S. 119–136

Manfred Eimer: Die politischen Verhältnisse und Bewegungen in Straßburg im Elsaß im Jahre 1789, Straßburg 1897

Matthias Engel: Au jour du mal, prends-y garde: Sermon prononcé à Strasbourg le 2 août 1789, à l'occassion des troubles survenus dans cette ville, Strasbourg 1789 (Standort: Frankfurt, Universitätsbibliothek)

Heinrich Engelhardt: Vaterländische Geschichte des Elsasses, 5. Teil, Straßburg 1846

Johann Benjamin Erhard: Über das Recht des Volks zu einer Revolution und andere Schriften. Hg. und mit einem Nachwort versehen von Hellmut G. Haasis, 3. Aufl., Frankfurt 1976

Dagobert Fischer: Der Aufstand der Bauern von Weiterswiller, in: Elsässisches Samstagsblatt, 1866, S. 171–173 [Jahr 1789]

Johannes Friese: Neue Vaterländische Geschichte der Stadt Straßburg und des ehemaligen Elsasses, 4. Bd., Straßburg 1793, S. 251–264; 5. Bd., Straßburg 1801

Joseph Hansen (Hg.): Quellen zur Geschichte des Rheinlandes im Zeitalter der Französischen Revolution 1780–1801, 1. Bd., Bonn 1931, S. 394–398

Karlsruhe, Generallandesarchiv, 74/6274

Walter Markov: Revolution im Zeugenstand. Frankreich 1789–1799, Bd. 2, Leipzig 1982, S. 88/89 [Augenzeugenbericht des Engländers Arthur Young über die Straßburger Revolution am 21. Juli 1789]

Roland Marx: Recherches sur la vie politique de l'Alsace prérévolutionnaire et révolutionnaire, Strasbourg 1966

Ders.: La Révolution et les classes sociales en Basse-Alsace. Structures agraires et vente des biens nationaux, Habil. Strasbourg 1969, 2 Bände (Masch. vervielf.; Standort: Strasbourg, Bibliothèque Nationale et Universitaire)

Rodolphe Reuss: Le sac de l'Hôtel-de-ville de Strasbourg le 21 juillet 1789 d'après un document inédit, in: Revue d'Alsace, N.S.T. 6, 1877

Ders.: Le sac de l'Hôtel-de-ville de Strasbourg en juillet 1789, Paris 1915

Lucien Sittler: Das Elsaß und die große Revolution 1789, Colmar o.J. [1939], S. 8–10 (Bauernaufstände 1789 im Elsaß)

Adam Walther Strobel: Vaterländische Geschichte des Elsasses, 5. Bd., 2. Aufl., Straßburg 1851, S. 261–345

(Johann von Türckheim; vermutlicher Verfasser:) Abhandlung des Staatsrechts der Stadt Straßburg und des Elsasses überhaupt betreffend, Straßburg 1789

86 Nürnberger Aufrufe zur Revolution (1789–1792)

Die Wellen der Erschütterung, die von Frankreich über das alte, feudale Europa hinweggingen, stießen in Nürnberg auf außerordentliche Sympathie. Diese fränkische Reichsstadt war unter den rechtsrheinischen, deutschen Städten diejenige mit der größten Produktion illegaler Jakobinerliteratur: Aufrufe zur Revolution, politische Parodien religiöser Literatur, Satiren, Lieder, Gedichte, Streuzettel, Plakate; das meiste handschriftlich.

Diese einzigartige Blüte der jakobinischen Volksliteratur wartet noch immer auf ihre vollständige Veröffentlichung. Hier sollen einige Stücke wiedergegeben werden, die einen ersten Einblick in die frühe Phase der Nürnberger Jakobiner bieten.

Am 13. August 1789, einen Monat nach dem Sturm auf die Bastille, wird in Nürnberg morgens um neun Uhr ein handschriftlicher Revolutionsaufruf gefunden, angeklebt am Gasthof «Roter Hahn» bei der Kirche St. Lorenz. Darin setzt sich der seit Generationen andauernde Kampf der bürgerlichen Opposition gegen das Patriziat fort.

Der Autor ist trotz eifriger Nachforschungen der Polizei nicht zu ermitteln. Er gibt vor, einer Verschwörung von 40 Aufständischen anzugehören. Auch wenn dies eine Übertreibung sein dürfte, so schimmert dahinter doch der Wunsch nach einer Organisierung der revolutionären Demokraten durch. Das Ziel des Aufrufs geht weit über eine Mitbestimmung hinaus. Den herrschenden Patriziern sollen mit Gewalt die Gesetze des emporstrebenden Bürgertums vorgeschrieben werden.

Auf, Brüder! Auf, Bürger!

Jetzt ist der Zeitpunkt, daß ihr eure Freiheit, eure angeborne Rechte wiedererlangen könnt. Ihr, meine Mitbrüder, lebt jetzt außerordentlich im Druck, erhaltet keine Gerechtigkeit, seid immer die Schlachtopfer der adeligen Kanaillen.

Brüder, wollt ihr noch lange so bleiben? Seid ihr feig worden? Ist aller Patriotismus aus eurer Brust verbannt?

Ahmet den Beispielen anderer Nationen nach, und es glückt euch; denn jetzt haben unsere hochadeligen Schurken und Dummköpfe von niemand Hilfe zu erwarten. Sie beschneiden alles, was bürgerlich heißt, damit sie ihren Rachen füllen können.

Ich nebst noch 39 andre, lauter entschlossenen Bürgern, haben uns mit dem stärksten Eid verbunden, an eurer Spitze zu stehen, auch im Fall Feuer in der adeligen Bestien Häuser zu legen.

Doch schonet die, so nicht von dem adeligen Geschmeiß sind!

Schon lange glühet der Geist der Empörung in mancher guten Bürgerbrust. Schreibt ihnen mit Gewalt Gesetze vor und schränkt sie ein, so werdet ihr siegen, sonst aber immer mehr gedrückt werden.

Die vorzüglichsten Schurken und hochmütigsten Ochsen sind Kriegsobrister nebst Konsorten, stärkster der Flegel.

(Nürnberg, Germanisches Museum, Merkelsche Bibliothek, Handschrift Nr. 1052; fehlerhaft entziffert von Ernstberger, S. 419)

Frankreichs Revolution entmachtet den Adel und die Kirche, beseitigt die Grundherrschaft über die Bauern. Schon 1791 einigen sich die bisher verfeindeten Staaten Österreich und Preußen auf eine Invasion ins demokratische Frankreich. Im Sommer 1792 fällt ein preußisch-österreichisches Heer von Koblenz aus in die Champagne ein, in der Hoffnung, in wenigen Wochen in Paris die führenden Jakobiner aufknüpfen und den gestürzten König wieder in die alten Souveränitätsrechte einsetzen zu können. Aber bei Valmy halten am 20. September die bunt zusammengewürfelten Freiwilligen der Revolution dem Invasionsheer stand.

In einem raschen Gegenschlag auf dem ungedeckten linken Flügel stoßen französische Revolutionssoldaten unter General Adam-Philippe Custine (1740–93) von Landau aus ins Rheinland vor. Sie besetzen die Gegend bis Mainz. Am 21. Oktober kapituliert Mainz. Damit hält die Revolutionsarmee den Schlüssel zum Deutschen Reich in ihren Händen. Der deutsche Adel flüchtet, so rasch und so weit er kann. Sogar in Regensburg besteigen die Gesandten des Deutschen Reichstages die Fluchtschiffe in Richtung Wien. Das Deutsche Reich scheint zusammenzubrechen.

Inzwischen sind im Linksrheinischen um Mainz die Tage der alten Feudalmächte gezählt. In Mainz entsteht sofort ein Jakobinerklub, dem es in den ersten Wochen gelingt, ungefähr fünf Prozent der Wahlbevölkerung als Mitglieder zu gewinnen. Eine so starke Beteiligung des Volks erreicht heute bei uns keine Partei. Die Mainzer Jakobiner bringen die größte demokratische Literatur dieser Epoche hervor (Haasis; Scheel: Mainzer Republik).

Dieser erste Befreiungsschlag der gleichgesinnten französischen Revolutionäre versetzt die deutschen Jakobiner in einen Freudentaumel. In Nürnberg muß der Rat einen Erdrutsch der politischen Sympathie zugunsten der Revolution beobachten, was ihm ein Polizeibericht über die «Stimmung in der Bürgerschaft» vom 30. Oktober 1792 bestätigt. Custine heißt die neue Hoffnung der gedrückten Bürger. Die süddeutschen Demokraten erwarten einen weiteren Vorstoß der revolutionären Freiwilligen. In diesem Geist widmet ein unbekannter Nürnberger Jakobiner dem General Custine eine politische Parodie des Vaterunsers.

Kurzes, doch kräftiges, tägliches Morgenopfer der bedrängten Bürger bei nun erfolgendem jüngsten Bericht der Ungerechtigkeit.

Lieber Bürger Custine,
Unser Vater! Der Du bist
von der neuen Republik der Franken,
dergleichen auch
im Himmel, geheiliget werde Dein Name,
zukomme uns Dein Reich,
zu uns, den bedrängten, unterjochten,
ausgesaugten Bürgern.
Dein Wille,
Menschen glücklich zu machen,
geschehe wie im Himmel, also auch hier.
Unser tägliches Brot gib uns
bei minder kümmerhaftem Leben,
und vergib uns,
wenn wir zuvor gegen die französische Nation
nicht gut gesinnt gewesen.
Es war nicht
unsre Schuld;
darum vergib uns,
wie wir vergeben unseren Schuldigern,
und führe uns nicht in Versuchung,
gleich wie Salm und von der Barch, [nicht auflösbare Übernamen]
diese republikanische Schurken,
sondern erlöse uns
mit vollem Ernst von unsern
durch Bürgerschweiß gemästeten Obern
und sogenannten Regenten, mithin
von allem Übel. Denn
sie haben und wollen vergessen,
daß sie unsere Mitbürger sind,
glauben nicht, daß Du der Retter
der an der Sklavenketten seufzenden
Völker bist, noch
Dein ist das Reich,

vielmehr wähnen sie, daß wir bloß um ihretwillen da sind, um vor Ihro Hochfreiherrlichen Gnaden in tiefster Unterwürfigkeit zu kriechen, zur Bereicherung ihrer Hochadeligen Beutel und Hochadeligen Familien im Schweiß unseres Angesichtes zu arbeiten und ungeachtet der besonders durch obrigkeitlich vermehrte Erhöhung des Umgeldes und Getreideaufschlages auf das höchste verteuerten nötigsten Lebensmitteln, welche die preiswürdigen Väter des Vaterlandes sich jedoch von ihren, durch ihre Vorfahren, meistens von unseren bürgerlichen Voreltern oder durch Mißbrauch ihrer patriziatischen Stellen und Gewalt an sich gerissenen Gütern und Untertanen auf das wohlfeilste zu verschaffen wissen, ja unangesehen der blutigen Tränen so vieler Witwen und Waisen, die außer hier in ganz Europa unerhörte und den noch nicht ganz verarmten Teil der Bürgerschaft vollends aussaugende, gedoppelte jährliche Losung [Vermögenssteuer], von welcher nicht einmal die zur Unterstützung der Armen vermachten Stiftungskapitalien befreiet sind, seufzend zu entrichten. Darum vermeinen die mehresten unsrer 31 Regenten, daß nur ihnen gebühre aller Vorzug

und die Kraft und die Herrlichkeit.

Doch Du wirst kommen, o Vater Custine, mit Deinen und unsern lieben Mitbürgern unsere Sklavenketten zerbrechen und uns helfen. Alsdann soll Dir unser Lob und Dank erschallen

von nun an bis in alle Ewigkeit.

Amen!

(Nürnberg, Stadtbibliothek, Will, 8, 425 B, 2°, Blatt 2–3)

Einen weiteren handschriftlichen Aufruf zur Revolution findet in der Nacht vom 10. auf den 11. November 1792 ein Handwerker, der als Gassenhauptmann Dienst tut. Er entdeckt am Malzhäuschen (Aufenthalt des Malzmessers auf dem Kornmarkt) auf dem Steig (heute Kornmarkt und Jakobstraße) einen Anschlag, der mit einem revolutionären Phantasienamen unterzeichnet ist: Jakob Rothhaub. Die rote Mütze der Jakobiner hat Pate für die Namenswahl gestanden. Acht Tage später erscheinen weitere Exemplare an anderen Stellen der Stadt, mit mehr oder weniger abgewandeltem Text, alle von derselben Hand geschrieben.

Von diesem Aufruf Jakob Rothhaubs existieren mehrere Fassungen, im Original und in der Abschrift. Diesen Glücksfall in der rebellischen Volksliteratur wollen wir dazu benützen, die nennenswerten Textabweichungen anzumerken, um so den Gedankengang des revolutionären Autors nachvollziehbar zu machen.

Auf, ihr Mitbürger, greifet[1] zu Waffen! Erringet[2] eure Freiheit![2a]

Nun ist der Zeitpunkt vorhanden, wo ihr[3] eure[3a] Rechte erkämpfen könnt[4]. Ist dieser entwischt[5], dann auf ewig gute Nacht, du Freiheit.

Gleichheit ist das erste Gesetze[6], welches die Natur schon eingeführte[7].

Die Neufranken[8] werden euch[9] unterstützen, Bayern wird[10] euch nicht stören[10a] und die andern Nachbarn können[11] jetzt[12] nichts tun.

Zerstöret den Adel[13], und verbannet diese Blutigel aus eurer Stadt! Sie haben alles an sich gerissen, verprasset und mit dem Rest Güter[14] gekauft.

Nehmet ihnen[15] die[16] Güter und, was ihr bekommen könnt![17] Akkordiert [schließt einen Vergleich] mit den[18] Schuldnern, und bezahlt die[19] Schulden, soweit es langt![20]

Besetzt die[21] Ämter mit Bürgerlichen! Macht einen neuen Rat:[22] ⅓ Gelehrte, ⅓ Kaufleute, ⅓ ehrbare Handwerker! So [23] geht alles gut; denn[24] in andern Städten ist auch[25] kein Adel, und sie[26] sind glücklicher als wir.

Fort mit den Ochsen! Weg[27] mit den Schurken, die[28] wie Ungeziefer in einem[30] schönen Garten alles verderben.[29]

Mitbürger, wann gehen euch endlich[31] die Augen auf? Seid ihr ganz[32] feige Memme worden[33]?

Seht den großen General Custine[34], wie edel er[35] die Freiheit[36] schützet.

Kommt zusammen, und fasset geheime Anschläge[37]! Laß jeden schwören[38], der von euren[39] Geheimnissen wissen will,[40] und[41] brechet bald los! Gleich[42] werden euch alle Bürger zufallen.[43]

Aber erst[44] stoßet den Erzschurken und[45] elenden Dummkopf, der zugleich die schwärzeste Seele hat, den Zeitungsschmierer Sattler [Prof. Johann Paul Sattler] nieder,[46] oder überantwortet[47] ihn den Neufranken[48] General[49] Custine, daß er[50] für seine Lästerzunge den gedungenen Mietlingslohn, nämlich den Galgen, bekommt![51]

Zaudert[52] nicht, sonst wird es euch ewig gereuen.[53]

Jakob Rothhaub.[54]

Text A, Originalhandschrift, in: Nürnberg, Stadtbibliothek, Will 8, 425 B, 2°, Blatt Vorder- und Rückseite)

Bei den Textabweichungen werden folgende Fassungen unterschieden:

B Text in Nürnberg, Germanisches Museum, Merkelsche Bibliothek, Handschrift Nr. 1052 (Abschrift).

C Text in Nürnberg, Stadtarchiv, Hv 5196 a, Blatt 3 Vorder- und Rückseite (Abschrift; eine Nachschrift besagt, daß es derselbe Aufruf vom Malzhäuschen am Steig ist, wie auch bei B vermerkt).

D Text ebenda, Blatt 4 a Vorder- und Rückseite, 4 b Vorderseite (Abschrift; der Aufruf vom Malzhäuschen)

E Text in Nürnberg, Stadtbibliothek, Will 8, 425 B, 2°, Blatt 5 Vorder- und Rückseite (Original, überschrieben mit: Aufruhrzettel, welche an verschiedenen Orten zu Nürnberg im November 1792, von [...] [unleserlich] Hand geschrieben, ausgestreut worden).

F Text ebenda, Blatt 4 Vorderseite (Abschrift).

1 E: Greifet [am Rand von derselben Hand erläutert:] Ergreifet die.

2–2a E: Erringet mit uns Verschworenen die Freiheit!

3 E: wir.

3 a E: unsere.

4 E: *können.*

5 E: entflohen [der ganze Satz in Klammer]

6–7 E: Naturgesetz bei der Geburt, beim Tod. [am Rand, wie immer in diesem Original, von derselben Hand hinzugefügt:] Warum soll es nicht auch im Leben sein?

6 B, C, D: Gesetz.

7 B, C, D: einführte.

8 E: [am Rand hinzugefügt:] werden uns helfen,

9 E: uns.

10–10a E: stört uns nicht.
11 E: [am Rand hinzugefügt:] uns nicht hindern.
12 E: (fehlt)
13 E: [am Rand hinzugefügt:] diese Natterbrut.
14 E: [am Rand hinzugefügt:] angekaufet. Nehmen wollen wir ihnen alles wieder, unsere Schulden damit bezahlen, nachdem wir mit den Schuldern akkordiert haben und uns frei von den drückenden Abgaben machen, besetzen wollen wir –
15 C, D: (fehlt).
16–17 E: (fehlt, statt dessen) alles.
18 E: euren.
19–20 E: damit, auf daß ihr von euren drückenden Auflagen kommt.
21–22 E: den Rat mit.
23–24 E: Ebenso macht es mit der Ämterbesetzung! [am Rand nach ‹ebenso› hinzugefügt:] wollen wir es bei Besetzung der Ämter machen.
25 E: (fehlt).
26 E: die Bürger [in Klammern].
27 E: fort.
28–29 E: Sie sind in unserer Stadt das, was das Geschmeiß in einem schönen Garten ist.
30 B: eurem.
31 E: einmal.
32 E: (fehlt).
33 C, D: geworden.
34 E: [fährt fort] mit seinen Neufranken.
35–36 E: und großmütig er die Freiheit [dieser ganze Satz in Klammern und unterstrichen]
36 B, C, D, F: Seinigen.
37 E: [am Rand hinzugefügt:] Anschläge; [im Text:] Entschlüsse.
38 E: [nachgestellt nach «wissen will»]
39 E: unsern.
40 E: [fährt durch Zusatz am Rand fort:] verschwiegen zu sein und die Freiheit zu schützen; [im Text:] daß er verschwiegen sei und die Freiheit schützen will.
41 E: (fehlt).
42–43 E: Hier ist alles voller; [am Rand hinzugefügt:] Mißvergnügen; [im Text:] Mißvergnügter.
44 E: [nachgestellt nach «stoßet»] zuerst.
45–46 E: Zeitungsschmierer Sattler nieder, der schon aus allen ehrbaren Gesellschaften mit Schimpf und Schanden gestoßen wurde.
47 E: überliefert.
48–49 E: (fehlt).
50–51 E: der Mietling, [am Rand hinzugefügt:] die schwarze Hundeseele, der; [im Text:] diese schwarze Seele, dieser feile Verleumder, [gestrichen: «seine Dummheiten»] der um 29 Silberling Christum verraten

würde, für seine [am Rand hinzugefügt:] Dumm- und Bosheiten, [im Text:] Dummheiten und Schimpfung [am Rand:] gegen die [im Text:] auf die edlen Neufranken mit dem Galgen [am Rand:] belohnt [im Text:] geziert werde.

52–53 E: (fehlt).

54 C, D: Rothlaub.

Textkritisch spricht vieles dafür, daß die Fassung E die ältere ist. Da sie aber so stark von den anderen Texten abweicht, hätte dieser Text als Grundlage hier eine noch größere Schwemme von Anmerkungen zur Folge gehabt. So wird der Einfachheit halber der kürzere Text zugrunde gelegt.

Wie der Gedanke beim Autor fortschreitet, zeigt uns die Fassung E. Hier haben wir wohl das Konzept Rothhaubs vor uns, an dessen Bearbeitung sich der Autor seines Textes sicherer geworden ist. Bisher kennen wir kein ähnliches Beispiel aus dem Bereich der deutschen Jakobiner. In Text E spricht Jakob Rothhaub aus einem kleinen Kreis von Verschworenen heraus, während er in den anderen Textfassungen die Nürnberger Bürger anzusprechen sucht. Deshalb die vielen Randbemerkungen in der Konzeptfassung E, die sich sonst nirgends finden. Jakob Rothhaub offenbart sich als ein Gebildeter – deshalb auch deren erste Nennung als Ratsfraktion – dessen Haß sich ein Zeitungsschreiber zugezogen hat.

Dieser jakobinische Aufruf macht keineswegs die Leistung eines isolierten einzelnen aus, vielmehr bringt er weitgehend die Stimmung der breiten Revolutionsbewegung Nürnbergs zur Sprache. Damals existierten in Nürnberg inoffiziell zahlreiche politische Gesellschaften, die sich teilweise im Übergang zu einem Jakobinerklub befanden.

Die Aufrufserie Rothhaubs trifft so genau die Stimmung der radikalen Opposition, daß der Rat sich alarmiert fühlt. Am 20. November 1792 faßt er den folgenden Beschluß, den er öffentlich anschlagen läßt:

Seit einigen Wochen verbreiteten sich allhier mancherlei Gerüchte, wodurch dem Vernehmen nach ein Teil der hiesigen lieben Bürgerschaft in Hinsicht auf die öffentliche Ruhe und Sicherheit in einiger Gefahr zu stehen glaubte. Da man aber diese Gerüchte für nichts anders als für leere Sagen halten konnte, so hielt es ein Hochlöblicher Rat für unnötig, deswegen nähere Untersuchungen anstellen zu lassen.

Seit den letzten Tagen her hat man aber etliche, von einer Hand geschriebene pasquillantische [schmähende] und aufrührerische Zettel ausgestreut gefunden, deren Verfassung und Verbreitung allein schon ein schweres Verbrechen bezeichnet.

Ein Hochlöblicher Rat kennet zwar die treuen und rechtschaffenen Gesinnungen der hiesigen lieben Bürgerschaft und deren schon öfters öffentlich belobten Eifer für Ordnung und Ruhe allzuwohl, als daß Er nur im mindesten besorgte, daß ein so sträflicher Verbrecher, der das Licht scheuen muß, mit solchen pasquillantischen, ruhestörenden und der schwersten Strafe würdigen Zetteln sich den Beifall irgendeines gesitteten und edeldenkenden Bürgers erwerben könnte.

Demohngeachtet aber ist es Ein Hochlöblicher Rat der ganzen lieben Bürgerschaft und der öffentlichen Ruhe und Sicherheit schuldig, ein Verbrechen dieser Art, das man jederzeit unter die abscheulichsten gerechnet hat, nicht ununtersucht zu lassen, und hat daher bereits auch den Behörden die ungesäumte gesetzmäßige Vornahme dieser Untersuchung pflichtgemäß aufgetragen.

Zur Erleichterung derselben aber rufet Ein Hochlöblicher Rat hiemit

1) jeden hiesigen Bürger und Inwohner auf, nach Vorschrift der Bürger- und Inwohnerspflicht und bei ihrem geleisteten Eide diejenigen einheimischen und fremden Personen, welche freie, verdächtige und aufrührerische Reden führen und die Urheber jener aufrührerischer Zettel sein [sind] oder mit ihnen in Verbindung stehen oder sonst ruhestörende Absichten hegen könnten, wohl zu beobachten und sie um ihrer eigenen und der Ihrigen, auch der öffentlichen Ruhe und Sicherheit willen, bei denen Herren Bürgermeistern oder ihren Herren Viertelmeistern oder sonst bei andern Personen, zu denen sie das Vertrauen haben, in Geheim sogleich namhaft zu machen, dadurch aber nicht nur alle eigene Gefahr und Verantwortung von sich selbst abzuwenden, sondern zugleich auch ihrer Pflicht und ihrem Eide ein vollkommenes Genügen zu leisten und ihr Gewissen mit unerlaubter Zurückhaltung nicht zu beschweren.

Sollte aber

2) jemand den Täter jetzt schon wissen und zuverlässige Anzeige davon machen können, so soll derselbe in dieser das allgemeine Beste und eines jeden einzelnen Einwohners Ruhe bezielenden Sache hiezu noch besonders aufgefordert und ihm außer der Verschweigung seines Namens noch eine Belohnung von 300 Gulden hierdurch versichert sein. Und falls er auch selbst mit in das Verbrechen verwickelt sein sollte und diese Anzeige machen würde, als woran ihm auch ein unerlaubt abgenommener und ganz unverbindlicher Eid keineswegs hindern kann noch darf, so soll ihm, um des allgemeinen Wohls willen, auch die gänzliche Freilassung von aller Strafe hiemit zugesichert sein.

Hiernächst aber

3) macht es Ein Hochlöblicher Rat allen hiesigen Gast- und Bierwirten von neuem zur Pflicht, auf einheimische und fremde Gäste wohl achtzuhaben, daß von selbigen keine Unordnungen zuschulden gebracht, besonders aber auch keine bedenkliche Zusammenkünfte und zügellose Gespräche gehalten oder unanständige Lieder gesungen werden. Vielmehr soll ein jeder Wirt solche der guten Ordnung und den gesellschaftlichen und beschwornen Bürgerpflichten entgegen laufende sträfliche Exzesse [Ausschreitungen] bei sonst zu gewartenhabender eigener Verantwortung sich bescheiden verbitten und erforderlichenfalls bei der Behörde Anzeige davon machen.

Da übrigens Ein Hochlöblicher Rat mit allen diesen Vorschriften sich bloß seiner aufhabenden beschwornen Obrigkeitlichen Pflicht zu entledigen und

Zügellosigkeiten und Verbrechen den erforderlichen Einhalt zu tun gedenket, keineswegs aber gesonnen ist, irgend jemand in erlaubter und gesetzmäßiger Freiheit zu beschränken, da vielmehr ferner einem jeden wohldenkenden und das gemeine Beste beherzigenden Mitbürger hiemit zugleich freigestellet wird, mittelst geziemender Anträge und Vorstellungen Einem Hochlöblichen Rat die erwünschte Veranlassung zu geben, gegründeten Beschwerden Abhilfe zu verschaffen, so verhoffet Derselbe von solchen wohlgesinnten Bürgern und Einwohnern in seinen guten Absichten nicht verkannt, sondern vielmehr nach Möglichkeiten unterstützt zu werden und bei ihnen die Überzeugung zu befestigen, daß eine wahre bürgerliche Freiheit und Glückseligkeit nicht in Untergrabung der öffentlichen Ruhe, Ordnung und Sicherheit oder in verbrecherischen Reden und Handlungen, sondern einzig und allein in einem gesetzmäßigen und edlen Betragen, in fleißiger Beobachtung seiner Berufspflichten, in gewissenhafter Mitbeförderung des allgemeinen Wohls, in der Mitwirkung zur Erhaltung der öffentlichen Ruhe, Ordnung und Sicherheit und in ungestörtem Genusse häuslicher und anderer erlaubten Freuden zu suchen seie.

Decretum in Senatu [beschlossen im Senat]
den 20. Nov. 1792.

(Gedrucktes Plakat in: Nürnberg, Stadtbibliothek, Will 8, 425 B, 2°, Blatt 21/22)

Noch heute hat das Grundmuster dieses obrigkeitlichen Plakats wenig an Aktualität eingebüßt. Alle Bürger gelten als lieb. Durch das geheime Polizeigutachten vom 30. Oktober 1792 weiß der Rat bereits seit drei Wochen, daß diese Behauptung ein Selbstbetrug ist. Nur ein einziger Bürger soll ein Abweichler und folglich ein Verbrecher sein. Das oberste Ziel der Politik: Ruhe, Ordnung und Sicherheit – das der radikalen Demokratie dagegen: Freiheit, Gleichheit, Brüderlichkeit (Solidarität). Die bedrohten Regierenden fordern zur Gesinnungsschnüffelei, Bespitzelung und Denunziation auf, versprechen dafür Belohnung, Verschweigen des Denunzianten und gar Straffreiheit für einen verräterischen Mitverschworenen.

Der Autor Jakob Rothhaub bleibt unentdeckt. Die Nürnberger Revolutionsbewegung nimmt weiter zu. In dieser Atmosphäre schreibt 1794 Johann Benjamin Erhard, ein Nürnberger Handwerker, Philosoph und Arzt, eines der bedeutendsten theoretischen Werke des deutschen Jakobinismus: «Über das Recht des Volks zu einer Revolution».

Nürnberg eignet sich in diesen Jahren vorzüglich zum Anlaufort für französische Geheimagenten, die hier ein Zentrum für ihren Nachrichtendienst in Süddeutschland einzurichten suchen. Diese revolutionären Agenten, notwendigerweise deutschsprachige Republikaner aus dem Elsaß oder der Pfalz, schreiben mit an der Geschichte der süddeutschen Demokratie.

Quellen und Literatur
ERHARD (siehe Kapitel 85)
ANTON ERNSTBERGER: Nürnberg im Widerschein der französischen Revolution 1789–1796, in: Zeitschrift für Bayerische Landeskunde, 21, 1958, S. 409–471.
HELLMUT G. HAASIS: Bibliographie zur deutschen linksrheinischen Revolutionsbewegung in den Jahren 1792/1793. Die Schriften der demokratischen Revolutionsbewegung im Gebiet zwischen Mainz, Worms, Speyer, Landau, Sarre-Union, Saarbrücken und Bad Kreuznach, Kronberg/Ts. 1976, erw. Neubearbeitung mit den Standorten der Originalschriften, 2. Aufl. Mainz 1982.
Nürnberg, Germanisches Museum, Merkelsche Bibliothek, Handschrift Nr. 1052.
Nürnberg, Stadtarchiv, Hv 5196a.
Nürnberg, Stadtbibliothek, Will 8, 425 B, 2°.
HEINRICH SCHEEL (Hg.): Jakobinische Flugschriften aus dem deutschen Süden Ende des 18. Jahrhunderts, Berlin (DDR) 1965
Ders.: Die Mainzer Republik, 1. Bd., Berlin (DDR) 1975, 2. Bd. 1981
Ders.: Süddeutsche Jakobiner. Klassenkämpfe und republikanische Bestrebungen im Süden Ende des 18. Jahrhunderts, Berlin (DDR) 1962
KLAUS THALER: Soziale Schichtung und politische Willensbildung in Nürnberg Ende des 18. und Anfang des 19. Jahrhunderts. Zulassungsarbeit für die wissensch. Prüfung für das Lehramt an Gymnasien, Erlangen 1970 (Masch.; Standort: Nürnberg, Stadtarchiv)

87 Stuttgarter Untergrundliteratur (1790–1794)

Die Ideen und Taten der Großen Französischen Revolution fanden in Württemberg von Anfang an eine zahlreiche Anhängerschaft. Von hier knüpften sich illegale Fäden ins revolutionäre Elsaß, vor allem nach Straßburg. Mehrere Tübinger Studenten pilgerten zu Fuß durch den Schwarzwald zur Drehscheibe für eine süddeutsche Demokratenbewegung, in den Straßburger Jakobinerklub. Ins Elsaß emigrierten etliche württembergische Jakobiner, darunter Christoph Friedrich Cotta (1758–1838) und Georg Kerner (1770–1812).

Die Herrschaft des greisen Herzogs Karl Eugen (geb. 1728 in Brüssel, gest. 24. Oktober 1793 in Hohenheim bei Stuttgart) ging ihrem Ende zu. Der absolutistische Fürst, erzogen am Hof Friedrich II., des Großen (1740–86), hatte das Land ausgesaugt, um sich mit Prachtbauten einen Namen zu machen. In ganz Württemberg erfreute er sich eines noch heute nicht vergessenen Hasses.

Die Wasser der allgemeinen Revolutionsbegeisterung will in Stuttgart ein junger württembergischer Offizier auf seine eigene Mühle leiten, um durch die Angst vor einem Aufstand eine Beförderung zu erreichen. Am 1. März 1790 wird morgens vor dem Fenster der Kanzleibotenstube, neben dem großen Tor des Fürstenhauses, eine Drohschrift gefunden. Um der Identifizierung durch die Handschrift zu entgehen, hat sich der Autor einer noch heute beliebten Methode bedient. Seinen Brief klebt er mit Worten und Buchstaben zusammen, die er aus Zeitungen oder Büchern herausgerissen hat. Dieser Drohbrief spielt nur mit der Revolution, doch beweist er, wie allgemein die Idee eines Aufstandes bereits Verbreitung gefunden hat.

Eine heimliche Verschwörung, die ein schrecklicher Eid zusammenhält, wird Ihnen um Ihr Leben bringen, weil durch Ihren Tod ein naher Aufruhr allein niedergedrückt werden kann. Alle Einwohner hier sein [sind] REBELLISCH gegen Sie. Und das Militär, der Kern Ihrer Truppen, Ihres und unseres einzigen Schutzes, die Leschion, wird als IHR FEIND handeln, da Sie alle wegen Ihrer ungerechten Begegnung mürrisch sind.

Dankbarkeit für meinen Fürsten treibt mich an, diesen Verrat zu begehen. Aber so lieb Ihnen Ihr Leben ist, so folgen Sie meinem Rat. Er wird sie vor viel Unglück bewahren. Und beruhigen Sie das Volk hier und gewinnen Sie die junge Offiziere eilends durch Beförderungen, damit diese doch auf Ihrer Seite sein. Ich bitte Sie um Gottes willen: folgen Sie! O folgen Sie bald Ihrem

getreuen Warner.

(Stuttgart, Hauptstaatsarchiv, A 202, Bü. 2449)

Die Stimmung der oppositionellen Württemberger radikalisiert sich, als es im Herbst 1792 der französischen Revolutionsarmee gelingt, im Linksrheinischen um Mainz einen Brückenkopf zu bilden. Die süddeutschen Republikaner erwarten ihre baldige Befreiung (Kapitel 86). Zu einer eigenen bewaffneten Erhebung sind sie noch zu schwach.

Die Sympathien für die Revolution führen zum Widerstand gegen den im März 1793 dem demokratischen Frankreich erklärten Reichskrieg. Am Vortag vor der Huldigung (24. Oktober 1793) des neuen Herzogs Ludwig Eugen (1793–95) kommt es zu einem Aufruhr der angesehenen Stuttgarter Bürger vor dem Schloß, da sie sich durch den Adel bei der Wachablösung vor dem Schloß beleidigt fühlen. Angesichts der Drohung, die Huldigung zu verweigern, muß der neue Landesherr den Bürgern nachgeben.

Deutsche Diplomaten und französische Geheimagenten melden übereinstimmend, in Württemberg sei der Geist des Jakobinismus weit verbreitet. Welche politische Stimmung damals in der Landeshauptstadt geherrscht hat, überliefert uns das Verhör eines Wiener Jakobiners. Anfang Mai 1794 treffen Wiener Revolutionäre in Stuttgart zufällig mit dem Nürnberger Jakobiner Johann Benjamin Erhard zusammen. Als sie nach

Wien zurückkehren, fliegt ihre Verschwörung auf. Der 19jährige Student Stanislaus Leopold Graf Hohenwart gibt im Wiener Gefängnis zu Protokoll:

Eines Abends wurden wir in Stuttgart von dem Artilleriemajor [Jakob Friedrich] Rösch [1743–1841, Professor an der Stuttgarter Militärakademie] in das Hotel des Römischen Kaisers [am Ende der oberen Königsstraße, beim Wilhelmsbau] zu Gaste gebeten. Es fanden sich dabei Fremde, inländische Offiziere, Franzosen, protestantische Geistliche usw. ein. Da nun überhaupt im Württembergischen noch sehr frei gesprochen wird, so kam auch bald die Rede auf die größte Angelegenheit unseres Zeitalters – auf die französische Revolution. Jeder äußerte sich ganz unverhohlen seine Opinion [Meinung]. Auch [Andreas] Riedel [1748–1837, Haupt der Wiener Jakobiner] sprach ungezwungen nach seiner Denkungsart; und er fand Beifall. Rösch machte freilich viele Einwendungen, aber seine Denkungsart wurde als altväterisch nicht in Betracht gezogen. Ein gewisser Erhard, ein Kaufmann [Irrtum; Erhard war Arzt], der Riedel gegenüber saß, goutierte [schätzte] seinen Vortrag am meisten. [...] Das Souper [Abendessen] wurde bei schäumendem Champagner und altem, echten Rheinweine bis in die späteste Nacht fortgesetzt. Beim Dessert standen beide, Riedel und Erhard, instinktmäßig auf, begaben sich in ein Fenster, wo sie sich eine starke Viertelstunde besprachen, indes daß ich unbekümmert das letzte Gläschen aus meiner Bouteille [Flasche] schlürfte. Ich urteile, daß sie diese kurze Unterredung nahe aneinander mag gebracht haben; denn ich sahe sie am Schlusse derselben sich brünstig küssen. (Erhard, S. 189)

Im selben Monat Mai 1794, als in einem Gasthaus ganz frei für die Revolution gesprochen wird, bricht in Stuttgart ein Streik der Schustergesellen aus, die in die benachbarte Reichsstadt Eßlingen auswandern. Sie werden mit Militärgewalt zur Arbeit zurückgebracht, ihre führenden Leute eingesperrt. Dadurch fühlen sich alle Gesellen beleidigt. Es entsteht ein Aufstand, über den der preußische Gesandte nach Berlin berichtet. Die Verdoppelung der Wachen schreckte die Gesellen nicht ab,

sondern sie rotteten sich nichtsdestoweniger den 22. [Juni 1794] des Abends gegen 6 Uhr zusammen, insultierten [beschimpften] die Wache und jedermann, der ihnen begegnete, schrien in den Straßen «Vive la Nation! Es lebe Freiheit und Gleichheit!» Bald gesellten sich zu ihnen Weingärtner, deren es hier viele gibt, eine Menge Buben und vorzüglich viele Weibsleute, und so zogen sie vor die Oberamtei, wo sie die Fenster und Jalousieladen mit Steinen einwarfen, die ihnen von den Weibsleuten zugetragen wurden. (Scheel, Süddeutsche Jakobiner, S. 47)

Auch die Schreckensherrschaft der Jakobiner (1793/94) vermag die süddeutsche Opposition nicht von der Begeisterung für die Revolution abzubringen. Viel eher verschärft sie – zusammen mit dem unpopulären, verlustreichen und vergeblichen Reichskrieg – die rebellische Stimmung.

Ende Oktober 1794 tauchen innerhalb von drei Tagen zwei handschriftliche, revolutionäre Anschläge auf. In der Nacht des 23./24. Oktober heftet eine unbekannte Person einen Drohbrief an die Haustür des Regierungsrats Philipp Christian Friedrich von Normann (1756–1817). In seiner folgenden Eingabe an den Herzog skizziert der aus Pommern gebürtige Adlige Normann seine Karriere. Seit langem sieht er sich in Stuttgart schweren Angriffen, offenbar von seiten der Opposition, ausgesetzt.

Es ist wahr, daß ich im Auslande geboren bin. Allein im 10. Jahr meines Alters unter die Edelknaben aufgenommen, habe ich hier studiert, im 18. Jahre aus dankbarem Gefühl für die Wohltaten Ihres durchlauchtigsten Vorfahren [Herzog Karl Eugen] den preußischen Staaten – welche mich als den Sohn eines Dieners ansprachen und sogar öffentlich zitierten – mit dem Verlust eines Teils meines Vermögens entsagt und mich ganz dem Dienst Wirtembergs gewidmet.

Seit 25 Jahren [1769], wohin ich mein Vermögen gezogen und wo ich mich durch Ankauf eines Hauses und Verheiratung [9.3.1782] fest niedergesetzt habe, und seit 15 Jahren [1779] in Kanzleidiensten, kenne ich kein anderes Vaterland als Wirtemberg.

Normann fügt die Illusion aller verhaßten Herrschenden hinzu:

Jene von einem Unbekannten unter Begünstigung der Finsternis verfaßte [gemeint: angeheftete] Schrift kann nicht der Ausdruck des biederen Volks sein, dessen Wohl ich mit allen Kräften, und wenn es darauf ankommt, mit Aufopferung meines Lebens von Herzen befördere. (Stuttgart, Hauptstaatsarchiv, A 202, Bü. 2449)

Der von gewandter Hand geschriebene Drohbrief ist zum Glück im Original erhalten geblieben. Am unteren Rand winkt eine Zeichnung, mit dem Platz, an den sich der Autor den Regierungsrat Normann wünscht: mit dem Galgen. Der Briefschreiber stammt aus den Kreisen der bürgerlichen Opposition, in denen der Widerstand gegen den absolutistischen Herzog Karl Eugen (1737–93) noch in frischer Erinnerung lebt. Sein Stück Volksliteratur knüpft an die württembergischen Widerstandsaktionen gegen den Siebenjährigen Krieg (Kapitel 79) an. Der Drohbrief gegen Normann lautet:

Hier an einem solchen Galgen oder der erste beste Baum, nach dem die Umstände günstig sein, soll Regierungsrat Normann zum abscheulichen Exempel das gerechte Opfer jedes biedern Wirtemberger Untertanen sein sowie auch noch zwei von seinen Mitbrüder oder Landsleute, welche die Untertanen nur für mecklenburgische oder pommersche Hunde halten, die sich alles müssen gefallen lassen, was die Edelleute oder Beamte mit ihnen anfangen.

Wehe dem Fürsten, der Buben [Verbrecher] zu Räte ernannt, die weder Landesverfassung kennen, auch nicht geborne Wirtemberger sind, mithin die Untertanen weder zu behandlen noch weniger zu beurteilen wissen. Wenn er also denen öffentlichen Beschimpfungen oder am Ende gar dem Galgen ausweichen will, so ist ihm wohlmeinend zu raten, dem Beispiel des gewesenen Geheimer Rat [Philipp Friedrich von] Rieger [1722–82; führte im Siebenjährigen Krieg den verfassungswidrigen Verkauf von Tausenden von Landeskindern durch, deshalb 1762 fallengelassen, bis 1766 auf dem Hohentwiel inhaftiert] zu folgen, sonst setzt er sich auch denen öffentlichen Beschimpfungen aus wie jener.

Und wirkt diese Warnung nicht auf seine ohnehin bekannte eigennützige, niederträchtige Seele, so soll er den ersten besten Baum oder Laternenstock ohne alle Gnade und Barmherzigkeit zieren, welches obgedachtem Rieger auch geschehen wäre, wenn er seine Stelle nicht niedergelegt hätte, als das einzige Mittel, ihn von noch größern Beschimpfungen und zuletzt gar vom Galgen zu retten und sein Haus vor gänzlicher Verheerung oder an allen Ecken angezündet zu werden, worzu man nur einen schicklichen Augenblick abwartet, ob diese Warnung bei diesem Schurken, der hier an diesem Galgen hängt, Eindruck machen wird oder nicht. (Stuttgart, Hauptstaatsarchiv, A 202, Bü. 2449; abgedruckt bei Scheel, Jakobinische Flugschriften, S. 184)

Diese Schrift bedroht nur einen Regierungsrat, allerdings einen der wichtigsten. Das nächste Schreiben greift bereits den Herzog selbst an. Es rechnet gründlich mit der Ausplünderung des Landes ab. Der Autor dürfte in den Kreisen der bescheiden gebliebenen, ländlichen Bürgeropposition zu suchen sein, die die höfische Verschwendung nicht mitansehen kann. Der Text zeigt, im Gegensatz zum Drohbrief gegen Normann, Einflüsse der schwäbischen Mundart. Auch dieses Original stammt von einer geübten, aber einer anderen Hand.

Das Ziel gilt der Beendigung des Krieges. Andernfalls sei mit einem Aufstand zu rechnen. An den Sorgen um die Nahrung der kleinen Leute läßt sich ablesen, daß dieses Stück Literatur am meisten den Bedürfnissen des Volkes entspricht.

Im Großen Graben von Stuttgart wird dieses revolutionäre Schriftstück in der Nacht des 26./27. Oktober 1794 an einen Laternenpfahl geheftet:

An Ihro Durchlauch[t], dem Herzig zu Ludwigsburg

1. Ihr Durchlauch[t], Sie werden uns doch behilflich sein, daß wir kein teurer Brot kriegen. Man soll den Lauspuder nicht mehr machen, so wird auch viel Frucht [Getreide] erspart. Und man solle die Alleen bei uns an der Straßen bis nach Ludwigsburg den Bauren, welche daselbst Güter haben, geben. Das Holz, wo sie davon bekommen, können sie wohl brauchen. Es ist so so teur. Dann wollen wir diese Allen umreuten [roden] wieder zu brauchbaren Äckern. Und in Ludwigsburg [der Residenzstadt] ist es auch nicht nötig, daß man so großen Platz leer liegen läßt. Lasse die Bäume fällen und verkaufe den 400 bis 500 m Platz und lasse Dich nicht mehr gelüsten, daß Du etwas an Deinem Bauwesen vergrößern wollest. Der Prinz [Friedrich Eugen, geb. 1732; 1795–97 Herzog von Württemberg], wie es heiß[t] mache auch so Dummheiten und mache aus brauchbaren Gütern Wüsteneien. Aber, aber denket, wegen was Ihr auf der

Welt seid. Ich glaube, doch nicht allein aus diesem Grund, daß der Untertan alles leiden muß, was Euch gefällt.

Zweitens werden wir uns bedanken, unsere Söhne herzugeben um 5 Kreuzer und am Rhein hungern und Kummer sterben lassen und wegen Eurer totschießen lassen. Und den Herrn, welche nicht genug Besoldung haben an 5-, 6-, 700 bis 1000 [Gulden], denen gibt man noch 3-, 4-, 500 dazu, wo man wirklich sollte die Hälfte ihnen nehmen. Dem Herrn gehört der Zehnt von allem, was ich hab, und sonst nichts. Ist nicht das zuviel, was braucht man Herrn, wo 4- bis 5000 Gulden Besoldung haben und uns arme Teufel noch plagen.

Machet, daß es Frieden gibt, oder wir werden noch den Franzosen helfen! Es ist freilich leider wahr, daß die große Herrn am ärgsten sind. Wann die Regierung anderst eingerichtet würde, so wäre das Württemberger Land das allerbeste. Aber zuviel Herrn und Schreiber und der Staat zu groß. Die Frauen gelten viel zuviel bei den Gemeinen wie bei den Vornehmen. Man sollte auf die vornehme oder prächtige Kleider auch den größtesten Zoll legen. Auch der Care [Preissteigerung?] ist bös vor uns. Die Besoldungsherrn mit Conc. [?] wollen ihr Sach oder ihre Früchten teuer verkaufen, durch welches uns das Brot immer erhöht wird. Die Herrschaft-Früchten sollten uns zum wenigstens zum Nutzen sein, wann man sie nach der Art ansehen täte, aber ein jeder denkt: ich will viel lösen [einnehmen], der andere: ich auch, und so fort. Aber wir wollen schon wohlfeil machen. Ihr werdet Euch verwundern.

Wir brauchen die Helsaperluft [vermutlich Hellsapperlott; mundartlich für «Saukerle»] nicht zu dem, daß sie uns das Mark aus den Beinen saugen. Wir wollen uns es herzlich gern gefallen lassen, einen Herrn Herzig zu haben, aber nicht 6000 oder noch mehr Besoldungsherrn. So kann die Regierung nicht mehr dauren. Es ist nicht möglich. Diese, wo betrügen, wann sie Herrn sind, so haben sie noch recht. Es geschieht keinem nichts. Die Regierung muß so gemacht werden: wann einer dem andern etwas stiehl[t], so muß er hangen, oder wann einer den andern um etwas betrügen will, so gehört es ihm auch so. Und keiner soll nichts außer Land verkaufen. Kaiser hin, Kaiser her, du bist, wer du bist, zum Beweis Oberamtmann und Stadtschreiber in Böblingen und Sindelfingen, auch Herrenberg [Städte bei Stuttgart] und der feine Herr von Böhnen mitsamt der Hur. Und warum soll das Württemberger Land dieser so viel geben? Dieser gehört vor diesesmal nichts. Nehmet Euer Wort zurück! Es gehört ihr nichts. Und sagt, Ihr darft es nicht tun. Ihr seied in größter Gefahr, Herzig. Mache Dich klein mit Deinem Pracht! Es ist Dir keine Schande. Jage die Ausländer fort! Den andern gebe weniger Besoldung und lasse die Zölle fallen an dem Wein! Was brauchen wir Wirtemberger einen solchen großen Staat und Hoffart. Die Frauen debasieren [wohl: verschwenden] zu arg. Wir können nimmer hausen [wirtschaften]. Die Früchte werden aus dem Land und aus der Stadt verkauft. Durch die große Herrn wird die ärgeste Spitzbuberei getrieben. Die Herrn in der Regierung handlen auch mit oder stecken sie unter dem Handel. Dieses sollte gar nicht sein.

Machet, daß der Krieg ausgeht! Es ist hohe Zeit, Herzig. Nimm vorlieb mit einem kleinen Tisch! Du brauchst keine große Tafel. Ist das recht, daß die

Herrn, welche noch von ihren Früchten haben, sie nicht auch hergeben, der eine da, der andere dort verkauft hier in unserer Nachbarschaft? Fressen sie das Brot, so sollen sie auch bei uns die Früchten verkaufen und nicht untereinander sagen: man hört, daß die Preise daher so hoch, dorther so hoch, warum bei uns nur das? Herzig, bleibe nur, wo Du bist oder wo Du hingehörst. Ich darf auch nicht herumschwanzen [mundartlich für «spazierengehen»], sondern ich muß froh sein, wann ich ein kleines Plätzlich hab, daß ich nur darin über Nacht bleiben kann mit meinen vielen Kindern. Und man will doch das noch von mir: wo ich kaum ein Taglohn verdient habe, darf [mundartlich für «müssen»] ich es an das Brot rücken und müssen halb nackend laufen, nicht das ganze Jahr 3 bis 5 Maß Wein trinken, und Ihr fresset und saufet alle Tage herrlich und in Freuden. Dem Herrn gehört der Zehent von allem, was mir wachst.

Was hilft uns die Solitude [Lustschloß bei Stuttgart], das Säuhäusle bei Egelsheim [Seeschloß Seehäuslein bei Eglosheim, bei Ludwigsburg, genannt Monrepos], der Einsiedel [Jagdschloß bei Tübingen] und Grafeneck [Jagdschloß bei Münsingen auf der Schwäbischen Alb] und Hohenheim [Schloß bei Stuttgart; alle unter Herzog Karl Eugen neu- oder umgebaut] oder Euch? Ist das nicht ein Aver[sum] [Aufwand] von mehr als 100 oder 200 Millionen? Sollte man nicht diese, wo noch beim Leben sind und von der Sach wissen, wirklich noch henken? Machet eine kleine Haushaltung, damit man dabei bestehen kann, und sehet nicht auf den Pracht und Großtuerei, sondern betet auch den Spruch: liebes Kind, bleibe gern im niedrigen Stand! Wir haben vielleicht 50, 60 oder noch mehr Oberamtleut und also auch so viel Ämter. Es solle t[a]usend[?] geben, nach dem es erträgt. Das Holz mach[t] viel Geld aus, welches nach Holland kommt. Mit der großen und vielen Schreiberei kommst Du um alles und wir auch.

Man ist zu gut. Es sollte so sein: wer in einem Amt steht und betrügt mit Bosheit, der muß hangen. Die große Herrn haben nichts zu schaffen. Sie schaffen des Tags vielleicht 2 Stunden. Der Anfang ist mit Zeitungslesen. Durch ihren Staat wird die Zeit verloren, bis der Perückenmacher kommt und pudert sie. Können sie nicht auch ohngepudert laufen wie der gemeine Mann und wie der Taglöhner? Der Puder muß verboten werden zu machen, und der Puder kostet sehr viel Frucht; dann die Vornehme haben meistens Niß [Nissen] und Läus vor Faulheit. Und bei uns muß es auch eingeführt werden wie in Frankreich, daß man nicht so viel Butter verdalkt [mundartlich für «verdrücken»]. Uns Leuten wird die Milch abgeschwätz[t], und dann müssen wir den Butter und Schmalz kaufen. Man sollte nur einerlei Brot backen lassen, nicht Brezeln und Milchbrot und Wecken, sondern nur Schwarzbrot. Wir auf dem Land müssen uns auch erfreuen, wann wir vom Feld heimkommen und finden eines riches [mundartlich für «altbacken»] 8 oder 14 Tag gebackenes Brot zu Hause.

Warum wollen diese Hunde es besser haben? Dann würde es gleich anderst kömmen, aber alle Tage ist die Hoffart ärger. Ich bleibe Euch in Gnade gewogen, wann es [mundartlich unbetonte Form von «uns»] geholfen wird. Wo nicht, so sehet zu. Die Ausländer fort, die Inländer, wo Exzeß gemacht, aus dem Land gejagt! Dann wird's bald eine gute Regierung sein.

(Stuttgart, Hauptstaatsarchiv, A 202, Bü. 2449; abgedruckt bei Scheel, Jakobinische Flugschriften, S. 185–187)

Die Regierung spricht nun von dem «allhier einreißenden Pasquillantenunfug». Die Polizei fahndet auf Befehl des Herzogs bei Belohnung von 50–100 Dukaten heimlich nach den Autoren dieser rebellischen Literatur. Vergeblich.

Der verhaßte Regierungsrat und Hofrichter Normann, einer der engsten Günstlinge von Herzog Karl Eugen, stieg später zum Vizepräsidenten des Geheimen Rats auf, stets ein Anhänger des Absolutismus, ein geschworener Feind der Demokratie. Seinem Sohn Karl Friedrich Lebrecht Grafen von Normann-Ehrenfels (geb. 14. 10. 1784 in Stuttgart, gest. 23. 11. 1822 in Missolunghi / Griechenland) gelang es, aus der reaktionären Familientradition auszubrechen. Den Rußlandfeldzug Napoleons (1812) machte er als Brigadegeneral der württembergischen Kavallerie mit. In der Völkerschlacht von Leipzig (16.–19. 10. 1813) ging er mit seiner Brigade zu den Gegnern Napoleons über, weswegen ihn der württembergische König, ein Geschöpf Napoleons, verhaften lassen wollte. Normann mußte aus Württemberg fliehen, durfte erst später zurückkehren. 1821/22 nahm er am griechischen Freiheitskampf gegen die Türken teil und wurde General des international zusammengesetzten Philhellenen-Bataillons.

Quellen und Literatur

Erhard (siehe Kapitel 85)
Scheel: Jakobinische Flugschriften (siehe Kapitel 86).
Ders.: Süddeutsche Jakobiner (siehe Kapitel 86).
Stuttgart, Hauptstaatsarchiv, A 202, Bü. 2449.
Barbara Vopelius-Holtzendorff: Das Nagolder Cahier und seine Zeit. Beschwerdeschrift mit Instruktionen für den Abgeordneten zum württembergischen Landtag von 1797 (Edition), in: Zeitschrift für Württembergische Landesgeschichte, 37, 1978, S. 122–178

88 Jakobinische Fabeln und Gleichnisse

Im Zeitalter der großen bürgerlichen Revolution erlebten Fabeln und Gleichniserzählungen eine politische Wiedergeburt. Ihre knappe Form, ihre Vereinfachung durch skizzenhafte Züge, ihre direkte Nutzanwendung auf aktuelle Probleme, das alles empfahl einem Jakobiner den Rückgriff auf diese Art von Literatur. So konnte er seine Gedankengänge dem Volk auf einfachste Weise eindringlich und unausweichlich nahebringen.

Diesen Teil unserer politischen Volkskultur hielt die Literaturgeschichte bisher keiner Aufmerksamkeit für wert. Mit der Verdrängung der revolutionären Demokraten wurden auch deren literarische Leistungen unterdrückt. Die Fülle der jakobinischen Fabeln und Gleichnisse gilt es wieder auszugraben.

Die folgenden vier Stücke erschienen im Februar 1792 in Straßburg. Der schwäbische Jakobiner Christoph Friedrich Cotta (1758–1838) brachte sie in seiner Monatszeitschrift «Straßburgisches politisches Journal» heraus. Cotta, Bruder des berühmten Verlegers Johann Friedrich Cotta (1764–1832), seit 1788 Lehrer des Staatsrechts an der Stuttgarter Militärakademie Karlsschule (deren letzte Grundmauern sind hinter dem Neuen Schloß zu sehen, am Steg zur Landesbibliothek und zum Hauptstaatsarchiv), emigrierte im Juli 1791 als überzeugter Demokrat nach Straßburg, wurde französischer Bürger und Mitglied des Jakobinerklubs. Seine beiden Fabeln brachen noch nicht mit dem Königtum. Die erste Fabel unterzog die Monarchie jedoch einer ätzenden Kritik.

Friedrich Christoph Cotta: Die Prinzenerziehung
Sultan Löw hatte vier Söhne und hielt jedem einen eigenen Hofmeister. Der älteste stund unter der Aufsicht des Oberstkämmerers Ziegenbock. Der zweite ward dem Hofimam [Imam = islamischer Gelehrter] Dr. Ursus Braunius [ursus = Bär] anvertraut. Für des dritten standesmäßige Erziehung sollte Major Wolf von Isegrim sorgen. Dem jüngsten setzte der Papa den Jägermeister Fuchs vor.

Der Alte starb, und die vier Löwchens wurden nacheinander Sultane oder, wie es bei den Manntieren heißt, Landesväter. Löwchen der Erste stiftete einen Orden für seine Favoriten [Günstlinge], unter welchen sich der Affe am längsten behauptete, hurte mit seinen Bäschens, gab Opern, zog die Greifen an den Hof und besetzte mit ihnen die Ämter, spielte, betrank sich bei Tag, durchschwelgte die Nacht und starb unter dieser Regentenbeschäftigung an einem vergifteten Lamm, womit ihn sein ältester Bruder am Geburtstag beschenkt hatte.

Unter Löwchen dem Zweiten regierten die Braunius. Ein Imam war Justizdirektor. Ein Imam kommandierte die Armee. Imams verwalteten die Einkünfte.

Der Sultan lebte übrigens wie sein Vorfahre, studierte das Firmament, und wer nicht wie er und die Vorsteher der Moscheen und die Missionärs der Krokodilbruderschaft glaubte, daß der Nordstern einen Bären vorstelle, ward gebraten.

Die Miliz erregte endlich einen Aufstand. Der Sultan wurde getötet (nach hundert Jahren jedoch unter der Benennung des Frommen dem Volk in den Moscheen zum Beispiel aufgestellt), und Löwchen der Dritte, zugenannt der Tapfere, kam auf den Thron. Das gab eine Soldatenregierung, und Löwen und Wölfe wenigstens befanden sich nicht übel dabei. Alles wurde auf Regimentsfuß behandelt, Kanzlei und Tempel nicht ausgenommen. Jedes Tier bis zum Maulwurf herab war geborner Soldat, und nachdem der Sultan und die hohe Generalität den Untertanen das Vermögen abgepreßt hatten, wurde ein Teil an die Adler verkauft, welche nicht imstand waren, allein die Straußen zu bezwingen.

Endlich kam Löwchen der Vierte zur Regierung. Sein erstes war, den Fuchs zum Herrn von Reinecke zu erheben. Mit diesem jagte er im ganzen Land herum, welches dadurch zur Wüste wurde, und da ihn das Podagra [Fußgicht] am Jagen hinderte, soff er sich in Hasenblut zum Nordstern hinüber.

Deutschland, wie steht es um die Erziehung deiner Regenten? Wie viele ihrer Väter sorgen wie Katharina die Zwote, Friedrike von Wirtenberg und die Fürstenpaare zu Homburg und Dessau für das Wohl künftiger Geschlechter?
(Straßburgisches politisches Journal, 1, 2. Heft, Februar 1792, S. 222–224)

Cottas zweite Fabel sorgte sich um das Wohl der Bauern, damals noch bei weitem die Mehrheit des Volkes. Damit schlug Cotta ein Thema an, dem er sich dann später besonders als Kanzlist im Generalstab der französischen Rheinarmee in Mainz (November 1792 bis März 1793) energisch widmete. Seine revolutionären Flugschriften sind ganz von diesem Thema geprägt (Titel und Standorte bei Haasis, S. 40/41).

Friedrich Christoph Cotta: Wer soll König sein?
Die Adler baten den Vater der Götter:

«Entscheide, Zeus, welchem von uns die Herrschaft über seine Brüder und über das Vogelreich zukommt?»

Es waren schwarze, graue, falbe, weiße, gefleckte Adler, und jeder glaubte, um seiner Farbe willen zu solchem Vorzug berechtigt zu sein.

«Toren!» war die Antwort, «soll die Farbe der Federn entscheiden? Seid ihr nicht sämtlich Adler? Und das, daß ihr meine Lieblinge seid, daß ihr den Donner tragt und Phöbus [der Glänzende; Beiname des griechischen Gottes Apollo] ins Strahlengesicht schauet, berechtigt euch nicht, andre Vögel zu beherrschen; oder könnt ihr den Strauß bezwingen? Könnt ihr die kleine Wachtel an ihrem Wechselzug hindern? Dies ist mein Ausspruch: *Wer den andern wider Unrecht schützt, ist sein König.*»

Also nicht der Europäer ist Herr der Erde. Nicht der Zufall, von einer Durchlaucht oder Exzellenz geboren zu sein, berechtigt dich, künftiger Regent, deinen Bruder Bauer als Vieh oder Handelsware zu behandeln. (Straßburgisches politisches Journal 1, 2. Heft, Februar 1792, S. 224)

Das folgende Gleichnis von Henrich Prescher «Das Auswandern» dürfte Cotta wegen seiner persönlichen Problematik als ausgewanderter Revolutionär in seine Zeitschrift aufgenommen haben. Häufig klagten Ausgewanderte über Anpassungsschwierigkeiten, Geld- und Berufsnot. Deshalb gingen damals Dutzende deutscher Jakobiner ins Elsaß, weil dort wenigstens der kulturelle Sprung geringer war. In dieser Situation sollte Preschers Gleichnis Selbstbewußtsein und Zuversicht der ausgewanderten Jakobiner stärken und andere Revolutionäre zum Verlassen der unfreien Heimat ermutigen.

Henrich Prescher: Das Auswandern

«Haue nicht», sprach ein hoher Tannenbaum des Schwarzwalds zu der Axt, welche an seiner Wurzel lag, «laß mich unter den Meinen leben und sterben! Siehe, dort stehen meine Vetter, da meine Brüder, in deren Gesellschaft ich groß wurde, und hier um mich herum sind meine Kinder, welche von meinem ausgestreuten Samen aufwuchsen. Ihr Anblick ist so süß. Wir haben schon manchen Sturmwind, manchen Winter in unserer dichten Familiengruppe glücklich überstanden.»

«Aber es ist besser für dich und sie, wenn du Platz machst. Ihr steht zu dicht und zerschlagt einander die Zweige, und du nimmst zehn andern Sonnenschein und Luft – und kurz, du mußt heraus.»

Damit erhob sich die Axt. Seufzer schollen in die Luft, daß von ihrem Echo der ganze Wald erklang, aber sie hörte nicht auf zu wüten, bis der Stamm in seiner ganzen Länge zu Boden lag.

«Du mußt ans Wasser», sprach ein Mann, welchem er nicht widersprechen durfte. Er mußte auch auf der Enz, auf dem Neckar, auf dem Rhein schwimmen, und wie manche harte Püffe gab's da! Aber endlich kam er doch wohlbehalten auf der Schiffswerft an, wohin ihn sein Schicksal bestimmt hatte. Er wurde als der schönsten Maste einer auf ein Kriegsschiff gepflanzt, welches nach Ostindien bestimmt war. Der batavische Löw mit dem Siebenpfeilbund schaute majestätisch von seiner Spitze herab. Unter demselben schwebten ein Paar Späheraugen auf dem Mastkorb, welche jedes dämmernde Bild in blauer Ferne entdecken und dem Befehlshaber die nötigen Winke gaben, zum Heil der ganzen fahrenden Brüderschaft nützliche Anstalten zu machen. Er trug das große Segel, welches jeden Hauch Aeols [Gott der Winde] und seiner Spielgefährten, der Zephirs [Westwinde], auffing, und schneller als der Adler Jupiters flog das Schiff durch die schäumenden Wogen. Für seine wildstarrende Zweige hingen nun manche schöne Seile an ihm herab, auf welchen das Matrosenvolk lustig auf- und abstieg und durch manchen frohen Menschengesang das Zwitschern der gefiederten Sänger des Schwarzwaldes ersetzte. Der schöne Mast führte das Schiff, angestaunt von allen Delphinen des Weltmeers, glücklich nach Batavia. Sein Ruhm durchflog zwo Welten, und seinem

Glück fehlte nichts, als daß er es seinen Brüdern, welche er in ruhmloser Ruhe zurückgelassen hatte, nicht erzählen konnte.

Menschen, schon oft hat sich die Geschichte des Mastbaums unter euch zugetragen. Lernt, euch der Vorsehung überlassen, wenn das Schicksal euch zwingt, aus eurem väterlichen Erbe zu entweichen. Nur etwas Gewandtheit, und ihr werdet hoffen dürfen. (Straßburgisches politisches Journal 1, 2. Heft, Februar 1792, S. 220–222)

Eulogius Schneiders Gleichnis von der französischen Verfassung ging am schärfsten gegen den König vor. Eulogius Schneider (1756–94), katholischer Hofprediger bei Herzog Karl Eugen in Stuttgart, 1789–1791 Professor in Bonn, gehört zu den faszinierendsten deutschen Jakobinern. 1791 verlor er wegen seiner revolutionären Überzeugung den Lehrstuhl in Bonn. Er wanderte nach Straßburg aus, wo er sich zum überragenden Kopf der Revolutionspartei entwickelte. In seinem Gleichnis grollte bereits von ferne das Gewitter des Volkes, das den König dann stürzte.

Eulogius Schneider: Frankreichs Konstitution
Ich vergleiche die Konstitution [Verfassung] mit einem schönen und starkgebauten Wagen, auf welchem das Heil der Nation ruht. Die Teile dieses Wagens sind von den besten Materialien. Sie sind einander vortrefflich angepaßt. Homer beschrieb den Wagen Achills nicht so schön, als ich mir den meinigen denke. Der Fuhrmann, der den Wagen lenkt, ist der König. Die Tiere, die ihn bewegen, sind die Ministers, die Verwalter und die übrigen Agenten der vollstreckenden Gewalt. Der Fuhrmann hält in einer Hand den Zügel und in der andern die Peitsche. Es steht in seiner Gewalt, den einen oder die andere nach Willkür zu gebrauchen. Wenn der Weg längs der Aue der Zivilliste [öffentliche Gelder für den Monarchen zu privaten Zwecken] durch das Eigentum feuriger Patrioten geht, so knallt die Peitsche. Wenn es dem fanatischen Priester oder dem verbündeten Schwager Leopold [1790–92 deutscher Kaiser], so wird der Zaum angezogen.

Was Rats in dieser Stellung? Einmal: der Wagen muß gehen, oder das Heil der Nation ist verloren. Wie werden wir den Fuhrmann bewegen, daß er unsern Wünschen willfahre? Etwa dadurch, daß wir ihm den Weg mit Rosen streuen? Nein! Durch laute Äußerung unsers Unwillens, durch den Aufruf der ganzen Nation, durch männliche Erklärung, daß zwischen beiden nur Eines zu wählen sei. Entweder der Fuhrmann bewege selbst den Wagen, oder wir müssen ihn durch eigne Kraft bewegen. Dieses Zögern, dieses Stocken ist unser Tod. Wir werden unsern Feinden zum Gelächter, und unsre Freiheit ist ein Phantom. Glaubt nicht, daß wir uns dadurch aufs neue den Geburtsschmerzen der Revolution aussetzen werden. Die vereinigte Stimme der Nation wird nicht ohne Wirkung sein. Die treulosen Ratgeber des Fuhrmanns werden zuschanden werden. Er wird einsehen, daß sein Wohl von dem unsrigen unzertrennlich und daß unser Drang nach Freiheit unaufhaltsam sei. Der Wagen wird sich majestätisch bewegen, und die Tyrannen werden von ferne stehen und sagen:

«Lasset uns die Hände nicht ausstrecken gegen dieses Volk; denn es will frei sein, und hindern wir es, frei zu werden, so fällt seine Rache wie der Donner Gottes auf unsere Häupter.»

So betrachte ich die Konstitution und unsere gegenwärtige Lage. Ich predige nicht Aufruhr, sondern Festigkeit, Entschlossenheit, Einigkeit. *Die vereinigte Stimme einer Nation ist nicht Aufruhr.* Andere predigen anders. Sie sprechen: «der Wagen ist einmal, wie er ist. Wir müssen den Fuhrmann und seine Tiere machen lassen. Die Zeit wird zeigen, welches das wahre Evangelium war.»

Jeder möge indes in seinem Sinn überfließen! Der politische Glaube kann so wenig als der religiöse geboten werden. So viel ist aber in beiden Fällen gewiß: je untätiger, blinder und unfruchtbarer der Glaube ist, desto weniger taugt er. Vielleicht ist es möglich, ohne den wahren religiösen Glauben selig zu werden, aber ich zweifle sehr, ob es möglich ist, ohne den wahren politischen Glauben frei zu werden. (Straßburgisches politisches Journal 1, 2. Heft, Februar 1792, S. 218–220)

Die politische Fabel wie das Gleichnis ließen sich freilich nicht vor einem Gebrauch durch Demokratiefeinde bewahren. So erschien 1794, auf dem Höhepunkt der Französischen Revolution, in der Zeitschrift «Minerva» eine gehässige Reimfabel gegen die revolutionäre Demokratie.

Die beiden Wölfe. Eine Fabel
Von Frankreichs Revolution
Kam jüngst erst Nachricht in das Land der Tiere.
«Wie?» sprach ein alter Wolf, «so lange schon
Blüht dort mein Glück, und immer friere
Und hungr' ich hier noch? Komm, mein Sohn,
Nicht länger wollen wir am Thron
Des Löwen noch als Diener stehen,
In Frankreich soll's uns besser gehen!
Pack ein! Geschwinde fort von hier.
Gelobtes Land! Dort herrschen *wir*!»
«Wie», sprach der Sohn, «soll das geschehen?
Kaum scheint mir's möglich.» – «Glaube mir,
Erwidert jener, es wird gehen.
An roten Mützen fehlt's uns nur;
Denn echte Jakobinerseelen
Und echte Jakobinerkehlen
Verlieh uns selber die Natur.
H.
(Minerva, 1794, 3. Bd., S. 176/177)

Zugeschnitten auf die Machtkämpfe der Ulmer bürgerlichen Opposition, kamen im Jahr 1797 drei Fabeln in dem bisher verschollen geglaubten Organ der Ulmer Jakobiner «Der Ulmische Bürger-Freund» heraus. Der Herausgeber Theodor Ulrich Nübling (1766–1837), 1783 bis 1791 im dänischen Militärdienst, ließ darin den bürgerlichen Ausschuß zu Wort kommen, der die Alleinherrschaft des Patriziats bekämpfte. Am 25. Juli 1797 erfolgte die kaiserliche Anerkennung des bürgerlichen Ausschusses.

Die Bienenkönigin. Eine Fabel

«Lege Rechnung ab», sagten die Bienen zu ihrer Königin. «Was hast du mit unserm Reichtum angefangen? Wie sind Schätze, die *wir* sammelten, angewendet worden? Was hast du zum Besten des Ganzen getan?»

«Aufrührer!» – antwortete die Königin, «was geht euch *mein* Eigentum an? Was habt ihr nach der Verwaltung meines Vermögens zu fragen?»

«*Dein* Eigentum? dein Vermögen?» erwiderten die Bienen. «Du vergissest, Unverschämte, daß du nichts als unsere Dienerin bist.»

Was sind Obrigkeiten anders als die Faktoren, die Diener des Staats? Das Land ist nicht ihr Eigentum. Sie sind die Verwalter desselben. (Der Ulmische Bürger-Freund, 1. Blatt, 2. Juli 1797, S. 15/16)

Die Baumwurzel und der Gipfel. Eine Fabel

«Wie groß, wie herrlich ich mich in die Luft erhebe», sagte der Gipfel triumphierend zur Wurzel, «indes du verächtlich im Staube dahin kriechst!»

«Und wenn ich dich nicht hielte, was wärest du?» antwortete sie.

Regenten! Vergesset es nie! Euer Ansehen, eure Gewalt ist auf die Nation gegründet. (Der Ulmische Bürger-Freund, 1. Blatt, 2. Juli 1797, S. 16)

Die Birken und die Fruchtbäume. Eine Fabel

«Worüber beklagt ihr euch, Undankbare?» sagten die Birken zu einer kleinen Pflanzung von Fruchtbäumen, die neben ihnen standen. «Schützen wir euch nicht großmütig vor Hitze und Kälte? Halten wir nicht die gefährlichen Winde von euch ab?»

«Ach leider!» sagten die Fruchtbäume, die schon ganz auf die andere Seite gebeugt waren und vor Mangel an Luft und Sonne verstockten. «Ach leider schützet ihr uns nur zu sehr!» (Der Ulmische Bürger-Freund, 3. Blatt, 30. Juli 1797, S. 40)

Quellen und Literatur

(CHRISTOPH) FRIEDRICH COTTA (Hg.): Straßburgisches politisches Journal, 1. Jg., Straßburg 1792, 2. Heft, Februar (Standort: Stuttgart, Landesbibliothek; Strasbourg, Bibliothèque Nationale et Universitaire)

HAASIS 1976 (siehe Kapitel 86)

Minerva. Ein Journal historischen und politischen Inhalts. Hg. von J. W. v. Archenholz

THEODOR NÜBLING: Acht Jahre in Dänemark. Das Merkwürdigste aus meinem Leben, Ulm 1852 (Standort: Stuttgart, Landesbibliothek). Der Ulmische Bürger-Freund. Eine Zeitschrift, herausgegeben von dem bürgerlichen Ausschuß [Theodor Ulrich Nübling], Ulm 1797 (Standort: Ulm, Stadtarchiv, G 5/22)

89 Böhmische und mährische Jakobiner (1790–1800)

Seit einer Generation, seit den Aufständen von 1764 bis 1776 (Kapitel 81), rangen die Bauern in Böhmen und Mähren um ihre Befreiung. Gegen die Bauernpolitik Kaiser Josephs II., die eine Aufhebung, dann zumindest eine Milderung der Erbuntertänigkeit beabsichtigte, stemmten sich die Grundherren mit Erfolg. Der Adel und die von ihm abhängige Verwaltung verweigerten jahrzehntelang den Gehorsam. Daran änderte sich auch im Zeitalter der Großen Französischen Revolution nichts.

In diesem Streit, der Böhmen und Mähren zu zerreißen drohte, gewann Kaiser Joseph Sympathien bei den Untertanen. Der Aufhebung der Leibeigenschaft (1781) ließ er 1789 die Ankündigung einer völligen Beseitigung aller Untertanenpflichten gegenüber den Grundherren folgen. Der Adel lief Sturm dagegen und erreichte schon im Frühjahr 1790 die Rücknahme dieser Verordnung. Der aufgeklärte Absolutismus Österreichs stand und fiel mit der Zustimmung des reformfeindlichen Adels. Diese Enttäuschungen nährten in Böhmen und Mähren den kräftigen Haß gegen die Grundherrschaften, der in die Zeit der Jakobiner hinüberreichte.

Schon im August 1789 meldeten die böhmischen Kreishauptleute dem Prager Gubernium (Regionalregierung in den österreichischen Kronländern): die Untertanen wünschten, daß etwas Ähnliches wie in Frankreich auch in Böhmen geschehe. Es folgten die traditionelle Verweigerung der Pflichten, nun mit der ausdrücklichen Hoffnung, es kämen bald die Franzosen, um alle Untertanen von der Robot (Fron) und den sonstigen Diensten zu befreien.

Böhmen lag im Kräftefeld zwischen den revolutionären Bestrebungen Sachsens und Schlesiens einerseits und Österreichs andererseits. Die Einflüsse der sächsischen Aufständischen (Bauernaufstand 1790, schwelte das ganze Jahrzehnt weiter) lassen sich in Nordwestböhmen feststellen, die der schlesischen in Nordostböhmen. Einwirkungen der Wiener Jakobiner sind schwer nachweisbar, aber durchaus wahrscheinlich.

In diesem Kapitel können leider nur deutschsprachige Texte vorgestellt werden, da noch immer keine deutschen Übersetzungen tschechischer Jakobinertexte vorliegen. Von Anfang an gilt es festzuhalten, daß sich damals Tschechen und Deutsche häufig zusammentaten, um gemeinsam ihre Unfreiheit abzuschütteln.

Unter anderem werden in diesem Kapitel einige handschriftliche, noch unveröffentlichte Flugblätter aus dem Regionalarchiv von Brno (Brünn)

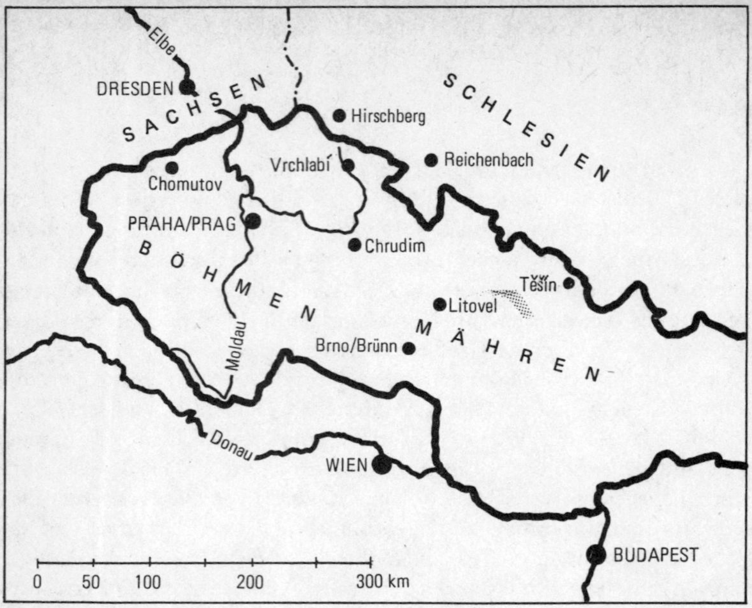

Karte 38

wiedergegeben. Da der Weg zu diesen Beständen weit, schwierig und teuer ist, sollen diese Texte ungekürzt erscheinen.

Rekrutenaushebungen im Jahr 1790 für einen Krieg gegen die Türkei führen in Böhmen zu Abwehraktionen des Landvolks. In einigen Landstrichen erreichen die Bauern, daß ihre Pflichten erleichtert werden.

1792 taucht auf dem Fenster des Nádvorník-Kaffeehauses in Brünn (Brno) ein Drohgedicht auf, das sich gegen den Kaiser und dessen Anhang richtet. Ob an eine Unterstützung des französischen Militärs gedacht ist, wie sonst häufig bezeugt wird, bleibt unklar.

> Ich und mein[e] Brüder sein gesinnt,
> dem Kaiser und all sein Lumpengesind
> das Messer durchs Herz zu bohren.
> Wir werden uns sonderliche Mühe geben,
> dem Militär alles an die Hand zu geben.
> Der Kaiser muß hangen
> und auf den Galgen prangen. [später eingefügte Zeile]
> Daß dieses aber geschehen muß,
> beweiset allein mein fester Entschluß.
> (Brno, Státní Oblastní Archiv, B95, Kart. 220, Nr. 238/1792)

Im selben Jahr heißt es von evangelischen, mährischen Untertanen im böhmisch-mährischen Grenzgebiet – Nachkommen der nie ganz besiegten hussitischen Strömungen –, sie würden die Ankunft der Franzosen erwarten, wollten sich zusammen mit ihnen gegen die Herren erheben.

In Prag kursieren um die Jahreswende 1792/93 – also zu einer Zeit, wo der Zusammenbruch des Deutschen Reichs, angesichts der französischen Eroberung des Brückenkopfes um Mainz, bevorzustehen scheint – Flugblätter mit Zeichnungen von Freiheitsbäumen und Jakobinermützen. Im Januar 1793 erscheint in Chomutov (Komotau/Nordböhmen) ein Flugblatt mit dem Titel: «Manifest des Geheimen Nationalkonvents der Josephinischen Böhmen.» Der unbekannte Autor vergleicht die Reformtätigkeit Josephs II. mit den revolutionären Taten des französischen Volkes. So interessant die Berührung zwischen Josephinismus und Jakobinismus sein mag, die wirklichen Jakobiner Böhmens und Mährens drängen über die schwankende und erfolglose, die Bauern nur hinhaltende Politik Josephs hinaus.

Unter den Evangelischen in Ostböhmen leben zu dieser Zeit chiliastische Hoffnungen auf eine Welt ohne Obrigkeit. Dann seien alle Menschen gleich. Diese neue, freie Welt werde zusammen mit den Franzosen errichtet, die nach Böhmen kämen und den nach dem Volksglauben noch lebenden Kaiser Joseph mit sich führten. Ein Richter hält die im Jahr 1793 ihm bekannt gewordenen Weissagungen fest:

1. Die Franzosen müssen nach Böhmen, auch wenn sich alle Könige dagegen stellen.
2. Wenn sie kommen, dann gründen sie die wahre Freiheit, vernichten und vertreiben jede geistliche und weltliche Obrigkeit.
3. Allen Bauern geben sie die wahre Freiheit, so daß keiner roboten [fronen] oder Kontributionen [Schatzung] zahlen wird, und alle werden einander gleich sein.
4. Dann fällt und stirbt der katholische Glauben.
5. Die wahre Gewissensfreiheit hebt ebenfalls an. Die Franzosen werden die böhmische Krone nach Prag bringen und selbst den König erheben. (Mejdřická, Wirkungen S. 419)

In diesen revolutionären Wunschträumen taucht vor uns ein nur selten dokumentiertes, eigenständiges Geschichtsbewußtsein des unterdrückten Volkes auf. Allerdings fehlt hier im Gegensatz zu Vorarlberg (um 1709; Kapitel 74) und zu Oberbayern (1705, Kapitel 75) der Bezug auf das Vorbild: die Sibyllinischen Weissagungen. Die revolutionären Hoffnungen umfassen eine Befreiung der tschechischen Nation, eng verbündet mit Frankreich. In einem nordostböhmischen Dorf kommt es so weit, daß die Rebellen, «Gottesschwärmer» genannt, nicht den Sonntag der Christen, nicht den Sabbath der Juden, sondern die Dekade des revolutionären französischen Kalenders, also jeden zehnten Tag, als Ruhetag feiern.

Im Kreis Chrudim werden im Januar 1793 entschiedene Töne laut: Ein Bauer schreit unter dem Fenster eines Herrschaftsverwalters: «Vivat die französische Freiheit und an den Galgen mit den Offizieren!» (Blaschka, S. 25) Unter «Offizieren» sind hier die Beamten gemeint, auch die Gutsverwalter. Ein anderer Untertan versichert, als es wieder um die verhaßte Robot geht: «Glaubt mir: soll's besser werden, müssen wir alle Pfaffen und alle diese Herren erschlagen!» (Blaschka, S. 25)

In Prag dauern die revolutionären Bestrebungen an. Bei einer Volksbewegung in der Altstadt ertönt im Dezember 1793 öfters der Ausruf: «Es lebe die Freiheit! Wir sind alle Republikaner!» (Medřická, Wirkungen, S. 418)

In der Nacht von Karfreitag auf Karsamstag, 18./19. April 1794, schiebt ein unbekannter Jakobiner in Hohenelbe (Vrchlabí/Nordböhmen) einem Ratsherren zwischen Haustüre und Schwelle einen deutschsprachigen Aufruf zu einem Aufstand durch, mit lateinischem Titel. Deutlich spürbar ist der Einfluß des nahen Schlesien, das im Frühjahr 1793 einen gewaltigen Aufstand von 20000 Rebellen erlebte, darunter Massen von Webern. Im Mai 1793 taucht in Reichenbach im Eulengebirge (Dzierzoniów), im schlesischen Grenzgebiet, ein Revolutionsaufruf auf, der von einer Hilfe über Grenzen und Nationen hinweg spricht:

Die Böhmaken haben sich erboten, [daß sie] zu einer bestimmten Nacht mit 10000 Mann zu Hilfe kommen werden. Die Bergweber wollen uns mit 8000 zu Hilfe kommen. (Ziekursch, S. 230)

Die allgemeine Wirtschaftskrise, verschärft durch den Krieg gegen Frankreich, hat auch das heimische Gewerbe Nordböhmens erfaßt. Aus diesen Kreisen stammt der Aufruf von Hohenelbe:

Es wird eine Nachricht erteilet allen Offizieren [Beamten] von allen Herrschaften, daß von allem Volk nicht zu sagen ist, als daß nur ein jeder erwartet den Rebellionkrieg, daß ein jedermann so erbost ist an allen Orten und allen Gegenden über die Obrigkeiten.

Bürgerkrieg, Aufstand!

Es wird von der Herrschaft jetzt stark gemahnt werden, wer etwas schuldig wird sein, wird müssen bezahlen. So werden die Leute stark angegriffen werden, aber es wird Schaden bringen. So wird eine Warnung gegeben den Offizieren, und dieses wird ihnen zu einer Nachricht erteilt: daß eine Zusammenschlagung von allen Herrschaften von den Bauern gemacht ist worden und eine jede

Herrschaft wartet auf die andere und ein jeder Mensch wartet auf den andern, wann es nur bald anginge. So wird auch ein jeder Richter mit ihnen Hitze haben, sie wollten ihnen den hoffärtigen Gedanken verkehren. Dann alle Länder sein schon auf, so muß Böhmerland auch etwas machen. In Schlesien ist auch die Meinung, so wird es eine böse Zeit werden.

Es ist bei den Handwerksleuten zuvor kein Verdienst. So murret ein jeder und ist zornig; dann es wird auch über die Kaufleute gehen, weil sie die Weber so stark drücken. Denen werden sie auch mitfahren. Auch die Garnleute, sie werden auch etwas kosten. Es wird alles übereinander sein bei jetziger Zeit, weil kein Mensch dem andern traut, auch die Herrschaft den Untertanen. So wird einmal alles untereinander hineingehen, daß sie die Offiziere wollen recht bei dem Kopf erwischen und recht beuteln. Es wird auch über die Geistlichkeit gehen; denn es wird kein Vorsteher ausbleiben, er mag so klein sein, wie er will, so wird er müssen leiden und die Herrschaft mit dem mehresten und sogar bei der jetzigen Quartalzeit, daß die Herrschaft wird stark die Mahnung vornehmen, so wird alles sollen gleich gezahlt werden, so wird dem Herrn Direktor angemeldet, er soll es mit den Leuten machen, sonst wird es mit ihm ergehen als wie mit dem Braschak [nicht feststellbar], daß sie ihm die Haar gekampelt haben; dann die Leute wollten gerne zahlen, wenn nur ein Verdienst wäre.

Auch zu melden ist von dem Herrn Grafen wegen den Waisengeldern, daß nichts herauskommt, daß schon viel Leut sein gestorben verdorben, die das Geld darinnen haben. So wird es über den Grafen auch gehen. Greift er die Leut stark an, so werden die Leute ihn wieder stark angreifen und auch gar im Sinne haben, gar zu dem gnädigen Kaiser gehen und alldorten anmelden und alles erklären, wie es zugeht auf der Herrschaft.

Auch die Handwerksleute machen einen Schluß [Entschließung] von der ganzen Herrschaft, daß sie sämtlich wollen in das Kreisamt gehen, wegen den Handwerkszins halber alldorten anzuhalten, weil da keine Hilfe ist. Wird dorten keine Nachricht erteilt werden, so werden etliche weitergehen und zufragen, was denn der Kaiser bekommt von dem Grafen oder was er [der Graf] zahlen tuet davon. Weil dann der Handwerkszins mit den Geldern schon verstanden [eingeschlossen] sind und sie sollen es extra bezahlen, so ist bei allen Zünften ein Aufruhr und Händel. Es ist aber schon gemurret worden, daß sie schon sein angehalten worden, aber schlechte Antwort gegen den Direktor, daß er die Marterwochen [Karwoche] nicht verschont, daß nichts soll vorgenommen werden in den Tagen, und er wollte die Leute plagen.

Aber Geduld, Geduld, ihr Herren! Ihr werdet schon etwas erfahren mit nächsten. Es wird werden wie bei den Franzosen. Wenn er bald möcht hereinkommen, so werden viel tausend Menschen noch zu ihm kommen und werden helfen die Freiheit suchen allhier, allhier in Böhmen! (Blaschka, S. 26/27)

Im Jahr 1794 findet sich in der Umgebung von Litovel (Littau) in Nordmähren ein revolutionäres Gedicht, das die Beamten unter der Golletino (Guillotine) schwitzen lassen will:

Freut euch, ihr deutschen Brüder,
der Trost kommt jetzt herum,
erschüttert eure Gemüter,
bedenkt es gar zu viel,
wie ihr so lange Jahre
ohne Freiheit geschwebet habt.
Ermuntert euere betäubte Glieder,
tretet zum Streit herum!
Jetzt ruft das Glück,
bietet euch die Hand.
Lasset euch nicht mehr dämpfen,
sonst seid ihr ewig krank!
Sammelt in euren Scheuern
Getreid zum Unterhalt!
An Gold soll es nicht fehlen,
der euch es wohl bezahlt.
Den Hochmut der Beamten helft stürzen von dem Thron.
Laßt sie unter der Golletino schwitzen,
laßt keinen frei davon!
So könnt ihr ewig sitzen,
in Freiheit ewig dann.
(Brno, Státní Oblastní Archiv, B95, Kart. 227, Nr. 817/1794;
Faksimile bei Vaňáček, S. 23)

Der großartigste deutschsprachige Text, der uns in Böhmen und Mähren überliefert wird, scheint über das benachbarte Schlesien eingedrungen zu sein. In der Gegend von Hirschberg (Jelenia Góra) kursiert im August 1795 eine revolutionäre Schrift (Text A), die dann in Abschriften über die Grenze nach Nordböhmen, später nach Nordmähren gelangt. Es handelt sich um ein anonymes Revolutionslied, dem Inhalt nach zwischen dem 10. August 1792 (Entmachtung des französischen Königs Ludwig XVI.) und dem 21. Januar 1793 (Guillotinierung des Königs) entstanden. Es war erstmals 1792 in der radikaldemokratischen Hamburger Zeitung «Niedersächsischer Merkur» von Friedrich Wilhelm von Schütz erschienen (2. Bändchen, 3. Stück, S. 33; nachgedruckt in Engels S. 70–73). Der Liedtitel, der sich im Laufe der mündlichen Überlieferung verlor, lautete «Freie Übersetzung eines französischen Freiheitsliedes». In populärer Fassung bringt das Lied die Gesellschaftstheorie der Revolution unter die Leute. Durch die Weiterverbreitung von Hand zu Hand – noch stärker von Mund zu Mund – unterliegt dieses Lied einem enormen Verschleiß. Es wird zersungen, wie sich an zwei bisher unbekannten Fassungen aus dem Regionalarchiv Brno (Brünn) belegen läßt. Dieses Textbeispiel soll die Wirkung mündlicher Überlieferung veranschaulichen. Neben dem Zersingen finden sich auch schöpferische Weiterentwicklungen, eine Anpassung an geänderte Verhältnisse. Wer auf den Text der ältesten Fassung D achtet, kann die Arbeit des Volksmundes am besten nachvollziehen.

Wir legen hier den Hirschberger Text zugrunde (Text A, abgedruckt bei Blaschka, S. 19–21), der im Staatsarchiv Prag aufbewahrt wird. Am 26. September 1800 wird auf dem Tisch des Postamtsschreibers von Těšin (Teschen/Nordmähren) ein weiteres Exemplar dieses Liedes gefunden. Es wurde von einem Feldarzt ausgeliehen, der es 1794 in der französischen Kriegsgefangenschaft erhalten haben wollte. In Brno existieren dazu zwei leicht voneinander abweichende Abschriften (Text B und C). Die auf Blatt 4 scheint den älteren Text (B) zu bieten.

Text B (Brno, Státní Oblastní Archiv, B95, Kart. 227, Nr. 1436/1800, Blatt 4 Vorder- und Rückseite)
Text C (ebenda, Blatt 5 Vorder- bis 6 Rückseite)
Text D (Engels, S. 70–73, nach dem Erstdruck von 1792)

Zerbrecht[1] das Joch, zerreißt[2] die Ketten,
befreit[3] das Volk aus der Gefahr![4]
Es[5] ist itzt Zeit, uns noch zu retten
aus aller Sklaverei sogar.[6]
Zur Freiheit hat uns Gott geschaffen,
dies[7] ist auf ewig[8] unser Glück;
allein[9] die Fürsten und die Pfaffen
erziehen[10] uns am Sklavenstrick.[11]

Belegten[12] uns[13] mit schweren Bürden
und machten[14] glauben[15] uns dabei,
daß dieses[16] unsern Menschenwürden
vollkommen angemessen sei.
Itzt[17] wissen wir's[18] – es ist erlogen,
sie haben uns tyrannisiert
und bei der Nas herumgezogen
und unsere Rechte insultiert.

Auch wissen wir: der Ordnung wegen,
um[19] zu erhalten[20] Glück und Ruh,
muß die Justiz die[21] Rechte pflegen, –
den Satz, den geben wir auch[22] zu;
doch können wir unmöglich[23] glauben:
den[24] Fürsten ist[25] das Recht[26] verliehn,
uns Kind[27] von[28] Hab und Gut zu rauben
und übers Ohr das Fell zu ziehn.

Dann[29] wann[30] wir nach der[31] Ursach[32] fragen,
wodurch die Monarchie entstand,
so wird uns die Vernunft gleich sagen,
daß sie die Unvernunft erfand.
Der erste König war[33] vorzeiten
vom Volk erwählt aus ihrer Zahl,
und daher[34] ist der Schluß zu leiten,
daß er nur ist ein[35] Volksvasall.[36]

Das Volk sprach nicht: wir sind nur Knechte
und[37] du ein König unumschränkt.[38]
Nein, sondern:[39] unsre Menschenrechte
sollst[40] du uns lassen[41] ungekränkt.
Wir wollen deine Rechte schützen,
jedoch[42] wird unser Recht verletzt,
so kannst du uns nichts weiter nützen,
und du wirst wieder abgesetzt.

Da hieß ein[43] Fürst nicht «Majestäten»,
da gab's noch keine[44] «chevaliers»,[45]
auch[46] keinen[47] Fuchs mit Hofpartiquen[48]
und noch kein geistlich Murmeltier.
Allein seitdem der[49] Königstitel[50]
stieg bis zum allerhöchsten Ziel,
stieg[51] Falschheit, Pracht und Lebensmittel[52] –
und Völkerrecht und Freiheit fiel.

Den Fürsten hat das Volk erkoren,
das Volk gab ihm die Existenz
zur Zeit, da niemand «hochgeboren»
und niemand hieße[53] «Exzellenz».
Doch endlich[54] stiegen[55] Glanz und Freuden,[56]
der Fürst nahm Müßiggänger an
und machte sie zu Edelleuten:
zu[57] Sklaven sie – den[58] Untertan.

So nach und nach ist [dann][59] entstanden
die Despotie, die[60] Freiherrschaft,[61]
und[62] Teufels[63] Hofgeschmeiß[64] erfanden
den Marschall- und den Bettelstab.
Am Hof verschwenden[65] tausend Stutzer[66]
des Landes Fett und[67] besten Wein
und wollen bis zum Stiefelputzer
halb Götter[68] – keine Menschen sein.

Da wird die Menschlichkeit vergessen,
für Tugend ist da kein Gefühl;
da hält[69] man Hunde und Mätressen
und übt sich am Kabalenspiel;
man lebt[70] bei[71] Austern und Fasanen,
Champagner[72] und auch[73] Syracus
auf Kosten armer Untertanen
im[74] Schmausen[75] und[76] im Überfluß.

Und wann[77] den Fürsten Habsucht plaget,
muß jedermann sogleich[78] aufs[79] Wort,
weil[80] ihm das[81] Nachbarland[82] behaget,
für ihn ins Feld auf Raub und Mord.
Da läßt man in den Kirchen bitten:[83]
die[84] Priester[85] bitten hoffnungsvoll,[86]
sie[87] bitten,[88] so wie Räuber bitten,[89]
daß Gott den Raub gesegnen[90] soll.

O[91] merkt ihr nicht,[92] ihr Menschenscharen,
nicht[93] den erschrecklichen Betrug,
und seid[94] ihr dann[95] seit[96] vielen Jahren
noch[97] nicht durch[98] euern[99] Schaden klug,
wollt[100] ihr für den Tyrannen schwitzen,[101]
der nur im Bett der Wollust liegt,
und euer Blut für ihn verspritzen,
wann[77] ihn Eroberungslust besiegt?

Das[102] Schönste[103] ist das[104] Menschenleben;[105]
wollt ihr zerstören diese[106] Spur
und auf die Unschuld Feuer geben
und kämpfen gegen die Natur,
wollt ihr für den Despoten[107] fechten
und[108] seiner Habsucht Knechte sein,
ihm eine Lorbeerkrone flechten
und stützen[109] euch aufs[110] hölzern Bein?[111]

Itzt,[112] da die Freiheitsfackel[113] lodert,
ist unser Vaterland in Not,[114]
und seine Hilfe, die es fodert [!],
heißt,[115] Brüder:[116] Freiheit oder Tod!
Drum[117] laßt die Freiheitsfahne schwingen
trotz[118] Adel und der Klerisei!
Tyrannen,[119] bebt![120] Die Pfaffen singen
für Angst und Not die Litanei.[121]

Nein, Brüder! Wenn wir kämpfen müssen,
so[122] soll nur[123] unser warmes Blut
für Völkerrecht[124] und Freiheit fließen,
nicht[125] für[126] der[127] Fürsten[128] Übermut.
Wir haben schon seit vielen Jahren[129] –
nicht[130] bloß in diesem[131] saeculo [Jahrhundert] –
gebückt das Sklavenjoch getragen
und wurden nie des Lebens froh.

Doch[132] endlich springet Kett[133] und Bande,
die Menschheit fühlet ihre Kraft:[134]
Tyrannen, bebt und fühlt[135] die[136] Schande,
und[137] zittert,[138] falsche Priesterschaft![139]
Umstrahlt mit tausend Freudenfackeln,[140]
sind wir voll[141] Mut, ein Volk des Lichts.[142]
Tyrannen, bebt! die Kronen[143] wackeln
und fallen[144] in ein ewig Nichts.[145]

Und[146] wann[147] Gewalt für Recht soll[148] siegen
und es[149] des[150] Feindes[151] Schwert verbannt:
so sterben wir doch mit Vergnügen
für Freiheit und fürs Vaterland.
Da mögen sich Tyrannen freuen
und Louis[152] wieder setzen ein:
er wird nur über Wüsteneien
und über Gänse König sein.

1 B, C, D: Zerbrich
2 B, C, D: Zerreiß
3–4 B, C, D: zerreiß sie, Volk in Gallien!
5–6 B, C, D: Jetzt ist es Zeit, dich zu erretten, ganz [C: und] aus der Sklaverei zu gehn.
7–8 B, C: und dies sei ewig / D: die sei auch ewig
9 B: Hab'n / C: Haben
10 B, C, D: erzogen
11 C (ursprünglich): Galgenstrick (dann verbessert)
12–13 B, C: Und uns belegt
14 B, C: machten [umgestellt nach] glauben
15 D: glaubend
16 D: solches
17 D: Jetzt
18 D: wir
19 B, C: und
20 C: Erhaltung
21 B, C: der
22 D: gern
23 C: ohnmöglich
24 D: dem
25–26 B, C: sei die Macht / D: sei das Recht
27–28 B, C, D: Kinder
29–30 B: Wenn / C, D: Denn wenn
31–32 B, C, D: dem Ursprung
33 D: ward
34 B, C, D: daraus

35–36	B: eines Volks Vasall
37–38	B, C: nun walte mit uns unbeschränkt
39	C, B: es sprach
40–41	B, C: die lasse du uns
42	B, C: allein
43	D: der
44–45	B, C, D: keinen Cavalier
46	D: noch
47–48	B, C: keine Hof- und Fuchs-Poeten
48	D: Hofpoeten
49–50	B, C: die Königsmacht
51–52	B, C: wuchs Falschheit, Ränke, List und Pracht
53	B, C, D: noch hieß
54–55	B, C: nach und nach stieg
56	D: Freude
57–58	B, C: zum Sklaven seinen
59	B, C: auch / D: denn
60–61	B, C, D: der Freiheit Grab
62–64	D: der Stolz und die Kabal
63–64	B, C: Stolz und die Kabal
65–66	B, C: verpraßt ein Schar Schmarutzer
67	B, C: im / D: den
68	D: Halbgötter
69	C: hallt
70–71	B, C: frißt nur
72–73	B, C: sauft fremden Wein aus
74–76	B, C: lebt so der Bös [C: der Hof]
75	D: Schmause
77	D: wenn
78–79	D: gleich auf sein
80	B, C: wenn
81–82	D: des Nachbars Land
83	B, C: beten
84–86	D: (Die Pfaffen beten hoffnungsvoll)
85	B, C: Pfaffen
87–89	B, C: und tun gleich, wie die Räuber beten
88	D: beten
90	B, C: noch segnen / D: doch segnen
91–92	B, C: Drum merket auf
92	D: denn
93	B, C: seht ein
94–96	B, C: werdet nach so
95–96	D: in so
97–99	B, C: einmal mit euren
98	D: mit
99	D: eurem
100–101	B, C: hört auf, für den Tyrann zu schwitzen
102–105	B, C: Das Liebste ist dem Mensch' das Leben
103	D: Liebste
104–105	D: des Menschen Leben
106	D: dessen
107	B, C: Tyrannen
108–111	B, C: und holen euch ein hölzern Bein, so werden [C: wird] Sklaverei und Ketten am Ende euer Belohnung sein.
109	D: schnitzen
110	D: ein
112	B, C, D: (die ganze Strophe der nächsten nachgestellt) / D: jetzt
112–114	B, C: Auf, Brüder, auf die Fackel lodert, das Vaterland ist jetzt in Not
113	D: Freiheitsflamme
115–116	B, C: die bringt uns
117	B, C: Auf
118–121	B, C: und eilet mit vereinter Kraft, um unsern [C: unsere] Feinde zu bezwingen, bevor noch unser Mut erschlafft.
119–120	D: So stirbt der Stolz
122	C: dann

123	B: da / C: dann
124	D: Menschenrecht
125–127	B, C: und nicht aus
126–128	D: mehr für Bourbons
129	B, C, D: Tagen
130–131	B, C: seit manchem Jahr und / D: seit viele Jahr und
132–134	B, C: Zerreißet eure Sklavenbande, auf Franken, auf, fühlt [C: spielt] eure Kraft
132–133	D: Denn endlich springen Joch
135–136	B, C, D: flieht mit
137–139	B, C: ha! zittere, feige Ritterschaft!
138	D: zittre
140	B, C, D: Freiheitsfackeln
141–142	B, C: ein Volk voll Mut und Kraft
143	B, C: Throne
144–145	B, C: und werden in ein Nichts umschafft
146–147	D: Doch wenn
148	B, C, D: wird
149	D: uns
150–151	B, C: der Feinde
152	B, C: Ludwig

Der Autor dieses Revolutionsliedes ist unbekannt. Die Vermutung, der damals in Paris lebende schlesische Jakobiner Konrad Engelbert Oelsner (1764–1828) habe das Lied geschrieben, entbehrt bisher jeglicher Anhaltspunkte. Das Lied erlebte eine erstaunliche Verbreitung, regional wie zeitlich. In der späten Jakobinerzeit, um 1799/1800, ist es außerhalb Böhmens und Mährens auch in Bayern, am Mittelrhein und in der Steiermark nachweisbar (Engels, S. 199/200). Nach dem Hambacher Fest (1832) tauchte es erneut auf: 1833 in Demokratenkreisen am Main (Vaterländische Lieder, S. 111–115), 1835 unter radikalen deutschen Handwerkern in Paris (Gerhard, S. 72–76), textlich allerdings stark modernisiert. Noch 1848 war es auf den Straßen zu hören (Kaiser, S. 401 ff).

Die verschärften Rekrutenaushebungen gegen Frankreich führten Ende 1796 in Nordostböhmen zur sogenannten «Helvetischen Verschwörung», einem Bauernaufstand, an dem viele Mitglieder der helvetischen reformierten Kirche teilnahmen. Die Rebellen lehnten den Krieg gegen Frankreich ab. Unter ihnen gingen Weissagungen um, Joseph II. sei nicht gestorben, er kehre mit der französischen Armee nach Böhmen zurück. Die Aufständischen freuten sich über jede Niederlage der österreichischen Truppen. Um der Aushebung zu entgehen, flüchteten sie sich in die Wälder: ein altes Kampfmittel der Bauern. Bei Untersuchungen fand die Polizei ein Spottlied nach der Melodie der Marseillaise und Texte ungarischer Jakobiner. Ein umfassender Revolutionsplan für die österreichischen Länder scheint jedoch nicht bestanden zu haben.

Die Zeit der böhmischen und mährischen Jakobiner verdient unsere Beachtung, veranschaulicht sie uns doch eine Zusammenarbeit der Untertanen aller Nationen. Die Tschechen begannen, sich der österreichischen

Was du säst …

... das wirst du auch ernten. Was du dir vorstellst, das wird auch wachsen.
Eine alte Regel der Natur, die natürlich auch für viele andere Bereiche gilt ...

Herrschaft zu entwinden. Je schwächer Habsburg wurde, desto mehr stiegen die Chancen für die Jakobiner Mitteleuropas. So trugen die tschechischen wie die deutschen Jakobiner dieser Länder zur Freiheit auch ihrer Nachbarn bei.

Quellen und Literatur

ANTON BLASCHKA: Der Widerhall der französischen Revolution in Ostböhmen, in: Jahrbuch des Riesengebirgsvereins, 13, 1924, S. 18–30
BRNO (Brünn), Státní Oblastní Archiv (Staatliches Regionalarchiv), B95
HANS WERNER ENGELS: Gedichte und Lieder deutscher Jakobiner, Stuttgart 1971
GERHARD (Hg.): Liederbuch. Eine Sammlung Volkslieder, Paris 1835 (Standort: Stuttgart, Hauptstaatsarchiv, E 146, Bü. 1923)
BRUNO KAISER (Hg.): Die Achtundvierziger, Weimar 1953
WILLY KLAWITTER: Geschichte der Zensur in Schlesien, Breslau 1934, S. 80–118
KVĚTA MEDŘICKÁ: Les paysans tchèques et la Révolution française, in: Annales historiques de la Révolution française, 30, 1958, S. 64–74
Dies.: Wirkungen der Französischen Revolution in Böhmen, in: Helmut Reinalter (Hg.): Jakobiner in Mitteleuropa, Innsbruck 1977, S. 417–431
STRAUSS (siehe Kapitel 71), S. 109–112
M. VAŇÁČEK: Francouzové a Morava, Brno 1965
Vaterländische Lieder, Offenbach 1833
JOHANNES ZIEKURSCH: Hundert Jahre schlesischer Agrargeschichte, Breslau 1915, S. 226–247

90 Jakobinische Flugblätter in Siebenbürgen (1793)

Keine fünf Jahre nach dem rumänischen Bauernaufstand von 1784/85 in Siebenbürgen (Kapitel 83) ließ die von Frankreich ausgehende demokratische Revolutionsbewegung auch in dem von Ungarn regierten Siebenbürgen einen neuen Herd der Rebellion entstehen. Bauern wie Bürger forderten immer energischer ihre Freiheit von der ungarischen Verwaltung, ihre direkte Unterstellung unter den Kaiser. Nun beteiligte sich auch ein Teil des Siebenbürger deutschen Bürgertums, das sich von den Regenten und Vertretern seiner eigenen Nation verraten fühlte.

Diese revolutionäre Seite ihrer Geschichte sahen die meisten Siebenbürger Sachsen nie gerne und verdrängten sie deshalb mit Erfolg. Die chauvinistische Ideologie des «Auslandsdeutschtums» tat ein übriges, Hochmut und reaktionäre Haltung gegenüber den Rumänen, Ungarn und Szeklern zu pflegen. Doch gerade wegen ihrer demokratischen Bemühungen soll die

Geschichte der Siebenbürger Sachsen nicht mehr länger einer geschichtsfälschenden Vertriebenenpolitik überlassen bleiben. Auch die deutschen Jakobiner Siebenbürgens lieferten interessante Stücke zur revolutionären Volksliteratur. Zur Bewegung der europäischen Demokraten leisteten sie einen zu Unrecht übersehenen Beitrag.

Schon im Jahr 1790 formuliert ein in ganz Siebenbürgen kursierendes Flugblatt, das sogenannte «Bauernpatent», den Unabhängigkeitswillen der sich sammelnden Revolutionäre:

Wir wollen nicht mehr dem Adel dienen, und [wir wollen] nur, wie in anderen Ländern, dem König Steuern zahlen. (Göllner/Turczynski, S. 51)

Im selben Jahr widerruft der ständische Landtag Siebenbürgens in Cluj (Klausenburg), auf dem nur die ungarische, die szeklerische und die deutsche, nicht die rumänische Nation vertreten sind, alle Reformen Kaiser Josephs II. Die Restauration marschiert. Wie überall, so folgt auch hier die Unterdrückung von Büchern und Zeitungen. Ein deutscher Drucker wird verfolgt, weil er sich in einem Kalender auf die Seite des rumänischen Aufstands von 1784/85 gestellt hat. Auch unter den Rumänen Siebenbürgens gibt es begeisterte Anhänger der Französischen Revolution, wie einer von ihnen in einem Brief vom 5. Juli 1793 schreibt:

Es gibt solche Rumänen, und das ist kein Märchen, die die französische Revolution auswendig kennen und sie auch andern explizieren [erläutern]. (Göllner/Turczynski, S. 53)

Als Kaiser Leopold II. am 1. März 1792 stirbt und Franz II. den Thron besteigt, radikalisieren sich angesichts der aufmarschierenden Reaktion auch die siebenbürgisch-sächsischen Demokraten. Vier, erst vor wenigen Jahren im Staatsarchiv von Sibiu (Hermannstadt/Rumänien) entdeckte, handschriftliche Flugblätter machen das Denken dieser sonst verschwiegenen Demokraten nachvollziehbar.

Im Juni 1793 erscheint in Sibiu, der Hauptstadt Siebenbürgens, ein Flugblatt, das mit den Vertretern der sächsischen Nation auf dem Landtag und mit dem Magistrat der Stadt abrechnet. Es wirft ihnen Bestechlichkeit und Herrschsucht vor, klassische Beschwerden der bürgerlichen Opposition. Der Text dürfte aus Kreisen oppositioneller, von der Mitregierung ausgeschlossener Bürger stammen, die durch die Verlegung der Regierung und der Verwaltung von Sibiu nach Cluj in die Arbeitslosigkeit gestürzt worden sind.

Charakter der großen Geister der sächsischen Nation
O Gott! wie glücklich sind Nationen, wenn du die, die an ihrem Ruder arbeiten, auch mit Gefühl und Nationsgeist beseelest!

Dieser Gedanke verursacht mir (bei einer holländischen Jause [Vesper]) ein großes Nachdenken, da ich doch nicht viel denken kann. Ich dachte so weit hinaus, bis ich endlich auf die sächsische Nation kam. Ich sehe bei ihr an ihrer Spitze würdige Männer nur auf einem Fuß stehen, und hatten geflickte Herzen ohne Nationsgeist. Sie sind nur Mietlinge, des die Schafe nicht eigen sind. Sie wollen Hirten werden und eigne Schafe haben. Dies ist das Projekt des sächsischen Adels. Sie gehen als Bevollmächtigte, als wahre Patrioten auf den Landtag, um unsere Freiheit emporzuhalten, und vertauschen sie.

O, ihr Diebe der sächsischen Freiheit, ist nicht ein Spion ein Heydendorff [Michael von Heydendorff, Senator, Bürgermeister von Mediasch, Vetter des Regierungschef Samuel von Brukenthal], der alle Heimlichkeiten den Ungarn [dem ungarischen Adel] verratet? Ja noch mehrer als er haben selbst unsere Freiheit um [gegen] Jobagyen [vom ungarischen Wort «várjobágy»: Leibeigener] vertauscht und den Ungarn zur Vergütung der Jobagyen die Konzivilität [wohl Mitregierung] eingeräumt. Hungert nicht Heydendorff nach einer Stelle im Gubernium [Regierung in Siebenbürgen] und Carl Brukenthal [Neffe von Samuel von Brukenthal] nach eigenen Schafen, die er jährlich 6mal scheren kann?

Die Magistrate sind sorgfältig bedacht, die Bürgerschaft und den Zivil in ihrer Dummheit zu erhalten. Diese kurzsichtigen, weisen Herren bedienen sich der gekünstelten Redensart nur, um die wichtigsten Zeitpunkte der klug denkenden Bürger zu versäumen. Sie berufen die Kommunität [Gemeinde] zusammen, um gemeinschaftlich über alle wichtigen Punkte abzuhandeln, aber alle sitzen stumm unter ihren Ehrenmänteln. Nur Herr Orator, der das wichtigste Werkzeug dieses Geschäfts sein soll, behält das Votum [die entscheidende Stimme]. Dieser gütige Herr ist der größte Spitzbube. Er dreht den Hut nach dem Wind, daß er die Stelle bekleidet. Die Kommunität geht stumm auseinander, und doch geschieht alles mit Genehmigung der ganzen Kommunität.

Will Gott eine Nation strafen, so straft er sie nur mit solchen Vorgesetzten, wie wir es jetzt mit den unsrigen in Erfahrung haben. Sie selbst wünschen uns Untertänigkeit und rauben wie Diebe unsere Gewerbe. Das Gubernium und alle Dikasterien [Verwaltungsorgane] sind fort. Nur darf dem Bürger Haß und Neid auch nicht mehr so zu den Augen heraussehen. Ihr werdet uns bald da sehen, wo ihr uns längst gewünschet hättet. Ihr habt uns unserer Arbeit beraubt. Nun haben wir Zeit genug, geheime Konferenzen über euch zu halten, aber Gott wird euch bald durch unzufriedene Bürger die Rache fühlen lassen. Es glimmt schon der Schwefel, und ich bedaure euer Schicksal, das euch mit einer französischen Rute droht.

Ihr Diebe unserer Freiheit und unseres Gewerbes, eure eigenen Taten müssen eure Seelen verdammen. Ihr durchlöchert unsere Freiheit, die unsere Vorfahren sorgfältig für ihre Kinder als einen Schatz aufbewahrt haben. Herr Orator ist das größte Hindernis dieses wichtigen Zeitpunktes, folglich auch der größte Spitzbub, und alle ober ihm stehende Herren sind Spitzbuben.

Hermannstadt, 1793, Junius
Vivat Frankenstein!
Der feiste Müller soll leben.
(Göllner/Stănescu, S. 97–99)

Das nächste Flugblatt zeigt einen Fortschritt der radikalen Stimmung zur Revolution hin. Es tritt ein «Hermannstädter Geschworener Jakobinerklub» auf, der sich bei der Durchführung eines Aufstandsplans auf die Mithilfe rumänischer Bauern beruft. Auch wenn alles noch eine Erfindung sein dürfte, so ist doch die Drohung mit einem Jakobinerklub und mit massenhafter rumänischer Unterstützung ein Anzeichen dafür, daß dieses demokratische Denken mit der alten Verfassung Siebenbürgens und selbst mit Kaiser Franz II. gebrochen hat.

Wenn in einer Zeit von [Lücke] keine bessere[n] Anstalten für die Bürger gemacht werden, sein wir gezwungen, meuchelmörderische Taten zu ergreifen; denn sie haben uns das Brot aus dem Halse geraubt, aber Gott der Allmächtige, der soll ihnen gnädig sein, wenn unsere bestimmte Zeit herannaht.

Die unglückliche Haupt-Hermannstadt in Siebenbürgen. Schade vor [für] sie, wenn eine Zerstörung, von welcher noch nie gehört worden ist, einfallen und in ganz Siebenbürgen eine solche Unordnung und Verwirrung entstehen sollte, dero man sich nicht vorsehen kann.

Selbst die ungarischen Untertanen [rumänische Bauern, Untertanen der ungarischen Adligen], welche noch einen [Wut-]Rausch von Horeas Zeiten über ihre Herrschaft bei sich führen, haben dem Hermannstädter Geschworenen Jakobinerklub erklärt, daß sie allen Untertanen, welche in Siebenbürgen existieren, zureden sollten, unseren Plan auszuführen. Obwohl sie schon 8379 Mann stark beisammen sind, so geben sie sich doch noch alle mögliche Mühe, noch weit mehrere zusammenzubringen, um sich auch einmal gegen ihre Herrschaft zu rächen.

Wegen 3 oder 4 verfluchten lausigen, stolzen Unger [ungarische Adlige] sollen die Spitzbuben [des Guberniums] ihre eigenen Köpfe einsetzen, um ihre [der Adligen] Güter zu mehren, um ihre Untertanen bis auf das Blut zu quälen. Um die 4 lausigen stolzen Kerle soll man so viel tausend Menschen darben lassen? Es wird ihnen aber selbst von ihren eigenen Untertanen ein erschrecklicher, grober Strich durch die Rechnung gezogen werden.

NB. Der Geschworene Jakobinerklub verlangt den Rücktritt des Guberniums, oder ganz Siebenbürgen wird in die größten Flammen gesetzt, zerstört und verwüstet werden, und selbst der Kaiser Franz der II. ist nicht sicher vor Nägeln, Spieß, Glas und gehackten Eisen. (Göllner/Stănescu, S. 99/100)

Ein Spottlied auf die Monarchie, entstanden nach der Guillotinierung Ludwigs XVI. (21. Januar 1793), belustigt sich über die Verehrer des Königtums und bewundert die revolutionären französischen Republikaner als «gewaltige Eisenfresser».

Lied eines Gänsehirten an der französischen Grenze

Ich heiße Niklas Velten und bin ein Gänsehirt,
Ein Kerl, desgleichen selten gefunden wird.
Regiert sechzehnhundert Stück Gänse – Sapperment!
Wer klug ist, der bewundert gewißlich mein Talent.

Für ihren Herrn und König hält mich die dümmste Gans,
Dies kitzelt doch ein wenig – o ja, erwäge man's;
Denn sämtlich, jung und alte, parieren mir aufs Wort
Und halten, wenn ich halte, gehn, wenn ich gehe, fort.

Sie füllen auf den Auen ganz sorglos ihren Kropf
Und setzen ihr Vertrauen allein in meinen Kopf.
Mir wär auch wirklich schimpflich, hätt' ich nicht drauf studiert,
Wie man so klug und glimpflich ein Gänsevolk regiert.

Drum brauche ich für meinen sonst populösen [volkreichen] Staat,
Solang ich herrsche, keinen Beamten oder Rat.
Mein einziger Minister ist mein getreuer Spitz,
So klug wie ein Magister und hurtig wie der Blitz.

Der unterstützt gar kräftig mein Wort durch sein Wauwau
Und patrouilliert geschäftig herum und gibt genau
Auf alles Tun und Lassen der Untertanen acht
Und weiß die Gans zu fassen, die sich zu mausig macht.

Er hält die ganze Herde beständig in Respekt,
Und ich, ihr Herrscher, werde von keiner Gans geneckt.
So macht kein Aufruhrwölkchen mir meinen Himmel trüb.
Mich hat mein Gänsevölkchen – und ich hab's wieder lieb.

Kein Fürst ist so zufrieden, so sorgenfrei als ich.
Wem so ein Los beschieden, der gratuliere sich
Und weine eine Träne auf meines Nachbars Reich –
Ach, wären seine Hähne doch meinen Gänsen gleich,

So wär sein Schicksal besser, allein die Hähne sind
Gewaltige Eisenfresser und machen schrecklich Wind
Mit ihren scharfen Klauen und ihrem krummen Sporn.
Der Teufel mag da trauen – Schwillt erst ihr Kamm vor Zorn.

Der Knöchler mit der Sense [der Tod] tut nicht so wild als sie.
Da lob ich meine Gänse, sie sind ein sanftes Vieh.
Nicht leicht sticht sie der Haber, sie sind gar gutes Blut,
Zwar dumm wie Stroh – ist aber das nicht für Hirten gut?

O Genius der Welten, der alles weiß und kann,
Der Gänsehirt Velten fleht demutvoll dich an:
Laß ja auf unsrer Erde, was Gänse sind, stets dumm;
Denn sonst bringt manche Herde noch ihren Hirten um.

(Göllner/Stănescu, S. 95/96; ein Gedicht vom 1. Dezember 1793 gegen einen führenden Siebenbürger Sachsen, S. 96/97)

Im westlich an Siebenbürgen angrenzenden Banat taucht 1792 die gegen Kaiser Franz II. gerichtete Schrift «Oratio pro Leopoldo Rege» (Rede für König Leopold) des ungarischen Jakobiners Martinovics auf. 15 Exemplare werden in Timişoara (Temesvar) beschlagnahmt. Am selben Ort läßt sich 1793 die anonyme, von dem deutschen, nach Straßburg ausgewanderten Jakobiner Carl Clauer (gest. Anfang 1794) stammende Schrift «Der Kreuzzug gegen die Franken» (verschiedene Drucke mit Standorten nachgewiesen bei Haasis S. 64) feststellen.

Quellen und Literatur

Carl Göllner/Heinz Stănescu (Hg.): Aufklärung. Schrifttum der Siebenbürger Sachsen und Banater Schwaben, Bukarest 1974

C(arl) Göllner/E. Turczynski: Revolutionäre jakobinische Schriften in Siebenbürgen und im Banat, in: Forschungen zur Volks- und Landeskunde, 14, Bukarest 1971, S. 51–59

Haasis 1976 (siehe Kapitel 86)

91 Wanderungen revolutionärer Flugschriften nach Franken (1790–1793)

In dem Maß, wie in Deutschland Hoffnungen auf eine Befreiung von Fürsten und Grundherren auflebten, fanden die aus dem Westen eindringenden Revolutionsschriften einen fruchtbaren Boden. Aber nur selten erfahren wir, wie solche Schriften von Hand zu Hand wanderten und wie sie wirkten.

Einen dieser kostbaren Einblicke in die unbekannte Revolutionsgeschichte gewährt das Staatsarchiv Bamberg mit einem noch unbearbeiteten Bestand. Dort befindet sich eine Akte mit dem vielversprechenden Titelblatt:

«Acta die Verhinderung der Verbreitung französischer aufrührerischer Schriften betreffend. Angefangen den 25. Dezember 1790. Dezernent Herr Geheimer Regierungsrat von Waldenfels.» (Bamberg, Staatsarchiv, Regierung Bayreuth, unrepertorisiert; daraus wird in diesem Kapitel zitiert).

Mitte Dezember 1790 kehrt der Krämer Schura von Straßburg in seinen Heimatort Wilhermsdorf in Mittelfranken (zwischen Bad Windsheim und Nürnberg) zurück. Er bringt ein Exemplar der Revolutionsschrift «Die

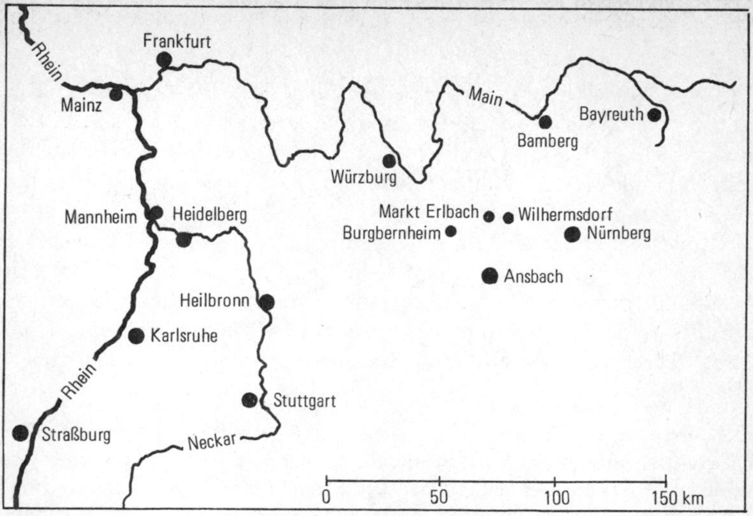

Karte 39

Franken an alle europäischen Völker, im zweiten Jahr der Freiheit» (Standort bei Haasis, S. 64) mit. Später sagt er beim Verhör, diese Schrift werde in Straßburg in vielen 100 Exemplaren gedruckt und in allen Wirtshäusern unter den Fuhrleuten und sonstigen Fremden verteilt. In Wilhermsdorf gibt er die Flugschrift dem Kronenwirt Rademacher, der sie in seiner Wirtschaft einer Versammlung benachbarter Bauern vorliest. Die Aufforderung an die deutschen Untertanen, sich vom Joch ihrer Könige, Fürsten und Herren freizumachen, soll «bei den anwesend gewesenen Biergästen einen verfänglichen Eindruck gemacht haben», wie der Stadtvogt des Marktes Erlbach am 20. Dezember 1790 der Regierung in Bayreuth meldet (Blatt 3 Vorderseite). Die Schrift wird beschlagnahmt und fein säuberlich für die Akten kopiert (Blatt 4–6 Vorderseite).

Ein Referent der Bayreuther Regierung legt am 5. Januar 1791 der Regierung ein ausführliches Gutachten über diese Revolutionsschrift vor:

Diese Piece [Stück] verdiene alle Attention [Beachtung], da sie sehr planmäßig gefaßt zu sein scheine. Sie machte den Untertanen die Leichtigkeit vor, dem Beispiel der Franzosen zu folgen, und erinnere sie gerade an das, was ihnen zum Teil ohnehin schon verhaßt sei, nämlich daß sie beträchtliche Abgaben entrichten und wider ihren Willen Soldaten werden müßten, wie denn verschiedene Stellen und überhaupt das Ganze ihnen plump und in den Tag hinein über Sachen, die sie nicht verstünden, räsonieren [schimpfen] lerne. (Blatt 7 Rückseite – 8 Vorderseite)

Der Wirt von Wilhermsdorf soll «eine empfindliche Strafe» erleiden. Der Referent sieht, wie jede deutsche Obrigkeit, «französische Emissäre», also Agitatoren, am Werk. Er schlägt vor, alle Stände des Fränkischen Kreises (Sitz in Frankfurt am Main) auf diese und andere revolutionäre Schriften aufmerksam zu machen.

Damit folgt er der bisherigen Regierungslinie; denn die der Bayreuther Regierung übergeordnete markgräfliche Regierung von Ansbach hat sich bereits im August 1789 ähnlich hervorgetan. Am 14. August fordert sie schriftlich von der Regierung des Herzogtums Württemberg, auf die im Elsaß ausgebrochene Revolution zu achten, die schon in die Pfalz übergreife. Es sei

zu befürchten, daß, wenn auch diese Manie [Besessenheit] des Pöbels selbst nicht weiter um sich greife, doch eine Menge dergleichen aufrührerischen Gesindels, welches zur Vermeidung der verdienten Strafe aus dem Land flüchtet, sich in andere deutsche Provinzen verbreiten und solche als unnütze Vagabunden zur Last fallen dürften. (Stuttgart, Hauptstaatsarchiv, A 202, Bü. 1183)

Die Bayreuther Regierung beschließt am 14. Januar 1791, die Sache der Flugschrift nicht vor den Fränkischen Kreis zu bringen, «weil durch den ihr somit beigelegten mehrern Wert erst wahrer Nachteil daraus entstehen dürfte» (Bamberg, Blatt 22). Sie veranlaßt dagegen, daß unter einem Vorwand die Amtsleute aller Landes- und Herrschaften und Oberämter zu einer Konferenz einberufen werden. Dabei sollen sie, unter Schweigepflicht, zur Fahndung nach revolutionären Flugschriften aufgefordert werden (Blatt 12 Vorder- bis 13 Rückseite). Die Folge: genau die Hälfte der 50 Blätter umfassenden Akte im Staatsarchiv Bamberg befaßt sich nur mit Spesenabrechnungen der zu dieser Besprechung angereisten Amtsleute. Außer Spesen bekommt die aufgescheuchte Regierung nichts zu fassen.

Die Sache scheint ausgestanden zu sein. Da reist am 7. März 1791 der in Karlsruhe wohnhafte Tabak- und Lederhändler Nicolaus Christian Andreas Reuther durch Streitberg im Wiesenttal (in der Fränkischen Schweiz, auf halbem Weg zwischen Nürnberg und Bayreuth). Er will weiter nach Bayreuth und Sachsen. Dem ihm bestens bekannten Amtsvorsteher gibt der Händler zwei gedruckte Revolutionsschriften ab: die schon bekannte «Die Franken an alle europäische Völker» und eine neue: «An die Männer in Teutschland». Bei der zweiten Schrift handelt es sich um einen Revolutionsauftritt von Christoph Friedrich Cotta aus Straßburg. Beide habe er beim Gastwirt Scharrer zum Walfisch in Nürnberg mitgenommen, nun aber Bedenken wegen des aufrührerischen Inhalts bekommen (Blatt 27 Vorder- und Rückseite).

Im Januar 1793 taucht eine Mainzer Jakobinerschrift in Mittelfranken auf. Der Nürnberger Buchbinder Andreas Schwemmer schickt seinem Vetter, dem Rektor Blumberg in Burgbernheim (zwischen Rothenburg ob der Tauber und Bad Windsheim), wie schon so oft vorher, eine interessante Schrift, dieses Mal den in Mainz Ende 1792 anonym erschienen «Aristokratenkatechismus» (verschiedene Auflagen mit Standorten bei Haasis, S. 47) des führenden Mainzer Jakobiners Andreas Joseph Hofmann (1752–1849). Blumberg gibt die Schrift dem Apotheker Schwerdtfeger zu lesen, der wiederum seinem bei ihm in Kost lebenden Schwager, dem Rechtskandidaten Hartnack (Blatt 49 Vorder- und Rückseite). Von dort bekommt auch der Schultheiß Andreas Augustin Oertel die Flugschrift zum Lesen, schützt später vor, sie verlegt zu haben, und meldet das Ganze am 24. Januar 1791 unter Einsendung des Originals an die Regierung in Bayreuth (Blatt 47 Vorder- und Rückseite). Der Minister Karl August von Hardenberg (1750–1822) schärft daraufhin allen Ämtern ein, auf solche Schriften zu achten und unnachsichtig die Zensur durchzuführen (Blatt 43 Vorder- und Rückseite).

Mehr wissen wir vorerst nicht. Nur wenn Verdächtige oder gar Beteiligte festgenommen und verhört werden, sprechen die Akten – falls sie überhaupt erhalten blieben – ausführlicher. Ähnliche Vorgänge wie die in Franken dürften sich vor allem in Süd- und Westdeutschland ereignet haben. Eine Flugschrift gelangte sogar von Straßburg bis ins Banat (Kapitel 90). Wir können annehmen, daß unter der obrigkeitlich kontrollierten Geschichte ein breiter Strom einer geheimen Volksgeschichte geflossen ist. Deren rebellischer Gehalt überlieferte sich in Gasthäusern, auf Landstraßen, in Privathäusern. Nur spärlich kam diese Untergeschichte der kleinen Leute an die Oberfläche und setzte sich der Verfolgung aus. Mehr als glückliche Zufallsfunde hie und da werden wir von dieser Unterströmung nicht mehr erfassen können.

Quellen und Literatur

Bamberg, Staatsarchiv, Regierung Bayreuth, unrepertorisiert
Haasis (siehe Kapitel 86)
Stuttgart, Hauptstaatsarchiv, A 202, Bü. 1183

92 «Aufruf an Bayreuthens Sklaven» (1794)

Die Wanderungen revolutionärer Flugschriften nach Franken führten uns in den Bereich der Regierung von Bayreuth. Noch mag scheinen, die Stadt selbst sei unberührt gewesen von jeglicher demokratischer Bestrebung. Dabei wäre es ausgesprochen reizvoll, dem hochtrabenden und makabren Richard-Wagner-Kult Bayreuths einen einheimischen Jakobiner entgegenzustellen.

Hier soll auch gezeigt werden, wie noch heute unveröffentlichte Jakobinertexte aufzufinden sind. – In den Jahren 1968/69 sah ich bei der Beschäftigung mit Johann Benjamin Erhard die Literatur zu Nürnberg und der weiteren Umgebung durch. Den ersten Hinweis auf einen revolutionären Bayreuther Anschlagzettel fand ich bei Scheel (Scheel, Süddeutsche Jakobiner S. 93), der sich auf eine alte Dissertation beruft (Thürauf, S. 71/72), die freilich weder den Wortlaut noch den Standort des Aufrufs mitteilt.

Diese erste Spur konnte ich erst wieder 1977 aufgreifen, als die Sammelarbeit zu den «Spuren der Besiegten» begann. Auf gut Glück schrieb ich an das auch für Bayreuth zuständige Staatsarchiv Bamberg, schilderte, was aus der Literatur bekannt sei. Daraufhin fand ein Archivar in einem noch nicht aufgearbeiteten Bestand eine Abschrift des revolutionären Zettels und weitere Schriftstücke zum Vorgang. Nach weiteren Anfragen machte mich ein hilfsbereiter und interessierter Archivar auf eine zweite, ebenfalls unbearbeitete Akte mit Revolutionsliteratur aufmerksam, die nun dem vorhergehenden Kapitel zugrunde liegt.

1791 fiel die Markgrafschaft Ansbach-Bayreuth an Preußen, von nun an von Minister Hardenberg, dem späteren preußischen Reformer, als selbständige Provinz verwaltet. An die Säule auf dem Markt von Bayreuth heftete am 29. März 1794 nachts ein unbekannter Jakobiner einen Zettel mit folgendem Text:

Aufruf an Bayreuthens Sklaven
Jeder edeldenkende, einsichtsvolle Germanier nimmt teil daran.

Erwacht! Erwacht! Erwacht! Ihr im tiefen, finstern Chaos noch versunkene Geister!!! Ha! Seht ihr nicht, wie aus Galliens gesegneten Gefilden das Licht der Welt hervordringt und wie sein erwärmender Strahl eingenisteten Despotismus geschmolzen und Riesenvorurteile vernichtet? Blickt hin in jene Engelssphären, wo alles zu einem glückseligen Zweck harmonisiert, dort, wo Menschen wahre Menschen, Teufel in Menschenhülle befehdeten und auf ihren Ruinen Palläste der Glückseligkeit türmten!

O schlaft nicht mehr, gefesselte Bayreuthens Bewohner! Reißt mit Mut die schwarze Binde von euren Augen und seht mit Entzücken das immer weiter dringende Licht!

Despotismus, dieses unersättliche Scheusal, das schon ganze Provinzen verschlungen, hat auch schon den besten Lebensteil eures Daseins verzehrt und bald, o sehr bald, wenn ihr nicht jetzt, eben jetzt es besiegt, euch ganz samt der Wurzel vernichten wird.

Seht ihr nicht täglich, wie es euer Mark aussaugt? O welche Ungerechtigkeiten werden täglich, stündlich ausgeübt! Könntet ihr doch mit erstarrten Augen selbst sehen: unmenschliche Taten sind die Speisen der Despoten. Mit Ungerechtigkeiten bezeichnen sie ihr Dasein, mit eurem Blute mästen sich die Großen, und ihr Mitmörder, Regierung, Kammer, Hof- und Landgericht und hauptsächlich jene Amtshauptmannschaft, von welcher schon lange ein religionsloser Wüterich ohne Aufsicht der alleinige Regierer ist und dessen Klauen täglich vom Blute der Unglücklichen, die unter seine Gewalt kommen, triefen, indem er alle Prozesse mit einer Kette von Jahren fesselt, bis die angehäuften Sporteln die Summe der Forderung weit übersteigen und so die Zahl seiner Mordtaten stündlich vermehrt. Alle diese Gerichte sind giftige Insekten, die in eurem Innern wüten und unmerklich von eurem Mark sich nähren, bis sie euch bestialisch entmannt und ihr ohne Rettung zu Boden stürzt.

Witwen und Waisen schreien täglich um Rache über sie zu Gott empor über euch, die ihr diese unverzeihliche Taten mit anseht und ihre Urheber nicht bestraft. Darum auf, meine Brüder, von eurem Embryonenschlaf! Die Stunde des hellen Morgens ist da, wo ihr, o meine Brüder, das strahlende Licht der Welt sehen und fühlen sollt. Entfesselt eure Nerven! Durchbrecht das finstere Chaos, das euch bis dato [jetzt] umhüllte! Ahmt eure Brüder, jene edeldenkende Franzosen nach, die Freiheit und Gleichheit pflanzten und deren Zweck Edelmut, Menschenliebe, Großmut und wahre Religion ist, und dann sehet und dann fühlet, in welch ein Elysium [Ort der Seligen] eure Tage hinschwinden werden und wie der Allmächtige euch und eure Nachkommen segnen und Beifall zulächeln wird!!

Glaubt nicht, was die hiesige parteiische, verabscheuungswerte Zeitung für albern[e], geschmack- und sinnlose Unwahrheiten schreibt, daß solche nur im mindesten den Stempel der Wahrheit führen. Nein, meine Brüder, ihr unedler Zweck ist nur, um durch diese der natürlichen Religion äußerst widrige Unwahrheiten euch einen brennenden Haß gegen eure Mitbrüder, die edlen Franzosen, beizupflanzen und damit ihr noch lange in dicker, bestialischer Finsternis herumirren möget.

Eine solche boshafte Unwahrheit ist erst kürzlich in eben dieser Zeitung gestanden, die selbst den seicht Denkenden äußerst auffallend sein mußte, z. B. daß die Franzosen einen schon über 110 Jahre verstorbenen Prinzen aus seiner Ruhestätte geschleppt, ihm seine noch anhabende Preziosen [Geschmeide] abgenommen und zuletzt sein Haupt auf dem Altar abgeschlagen usw. Muß dies nicht [ein] wahres Wunder sein, wenn der Körper eines Menschen, der 110

Jahre in der Erde liegt, sollte unversehrt bleiben können – und da wir die Kunst sowohl als die Spezies [Salben] zur Einbalsamierung (welches beides die alten Ägypter besaßen) nicht besitzen?

Ha! ha! über den sinnlosen Dichter! Sollte man nicht mit Recht solche Menschen, die [die] brüderliche Eintracht, des Höchsten heiligstes Gebot mit Vorsatz stören wollen, in lichtlosen Gefängnissen verschmachten lassen?

Liebt mich, liebt euch, dies ist des Unerschaffenen Gebot! O seid gehorsam, meine Brüder! Liebt euren Schöpfer, nur einen einigen Gott, eure edel handelnde Brüder und eilt, von Menschengefühl beflügelt, den so blumenreichen Pfad, auf dem eure Mitbrüder wandeln, nach! O säumt nicht, euer Wohl zu sehen! Bald werdet ihr die Frucht vollendet erblicken, und spät, o sehr spät werden eure Nachkommen noch davon ernten und Segen der Fülle über eure Gräber ausgießen.

Laßt euch durch Drohungen eurer Mörder von eurem edlen Vorhaben nicht abschrecken, sondern durchbrecht mit deutschem Mut die Schranken, die sie euch setzen wollen! Stürzt die Ungeheuer alle zu Boden, und über ihre scheußliche Steine gehet hin in jene elyseischen Felder, wo eure Brüder, die alles besiegende Franzosen, den Tempel der Vernunft, der wahren Religion und der brüderlichen Eintracht pflanzten! Umarmt sie und knüpft ein unauflösliches Band mit ihnen! Dann erst, wann die Schlangen vernichtet, werdet ihr fühlen, was wahrer Lebensgenuß ist! Eure Weiber selbst werden für Freiheit, diesen euch bis dato noch unkenntlichen Kleinod, fechten und den Säugling diesen edlen Mut mit der Milch eingießen, und so werden eure Waffen der ganzen Welt gebieten, und bald wird durch euch erfüllt werden, daß nur eine einzige Herde sein wird.

Nicht aus Eigennutz oder Passion haben wir dieses geschrieben, sondern von Menschenliebe, Gefühl und Patriotismus durchdrungen, und von bloßer Einsichtskraft und schmerzhaftem Gefühl von eurem Elend sind wir dazu geleitet worden.

Wir sind im voraus gefaßt, daß, wenn unser zum Wohl der Menschheit arbeitender Klub entdeckt [die Wörter ab «unser» bis hierher sind in dieser Abschrift unterstrichen, wohl von der Justiz oder Polizei, als Bestätigung des Verdachtes auf eine Organisation] werden sollte, wir mit Freuden unser Leben aufopfern wollen, und wir sind glücklich genug, wenn uns am Rande des Grabes noch der tröstende Gedanke einfällt, daß wir zum Besten unsrer Mitmenschen selbst unser Leben hingaben! Denn wo ist wohl eine größere Wonne, als sein Leben zum Wohl seiner leidenden Brüder aufzuopfern? Leset dies und fühlet! Fühlet und untersucht, ob wir mit Wahrheit geschrieben haben!

Wir müssen aufhören; denn Gefühl fesselt unsre Seelen, aber bald sollt ihr ein ganzes gedrucktes Buch von uns zu lesen bekommen, dessen Perioden [Abschnitte] mit hellen Beweistümern besät sein werden. Werdet ihr unsern Rat annehmen und befolgen, so wird Gott euer Schutz, euer Helfer sein, Amen!!

Von euren ganz patriotisch gesinnten Brüdern

B–l	G–l	K.	Gr.
F–k	F–n	M.	H–k
F–l	B–n	P–ch	M–t
V–z			

NB. Da dieses von einer hier ganz unbekannten Hand geschrieben worden, so werden wohl dieserwegen eure Mörder das Nachspüren ersparen können.

(Bamberg, Staatsarchiv, Hofrat – Regierung Bayreuth, unrepertorisiert; Abschrift)

Der preußische König selbst befahl die Verfolgung des Aufrührers in seiner neuerworbenen Provinz. Hardenberg interessierte vor allem, etwas über die «Existenz des darin erwähnten Clubs» zu erfahren. Der Verdacht der Autorschaft fiel auf einen Grafen von Schönborn, dem auch vorgeworfen wurde, mit anderen Jakobinern im Briefwechsel zu stehen. Die Untersuchungen der Regierung brachten keine Klarheit.

Der Zettel, geschickt von einer in der Stadt unbekannten Hand geschrieben, verrät einen humanistisch gebildeten Autor, der vom Enthusiasmus über die radikale Phase der Jakobinerherrschaft in Frankreich erfüllt ist. Der Autor hatte offenbar Einblicke in die höheren Beamtenkreise Bayreuths. Seine weltbürgerliche Position ließ alle nationalen Schranken hinter sich. Damit begab sich der Bayreuther Jakobiner, ohne es zu wissen, in einen unversöhnlichen Gegensatz zu den französischen Jakobinern, denen seit dem Sommer 1793 zunehmend weltbürgerlich denkende und gar ausländische Anhänger der Revolution als Feinde der französischen Republik verdächtig wurden. Trotz der stark religiösen Vorstellungen, die sich sogar dem revolutionären Vernunftkult Frankreichs anschließen, blitzte doch gegen Ende in der Vortäuschung eines Bayreuther Revolutionsklubs die Einsicht durch: nur in einem Klub läßt sich die Stärke der Revolutionäre entfalten.

Quellen und Literatur

Bamberg, Staatsarchiv, Hofrat – Regierung Bayreuth, unrepertorisiert
Scheel: Süddeutsche Jakobiner (siehe Kapitel 86)
Ulrich Thürauf: Geschichte der öffentlichen Meinung in Ansbach-Bayreuth 1789–1815, Phil. Diss. München 1917, Ansbach 1918

93 Arbeiteraufstand in Solingen (1795)

Im Sommer 1794 vertrieben die französischen Revolutionssoldaten endgültig die Invasionstruppen der alten Mächte vom Boden der Republik. Im September des folgenden Jahres setzte die französische Sambre- und Maasarmee über den Rhein. Dabei drang sie kurzfristig ins Bergische Land vor, in den rechtsrheinischen Teil des Herzogtums Jülich-Berg. Seit 1777 herrschte hier der bayerische Kurfürst in Personalunion als Herzog.

Kaum hatten die Franzosen Solingen und Umgebung von österreichischen, münsterischen und Emigrantentruppen befreit, da heftete ein unbekannter Solinger Jakobiner einen Revolutionsaufruf in der Stadt an.

An die Bewohner der Stadt und des Amts Solingen.

Wie, meine Brüder! Ihr schweigt noch, da ihr reden sollt? Umgeben von den Verteidigern der Menschenrechte, in der Mitte dieser braven Republikaner seid ihr noch sklavisch, furchtsam und dürft eure Beschwerden nicht kundtun?

Nein, sprecht! Jetzt ist Schweigen Schande. Der schätzbare Augenblick ist gekommen, der nie vielleicht wiederkommt und der euch und euere Nachkommen beglücken soll. Brüder, laßt ihn nicht unbenutzt vorübergehen! Eure Kinder werden euch verfluchen – modert ihr einst im Grabe – wenn ihr nicht eilt und alle eure Kräfte aufbietet, den boshaften Unterdrückungen jetzt Einhalt zu tun.

Seid ihr auch aus langer Gewohnheit an die Sklavenkette stumpf und gefühllos geworden, bleibt Sklaven! Aber ihr bleibt darum noch immer Väter. Als Väter müßt ihr eure Kinder retten, müßt sie den Klauen barbarischer Menschen entreißen. Ihr dürft nicht Unglückliche schaffen, nicht Elende bilden, die nur für den dummstolzen, gierigen Adel, für das geistliche Faultier und für habsüchtige, schändliche Wucherer ihre Kräfte verschwitzen und ihres Lebens nie froh werden sollen. Weg mit dem scheußlichen Gedanken! Er entehrt die Menschheit. Er empört das Selbstgefühl. Ihr sollt reden, laut sollt ihr Klage führen vor den Franken, daß das ganze Land vereint mit euch um Hilfe ruft und die Abschaffung ungerechter Unterdrückung fordert!

Die Republikaner, diese wackern Männer, werden euch gewiß hören. Sie werden euch retten, werden wenigstens dem despotischen Ungeheuer Schranken setzen – sind sie auch nicht willens, bei euch zu bleiben. Ja! Sie werden es nie zugeben, daß ihre deutschen Brüder von unwissenden Richtern, von betrügerischen Amtsverwaltern, von Legionen hungriger Advokaten, von einem Schwarm jagdhundischen Prokuratoren und von einer Menge Papiersudler und Aktenschmierer bis aufs Blut ausgesogen und zu Bettlern gemacht werden, ohne einmal Recht zu erhalten. Brüder, verlangt also die französische Justizverfassung!

Eben[so] wenig wird der Franke dulden, daß man euch als dem ärmern Teil alle Lasten und Abgaben des Landes alleine aufbürdet, daß die reichsten Stände, der Adel, die Geistlichkeit und die Kapitalisten, dagegen frei und unbelastet ausgehen und schadenfroh eurer spotten. Genießen diese doch eben den Schutz im Staate wie ihr. Brüder! Fordert also eine gleiche und verhältnismäßige Verteilung in den allgemeinen Landesabgaben!! Diese Forderungen sind eben so gerecht als billig.

Die biedern Republikaner werden sich innig freuen, ihre Nachbarn auf diese Art beglücken zu können. Unser Fürst wird nichts dabei zu erinnern wissen; denn ihm entgeht nichts, und unsere bisherigen Unterdrücker werden sich wohl mit dem Jahrhunderte hindurch genossenen Vorteil begnügen und schamrot zu Hause bleiben müssen. Dann wird der tätige Teil des Volkes die Früchte seines Fleißes in Ruh und Zufriedenheit genießen, und stolze Dummheit und Müßiggang soll auf ewig verbannt sein.

Es lebe die französische Republik.

(Brutus 2, S. 34–37)

Der Aufruf zielte auf die Justizverwaltung ab. Der jakobinische Autor wünschte sich einen allgemeinen Aufschrei des Bergischen Landes nach den revolutionären französischen Gesetzen, nach den Grundsätzen von Freiheit und Gleichheit. Zuerst einmal sollte es eine gleiche Besteuerung geben. Der Angriff auch auf die Kapitalisten setzte die Solinger Arbeiter als Adressaten des Aufrufs voraus.

Ein Solinger – vielleicht der Autor des revolutionären Plakates – schickte am 23. September 1795 den Text an seinen Kölner Gesinnungsgenossen Franz Theodor Biergans (1768–1842). Dieser veröffentlichte den Wortlaut in seiner radikalen Zeitschrift «Brutus oder der Tyrannenfeind».

Der Solinger Aufruf scheint ohne Erfolg zu bleiben. Als aber infolge des Krieges alle Lebensmittelpreise empfindlich ansteigen und die Brotpreise in der Stadt und im umgebenden Gebiet des Amtes Solingen verschieden hoch stehen, bricht am 5. Dezember desselben Jahres in Solingen ein Hungeraufstand aus. Tausende beschäftigungsloser Arbeiter nehmen daran teil.

Es handelt sich vor allem um die rund 4500 Arbeiter der Solinger «Stahlfabrik», eines mächtigen Verlagsunternehmens mit Heimarbeitern. Schwertschmiede, Härter, Schleifer, Schwertfeger, Reider (machen Messer und Gabeln) stellen in Lohnarbeit zu Hause die Solinger Stahlwaren her, die sie dann an die Kaufleute absetzen, die den Verlag der Stahlfabrik beherrschen. Wenn diese Stahlarbeiter ohne Aufträge bleiben oder wetterbedingt nicht arbeiten können (bei großer, langandauernder Kälte fehlt das

Wasser der Wupper als Antriebskraft), pflegen in Solingen Kämpfe auszubrechen.

Lange bevor es nach der gängigen Geschichtsschreibung eine Arbeiterbewegung in Deutschland gegeben haben soll (siehe Kapitel 58), streiken im 18. Jahrhundert die Solinger Stahlarbeiter um Tarife (Taubert, S. 173–178). Unter den aufständischen Arbeitern von 1795 können sich wohl noch viele der älteren an die erfolgreichen Streikbewegungen von 1775/76 erinnern. Nach der einschneidenden Wirtschaftskrise von 1770/71 setzten die Messer- und Gabelschmiede und -schleifer 1776 eine Lohnerhöhung zwischen 25 und 47 % durch.

Am 5. Dezember 1795 stehen also die hungernden, wegen der kriegsbedingten Absatzkrise beschäftigungslosen Solinger Arbeiter auf. Für das militärische Provinzkommando von Jülich-Berg schreibt am 12. Dezember 1795 aus Elberfeld Generalleutnant Graf Zedtwitz über die, wie er sagt, Empörung an die kurfürstliche Regierung nach München:

Der Vorwand dazu soll der Unterschied des Brotpreises in der Stadt und in dem Amt sein, und anstatt bei Höchstdero Regierung Klage zu führen, fiel der Pöbel in die Beckenhäuser [Bäckereien], zerstörte sie und wollte selbst den Preis setzen. Sie drohten sogar mit Abreißung der Häuser und größeren Gewalttätigkeiten. (München, Hauptstaatsarchiv, Abt. Kriegsarchiv, B 287)

Die Solinger Beamten fordern sofort Truppen an. Am 7. Dezember rücken 50 bayerische Soldaten ein; jeder mit 24 Patronen Munition. Über die Reaktion der Arbeiter berichtet abends um ½ 9 Uhr Hauptmann von Klaeber an das Generalkommando:

Auf den an Seine Exzellenz gehorsamst abgestatteten Rapport, daß die Kompanie vom Amtsverwalter [Reinharz] in der Nähe seiner Wohnung einquartiert worden, so haben sich dortige Einwohner, so wie kaum die Mannschaft ihre Einquartierung bezogen haben, mit der größten Absurdität [hier im Sinn von «irrem Starrsinn»] [sich] dagegen gesetzt, mit dem Bedeuten, daß sie glatterdings die Einquartierung vom Amtsverwalter nicht respektierten, und kein Teufel würde sie zwingen, Soldaten aufzunehmen.

Da der Oberleutnant Woestenradt selbst die Mannschaft in die dortige Gegend brachte, um einzuquartieren, so nahm derselbe den größten Räsonär [Kritiker im Sinne von «Schreier»] der Einwohner in Arrest.

Gedachter Oberleutnant ging darauf in die Stadt, um die für die Offiziere bestimmten Einquartierungsbillets zu besorgen, so versammelte sich an der Behausung des Wirtes Franz eine Menge Volks von ohngefähr 200 Menschen, die dem Bürgermeister mit dem größten Geschrei den Vorschlag machten, [von] ihrer Einquartierung befreit zu werden, auch die Wacht vom Haus des Amtsverwalters zu nehmen, dann den nach der Wacht gebrachten Arrestanten sogleich auf freien Fuß zu stellen.

Da nun dem tumultuösen [Krawall machenden] Pöbel sowohl vom Oberleutnant als dem Bürgermeister bedeutet wurde, daß auf morgen ein anderes Arrangement [Einrichtung] der Einquartierung würde besorgt werden, die Wacht aber an der Behausung des Amtsverwalters verbleiben müsse, der nach der Wacht gebrachte Arrestant einstweilen noch [dort] verbleiben müsse – während nun diese 200 Bürger versammelt stunden, so ist ein anderer Trupp von ohngefähr 100 Mann mit aller Gewalt nach der Wacht (die aus einem Sergeant, einem Tambour [Trommler] und 10 Mann bestund) gedrungen und [haben] den Arrestanten mit aller Gewalt mit sich nach Haus genommen.

Kaum dieser Vorfall vorbei war, versammelte sich eine Menge Volks gegenüber der Behausung des Amtsverwalters auf dem Feld, zerschmissen alle Fenster, die nicht mit hölzernen Läden versehen waren, rissen alle Staketen [Zaunlatten] am Garten aus und schrien, das Haus des Amtsverwalters niederzureißen. So fand Kompanie [sich] genötigt, sich zur Sicherheit die sämtliche Mannschaft in das Haus des Amtsverwalters zu ziehen und die Posten zu verdoppeln. (München, Hauptstaatsarchiv, Abt. Kriegsarchiv, B 287)

Zur Unterstützung der hoffnungslos unterlegenen Truppe werden am nächsten Tag weitere 160 Soldaten nach Solingen in Marsch gesetzt. Andere Einheiten stehen in Elberfeld und Barmen gegen das Volk bereit. Außerhalb Solingens bricht das Militär Schlägereien gegen die Einwohner vom Zaun.

Die militärische Verstärkung bringt die Arbeiter Solingens und des umliegenden Amtsbezirks erst recht in Wut. Nachdem die Aufständischen die Gartenhecken und Obstbäume vor dem Haus des Amtsverwalters zerstört haben, gehen sie in die Stadt, beraten sich in den zahlreichen Wirtshäusern, was weiter zu machen sei. Sie beschließen, «den morgigen Tag auszuführen, was sie heute nicht hätten vornehmen wollen» (München, Hauptstaatsarchiv, Abt. Kriegsarchiv, B 287).

Der städtische Magistrat weigert sich zuerst, mit zwei Abgesandten an der Einquartierung mitzuwirken. Inzwischen versammeln sich wieder Arbeiter vor dem Haus des Amtsverwalters, dieses Mal bewaffnet mit eisenbeschlagenen Knüppeln (Morgensterne). Die 210 Soldaten stehen vor dem Gebäude des Amtsverwalters. Der Stadtrat weigert sich, gegen die aufständischen Arbeiter einzuschreiten, weil es keine Leute aus der Stadt, sondern nur aus dem Amt Solingen seien. Das Militär behauptet dagegen, mindestens die Hälfte seien Städter.

Sie fingen an, grad vor dem Stand der Grenadierkompanie die ganze Einfassung der Geländer zusammenzureißen, warfen alle Fensterscheiben mit Steinen und Klippels [Knüppeln], wo die Füsilierkompanie stund, zusammen. Sowohl die Grenadier- als meine Kompanie widersetzten sich mit Zurückstoßung und Drohung, wenn sie sich nicht beruhigten und nach Haus gingen, Feuer auf sie zu geben. Alle Vorstellungen halfen nichts. Sie drangen mit Werfung der Steine und Stoßen der Klippels auf die Mannschaft und mit aller Gewalt in und durch die Glieder dicht an die Haustür und Fenster mit einem Gebrüll:

«Der Spitzbub von Amtsverwalter mit seinen Kindern muß heraus, am Haus aufgehenkt und dann das Haus zusammengerissen werden.»

Sie fingen auch wirklich mit aller Gewalt gegen Haustür und Läden zu stoßen, auch erkühnte sich einer der Bürger, einen im Glied stehenden Soldaten nach dem Gewehr zu schnappen, wodurch solches losging. Durch diesen Schuß wurden von beiden Kompanien unter den sich nicht in Ruhe wollen gebenden Pöbel Feuer gegeben, wodurch fünf bis sieben dieser Bürger auf der Stelle fielen, wohl aber mehrere, ohne die Zahl zu bestimmen, verwundet wurden. Sowie das Feuer geschehen, lief der ganze Pöbel der Stadt zu, fingen gleich darauf an, auf die Glocke zu schlagen, worauf sich aus aller Nachbarschaft die Leute unter dem Tor an Solingen versammelten in der größten Menge. (München, Hauptstaatsarchiv, Abt. Kriegsarchiv, B 287)

Unter militärischem Schutz flüchtet der Amtsverwalter aus der Stadt. Im Elberfelder Bericht beschreibt Graf Zedtwitz das Weitere:

Um mehrere Unglücke zu vermeiden, zog sich der Hauptmann von Klaeber mit dem Kommando zurück. Da [er] sich aber selber ohne Anfrage und Ordre [Befehl] sogar bis in die Standquartiere [Ausgangspunkt der Invasion, weit weg von Solingen] zurückgezogen hat, auch durch diesen schnellen Zurückzug das Aufbrausen der Aufrührer vermehrt worden und solches noch nachhin die übelsten Folgen haben konnte, wie selbe auch das Haus des obbesagten Amtsverwalters niedergerissen haben, so erachtete [ich], zur Ahndung dieses für einen altgedienten Offizier unerwarteten Dienstfehlers, denselben durch den Hauptmann Fortis ablösen und ihn einstweilen als überzähligen Kapitän führen zu lassen. (München, Hauptstaatsarchiv, Abt. Kriegsarchiv, B 287)

Die Solinger erreichen mit diesem großen Aufstand ihr Ziel. Das Militär muß sich aus der Stadt zurückziehen. Zu weiteren Protestbewegungen, vermutlich ebenfalls wegen Einquartierungen, kommt es in Elberfeld, Mülheim/Ruhr und Mellinghofen (gehört heute zu Mülheim/Ruhr). Erst im Mai 1796 enden diese Rebellionen gegen die Feudaltruppen.

Im Februar 1798 tauchte im Bergischen Land ein weiterer Revolutionsaufruf auf, mehr im Süden, in Siegburg, Hennef und Umgebung. Wieder gelangte er ins Linksrheinische, wurde in einem Bonner Demokratenblatt veröffentlicht. Die Stoßrichtung ging erneut gegen die Einquartierungen und gegen die Beamten. Der Aufruf belegt einen wachsenden Weitblick. Als Vorbild dienten jetzt die Aktionen der schwäbischen und vor allem der linksrheinischen Jakobiner. Unterzeichnet ist der Aufruf mit «Der Deutsche Bund» (Text bei Kuhn, S. 206/207). Der Wunsch nach einer deutschen Republik begann sich am Horizont abzuzeichnen.

Quellen und Literatur
Brutus oder der Tyrannenfeind. Eine Zehntagsschrift um Licht und Patriotism zu verbreiten. Hg. von Franz Theodor Biergans, 2, 2. Heft, Frei-Köln im 4. Jahre der einigen unzerteilbaren Republik (1796), S. 33–37 (Standort: Köln, Stadtbibliothek)
Alexander Conrady: Die Rheinlande in der Franzosenzeit (1750–1815), Stuttgart und Berlin 1922, S. 77
Axel Kuhn: Linksrheinische deutsche Jakobiner. Aufrufe, Reden, Protokolle, Briefe und Schriften 1794–1801, Stuttgart 1978
München, Hauptstaatsarchiv, Abt. Kriegsarchiv, B 287 [für die Weiterarbeit auch: B 285]
Rolf Taubert: Thauwetter (Solingen, Februar 1826), in: Martin Henkel/Rolf Taubert: Maschinenstürmer. Ein Kapitel aus der Sozialgeschichte des technischen Fortschritts, Frankfurt/Main 1979, S. 143–209

94 Republikanischer Bauernaufstand am Zürichsee (1804)

In der Eidgenossenschaft hatte sich seit Jahrhunderten ein Patriziat herausgebildet, das die Stadtbewohner beherrschte und das Landvolk als bloße Untertanen, als Menschen minderen Rechtes niederhielt. Dagegen erhoben sich immer wieder die unzufriedenen Landleute (siehe Kapitel 52, 57, 65, 68, 71).

Dieser alte, zähe Widerstand lebte am stärksten in der jakobinischen Revolutionsbewegung ab 1794 weiter, gipfelte in der «Helvetik», der Helvetischen Republik (1798). Der neue Zentralstaat erniedrigte die Kantone zu bloßen Verwaltungsbezirken und zerstörte damit den herkömmlichen bundesstaatlichen Aufbau der Eidgenossenschaft.

1800–02 erschütterten Staatsstreiche und der Widerstand konservativer Kantone die zentralistische Republik, bis eine von Schwyz ausgehende Erhebung die Helvetik stürzte. Zwischen den zerstrittenen Parteien trat Bonaparte als Vermittler (Mediator) auf, da ihm strategisch alles auf einen sicheren Durchgang nach Italien ankam. Den Vertretern der Kantone überreichte er am 19. Februar 1803 die Mediationsakte: eine neue Verfassung. Die Eidgenossenschaft wurde wiederhergestellt, bestehend aus 19 Kantonen, die ihre alte Souveränität wieder erhielten. Bundesoberhaupt, freilich ohne große Befugnisse, war der Landammann in Bern.

Zu den eifrigsten Antriebskräften gegen die aus Frankreich eindringenden Revolutionsideen gehörte das Züricher Patriziat, groß geworden durch Handel und Gewerbe. Das ebenso reaktionäre Berner Patriziat war dagegen über den Militärdienst zu Macht und Reichtum gekommen.

In den Untertanengebieten der Nordschweiz, vor allem in den Kantonen Zürich und Basel, regte sich eine starke demokratische Bewegung. In der Nachbarschaft zu Süddeutschland waren jahrelang Gerüchte und Pläne für eine alemannisch-schwäbische, eine süddeutsch-eidgenössische Republik umgegangen. Die Hoffnungen auf eine Gleichstellung mit der Stadtbevölkerung blieb auch über die Mediationsakte hinaus am Leben.

Gegen diesen Geist der Helvetik versuchte das Züricher Patriziat das Rad der Geschichte hinter das Jahr 1789 zurückzudrehen. Für die Neuwahlen zum Großen und Kleinen Rat von Zürich (November 1803) wurden nur Bürger mit einem hohen Einkommen (hoher Zensus) zugelassen. Die Wahlen gingen indirekt vor sich und brachten lebenslängliche Ratssitze. Die neue Aristokratie baute sich nach klassischen Vorbildern auf.

Die Demokraten, meistens Bauern und weniger reiche Bürger, gewannen auf dem Land noch einmal die Mehrheit, blieben aber zersplittert, uneinig, unorganisiert. In Zürich triumphierten die Aristokraten, freilich nach kräftigen Wahlmanipulationen. Sie besetzten alle wichtigen Ämter mit Anhängern der vorrevolutionären Zeit.

Die Aristokraten machten sich sofort daran, die Ergebnisse der Revolution zu beseitigen. Sie widerriefen die 1798 beschlossene, entschädigungslose Aufhebung der Zinsen und sonstigen Grundlasten. Damit trafen sie den empfindlichsten Punkt des Landvolks. Die Bauern sollten sich von den alten Feudallasten loskaufen. Ein neues Gesetz schrieb als Ablösesumme 25 durchschnittliche Jahresleistungen vor.

Indes genossen nur die Stadtherren das Jagd- und Fischrecht in Wäldern, Flüssen und Seen. Diese Rechte waren jahrhundertelang Streitgegenstand zwischen Bauern und Herren. Eine wichtige Klage auch in den Jahren 1524 bis 1526 und früher.

Die Züricher Stadtbürger hatten die letzten 150 Jahre niemanden mehr ins Bürgerrecht aufgenommen. Die städtische Arroganz erzeugte eine geschlossene Gesellschaft, überheblich auch gegen die tonangebenden, vermögenden Leute auf dem Land. Die Städter sonnten sich im Glauben des Absolutismus, Aristokratie und Stadtherrschaft seien eine gottgewollte Naturordnung, Gott selbst habe die Städter als Väter und Herren über die Bauern gesetzt, dem Volk gegenüber sei keinerlei Rechenschaft erforderlich.

Die neue Kantonsverfassung (1803) stellte die 1798 in der Helvetik aufgehobenen Zünfte wieder her. Darunter hatten die soeben erst von der alten Benachteiligung befreiten Landhandwerker zu leiden. Die Privilegien der städtischen Handwerker kehrten wieder. Landhandwerker durf-

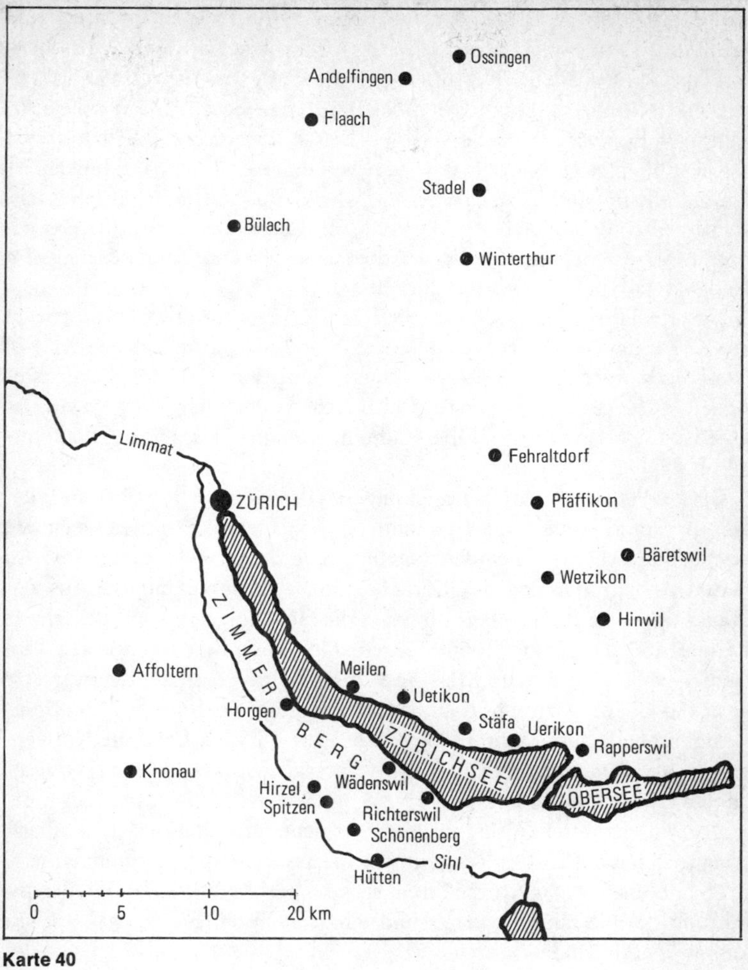

Karte 40

ten nicht in der Stadt verkaufen, die Stadthandwerker aber auf dem Land. Am 28. Mai 1804 führte der Züricher Rat wieder den Zunftzwang ein. Die Konkurrenz der Landhandwerker war damit so gut wie ausgeschaltet. Die unvermeidlichen Folgen: Arbeitslosigkeit und Teuerung auf dem Land.

Während des 18. Jahrhunderts blühte im Kanton Zürich die Baumwollindustrie auf. Das Züricher Oberland (nördlich vom Zürichsee) ging mehr und mehr zur Hausindustrie über. Die einst selbständigen Bauern wurden Heimarbeiter, völlig abhängig von einem Verleger, dem Fabrikanten. Die Züricher Stadtregierung bekämpfte auf dem Land nur die selbständigen Betriebe, nicht die Verleger. Sie schützte die Textilheimarbeiter, verhalf ihnen, wenn notwendig, zum vereinbarten Lohn. Zahlungskräftige Landleute stiegen zu den ersten Fabrikanten auf, beschäftigten teilweise mehr als 100 Arbeiter. Kapital und Lohnarbeit waren bereits getrennt. So wuchs eine ländliche Arbeitermasse heran, die allerdings im Nebenerwerb noch Landwirtschaft betrieb.

Um die Jahrhundertwende geriet die Züricher Baumwollindustrie in die Krise. England warf weit billigere Maschinengarne auf den Markt. Die Folgen waren starke Lohnsenkungen und eine wachsende Arbeitslosigkeit. 1804 entstand die erste mechanische Spinnerei in Rapperswil. Die Handspinner des Züricher Oberlandes mußten über kurz oder lang unterliegen.

Diese Massen von Arbeitslosen bildeten den einen Teil der heranreifenden Aufstandsbewegung. Den anderen machten die besserstehenden, noch bäuerlichen Gemeinden am linken und rechten Seeufer aus. Ab Sommer 1803 nahmen die Gerüchte über Umsturzpläne zu. Aus der Waadt und dem Kanton Bern drangen die Hoffnungen herauf, der leidige Zehnte und die Grundzinsen würden doch noch beseitigt werden. Am Genfersee brach schon im Mai 1802 ein Aufstand gegen die Zehntgesetze aus. 1803 kam es zu einer ähnlichen Bewegung im Kanton Bern. Spätjakobinische Demokraten predigten auf dem Züricher Land die Notwendigkeit, die Regierung zu stürzen. Im Untergrund kursierte ein revolutionärer Verfassungsentwurf.

Um die agitierende Opposition vernichtend schlagen zu können, scheute sich die Züricher Regierung nicht, das helvetische Kriminalgesetzbuch aufzuheben. Sie krönte ihren Verfassungsbruch mit der Wiedereinführung des Geständniszwangs und damit auch der Folter. Das Rädern kam wieder in Mode.

Zuerst griffen die Landleute zu einem uralten Mittel des Zehntstreiks. Sie lieferten unreife und faule Trauben, so daß, wie ein Zeitgenosse schreibt, «die Herren Kleinen Räte Kolik bekamen, wenn sie ihren Kompetenzwein [Pflichtwein] tranken» (Hauser, S. 33). Mitte Februar 1804 gab ein Züricher Stadtbürger in einem Brief zu: «Bei uns klagt man gewaltig laut über den wieder so sehr überhand nehmenden revolutionären Ton des Landvolkes» (Hauser, S. 33).

Die erste Aktion der ländlichen Opposition spielt sich in einem gemäßigten, grundsätzlich noch regierungsfreundlichen Gebiet ab: um Winterthur. Ausgehend von Andelfingen, kursiert in Flaach, Bülach, Ossingen eine Denkschrift an die Regierung. Darin wird um die Aufhebung der Loskaufgesetze gebeten, noch demütig, doch nicht kriecherisch. Die Regierung, an einem neuralgischen Punkt angesprochen, erklärt jede Eingabe an die Machthaber für ein Verbrechen. Die Sprecher dieser Bewegung landen im Gefängnis. Unter dem Druck des Landvolks verurteilt das Winterthurer Bezirksgericht die Verhafteten nur zu Geldstrafen. Das Volk jubelt.

In der zweiten Hälfte des März 1804 soll der Eid auf die neue Züricher Regierung abgelegt werden. In Zürich geschieht dies ohne besondere Vorkommnisse. In Winterthur zeigt sich die erste Protestbewegung. 60 Leute aus zwei Dörfern (Stadel und Reutlingen) verweigern den Eid, werden aus der Kirche gewiesen, in der die Huldigung stattfindet.

Am linken Seeufer schlägt den Züricher Ratsherren am 16. März 1804 offener Widerstand entgegen. Dazu schreiben die regierungsamtlichen «Offiziellen Anzeigen», ein 13 Ausgaben erreichendes Organ des Berner Landammanns zur Information der Kantonsregierungen:

Die Einwohner von Wädenswil, Richterswil, Schönenberg und Hütten fanden sich wirklich an der vorgeschriebenen Stunde in der Kirche zu Wädenswil sehr zahlreich ein. Die Herren Usteri und Hirzel, Mitglieder des Kleinen Rats, als Repräsentanten der Regierung, eröffneten die Versammlung mit einer den Umständen und der Bestimmung angemessenen Rede. Am Ende derselben aber und nach Ablesung der Eidesformel entstand ein heftiges Geräusch. Das von mehreren Stimmen erhobene Rufen: *Nein, das schwören wir nicht*, wechselte mit einzelnen unverständlichen Vorträgen, als waren die: *der Mediation allein, der Verfassung von 1798, der durch Tell und Winkelried erworbenen Freiheit*, ferner *der Freiheit und Gleichheit und dem Evangelium zu schwören*. Alle Zurechtweisungen und Ermahnungen waren fruchtlos, und die Deputation entschloß sich am Ende, die Versammlung zu verlassen. (Offizielle Anzeigen, 19. März [1804], S. 4/5)

Schon in Horgen hat der Republikaner Paul Usteri (1768–1831) zu hören bekommen, es werde nicht geschworen. Usteri will sich nicht auf die Seite der Landopposition schlagen. In Wädenswil müssen die Regierungsvertreter vor 2000 erbosten Seebauern kapitulieren. Am selben Tag läßt in Stäfa die Opposition den Huldigungsakt in einem riesigen Gelächter untergehen. Dann leert sich die Kirche. Turbulent fallen auch die Landsgemeinden von Meilen und Hinwil aus. Am zweiten Ort tun sich die Textilarbeiter hervor. In Fehraltdorf, wo es schon 1802 bei der Zehntleistung Widerstand gegeben hat, stürmt eine Menge, versehen mit helvetischen Kokarden und Prügeln, die Kirche, schneidet die Glockenseile durch, damit die Regierungstreuen nicht Sturm läuten können.

Von 192 Gemeinden verweigern 47 den Eid. Dabei tritt, wenn die Regierenden richtig beobachtet haben, eine radikale Bewegung arbeitsloser Jugendlicher in Erscheinung, vermutlich Textilarbeiter. Es dürfte sich um ein sehr frühes Auftauchen einer wilden, unorganisierten Arbeiterjugendbewegung handeln.

Die aufrührerischen Bewegungen im Kanton Zürich zeichnen sich durch besondere Merkmale von allen anderen in der Schweiz vorgefallenen Volksbewegungen aus. Es scheint bei derselben kein Plan, keine Organisation, ja nicht einmal ein bestimmter Wille vorhanden zu sein. Scharen von verwilderten jungen Menschen (Prügelbuben genannt), welche ohne Ehre und Herz sind, ziehen durch das ganze Land, um überall durch ihr überlautendes Geschrei die Stillen zu terrorisieren und die Huldigung zu verhindern. Kirchen und Schenken sind ihre Tummelplätze. Sie sind im Ganzen wahrscheinlich kaum eines Widerstandes fähig gegen Truppen, desto fürchterlicher aber für die Einwohner und die, welche ihnen in die Hände geraten. (Offizielle Anzeigen, 24.3.1804, S. 14)

In Wetzikon stürmt die Opposition die Kirche, hält sie besetzt. Die «Offiziellen Anzeigen» gestehen ein, daß «in diesem von Natur armen Gegenden, welche ehemals durch den nunmehr ganz zu Boden gedrückten Fabrikenverdienst ihren Unterhalt fanden, die größte Armut herrscht» (Offizielle Anzeigen, 24.3.1804, S. 15).

Der Landammann der Schweiz, Niklaus Rudolf von Wattenwil in Bern, erklärt von Anfang an:

Jede Auflehnung gegen die Kantonsregierungen ist Hochverrat, der nur Schande und Verderben über das Haupt des Unternehmers bringen, die öffentliche Gewalt aber nie wesentlich erschüttern kann. Alle Freunde der Ordnung, alle echten Schweizer stehen ihr zur Seite und werden [sie] nie sinken lassen. (Offizielle Anzeigen, 19.3.1804, S. 8)

Wattenwil, ein Berner Patrizier, stellt das Haupt der Reaktion dar. Nacheinander war er Offizier, Großrat, Mitglied der provisorischen Regierung, Schultheiß von Bern. Seine Linie: «Der Aufstand muß so gedämpft werden, daß es der erste und letzte sein wird.» (Hauser, S. 42) Wattenwil bietet sofort 500 eidgenössische Milizsoldaten auf. Die Opposition des krisengeschüttelten Oberlandes empört sich erst recht. Die vier linken Seegemeinden Horgen, Wädenswil, Richterswil und Hirzel lehnen weiterhin Zehntgesetze wie Huldigung ab.

Der Landammann schlägt den Weg zur Diktatur ein. Dennoch läßt er die aristokratischen Milizen im Namen von «Freiheit und Gleichheit» aufbieten. Wie zur Zeit der Helvetik, krönen diese Parolen noch immer die amtlichen Schreiben. Auf dem Briefkopf der Züricher Regierung befindet sich zwischen beiden Worten ein Bild, das Wilhelm Tell mit Sohn zeigt. Ein Mißbrauch revolutionärer Tradition.

Wattenwil läßt zwei angesehene Bürger der Seegemeinden verhaften, als sie zu Verhandlungen nach Bern kommen. Das ist selbst Bonaparte zu viel, der ansonsten die Verfassungs- und Rechtsbrüche ruhig geschehen läßt. Seine selbstgestellte Aufgabe als Vermittler zwischen Aristokraten und Demokraten nützt Bonaparte nur, um auch in der Schweiz die republikanische Bewegung zu vernichten. Wattenwil ernennt eine Militärkommission mit unbeschränkten Vollmachten. Praktisch herrscht nun im Kanton Zürich eine Diktatur.

Die Opposition sucht ihre Anhängerschaft durch Verbreitung gefälschter Regierungsplakate zu erweitern. – Ein Mittel, das in den 1970er Jahren bei uns wiederentdeckt wurde. – Die Regierung verbreitet daraufhin Handzettel:

Publikation.

Die durch Äußerungen glaubwürdiger Personen unterstützte Sage ist der Regierung zur Kenntnis gelangt, daß die Aufrührer, um das Volk in Gärung zu bringen und gegen die gesetzliche Regierung zum Aufstand zu reizen, falsche Proklamationen und angebliche Gesetze der hiesigen Regierung gedruckt und unter der Hand verbreitet haben, worin teils die gesetzlichen Bestimmungen wegen des Zehntenloskaufs ganz entstellt, teils solche Auflagen, von welchen bei der hiesigen Regierung nie keine Rede gewesen als z. B. auf Bäume, Fenster, Vieh usf., angekündet worden seien.

Die Regierung findet diesen Gegenstand von solcher Wichtigkeit, daß die Handhabung der Ruhe und gesetzlichen Ordnung es erfordere, die Urheber und Teilnehmer so strafbarer Handlungen womöglich zu entdecken. Es wird deswegen demjenigen, welcher ein solches falsches Proklam einbringt und zugleich darüber zuverlässige Auskunft gibt, wo und wie selbiges entsprungen und verbreitet worden sei, unter Verschweigung seines Namens eine ansehnliche Rekompens [Belohnung] ausbezahlt werden.

Zürich, Montags den 23. April 1804.

(Basel, Staatsarchiv, Politisches CC 2)

Am 24. März 1804 marschieren 500 Milizsoldaten in Zürich ein. Aber noch sind sie zu schwach, die Opposition des gesamten Untertanengebiets zur Huldigung zu zwingen. In der folgenden Nacht stecken einige Seebewohner das Schloß von Wädenswil in Brand. Am See herrscht Schadenfreude, die Oberländer fühlen sich ermuntert.

In dieser Situation ergreift ein Schuster von Horgen die entscheidende Initiative: Johann Jakob Willi, geboren um 1772, also 32 Jahre alt (Steckbrief bei Trottmann, S. 9/10). Mit 15 Jahren (1787) entlief er aus der Schusterlehre, verbrachte vier Jahre auf Sardinien und Korsika in spanischen und französischen Diensten; 1797 als französischer Soldat auf Elba Gefangener der Engländer, bis 1800 harte Gefangenschaft zur See, dann Flucht von Gibraltar, schwamm zur Küste, während ein Fluchtkamerad ertrank. Wandernd kam er am 27. Oktober 1801 wieder in Horgen an, nach 14 Jahren. Nun machte er eine Schusterei auf, heiratete, trat in politischen Versammlungen stets als ein heftiger Anhänger der Revolutionsideen auf: ein später Jakobiner.

Im Wirtshaus «Tanne» oberhalb von Wädenswil erregt Willi gleich nach dem Schloßbrand, am 25. März, Aufmerksamkeit, als er, der erfahrene Soldat der einst revolutionären französischen Republik, erklärt: «Sie würden besser tun, wenn es ihnen ernst sei, Widerstand zu leisten, sich zu bewaffnen und zu organisieren.» (Hauser, S. 52)

Willi's strategischer Plan geht darauf aus, die Stadt Zürich gleichzeitig von zwei Seiten her anzugreifen: vom linken Seeufer aus und mit einer zweiten Kolonne vom rechten Seeufer her, hier unterstützt durch das verarmte Oberland. Dafür gewinnt er am nächsten Tag den Gemeinderat von Uetikon, der das rechte Seeufer, möglichst sogar das Oberland aufzubieten verspricht.

Plangemäß versammeln sich in der Nacht des 26. März gegen 10 Uhr die Horgener auf ihrer Allmende, ziehen über die «Tanne» nach Burghalden, oberhalb von Richterswil. Hier bricht Willi in derselben Nacht am 27. März gegen 2.30 Uhr morgens mit 450 bis 500 Bewaffneten auf. Artillerie fehlt. Die Bewaffnung ist schlecht. Viele Seeuferleute wissen noch gar nicht recht Bescheid, daß es losgehen soll. Die Erhebung schlägt unvorbereitet zu. Es bleibt keine Zeit mehr, da die Eidgenossen täglich mehr Milizen nach Zürich schicken. Wenn die Züricher Seebauern siegen, könnten sich auch die gedrückten Landleute anderer aristokratischer Kantone erheben.

Um 4 Uhr morgens marschiert die Demokratentruppe in Richterswil ein. 80 Einheimische schließen sich an. Die schwache Verbindung über den See hält den ersten Belastungen des Aufstandes nicht stand. Als ein Horgener Abgesandter mit 30 Mann Begleitung in Stäfa für den Befreiungskampf werben will, wird er ausgewiesen.

Ein erster Erfolg zeigt sich im Knonauer Amt. Eine kleine Abteilung kann drei Züricher Offiziere verhaften, die Milizen ausheben wollen. Weitere 200 Bewaffnete stoßen zur Truppe. Aber ein Überraschungsangriff von 25 Züricher Dragonern schlägt die ungeübten Rebellen in die Flucht und befreit die Offiziere.

Der Zangenangriff auf Zürich bleibt schon im Ansatz stecken, weil sich weder das Oberland noch das rechte Seeufer in der gebotenen Eile anschließen.

Nachts um 2 Uhr des 28. März beginnt der Angriff der eidgenössischen Milizen: 1030 zu Land, unterstützt durch drei Kriegsschiffe mit je vier Kanonen. In Horgen kommt es zu hartnäckigen Straßenkämpfen. Die Regierungssoldaten kühlen ihren Mut mit der Ermordung unbewaffneter Dorfleute: drei Männer, eine Frau.

Viele der Republikaner laufen nach Hause. Nur einige Dutzend ziehen sich mit Willi in die Berge zurück. Bei Spitzen greifen sie endlich, gezwungenermaßen, zur Guerillataktik, lösen sich auf, verstecken sich im Gebirgswald, hinter Hügeln oder Scheunen. Die rebellischen Scharfschützen aus Wädenswil und Richterswil können nun ihre Stärke entfalten.

Die geschlossene, ins Gebirge sich hochquälende, unbewegliche Kolonne der Aristokraten bietet den Heckenschützen ein leichtes Ziel. Den Gegner bekommt sie nicht zu fassen. Berge, Wälder, Büsche und Sümpfe halten zu den Aufständischen. Die Regierungsmilizen geben den Kampf auf, ziehen sich zurück, ständig verfolgt von den triumphierenden Seebauern.

Einer anderen Rebellentruppe gelingt es inzwischen, eine weitere Milizeinheit oberhalb von Horgen in die Berge zum Wirtshaus «zur Bocken» zu locken, einem einstigen barocken Herrensitz. Daher bis heute der Name «Bockenkrieg» für den gesamten Aufstand. – Die Aufständischen verlieren die besetzten Häuser, zermürben aber die Soldaten, so daß auch diese Kolonne das Kampffeld räumt, mit zwölf Toten und 14 Verwundeten. Der verletzte Willi nützt diesen Sieg nicht aus. Am 29. März schickt er eine Aufforderung nach Horgen:

Willi, Chef der Gerechtigkeit begehrenden Truppen an den Gemeindammann der Gemeinde Horgen.

Bürger.

Setzt Euer Volk in Tätigkeit. Alles ist im Anmarsch. Nur ihr wollt nicht. Ich befehle Euch, Euer Volk aufzumahnen und auf der Bocken an die übrigen anschließen zu lassen. Geschieht es nicht, so zittert für Euer Leben und Eigentum. Keiner Proklamation zum Nichtaufbruch gehorchen wir, außer einer vom Frankreich-Minister.

Geben auf Bocken, den 29. März 1804.

Unterz. Willi, Chef.

Hauser, Sekretär.

(Basel, Staatsarchiv, Politisches CC 2)

Die Milizen gehen nach Zürich zurück, wo die reichen Bürger sofort beginnen, ihre Habe nach auswärts in Sicherheit zu bringen. Sie erwarten einen Sturm auf die Kantonshauptstadt, in der Schweizer Geschichte keine so seltene Angelegenheit.

Der Landammann in Bern verlangt von allen Kantonen neue Milizen. Er befiehlt, in den aufständischen Dörfern die Frauen und Kinder als Geiseln festzunehmen und gegen die Rebellen zu verwenden. Der Aristokrat mit diktatorischen Gelüsten schlägt jeden Vermittlungsversuch aus. Nun ziehen sich auch die Seegemeinden vom Aufstand zurück. Nur im Knonauer Amt bildet sich erneut eine kleine Truppe, geführt von Republikanern der untergegangenen Helvetik.

Ein kleiner Hoffnungsfunke glimmt auch im Oberland auf, als der Plan umgeht, über Winterthur nach Zürich zu marschieren. In Bäretswil rebellieren die brotlosen Textilarbeiter. Auch das Land um Bern regt sich wieder. Die Amtsleute berichten von geheimen Versammlungen in Biel (Bienne), Interlaken und Langnau. Kurzerhand verbietet der Berner Rat jedes politische Gespräch in Wirtshäusern.

Im Oberland sammelt sich wirklich eine neue republikanische Truppe, in Pfäffikon. Willi fährt in der Nacht zum Ostersonntag (31. März/1. April) mit 70 Mann über den See nach Uerikon. Dennoch ziehen die Seedörfer nicht mit. Der in der Jakobinerzeit revolutionäre Ort Stäfa vertreibt die Aufständischen.

Nun können die Regierungsmilizen, am 6. April auf 3800 angewachsen, unbehindert ein Dorf nach dem andern entwaffnen. Wer eine Waffe zu Hause hat, bezahlt 20 Gulden Buße und bekommt obendrein 25 Stockprügel. Große Summen für Strafen, Einquartierungen, Plünderungen und Erpressungen vernichten den bescheidenen Wohlstand am See.

Die republikanischen Anführer kommen zur Untersuchungshaft in den Wellenberg, einen Züricher Gefängnisturm mitten in der Limmat. Die Regierung geht davon aus, daß hinter der ganzen Erhebung eine Verschwörung der 1802 gestürzten helvetischen Republikaner stecke. Sicher zu Unrecht, denn die großen Leute der Helvetik, wie Paul Usteri, ließen die Bauern alleine gegen die diktatorische Aristokratie antreten. Nur ländliche Anhänger der Helvetik beteiligten sich hier und da.

Unter einem erneuten Bruch der Verfassung wird ein eidgenössisches Kriegsgericht eingesetzt (7. April 1804). Die Hochverratsprozesse wären Sache des Obergerichts. Dagegen protestieren die Kantone Luzern, Uri, Schwyz, St. Gallen und Waadt. Am 21. April beantragt der Ankläger trotzdem die Todesstrafe für fünf Anführer.

Die französische Regierung, die die Eidgenossenschaft politisch wie militärisch kontrolliert, lehnt diese Urteile ab, duldet dann doch die harte Linie. Bonaparte läßt sich auf dem laufenden halten.

Ein Geistlicher soll die Todeskandidaten auf die Hinrichtung vorbereiten. Willi antwortet selbstbewußt und gefaßt: «Ich weiß ohne Pfaff, was ich zu tun habe. Euch geistlichen Herren ist nicht zu trauen.» (Hauser, S. 82)

Am 25. April werden drei Rebellenkommandanten zum Tod verurteilt, unter ihnen Willi. Dieser hat jeden Anwalt zurückgewiesen. Der Schuster kann sich selbst verteidigen. Er bestreitet die Zuständigkeit des Kriegsgerichts, erst recht die Zusammensetzung mit Offizieren, die gegen ihn im Feld gestanden sind. Die Gegenpartei und nicht unabhängige Richter saßen über ihn zu Gericht. Er habe für Recht und Gerechtigkeit gekämpft, nicht gegen die Mediationsverfassung, die von der Regierung verletzt worden sei.

Auch ein zweiter zum Tod Verurteilter schlägt diese Verteidigungslinie ein: Schneebeli aus Affoltern, ein alter Gerichtspräsident der Helvetik:

> Was ich getan habe, ist deshalb geschehen, weil die Mediationsverfassung vielfach verletzt, die Regierung nicht derselben gemäß gewählt worden ist und weil die Petitionen von Wädenswil und Richterswil erfolglos geblieben sind. Die Todesstrafe ist gegen Aufständische nur dann anwendbar, wenn die Regierung eine gesetzesmäßige und verfassungstreue ist. (Hauser, S. 83)

Schneebeli verlangt ein bürgerliches Gericht. Der Verteidiger eines dritten stellt fest, daß die zur Fällung der Todesurteile herangezogene Gerichtsordnung Kaiser Karls V. im Kanton Zürich nie als Gesetz veröffentlicht wurde.

Der Justizmord findet in Zürich noch am selben Tag statt, hinter der St. Jakobs-Kirche an der Sihl – heute nur 800 m vom Züricher Hauptbahnhof entfernt. Tausende von Züricher Gaffern lassen sich das blutige Spektakel nicht entgehen. Die Landleute, die Hab und Gut der besseren Städter bedrohten, werden als Unpersonen, ohne Namen, auf dem benachbarten Verbrecherfriedhof verscharrt.

Bis zum 14. Juli rollen 119 Prozesse über die Demokraten hinweg. Die Züricher Regierung wirft neun oppositionelle Großräte aus dem Wahlamt. Nun erst erklärt Bonaparte, das Schauspiel in der Schweiz arte zu einem Skandal für ganz Europa aus. Gleich danach gibt er sich versöhnt, als ihm in Paris die patrizischen Eidgenossen zur Kaiserkrönung gratulieren.

Die Diktatur der Aristokraten erstickte den republikanischen Aufstand. Freiheitliche Impulse kamen erst wieder 1830/31 zum Durchbruch. Zwölf Kantone stürzten damals ihre Aristokratie, bauten eine neue Demokratie auf. Erst jetzt wurden langsam die Grundlasten abgegolten und die Gewerbefreiheit eingeführt.

In den 1860er Jahren lösten in Zürich die Demokraten die alte liberale Partei ab. In der Arbeit an einem eigenen Geschichtsbewußtsein tauchte die lang verschüttete Erinnerung an die Seebauern von 1804 wieder auf. 1875 wurden die Gebeine der Verscharrten auf den Kirchhof Außersihl übergeführt. Im folgenden Jahr entstand ein Gedenkstein in Affoltern. Der Festzug machte vor Schneebelis Haus halt und erinnerte an den Freiheitskampf vor 72 Jahren.

Quellen und Literatur
Basel, Staatsarchiv des Kantons Baselstadt, Politisches CC 2
R. Braun: Industrialisierung und Volksleben. Die Veränderungen der Lebensformen in einem ländlichen Industriegebiet vor 1800 (Zürcher Oberland), Erlenbach-Zürich 1960
Ders.: Sozialer und kultureller Wandel in einem ländlichen Industriegebiet (Zürcher Oberland) unter Einwirkung des Maschinen- und Fabrikwesens im 19. und 20. Jahrhundert, Erlenbach-Zürich 1965
Emil Brunner: Der Kanton Zürich in der Mediationszeit 1803–13, Diss. Zürich 1908
Johann Jacob Cramer: Beiträge zur näheren Kenntnis des Menschen in Lebensbeschreibungen hingerichteter Missetäter, 3. Heft, Zürich 1804, S. 1–58 (über Willi)
Ders., Leben und Ende Willis, Zürich 1804
Albert Hauser: Der Bockenkrieg. Ein Aufstand des Zürcher Landvolkes im Jahre 1804, Diss. phil. Zürich, Zürich 1938 (Standort: Zürich, Bibliothek der Eidgenössischen Technischen Hochschule)
Johann Jakob Leuthy: Vollständige Geschichte von dem Bockenkrieg, Zürich 1838
Offizielle Anzeigen die Begebenheiten im Canton Zürich betreffend. Bern 1804 (8 Nummern: Nr. 1 vom 19. März, bis Nr. 8 vom 20. April 1804; Standort: Basel, Staatsarchiv, Politisches CC 2; 13 Nummern: bis 27. April 1804, in: Zürich, Zentralbibl.)
Johann Jakob Schneebeli: Der Bockenkrieg 1804, Stäfa 1904
Johann Strickler: Geschichte der Gemeinde Horgen, Horgen 1882 (Standort der genannten Bücher: Zürich, Zentralbibl.)
Georg Trottmann: Böse Geschichten aus dem «Wellenberg», gewesenem Kriminalturm in der Limmat zu Zürich, Zürich und München 1974, S. 7–26

95 Der Mergentheimer Bauernaufstand (1809)

Nach der schweren Niederlage Preußens und Österreichs 1805/06 schien dem französischen Bürgertum der Griff nach der europäischen Vorherrschaft gelungen zu sein. Österreich verlor 1805 seine Gebiete in Süddeutschland. 1806 zog Napoleon mit der Gründung des Rheinbundes die süddeutschen Fürsten zu sich herüber. Das seit dem Ausbruch der Großen Französischen Revolution schwer angeschlagene Deutsche Reich brach auseinander.

Um die wirtschaftliche Vormachtstellung Frankreichs zu sichern, verhängte Napoleon im November 1806 die Kontinentalsperre: das Verbot des Handels mit dem britischen Königreich, die Blockade der Insel. Als das eroberungslustige Frankreich sich auf dem Gipfel seiner Macht glaubte, regte sich Widerstand gegen die Unterdrücker. Der erste Versuch von rund 20000 Aufständischen in Hessen (Dezember 1806) mißlang. Gewaltiger erhob sich 1808 das spanische Volk. Bis 1814 führte es im Gebirge ungeschlagen einen zähen, grausamen Guerillakampf.

Im April 1809 begann der Entscheidungskampf zwischen dem französischen und dem österreichischen Kaiserreich. Am 22. April erfolgte die erste österreichische Niederlage. Am 13. Mai ließ Napoleon Wien besetzen, doch am 22. Mai verlor er bei Aspern (gegenüber Wien) zum erstenmal eine Schlacht. Eine Welle der Begeisterung erfaßte Deutschland: die Eroberer wären doch noch aus dem Land zu werfen.

Zuerst standen im April die kampfgewohnten Tiroler auf. Ohne österreichische Hilfe befreiten sie bereits am 12. April Innsbruck. Als die Bayern, Napoleons Verbündete, in Tirol grauenvoll wüteten, fegte sie der zweite Tiroler Aufstand aus dem Gebirgsland. Am 29. Mai siegten die Tiroler ohne österreichische Hilfe am Berg Isel bei Innsbruck.

Österreichs Adel sah sich eingekeilt zwischen zwei Fronten: zwischen den feindlichen Staaten einerseits und den Erhebungen im eigenen Land andererseits, die er fast mehr fürchtete als das gegnerische Militär. Denn siegreiche Aufständische pflegen Forderungen nach Mitregierung und Besserstellung zu erheben, selbstbewußter denn je zuvor.

Österreich verstand nicht, den Sieg von Aspern auszunützen. Die französische Armee machte diese Schlappe am 7. Juli bei Wagram wieder wett. Nun schloß die Wiener Regierung am 14. Oktober Frieden, fiel dabei den unbesiegten Tirolern in den Rücken. Bis Ende November besetzten die Franzosen ganz Tirol.

Den Feldzug im Süden begleiteten kleine, stets erfolglose Erhebungen in Norddeutschland: der Freischarenzug unter Friedrich von Katte gegen Magdeburg; der Zug unter Wilhelm Freiherr von Dörnberg gegen Kassel, um König Jérôme von Westfalen festzunehmen (hier nahmen 4 bis 8000 Bauern teil); der Freischarenzug unter Ferdinand von Schill (1776–1809) von Berlin über Dessau nach Stralsund; die Expedition unter Herzog Friedrich Wilhelm von Braunschweig, der sich von Böhmen über Leipzig, Dresden und Halberstadt an die Nordsee durchschlagen konnte, wo englische Schiffe die 2000 Partisanen retteten.

Diese Aufstandsversuche brachen los unter dem Eindruck des österreichischen Sieges bei Aspern. Frankreich, das schon im Plünderwinter 1793/94 seinen Kurs aufgegeben hatte, unterdrückte Nachbarvölker zu befreien, hatte sich zur schwersten Plage Europas entwickelt. Den Aufständischen lag nichts am kaiserlichen Österreich, alles an einer Abschüttelung der drückenden französischen Herrschaft.

Im Windschatten der großen Politik rebellierten im Frühsommer 1809 die Bauern des kleinen Fürstentums Mergentheim, um ihr bißchen Freiheit festzuhalten. Mergentheim war der Hauptort des Deutschritterordens, der Deutschritter letztes Staatsgebilde, das nach dem Zusammenbruch in Ostpreußen (15. Jahrhundert) übrig geblieben war.

Der einst gewalttätige, mit Schwert und Kreuz unterwerfende Orden hatte sich, eingezwängt in aufstrebende Landesherrschaften, inzwischen zu einem Hort relativer Freiheit entwickelt. Sein Staatsapparat war viel zu schwach, um im 18. Jahrhundert die sonst übliche Intensivierung der Ausbeutung und Kontrolle über die Bauern durchsetzen zu können. Wenn sich die Ausgestoßenen der Gesellschaft, bekannt als Gauner, Diebe, Räuber und Banditen, von der Hetze durch württembergische, badische oder bayerische Amtleute und Soldaten erholen wollten, zogen sie sich für eine Weile in den Deutschritterstaat Mergentheim zurück. Dort konnten sie unbehelligt neue Kraft schöpfen.

Ermuntert durch Napoleon, expandierte Württemberg, rundete sein Gebiet durch die Aneignung kleinerer Länder ab. 1803 besetzte es das Kloster Schöntal (Jagst), 1806 das ansehnliche Fürstentum Hohenlohe. Mit Mergentheim trieb Napoleon sein übliches diplomatisches Doppelspiel. Im November 1805 versprach er dieses Land dem württembergischen König. Im Dezember überließ er es Österreich durch den Frieden von Preßburg. Gleichzeitig gab er in einem Tagesbefehl Württemberg, Bayern und Baden freie Hand, sich das Gebiet des Deutschritterordens einzuverleiben. Doch vorher gliederte sich Österreich vertragsgemäß das Fürstentum Mergentheim an.

Nach dem Kriegsausbruch diktierte Napoleon am 24. April 1809 in einem Tagesbefehl: das Gebiet von Mergentheim wird mit Württemberg vereinigt. Der württembergische König wußte von dieser Absicht Napoleons schon länger; denn bereits am 20. April ließ er Mergentheim militärisch besetzen, ohne Widerstand zu finden. Der dorthin entsandte Regierungskommissär Maucler berechnete, daß die Mergentheimer Staatseinnahmen der württembergischen Krone jährlich 67 500 Gulden einbrächten, zuzüglich der Einkünfte aus dem wichtigen Durchgangsverkehr von Frankfurt nach Augsburg.

Der erste Widerstand gegen Württembergs Kriegspolitik regte sich im März 1809, im Nachbargebiet von Mergentheim, im ehemaligen Fürstentum Hohenlohe. Ende des Monats verweigerten die meisten Bauern des Oberamtes Neuenstein alle Leistungen, die sie den Württembergern für den Krieg gegen Österreich erbringen sollten: erhöhte Steuern, Abgaben für Brücken- und Straßenbau, für die Lagerkosten der Armee und die Aushebung der Pferde (Karte 40).

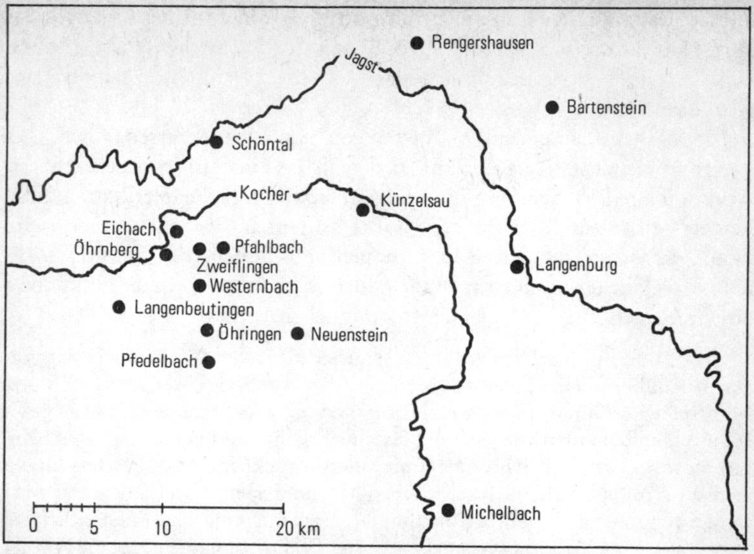

Karte 41: Die Hohenloher Verweigerung der Kriegslasten, Mai 1809

Die Verweigerungsbewegung war vorerst nicht zu brechen. Anfang Mai 1809 stellte das Oberamt Neuenstein fest, daß von Dorf zu Dorf anonyme Umlaufzettel weitergereicht würden. Darin werde das Volk aufgefordert, die Vorspanndienste in das rund 100 km entfernte Heidenheim, die Aushebung von Rekruten und alle Abgaben zu verweigern. Einer dieser illegalen Zettel lautete:

Es haben sich schon einige Orte wegen der angekündeten Pferdstellung aus dem Michelbacher und Beutinger Amt [Langenbeutingen] miteinander beredet, keine Pferde zu stellen, auch keine Rekruten und kein Geld mehr zu geben, wie man sich auch erkundet hat, daß die im Pfedelbacher Amt auch das Nämlich gesinnt sind.

Dieser Zettel ist nach Zweiflingen, Pfahlbach, Eichach und Öhrnberg zu schicken. (Stuttgart, Hauptstaatsarchiv, E 9 Bü. 70, Blatt 29; dort Abschrift eines weiteren Zettels)

Württemberg schlug zurück, indem es am 2. Mai 1809 die ehemals hohenlohischen Justizkanzleien von Öhringen, Langenburg und Bartenstein beschlagnahmte. Als «Hauptverbrecher» wurde Martin Keppler, der Amtsbürgermeister von Westernbach (drei km nördlich von Öhringen) verhaftet, am 6. Mai zusammen mit sieben anderen Organisatoren der Verweigerung auf die Festung Hohenasperg abtransportiert (Namensverzeichnis in Stuttgart, Hauptstaatsarchiv, E 9, Bü. 70, Blatt 34). Auf der württembergischen Bastille kamen sie in strengste Einzelhaft. Jede Verbindung miteinander wurde verhindert.

Die Mergentheimer Bauern dürften von dem allem erfahren haben. Das Oberamt Neuenstein grenzte im Norden an das Fürstentum Mergentheim. Aber solange Württemberg die Mergentheimer in Ruhe ließ, hatten diese keinen Grund zur Rebellion. Sie hofften offenbar, der württembergische König werde sie mit Kriegsforderungen verschonen. Am 13. Juni 1809 nahm Regierungskommissär Maucler den Mergentheimern die Huldigung ab. Ein Augenzeuge überlieferte den kläglichen Verlauf:

Langsam und mit Nachdruck sprach Maucler die ersten Worte; allein wie von einem Zauberschlage gelähmt, brachten die fast 2000 Menschen, die den Marktplatz erfüllten, nicht einen Laut hervor. Zum zweiten Male begann Maucler, an dem man eine leichte Blässe wahrnahm, mit bebender Stimme die Eidesformel. Dasselbe Schweigen; nur auf ausdrückliche Aufforderung an die nächst der Bühne stehenden städtischen Magistratspersonen hin waren einige wenige Stimmen zu hören, die in dumpfen, unvernehmlichen Tönen die Worte nachlallen. Vom Volk antwortete keiner. Der Kommissionär endigte die Formel allein. Das war die Huldigung. (Gräter, S. 125)

Erst als knapp zwei Wochen später Rekruten für das württembergische Kontingent gegen Österreich ausgehoben werden, bricht der verhaltene Widerstand los. Die Mergentheimer Bauern sollen gegen ein Land kämpfen, unter dem sie so schlecht gar nicht gelebt hatten. Und erstmals sollen sie Soldat spielen, während sie zu Zeiten des Deutschritterordens davon befreit waren.

Württemberg fordert 45 Rekruten vom ganzen Fürstentum, das wenig mehr als 9000 Einwohner zählt, die Stadt allein 3000. Maucler will auf die Aushebung verzichten, als er den grimmigen Widerstand spürt. Doch die Stuttgarter Regierung verbietet ihm am 21. Juni diese Nachgiebigkeit. Als noch zur Nachtzeit gegen Montagmorgen, 26. Juni 1809, die Rekruten mit Militärgewalt ausgehoben werden sollen, nehmen die Bauern den Kampf gegen Württemberg auf. Der älteste Regierungsbericht bietet, nicht ohne Fehler, über den ganzen Verlauf interessante Einzelheiten, die bisher unbekannt waren. Deshalb sei er zum größten Teil wiedergegeben.

Ludwigsburg, den 30. Juni 1809.
Dienstag, den 27. dieses [Monats], erhielten Seine Königliche Majestät durch einen Expressen [Eilboten] aus Mergentheim die Nachricht, daß am 25. dieses [Monats] [tatsächlich erst am 26. Juni] in dem Dorf Markelsheim [tatsächlicher Beginn in Wachbach] bei Gelegenheit einer durch den Major von der Garde von Hypedin vorgenommenen Rekrutenaushebung bedeutende Unru-

hen ausgebrochen seien. Die mittelst Anziehung der Sturmglocke herbeigerufene Einwohnerschaft der nächstgelegenen Orte rotteten sich zusammen und zogen gegen Markelsheim zu. Der Major von Hypedin eilte ihnen mit seinen bei sich habenden Landdragonern entgegen und suchte sie durch Vorstellungen und Drohungen zur Ruhe zu bringen. Allein dieser wütende Pöbel fiel über ihn her, riß ihn vom Pferde, nahm ihm seinen Säbel und entwaffnete zu gleicher Zeit die Landdragoner. Unter den niederträchtigsten Beschimpfungen und Mißhandlungen schleppte der immer zunehmende Haufen diese Gefangenen, zu denen sich noch der Oberamtmann Kuhn gesellte, nach der nur eine halbe Stunde davon gelegenen Stadt Mergentheim. Die Tore wurden zwar gesperrt, allein teils durch die nun schon auf mehrere tausend angewachsene Schar, teils durch die Einwohner der Stadt, die sich zu ihnen gesellten, gesprengt. Der wütende Haufen strömte hinein, entwaffnete die darin als Garnison aufgestellten 46 Mann vom Landbataillon Ludwigsburg, bemeisterte sich sogleich der Person des Generallandeskommissärs v. Maucler sowie aller in königlichen Diensten stehenden Personen, welche sich nicht versteckt oder durch die Flucht gerettet hatten. Sämtliche wurden geplündert, beraubt, mißhandelt und zuerst in ein Wirtshaus, später auf das Rathaus in gefängliche Verwahrung gesetzt.

Diese Aufrührer verbreiteten sich in der ganzen Stadt, wo sie bald unter der niedrigsten Klasse Anhänger fanden. Sie schlugen mehrere Keller ein, und berauscht von Wut und Wein, begingen sie alle zügellosen Ausschweifungen, die eine von aller Aufsicht beraubte Menge fähig ist. Ein angeblich österreichischer Deserteur stellte sich an ihre Spitze. Man bemeisterte sich aller herrschaftlichen Kassen, die jedoch dem ehemaligen deutschordenschen Präsidenten übergeben wurden. Die immer zunehmende Volksmenge verlangte von diesem Präsidenten, dem Kommandeur Reuttner von Weil, daß er die Regierung wieder übernehmen sollte, wozu sich derselbe bereitwillig finden ließ. Hierauf wurden die königlichen Wappen abgerissen, beschimpft und die kaiserlich-österreichischen und deutschmeisterschen unter lautem Jubel und wiederholtem *Vivat Kaiser Franz und Erzherzog Anton* wieder angeheftet. Die ehemaligen Räte des Deutschmeisters, welchen die königliche Nachsicht und Gnade nach geleistetem Versprechen, ruhig zu bleiben, den Aufenthalt zu Mergentheim gestattet hatte, wurden wieder in ihre Stellen bis auf zwei eingesetzt. Diese beiden wie alle rechtlichen Einwohner Mergentheims mußten bei dem immer zunehmenden Tumult und Zufluß von Bauern aus der Nachbarschaft, worunter auch königlich-bayerische und großherzoglich-badische Untertanen in mehrerer Anzahl bemerkt wurden, außerordentlich viel leiden. Drohungen und Mißhandlungen aller Art wurden das Los des königlichen Generallandeskommissarius v. Maucler, Max. v. Hypedin und [der] übrigen königlich-württembergischen Diener.

Endlich gelang es der neu aufgestellten deutschmeisterschen Regierung, etwas Ruhe herzustellen und den größten Teil der bewaffneten Bauern zur Stadt hinauszuschaffen, worauf eine Stadtmiliz errichtet und ihr die Bewachung der Arrestanten übergeben wurde, jedoch behauptete das aus Deputierten aus allen Dorfschaften bestehende Comité immer noch sein Vorzugsrecht und verlangte mit Ungestüm, daß an den König nach Ludwigsburg abgeordnet werden sollte, um ihm zu erklären, daß das Leben seiner arretierten Beamten und Untertanen von seiner Nachgiebigkeit abhänge, Mergentheim ganz auf denselben Fuß wiederzusetzen, wie es vor dem Kriege gewesen und alles Veränderte wieder herzustellen usw. Die Rebellen mißbrauchten den gefangenen Landeskommissarius v. Maucler, um selbst der Verfasser dieser Anträge zu werden, mit welchen der Major v. Hypedin an den König abgeschickt wurde. (Stuttgart, Hauptstaatsarchiv, E 9, Bü. 69)

Dieser Bericht enthält aufschlußreiche Angaben, die in der Mergentheimer und württembergischen Geschichtsschreibung unter den Tisch fielen: die Teilnahme der städtischen Unterschicht, die Unterstützung durch benachbarte bayerische und badische Bauern; die Existenz eines Bauernkomitees mit Vertretern aus allen Dörfern (Rund 150 gewählte Bauernvertreter). Einiges ist noch zu ergänzen.

Als die Württemberger zu nachtschlafender Zeit Rekruten in Wachbach ausheben wollen, fliehen die bedrohten jungen Männer. Die Bauernschaft ist nicht überrascht, ihre Abwehrmaßnahmen sind längst geplant. Boten und Sturmläuten warnen die Nachbardörfer. In Markelsheim – mit 1100 Einwohnern eines der größten Dörfer, vermögend durch Weinbau – bilden die Landleute einen bewaffneten Haufen, ziehen die vier km nach Wachbach hinüber. Diesen stellt sich Major Hypedin mit drei Landdragonern entgegen. Darüber schrieb später der zur selben Zeit verhaftete Oberamtmann Kuhn:

Schon am Ende des Orts [Wachbach] erblickte man Leute, die von mehreren Seiten her zusammenliefen, und ungefähr 60 Schritte von dem Ort entfernt, sah man eine Masse von Menschen anrücken, die mit allen Gattungen von Mordinstrumenten und zum Teil auch mit Gewehren bewaffnet waren.

Man ritt ihr entschlossen entgegen und wurde in wenigen Augenblicken von allen Seiten umringt und so von dem Assistenzkommando [60 in Wachbach stehende Soldaten] abgeschnitten. *Was wollt ihr?* war unsere erste Frage. Und das Geschrei ertönte: *Wir geben keine Rekruten! Schlagt sie tot!*

Man suchte die Empörer durch Vorstellungen und Drohungen zur Ruhe zu bringen und auf den Weg der Ordnung zurückzuführen; allein der Haufe wurde je länger, je wütender, und alle Bemühungen, dem Sturm zu begegnen, waren fruchtlos.

Jetzt verlangten die Insurgenten die Desarmierung [Entwaffnung] der königlichen Landdragoner. Sie mußten zuerst die Steine von den Pistolen abschrauben, dann Pistole und Säbel abgeben und zuletzt von den Pferden absteigen.

Kaum war dies geschehen, so forderten sie auf die Nachricht, daß württembergische Truppen im Dorf Wachbach stehen, ihren Abmarsch, und Herr Major v. Hypedin war genötigt, einen Landdragoner dahin abzuschicken mit der

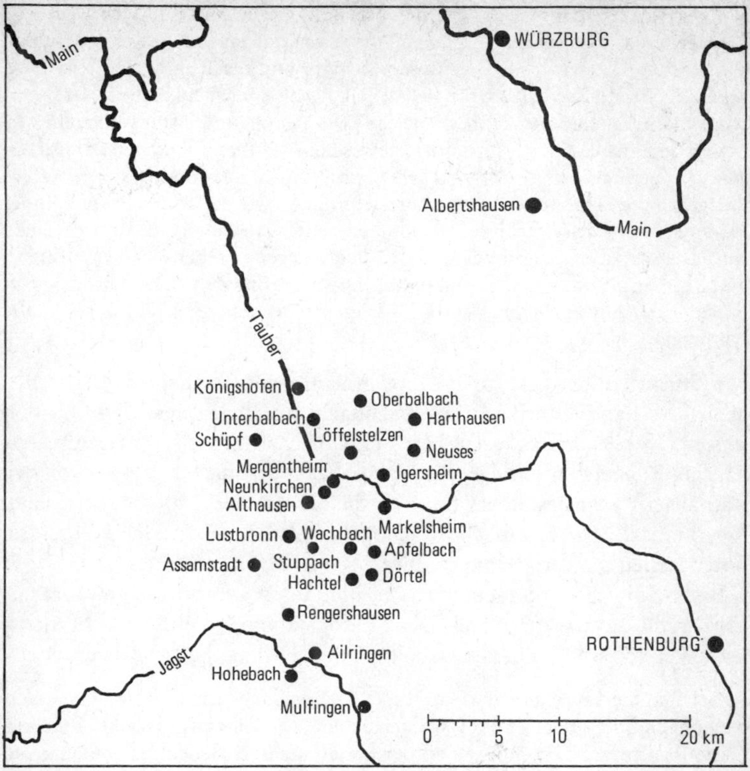

Karte 42: Der Mergentheimer Bauernaufstand, 26.–29. Juni 1809

Ordre [Befehl] an den Leutnant Backmeister, daß er sogleich mit seinem Kommando nach Mergentheim zurückmarschieren solle. [...]

Die bereits auf wenigstens 1000 Mann angewachsene Schar von Bauern hielt nun die Absendung des Landdragoners an den Leutnant Backmeister für Betrug und glaubte, daß er bestimmt sei, die Nachricht von dem Aufruhr nach Stuttgart zu überbringen. [Die Bauern hatten den richtigen Verdacht.] Man war nicht imstande, die tobende Menge zur Ruhe zu bringen. Mehrmals wollten die Rasenden unter den niederträchtigsten Beschimpfungen und Drohungen sowohl dem Herrn Major von Hypedin als dem Unterzeichneten das Seitengewehr [Ehrenzeichen des Offiziers] abnehmen, und sie würden es auch mit Gewalt durchgesetzt haben, wären sie nicht durch den vernünftigeren, aber freilich bei weitem kleineren Teil davon abgehalten worden.

Dagegen verlangten sie nun mit Ungestüm, daß Herr Major von Hypedin und der Unterzeichnete vom Pferde absteigen und zu Fuß mit nach Mergentheim gehen sollen, was auch, da alle Vorstellungen vergeblich waren, geschah. Umgeben von einer Schar von Bauern begann nun der Zug durch Wachbach gegen die Stadt, in welcher die Horden, die sich bei Wachbach und auf dem Wege hierher gesammelt hatten, mittags zwischen 12 und 1 Uhr einzogen.

Von dem in Wachbach stationiert gewesenen Leutnant Backmeister und seinen Truppen fanden wir nirgends eine Spur, und es ist wahrscheinlich, daß er Mergentheim eine Stunde vor uns erreicht haben wird. Kaum war man in der Nähe des Rathauses, das schon von allen Seiten mit Bauernmassen umgeben war, angekommen, so erblickte man einen österreichischen Ulanen zu Pferd, und es ertönte auf einmal das Geschrei: *Die Kaiserlichen sind da. Vivat Kaiser Franz, Vivat Anton Victor!* (Stuttgart, Hauptstaatsarchiv, E 146, Bü. 1915, alte Nummer)

Die Sturmglocken fast aller Mergentheimer Dörfer heulen inzwischen durch das Land: Markelsheim, Wachbach, Apfelbach, Igersheim, Löffelstelzen, Neuses, Harthausen, Hachtel, Dörtel, Stuppach, Lustbronn, Althausen, Rengershausen. Der Widerstand geht organisiert zumeist von den Rathäusern aus. Besonders tun sich die Schultheißen von Markelsheim, Oberbalbach, Unterbalbach, Wachbach, Igersheim und Hachtel hervor. Boten stellen die Verbindungen der Dörfer untereinander her.

Einblick in die Argumentation der militanten Opposition gewährt uns ein Bericht des württembergischen Stationskommandanten von Markelsheim, verfaßt am 4. Juli, also nach der Niederschlagung des Aufstandes:

Soviel man merkt, zeigten die Untertanen Gehorsam gegen die königlichen Verordnungen bis zu dem Punkte, wo der Befehl gegeben wurde, nachts Konskribierte [Rekruten] auszuheben. Vorher hätten mehrere Bedenklichkeiten geäußert, sich konskribieren zu lassen, weil sie von ihrem vorigen Herrn ihres Eides noch nicht entlassen. Sie hätten sich darauf konskribieren lassen. Nun hätten sich von Rothenburg aus Gerüchte verbreitet, die Verwundeten würden halbtot in die Donau geworfen. Die Österreicher wären in der Nähe, und wenn sie sich der Aushebung nicht widersetzten, so würde Haus und Hof abgebrannt. Württemberg habe keine Truppen, und alle Ausgehobenen wären hin, indem von einem württembergischen Regiment, das in Mergentheim lag und von da an [den] Bodensee zog, nur 7 Mann davongekommen. Auf diese Nachrichten hätte sich niemand als Rekrut stellen wollen, als man hierauf nachts auf eine noch nie erhörte und gewohnte Art ausheben hätte wollen.

Da man nun in Wachbach alarmiert und Boten überall ausgeschickt hätte, so wäre alles, was laufen konnte, fortgeloffen. [...] Die Bauern wären auch besonders darüber aufgebracht worden, daß man in Mergentheim nur zwei Rekruten ausgehoben und drei Juden sich abgekauft haben sollen, dagegen in Markelsheim, das zweimal geringer wäre, sechs Rekruten gefordert wurden, welches das bisherige Mißtrauen der Bauern auf Mergentheim vermehrt hätte. (Stuttgart, Hauptstaatsarchiv, E 9, Bü. 72)

In der Stadt Mergentheim errichtet der Magistrat eine Bürgergarde, um die weit radikaleren Bauern unter Kontrolle halten und die gefangenen württembergischen Beamten schützen zu können. Das Bauernkomitee besetzt das Rathaus und ruft das Land zur Erhebung auf.

Die Rebellen bedrohen den württembergischen Regierungskommissär Maucler, zwingen ihn, folgenden Brief an den König nach Ludwigsburg zu schreiben:

Euer Königlichen Majestät

habe ich niemanden zuschicken können, um Allerhöchstdieselbe von den neuesten Vorfällen in Kenntnis setzen zu können. Alle hier befindlichen Diener Euer Königlichen Majestät leben. Wir sind in einer traurigen Gefangenschaft, und wenn sich in den nächsten Tagen und ehe die Leute zu sich gekommen sind, der Stadt Truppen nähern, selbst nur bis Künzelsau, ist unser Tod unvermeidlich. Weit und breit hat alles teilgenommen.

Ich ersterbe in tiefstem Respekt,
Euer Königlichen Majestät
alleruntertänigster Maucler.

Mergentheim, den 26. Juni 1809 (nachts 12 Uhr).
(Stuttgart, Hauptstaatsarchiv, E 9, Bü. 70)

Am 27. Juni, dem zweiten Tag des Aufstandes, setzen die Bauern durch, daß das Militär des Deutschordens wieder aufgestellt wird. Der Gefangene Maucler erklärt sich mit der Bauernforderung einverstanden, daß einer der Ordensritter wieder Kommandant und ein anderer Regierungschef von Mergentheim werden. Besondere Unterstützung findet die Erhebung durch Bauerntrupps aus Schüpf und Ailringen.

Die bewaffnete Bauernmacht blickt weit über den alten Deutschordensstaat hinaus. Sie knüpft an die nie versiegte rebellische Tradition des Taubergrundes an (vgl. Kapitel 41, 47, 57). Unter diesem Eindruck stehen auch die Städter und die Württemberger, die die Zeiten des Taubertäler Bauernhaufens von 1525 wiederkommen sehen.

Die Aufständischen schicken Boten mit Hilfsersuchen an die Bauern der Nachbarstaaten. Wir wissen von solchen Versuchen in Königshofen (Tauber, badisch), Assamstadt (einst Kurmainz, jetzt badisch; 1801 militante Verweigerung der Einquartierung), Ailringen (einst Fürstentum Hohenlohe), im Würzburger Gebiet, in der Gegend von Aschaffenburg und im Odenwald (Fürstentum Leiningen). Viele Bauern verschiedener Gegenden eilen wirklich zu Hilfe, auch wenn nach der Niederlage verständlicherweise niemand mehr etwas davon sagen will.

Die besonders aktiven Rengershausener fordern nicht nur von Assamstadt Hilfe, sondern agitieren jagstaufwärts in Ailringen, Hohebach, Mulfingen und Nitzenhausen (alle einst im Fürstentum Hohenlohe) für die Verweigerung aller Kriegslasten. Damit verknüpfen sich die antifeudalen Bewegungen von Mergentheim und Hohenlohe. Dahinter schwebt die kühne Hoffnung auf die Schaffung eines bauernfreundlichen, fränkischen Staates um Main, Tauber und Jagst, mit dem Hauptort Würzburg.

Dem Bauernheer ist klar, daß jederzeit württembergische Truppen einfallen können. So stehen Wachen gegen den Süden. Als sich am 4. Tag der Erhebung, am 29. Juni (Peter und Paul, genannt Kirschenpeter) 3250 Württemberger Soldaten in zwei Kolonnen nähern, haben die Einwohner ihre bedrohten Dörfer verlassen. Die tonangebenden Städter samt den alten, durch die Bauernmacht provisorisch wiedereingesetzten Deutschordensbeamten gehen daran, die Bauern ins Messer laufen zu lassen. Sie tun nichts für eine bessere Bewaffnung. Sie schicken die Bauerntruppe mit dem verräterischen Kommandanten aus der Stadt hinaus und schließen sofort die Tore, wollen diese nur dem württembergischen Militär öffnen.

Von 11 bis 16 Uhr, als die Württemberger endlich vor Mergentheim auftauchen, schlagen die Rebellen die Sturmglocken im ganzen Land. 6000 Mann sollen bewaffnet zusammengelaufen sein, wohl eine etwas zu hohe Zahl für die Gesamteinwohnerschaft von 10 000 des ganzen Gebiets. 2000 nehmen im Süden vor Mergentheim Stellung, in den Weinbergen bei Neunkirchen und unterhalb des Wartturms. Die Vorhut von 300 Bauern steht ein Kilometer weiter vorne, wo sich die Wege nach Stuppach und Wachbach gabeln. Der Kommandant zeigt schon vor dem Gefecht die weiße Fahne, gegen den Willen der Bauern, die sich daraufhin aus den Weinbergen verteidigen.

Nach kurzer Gegenwehr erkennen die Bauern ihre hoffnungslose Unterlegenheit – und den Verrat durch die Stadt und die Deutschordensritter. Sie geben auf, gehen nach Hause. Die tapferen Württemberger können nun die wehrlose Stadt stürmen und Lorbeeren an ihre königlichen Fahnen von Napoleons Gnaden heften. Sie schießen nieder, wen sie vor den Lauf bekommen, verletzen sogar den soeben erst freigegebenen Regierungskommissär Maucler am Kopf. Wer sich im Fürstentum auf der Straße zeigt und Bauernkleidung trägt, wird festgenommen. 212 Gefangene werden zusammengepfercht. Nach einer Woche sind noch 160 in Haft. Die Invasionstruppe, die drei Gefallene und elf Verwundete aufweist, bringt 19 Bauern und zwei Bürger um. Über das ganze Fürstentum wird am nächsten Tag der Ausnahmezustand ausgerufen:

Zur Begründung der öffentlichen Sicherheit wird hiemit verordnet:
1. Zusammenrottungen jeder Art sind bei Todesstrafe verboten.
2. Wer sich nicht ruhig beträgt, wird militärisch gerichtet und gestraft.
3. Alle Waffen jeder Art, Flinten, Büchsen, Pistolen, Jagdgewehre, Säbel, Degen, Haumesser, Spieße und so weiter, sollen in Zeit einer halben Stunde an

das Amt abgegeben werden. Jeder, bei welchem auf irgendeine Art ein schädliches Gewehr nachher noch vorgefunden wird, hat ohne weiters Todesstrafe zu gewärtigen. [...]

6. Keinem Einwohner, verheiratet oder unverheiratet, ist ohne amtliche Erlaubnis gestattet, aus dem Bezirk der Ortsmarkung sich zu entfernen. Wer gegen dieses Verbot handelt, unterliegt strenger militärischer Strafe. (Stuttgart, Hauptstaatsarchiv, E 9, Bü. 72)

Die Orte des Fürstentums werden entwaffnet, alle Häuser und Scheunen einer genauen Durchsuchung unterzogen, die Ortsobrigkeiten abgesetzt, neue eingesetzt, natürlich ohne Wahl der Gemeinde. 29 Geiseln werden für drei Wochen nach Heilbronn verschleppt. Im Schloß tagt ab jetzt das Kriegsgericht, das seinen offiziellen Namen «Martialgericht» wirklich verdient. Drei Aufständische aus Oberbalbach und zwei aus Markelsheim werden erschossen, Franz Werner aus Markelsheim auf dem Galgenberg gehenkt. Wie schon bei früheren Niederlagen bäuerlicher Befreiungsbewegungen (vgl. Kapitel 68), muß die Leiche hängen bleiben. Als zwei Wochen später Franzosen aus Mitleid den Gehenkten vom Galgen schneiden, befiehlt der württembergische Oberregierungspräsident Carl Friedrich Philipp Heinrich Freiherr von Reischach (1763–1834), die Leiche wieder baumeln zu lassen.

Drei weitere Rebellen werden zu lebenslänglicher Festungsarbeit und Vermögensverlust, einer zu fünf Jahren Festungsarbeit in Eisen verurteilt. Sie landen auf dem Asperg, wo schon die Hohenloher Gefangenen leiden.

Die Württemberger, die wie alle Militärs vorgeben, Ruhe und Ordnung wiederherzustellen, hausen wie in Feindesland. Sie plündern und verwüsten das prächtige Deutschordensschloß, schleppen die Wertgegenstände nach Stuttgart und Ludwigsburg. Sie brechen sogar die Metallsärge der Deutschordensritter auf, rauben sie aus, schmelzen die Särge ein. Hätten Jakobiner so etwas getan, noch heute würde die württembergische Untertanenseele aufschreien.

Als bei Friedensverhandlungen Mergentheim an Baden zu fallen drohte, gaben die Württemberger ihre vermeintliche Abschiedsvorstellung. Sie verkauften alle Getreidevorräte, fielen mit Kahlschlägen in die Wälder ein.

Dieser Bauernaufstand im Taubergrund war, trotz der Niederlage, keineswegs sinnlos, wie es oberflächlich aussehen mag. Der König sah sich genötigt, die Rekrutenaushebungen einzustellen. Die Landleute um Mergentheim lernten, sich im gemeinsamen Widerstand mit benachbarten Bauernschaften zusammenzutun. So vermochten sie dem absolutistischen König Schranken der Ausbeutung entgegenzusetzen. Sie, die verspäteten Erben der französischen Revolutionsideen, gaben den Kampf um die noch ausstehende Bauernbefreiung an ihre Kinder und Enkel weiter. Erst 1848 endete hier die Feudalzeit, nur dank neuer bewaffneter Bauernerhebungen in Hohenlohe, an der Tauber und im Odenwald.

Auch der Sonderbevollmächtigte des Königs glaubte nicht so recht, daß mit dem Sieg vom 29. Juni 1809 schon jeder Funke des Widerstands erloschen sei. Die Ehefrauen der Hingerichteten baten, für die Seelen der Toten Messen lesen lassen zu dürfen und die Kleider ihrer Männer zu erhalten, die diese auf dem Richtplatz getragen hatten. Der Regierungsvertreter entschied,

daß das letztere Gesuch [Auslieferung der Kleider] ihnen zu verweigern sei, da nicht selten, besonders bei fanatischen und abergläubischen Weibern, dergleichen Verlaßtum [Erbe] als Reliquie verehrt wird und nur Erinnerungen an einen vermeintlichen Märtyrertod unterhält. Ich werde diese Effekten daher morgen in der Frühe urkundlich verbrennen lassen.
(Stuttgart, Hauptstaatsarchiv, E 9, Bü. 72; vgl. Kapitel 68)

Die württembergische Regierung machte es sich beim Verständnis der Rebellion bequem. Hinter allem sah sie nur eine österreichische Verschwörung. Dafür spricht nichts. Obwohl sich ab dem 23. April 1809 Gerüchte verstärkten, es näherten sich österreichische Truppen, brach kein Aufstand los. Die angeblichen österreichischen Geheimagenten entpuppten sich als ein Medizinstudent, ein Jäger und ein desertierter österreichischer Ulan. Wenn ein Staat Volksaufstände verabscheute, dann Österreich. Die Tiroler mußten das im selben Jahr dreimal schmerzlich begreifen lernen.

Spuren der Mergentheimer Bauernrepublik haben sich auf verschiedene Weise in die württembergische Geschichte eingegraben. Paul Friedrich Theodor Eugen Freiherr von Maucler (1783–1859) wurde wegen seiner zeitweisen Nachgiebigkeit verhaftet, aber nach einem Untersuchungsverfahren wieder als Regierungsbeamter eingesetzt. Im Vormärz mauserte er sich zum Metternich Württembergs, war bis zur Revolution 1848 Präsident des Geheimen Rates und Justizminister, verschwand kurz von der Bühne und kehrte 1849 wieder, wie wenn nichts geschehen wäre. Freiherr von Reischach gelangte 1810 wegen seiner Mergentheimer Heldentaten in den Grafenstand, wurde später württembergischer Innenminister. Bei dem 1848 verhaßten Oberamtmann von Cannstatt (bei Stuttgart) Reischach handelte es sich um ein weiteres Mitglied dieser seit 1200 bezeugten Familie des schwäbischen Uradels.

Wer heute entlang den Grenzen des viertägigen Bauernfreistaates wandert, kann alte Grenzsteine mit dem Ordenskreuz finden, aber auch solche, in die nachträglich quer zum Kreuz die Hirschstangen Württembergs eingemeißelt wurden. Der Überfall auf ein etwas freieres Land schuf sich seine eigenen Denkmäler. Nur elf km westlich von Mergentheim, in Boxberg, lebt mit einer neuen Bundschuh-Genossenschaft der alte Freiheitsgeist des Taubergrundes fort. Dort geht es darum, das Land gegen die Verwüstung durch eine Teststrecke der Firma Daimler-Benz zu verteidigen. Wieder kommt der Gegner aus Stuttgart.

Quellen und Literatur

Der Aufruhr in Mergentheim. Nach Berichten des K. Württ. Oberamtmanns Kuhn und der Hofräte Taglieber und Herzberger. 12. Juli 1809. In: Württembergische Zeitung, Stuttgart, 1909, Nr. 94, S. 25

Bad Mergentheim, Stadtarchiv

CHRISTIAN FRIEDRICH BAUER: Chronik von Mergentheim (Handschrift, Standort: Stuttgart, Landesbibl., Cod. Hist. 2°. 692)

Beschreibung des Oberamts Mergentheim, Stuttgart 1880, Nachdruck Magstadt 1968

E(UGEN) EGER (Hg.): Bad Mergentheim, Bad Mergentheim 1925, S. 83/84

MATTHIAS ERZBERGER: Die Säkularisation in Württemberg von 1802 bis 1810, Stuttgart 1902, Nachdruck Aalen 1974, S. 79, S. 121, S. 157, S. 321–324

CARLHEINZ GRÄTER: Bad Mergentheim, Bad Mergentheim 1972, S. 124–134

Heimat und Arbeit: Der Kreis Mergentheim, Aalen 1966

HANNS HUBERT HOFMANN: Der Staat des Deutschmeisters. Studien zu einer Geschichte des Deutschen Ordens im Heiligen Römischen Reich Deutscher Nation, München 1964, S. 370–372

ALFONS HOPPE: Die Besitznahme von Mergentheim durch die Krone Württemberg im Jahre 1809. Nach Quellen dargestellt, in: Programm des K. K. Staats-Gymnasiums in Troppau für das Schuljahr 1886–87, Troppau 1887, S. 3–39; (Forts.) in: Programm 1887–88, Troppau 1888, S. 3–53 (Standort: Stuttgart, Landesbibliothek)

(FRANZ SIEGMUND FREIHERR VON KLEUDGEN:) Die Württemberger in Mergentheim. Geschrieben von einem Augenzeugen im Jahre 1810, o. o. 1818 (Standort: Stuttgart, Landesbibliothek)

KUHN: Beitrag zu der von den vormaligen Hofräten Herzberger und Taglieber über den am 26. d(es) M(onats) in dem Fürstentum Mergentheim ausgebrochenen Aufruhr gelieferten Geschichten. Darstellung verfaßt auf hohen Befehl Sr. Exzellenz des Herrn Generalkommissärs und Ober-Regierungs-Präsidenten Freiherrn von Reischach, von dem Oberamtmann Kuhn zu Mergentheim (Handschrift, 32 Seiten, in: Stuttgart, Landesbibliothek, Cod. Hist. 2°. 572, Nr. 16)

Ludwigsburg, Staatsarchiv, E 41 Admin. II, 3, fasc. 2; B 236 Nr. 113

NORMANN-EHRENFELS/VON MANDELSLOHE: Im Namen Seiner Königlichen Majestät von Württemberg. Da von Seiner ..., Stuttgart, den 4. Juli 1809 (Plakat, Format 2°, in: Stuttgart, Landesbibliothek, Cod. Hist. 2°. 572, Nr. 16)

H. SCHMITT: Beiträge zur Geschichte der Mergentheimischen Staatsveränderung im Jahre 1809, in: Altertumsverein Mergentheim 1897/98, 1898, S. 3–48

OTTMAR F. H. SCHÖNHUTH: Chronik der vormaligen Deutsch-Ordens-Stadt Mergentheim aus urkundlichen Quellen hg., Neue Ausgabe, Mergentheim 1857, S. 91–94

ECKART SCHREMMER: Die Bauernbefreiung in Hohenlohe, Stuttgart 1963

Stuttgart, Hauptstaatsarchiv, E 9 Bü. 47, 69–72; E 146 Bü. 1915 (alte Nr.)

GRAF VON TAUBE: Im Namen Seiner Majestät des Königs von Württemberg. Seine ... (wohl Juli 1809; Druck, Format 4°, in: Stuttgart, Landesbibl., Cod. Hist. 2°. 572, Nr. 16)

W.: Mergentheims Einverleibung ins Königreich Württemberg, in: Schwäbischer Merkur, 1909, Nr. 187, S. 9
Wien, Zentralarchiv des Deutschen Ordens, Handschrift 178 (vermutlicher Autor Regierungsrat A. v. Handel); Abt. Mergentheim Nr. 283

96 Die rebellischen Manharter im Brixental (1809–1826)

Abseits der großen Kampfplätze des napoleonischen Zeitalters reift unter den Gebirgsbauern des Brixentals eine mit anderen kaum vergleichbare Freiheitsbewegung heran. Das Tal der Brixentaler Ache verdankt heute dem benachbarten Skiort Kitzbühel eine gewisse Bekanntheit. Die jahrzehntelange Untergrundbewegung der Manharter dagegen landete längst auf dem Müllhaufen des geschichtlichen Vergessens.

Eingeschnitten zwischen den Kitzbüheler Alpen im Süden und dem Kaisergebirge im Norden, lag das Brixental im Zentrum traditioneller Rebellengebiete: 30 km südlich, über den Paß Thurn erreichbar, das Pinzgau, einst eine Hochburg der bewaffneten Bauernfreiheit im Salzburger und Südtiroler Aufstand von 1525/26 (Kapitel 55); 20 km innaufwärts das 1647 mit Erfolg gegen Truppen sich wehrende Zillertal (Kapitel 66); weiter nördlich das selbstbewußte Oberbayern (Kapitel 64, 75, 112).

In den bäuerlichen Gemeinden der Alpen lebte jahrhundertelang ein revolutionärer Chiliasmus: die Hoffnung auf eine neue Welt mit Freiheit, Wohlstand und Glück. Diese von Theologen und Historikern zumeist nur belächelte Unterströmung ländlicher Kultur haben wir schon im Vorarlberg (Kapitel 74) und in Oberbayern (Kapitel 75) angetroffen. Dieser Chiliasmus festigte die Manharter im Kampf gegen Staat und Kirche.

Der erste Augenschein der Manharter, besonders das Auslaufen ihrer Bewegung nach 1826, mag den Eindruck erwecken, es handle sich lediglich um eine altkatholische Sekte, die sich dem Anpassungskurs der Kirche seit der Revolutionszeit verweigerte. In Wirklichkeit reicht die Bedeutung dieser rebellischen Gebirgsbauern erheblich darüber hinaus. Die Manharter zeigen uns in einer seltenen lokalen Übersichtlichkeit, wie sich die Umbrüche, die Gewalt und die Unsicherheit der neuen, der bürgerlichen Gesellschaft auf die Bauernwelt niederschlugen. Was bisher festgestanden hatte, die Lehre der Kirche, die staatlich geregelte Kultur (Vorschriften für das tägliche Leben, deren Einhaltung in der Vermengung von Staat und Kirche

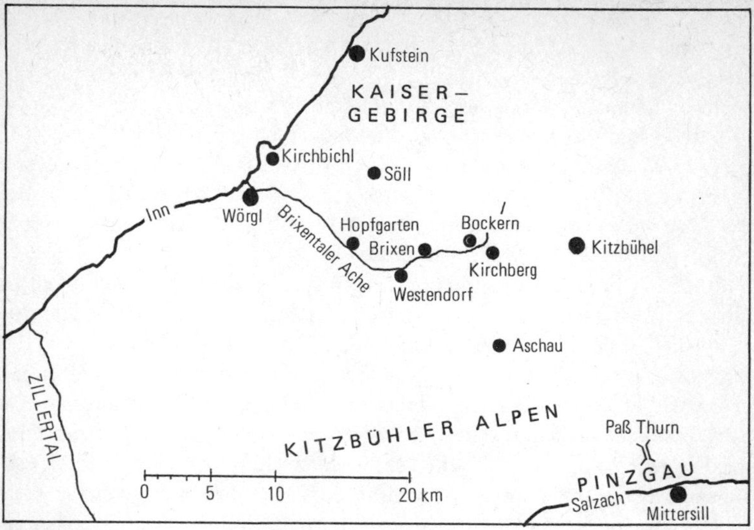

Karte 43

mit Polizeigewalt überwacht und erzwungen wurde), dies alles verlor von heute auf morgen seine Gültigkeit. Aber auch das Veränderte erlebte in kürzester Zeit seinen Widerruf. Nichts war dem Bauern mehr sicher. Was als wahr feststand und bleiben wird, konnte niemand mehr garantieren. Wer es dennoch tat, wurde schon morgen der Lüge geziehen.

Mit dem Bedürfnis der Bauern nach Gewißheit und Stetigkeit verknüpfte sich ein starker Freiheitsdrang. Traditionalismus und freiheitlicher Rebellengeist brauchen in der Bauerngesellschaft keinen Widerspruch auszumachen, wie das städtisch-bürgerliche Denken mit seinem Verlust an Tradition, auch freiheitlicher, zu argwöhnen pflegt.

Der erste und bisher einzige Geschichtsschreiber der Manharter, Alois Flir, Professor an der Innsbrucker Universität, glaubte 1852, seine Studie mit folgendem überheblichen Urteil einleiten zu müssen:

Allerdings waren die Manharter ungebildete, befangene Landleute; ihre Ansichten und Meinungen waren töricht und albern; die krankhafte Erscheinung hat ihren ansteckenden Charakter längst verloren, und unbeachtet verschwinden die wenigen Überbleibsel. (Flir, S. 1/2)

Diese Verachtung paßt so recht ins bauernfeindliche Weltbild der Städter. Und doch verwundert, daß Alois Flir aus archivalischer und damals noch fließender mündlicher Überlieferung ein Buch zustande brachte, das sich über weite Strecken wie eine aufregende Mischung aus Banditenleben und Rosenkranz liest.

Ihren Namen erhielten die Rebellen des Brixentals vom Untermanharter Hof in Westendorf, auf dem Sebastian Manzl (geb. um 1772 in Brixen, gest. 1841 in Westendorf), mit seiner Familie wirtschaftete, neben Thomas Mair (geb. um 1766 in Kirchdorf, gest. um 1849) anerkanntes Haupt der Gruppe. Zu den Zentren der Manharter gehörten Wörgl, Kirchbichl (Inntal), Hopfgarten und Westendorf (der wichtigste Ort).

Nach der mündlichen Überlieferung verjagten die Brixentaler 1648 in einer bewaffneten Erhebung schwedische Soldaten. Daran knüpfte der jährliche «Schwedenritt» an Fronleichnam an. Zur Zeit Napoleons suchte die französische Besatzungsmacht diese Tradition durch Verbot zu zerstören.

Die Geburtsstunde des mehr als anderthalb Jahrzehnte andauernden Widerstandes im Brixental schlug Anfang April 1809 mit dem Aufstand der Tiroler gegen Napoleon. Bei einer Einwohnerschaft von 6500 nahmen 600 Brixentaler daran teil, unter ihnen führend Sebastian Manzl genannt Manhart, Gemeindevorsteher in Westendorf, und Thomas Mair, Gerber in Hopfgarten. Die Brixentaler, die damals wie das ganze Erzbistum Salzburg zu Bayern gehörten, wünschten, alle Privilegien und Freiheiten zu bekommen, wie sie die Tiroler seit Jahrhunderten genossen. Die Tiroler gaben ihnen dieses Versprechen.

Mit einem Edikt vom 30. Mai 1809 wurde den Geistlichen der bayerischen Provinz Salzburg der Eid auf Napoleon abverlangt. Im Brixental widersetzte sich nur Kaspar Benedikt Hagleitner, Geistlicher in Aschau, einer über 1000 m hoch gelegenen Ortschaft des kargen Spertentals. Geboren war er in Bockern, einem Weiler nahe beim Eingang zu diesem Tal.

Der Dekan stellte Hagleitner unter Hausarrest. Die Brixentaler Schützen, die im Kufsteiner Wald zur Blockade der bayerischen Festung Kufstein lagen, erzwangen Hagleitners Freilassung. Ihr Schützenhauptmann war der schon genannte Thomas Mair, Schwager des eidverweigernden Priesters. Sie erklärten die Unterwerfung ihrer einheimischen Priester unter Napoleon für Hochverrat, da nicht nur ihr Tal, sondern das ganze Unterinntal und das Pinzgau von siegreichen Landesverteidigern besetzt sei. Auch die Zillertaler Geistlichen hätten den Eid verweigert.

Als die Franzosen Tirol besetzten, flüchteten die führenden Gegner Napoleons. Mit dem Sieg des erneuten Tiroler Aufstandes kehrten sie zurück. Das Brixental wurde wie das Pinzgau und das Zillertal Tirol angegliedert, kam in den Genuß der freiheitlicheren Verfassung Tirols. Im November brach der Tiroler Widerstand zusammen. Das Brixental fiel wieder an Bayern. Seine Rebellenführer erhielten eine Amnestie zugebilligt.

Nun verweigerte der Kirchenpropst Manhart die Auslieferung des Kirchenvermögens an Bayern und dem bayerischen König die Huldigung. Seine Aufstandserfahrung und Ortskenntnisse kommen ihm zugute, als er sich wie ein flüchtiger Bandit in einem Felsenloch des Gebirges, dann in Sennhütten und zuverlässigen Bauernhöfen versteckt halten mußte. Mehr als drei Jahre dauerte dieses Flüchtlingsleben.

Der Priester Hagleitner wurde gefangen genommen, blieb 22 Monate in Haft. Dann flüchtete er nach Wien, wo sich der Hof sehr für diese Widerstandsbewegung interessierte – solange es gegen Bayern ging.

Das Brixental trennte sich in zwei Parteien: für und gegen Napoleon und dessen Verbündeten, den bayerischen König. Hagleitner ließ durch eigene Kuriere aus Wien mitteilen, die Bannbulle des Papstes Pius VII. vom Juni 1809 gegen Napoleon und alle, die ihn unterstützen, habe alle Anhänger Napoleons, die Fürsten des gesamten Rheinbundes (wozu Bayern gehörte) und deren Untertanen in den Bann getan. Damit seien die napoleonischen Geistlichen, wie es nun hieß, exkommuniziert. Im Brixental verbreitete sich in den Bauernhöfen der Zweifel, ob nicht alle kirchliche Handlungen seit 1809 ungültig seien.

Der napoleonische Dekan forderte an Fronleichnam 1810 die Schützen auf, trotz des Waffenverbots mit ihren Stutzen an der Prozession teilzunehmen. Die Bauern glaubten der Versicherung des Dekans, das Verbot werde nicht mehr streng befolgt. Sie holten ihre Stutzen aus den Verstecken. Am Tag danach wurden sie vor das Gericht geladen und entwaffnet. Der Dekan galt ab jetzt als bayerischer Judas Ischariot.

1814 war Tirol wieder österreichisch, Salzburg blieb dagegen bayerisch. Hagleitner wurde als Geistlicher nach Wörgl versetzt. Da er ebenso wie das Gebirgsvolk die von den Bayern eingeführten kirchlichen Neuerungen ablehnte, erhielt er rasch einen großen Zulauf. Der Bruch mit der Kirche geschah an Ostern 1815, als Manhart mit seinem Haus als erster einem napoleonischen Geistlichen Beichte und Kommunion verweigerte.

Der Traditionalismus der Manharter hatte gute Gründe. Die Brixentaler wehrten sich gegen die von den Bayern aufgezwungene Verlängerung der Arbeitszeit. Zahlreiche kirchliche Feiertage, die mitten in der Woche lagen, waren abgeschafft, geradezu verboten worden. Wer dennoch seinen Feiertagsrock trug, nicht arbeitete und statt dessen in die Kirche ging, erhielt von den Bayern Geldstrafen, Stockstreiche und Gefängnis diktiert. Die Bayern hatten auch die landesüblichen Feierabende unter Strafe gestellt. Bisher hatten die Leute am Vortag eines Sonn- und Feiertags um 12 Uhr die Arbeit eingestellt. Ein Ärgernis für einen nur auf mehr und mehr Arbeitsleistung ausgerichteten Staat. Beim Verlust von einem einzigen Feiertag mußten die Leute jetzt anderthalb Tage mehr arbeiten.

Die napoleonische Kirchenbehörde ließ den Geistlichen von Kirchberg die Anhänger Hagleitners verhören. Sie zwang die Rebellen, auf ein bewährtes Kampfmittel von Banditen zurückzugreifen.

Spät in der Nacht vom 4. auf den 5. Oktober [1815] wurde am Widumsglöcklein [Widum = Pfarrhaus] gezogen. Der Vikar eilt an das Fenster und hört die weinerliche Bitte, so schnell als möglich in das Haus N. sich zu begeben. Nach wenigen Augenblicken öffnet er schon die Haustüre, um zu dem Sterbenden zu eilen. Da wird er plötzlich von gewaltigen Händen ergriffen und in die Hausflur gedrängt. Die Männer waren in Mäntel gehüllt, das Gesicht mit Masken und Tüchern vermummt, an Zahl über 30; alle mit Feuerröhren bewaffnet. Einige besetzten den Eingang, andere folgten denjenigen, welche den Vikar über die Treppe hinaufschleppten und in das Zimmer hineinstießen. Der Geängstigte meinte nicht anders als Raub und vielleicht – auch Mord.

«Das Protokoll her! Die Schriften her!» schrien sie jetzt wild durcheinander. Der Vikar hebt das Protokoll aus dem Pulte hervor und überreicht es. Sie raffen noch alle übrigen Schriften zusammen und stecken sie in die Taschen. Indessen drängen einige den Vikar in einen Winkel, setzen ihm die Stutzenröhre an die Brust und brummen: «Noch ein einziges Verhör, und die Kugeln fahren da hinein!» Jetzt entfernen sie sich, poltern mit Gelächter die Treppe hinab und einige Schritte unter dem Widum knallt ein Schuß in die Luft, zum Zeichen, daß sie geladene Gewehre hatten. Niemand als die zitternden Hausgenossen bemerkten etwas von dem Ereignisse. Es war eine finstere, stürmische Herbstnacht. Der Widum steht mit nur drei Häusern neben der Kirche auf einem Hügel. (Flir, S. 47/48)

Flir erfuhr später, daß Männer aus Wörgl und Söll (in einem Seitental) diesen ersten Überfall durchgeführt hatten. Mit Hin- und Rückweg hatten sie in dieser Nacht nicht weniger als 45 km Marsch zurückgelegt. Indessen hielten sich Manhart und Mair beim päpstlichen Nuntius der Schweiz in Luzern auf, um sich über die napoleonische Geistlichkeit belehren zu lassen. Mair sagte dazu dem über die kirchlichen Zustände in Deutschland empörten Nuntius:

Von päpstlichen Befehlen hören wir in der Kirche kein Wort mehr; dagegen werden von der Kanzel weltliche Verordnungen über Viehzucht und Forstwesen, über Rekrutierung und Schutzpockenimpfung verkündigt. Die Geistlichen sind pure Beamte, die Kirche ist ein Regierungsgebäude, im Hause Gottes erscheint der Greuel der Verwüstung, wie Daniel vorhergesagt hat. (Flir, S. 52/53)

Der Nuntius erklärte die napoleonischen Priester für nichts. Die Abgesandten kehrten bestätigt zurück. Die Manharter schlossen sich nun dem «Bund der Unbefleckten und des Erzengels Michael» an, einer chiliastischen Gruppe, die sich auf Visionen Marias und des Erzengels berief und das baldige Ende der Welt erwartete.

Die Manharter sprachen schon mit Zuversicht von dem bevorstehenden Gottesgerichte und betrachteten sich die Felder, in welche sie sich teilen würden. (Flir, S. 71)

Ein sozialer Gehalt fehlte also dem Chiliasmus der Manharter keineswegs. Mit gutem Grund. 1810 bis 1816 fielen über viele Orte des Tales solche Hagelwetter her, daß die Bauern die ganzen sieben Jahre lang für ihr Getreide keinen Dreschflegel brauchten. 1816/17 brachen, wie überall in Mitteleuropa, infolge Mißernte nach einem strengen Winter bis in den Mai hinein und nach einem verregneten Sommer, Hungersnot und Teuerung aus. Für die Manharter ein Zeichen, daß nach einer Kampfzeit eine neue Welt anbrechen werde.

Während ihr Priester Hagleitner nach Innsbruck strafversetzt war, besuchten die anerkannten Häupter der Manharter nicht mehr die Kirche, was ein «Polizeivergehen» darstellte, die anderen verhielten sich auffällig:

Während der Predigt [der napoleonischen Priester] blickten sie sich bei unbeliebigen Stellen auffallend an, winkten sich über Bänke zu, standen hohnlachend auf und gingen in Gruppen aus der Kirche. (Flir, S. 70)

Staat und Kirche verstärkten den Druck auf die Abweichler, die sich dadurch zum Gegenangriff genötigt sahen. Ihr alter Wunsch, Tirol einverleibt zu werden, lebte weiter. Bayern war ihnen verhaßt. So galt ihr zweiter Uberfall einem gefangenen bayerischen Deserteur.

In der Fronveste [Gefängnis] zu Hopfgarten lag ein Deserteur, ein Jüngling aus dem Salzburgischen, der von dem aufgezwungenen Kriegsdienste sich wieder in das Gebirge geflüchtet hatte. Aber die Kordonisten [Grenzsoldaten] im Brixental griffen ihn auf und schleppten ihn in das Gefängnis. Nächster Tage sollte der Unglückliche nach Salzburg transportiert werden, zur strengen Abstrafung. Da erbrachen plötzlich in der Nacht bewaffnete Männer die Türe der Fronveste, würgten den Kerkerwärter, zwangen ihn, das Verließ zu öffnen, lösten dem Staunenden die Fesseln und eilten mit ihm hinweg. Der leere Kerker, der wunde Wärter und die erbrochene Pforte waren die einzigen Spuren, welche die Tat hinterließ. Das Ansehen des Landgerichtes erlitt dadurch einen neuen Stoß. (Flir, S. 71/72)

Manhart verharrte bei seiner Gehorsamsverweigerung gegenüber dem bayerischen Staat. Den Gemeindevorstehern erklärte er auf Ladung:

Daß ich den Bayern nie gehuldigt, ja die Huldigung ausdrücklich verweigert habe, ist euch allen so bekannt, als mir selbst. Ich lasse mich auch lieber totschießen, als daß ich ein freiwilliger Untertan des exkommunizierten Bayernkönigs werde. Ich erkläre deshalb hier ein- für allemal: der bayerischen Regierung leiste ich keinen Gehorsam, ihr bezahle ich keine Steuer, ihre Beamten und Gerichtsdiener werfe ich zur Türe hinaus. (Flir, S. 77)

Auf die Drohung mit staatlicher Gewalt sagte er, überlegen lächelnd:

Dagegen ist schon vorgebaut. Der Landrichter tut am klügsten, wenn er sich in meine und meiner Freunde Angelegenheiten nicht mehr einmischt. Wir dürfen nur einem Botenweiblein den Wink geben, und 4000 Tiroler stehen mit geladenen Stutzen in Hopfgarten. Habt nun die Güte, dem bayerischen Landgerichte diese meine Worte zur Kenntnis zu bringen. (Flir, S. 77)

Die Manharter schlossen sich an, verweigerten alle Steuern, Abgaben und Untertanenpflichten. Damit ernteten sie noch weit mehr Anklang im Brixental als bisher. Zu ihrer Blütezeit hielt ungefähr die Hälfte des Tales insgeheim zu den Manhartern. Die Kerngruppe machten rund 100 Personen aus. Die Beamten befürchteten nun jede Nacht einen neuen Überfall der Manharter, die der napoleonische Dekan wiederum Banditen und Vaganten schimpfte.

Die Verweigerungsbewegung griff ins benachbarte österreichische Inntal hinüber. Österreichs Beamte erkannten, daß die Manharter ihnen gefährlich zu werden begannen. Ein Agent der österreichischen Geheimpolizei sammelte Informationen über diese Rebellen, die auch dem Kaiser nicht mehr trauten. Ein Geistlicher des Brixentals schickte seinem Dekan ein Schreiben, das auf dem kürzesten Weg bei der österreichischen Geheimpolizei landete:

Euer Wohlgeboren finde ich der Mühe wert zu berichten, was ich als bestimmte Aussage von mehreren Seiten her von der Partei Manzls erfahren habe: ihr Vorhaben ist kein anderes, als eine Revolution anzuzetteln, die Priester im Brixental zu ermorden, die Regierung, auch die kaiserliche, insoweit sie sich ins Gebirge erstreckt, umzustürzen, weil, wie sie vorgeben, auch der Kaiser dem Papste nicht mehr folgen will. Um dieses auszuführen, sagen sie, dürfen sie nur ein einziges einfältiges Weibsbild in das benachbarte Tirol schicken, so werden Scharen bewaffneter Bauern kommen. Einige nennen sogar den Monat April oder Mai, wo dies geschehen soll. Sie selbst drücken sich hierüber also aus: «Die Zeit ist jetzt da, wo der Würgengel kommen und alles zugrunde richten wird, was nicht römisch-katholisch ist.» Ein Kardinal, sagen sie, habe dies ihr Vorhaben bestätigt und ihnen auch die Vollmacht erteilt, zu predigen und zu lehren. Es gehen Leute in den Häusern herum, welche die Einwohner ganz weinerlich bitten und beschwören, daß sie dem Irrtume entsagen und zur römisch-katholischen Kirche (das wäre ihre Partei) zurückkehren sollten. Daß die Geistlichen unter der weltlichen Regierung stünden, dies sei nicht von dem Papste, wie der Kardinal sage. (Flir, S. 80/81)

Am 1. Mai 1816, ein Monat nach diesem Brief, kam Salzburg an Österreich, das Brixental aufgrund alter Versprechen zu Tirol. Doch die Manharter stellten ihre Kritik an der Staatskirche keineswegs ein. Sie griffen weiter die Neuerungen in Kirche und Schule an, lehnten jeden Eingriff des Staates in die Angelegenheiten der Kirche ab. Sie wollten ihr Leben selbst regeln.

Ihre Grundsätze wurden erstmals 1816 von einem Geistlichen zusammengetragen, 1840 dann erweitert (Rupertinger; Schweighofer; mit vielen Auslassungen sind die 47 Grundsätze von 1840 gedruckt in: Mayr, 2. Heft, S. 49/50). Darin mischen sich ein Festhalten an religiösen Gebräuchen mit chiliastischen Hoffnungen und politischen Urteilen über die Zeitverhältnisse. Der religiöse Traditionalismus wurzelt nicht im bäuerlichen Starrsinn, wie die städtische Kultur gerne hochnäsig tönt, sondern in der unerschütterlichen Regelmäßigkeit der bäuerlichen, vorindustriellen Lebens- und Arbeitswelt. Eine Veränderung der Feiertage und besonderen Anlässe bringt den ganzen Jahresablauf durcheinander, auch die auf Unveränderlichkeit aufbauenden Regeln für die Landwirtschaft. Daneben treffen wir im 35. Punkt auch eine Erkenntnis, deren Beachtung verhindert hätte, daß die Kirche Waffen und Kriege segnete.

Es ist nicht recht, daß sie unsere Söhne zum Kriegsdienst hernehmen, bevor wir wissen, ob der Krieg Recht ist oder Unrecht. (Mayr, 2. Heft, S. 50)

Als die alten, napoleonischen Geistlichen weiterhin im Amt blieben, begriffen die Manharter noch klarer die Doppelzüngigkeit der Machtkirche. Einerseits hatte die Kirche geholfen, Napoleon in einem christlich gesegneten Aufstand zu bekämpfen, andererseits spendeten Priester von Napoleons Gnaden den Segen. Beides paßte nach der Ansicht der Manharter nicht zusammen. Sie weigerten sich, die Anpassung und das Schwanken der Kirche hinzunehmen.

Der österreichische Staat trat in die Fußstapfen des bayerischen. Ab 1. Oktober 1816 standen Proselytenmacherei (Abwerbung von der Staatskirche) und geheime Gesellschaften unter Strafe. Die Manharter verlangten immer radikaler eine völlige Trennung von Staat und Kirche. Sie schlossen sich der von Papst Pius VII. gegründeten Versammlung zur Verehrung des heiligsten Herzens Jesu an, die in Österreich aus lauter Angst vor Geheimbündelei verboten war. Mit der Tiroler Opposition stimmten sie darin überein, daß der österreichische Kaiser Franz Joseph II. (1804–35) den Tiroler Freiheitskampf gegen Napoleon mit der dauernden Verletzung der verfassungsmäßigen Freiheiten Tirols schlecht belohnt habe.

Die Geheimpolizei horchte auf, als das Gerücht umging, die Michaels-Bruderschaft sei in eine Verschwörung für eine rätische Republik verwickelt. Die Fäden liefen angeblich bei der chiliastischen Wanderpredigerin Barbara Juliane Freifrau von Krüdener (1764–1824) zusammen, die aus Basel, dann aus Lörrach ausgewiesen, nun in Aarau wohnte. Frau Krüdener predigte von einem religiösen Freistaat.

Thomas Mair landete Ende des Jahres 1817 erneut im Gefängnis, da er sein Kind nicht in die Schule schicken wollte, in der nach einem neuen Katechismus gelehrt wurde:

Wenn die Regierung uns zwingen will, die Kinder in die Schule zu schicken, so soll sie aus der Staatskasse die Schule bezahlen. Da nun aber wir selbst den Schullehrer entschädigen müssen, so geht er den Staat gar nichts an, und wir haben in Ansehung der Schule ebenso die volle Freiheit, wie in unserm übrigen Handel und Wandel. (Flir, S. 124)

Mair wurde im Gefängnis gequält, bis er auswandern wollte. Dieser Absicht schloß sich der inzwischen wieder flüchtige Manhart an. Der Kreishauptmann von Schwaz (Tirol) wünschte den Rebellen «eher ein Irrenhaus als Gefängnisse» (Flir, S. 147). Die ungehorsamen, selbstbewußten Bauern verhinderten, daß ein napoleonischer Priester ihren Verwandten die Sterbesakramente aufzwang. Ihre Toten begruben sie auf einer Wiese, gerne unter einem Kirschenbaum, oder hinter einer Kapelle. Manzl, Mair und wohl auch andere verarmten. Seit zehn Jahren standen sie ununterbrochen im Kampf gegen eine neue, sie bedrängende Welt. Die Tiroler Aufstände, die Gefängnisse, Flucht, Illegalität, die ständigen Versammlungen der verfolgten Gruppe, das alles zehrte am Vermögen. Der Gerber Mair mußte sein Haus verkaufen und zog als Knecht nach Westendorf.

Ab 1819 drängten die Manharter darauf, vom Papst in Rom zu erfahren, was nun gültig sei. Der Kaiser wußte die Erfüllung dieses Wunsches sechs Jahre lang zu verschleppen. Immer neue kirchliche Würdenträger boten sich an, im Namen des Papstes zu sprechen: die Kirche sei hierarchisch aufgebaut, man müsse stets den Stellvertretern glauben. Die Manharter lehnten eine Wahrheit aus zweitem oder drittem Mund ab. Sie hatten selbst erlebt, wie rasch diese Stellvertreter ihren Mantel nach dem Wind hängten. Mit dem Mißtrauen in die Hierarchie untergruben die Manharter die Amtskirche, drängten auf eine Laienkirche. Sie tauften, weihten und beerdigten selbst.

Thomas Mair mußte 1819 wieder ins Gefängnis, da er bei der Feldarbeit nicht niedergekniet war, als ein Priester mit der Monstranz vorüberzog. Die Begründung für die Haft kehrt zu allen Zeiten gegen alle möglichen Freiheitsbestrebungen wieder: «Polizeivergehen wider die öffentliche Sicherheit» (Flir, S. 176).

Manhart flüchtete wieder in die Berge. Der Staat wurde immer gewalttätiger. Als Mair und Manhart 1822 in der Fronveste Innsbruck saßen, erfuhren Geheimagenten der Polizei von dem beunruhigenden Plan, die Manharter und die enttäuschten Tiroler Patrioten von 1809 täten sich zusammen, um die beiden Gefangenen herauszuholen. Damals ermittelte das Landgericht Hopfgarten gegen 40 Manharter, darunter 26 Frauen, «wegen des schweren Polizeivergehens der geheimen Gesellschaft» (Flir, S. 204). Nur aus Furcht vor Verfolgung blieb die Hälfte des Tales unter den stillen Anhängern, auf deren Hilfe die öffentlich bekannten Manharter rechnen konnten. Als der Kaiser im Dezember 1822 durch Tirol reiste, erklärte er lapidar:

Ich habe diesen Leuten schon die Priester gewechselt; aber die Religion ist nur der Deckmantel ihrer revolutionären Gesinnungen und Umtriebe. Auf die Jüngeren muß man noch belehrend und mit Güte wirken; aber die hartnäckigen Alten übergibt man dem weltlichen Arme. (Flir, S. 204)

Auf ausdrücklichen Wunsch der Kirche deportierte die Tiroler Landesregierung die erst im Oktober 1823 entlassenen Manhart und Mair nach Südtirol. Manhart stand in Bruneck unter Polizeiaufsicht, Mair in Meran. Während der Verbannung bearbeiteten die Manharter Manzls große Felder gemeinschaftlich und nur gegen die Hälfte des Ertrags als Entlohnung.

Endlich, im September 1825, durften die zwei Häupter der Rebellen mit einem dritten Manharter, Simon Laiminger von Hopfgarten (geb. um 1780), die Reise nach Rom antreten, begleitet von einem österreichischen Polizeispitzel. Zweieinhalb Monate wurden die mißtrauischen, verfolgten Bauern in Rom von hohen weltlichen und geistlichen Herren an der Nase herumgeführt, um eine Audienz beim Papst zu verhindern. Die Manharter ließen sich nicht abbringen, die seit 14 Jahren anstehenden Fragen selbst zu klären. Bei der Audienz ging dann Papst Leo XII. auf den vorliegenden Fall gar nicht ein, vertröstete ganz allgemein, forderte Gehorsam gegenüber den Ausführungen eines Abtes, mit dem die Delegation fünfmal verhandelt hatte. Als die drei hörten, der Papst habe doch niemand in den Kirchenbann getan, unterwarfen sie sich.

Im Brixental bekannten sich damals trotz allem Druck noch 82 Manharter zu ihrer Opposition (Namensliste mit Berufs- und Altersangaben, Stand von 1826, bei Mayr 2. Heft S. 46–48). Als die Delegation heimkam, kehrten 64 Manharter zur Amtskirche zurück, die übrigen 18 verlangten, zuerst sollten die bisherigen kirchlichen Veränderungen außer Kraft gesetzt werden. Auf bloße Versprechen Roms gaben sie nichts. Die Rebellenbewegung spaltete sich. Zum Haupt der radikalen Opposition entwickelte sich Maria Sillober, genannt «die Moid» (geb. um 1795 in Einöden bei Wörgl, gest. 19.1.1855 in Wörgl), Magd beim reichsten Manharter. Schon 1825 hatte sie sich der Romfahrt widersetzt:

Ihr glaubt? Was braucht es da einer Anfrage beim Papste? Ist er der wahre Papst, so sagt er dasselbe, was Pius gesagt hat und was wir schon wissen; sagt er etwas anderes, so ist er nicht der wahre Papst. Wozu das Fragen? (Flir, S. 293)

Die Moid lebte in einer unerschütterlichen Glaubensgewißheit, brauchte keine Vermittlung. Der Papst sei ja eh von napoleonischen Kardinälen gewählt. 1833 weissagte sie für das kommende Jahr: «Deutschland wird sich in zwei Teile zerteilen.» Doch wenn man sich bekehre, erlebe man gute Tage;

«denn es werden auch noch gute Zeiten kommen, daß ein Mann mit 50 Jahren blühet wie eine Rose, Geld und Gut im Überflusse, wie schon einmal gewesen ist» (Flir, S. 323).

Als letztes Haupt der Manharter lebte Maria Sillober noch 1852, als Flir sein Buch veröffentlichte. Nun leitete sie eine Sekte von zwölf Auserwählten, berief sich auf eigene Visionen. Die beiden älteren Häupter der Manharter waren tot, Manzl seit 1841, mit seiner Frau an der Kirchenmauer von Westendorf begraben. Thomas Mair verarmte völlig, erblindete fast, bekam eine kleine Rente zuerst aus der Kasse des Kaisers, dann aus der des Salzburger Bischofs. Er soll 1849 gestorben sein.

Nach und nach starben die Manharter. 1840 zählten sie noch 15 Mitglieder. An jedem Totenbett rangen Amtskirche und Laienkirche miteinander. Den meisten Manhartern wurde ein kirchliches Begräbnis und ein Platz auf dem Friedhof verwehrt, weil die Manharter Tag und Nacht wachten, um zu verhindern, daß am Schluß doch noch ein Priester die sterbende Person bekehre. Nachts an einsamen Plätzen wurden die Toten von ihren Verwandten beigesetzt. 1873 erlosch mit dem Tod einer 91jährigen Frau die alte Rebellenbewegung, die auf das Aufstandsjahr 1809 zurückging.

Die große Oppositionsbewegung des Brixentals endete als Sekte. Ähnlich die Salpeterer im Hotzenwald (siehe Kapitel 84). Und doch vollbrachten die Manharter eine beispielhafte Leistung für die Freiheitsgeschichte. Sie griffen die Machtkirche als ein unterdrückerisches Mittel des modernen Staates an, pochten deshalb auf die völlige Trennung von Staat und Kirche. Sie wollten ihr Leben und ihre Kultur selbst gestalten, ihre Freiheit zusammen mit den Tirolern erobern, auch gegen den Staat und selbst mit Mitteln des Banditentums. Sie blickten weit über ihr enges Tal hinaus, unterhielten ein eigenes Botensystem. In ihrer Weigerung, eine gewaltige Ausdehnung der Arbeitszeit hinzunehmen, steckte eine Verweigerung nicht nur gegenüber der Habsburger Monarchie, sondern gegenüber der heraufziehenden, modernen bürgerlichen Gesellschaft überhaupt. Doch da sie in der untergehenden Welt der Gebirgsbauern lebten, verlor sich dieser Impuls.

Was ist von den Manhartern geblieben? Das Brixental ist heute eine stark vom Touristengewerbe geprägte, wenn nicht gar verschandelte Gegend. Kitzbühel wirft auf penetrante Weise seine Schatten. An die Manharter erinnert nichts mehr. Kirche wie Staat entledigten sich gründlich ihrer Aufgabe, das Gedächtnis an die Rebellen auszulöschen. Kirchliche Kreise kennen die Manharter nur als eine schrullige Sekte von Altkatholiken, milde belächelt als Spinner. Dabei kommt kein einziger der angesprochenen politischen und sozialen Aspekte auch nur von ferne in den Blick. Maßgebend wirkte das Urteil von Matthias Mayr aus dem Jahr 1940, einst Geistlicher in Going bei St. Johann in Tirol:

Die Schicksale der Sekte sind in Alois Flir's Schrift ausführlich behandelt. Doch war es nicht, wie man beim Lesen von Flir's Buche meinen könnte, eine wirkliche Volksbewegung, sondern bloß eine absolut und im Verhältnis zur übrigen Einwohnerschaft auch relativ geringe Anzahl von Wirrköpfen. (Mayr, 2. Heft, S. 46)

So klein war anfangs die Bewegung keineswegs. Abweichler kann die Kirche nicht brauchen, also nichts wie Verachtung für sie.

Bis vor zehn Jahren war noch der Begräbnisplatz von Maria Sillober zu sehen. Sie hatte in Wörgl Im Winkl Nr. 51 gewohnt. Ihr Haus heißt heute «Buxhoferhaus», benannt nach einem Besitzer von 1900. Im Anger ihres Anwesens, nördlich vom Haus, wurde sie begraben. Ein kleiner Steinhaufen zeugte noch 1940 von der einstigen Grabstätte. Daneben befand sich ein Kirschbaum. Vor zehn Jahren wurde der Baum gefällt. Auf dem Platz entsteht zur Zeit (1982) ein neues Haus. In Westendorf steht noch der Untermanharthof, nun im Besitz der Familie Aschaber. Auch die anderen Häuser der Manharter dürften zum großen Teil noch stehen. Auf dem Friedhof läßt sich heute kein Grab eines Manharter mehr finden. Vor der Kirche ist ein Denkmal für den Tiroler Bauernaufstand von 1809 zu sehen, eine Holzplastik mit drei Bewaffneten. Aber mit keinem Wort wird festgehalten, daß gerade dieser Aufstand zur Geburtsstunde der Manharter wurde. Nirgends findet sich eine Erinnerungstafel. Die Manharter sind aus der Geschichte verschwunden: unerwünscht.

Quellen und Literatur

A. Chroust (Hg.): Gesandtschaftsberichte aus München 1814–1848. Die Berichte des österreichischen Gesandten, 1. Bd., München 1939, S. 183/184. (Der österreichische Gesandte in München berichtet am 7. 1. 1817 an Metternich von der geheimen Gesellschaft der Michelaner, die ihren Hauptsitz in Innsbruck haben und die «Erregung von Unruhen und Umsturz der dermaligen Ordnung» beabsichtigen.)

Jakob Ebner: Die Geschichte der Salpeterer des 19. Jahrhunderts, Unteralpfen o. J. [1952]

M(aria) Entleitner: Die Manharter. Historischer Roman aus dem Brixental, Innsbruck o. J. [1949] (Standort: Innsbruck, Universitätsbibl.).

Anton Flecksberger: Der Freiheitskampf der Brixentaler, in: Kitzbüheler Anzeiger, 1959, Nr. 46, S. 5; Nr. 47, S. 5; Nr. 48, S. 5; Nr. 49, S. 8; Nr. 51, S. 7 (Standort: Innsbruck, Tiroler Landesmuseum Ferdinandeum, Bibliothek)

Alois Flir: Die Manharter. Ein Beitrag zur Geschichte Tirols im 19. Jahrhundert, Innsbruck 1852 (Standort: Stuttgart, Landesbibl.)

600 Jahre Markt Hopfgarten. Heimatchronik 1362–1962. Festschrift, 1962, S. 31

Friedrich Lautenschlager: Bibliographie der badischen Geschichte, 2. Bd., 1. Halbband, Karlsruhe 1933, S. 174/175 (Literatur über Juliane von Krüdener und ihre Bußpredigten an der badisch-schweizerischen Grenze)

Lettenbichler: Materialien zur Geschichte des tirolischen Anteils der Diözese Salzburg, Blatt 298/299 (Manuskript in Innsbruck, Tiroler Landesmuseum Ferdinandeum, Bibliothek, FB 2069; hier Abschnitt «Bekehrungs-Versuch mit Maria Syllober, 1846»)

FRANCIS LEY: Madame de Krüdener et son temps. 1764–1824, Paris 1961
AUGUST FRIEDRICH LUDWIG: Beiträge zur Geschichte des Pöschlianismus, in: Archiv für die Geschichte der Diözese Linz, 1907, S. 27ff
Ders.: Die chiliastische Bewegung in Franken und Hessen im ersten Drittel des 19. Jahrhunderts, Regensburg und Rom (vielmehr New York und Cincinnati) 1913
Ders.: Neue Untersuchungen über den Pöschlianismus, Regensburg 1906
MATTHIAS MAYR: Der Tiroler Anteil des Erzbistums Salzburg, Heft 1, Going 1936, S. 249–251 (über Thomas Hagleitner); Heft 2, Going 1940, S. 17, S. 45–53
München, Bayerisches Hauptstaatsarchiv, Mk 717 («Religionssekte in Tirol, 1818 bis 1824»; Michelianer, Maxlianer und Hermanianer als religiöse und politische Schwärmer)
OPPERER: Aus der Manhartzeit (Manuskript eines Theaterstücks, heute im Heimatmuseum Wörgl; das Stück wurde 1925 uraufgeführt; der Autor war Heimatforscher und Gemeinderat.)
(FLORIAN RUPERTINGER; Red.:) Grundsätze der Brixentaler Sekte 1816 (Manuskript, datiert 29.7.1816; befindet sich in Innsbruck, Tiroler Landesmuseum Ferdinandeum, Bibliothek FB 4345/12)
ANTON SCHIPFLINGER: Das Manhartlied, in: Tiroler Heimatblätter, 15, 1937, Heft 11, S. 348–350
(J. SCHWEIGHOFER:) Kurze Geschichte der Manhartisten Sekte im Brixentale und dessen Umgebung, verfaßt von R. J. S. i. K-l 1840 (Manuskript, 79 Blätter; in Innsbruck, Tiroler Landesmuseum Ferdinandeum, Bibliothek B 981)
I. SILBERNAGEL: Die kirchenpolitischen und religiösen Zustände im 19. Jahrhundert, Landshut 1901, S. 77/78 (über die Michaels-Bruderschaft)
HANS SPATZENEGGER: Fürsterzbischof Augustin Gruber, in: Tiroler Tageszeitung, 1973, Nr. 266, S. 12
PAUL WEITLANER: Heimat Wildschönau, Innsbruck 1962, S. 27/28
EDUARD WIDMOSER: Die Manharter in Wörgl, in: Hans Federer (Hg.): Wörgler Heimatschriftchen, 3. Heft, Wörgl o. J. [1954], S. 27–29
Wien, Österreichisches Staatsarchiv; Haus-, Hof- und Staatsarchiv, Bestände Staatskanzlei und Informationsbüro (Hinweise auf die Romreise der Manharter 1826)

97 Der Kalchgruber: ein oberösterreichischer Sozialrebell 28 Jahre in der Illegalität (1821–1849)

In den Freiheitskriegen gegen Frankreich (1813 bis 1815) schossen die Wünsche nach freiheitlichen Verfassungen aus dem Boden, doch nach dem Sieg über Napoleon wollten die großen Fürsten Europas nichts mehr von dem wissen, was sie ihren Völkern versprochen hatten. Die 1815 von

Rußland, Österreich und Preußen gegründete Heilige Allianz blies zum Angriff auf alle befreienden Ideen. Der Adel bekam wieder Oberwasser, die Reaktion trat ihren Rückmarsch in die Zeit vor 1789 an.

Zu den Landschaften, die gegen die heraufziehenden Verschlechterungen einen langen, nie ganz zu brechenden Kampf führten, gehörte Oberösterreich: ein altes Rebellengebiet, schon 1595 bis 1597, 1625/26 (Kapitel 62) und 1683 (Kapitel 70) herausragend im Widerstand. Am hartnäkkigsten entwickelte sich die Rebellenbewegung jetzt im Mühlviertel. Seinen Namen trägt dieses links der Donau liegende Land nach Flüssen, der Kleinen, der Großen und der Steinernen Mühl, die vom Böhmerwald zur Donau verlaufen. Während das Hausruck- und Traunviertel (siehe Karte 24 bei Kapitel 62) mehr den Charakter einer Heckenlandschaft tragen, unterteilt durch Gehölz und kleine Wälder, ist das Mühlviertel eine Hügellandschaft, genannt «die bucklige Welt». Die weit verstreuten Höfe liegen jedes für sich auf einem Hügel, nur mühsam erreichbar über Taleinschnitte und Anhöhen, die überraschend vor einem auftauchen.

Zu dem bis heute im Mühlviertel nicht vergessenen Symbol bäuerlichen Freiheitswillens verdichtete sich der Kampf des Michael Huëmer, genannt «der Kalchgruber». Seinen Namen bekam er, wie in Österreich üblich, von seinem Hof, dem Kalchgruberhof. Die heute den Hof bewirtschaften, heißen ebenso der Kalchgruber und die Kalchgruberin, obwohl sie keine Nachkommen des alten Rebellen sind. Die Jungen wohnen heute im alten Hof, die Alten als Auszügler im Ausgedinge (in einem neugebauten Nebenhaus).

Den Kalchgruberhof, auf dem Michl Huëmer am 17. August 1777 geboren wurde, erreichen wir von der oberösterreichischen Landeshauptstadt Linz aus bequem mit der Straßenbahn 1: über die Donaubrücke, durch den Vorort Urfahr zur Endstation Auhof. Vorbei an der Linzer Universität, dann den steilen Fußweg hoch in die bucklige Welt. Nach einer halben Stunde taucht die Ortschaft Elmberg auf, die aus weit verstreuten Gehöften besteht. Nach der Überquerung des Katzbachs biegt der Kalkgruberweg rechts ab. Der Kalchgruberhof liegt nach einem halben Kilometer in einer leichten Senke vor uns. Einst das Haus Elmberg Nr. 3, jetzt Kalkgruberweg 81.

Von der nächsten Anhöhe aus öffnet sich ein beeindruckender Blick auf die nur sechs km entfernte Industrie- und oberösterreichische Landeshauptstadt Linz: vorne am Donauknie, auf dem Gelände des ehemaligen nationalsozialistischen Konzentrationslagers Linz (Nebenlager des KZ Mauthausen), links das Stahlwerk VÖEST-Alpine mit rund 15 000 Beschäftigten, rechts die Stickstoffwerke Chemie Linz AG. Beide Betriebe belasten die Umwelt, u. a. durch krebserregende Substanzen. Kalchgruber war wohl ein Mühlviertler Bauernrebell, aber zu seinem Horizont gehörte auch das vom Haus aus greifbar nahe liegende städtisch-bürgerliche Zentrum Linz.

Der Türsturz des Hauseingangs hält noch heute die Heirat und wohl auch die Hoferneuerung des späteren Sozialrebellen fest: 18 MH/KH 07. Am 9. Februar 1807 heiratete Michl Huemer in der Kirche von St. Magdalena bei Linz (bei der Straßenbahnfahrt liegt die Kirche links oben auf einer imponierenden Anhöhe) die 25jährige Katharina Hamer. Den ansehnlichen Hof hatte sein Vater 1761 durch Heirat bekommen. Michl Huemer war der Herrschaft Riedegg erbuntertänig. Sein Vater hatte 1788 bei der Josephinischen Grundvermessung, einer bauernfreundlichen Reform zur Begrenzung der Untertanenpflichten, als Geschworener teilgenommen. Den Geist der Joesphischen Reformzeit hatte der Sohn übernommen und damit den Weg des Widerstands gegen die Reaktion gewählt.

1812 wählten die Bauern der Steuergemeinde Katzbach, wozu Elmberg gehörte, Michl Huemer zu ihrem Gemeinderichter. Der Kalchgruber setzte sich so energisch für die Belange der Bauern ein, verfaßte auch Beschwerden für Nachbargemeinden, daß er bald als ein Sprecher der Unzufriedenen dieser Gegend bekannt war. Nach besserer Kenntnis der Zustände beschuldigte er 1817 die Behörden «des Drückens und des gesetzwidrigen Benehmens gegen die Untertanen» (Grüll, Bauer S. 497).

1817 und 1818 gelang es ihm mehrmals, Kaiser Franz II. (1792–1835) in Audienzen zu sprechen. Von da an behauptete Kalchgruber, vom Kaiser den Auftrag erhalten zu haben, alles, was gegen die Religion und die Gesetze verstoße, dem Hof mitzuteilen. Diese Vorstellung entsprach dem österreichischen Dualismus, in dem der absolutistische Herrscher den Adel (Beamten, Grundherren) durch den Druck der Bauern in Zaum zu halten suchte (vgl. Kapitel 81–83).

Bemerkenswerterweise regte sich eine mächtige Opposition nicht unter den Zigtausenden dahinvegetierender Weber der Mühlviertler Hausindustrie, sondern unter den begüterten Bauern. Zu deren berühmtestem Sprecher entwickelte sich der Kalchgruber im Lauf weniger Jahre.

Als die benachbarten Bayern 1818 eine Verfassung erhalten, befürchten die österreichischen Behörden, Emissäre (Boten) würden ins Land eindringen, «um das Landvolk zu bearbeiten, um es für das Phantom der Konstitution einzunehmen und Wünsche für die Einführung einer Konstitution anzuregen» (Grüll, Bauer S. 498). Angesichts der traditionellen Verbindung Bayern–Oberösterreich (vgl. Kapitel 62, 64, 75) liegt dies durchaus im Bereich des Möglichen. Zwar lassen sich solche Emissäre nicht feststellen, aber die Behörden müssen zugeben, «daß das Volk zur

Unfolgsamkeit gegen ihre Obrigkeit sehr geneigt und jedesmal eine Freude zeigt, wenn von Aufruhr oder Aufstand gesprochen wird» (Grüll, Bauer S. 498).

Mühlviertler fordern schon damals die Abschaffung aller Zehnten und Getreidefronen. Auf dem Kalchgruberhof bildet sich ein Zirkel von Leuten, die «dort halbe Nächte nur bei Gesetzbüchern zubringen» (Grüll, Bauer S. 498). 1819 verfaßt Kalchgruber seine ersten Hofbeschwerden, den Anfang einer Serie, die erst mit seinem Tod, 30 Jahre später, abreißt. Bald heißt Kalchgruber «der berüchtigte Bauernadvokat», ein Name, der – ohne das herabwürdigende Eigenschaftswort «berüchtigt» – heute noch im Geschichtsbewußtsein der Mühlviertler weiterlebt.

Über die sozialen Ursachen der Mühlviertler Rebellenbewegung bleiben sich die Behörden lange im unklaren. Erst 1843 dämmert es dem Mühlviertler Kreishauptmann:

Das Verhältnis der Grundherrschaften zu den Untertanen war ursprünglich patriarchalischer Art. Das hat sich nun freilich im Lauf der Zeiten gewaltig geändert. Häufig suchen die Gutsbesitzer den Ertrag ihrer Herrschaften soviel als möglich zu steigern, also von den Untertanen soviel als möglich zu beziehen, die Untertanen dagegen suchen soviel als möglich einer Steigerung der Leistungen sich zu entziehen. Die Interessen der Grundherrschaften und der Untertanen sind sich also gerade entgegengesetzt, und dieses Verhältnis tritt nicht nur bei neuen Aquirenten [Käufern] von Herrschaften aus dem Beamten- und Bürgerstande, sondern auch bei älteren Dynastien ein; denn auch die Administration der Herrschaften der letzteren ist größtenteils in den Händen ihrer Beamten, die es sich zum Ruhm rechnen und ihren Herren sich dadurch gefällig zeigen, daß sie den Ertrag soviel als möglich steigern, was in der Regel nur auf Kosten der Untertanen geschehen kann, weil wenigstens im Mühlkreis die Herrschaften so wenig Grundbesitz haben, daß eine bessere Benutzung des letzteren den Ertrag nicht heben kann. (Grüll, Bauer S. 566)

Gegen die Erhöhung der Robot (Fron) wehren sich die Bauern durch Verweigerung. Das trifft in besonderem Ausmaß für die Herrschaft Schwertberg zu, die 1816 an einen neuen Besitzer übergegangen ist. In anderen Gegenden lehnen die Bauern massenweise die Zehntpflicht ab. Die Herren antworten mit Militäreinsatz und Abstiftung (Vertreibung eines Bauern vom Hof). Anfang 1820 läßt das Mühlkreisamt ein Verzeichnis der 64 führenden Rebellen erstellen: «Signalement jener Insassen des Mühlkreises, welche der mutwilligen Behelligung der Behörden und der Aufhetzung der Untertanen gegen ihre Obrigkeit bezichtigt sind» (Grüll, Bauer S. 499). An vierter Stelle erscheint «Michael Huëmer (Kalchgruber, mit dem Spitznamen Doktor Michel, ist ein Hauptaufwiegler, Pfarre Sankt Magdalena)» (Grüll, Bauer S. 499). Der Kalchgruber macht also damals nur einen der vielen Köpfe der Bauernbewegung aus.

Die Behörden, staatliche wie grundherrschaftliche, beginnen 1820 die Opposition zu kriminalisieren. Sie überfallen bei Nacht den vermutlichen Treffpunkt der Bauern, nehmen, da Kalchgruber ausgeflogen ist, dessen Knecht in Beugehaft, um etwas aus ihm herauszupressen. Die ersten Rebellen werden flüchtig. Als Kalchgruber mit zehn anderen Bauern Beschwerden beim Hof gegen einen geldprellenden Advokaten, gegen die grundherrlichen Obrigkeiten und gegen das Kreisamt einreicht, dehnt sich die Verfolgung auch auf ihn aus. In Linz läuft gegen ihn ein Verfahren wegen dem schweren Polizeivergehen der Störung der öffentlichen Ruhe an. Kalchgruber wird der «dreisten und lügenhaften» Angaben geziehen, ein Vorwurf, den die Behörden sich nicht scheuen, 30 Jahre lang mechanisch zu wiederholen. Schuld an der Unterdrückung soll der sein, der sich darüber beschwert.

Kalchgruber kommt nach Linz in Haft. Bei den Verhören beruft er sich darauf, daß er bereits 1814 bei der «Polizeidirektion einen Eid hätte ablegen müssen, daß er über alles dasjenige, was gegen die Religion und wider die Gesetze des Staates sei, die Anzeige zu machen habe» (Grüll, Bauer S. 502). Der Polizeikommissär von 1814 erinnert sich, daß Kalchgruber eine Beschwerde eingereicht habe. Aber der ganze Vorgang wurde im Amt verschlampt. Es findet sich nichts Schriftliches mehr. Kalchgruber stößt als gewissenhafter Gemeinderichter mit dem selbstherrlichen Beamtenapparat zusammen, der alles im Sande verlaufen läßt, den Herren freie Hand gewährt und nun den Gemeinderichter zum Sündenbock stempelt.

Kalchgruber bleibt 102 Tage in Haft, wird dann zur Feldbestellung vorzeitig freigelassen. Die restlichen 16 Tage soll er später absitzen. Zur Verbüßung der Reststrafe aufgefordert, geht er nicht nach Linz, sondern in den Untergrund. 28 Jahre, bis zu seinem Tod, bleibt er «untergetaucht». Hunderte von Polizeistreifen und Hausdurchsuchungen können ihn nirgendwo im Mühlviertel ausfindig machen. Er wird zum legendären «Überall und Nirgends», macht die Behörden zum Gespött. Er ist wie vom Erdboden verschluckt, und doch zeigen sich überall die Spuren seiner rebellischen Wirksamkeit. Bis zu seinem Tod verfaßt er 90 bis 100 Hofbeschwerden. Bei einem durchschnittlichen Umfang von 20 Seiten würde das ein Gesamtwerk von 1800–2000 Seiten ergeben: eine stattliche Leistung der Bauernliteratur. Noch heute sind 36 Beschwerden im Original erhalten, aber bisher keine einzige im vollständigen Wortlaut veröffentlicht. Der unnachgiebige, listenreiche Kalchgruber verdient es, in die Galerie der berühmten Sozialrebellen aufgenommen zu werden.

Kalchgrubers Beschwerdeschriften halten alle Regeln der Grammatik und der Rechtschreibung zum Narren. Auch wenn der Doktor Michel viele Bibelstellen anführt und oft in den Beilagen Teile von Gebetbüchern

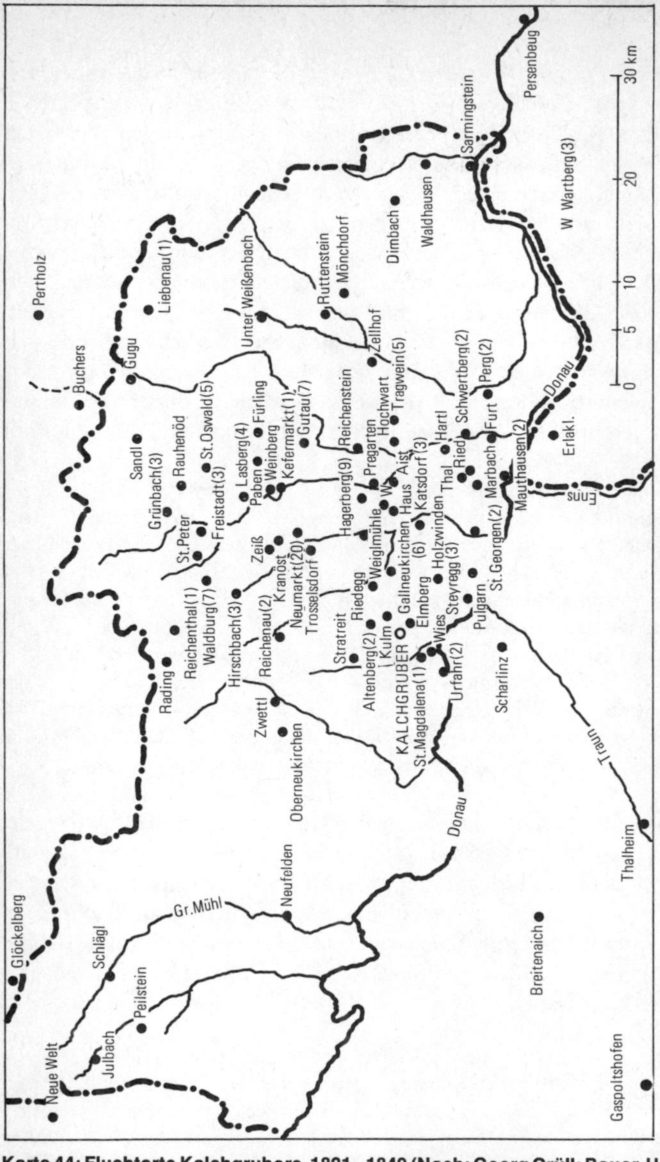

Karte 44: Fluchtorte Kalchgrubers, 1821–1849 (Nach: Georg Grüll: Bauer, Herr und Landesfürst. Sozialrevolutionäre Bewegungen der oberösterreichischen Bauern von 1650 bis 1848, Graz / Köln 1963, S. 544)

anfügt, so lebt er doch noch ganz in der aufgeklärten Welt der Josephinischen Reformen. Der Bauer soll mittels des direkten Eingriffs des Kaisers davor bewahrt werden, durch Beamtenwillkür auf den Stand eines rechtlosen Leibeigenen hinabgedrückt zu werden. Kalchgruber wettert dagegen, daß sich der Beamtenapparat immer mehr aufbläht, was der Bauer zu bezahlen habe. Er wehrt alle Verschlechterungen der bäuerlichen Lage ab, was für den herrschenden Adel ein Verbrechen darstellt.

Sprachlich entbehrt Kalchgruber nicht der Originalität. Seine Wut drückt sich in Wortschöpfungen aus: «Normalschulnötigungszwang», «Raubrechtsjagdpersonal», «Jagdraubrechtsketzerpredigt», «Mordraubrechtszehnt», «Ketzerblatternhochfahrtsimpfung» (Grüll, Bauer S. 588). Wie bei sozialen und rechtlichen, so schaut er auch bei religiösen und moralischen Fragen darauf, daß keine Verletzung der guten alten Ordnung stattfindet. Dabei gelingt ihm 1835 eine köstliche Schilderung, die uns einen Vorgeschmack auf diese noch zu entdeckende Bauernliteratur gönnt.

Was für Schandtaten hat der in Steyregg gewesene Pfarrer Stögmilner getrieben, und der damalige Pfarrer hat für die schändlichen, zuchtlosen Feldjäger erst ein Gedicht gemacht, davon die Jäger den Weibspersonen Lobsprüche machen. – Schaut's, wir machen ja auch nichts Böseres, es ist ja lauter Liebe, im schlimmsten Fall ein kleines Kind, und das tragen's auf Linz. Es machen ja das auch die Pfaffen, hat ja auch die Pfaffenköchin in Steyregg den Pangelmay Sohn Philipp im Schlafzimmer gehabt. Wie der Pfarrer Appel kam, hat's den Lippel [Philipp] unters Bett gesteckt, und der Pfarrer hat sich zur Köchin ins Bett gelegt. So haben's bis 4 Uhr früh der Lippel unterm Bett und der Appel im Bett die ganze Nacht bei der Köchin zugebracht. (Grüll, Bauer S. 588)

Als die Streifen – meist sechs bis zehn Personen: der Amtsschreiber, der Gerichtsdiener, das Forstpersonal und einige Geschworenen der Gemeinden – den flüchtigen Kalchgruber nicht zu fassen bekommen, ergeht im August 1823 der erste Steckbrief in einem Rundschreiben an die Gemeinden. Darin wird verboten, Kalchgruber und einem anderen, Widerstand leistenden, ebenfalls flüchtigen Bauern Unterschlupf zu bieten. Kalchgruber wird so beschrieben:

Michael Huëmer, Besitzer des Kalchgrubergutes zu Elmberg, Pfarre Magdalena, ist bei 45 Jahre alt, schlanker Statur, schmalen starkgefärbten Angesichts, spitziger Nase, brauner Haare, durch den rechts struppierten [verrenkten] Fuß, den er auswärts biegt, auffallend kennbar. Am Leibe trägt er sich nach Bauernart, gewöhnlich bei kalter Witterung mit Knöpfen besetzte Hosen, nach Art der Fuhrleute, sonst kurze, lederne Beinkleider, mit blauen Strümpfen und niederen Schuhen. (Grüll, Bauer S. 504/505)

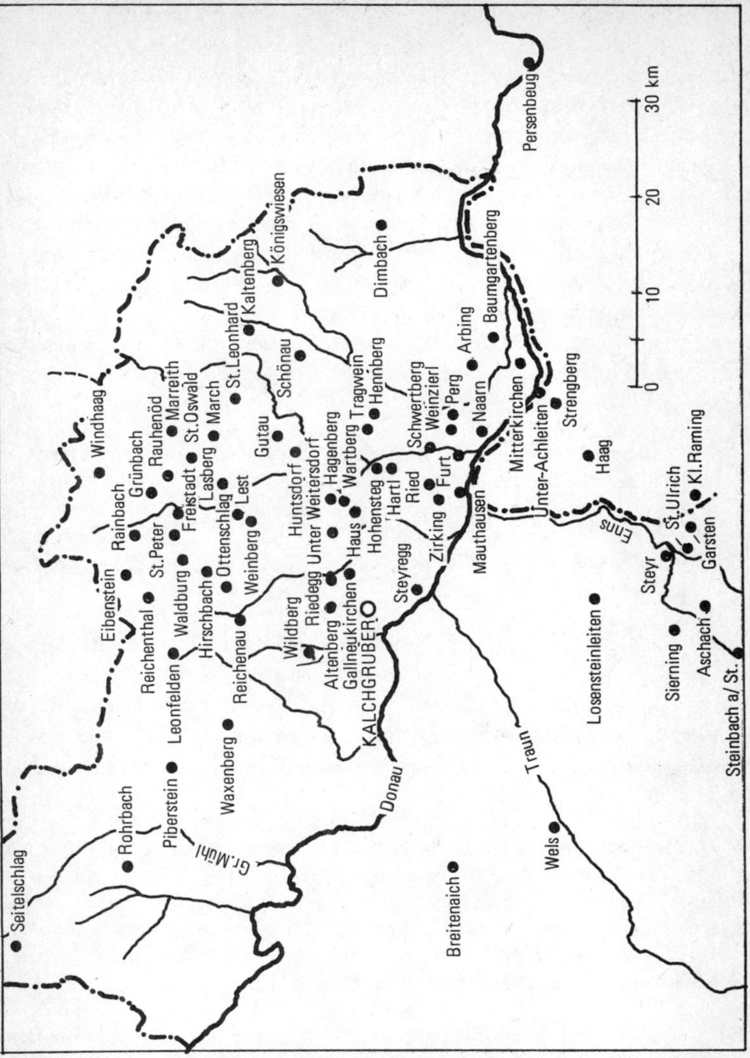

Karte 45: Tätigkeitsbereich Kalchgrubers (Nach: Georg Grüll: Bauer, Herr und Landesfürst. Sozialrevolutionäre Bewegungen der oberösterreichischen Bauern von 1650 bis 1849, Graz / Köln 1963, S. 561)

Das Volk erhält die Aufforderung, den Flüchtigen zu verraten. Der Staat wirbt Spitzel an, Belohnungen sollen locken. Die Herrschaft Riedegg betreibt indes die Abstiftung Kalchgrubers. Dem gejagten Gemeinderichter wird im März 1824 der Hof zwangsweise verkauft. Dabei verliert Huëmer durch eine Manipulation sogar noch die Hälfte des Schätzwerts. Die Behörden tun alles mögliche, den Anhänger bäuerlichen Rechtes aus der Gesellschaft hinauszudrängen. Katharina Hamer bleibt nicht passiv. Wie ihr Mann, so wehrt auch sie sich mit einer Beschwerde an den Kaiser gegen diesen Willkürakt, gegen den Steckbrief und gegen den verhetzenden Rundbrief an die Gemeinden. Aber auch sie erlebt, daß dieser Weg wohl eine alte Bauernhoffnung bezeichnet, aber vergeblich ist.

Unter den Bauern brodelt es zu dieser Zeit noch mehr. Nach einem Bericht des Mühlkreisamtes äußern alle Bauern des Dorfes Lobenstein (vier km südöstlich von Waxenberg),

daß alle dienst- und zehntpflichtigen Bauern des Mühlkreises den Entschluß gefaßt haben, sich der gerichtlichen Eintreibung der Dienste und Zehnten mit Gewalt zu widersetzen und daß nach dieser Äußerung eine Bauernunruhe im Mühlkreise zu besorgen sei. Es läßt sich nicht verhehlen, daß die Stimmung bezüglich der Dienstbauern des Mühlkreises ebenso ungünstig, wie ihre Lage drückend sei. (Grüll, Bauer S. 508)

Zur selben Zeit geht aus dem Bezirk Waxenberg ein Bericht ein, daß die «Bauern nur den günstigen Zeitpunkt erwarten, gleichzeitig loszubrechen, um das, was man ihnen in Güte nicht gewähren will, nämlich die Aufhebung der Zehnten und Dienste oder wenigstens die Verminderung der Grundsteuer, mit Gewalt zu erzwingen» (Grüll, Bauer S. 508). Der Bericht meint, daß

einer Bauernunruhe im Mühlviertel nicht so geschwind als nötig durch das Militär des zu Linz in der Garnison liegenden löblichen k. k. Erzherzog Rudolf Infanterieregiments gesteuert werden dürfte, indem einerseits dasselbe größtenteils aus ihren Söhnen und Brüdern besteht und anderseits fast alle Bauern dieses Viertels gute Schützen und nicht nur mit einem Feuergewehr, sondern mit zwei und drei versehen sind. (Grüll, Bauer S. 508)

Die Behörden rechnen mit einem bewaffneten Aufstand. Doch dafür fehlt es an jeder Vorbereitung. Kalchgruber kommt die zugespitzte Situation zustatten. Kein Bauer gibt sich zum Verräter her. Das ist für eine so große Landschaft eine Seltenheit und beweist, wie tief die Kluft zwischen Herrschaft und Volk aufgerissen ist. Sollte doch einer mit dem Verrat liebäugeln, so hält der Kreis der Kalchgruber-Anhänger die Drohung mit einem bewährten Mittel von Bauernrebellen bereit: das Anzünden des Hofes.

Michl Huëmer hat eine Kampfweise gewählt, die vom ganzen Bauernvolk akzeptiert wird. Der Linzer Polizeipräsident gibt später zu:

Die Schuld der Nichtzustandebringung [Nichtverhaftung] dieses Aufwieglers liegt nicht sowohl in der Untätigkeit der Behörden, als vielmehr in der Einigkeit und dem Zusammenhange des Landvolkes; denn alles Bauernvolk des ganzen Mühlviertels und selbst der angrenzenden Kreise ist für den Kalchgruber gestimmt, weil er nach der gemeinen Überzeugung «nichts Unrechtes tut», weil er vielmehr wegen seines gerechten Eifers für die Bauern und die gemeinen Leute unschuldig verfolgt wird, und weil das gemeine Volk der Meinung ist, daß man den Kalchgruber bei seiner Ergreifung, wenn auch nicht öffentlich, doch heimlich durch Gift ums Leben bringen würde, daher keiner das unschuldige Blut über sich kommen und niemand zum Verräter sich herbeilassen will. Bei einer solchen Stimmung ist daher die ganze Bevölkerung des Mühlviertels voll von Mitschuldigen, Teilnehmern, Helfern und Helfershelfern des Kalchgruber. (Breier, S. 61)

Neue Massen Unzufriedener regen sich, als in den 1820er Jahren ein neues Kataster (Grundbuch) angelegt wird, nach dem sich die Grundsteuer bemißt. Die alten, den Bauern günstigen Eintragungen der Josephinischen Zeit werden widerrufen. Die Bauern fühlen sich geprellt. Wo sie die neue Grundsteuer verweigern, greift Militär ein. Kalchgruber taucht mitten in dieser Bewegung auf, mal hier, mal dort.

Die Behörden beabsichtigen, auf ihrem Weg der Rechtsbeugung weiterzugehen – wenn sie den Bauernadvokaten nur schon hätten. Der Polizeiminister Graf Sedlnitzky ordnet an:

Sollten die gesetzlichen Grundlagen zu einer entsprechenden Verurteilung nicht ausreichen, könnte er als ein erwerbs- und aufenthaltloser Vagabund gesetzlich behandelt und durch Unterbringung in einer Arbeits- und Korrektionsanstalt [Zuchthaus] unschädlich gemacht werden. (Grüll, Bauer S. 511)

Verdächtige Häuser seien mit Militär zu belegen. Alle Beschwerden Kalchgrubers sollten unbeachtet zurückgegeben werden.

Michl Huëmer bleibt verschwunden, und doch macht er die Seele des Bauernwiderstands aus. Das Volk schreibt ihm übernatürliche Kräfte zu. Selbst wenn ein Hof, in dem sich Kalchgruber befindet, von der Streife umstellt ist, kann der Kalchgruber unauffindbar verschwinden und weiß nachher doch alles, was die Leute der Streife gesprochen haben.

Huëmers Geheimnis beruht auf einem ausgeklügelten System sicherer Verstecke, Fluchtwege und Vertrauensleute. Allein um Pregarten verfügt er 1837 über 29 Schlupfwinkel, denen auch dauernde Nachtstreifen nichts anhaben können. Die Polizei erfährt von 104 Schlupfwinkeln im ganzen Mühlviertel. Tagsüber bleibt Huëmer gewöhnlich in einem Versteck. Nur nachts wechselt er seinen Aufenthaltsort. Für den Fall, daß seine Vertrauensleute ihn einmal vorher nicht haben warnen können und eine Streife ihn überrascht, legt er sich in ein vorbereitetes Versteck im Haus selbst. Dafür eignet sich gut eine bewegliche Sitzbank, die einen Kasten verbirgt, oder eine getarnte Tür unter dem Stuben- oder Küchenboden, die in einen mit Stroh ausgelegten Verschlag führt. Eine blendende Fluchtmöglichkeit schafft er sich unter einer mit Ziegeln gepflasterten Küche eines Hofes.

Ohne daß es auffällt, sollen dort 12 bis 16 Ziegel auf einer eisernen Tür ruhen, welche mit einer Schraube oder Feder geöffnet werden kann und nach unten aufgeht. Von da führt ein unterirdischer Gang in einem seitwärts vom Pachsteinerhause gelegenen Gebüsch ins Freie. Diesen Gang sollen Kalchgruber und Weiglmüller gemeinsam gegraben haben. (Grüll, Bauer S. 551)

In einem Haus bei Gallneukirchen hat es Kalchgruber bequemer. Hier führt eine Geheimtür in der Wand zu drei versteckten Zimmern. Woanders hat sich Kalchgruber in den Kamin oberhalb des Küchenherdes ein Versteck gemauert.

Hier befand sich eine Öffnung, durch welche ein Mann nach einer sargähnlichen, eigens gemauerten Seitenabteilung des Rauchfangs entschlüpfen konnte. Damit der darin Weilende nicht ersticke, war nach dem Boden zu ein Luftloch angebracht. Vom Boden aus hatte diese Vorrichtung das Ansehen eines den Rauchfang stützenden Pfeilers. Von der Küche aus konnte der Zugang nicht gewahr werden, denn das schließende Eisentürchen war mit Ruß überzogen. (Breier, S. 67)

Die Behörden setzen auf Geheimpolizisten und Spitzel, aber auch diese sind über ihre Aufgabe offenbar alles andere als begeistert. Als einmal im Bezirk Schwertberg 1827 eine 20köpfige Streife eine Hausdurchsuchung vornimmt, hört sie 100 m vor dem Haus ein kräftiges Schnarchen. Sie entdeckt einen betrunkenen Geheimpolizisten, der beobachten soll, ob die Hausdurchsuchung ordentlich vonstatten gehe. In den Höfen des Mühlviertels haben die Untertanen lange etwas zu lachen.

Die dauernde Erfolglosigkeit wird 1829 selbst dem Kaiser zu bunt, der nach Linz schreibt: «es müsse sehr befremden, daß alle Renintenten und sogar Leute aus einer anderen Provinz Huëmers Aufenthalt zu entdecken wüßten, während es den Landesbehörden nach einem Zeitraume von Jahren nicht möglich war, seiner Person habhaft zu werden» (Grüll, Bauer S. 528).

Im selben Jahr beschleicht die Regierung hinsichtlich der Spitzel der Zweifel, ob nicht die «damit beteiligten Individuen hierin eine bequeme, durch ein laues Verfolgen ihrer Obliegenheit eine sich so lang als möglich zu erhaltende Einnahmsquelle zu suchen geneigt sein dürfen» (Grüll,

Bauer S. 534). Gegen die Spitzel wehren sich Kalchgrubers Vertrauensleute dadurch, daß sie die Schnüffler an der Nase durchs Land führen: von Pregarten bis an die böhmische Grenze und dann womöglich noch nach Niederösterreich. Sie nennen das «Verschicken» (zum Verschicken während der Kohlhase-Fehde 1534–40 vgl. Neheimer, S. 97).

Schon seit Jahren befindet sich Kalchgruber nicht als einziger in der Illegalität. Zeitweise leben zehn und mehr seiner engsten Freunde im Untergrund. Manchmal bilden sie eine Gruppe. Seinen noch nicht flüchtigen Anhängern prägt Huëmer von Anfang an ein, jede Unterschrift unter ein Protokoll und jede Auskunft zu verweigern. Keiner geht mehr ohne einen Zeugen zur Steuerzahlung. Die Bauern haben ein absolutes Mißtrauen gegen die Beamtenschaft und die Herren entwickelt. Andererseits hat sich Kalchgruber ein ungetrübtes Verhältnis zu seinem Volk erhalten, wie ein Gegner zugestehen muß: «Ebenso schreibselig als er ist, ebenso redselig soll er sein, und seine Anhänger versichern, daß man ihm nicht widerstehen könne» (Grüll, Bauer S. 515).

Einer der tapfersten Anhänger Kalchgrubers, Georg Oyrer, der Besitzer der Weiglmühle in Unterweitersdorf, sagt einmal bei einer Hausdurchsuchung:

Wir sind schon über 200 in der Kompanie beisammen, sie haben mir alles übergeben und ich diktier den Schulbuben die Schriften. Ich merke auf keine Herrschaft, auf keine Regierung mehr auf, der Kaiser muß uns selbst beschneiden. (Grüll, Bauer S. 516)

Der Kreis um Kalchgruber festigt sich. Immer neue Robotverweigerungen arbeiten ihm in die Hände. Einige Rebellen sind um 1830 schon zweieinhalb Jahre im Untergrund, einer sogar vier Jahre. Zeitweise, vielleicht von der französischen Julirevolution 1830 beeinflußt, begleitet den Kalchgruber eine Schar bewaffneter Bauern. Ein Spitzel hört in einem Wirtshaus, wie sich die radikale Erinnerung an Andreas Hofer mit Huëmer verbindet: «Kalchgruber und der Sandwirt sind jetzt einerlei, indem Kalchgruber auch bewaffnet umhergeht» (Grüll, Bauer S. 539). Selbst die Zeit des großen oberösterreichischen Bauernaufstandes von 1626 ist noch recht gegenwärtig, zum Schrecken der Herrschaften.

1832, im Jahr des Hambacher Festes, scheint das Vertrauen Kalchgrubers in den Kaiser erschüttert zu sein. Am 19. Januar droht Michl Huëmer dem Kaiser, die «60 österreichischen mit Ratschlag ganz einstimmig bündlich verschworenen böhmischen Gemeinden» wollten nicht eher ruhen, «Gut und Leben wagen, bis wir Ihro Majestät zur Aufrechterhaltung unserer gerechten Gesetze bezwingen» (Linz, Oberösterreichisches Landesarchiv, Archiv des Mühlkreisamtes, Sch. 18).

Ein neuer Steckbrief von Ende 1833 behauptet, Kalchgruber sei «früher schlanker, nun korpulenter», er

hatte früher ein schmales, gut gefärbtes Angesicht, welches aber jetzt mehr aufgedunsen und bleich sein soll, [...] seine Haare, die braun waren, sollen nunmehr grau und wenig und die Hände auffallend weiß geworden sein. (Grüll, Bauer S. 626)

Die nun schon 13 Jahre dauernde Flucht, die unbequemen, oft wohl auch ungesunden Verstecke zehren an dem jetzt 55jährigen. Seinen Broterwerb bestreitet er mit Gelegenheitsarbeiten: er flicht Körbe, macht Rechen, beschlägt Bauernmesser mit Hirschhornschalen, kuriert Leute und Vieh, setzt und repariert Öfen. Im Januar 1834 nimmt gar ein ganzes Jägerbataillon, mehrere hundert Mann, die Jagd nach dem Sozialrebellen auf. Dabei wird nach sechs Jahren Flucht der von seinem Hof vertriebene Weiglmüller Georg Oyre festgenommen. Kalchgruber selbst bleibt unauffindbar. Auch massenweise gedruckte Fahndungsplakate helfen nichts.

1836 scheint eine Gruppe von Kalchgruber-Anhängern einen Angriff vorzubereiten. Am 14. Mai finden böhmische Pilger am Linzer Tor von Freistadt einen versiegelten Drohbrief. Damit lebt das Kampfmittel des Brandbriefes noch einmal auf (vgl. Kapitel 56, 58).

Dem Löblichen Magistrat Freistadt

wird hiemit bekannt gemacht, daß sich gewisse Bauern, welche mit dem Kallgruber einverleibt sind, daß wir die Herrschaften Schloß Haus und Weinberg, Riedegg, Freistadt, Waldenfels die ganzen Beamten von uns Bauern, welche mit dem Kallgruber einverleibt sind, eine ganze Refulution [Revolution] entstehen wird, weil immer die Herrschaften nach dem Kallgruber setzen, so werden wir sehen, ob wir von den Herrschaften Ruhe finden werden und den Beamten, so wie die Bauern, die mit ihm einverleibt sind, keine Ruhe mehr geben und aufs neue an ganze Zerstörung anfangen werden; denn wir sind jetzt bereit, alle großen Beamten, die so über uns waren, um das Leben zu trachten, und alle Schlösser und Freistadt muß in eine kurze Zeit in Asche und Brand dastehen; denn ihr großen Herren seid's für uns einverleibte Bauern nur eine Handvoll gegen uns. Dieses machen wir auch Bauern bekannt, wann's in eine kurze Zeit geschehen wird, daß alles in Brand oder Blut dastehen muß und aufs neue eine ganze Refulution enstehen wird, so wie es schon in mehreren Orten geschehen ist. Wir Bauern haben die Ehre, gegen die Beamten uns zu empfehlen. (Grüll, Bauer S. 628)

Zu einer Ausführung der Drohung scheint es nicht gekommen zu sein. 1838 verliert Kalchgruber seinen besten Freund, den Weiglmüller Oyre, der 74jährig in Unterweitersdorf an Entkräftung stirbt. Mehrmals wird Kalchgruber schon totgesagt. Aber jedesmal zerstören neue Hofbeschwerden die Hoffnungen der Herrschaften. Die Jahre 1841/42 sehen eine bisher nicht erlebte Welle von Kalchgruber-Beschwerden. 1843 schwillt die Steuerverweigerung im Mühlviertel so stark an, daß in 26 von 35 Steuerbezirken Militärexekutionen angefordert werden. 1847 agitieren Kalchgrubers Anhänger in der Gemeinde Tragwein für die Verweigerung von Zehnt, Dienst und Freijagd. Das alles sei schon mit der Grundsteuer abgegolten.

Die Revolution von 1848 bringt endlich die heiß umkämpfte Befreiung der Bauern von der Erbuntertänigkeit. Aber der alte Rebell traut der bürgerlichen Bewegung nicht. Übrigens zu Recht; denn die Bauern sollen noch einmal 20 durchschnittliche Jahressummen für die Ablösung der Grundlasten bezahlen. Die militanten Bauern kennen den Adel und die Beamtenschaft zu gut. Sie argwöhnen, daß nach der Bezahlung der Ablösesumme die Erbuntertänigkeit wieder eingeführt werde. Schließlich hat der Adel nichts an Macht verloren, wie im Oktober 1848 die reaktionären Truppen auch beweisen, die die Wiener Revolution erwürgen.

Kalchgruber bleibt in seinen Schlupfwinkeln. Daran haben wohl nicht nur sein einsetzender Altersstarrsinn und seine Gebrechlichkeit schuld, sondern ein tiefes, durch langes Leiden eingefressenes Mißtrauen der Bauern gegen die Städter. Kalchgruber lehnt 1848 die Verfassung und die Pressefreiheit ab, Dinge, die eh nichts mit der Bauernfreiheit zu tun haben. Am 10. Mai 1849 stirbt er 71jährig an Entkräftung bei seiner Tochter in Oberweitersdorf. Begraben wird er auf dem Friedhof von Alberndorf.

Ausgebrannt, wie Kalchgruber nach einem 37jährigen Kampf für das Bauernrecht ist, hinterläßt er nichts als vier Gulden. Seine kümmerliche Kleidung wird auf drei Gulden geschätzt. Keine einzige Schrift findet sich bei ihm. Seine ganze bäuerliche Literatur liegt verstreut in den Händen seiner Gegner. Was davon auf uns gekommen ist, harrt noch der Entdekkung.

Der greise Sozialrebell, ein Partisan der Bauernbefreiung, tritt ganz so ab, wie er gelebt hat. Dem Statthalter von Linz widerfährt kurz nach dem Tod Kalchgrubers folgendes: «Es war an einem Frühlingstage 1849, als ich durch die Post einen anonymen Brief mit der Nachricht erhielt: ‹daß die Beamten jetzt den Kalkgruber ansehen können; er liege auf dem Laden.›» (Fischer, S. 152/153) Nach der Landessitte wird der Verstorbene gleich nach dem Tod aus dem Sterbebett auf einige Bretter zwischen zwei Stühlen gelegt. So ruht der Tote «auf dem Laden».

Kalchgrubers Tochter, Schwiegersohn und Frau starben bald danach. Doch der Geist des bäuerlichen Widerstands lebte noch weiter, wie der Statthalter von Linz bezeugte:

Am längsten dauerte der Widerstand in der Gegend, in welcher der berüchtigte Parteigänger [Partisan] Kalkgruber 28 Jahre lang sein Unwesen getrieben hatte. (Fischer, S. 151)

Der Romanautor Eduard Breier (geb. 1811) brachte 1860 in der «Donau-Zeitung» von Linz einen Fortsetzungsroman heraus, der 1865 als Buch erschien. Gleich danach kam ein Nachdruck unter dem Namen eines anderen Autors heraus. Es folgte eine weitere Veröffentlichung in einer Bauernzeitung. 40 Jahre später griff der Pregartner Lehrer Lorenz Hirsch die noch lebende Erinnerung an Kalchgruber auf:

Ich wanderte zu den historischen Stätten, sah Verstecke Kalchgrubers und hörte, was er getan, was er gekonnt hatte. Wie glänzten die Augen manch ergrauten Bauerns, wenn er Legenden vom «Alten» erzählte! – Bücher verschiedener Ausgaben, aber textlich gleichlautend, die den Stoff behandelten, waren in einzelnen Häusern als treubehütetes Heiligtum zu finden. (Hirsch, S. 75)

Hirsch schrieb 1912/13 ein Volksstück, das seitdem häufig gespielt wurde. Vor allem durch dieses 1924 veröffentlichte Stück blieb Kalchgruber noch immer in der Erinnerung der Mühlviertler lebendig. 1977 wurde in Alberndorf in der Riedmark eine Gedenktafel aufgestellt.

Eine Urlaubsreise zu Fuß oder mit dem Rad durch das Mühlviertel könnte sich ganz auf den Spuren Kalchgrubers bewegen. Zur Orientierung eignet sich am besten die fleißige Studie von Grüll. Im Oberösterreichischen Landesarchiv von Linz wären die Dokumente einzusehen. Eine solche Reise führt freilich nicht nur durch die sympathisch berührende «bucklige Welt» mit den alten Rebellenorten, sondern muß sich auch dem berüchtigten Konzentrationslager Mauthausen stellen. Hier wurden nach den Aufzeichnungen der SS bis April 1945 mehr als 110000 Häftlinge ermordet. Der Name des Mühlviertels bekam hier einen schrecklichen Klang.

Der Höhepunkt des Widerstandes [im Konzentrationslager Mauthausen] war ein militärisch exakt organisierter Ausbruch von etwa 570 sowjetischen Kugel-Häftlingen [sollten möglichst bald nach der Einlieferung erschossen werden], alle ehemalige Soldaten und Offiziere, die am 2. Februar 1945 nach Überwindung einiger SS-Posten, der Mauer und des elektrisch geladenen Stacheldrahtes einen vorübergehenden Erfolg hatten. 419 von ihnen flüchteten meist nach Norden, in Richtung zur tschechischen Grenze. In einer außerordentlich großen Fahndungsaktion, an der außer allen bewaffneten Einheiten des Deutschen Reiches auch noch Zivilpersonen der Umgebung teilnahmen, wurde der überwiegende Teil von ihnen gefangengenommen und getötet. Nach Angaben der sie verfolgenden SS sind nur 17 Personen nicht mehr gefaßt worden. Genannt wurde diese Fahndungsaktion «Die Mühlviertler Hasenjagd». (Marsalek/Hacker, S. 25)

Quellen und Literatur
Am 10. Mai 1849: Vor 110 Jahren verschied Michael Kalchgruber, in: Mühlviertler Nachrichten, Nr. 19, 7. Mai 1959, S. 21
WILHELM RAIMUND BEYER (Hg.): Rückkehr unerwünscht. Joseph Drexels «Reise nach Mauthausen» und der Widerstandskreis Ernst Niekisch, Stuttgart 1978, Taschenbuchausgabe München 1980, S. 333–341 «Das Konzentrationslager Mauthausen. Aus den Akten des Nürnberger Hauptkriegsverbrecher-Prozesses»
EDUARD BREIER: Der alte Überall und Nirgends, oder: Was ein Bauer im Stande ist. Historischer Roman aus vormärzlicher Zeit, Wien o. J. [um 1865] (Standorte: Coburg, Landesbibliothek; Wien, Österreichische Nationalbibliothek)
ALOIS FISCHER: Aus meinem Amtsleben, 1. und 2. unveränderte Aufl., Innsbruck 1860
GRÜLL: Bauer (siehe Kapitel 70)
GEORG GRÜLL: Die Robot in Oberösterreich, Linz 1952
LORENZ HIRSCH: Kalchgruber, der Bauernadvokat. Fünf Bilder aus dem Vormärz. Nach einer Erzählung und mündlicher Überlieferung, Wien 1924 (Standort: Wien, Österreichische Nationalbibliothek)
FRANZ JÄGER: Vom alten Kalchgruber. Zur Erinnerung an den Mühlviertler Bauern-Advokaten Johann Michael Huëmer, dessen Todestag sich am 10. Mai 1949 zum hundertsten Male jährt; in: Oberösterreichischer Volkskalender, 1949, S. 117–126
Kalchgruber, der Bauernadvokat, in: Linzer Volksblatt, Nr. 60 vom 12. März 1933
Linz, Oberösterreichisches Landesarchiv (Kalchgrubers Beschwerden sind in verschiedenen Beständen verstreut. Bisher hat sich niemand an eine Edition gewagt.)
HANS MARSALEK/KURT HACKER: Kurzgeschichte der Konzentrationslager Mauthausen und seiner drei größten Nebenlager Gusen, Ebensee, Melk. Wien o. J. [um 1980]
KURT NEHEIMER: Der Mann, der Michael Kohlhaas wurde, Düsseldorf 1979
HANS SCHNEEBERGER: Michael Huëmer, genannt Kalchgruber (unveröffentlichtes Manuskript, Alberndorf in der Riedmark, Oberösterreich)
Widerstand und Verfolgung in Oberösterreich 1934–1945, 2 Bände, Wien/Linz 1982

98 Arbeitererhebungen in Eupen (1821), Solingen (1826), Krefeld (1828) und Aachen (1830)

Schon lange vor der großen Industrialisierungswelle des 19. Jahrhunderts gab es Bewegungen von Arbeitern. Denn Arbeiter zu sein, geht nicht auf eine neuzeitliche Entwicklung zurück. Bergarbeiter, Gesellen und Taglöhner – allesamt gewiß keine Kapitalbesitzer – lebten nur vom

Verkauf ihrer allmählich sich verschleißenden Arbeitskraft. Schon im Mittelalter kämpften sie um ein besseres Schicksal.

In der Bergwerks- und in der Textilindustrie existierte ebenso wie im Handwerk seit langer Zeit die Scheidung zwischen Kapital und Arbeit. Zusammen mit dem Erstarken der Kapitalherren wuchsen Arbeitermassen heran, die keineswegs alles hinnahmen. Davon zeugen zahlreiche Bewegungen (Kapitel 52, 57, 58, 66, 76, 77, 93; vgl. auch Kapitel 59, 61, 83, 85, 94).

Eine interessante Serie von Arbeitererhebungen setzte in den 1820er Jahren im Rheinland ein. Diese Befreiungsversuche der Habenichtse verbleiben hinter den Kulissen des bürgerlich-liberalen Geschichtsbewußtseins, das alle überlieferungswürdige Opposition nur in die Frankfurter Nationalversammlung von 1848 münden sieht. Bis 1815 machte das Rheinland einen Teil des großen, durch die Kontinentalsperre lange vor der ruinösen englischen Konkurrenz geschützten französischen Marktes aus. Nun wurde es durch den gewaltsamen Anschluß an das vorwiegend agrarische Preußen, durch die Hungerkatastrophe von 1816/17 und durch das Eindringen englischer Waren erschüttert. Viele der rasch hochgezogenen Fabriken, meist noch im Verlag betrieben, gingen ein. Arbeitslosigkeit und Hunger verbreiteten sich. Wer noch in Arbeit stand, mußte Lohnsenkungen hinnehmen.

Im April 1821 hatten die Eupener Textilarbeiter genug. Nach Eupen – knapp 20 km südlich von Aachen, bis 1814 französisch, dann bis 1920 preußisch, seitdem belgisch – hatten im 13. Jahrhundert flandrische Weber die Tuchindustrie gebracht. Damit hatte die Stadt Anschluß gefunden an die frühe kapitalistische Entwicklung Flanderns und des näher gelegenen Brabant. Das früh schon in hoher Blüte stehende Tuchgewerbe dieser Landschaften schuf eine der Voraussetzungen für die Kommunebewegung, förderte aber auch starke soziale Gegensätze (vgl. Kapitel 21). Die Weber Flanderns standen an der Spitze der mittelalterlichen Freiheitskämpfe.

In der 2. Hälfte des 18. Jahrhunderts spezialisierten sich die Eupener Textilfabrikanten auf die Herstellung feiner Tuche, bestimmt für die Levante (östliches Mittelmeer) und die damals noch mächtige Türkei. Infolge der preußischen Annexion Eupens und der englischen Konkurrenz gingen diese Märkte verloren. Eine Krise befiel die Stadt, von deren mehr als 9000 Einwohnern zwei Drittel Arbeiterinnen und Arbeiter im Textilgewerbe beschäftigt waren. Tuchmacher, Weber, Spinner, Rauher, Scherer, Färber u. a. arbeiteten den Namen nach selbständig in Heimarbeit oder im Verlagssystem – auch dann zu Hause – konnten aber keineswegs als unabhängig gelten. Sie bekamen Stücklohn, der oft nicht mehr als ein

Hungerlohn war. Außerordentlich lange Arbeitstage sowie Kinderarbeit erschienen selbstverständlich.

Die offenbar rapide zunehmende Arbeitslosigkeit machte die Textilarbeiter endlich wütend, als der wegen Lohndrückereien besonders gehaßte Fabrikant Stolle eine neue Schermaschine aufstellen wollte, die weitere Arbeitsplätze auffraß. Stolle beschäftigte in seiner Fabrik über 62 Arbeiter und vergab Aufträge an mehr als 600 Verlagsarbeiter. Über die ausbrechende Arbeiterbewegung berichtete der überrumpelte königlich-preußische Landrat Bernhard von Scheibler, selbst aus einer reichen, in der Revolutionszeit republikanischen Fabrikantenfamilie stammend, der Regierung nach Aachen:

Eupen, 10. April 1821, 9 Uhr morgens
Einer Hochlöblichen Regierung beehre ich mich, in aller Eile anzuzeigen, daß soeben bei der Gelegenheit, wo die Tuchfabrikanten Gebrüder Stolle & Companie eine neue Schermaschine aufsetzen wollten, sich eine Menge Scherer zusammengerottet und versucht haben, jene Maschine in Stücken zu schlagen, vielleicht bereits auch wirklich zerstört haben.

Die herbeigeeilte Polizei hat es umsonst versucht, die Rotte zu zerstreuen; diese hat sich vielmehr durch den Zulauf von einigen Hundert Menschen so vermehrt, daß ein förmlicher Aufstand und Tumult vorhanden sind, die einen gefährlichen Ausgang nehmen könnten. Sogleich verfüge ich mich in Person nach der Stelle, wo die Rotte sich gebildet, und werde die mir zu Gebot stehenden Mittel ergreifen, um die Ruhe wiederherzustellen, und heute Nachmittag über den Erfolg weiter berichten.

Einstweilen bitte eine Hochlöbliche Regierung ich gehorsamst, die dortige Gendarmerie auf der Stelle hierher zu beordern, weil hier kein bewaffneter Mann der Art ist und auf die Bürgermiliz im Notfalle sich nicht zu verlassen wäre, indem viele Bürger an jenem Aufstande selbst teilnehmen.

[Von anderer Hand geschrieben] In diesem Augenblicke komme ich von dem Hause der Gebrüder Stollé, wo die zusammengelaufenen Arbeiter die in dem Hofe gestandenen Kisten mit Maschinen gewaltsamerweise erbrochen und die Maschinen zerstört und solche ins Wasser geworfen haben.

Zwar haben die Rotten sich wieder verlaufen. Da sie indessen jetzt in den Wirtshäusern zerstreut sind und starke Getränke zu sich nehmen, so steht zu befürchten, daß die stattgehabten Auftritte sich erneuern werden. Die Bürgermiliz ist deshalb aufgeboten und versieht ihren Dienst. Nichtsdestoweniger aber erwarte ich heute noch die erbetene Gendarmerie. (Henkel, Scherereien, S. 33; nach Düsseldorf, Hauptstaatsarchiv, Regierung Aachen, Akte Nr. 231, Blatt 1; eine Abschrift befindet sich in Koblenz, Landeshauptarchiv, Best. 402 Nr. 671, Blatt 7)

Später gab der Landrat die Begründungen der Arbeiter für ihr Aufbäumen ausführlicher wieder:

Die erste Veranlassung zu dem Aufstande war, wie ich bereits oben bemerkt, eine neue erfundene Schermaschine, die 5000 frcs gekostet und, wie es heißt, die Arbeit von 14 Handscherern liefern soll. Die Arbeiter der Gebrüder Stolle und andere mit ihnen befürchteten daher, daß, wenn diese Maschine aufgesetzt würde, deren bald noch mehrere folgten und sie dadurch bei dem ohnehin nicht guten Gange der Tuch- und Casimir-Fabriken außer Brot gesetzt werden würden. [...] Übrigens aber würde die Einführung dieser Maschine bei andern Fabrikanten vielleicht keine so große Unzufriedenheit unter den Arbeitern erregt haben, als gerade bei den Stollé, weil diese, da sie ihre Arbeiter geringer als andere Fabrikanten bezahlen und ihnen das Geld höher, als es hier kursiert, anrechnen sollen [Umrechnung der französischen in preußische Währung] von ihren Arbeitern nicht beliebt sind. (Henkel, Scherereien, S. 67)

Mittags um 4 Uhr des ersten Tages meldete der Landrat in seinem zweiten Bericht,

daß von den Empörern 6, und zwar 5 Männer und eine Frau, die als Rädelsführer bezeichnet waren, auf meinen Befehl aufgegriffen und einstweilen in das hiesige Gefängnis gebracht worden sind, daß die übrigen Teilnehmer des Aufruhrs teils in kleinen Gesellschaften und teils isoliert noch herumschweben und daß dieselben sich auf offener Straße laut geäußert haben, sie würden zur Nachtzeit ihre verhafteten Mitschuldigen schon befreien. (Koblenz, Landeshauptarchiv, Best. 402 Nr. 671, Blatt 7 Rückseite)

Am nächsten Morgen um 8 Uhr konnte der Landrat berichten, die Nacht sei ruhig verlaufen.

Inzwischen ist jetzt, da man Gendarmerie hat, nicht mehr zu befürchten, daß jemand frech genug sein werde, sich der Gefangenen anzunehmen und dadurch neue Unruhen zu stiften. (Koblenz, Landeshauptarchiv, Best. 402 Nr. 671, Blatt 17)

In seinem vierten Bericht vom 11. April mittags fünf Uhr kündigte der Landrat hinsichtlich derer, die er des «Verbrechens der Empörung» beschuldigte, an:

So wird bei einbrechender Nacht oder morgen früh die Verhaftung derselben geschehen. Dies eher zu tun, wäre nicht ratsam, weil die Gemüter dadurch immerhin in etwa gereizt werden. (Koblenz, Landeshauptarchiv, Best. 402 Nr. 671, Blatt 21)

Während der Eupener Landrat sofort Militär aufmarschieren lassen wollte, um den Arbeiterinnen und Arbeitern zu zeigen, wer seit 1815 hier Herr sei, dämpfte die Aachener Regierung in ihrem Bericht vom 12. April an das preußische Innenministerium in Berlin. Der einfache Grund, aber nicht ausgesprochen: So rasch war keine Truppe zur Verfügung:

Ohnehin stand zu befürchten, daß durch die Hinsendung des Militärs nach Eupen in Publico [in der Öffentlichkeit] noch mehr Aufsehen erregt und an besagtem Orte die ohnehin etwas erhitzten Gemüter nur noch mehr irritiert werden würden. Möchten übrigens wider Vermuten die Zusammenrottungen sich wieder ernstlich erneuern, so werden wir sofort militärische Hilfe requirieren. (Koblenz, Landeshauptarchiv, Best. 402 Nr. 671, Blatt 15 Rückseite)

In seinem fünften und letzten Bericht, der Gesamtdarstellung vom 13. April, überlieferte der Landrat weitere wichtige Einzelheiten. Von der Bürgermiliz wagte er nur 60 Mann samt allen Offizieren und Unteroffizieren aufzubieten. Das waren nicht einmal 10 % der eingeschriebenen Miliz. Die anderen erschienen ihm unzuverlässig, da sie Arbeiter waren und deshalb selbst am Aufstand teilnahmen. Nach 1815 hatte Preußen in seiner Rheinprovinz die französische Rechts- und Sozialordnung übernommen, um das Wirtschaftsleben nicht zu gefährden. Mit der vorwiegend aus Arbeitern bestehenden Bürgermiliz von Eupen ragte ein Stück der Großen Französischen Revolution als Stachel in das vom Adel beherrschte Preußen hinein.

Über den Vorgang der Maschinenzerstörung teilte der Landrat nun ausführlicher mit:

Bei dem Hause der Gebrüder Stolle angelangt, fand ich die Türe desselben verschlossen und den großen Platz vor demselben zwar noch mit einer Menge von Menschen angefüllt, die inzwischen nicht einen einzelnen Haufen, sondern mehrere größere oder kleinere Abteilungen bildeten, die sich lärmend über das unterhielten, was vorgefallen war, und zu erwarten schienen, was die Folgen davon sein würden. Ich vernahm nun und überzeugte mich durch den Augenschein, daß es den Empörern bereits gelungen war, die neue, am vorigen Tage angekommene Schermaschine, welche die nächste Veranlassung des Aufstandes gewesen war, mit Gewalt aus der Behausung der Gebrüder Stollé herauszureißen, sie gänzlich zu zerstören und in einen nahe vorbeifließenden Bach zu werfen, dessen Ufer mit einer Menge von Menschen, teils Teilhaber des Aufstandes und teils Zuschauer, bedeckt waren, die auf mein Zureden sich zwar ziemlich ruhig verhielten und auseinander gingen, auf andern Stellen des Platzes aber wieder zusammentraten und sich nicht entfernten.

Meine erste Sorge war nun, mich mit dem Polizeikommissär in die Behausung der Gebrüder Stollé zu begeben, um, während ich den Bürgermeister und die Bürgermiliz erwartete, Erkundigungen über den Vorfall einzuziehen und sowohl die eigentliche Veranlassung davon als die Namen der Teilnehmer an demselben kennenzulernen. Ich fand den Fabrikanten [Carl Wilhelm] Stollé nebst seinen Hausgenossen in der größten Bestürzung und voller Furcht vor den Mißhandlungen des ausgelassenen Pöbels, beruhigte ihn aber durch die Versicherung, daß allem fernern Unfuge durch Anwendung zweckmäßiger Maßregeln vorgebeugt werden würde.

Der genannte Stollé erzählte nun, daß er am verwichenen Tage eine in verschiedene Kisten gepackte Schermaschine neuer Erfindung erhalten und er die Kisten in seinem Hof habe niedersetzen lassen, wohin am heutigen Tage morgens zwischen 8 und 9 Uhr seine eigenen sowie fremde Fabrikarbeiter mit Gewalt eingedrungen seien, sie die Kisten aufgebrochen, die Maschinen zerstört und hinweggetragen hätten, ohne daß er früher die geringste Unzufriedenheit unter seinen Arbeitern bemerkt, noch ihr Vorhaben geahndet [geahnt] habe.

Die Namen aller Teilnehmer dieses Aufstandes konnten weder er noch seine Hausgenossen angeben, weil ihre Menge gar zu groß und zwei- bis dreihundert Menschen zugleich in den Hof eingedrungen waren. Inzwischen wurden doch einige [ungefähr] dreißig Individuen (worunter selbst einige Weibspersonen) namhaft gemacht und durch den Polizeikommissär verzeichnet. (Henkel, Scherereien, S. 64)

Während der Landrat bereits «Ruhe» nach Aachen meldete, bereitete sich ein neuer Anlauf der Erhebung vor, wie der Landrat später erkannte:

So verstrich der Morgen vom 10., und schien die Ruhe ziemlich hergestellt; nur durchliefen noch einzelne Rotten des gemeinen Volkes die Straßen, indem sie drohten, die Gefangenen ihrer Haft zu entreißen.

Auch vernahm man, daß die Empörer des Morgens Abgesandte in verschiedene Fabriken deputiert [abgeordnet] hatten und jetzt noch deputierten, um die ruhig gebliebenen Arbeiter aufzufordern oder zu zwingen, gemeinschaftliche Sache mit ihnen zu machen und ihre gefangenen Kameraden zu befreien, was ihnen auch zum Teile gelungen war, indem die Arbeiter von mehreren Fabriken ihre Werkstätten verlassen und sich den Empörern angeschlossen hätten.

Die Patrouillen sowie die Wache an dem Gefängnisse wurden daher verstärkt, und begab ich mich persönlich zu den angesehensten Fabrikanten, um sie aufzufordern, ihre Arbeiter zur Ruhe zu ermahnen und dieselben die Nacht durcharbeiten zu lassen, damit sie nicht ferner teil an den Exzessen [Ausschreitungen] nehmen könnten. Dies geschah auch und hatte zur Folge, daß die Empörung mehr und mehr eingeschränkt wurde. Da aber noch alle Schenken voll von Teilnehmern des Aufstandes waren und man befürchten mußte, daß dieselben, durch Branntwein erhitzt, gegen Abend oder in der Nacht neuerdings Unruhen erregen würden, so erhielt die Bürgermeisterei den Auftrag, nachmittags gegen vier Uhr die abschriftlich beigefügte Bekanntmachung ergehen zu lassen, wonach alle Schenkwirte aufgefordert wurden, ihre Häuser um 7 Uhr abends zu schließen. Auch diese Maßregel hatte den besten Erfolg, indem die Wirtshäuser dadurch früh geräumt wurden. (Henkel, Scherereien, S. 65)

Am zweiten Tag wiegten sich die Herrschaften schon in Zufriedenheit.

Um 10 Uhr morgens befand ich mich mit dem Leutnant Cramer und dem Bürgermeister Nicolai auf dem Gemeindehause, wo wir uns über das Vorgefallene unterhielten und uns der hergestellten Ruhe freuten, als plötzlich ein Polizeisergeant ganz außer Fassung und mit Tränen in den Augen hereinstürzte und meldete, daß eine neue Empörung plötzlich ausgebrochen sei, an der einige Tausend Arbeiter bereits teilnähmen, und daß man das Haus des Tuchfabrikanten Simon Fremerey bestürmt habe. Der Leutnant Cramer sammelte seine Gendarmen, die indessen noch auf Patrouille und in der Stadt zerstreut waren, und begab ich mich während dieser Zeit an den Ort, wo der neue Aufstand sich gebildet hatte, um die Ruhe herzustellen zu suchen. Auf meinem Wege begegnete ich vielen Leuten, die sich flüchteten, sowie drei Gendarmen, welche zu ihren Pferden eilten und die mich benachrichtigten, daß es Zeit sei, daß die Gendarmerie aufsitze, da sie sonst dem zusammengelaufenen Haufen nicht mehr Meister werden könne. Auf dem Platze fand ich wirklich eine ungeheure Menge Arbeiter versammelt, die, wie ich vernahm, die Arbeiter des vorerwähnten Simon Fremerey gezwungen hatten, sich ihnen anzuschließen, und von denen ein anderer Fabrikant namens Müller sowie sein Knecht, die sich dem Eindringen der Empörer hatten widersetzen wollen, niedergeworfen und letzterer blutig geschlagen worden war. Zur selbigen Zeit hatte sich unter den Ruhestörern die Nachricht verbreitet, daß 400 Fabrikarbeiter von Verviers [französische Stadt 13 km westlich] herbeieilten, um sie zu unterstützen und ihnen ihre Kameraden befreien zu helfen. (Henkel, Scherereien, S. 65/66)

Die Befreiung der Gefangenen gelang. Als ein Regierungsrat aus Aachen die Arbeiter verhörte, verteidigten sie ihre Selbsthilfeaktion. Der Regierungsrat berichtete:

Nach den geschehenen Äußerungen glauben die Tumultuanten, sogar durch eigenmächtige Zertrümmerung der Schermaschine kein großes Unrecht getan zu haben, daß sie außer dem keine Exzesse begangen hätten und auch bei dem Herausholen der Kisten aus dem Hause des Herrn Stolle – die Maschine war nämlich noch verpackt – nicht das mindeste weiter entwendet worden sei. Dagegen würde aber wohl der Franzose, der die Maschine hatte aufstellen sollen, mißhandelt worden sein, wäre er in Eupen betroffen worden.

Lediglich die Furcht, teilweise brotlos zu werden oder sich mit einem noch geringern Arbeitslohn als ihnen namentlich von Herrn Stolle sowie auch wohl hin und wieder von andern Fabrikinhabern gewährt worden sein mag, künftig begnügen zu müssen, scheint ihren Entschluß wegen Zertrümmerung jener Maschine bewirkt und durchaus kein weiterer Bewegungsgrund hiebei zum Grunde gelegen zu haben.

Herr Stolle, den ich hierüber gesprochen, behauptet, den Arbeitern keinen Grund zum Mißvergnügen gegeben zu haben. Er will nicht einmal geäußert haben, daß er deren mehrere entlassen werde. [Auf] meine Bemerkung, daß er seinen Arbeitern das Geld zu einem zu hohen Kurse angerechnet, auch ihnen öfters statt des baren Geldes Kolonialwaren und Tuche in Zahlung gegeben haben solle, antwortete er ausweichend, bei dem Zeugenverhör und nach den Aussagen der Arbeiter selbst wird sich ergeben, ob das Vorangeführte gegründet ist. Allgemein wird es wenigstens behauptet, sowie daß auch insbesondere viele Arbeiter, die in anderen Fabriken entlassen wären, gewöhnlich bei Herrn Stolle gegen einen sehr geringen Lohn wieder aufgenommen würden.

Die Fabrikarbeiter fangen überhaupt an, sich freimütig zu äußern, daß sie es doch eigentlich wären, die den Wohlstand der Fabrikherren größtenteils herbeiführten, keineswegs aber dafür eine zweckmäßige Behandlung und angemessenen Lohn erhielten. Sie glaubten allerdings, auf beides Anspruch machen zu können. (Henkel, Scherereien, S. 78)

Die 30 Gefangenen wurden in Aachen dem Oberprokurator (Oberstaatsanwalt) Wilhelm Josef von Biergans übergeben. Im Oktober 1821 standen 15 Arbeiter und zwei Arbeiterinnen vor dem Aachener Geschworenengericht. Zu den Verteidigern gehörten Michel Venedey (1770–1846), ein alter Kölner Jakobiner, und sein Sohn Jakob Venedey (1805–71), später ein bekannter Revolutionär. Fünf Tuchscherer und eine Fabrikarbeiterin – Durchschnittsalter 23½ Jahre – wurden zu fünf Jahren Zwangsarbeit bzw. Zuchthaus verurteilt und lebenslänglich unter Polizeiaufsicht gestellt. Die restlichen neun Angeklagten verließen den Gerichtssaal mit einem Freispruch. Wieder einmal hatte ein Geschworenengericht, trotz der Zusammensetzung aus den reichsten und mehrfach gesiebten Bürgern, die Rechnung der Justiz wenigstens teilweise durchkreuzt. 1833 fällten die Geschworenen in Landau (Pfalz) über die verhafteten unter den führenden Köpfen des Hambacher Festes (1832) einen vielbejubelten Freispruch.

Von der verurteilten Eupener Frau heißt es in der Stadtchronik knapp: «Die Fabrikarbeiterin Gertrud Willems wurde gleichfalls verurteilt, starb jedoch kurze Zeit hernach.» (Henkel, Scherereien, S. 136) Woran ist sie wohl gestorben? Sie zählte ja bei ihrer Verurteilung erst 20 Jahre. Spielte die Haft mit? Die Chronik kümmerte sich darum nicht.

Die Aktionen gegen den verhaßten Eupener Fabrikanten Stolle hörten mit diesem Prozeß nicht auf. Die meisten dürften uns freilich nicht überliefert worden sein. Solche Vorbilder könnten anstecken. Nur dies wissen wir: zweimal wurden nachts im Dezember 1821 bei Stolle Fenster eingeworfen, zuletzt die Haustür mit Scheiße beschmiert. Die Arbeiter dachten auf ihre Weise an ihren Fabrikanten. Der preußische Staat aber verlieh dem Landrat den roten Adler-Orden dritter Klasse, dem Bürgermeister das allgemeine Ehrenzeichen erster Klasse.

Rechts des Rheines, im Bergischen Land, griffen die Solinger Messerschleifer Ende Januar/Anfang Februar 1826 zum Mittel des Streiks, um eine Lohnerhöhung durchzudrücken. Die Schleifer der Solinger Stahlfabrik, eines von Kaufleuten beherrschten Verlags mit rund 4500 Metallarbeitern (siehe Kapitel 93), verlangten die «Wiederherstellung eines festen Lohnsatzes», also den Abschluß eines Tarifvertrags. Bis 1809 waren sie durch Privilegien (Tarife) in Lohn und Arbeitsbedingungen gesichert gewesen. Die Gewerbefreiheit hatte ihnen Konkurrenz, Lohnsenkung und Unsicherheit beschert. Jede konjunkturelle Schwankung ließen die Kaufleute nun die Schleifer ausbaden, die in ihren Schleifkotten, die durch das Wasser der Wupper angetrieben wurden, eine schwer gesundheitsschädliche Arbeit verrichteten. Ein Schleifer wurde selten 40, fast nie 45 Jahre alt.

Trotz des Eingreifens der Polizei dehnte sich die Streikbewegung auf andere Orte des Kreises Solingen aus. Die Arbeiter konnten sich nicht durchsetzen. Aber der Prozeß vor dem Geschworenengericht in Düsseldorf endete mit Freisprüchen der angeblichen Rädelsführer. Wie wir schon in Aachen gesehen haben: für Geschworenengerichte mit französischem Recht durchaus kein einmaliger Fall.

Im dritten Beispiel einer rheinischen Arbeitererhebung wehrten sich die Krefelder Seidenweber am 4. November 1828 gegen die Senkung ihres Stücklohns um 17 Prozent. Der Regierungspräsident von Düsseldorf schickte am 6. November eine Darstellung der Ereignisse an den preußischen Innenminister:

Die allgemeine Konkurrenz der auswärtigen, namentlich der Schweizerischen Seidenfabriken hatte die Fabrikinhaber zu Krefeld veranlaßt, die Webelöhne einiger Seidenstoffe herabzusetzen, und diese Maßregel hat die in dieser gewerbereichen Stadt so zahlreichen Seidenweber zu dem Versuche gereizt, durch Drohbriefe und Aufforderungen zu Versammlungen zu schrecken und die Abstellung dieser Maßregel zu erzwingen.

Von diesen Drohbriefen ward die Gerichtsbehörde zur strengen Untersuchung in Kenntnis gesetzt und die beabsichtigten Versammlungen bis vorgestern von der Polizei verhindert.

An diesem Tage (es waren zwei katholische Feiertage hintereinander vorangegangen, an welchen nicht gearbeitet wird, vielmehr die Arbeiter die Wirtshäuser frequentieren) versammelten sich abends mehrere Haufen, zogen erst singend, dann lärmend durch die Straßen, gehorsamten der Polizei nicht und begannen zuletzt damit, in den Häusern mehrerer Fabrikinhaber und deren Commis [Handlungsgehilfen] die Fenster einzuwerfen, drangen dann in ein Haus ein und zerstörten die Möbel der untern Räume, wo sie sich zugleich tätlich der Polizei widersetzten und nur mit tätiger Hilfe gutgesinnter Bürger mit Gewalt und Mühe entfernt werden konnten.

Bei der großen Volksmenge der Stadt, den lautgewordenen Drohungen, nunmehr noch zu entscheidenderen Maßregeln gegen die ihnen verhaßten Personen zu schreiten, bei dem Umstande, daß sich die Exzedenten [Ausschreitenden] in den vor der Stadt belegenen Wirtshäusern neuerdings sammelten und mehrten, während die polizeilichen Kräfte durchaus denselben nicht gewachsen waren, ersuchte die Königliche Regierung auf den diesfälligen Antrag des Landrats gleich gestern Morgen das hiesige Königliche Divisionskommando um Beorderung eines Trupps Kavallerie zur Unterstützung der Polizei und der auf die erhaltenen Anzeige gleich zur Stelle gegangenen Gerichtsbeamten.

Das Kommando ist 50 Pferde stark gestern Abend in Krefeld eingetroffen, und dieser ernsten Maßregel sowie der Tätigkeit und Umsicht, mit welcher sich der Führer, der Königliche Premierleutnant Kuenzel vom 8. Husarenregimente des ihm gewordenen Auftrages entledigte, hat die Stadt es zu verdanken, daß die Ruhe erhalten, die Übeltäter erschreckt und die Ordnung gehandhabt worden ist, ohne von den Waffen ernstlichen Gebrauch machen zu müssen.

Ich erhalte soeben die Anzeige, daß nach Mitternacht die außerhalb der Stadt, wo ein sehr kupiertes [abgeschnittenes], morastiges Terrain sie schützte, versammelten Haufen auseinander gegangen sind, daß es gelungen ist, mehrere der Exzedenten gestern noch zu arretieren, daß die Gerichtsbeamten heute in voller Tätigkeit sind und daß die ganze Unordnung, welche ohne jenen Ernst gestern sehr bedenklich hätte werden können, höchstwahrscheinlich ganz unterdrückt worden ist. (Koblenz, Landeshauptarchiv, Best. 403 Nr. 2430; eine nur wenig abweichende Fassung bei Rösen, S. 34/35).

Die Drohbriefe sind leider bisher unveröffentlicht. Drohbriefe spielten in zahlreichen Freiheitsbestrebungen eine meist unterschätzte Rolle. Sie gewähren einen authentischen Einblick in das Denken der entschlossensten Rebellen. Drohbriefe stellen eine noch unausgeschöpfte Form der Volksliteratur dar. Anders als in Eupen 1821 und Solingen 1826 gingen die Krefelder Arbeiter zu regelrechten Demonstrationen über und zerstörten das Innere im Haus des verhaßten Fabrikanten. Das gleiche geschah dem Fabrikherren noch einmal am 20. März 1848.

Am 10. November 1828 schickte der Regierungspräsident seinen Abschlußbericht nach Berlin, worin es u. a. heißt:

Am 5. des Monats abends, als die öffentlichen Beamten in Krefeld eingetroffen, begannen sie sogleich nach hergestellter Ordnung ihr Geschäft. Am 6. desselben Monats wurden bereits 13 Arrestanten in das hiesige Gefangenenhaus unter Militärexkorte gefesselt abgeführt, was einen ernsten Eindruck auf die niedere Volksmenge machte. Die Nacht vom 6./7. verlief ganz ruhig, und am 6. abends waren schon die Wirtshäuser der Umgegend, welche noch am 5. und des 6. morgens der Versammlungsort der Exzedenten waren, ohne Frequenz und ruhig. So ist es bis jetzt geblieben, und ich darf den ganzen Vorfall als beendet ansehen. (Koblenz, Landeshauptarchiv, Best. 403 Nr. 2430)

Wie in Eupen und Solingen, so besprachen und organisierten sich auch in Krefeld die Arbeiter in den Wirtshäusern. Sobald die Lokale unter die Kontrolle der Obrigkeit gerieten, zum Beispiel durch vorzeitige Schließung oder durch Schankverbot, verlor die Arbeiterbewegung ihre Treffpunkte. Hier befand sie sich im Vergleich zu einer Bauernbewegung, wie wir sie beim oberösterreichischen Sozialrebellen Kalchgruber kennengelernt haben (Kapitel 97) in einer Sackgasse, wenn nicht in einer Falle.

Der letzte und härteste Kampf, der von Aachen am 30. August 1830, stand bereits im Schatten der französischen Julirevolution, mehr noch im Schatten der belgischen. Außerdem ließ eine Mißernte die Preise empfindlich klettern. Aachen hatte zu dieser Zeit rund 40000 Einwohner, davon mehr als ein Drittel Arbeiter. Am 25. August brach die Revolution in Brüssel aus, die zur Gründung des belgischen Staates führte. Schon zwei Tage später liefen die Aachener Jungen schreiend durch die Stadt: «Es leben die Belgier! Vivat Napoleon!» Dem Totengräber der Französischen Revolution haftete im Rheinland noch immer der Mythos eines Freiheitshelden an. Weitere zwei Tage danach, am 29. August, einem Samstag, bildete sich ein Demonstrationszug, der seine Sympathien für die Revolution bezeugte. Und es tauchte bereits die zündende Idee für den nächsten Tag auf: «Kommt! Laßt uns gehen und dem Kelleter die Fabrik anstecken. Die Maschinen nehmen uns das Brot weg, so können wir doch nicht mehr bestehen!» (Venedey, S. 135)

Am Montag, 30. August – bei vielen ein blauer Montag –, richtete sich die Wut gegen den Tuchfabrikanten Nellessen, der, wie üblich, am vergangenen Samstag einigen Scherern wegen angeblicher Arbeitsfehler Lohn abgezogen hatte, bis zu einem Tageslohn. Den ganzen Verlauf dieser Bewegung schilderte knapp die Anklageschrift gegen 74 Arbeiterinnen und Arbeiter.

Nach dem Beispiele benachbarter niederländischer Örter zeigten sich im vorigen Jahre in den letzten Tagen des Augusts auch in Aachen Spuren einer ungewöhnlichen Aufregung unter den Fabrikarbeitern und andern Leuten der niedern Volksklasse. Man hörte insbesondere drohende Äußerungen gegen das Leben des Rentners [Kapitalbesitzer] Cockerill und ihn den Urheber der Maschinen nennen.

Am 30. August durchzogen schon am Morgen mehrere, ihrem Äußern nach zur Klasse der Arbeiter gehörige Leute die Straßen, und nachmittags gegen 1 Uhr versammelte sich eine große Menge Menschen der niedern Volksklasse an der dicken Pfeife, einem Brunnen in der Stadt, an welchem der Weg zu mehreren Fabriken vorbeiführt. Man sprach über die Abzüge, welche die Fabrikherren den Arbeitern wegen fehlerhafter Arbeit zu machen pflegen, und nannte den Fabrikanten Nellessen als denjenigen, welcher oft Abzüge mache. Man klagte über den geringen Verdienst und erklärte, daß die Maschinen zerstört werden müßten, welche die Ursache wären, daß die Arbeiter ihren Lebensunterhalt nicht verdienen könnten.

Darauf zog die Menge lärmend in die Mörchensgasse hinein an die Wohnung des Fabrikanten Nellessen. Hier wiederholte sie ihre Beschwerden und drohte, «den Nellessen und die Meister kaputt machen und die Maschinen zerschlagen zu wollen.»

Während dieses Tumults wurde der Tuchweber Wilhelm Müller, den die Aufrührer ihren König nannten, aus einer Schenke herbeigeholt, unter dessen Anführung sodann die zum Teil mit Knitteln versehene Menge, nachdem noch der Schuster Sebastian Ortmanns mit einem Trupp lärmender Jungen vom Alexianergraben herzugekommen war, in den Hofraum eindrang, in welchem sich der Eingang zur Fabrik befindet.

Der Landrat und Polizeidirektor von Coels war sogleich, als er Nachricht von dem Tumult erhielt, nach der Mörchensgasse geeilt und hatte, da ihm die Aufregung als bedenklich geschildert wurde, einige Soldaten mitgenommen, dieselben aber, um vor allem den Weg der Güte zu versuchen, an der dicken Pfeife zurückgelassen und sich durch die nach und nach zu einigen Hunderten angewachsene Menschenmenge bis auf den Hof des Fabrikanten Nellessen begeben. Seine Bemühungen, die aufgeregte Menge zu beruhigen, waren jedoch fruchtlos. Man drängte ihn zu dem Hofe hinaus und bis an die Stelle, wo die Soldaten standen, welche mit Geschrei und Steinwürfen verfolgt wurden, als sie sich auf Befehl des Regierungsdirektors in die Kaserne zurückziehen mußten.

Der Gendarmeriewachtmeister Schneider und der Gendarm Kalkwitz hatten sich ebenfalls nach dem Nellessenschen Fabrikgebäude begeben; indessen auch sie vermochten nicht, die Ruhe wiederherzustellen. Der Fabrikant Nellessen selbst trat unter die Haufen und fragte, da er keinen seiner Arbeiter unter der Menge sah, den Tuchweber Wilhelm Müller, von dem ihm gesagt wurde, daß er sich über erlittene Abzüge beschwert habe: ob er denn bei ihm arbeite? Er erhielt zur Antwort: «Wenn ich nicht bei Euch arbeite, dann arbeite ich bei einem andern.» Und auf die fernere Frage, wie er sich denn darüber beschweren könne, daß er ihm Abzüge gemacht habe, erwiderte Müller: «Wenn Ihr es nicht seid, so ist es ein anderer; genug, ich kann nicht mehr leben.» Ein in der Nähe stehender Mensch erklärte hierauf, er sei dafür, daß sie alles an vier Ecken in Brand steckten. [...]

Der Polizeikommissär Freudenthal ermahnte gleichfalls vergebens zur Ruhe. Er versprach, daß man die Beschwerden untersuchen und denselben gewissenhafte Abhilfe verschaffen werde. Er wurde aber ausgelacht, gestoßen, mit Steinen geworfen, geschlagen und bis an das auf dem Alexianergraben liegende Haus des Fabrikanten Frings verfolgt, in welches er sich flüchtete. Seine Verfolger, an deren Spitze sich Wilhelm Müller befand, drohten, «ihn kaputt machen zu wollen», sprengten die verschlossene Türe des Hauses auf, warfen die Fenster ein, zertrümmerten einige Mobilien und verlangten die Auslieferung des Kommissärs. [...]

Da die in dem Fabrikgebäude des Fabrikanten Nellessen versammelten Arbeiter keine Neigung gezeigt hatten, sich den Aufrührern anzuschließen, im Gegenteil bereit waren, das Gebäude gegen dieselben zu verteidigen, so waren auch die übrigen Aufrührer von dort weggezogen und hatte ihre Richtung über den Alexianergraben nach dem Friedrich-Wilhelms-Platze genommen, wo sich das von dem Rentner Cockerill bewohnte Haus befand. Vor diesem Hause hatten sie sich, geführt von dem Nadler Leonhard Prömpeler, einiger Brandhaken, Hämmer, eines Beils und anderer Gerätschaften, welche von Arbeitern, die daselbst eine Laterne errichten sollten, zurückgelassen waren, bemächtigt und sich, nachdem sie ein Fenster eingeworfen hatten, in die benachbarte Fingersche Schenke begeben. Nach einem kurzen Aufenthalte kehrten sie aber wieder zurück, vereinigten sich mit den Aufrührern, die unter Wilhelm Müllers Anführung herzueilten, und begannen nun, das Haus des Rentners Cockerill mit Gewalt zu erstürmen. Das Einfahrtstor wurde mit Äxten, Beilen und andern

Instrumenten aufzusprengen versucht, die Fenster wurden zertrümmert. Wilhelm Müller, Sebastian Ortmanns und andere stiegen in das Haus ein und öffneten das Tor von innen, worauf der Haufen in das Haus eindrang, dessen Bewohner durch den Garten entflohen.

Unter lebensgefährlichen Drohungen gegen Cockerill verbreiteten sich die Aufrührer in alle Teile des Hauses. Die Möbel wurden zerschlagen. Die kostbarsten Gegenstände von Gold, Silber und Kristall, sämtliches Porzellan, die Spiegel, Uhren, Lampen, Kronleuchter und die Öfen wurden zertrümmert, zu den Fenstern hinausgeworfen oder wie die Wäsche und die Kleidungsstücke entwendet. Die Tapeten und Teppiche wurden zerrissen und zerschnitten. Selbst die marmornen Einfassungen der Kamine, die marmornen Fensterbänke, das eiserne Geländer der Treppe blieben vor der Wut der Aufrührer nicht verschont. In dem Keller fanden sich mehrere Tausend Flaschen feiner Weine, die teils zerschlagen, teils ausgetrunken oder fortgetragen wurden. In dem Comptoir [Kontor] erbrach man die Tische und Schränke. Die Staatspapiere ungerechnet, wurden 3400 Taler an barem Gelde sowie sämtliche Obligationen [Schuldscheine] und Urkunden entwendet. Ein Wagen wurde zerschlagen, und selbst die Pferde wollte man töten, die jedoch mit wenigen anderen Gegenständen gerettet wurden.

Während die Plünderung und Zerstörung des Hauses fortgesetzt wurde, hatten einige der Aufrührer einen auf dem Hofe stehenden Wagen bestiegen und sich von andern nach dem Arresthause ziehen lassen, um mit Hilfe eines Haufens, welcher dem Wagen folgte, die Gefangenen in Freiheit zu setzen. Der Tuchscherer Johann Waden stand in dem Wagen und hielt einen Feuerhaken, an dem er eine rote Tischdecke befestigt hatte, als Fahne in der Hand. Da die Öffnung des Arresthauses verweigert wurde, versuchte man, mit Äxten, Beilen, Hämmern und Steinen das Tor zu sprengen, und drohte, die Beamten «zu vierteilen», wenn man hineinkäme.

Die Furcht vor der zur Bewachung der Gefangenen in dem Hause anwesenden Militärwache veranlaßte einen Teil der Aufrührer, zu der nahe gelegenen Wohnung des Mechanikus Stiel zu ziehen, um sich zur Ausführung ihres Vorhabens noch mehr Werkzeuge zu verschaffen. Man schlug die Fenster des Hauses ein, und Johann Waden war schon in dasselbe eingestiegen, als er von einigen Arbeitern, die sich zur Verteidigung des Gebäudes mit eisernen Stäben bewaffnet hatten, wieder hinausgetrieben wurde, und als auch ein zweiter, der einzusteigen versuchte, zurückgeschlagen war, begann man, mit Steinen in die Fenster zu werfen, und drohte: wenn die Arbeiter keine Instrumente hergäben, so würde es ihnen das Leben kosten. Die Arbeiter wichen indessen nicht, warfen gleichfalls mit Steinen zurück, und es gelang ihnen, die Aufrührer zu vertreiben, die sich mit der Drohung entfernten, daß sie am Abend wiederkommen und das Haus in Brand stecken würden.

Hierauf zog ein Teil der Aufrührer mit dem Wagen nach dem Friedrich-Wilhelms-Platze zurück; die übrigen zogen, Wilhelm Müller mit einem Säbel bewaffnet, an ihrer Spitze, nach dem Katschhofe zu der Wohnung des Bierbrauers Beys, um sich der Gewehre, welche dessen Knecht seit mehreren Jahren gesammelt hatte, zu bemächtigen. Mit der Drohung, das Haus in Brand zu stecken, wenn nicht Gewehre, Pulver und Blei herausgegeben würden, drangen die Aufrührer in das Haus ein. Leonhard Prömpeler hielt, ein Bajonett in der Hand, die Tür besetzt. Die Kammer des Knechtes wurde mit Gewalt erbrochen und aus derselben und aus dem Malzhause ungefähr dreißig Gewehre fortgenommen, welche die Aufrührer unter sich verteilten. Darauf zogen sie unter Prömpelers Anführung, der jetzt mit einer Büchse bewaffnet war, nach dem Cockerillschen Hause zurück und setzten die Zerstörung desselben fort.

Bei dem Mangel an Soldaten hatten sich inzwischen mehrere Bürger bewaffnet und sich teils in das Arresthaus geworfen, um die daselbst vorhandene, geringe Militärwache zu verstärken, teils nach dem Cockerillschen Hause begeben, um die Aufrührer zu vertreiben. Letzteres war den Bürgern auch anfangs gelungen. Sie hatten indessen nicht vermocht, sich in dem Besitz des Hauses zu halten, da sie mit keiner Munition versehen waren. Einige von ihnen wurden entwaffnet. [...] Die Bürger mußten der Übermacht weichen und das Haus der gänzlichen Verwüstung preisgeben.

Hierauf wurde der Angriff auf das Arresthaus erneuert. Die Fenster wurden eingeschlagen, die Laden mit Feuerhaken aufgerissen und das Tor, welches schon in seinen Fugen wankte, aufzusprengen versucht. Der Pförtner Hochstätter hatte sich mit einer Pistole an die in das Tor bereits gehauene Öffnung gestellt und den Sackträger Peter Jacob Seepold sowie den Tuchscherer Peter Kern verwundet. Von Seiten der Aufrührer fielen drei Schüsse auf das Arresthaus, und da die Gefahr, daß dasselbe erstürmt werden würde, wuchs, so eilten einige der im Hofe aufgestellten Bürger in das vordere Zimmer, und der Dachdecker Joseph Belgrad, der die Fahne getragen hatte, wurde getötet. Andere wurden verwundet, und die Aufrührer ergriffen die Flucht, als sich ein Trupp bewaffneter Bürger auf der Straße schießend dem Arresthause näherte. Johann Andreas Meyer, der die Fahne übernommen hatte, wurde verhaftet.

Von dem Arresthause zogen darauf die Bürger, nunmehr mit hinreichender Munition versehen, nach dem Cockerillschen Hause, wo sich ein neuer Kampf entspann, bis endlich, nachdem mehrere von den Bürgern [...] verwundet waren, die Aufrührer genötigt wurden, das Haus zu verlassen und sich zu zerstreuen. In dem Hause fand man ein aus zertrümmerten Mobilien angelegtes Feuer, welches gelöscht wurde. Ein auf den Speicher, wo sich einige Tausend Pfund Heu und Stroh befanden, von den Aufrührern getragener Feuerbrand hatte, weil er zu tief in das Stroh gesteckt war, aus Mangel an Luft nicht gezündet. (Venedey, S. 5–9)

Übrigens tauchte damals als Kampfsymbol nicht nur eine rote Fahne auf – in Wirklichkeit ja ein rotes Tischtuch –, sondern ebenso ein weißes Tuch, als Fahne an einem dicken Knüppel befestigt.

Die bedrohten Geldherren bildeten rasch eine Bürgerkriegstruppe. Sonst so brav in der Befolgung staatlicher Gesetze, verletzte diese Truppe, natürlich ungestraft, das Verbot der bewaffneten Zusammenrottung, nach dem die Arbeiter später verurteilt wurden. Sie brachte es auf 1200 Mitglieder, denen die Arbeiter nichts entgegenzusetzen hatten. Sieben Arbeiter wurden getötet, viele verwundet, mehr als 150 verhaftet.

Der Mammutprozeß in Köln – fünf Wochen Verhandlung, mehr als 300 Zeugen – führte zu 53 Verurteilungen, davon sieben Frauen. Das Strafmaß fiel ungemein hart aus. Mit der Gemütlichkeit des liberalen Geschworenengerichts hatte es ein Ende, wenn das Eigentum der Fabrikanten zu Bruch ging. Drei Verurteilte: lebenslängliche Zuchthausarbeit und Brandmarkung mit den Buchstaben T. P.; vier Verurteilte: 20 Jahre Zwangsarbeit; fünf Verurteilte: 15 Jahre. Und so ging es weiter. Zusammen 474 Jahre Freiheitsberaubung und dreimal lebenslänglich. Fast alle Verurteilten wurden auf einem öffentlichen Platz in Köln eine Stunde lang an den Pranger gestellt. Köln hatte sein mittelalterliches Justizspektakel.

Die verurteilten Aufständischen weisen, genau wie die von Eupen (1821), ein Durchschnittsalter von 23½ Jahren auf, die Mitglieder der Bürgermiliz dagegen 36½ Jahre: zumeist Honoratioren, Fabrikanten, Kaufleute und staatliche wie städtische Bedienstete.

Die preußische Regierung verlegte nun 45 000 Soldaten ins unsicher werdende Rheinland. Dem Aachener Aufstand folgten andere Bewegungen in ganz Deutschland, städtische wie ländliche: in Sachsen, Braunschweig, Oberhessen, Kurhessen, Elberfeld, Hamburg, Kassel, Göttingen. Die bürgerlich-liberale Opposition fand ihren vorläufigen Höhepunkt im Hambacher Fest (1832). Die gleichzeitige, andersgeartete soziale Protestbewegung derselben Landschaft, der Pfalz, blieb dagegen in den Untergrund verbannt.

Quellen und Literatur

Aachen, Stadtarchiv, VI a 12 (Lithographie zum 30./31.8.1830)

Amtsblatt der Regierung Aachen, Nr. 45, 9. September 1830, S. 454/455.

Helmut Bock: Die Illusion der Freiheit. Deutsche Klassenkämpfe zur Zeit der französischen Julirevolution 1830 bis 1831, Berlin (DDR) 1980

Dieter Dowe: Aktion und Organisation. Arbeiterbewegung, sozialistische und kommunistische Bewegung in der preußischen Rheinprovinz 1820 bis 1852, Hannover 1970

Düsseldorf, Hauptstaatsarchiv, Regierung Aachen, Präsidialbüro Nr. 538 (zu Aachen 1830)

Düsseldorf, Hauptstaatsarchiv, Regierung Düsseldorf Nr. 37 (zu Krefeld 1828).

Hellmut G. Haasis: Morgenröte der Republik. Die linksrheinischen deutschen Demokraten 1789–1849, Berlin 1984

Ders.: Volksfest, sozialer Protest und Verschwörung. 150 Jahre Hambacher Fest, Heidelberg 1981

Martin Henkel: Scherereien (Eupen, April 1821), in: Martin Henkel/Rolf Taubert: Maschinenstürmer. Ein Kapitel aus der Sozialgeschichte des technischen Fortschritts, Frankfurt/Main 1979, S. 31–142

Martin Henkel/Rolf Taubert: Was läuft? Minima Historica aus der politischen Werkstatt unserer Vorfahren, in: Kursbuch 50, 1977, S. 35–56

Eberhard Kliewer: Die Julirevolution und das Rheinland, Phil. Diss. 1963

Koblenz, Landeshauptarchiv, Best. 402 Nr. 671; Best. 403 Nr. 2430. Krefeld, Stadtarchiv, Abt. VI Nr. 45 Vol. 1
Merseburg, Deutsches Zentralarchiv, Repositur 77 Tit. 505 Nr. 3 Bd. 1 (davon Mikrofilm im Stadtarchiv Krefeld)
HEINRICH RÖSEN: Der Aufstand der Krefelder Seidenfabrikarbeiter 1828 und die Bildung einer Sicherheitswache, in: Die Heimat, Krefeld, 36, 1965, S. 32–61 (Standort: Krefeld, Stadtbücherei)
TAUBERT (siehe Kapitel 93)
J(AKOB) VENEDEY: Darstellung der Verhandlungen vor den Assisen zu Köln über die Teilnehmer des am 30. August 1830 in Aachen stattgehabten Aufruhrs, enthaltend den Anklageakt, das Zeugenverhör, die Rechtfertigung der Anklage, die Verteidigung, das Resümee und das Urteil; nebst Schlußbemerkungen, Köln 1831
HEINRICH VOLKMANN: Form, Ursache und Funktion des sozialen Protestes im deutschen Vormärz, Habilitationsschrift, Berlin 1975 (Masch.schrift.)
Ders.: Wirtschaftlicher Strukturwandel und sozialer Konflikt in der Frühindustrialisierung. Eine Fallstudie zum Aachener Aufruhr von 1830, in: Peter Christian Ludz (Hg.): Soziologie und Sozialgeschichte, Opladen 1972, S. 550–565

99 Die fast ausgestorbene Kunst, aus der jahrhundertelang unterdrückten Rebellengeschichte zu erzählen

Ein den Mächtigen gegenüber souveränes Geschichtsbewußtsein bildet sich gewiß nicht durch wissenschaftliche Darstellungen, sondern eher durch ergreifende, gar geheimnisumwitterte Erzählungen. Die Kenntnis widerspenstiger Bewegungen auf eingängige Weise der nächsten Generation weiterzugeben, bedarf es einer Darstellung, die den Zuhörer in den Bann zu schlagen vermag. So macht Geschichte endlich einmal Spaß, Wissen nicht Kopfweh.

Diese alte Erzählkunst liegt im Sterben, ausgehungert durch immer neue Wellen von Medienüberfütterung. Moritz Hartmann (1821–72), ein böhmischer Revolutionär und Schriftsteller, beherrschte sie noch, er hatte sie offenbar von Nachfahren der Hussiten in seiner Heimat erlernt. Geboren wurde er im nordböhmischen Dorf Duschnik an der Litawka, nordöstlich der Bergbaustadt Přibram, unweit der wichtigen Fernstraße nach Prag. Die Bauern von Duschnik waren Tschechen. 1848 wurde Hartmann vom Wahlkreis Leitmeritz (Litoměřice) in die deutsche Nationalversammlung nach Frankfurt geschickt. Leitmeritz gehörte zumindest seit der hussitischen Revolution zu den Zentren böhmischer Bauernkämpfe (vgl. Kapitel 50, 57, 71, 81, 84). Gegenüber dieser hoch über der Elbe gelegenen Bezirksstadt befindet sich die einstige Festung Theresienstadt (Terezín), 1941–1945 nationalsozialistisches Konzentrationslager zur Vernichtung der Juden. Das berühmte Rebellengebiet, die Pforte zum böhmischen Mittelgebirge, zur böhmischen Schweiz, und die Massenmorde deutscher Machthaber, das alles liegt eng beieinander (vgl. Kapitel 20 – der sächsisch-thüringische Bauernaufstand von 1073 bis 1075 und das KZ Buchenwald; Kapitel 97 – Kalchgruber und das KZ Mauthausen).

Der Böhme Moritz Hartmann schloß sich in Frankfurt der Donnersberg-Fraktion an, der äußersten Linken, die als einzige die Verbindung zur dauernd notwendigen Aufstandsbewegung nicht verlor. Im Oktober 1848 nahm er wie der dann standrechtlich ermordete Robert Blum (1804–48) und Julius Fröbel (1805–93) bewaffnet an der Verteidigung der Wiener Revolution teil, und konnte nach deren bitterem Ende entkommen. Im Mai 1849 beteiligte er sich am badischen Aufstand, dem scheiternden Versuch, die erste demokratische Reichsverfassung Deutschlands gegen die Fürsten und die rechten Fraktionen der Paulskirche durchzusetzen. Als das badisch-pfälzische Freiheitsheer in die Schweiz überwechselte, mußte auch Hartmann sich auf das Exil einrichten. Er ließ sich am Genfer See nieder. Später wurde er, wie andere, amnestiert, lebte in Stuttgart, zuletzt in Wien.

Moritz Hartmann überlieferte uns in einer spannenden Geschichte die letzten Bewegungen und die Geheimnisse der böhmischen Brüder, der Nachkommen der einst gegen Kaiser, Reich, Kirche und Feudalheere so erfolgreichen Hussiten (Kapitel 50). Selbst in den nur religiös oppositionellen, illegalen Brüdergemeinden lebte das revolutionäre Geschichtsbewußtsein weiter, ein für den jungen Moritz rätselhafter wie anziehender, sperriger Trümmerberg. Bei den Manhartern im Brixental (Kapitel 96) und den Salpeterern im Hotzenwald erleben wir ähnlich, wie eine ursprünglich militante Freiheitsbewegung in einer verfolgten, religiösen Gemeinde ausläuft. Auch noch in diesen letzten Selbständigkeitsbestrebungen verbirgt sich der Angriff auf die Machtkirche und den absolutistischen Staat.

Um 1830 oder noch früher stieg in Moritz Hartmann die Neugierde auf, was der alte Richter des Dorfes Duschnik zu verheimlichen habe. Zwischen 1835 und 1840 weihte der alte Hussit den späteren Revolutionär ein. Dieser geriet so anhaltend in den Bann der seit dem 15. Jahrhundert andauernden böhmischen Freiheitsbewegung, daß ihm 1866, sechs Jahre vor seinem Tod, eine faszinierende Erzählung gelang. Davon wollen wir den größten Teil wiedergeben.

Es war ein alter Mann und Freund unseres Großvaters. Eigentlich hieß er Thomas, aber die wenigsten im Dorfe kannten seinen Namen, und ich selbst erinnere mich nicht mehr. Man nannte ihn nur den «alten Richter», denn er war Dorfrichter (d. i. Schulze) gewesen, bevor man ihn absetzte. Nicht das Dorf entsetzte ihn seines Amtes, sondern der Magistrat der nahen Stadt, der unser Dorf gehörte, oder Gott weiß wer? Eines Tages kam eine Schrift, die besagte, daß Thomas X. nicht mehr Richter sei. Niemand glaubte, daß dies der Magistrat getan habe; denn jedermann wußte, daß der Richter bei diesem in hohem Ansehen stand. Man fuhr fort, ihn den alten Richter zu nennen, zum Unterschied mit dem neuen, um den man sich wenig kümmerte, und sooft es anging, wandte man sich in den verschiedensten Angelegenheiten nach wie vor an ihn, so daß er doch eine Art von Schiedsrichteramt zu führen fortfuhr, wenn er auch nicht mehr an den Tagen des Wochenmarktes in die Stadt und aufs Amt ging. Trotzdem lebte er sehr einsam in seinem weiß und rot angestrichenen Bauernhäuschen, das durch einen Hof und durch die Stallungen, die diesen abschlossen, vom Dorfplatze getrennt war und rückwärts durch den Obstgarten geradenwegs in die Felder und ins Freie führte. An Arbeitstagen war er immer ganz in weiße Leinwand gekleidet, und trotzdem er alle seine Arbeit auf seinem kleinen Gute selbst verrichtete, immer eine rein und weiß glänzende Gestalt. [...]

O es war ein wunderschöner Greis, trotz des etwas breiten Gesichtes und der derb hervortretenden Backenknochen. Nichts an ihm zeigte das Betrübende des Greisentums, im Gegenteil wies alles an ihm jenes Tröstliche, das mit Reinlichkeit, Kraft und Strammheit, Milde und Weisheit am Greise doppelt schön anmutet. Er war nicht reich. Er bebaute seine wenigen Felder nur mit einem Paar Ochsen, aber seine Wirtschaft war die bestgeordnete im ganzen Dorfe, und die Bauern behaupteten, daß sein Grund, obwohl nicht in der besten Lage, selbst in schlechten Jahren ergiebiger sei als andere Felder und daß seine Ochsen beim Pflügen ihre Schuldigkeit tun, ohne gestachelt oder angerufen zu werden. In der Tat besaß er weder Peitsche noch Stachel, und ging er beim Pflügen ebenso still übers Feld hin wie beim Säen. Nur mit dem Raben, der sich dabei auf den Ochsen stellte, hielt er, wie sich ebenfalls die Bauern erzählten, mancherlei Zwiegespräche.

Überhaupt zeigte sich bei den Leuten des Dorfes ein eigentümliches Streben, allerlei Sagenhaftes, Geheimnisvolles, selbst Unheimliches mit Beziehung auf den alten Richter zu erfinden und zu glauben, ohne daß es darum gelungen wäre, ihn zu einer unheimlichen Gestalt zu machen. Es ist freilich wahr, daß er nicht ohne Not aufgesucht wurde, aber das war vielleicht mehr seine eigene Schuld als die der Nachbarn; denn er liebte die Einsamkeit und war oft durch viele Tage unsichtbar. Auch war er unverheiratet, ein greiser Junggeselle – etwas ganz Außerordentliches in unserem böhmischen Dorfe, wo sich die ältesten Söhne, die Erben des Bauerngutes, so früh als möglich verheiraten. Daß ein Besitzer eines Bauernhofes Junggeselle geblieben, das war wohl seit Jahrhunderten nicht vorgekommen.

Die Erinnerungen der beiden Alten, die von Hartmanns Großvater und des alten Richters, reichten in das bauernfreundliche Zeitalter der Josephinischen Reformen zurück. Die Vernichtung dieser Politik Kaiser Josephs II. (1765–90) durch Kaiser Franz II. (1792–1835) führte zu einer vielschichtigen, langanhaltenden Protestbewegung, zu der sowohl die österreichischen Jakobiner als auch Bauernrebellen wie der Oberösterreicher Kalchgruber (Kapitel 97) gehörten.

Der Großvater wurde oft heftig und schimpfte gewaltig auf den noch regierenden Kaiser Franz, den Bankerottierer, auf das Finanzpatent, auf die schwarzen Bankozettel, auf die Beamten und auf die Gerichte. Der alte Richter blieb immer ruhig, lächelte und sagte, das mache alles nichts, es werde doch besser, die Leute würden doch klüger – und da es schon einmal bessere Zeiten gegeben habe, so müßten auch wieder bessere Zeiten kommen.

«Du», polterte dann der Großvater heraus, «hast am wenigsten Ursache, diese Zeiten zu loben und auf bessere zu hoffen.»

«Ich, gerade ich!» antwortete dann der alte Richter mit tiefem Ernste.

Der alte Richter hat sich eine Hoffnung auf die Zukunft und ein positives Menschenbild bewahrt. Nur so läßt sich ein uralter, befreiender Rebellengeist lebendig erhalten und auch den Jüngeren weitergeben. Der Alte versteht sich auf die Kunst des Erzählens aus der Geschichte.

Der alte Mann erzählte uns oft allerlei schöne Sagen und Märchen und manchmal allerlei Ereignisse aus der böhmischen Geschichte, die er sehr gut kannte, von [Jan] Huß [um 1370–1415] und [Jan] Žižka [um 1370–1424, hussitischer Heerführer, blind], von König Ottokar [I. Přemysl, 1197–1230, erhielt das Erbkönigtum für Böhmen], von Georg von Podiebrad [1420–71, Hussit, böhmischer König], von den Statthaltern, die aus den Fenstern geworfen wurden und die zum Teil auf einen Misthaufen fielen, zum Teil in einem Hollunderstrauch hängenblieben [Prag 1618]; von den verschiedensten Herren, Grafen und Baronen, die ehemals in den vielen Schlössern der Umgegend, die wir kannten, gehaust und vielerlei Übeltaten verübt hatten; von unserem eigenen kleinen Schlößchen, darin ein Erzbischof geboren worden – aber all das genügte mir nicht mehr. Ich wollte, daß der alte Richter von sich selbst erzählte, und das fiel ihm nicht ein. Fragte ich den Großvater, was denn das sei mit dem alten Richter und ob er mir nicht etwas von ihm sagen wolle, dann wurde der alte, gichtische Mann sehr böse, nannte mich einen einfältigen, naseweisen Jungen und verbot mir, mich in Dinge, die mich nichts angingen, und in gefährliche Sachen zu mischen. Wenn die Großmutter dabei war, brachte sie wie immer ein Sprichwort an und sagte: Viel Wissen macht Kopfweh. Solche Antworten waren natürlich am wenigsten geeignet, meine jugendliche Neugier zum Schweigen zu bringen. Zum Glück hatte ich noch eine andere Geschichtsquelle, einen anderen «Zeugen alter Zeiten» im Hause, und ich beschloß, mich an diesen zu wenden.

Bekanntlich gibt es in Böhmen viele Diebe, und in jener Zeit kamen viele Einbrüche vor. Auch in unser Haus war vor nicht langer Zeit räuberisch eingebrochen und vor den Augen meines Vaters eine Kasse mit sechstausend Gulden und allerlei Preziosen [Geschmeide] entführt worden. Seit der Katastrophe hatte mein Vater einen Wächter angestellt, der unser frei und außerhalb des Dorfes stehendes Haus die ganze Nacht «umwandelte». Wazlaw, der Wächter, war ein gesprächiges, altes Männchen. Als ehemaliger Bergknappe wußte er viele schauderhafte Geschichten von Verschüttungen, hereinbrechenden Wassern, bösen Wettern, großen Schätzen und Berggeistern, und er erzählte sie gerne, wenn er vor unserem Schlafengehen in kalter Nacht bei uns saß, ehe er seinen Rundgang antrat. Der Mann, der so viel wußte, dachte ich, wird auch etwas vom alten Richter wissen, und eines Abends, da er sich am Ofen wärmte, an dem mein Bett stand, streckte ich mich ihm aus den Federn entgegen und sagte leise, daß es der Vater in der andern Stube nicht hören konnte: «Alter Wazlaw, jetzt sage mir einmal etwas vom alten Richter.»

«Vom alten Richter?» wiederholte Wazlaw, «das weißt du nicht? Das ist eine sündhafte Geschichte.»

«Was für eine Geschichte?»

«Der hat irgendwo», lispelte Wazlaw geheimnisvoll, «irgendwo in seiner Stube oder in der Scheune oder im Garten – Gott weiß wo – ein Buch und einen Kelch vergraben.»

«Ein Buch? – was für ein Buch?»

«Nun, eine Bibel, eine falsche Bibel, eine alte Bibel.»

«Und – und einen Kelch, sagst du?»

«Freilich einen Kelch, einen Meßkelch nämlich, aber einen falschen Meßkelch, nämlich einen Kelch für die falsche Messe.»

«Eine falsche Messe, Wazlaw, was ist das? Was tut der alte Richter mit der falschen Messe und wo denn?»

«Stille! – St –», sagte Wazlaw, indem er sich zu mir herabbeugte. «Über diese Dinge darf nicht gesprochen werden – es wird einem die Zunge aus dem Halse geschnitten, wenn man davon spricht.»

«Von wem denn, Wazlaw? Wer schneidet einem die Zunge aus dem Halse?»

«Der Dechant [Vorsteher eines Kirchenbezirks in der Diözese] in der Stadt oder der Probst auf dem heiligen Berge. Davon darf man nicht sprechen – gute Nacht.»

Zur Neugier gesellte sich nun der Schrecken, der den Böhmen nach jahrhundertelangen Verfolgungen in den Knochen steckte. Darüber pflegt sich ein Volk zu spalten. «Viel Wissen macht Kopfweh», sagte die resignierte Großmutter. Der junge Moritz dagegen läßt nicht locker.

Ich kam dann in die große Stadt aufs Gymnasium, und aus den Büchern erfuhr ich manches, was ich mit dem alten Richter zu Hause in unserem Dorfe in Verbindung bringen konnte. In der Geschichte, wie sehr gefälscht man sie uns auch vortrug, wurde der Kelch viel genannt und wurden die Kämpfe erzählt, die um den Kelch von «Kelchnern» gekämpft worden, und an der großen, alten Teinkirche [in Prag] wurde mir die Nische gezeigt, in welcher der große Kelch gestanden hatte, noch lange nachdem die Calixtiner oder Kelchner [gemäßigte Richtung der Hussiten] zugrunde gegangen waren. Ich erfuhr von Huß und über Žižka Ausführlicheres, als man daheim bei uns wußte, wo die Bauern nur von jeder Ruine zu erzählen wußten, daß sie vom blinden Žižka herrühre. Je mehr ich aber über diesen Gegenstand erfuhr, desto höher wuchs der alte Richter in meiner Schätzung und Phantasie. Er wuchs mir zu einer geschichtlichen Persönlichkeit heran, da ich ihn nun mit großen historischen Erscheinungen in Verbindung bringen mußte. Ernst und eigentümlich genug sah er dazu aus und auch gar nicht wie ein Mann von heutzutage.

Der Wissensdurst drängte Moritz zu all dem hin, was zu drucken, zu lesen und zu wissen verboten war. Er erfuhr endlich davon, wie der alte Richter um 1775 als Junge in die illegale Brüdergemeinde aufgenommen worden war, die noch immer intensive Kontakte zu emigrierten Brüdergemeinden in Holland unterhielt. Er lernte die Tragödie dieser schwer verfolgten Gemeinde kennen und verstand so die Außenseiterstellung des alten Richters im Dorf.

Eines Nachmittags – ich war damals schon so alt, daß man mich im Dorfe den Studenten nannte – lag ich wieder mit ihm [dem alten Richter] unter seinen Apfelbäumen, als er nach einigem Stillschweigen plötzlich begann:

«Student, dein Großvater ist nun schon vier Jahre tot. Er war um ein Jahr älter als ich. Du, sein Enkel, wächst auch stark heran, und das alles sagt mir, daß ich nicht mehr viele Sommer unter diesen Apfelbäumen mit dir lagern werde. Nun weiß ich», fügte er lächelnd hinzu, «daß du ein neugieriger Junge bist und daß du seit langem darauf wartest, daß ich dir über gewisse geheime Dinge spreche – und wenn du einmal wieder heimkehrtest und es hieße: der alte Richter ist tot, könntest du nachträglich noch recht böse werden über den alten Richter, der sich auf und davon gemacht, ohne deine Neugierde zu befriedigen. So will ich dir denn erzählen – manches, was nicht in deinen Büchern steht, weil sie nicht erlauben, daß es gedruckt werde.»

Mein Herz klopfte, als sollte ich in wichtige Geheimnisse eingeweiht werden. Der alte Richter streckte die Hand aus und deutete nach dem Walde, der, ziemlich öde und traurig, den Hügelkamm von Tonschiefer, jenseits des Flüßchens hinter dem Dorfe, krönt und mit seinen Föhren auf dem Plateau fortläuft, bis wo er bei Bukowa von großen, schönen Buchenwäldern abgelöst wird. Heute sah dieser sonst so düstere Wald freundlich aus; denn die Augustsonne vergoldete seine Gipfel, und ein feiner Schleier von Düften zitterte sichtbar zwischen ihm und dem blauen Himmel.

«In diesem Walde», sagte der alte Richter, «beginnt meine Geschichte. Ich war noch jünger, als du jetzt bist, als einmal, früh vor Morgengrauen, mein

Vater an meinem Bette stand, mich weckte und mir befahl, mich anzukleiden und ihm zu folgen. Er hatte seine Feiertagskleider an, und auch vor meinem Bette lag mein Sonntagsanzug, denn es war Ostermorgen. Die Mutter, ebenfalls geputzt, ging stille in der Stube umher, mit feierlichem Gesichte, und sah mich von Zeit zu Zeit mit fragendem und unruhigem Auge an. Im offenen Kamine brannte ein Kienspan. Die Flamme verbreitete durch die Stube ein flackerndes Licht, welches das Sehen mehr erschwerte als erleichterte, denn draußen war es noch ganz dunkel. Als ich angekleidet dastand, hob zu meinem größten Erstaunen der Vater einen großen Stein aus dem Boden, von dem ich nicht gewußt hatte, daß er beweglich war, und ich blickte in eine kleine, ausgemauerte Höhlung, und aus dieser Höhlung – zu meinem immer mehr wachsenden Staunen – holte er, während die Mutter mit gefaltenen Händen am Rande stand, einen goldenen Kelch, den das flackernde Licht außerordentlich glänzend und durch die Nacht blitzend erscheinen ließ, und dann ein Kästchen, das er öffnete, um ein großes, schwarzes, durch Klammern geschlossenes Buch herauszunehmen. Dann legte er das Kästchen wieder in die Höhlung und schloß diese mit dem Steine, der so gut hineinpaßte, daß ihn kein Mensch als eine Tür zu dem kleinen unterirdischen Behälter erkannt hätte. Meine Mutter ergriff sofort den Kelch und verbarg ihn unter dem Tuche, das sie umwarf, während der Vater das Buch mit dem Mantel bedeckte. Auf den Stein deutend und zu mir gewendet, sagte dann mein Vater mit gedämpfter, aber ruhiger Stimme: Wenn du je verrätst, daß hier ein Versteck ist und was hier verborgen ist, der alte, heilige Opferkelch unserer Väter und das heilige Buch, die Bibel, und wenn du je ein Wort von dem erzählst, was du heute sehen und erfahren wirst, dann bist du ein Verräter wie Judas Ischariot und hast deine Brüder und unsern Heiland verraten; denn du stammst aus dem Blute derer, die verfolgt werden ihres Gottes halber, und gehörst zu denen, die leben und beten müssen in Verborgenheit.

Mich überlief ein Schauer, und ich fing zu weinen an.

«Weine nicht!» sagte mein Vater; «denn dir widerfährt heute eine große Ehre.» Dabei legte er seine Hand auf meinen Kopf und lächelte voll Liebe und Milde. Meine Mutter schluchzte. Der Vater erschien mir da wie ein Heiliger oder Prophet, und mit unbedecktem Kopfe folgte ich ihm und der Mutter, als sie jetzt aus dem Hause traten und die Türe offenließen, um die Nachbarn über unsere Abwesenheit zu täuschen.

Wir gingen durch den Garten, geraden Weges hinaus ins Feld und über die Felder und Wiesen und über den Bach den Berg hinauf, ohne ein Wort zu sprechen. Oben auf dem Berge, hinter einem noch blätterlosen Strauche, saß ein junger Mensch, unfern von ihm, hinter einem Felsen, ein anderer. Es waren das ausgestellte Wachen. In diesen Kreis eingetreten, begegneten wir mehreren Wanderern, die von den verschiedenen Seiten herankamen, sich uns anschlossen und ebenso schweigend wie wir mit uns in den Wald traten, an dessen Rande wieder einige Männer als Wachen aufgestellt waren.

Ostern fiel damals sehr frühe, und die Jahreszeit war selbst für diese rauhe Gegend noch sehr im Rückstande. Wie auf Wiesen und Feldern, lag der

Schnee noch hie und da auf den Bäumen und auf den Lichtungen, und es sah noch sehr traurig aus im Walde. Nach ungefähr halbstündiger Wanderung hielten wir auf einem ziemlich großen, rings geschlossenen Platze, auf dessen Schneedecke man noch die Spuren des Wildes sehen konnte, das daselbst übernachtet und das die Versammlung verscheucht hatte. Diese belief sich wenige Minuten nach unserer Ankunft wohl auf hundert und mehr Personen. Bei der Flamme, die in der Mitte des Platzes entzündet wurde und die Versammlung beleuchtete, sah ich nur sehr wenige bekannte Gesichter. Viele mußten aus sehr weiter Ferne herbeigekommen sein. Aus unserem Dorfe waren außer uns nicht mehr als fünf Personen, drei Männer und zwei Frauen gegenwärtig. – Es herrschte eine solche Stille, daß man den Schnee von den Bäumen durchs Geäste fallen hörte.

Mein Vater trat in die Mitte des Platzes in die Nähe des Feuers, und während ihm ein anderer alter Mann mit einem brennenden Kienholz leuchtete, las er mit lauter Stimme und in unserer Sprache [tschechisch] aus dem Evangelium Markus vom Abendmahl und von der Auferstehung. Er las so laut, als ob er in diesem Augenblicke keine Späher fürchtete. Nur einmal unterbrach er sich, als aus einem nicht fernen Dorfe die Glockenklänge von der Kirche der dortigen Kreuzherren, vom Morgenwinde hierher getragen, für einige Minuten hörbar wurden. Es war, als wollte er nicht, daß die Worte des Evangeliums sich mit den Klängen jener Kirche vermischten. Nach der Vorlesung begann die ganze Versammlung einen frommen Gesang, der mir das Herz erzittern machte. Es war ein uraltes Lied, das sich von Geschlecht zu Geschlecht heraberbte, und ein Mann sagte mir, daß es von den Scharen Žižka's und Prokops des Großen [um 1380–1434, ab 1424 nach dem Tod Žižkas Heerführer der Taboriten, der radikalsten Hussiten] gesungen wurde. Wie die Melodie, waren auch die Worte alt und das Ganze so fremdartig, wie ich mein Lebtag nichts gehört hatte: so wild und so traurig, daß man sich hätte schlagen und selig sterben mögen. Doch sangen sie nur mit so gedämpfter Stimme, daß der Gesang der ganzen Gemeinde wohl kaum hundert Schritte weit vom Platze einem mäßigen Windgesause geglichen haben mag. Auch der Gesang wurde einige Zeit unterbrochen, als sich jene Glocke aufs neue hören ließ. Nach dem Gesange nahmen wir alle das heilige Abendmahl, und zwar in beiderlei Gestalten, in Wein und Brot, nach dem Gesetze der Alten, die man Hussiten nannte, und nach der Lehre des Johannes Huß, für die so viel Blut geflossen. Aber nicht mein Vater allein erteilte den Kelch. Viele Männer, junge und alte, gingen umher mit goldenen Kelchen und erteilten Brot und Wein und sagten dazu: *Dies bedeutet* das Blut und den Leib Jesu Christi – und die Männer und Weiber, ehe sie aßen und tranken, wiederholten mit Nachdruck: *dies bedeutet.* Sobald sie gegessen und getrunken, wandten sie sich um und gingen still von dannen, um sich hinter den Bäumen des Waldes zu verlieren. So wurde die Versammlung rasch klein und kleiner, bis fast nur die Männer mit den Kelchen übrigblieben und sich in der Mitte des Platzes zusammenfanden, wo sie einander gegenseitig Brot und Wein anboten. Dann gingen auch sie, und der Platz war ganz leer, als ich ihn mit Vater und Mutter verließ. Lange vor Tagesanbruch waren wir wieder daheim in unserer Stube, und lagen Buch und Kelch wieder in ihrem sicheren Verstecke.

Ich saß in der dunkelsten Ecke und brütete. Mein Herz war tief ergriffen. Obwohl mir noch niemand über die Sache gesprochen, obwohl der ganze Gottesdienst im Walde in der größten Einfachheit abgehalten worden, war es mir doch, als gehörte ich mit ganzer Seele und für immer und ewig jenem Glauben der Verfolgten und Verborgenen. Ich begriff nun manchen rätselhaften Vorgang im Hause meines Vaters, und manche seiner Worte und Bemerkungen aus früherer Zeit und die Erinnerungen an diese mit dem, was ich den Morgen erlebt hatte, fingen in meinem Kopfe zu arbeiten an. Ich wagte mich in Gedanken an Dinge, von denen ich tags zuvor nicht zu träumen gewagt hätte. Es war mir, als würde es lichter in meinem Kopfe und als spannten sich zugleich meine Muskeln und alle meine Kräfte zu Trotz und Kampf gegen alle die, welche die Gemeinde zur Verborgenheit zwangen. Darum war ich wie vom Donner gerührt und war es mir unbegreiflich, als mich mein Vater, da der Tag längst angebrochen war, aufforderte, ihm wie jeden andern Sonntag auf den heiligen Berg und in die Kirche zu folgen. Ich sah ihn an, ob er etwa scherze?

Er legte mir die Hand auf die Schulter und sagte: «Mein Kind, dein Vater ist kein Heuchler! Nur so können wir uns vor Verfolgung retten, nur so haben wir in Verborgenheit unsern Glauben bewahrt durch Hunderte von Jahren. Wir müssen! Der Feind ist zu mächtig, und unser ist nur eine kleine Zahl.»

Wie zu Ostern, war es zu Pfingsten, nur daß sich diesmal die Gemeinde anderswo versammelte. Du kennst die schwarzen Gruben; es sind das verschüttete Schachte, Überbleibsel eines alten Bergwerkes, und der Aberglaube meidet sie besonders in der Nacht als den Aufenthalt des Bösen und seiner Schar. Auch sehen sie schwarz und unheimlich genug aus. Einige derselben bilden einen großen Trichter und haben mit dem an den Rändern aufgehäuften Schutt eine große Tiefe, eine solche Tiefe, daß aus ihrem Grunde jeder noch so starke Schall nur sehr gedämpft und schwach auf die Oberfläche der Erde gelangen kann. In einer solchen Grube versammelten wir uns zu Pfingsten, und so wechselte der Ort der Versammlung bei den verschiedenen Festen. Manchmal war er von diesem Dorfe so weit entfernt, daß wir mehr als die halbe Nacht zu wandern hatten, um ihn zu erreichen. An Sonntagnachmittagen gingen wir oft, wie lustwandelnd, in eines der benachbarten Dörfer, wo wir eine kleinere Anzahl von «Altgläubigen» bei einem Freunde versammelt fanden und wo man in der Bibel las und sie nach den alten Überlieferungen und neuen Auslegungen erklärte. Solche Versammlungen wurden manchmal selbst unter dem Vorwande eines Trinkgelages abgehalten.

Da kam eine Zeit, in der, als es schien, alle Heimlichkeit, weil alle Verfolgungen, aufhören sollte. Damals regierte der gute Kaiser Joseph, und seine Gesetze bestimmten, daß jedermann seinen Glauben sollte öffentlich bekennen und auch ausüben dürfen [Jahr 1781]. In der Gemeinde wurde viel darüber beraten, ob man aus der Heimlichkeit heraustreten solle oder nicht. Viele waren dagegen; denn sie sagten, die Zeit sei noch nicht reif und die Gewalt der anderen, der feindlichen Kirche noch zu groß, um es zu wagen und das Geheimnis offenkundig zu machen, und daß der Kaiser mit aller Macht und mit dem guten Willen es nicht durchsetzen werde gegen die Geistlichkeit. Andere wieder sagten: da die Jesuiten vertrieben seien, die größten Widersacher aller Andersgläubigen, und da der Kaiser Hand legte selbst an die anderen Orden und die Klöster aufhebe und da selbst Bischöfe auf seiner Seite ständen und manche in österreichischen Landen und draußen im Reiche sich selbst gegen die Macht des Papstes in deutschen Landen erhöben, wäre es Verrat und Feigheit, sich länger zu verbergen. Es hieße bei solcher Lage der Dinge zu viele Menschenfurcht zeigen und seinen Gott verleugnen. Hätten doch die alten Taboriten ihren Glauben vor aller Welt bekannt und aufrechterhalten, als der Kaiser und das ganze Reich gegen sie standen und der Papst das Böhmerland mit Bann und Interdikt [Verbot aller kirchlichen Handlungen] im Innersten zerriß. Es seien andere Zeiten; das bewiesen die Vorgänge im Reiche selbst, in Preußen unter König Friedrich und selbst in Frankreich, wo, wie wir sichere Kunde hatten, der verfolgten Kirche von König Ludwig größere Freiheiten zugestanden wurden, als seit hundert Jahren und mehr nicht der Fall gewesen.

Die Meinung der Männer, die mit ihrem Glauben heraustreten wollten ans Tageslicht, wurde von Holland aus unterstützt, wo die vor mehr als hundertfünfzig Jahren, nach der Schlacht am Weißen Berge [1620] ausgewanderten Böhmen eine Gemeinde bildeten und die uns mit Zuspruch und mit Sendung von Büchern, die dort gedruckt wurden, niemals vergessen hatten. Sie beglückwünschten uns, daß wir nunmehr unsern Gott frei bekennen durften, und das war wie eine Ermahnung, es zu tun und unsern Glauben nicht zu verleugnen.

Es war uns zum Unheil, daß wir unser Geheimnis preisgaben. Das Volk um uns her staunte zwar, als wir aufhörten, die Kirchen zu besuchen und an seinen Festen und religiösen Handlungen teilzunehmen. Es betrachtete, da es von Ketzern längst nichts wußte, unsere Kommunion mehr als ein zauberisches denn als ein ketzerisches Werk, aber es ließ uns gewähren. Unser eigenes, friedliches Leben gab ihm ein gutes Beispiel, und unser brüderliches Zusammenhalten sagte ihm, daß unsere Lehre doch manches Gute enthalten müsse. Dazu kam wie eine unbestimmte Erinnerung, daß seine eigenen Väter einst unsern Glauben gehabt hatten. Man gab uns die verschiedensten Namen: Helviten [Helvetier, von Zwingli und Calvin; vgl. Kapitel 89], Altgläubige oder Altglauber, wohl auch Hussiten und Taboriten. Die Ämter bezeichneten uns zumeist als «Mährische Brüder». Manche Benennung sollte auch einen Schimpf enthalten, aber trotzdem störte man unsere Ruhe nicht. Doch sollte sich das alles bald ändern.

Du weißt es, Student, du weißt es aus den Büchern, daß Kaiser Joseph nicht lange regierte und daß viele seiner Gesetze vor ihm selbst begraben wurden. Er war nicht stark genug, sie am Leben zu erhalten. Er lebte noch, und er mußte es mit ansehen, wie viele seiner Befehle und Anordnungen so gedeutet wurden, daß sie das Gegenteil von dem, was er damit gewollt, besagen mußten. Plötzlich wurde uns die Ausübung unserer Religion bei den schwersten Strafen verboten, und da man nun die Ältesten und Vorsteher unserer Gemeinde kannte, erging an diese der Befehl, ihre Bibeln an einem gewissen Tage den Bischöfen zu übergeben.

Jetzt will ich dir erzählen, was sie nicht in die Bücher schreiben lassen und was doch schön ist.

Die Ältesten und Vorsteher, zu denen auch mein Vater gehörte, sollten sich hier in unserer Bergstadt versammeln und von da aus in die Kreisstadt begeben, um dort dem Bischof selbst die Bibeln zu überliefern. An Widerstand wollten wir nicht denken; auch war unsere Zahl eine sehr geringe. Als die Ältesten aus ihren Gemeinden abzogen, war großes Wehklagen; denn allgemein ging die Sage, daß sie ebensowenig wie ihre Bibeln je wieder heimkehren sollten. Man sagte, daß man sie des Landes verweisen oder ins Gefängnis werfen oder in weite Ferne schicken und zum «Schiffeziehn»* verurteilen werde. Das Wehklagen und die Sorgen waren umso größer, als die Ältesten und Vorsteher alle hochbetagte Greise waren. Aber mutig, wenn auch trauernd, zogen sie von dannen; zwölf an der Zahl, waren sie den zwölf Aposteln gleich anzusehen. Als sie aus dem Rathause der Bergstadt traten, wo sie sich versammeln mußten, zog mancher Mann vor ihnen die Mütze, der sie sonst auch vor Heiligenbildern zog, obwohl uns das am meisten übel genommen wurde, daß wir die Heiligenbilder nicht verehrten.

Ich zog mit meinem Vater, wie mancher Sohn eines Ältesten tat, um ihn nicht zu verlassen und gleich zu sehen, was mit den Greisen geschehen werde. Nach eintägiger Wanderung, auf der uns zwei Bewaffnete begleiteten, kamen wir in der Bischofsstadt an, spät in der Nacht. Am nächsten Tage, morgens um zehn Uhr, sollten die Greise vor dem Bischof erscheinen.

Um die bestimmte Stunde machten sie sich aus der Herberge, wo wir auf Stroh übernachtet und ausgeruht hatten, auf den verhängnisvollen Weg. Zwei und zwei gingen sie dahin, schweigend und ruhevoll. Wir, ihre Söhne, folgten ihnen mit den Bibeln im Arme. Die Lakaien und Kapläne, denen wir im Hofe des Palastes, auf den Treppen und in den Vorsälen begegneten, sahen uns mit spöttischen Gesichtern an, und da und dort fiel auch ein Wort des Hohnes und des Schimpfes. Was erwartete uns beim Bischof selbst?!

Der Bischof, ein noch junger Mann – wenigstens sah er den sehr alten Greisen gegenüber mit seinen vierziger Jahren noch sehr jung aus – der Bischof stand im halben Ornate in der Mitte seiner prächtigen Stube und stützte sich mit der Hand auf einen mit kleinen Steinen in allen Farben ausgelegten Tisch. Er hatte offenbar die Absicht, die Greise freundlich zu empfangen; denn im ersten Augenblicke umzog ein Lächeln seine Lippen. Bei ihrem Anblick aber nahm sein Gesicht gleich einen andern Ausdruck an und sah sehr ernst und wie erschrocken drein. Er machte mit der Hand ein Zeichen, daß sie näherkommen möchten, kam ihnen

* [Anmerkung von M. Hartmann]: Vom «Schiffeziehn» war, wenigstens in meiner Jugendzeit, unter dem Volk als von einer sehr harten Strafe viel die Rede. Wahrscheinlich lag dem eine dunkle Vorstellung von der Galeerenstrafe zugrunde. Man dachte sich den zum «Schiffeziehn» Verurteilten auch immer sehr weit vom Vaterlande.

aber selbst auf halbem Wege entgegen. Sie nahmen uns Jungen die Bibeln ab. Mein Vater trat mit der seinen zuerst hervor und wollte, indem er sie dem Bischof hinhielt, etwas sagen – aber da verließ ihn seine Ruhe und Stärke, und Tränen flossen über sein altes Gesicht herab. Da dies die andern sahen, fingen sie auch still zu weinen an. Mein Vater küßte das Buch und legte es auf den Tisch, und so taten dann die andern elf, einer nach dem andern. Kein Wort wurde gesprochen. Auch ihr Weinen war so still, daß es die Stille nicht unterbrach, nur wir Jungen, die wir an der Türe standen, schluchzten etwas lauter. Der Bischof blickte unverwandt und mit andächtigem Staunen auf die alten Männer, die still weinend, aber ruhig vor ihm standen.

Mein Vater war der erste, der wieder des Wortes mächtig wurde, und sagte mit zitternder Stimme: Hochwürdigster Herr, wir geben unser Bestes her, weil es uns im Namen des guten Fürsten [Christus] befohlen wird, unsern Ratgeber, unsern Trost. Wir wollen nicht sündigen, indem wir uns dem guten Fürsten widersetzen, aber wir wollen auch nicht sündigen, indem wir unsern Glauben verleugnen, und so sagen wir es, weil wir das Buch übergeben: wir glauben, daß das Buch dem Laien gegeben ist wie dem Priester, daß die heiligen Symbole [Sakramente] in allen Gestalten gegeben sind dem Laien wie dem Priester zur Erinnerung an den Fürsten der Liebe und daß die Bruderliebe die einzige und wahre Religion ist. Und indem wir das heilige Buch ausliefern müssen, wollen wir nicht sagen, daß wir uns vom Glauben trennen, bei dem zu verharren, uns unser Gewissen befiehlt, was auch über uns verhängt werden möge.

Der Bischof nickte während dieser Rede meines Vaters immer zustimmend und wie billigend mit dem Kopfe, sagte aber kein Wort; doch bewegte es sich in seinem Gesichte, als ob er etwas sagen wollte, es aber vor großer Aufregung und innerem Widerstreit nicht hervorbringen könnte.

Jetzt horche auf, was geschah, damit du es immer wissest, wie stark die Wahrheit sei, selbst wo sie nur in schwachen Greisen dargestellt ist.

Wie der Bischof immer nichts sagte und so eine geraume Zeit verflossen war, fragte einer der alten Männer:

Und was sollen wir nun tun?

Mich segnen! rief er mit zitternder Stimme, und dabei tat er rasch einen Schritt den Greisen entgegen und neigte ihnen seinen Kopf zu, wie überwältigt von einer Last.

Wie ein großer Schreck durchfuhr es die Alten und uns Jungen stockten plötzlich die Tränen und wir sahen mit solchem Staunen auf, als ob sich vor unsern Augen ein Wunder begeben hätte. Mein Vater faßte sich zuerst, legte die Hand auf das Haupt des Bischofs und sagte lächelnd:

Ein Bruder segnet den Bruder aus ganzem Herzen, aus ganzer Seele und aus allen Kräften! –

Dann winkte uns der Bischof mit der Hand, und wir gingen voll von Heiterkeit, die wir so betrübt gekommen waren. Es war uns, als wäre aller Zwiespalt aus der Welt genommen und wie eine Verheißung einer guten Zeit in der Zukunft.

Siehst du, das ist's, was sie nicht in die Bücher setzen und was doch wahr: daß sich ein Bischof von den Ketzern hat segnen lassen.

Du wirst es begreifen, Student, fuhr der alte Richter nach einiger Zeit fort, daß wir über dieses merkwürdige Ereignis schwiegen; denn, ruchbar geworden, hätte es dem guten Bischof viele Feinde gemacht. Auf dieses Ereignis folgte eine traurige Zeit, wenn auch keine eigentliche Verfolgung – die kam erst später. – Die Geistlichen predigten gegen uns, und das Volk mied uns. Wir waren wie Verpestete, und den Leuten war das Wort «Ketzer» wieder geläufig geworden. Was mich betrifft, so habe ich für meine Religion ein gutes Weib verloren. Du hast sie noch gekannt, es war die gute Alte, die vor zwei Jahren dort oben, über dem Dorfe, in der Mühle gestorben. Sie war meine Verlobte, und wir liebten einander herzlich. Als die Bibeln abgeliefert werden mußten und wir von allen Kanzeln als Anbeter des Teufels verschrien wurden, nahmen die Eltern ihr Wort zurück. Sie starb als Jungfrau, ich bin ein alter Junggeselle – aber was einzelnen geschieht, ist immer eine Kleinigkeit in der großen und weiten Welt, und es ist leicht zu tragen, wenn man sich nicht selbst verleugnet hat. Davon will ich weiter nicht sprechen, wenn es mir auch wohltäte, heute unter diesen Apfelbäumen Enkelchen spielen zu sehen, denen ich unschuldige Geschichten lieber erzählen würde, als dir diese traurige. Davon genug. Der Kaiser Joseph starb, wie man damals sagte, vergiftet, jedenfalls vergiftet durch das Mißlingen aller seiner guten Taten. Auf dem Totenbette mußte er seine besten Gesetze zurücknehmen, und nach ihm wurde es schlimmer, als es vor ihm gewesen. Kaiser Leopold [1790–92], sein Bruder, regierte nur kurze Zeit, und als Franz zur Regierung kam, mußten wir erfahren, daß man mit der Ablieferung der Bibeln nicht ganz befriedigt war.

Eines Tages – mehrere Jahre nach Übergabe der Bibeln – wurde mein Vater vor Gericht geladen und kehrte nicht wieder heim. Meine Mutter war längst gestorben. Ich schloß das Haus und ging aus, um nach ihm zu suchen. Er war damals ein Greis von achtzig Jahren. Ich fand ihn im Gefängnis der Kreisstadt. In dieser Stadt verdingte ich mich als Knecht, und mit meinem Lohne und dem Erlöse vom Verkaufe eines Teils unserer Habe gelang es mir, den Gefängniswärter zu bestechen und in den Hof zu kommen und den greisen Dulder durch das Gefängnisgitter, das sich hart am Boden befand – denn er saß in einer Kellerzelle – zu sehen und zu sprechen. An diesem Gitter verbrachte ich manche Nacht, und in einer stürmischen, kalten brachte ich mein Bett herbei und stopfte es nach und nach durch das Gitter, daß er wenigstens weich und warm liegen konnte. O die Nacht! Ich werde sie nicht vergessen. Die Herren glaubten damals, daß, wenn sie die Ältesten der Gemeinde, die man nun kannte, entfernten, erschreckten oder bekehrten, die andern von selbst in den Schoß der Kirche zurückkehren würden. Ich weiß nicht, ob sie bei meinem Vater die Mühe als vergeblich erkannten oder ob sie ihn nur nicht im Gefängnis wollten sterben lassen. Nachdem er einen Herbst und einen Winter lang in dem schrecklichen Keller verbracht, ließen sie ihn frei, und ich brachte einen sterbenden Mann in dieses Haus, das er als ein wunderbar rüstiger Achtziger verlassen hatte. Er überlebte den Frühling nicht, und in einem Winkel des Kirch-

liegt er bei den Selbstmördern begraben, wo sie wahrscheinlich auch mich begraben werden.

Siehst du, Student, das ist alles, was ich dir zu erzählen habe. Nun weißt du, warum sie im Dorfe den alten Richter so ansehen. Nun weißt du alles!»

«Alles?» fragte ich mit jugendlicher Naseweisheit, «du hast mir nicht gesagt, ob du jetzt der Älteste deiner Gemeinde bist und ob du nicht auch irgendwo einen Kelch und eine Bibel verborgen hast.»

Der alte Richter erhob sich, sah mich freundlich lächelnd an und sagte: «Du bist der Lieblingsenkel meines alten, toten Freundes, der immer treu zu mir hielt und alles wußte. Ich will dich als seinen Erben ansehen und ich antworte dir: Ja!»

Moritz Hartmann ließ den Faden dieser auslaufenden böhmischen Revolutionsbewegung nie fallen. Er griff ihn schon in seinem ersten Gedichtband «Kelch und Schwert» (1845) auf. Aus dieser bei uns kaum bekannten Tradition heraus schloß er sich 1848/49 der republikanischen Revolutionsbewegung an.

Quellen und Literatur

Moritz Hartmann: Der alte Richter. Eine geheime Geschichte, in: Freya 6, 1866, S. 313–320 (hiernach zitiert). Wieder abgedruckt in: Ders.: Gesammelte Werke, 7. Bd., Stuttgart 1873, S. 464–482

Ders.: Kelch und Schwert. Dichtungen, Leipzig 1845

Ders.: Der Krieg um den Wald, 1850, Neudruck Stuttgart o. J. [um 1952] (Vergleichbar mit der hier abgedruckten Erzählung; es handelt sich um den alten Bauernadvokaten Mika 1744 im Bergdorf Obtschov oberhalb von Duschnik)

Rudolf Říčan: Die böhmischen Brüder. Ihr Ursprung und ihre Geschichte. Mit einem Kapitel über die Theologie der Brüder von Amadeo Molnár, Berlin (DDR) 1961

Otto Wittner: Moritz Hartmanns Jugend, Diss. Bern 1903, Wien 1903 (Standort: Bern, Stadtbibliothek)

100 Der deutsche Arbeiterverein «Löwenfels» in Mülhausen/Elsaß (1835/36)

Ihre größte und wirkungsvollste Massenkundgebung führte die bürgerlich-liberale Oppositionsbewegung 1832 auf dem Hambacher Schloß durch, eine Burgruine vier Kilometer südlich von Neustadt an der Weinstraße. Danach bliesen die deutschen Staaten und Österreich zur Verfolgung der namhaft gemachten Oppositionellen. Die zur Emigration Gezwungenen konzentrierten sich zuerst in der Schweiz, wo sie in Bern die Geheimorganisation «Das Junge Deutschland» nach dem Vorbild der Emigrantengruppen anderer Nationen gründeten. Die Hambacher prägten Themen und Organisationsformen dieser revolutionären Verbindung. Sie konzentrierten ihre politische Arbeit auf die Handwerksgesellen. Dazu schrieb Ernst Schüler, eines der Häupter des Jungen Deutschland:

Der deutsche patriotische Handwerker ist eine Propaganda zu Fuß, das Felleisen auf dem Rücken, ein paar Batzen in der Hand, wandernd von Berlin nach Konstanz, von Wien nach Hamburg. (Schüler, S. 17/18)

Wie diese Arbeitervereine gelebt haben, entzieht sich zumeist unserer Kenntnis; denn ständig bedroht von der Verfolgung, beschattet von Spitzeln, gefährdet von möglichen Verrätern in den eigenen Reihen, hinterließen diese Geheimorganisationen uns wohl eine große Anzahl hochinteressanter Flugschriften, aber keine Angaben über ihr inneres Leben. Die noch ganz nach den liberalen Grundsätzen von Hambach, einem späten Echo der Großen Französischen Revolution, orientierten Verschwörer des Jungen Deutschland trugen, ebenso wie der «Bund der Geächteten» in Paris, durch die Agitation und Organisierung der Handwerksgesellen dazu bei, den Bruch mit den Hambacher Ideen herbeizuführen. Diese Linie führte zur Ausbildung sozialistischer Ideen. Insofern ist es durchaus reizvoll, die mühevollen Anfänge nach 1830 kennenzulernen.

Noch einmal sei gewarnt: hier handelt es sich nicht um die Ursprünge der Arbeiterbewegung, wie allgemein geglaubt. Eine Arbeiterbewegung gab es schon früher, sobald Beschäftigte, die nichts besaßen als ihre Arbeitskraft, sich gegen Kapitalbesitzer, Herrscher und Staat zur Wehr setzten. Dann bewegten sich die Arbeiter wirklich. Ein Vereinsstatut, ein Versammlungslokal, ein tüchtiger Bierkonsum und ein Kassierer machen noch keine Arbeiterbewegung aus.

Den Glücksfall eines nur zufällig erhaltenen Einblicks in die Frühzeit des

Jungen Deutschlands gewährt uns ein Brief von Ernst Schüler an Dr. med. Ernst Dieffenbach in Zürich. *Ernst Schüler*, geb. 1807 in Darmstadt, Studium der Theologie und Philologie in Gießen bis 1830, Burschenschaftler, Lehrer am Gymnasium von Gießen, 1833 Teilnehmer am Frankfurter Wachensturm, Flucht in die Schweiz; dort ernährte er sich seit Juni 1833 als Gymnasiallehrer in Biel (Bienne). Noch 1833 gründete er hier den ersten deutschen Arbeiterverein in der Schweiz. Er blieb der Revolutionsbewegung treu, wurde aus politischen Gründen entlassen, dann Posthalter in Biel und Besitzer einer Druckerei. 1847 nahm er am Schweizer Sonderbundkrieg gegen die reaktionären, katholischen Kantone der Innerschweiz teil, ebenso wie der einstige Frankenthaler Bürstenbinder und spätere Sozialist Johann Philipp Becker (1809–86). Im Frühjahr 1848 half er mit bei der Aufstellung einer «Deutschen Legion in der Schweiz», die sich am ersten badischen Aufstandsversuch beteiligte.

Ernst Dieffenbach, geb. 1811 in Gießen, ebenfalls Burschenschaftler, flüchtete nach dem Frankfurter Wachensturm nach Straßburg (Strasbourg), ging 1834 nach Zürich, wo er den dortigen Arbeiterverein ins Leben rief.

Am 10. September 1834 schrieb Schüler in Biel an Dieffenbach nach Zürich:

Als das j. D. [Junge Deutschland] entstand, so waren seine Mitglieder nur wenige und diese wenigen alle in Bern vereinigt. Darum konnte mit leichter Mühe eine Kommission ernannt werden, welche den Entwurf der Statuten ausarbeitete und denselben sodann der nicht zahlreichen Gesamtheit zur Genehmigung vorlegte. Die so entstandenen Statuten wurden in Menge lithographiert und so viel Exemplare verteilt, als die Verbindung Mitglieder zählte. Jetzt erst, nachdem das junge Deutschland Statuten hatte, lud man von Bern aus auch andre Deutsche ein, der Verbindung beizutreten, und sandte ihnen die Statuten, z. B. an euch in Zürich und an mich. Wie ihr damals die Sache aufgenommen, weiß ich nicht. Ich fand viele Mängel an den Statuten, mehr noch als du in deinen Briefen angegeben hast, und trug – gleich euch – auf Abänderung der Statuten in mehreren §§ an. Dahin gehörte namentlich, daß dieselben im Allgemeinen nur für die Flüchtlinge in der Schweiz berechnet schienen, während doch Deutschland eigentlich das Land ist, in dem und für das wir wirken sollen. Diese einseitige Richtung geht namentlich daraus hervor, daß die Leitung der ganzen Verbindung von Flüchtlingen zu Bern ausgehe, welche nach den Statuten das nach Aristokratie riechende Recht hätten, sich selbst zu ergänzen. Ich verlange daher, daß durch besondere Emissäre [Boten] an verschiedenen Orten Deutschland ähnliche Komitees errichtet würden, die dem in der Schweiz bestehenden koordiniert wären. Dann müßten aber diese verschiedenen (etwa fünf) Komitees, um ihre Wirksamkeit im Innern der Verbindung und nach außen, also im Verkehr mit dem j. E. [junges Europa; Geheimorganisation von

Giuseppe Mazzini] zu konzentrieren, einen Zentralausschuß aufstellen, welcher nach dem Willen der Gesamtheit größerer Sicherheit wegen seinen Sitz wohl am zweckmäßigsten in der Schweiz nehmen könnte, aber nicht müßte. [Es folgt in dieser Abschrift eine Lücke]

Unsere hauptsächlichste Aufgabe ist es jetzt, die in der Schweiz lebenden Deutschen für unsere Verbindung zu gewinnen und zu dem Ende die Handwerker zu berücksichtigen. Diese kehren über kurz oder lang ins Vaterland zurück und werden da, wenn wir sie gehörig begeistert haben, nicht allein unsere Ideen, sondern auch das Wesentlichste unserer Form verbreiten und, wenn wir wollen, mit uns in ständiger Verbindung bleiben. Sie in Klubs zu bringen, in welchen – gleichwie in den Burschenschaftskränzchen – belehrend gewirkt und überzeugt werden soll, wird von den Statuten gefordert und ist gewiß zweckmäßig. Außerdem sollen wir aus den Mitteln, die uns aus freiwilligen monatlichen Beiträgen der Mitglieder und aus den Kartengeldern zufließen, Emissäre in der Schweiz herumsenden und namentlich nach Deutschland auch solche schicken, um mit den da bestehenden patriotischen Vereinen in Verbindung zu treten, sie womöglich mit uns zu vereinen zu gemeinsamem Wirken und Streben und später, um die angeknüpften Verbindungen zu erhalten.

In einer Nachschrift vom 13. September fügte Schüler hinzu:

Ich will dir nun noch Bericht erstatten über das Zunehmen des j. E. und des j. D. insbesondere. In Bern wohnte ich einer Versammlung von 150 Handwerkern bei, die jeden Montag sich einfinden, um bei einem Glase Bier zu singen, von ihnen selbst ausgearbeitete Reden anzuhören und vom Vaterland zu sprechen. Aus dieser Masse hat man bis jetzt 20 herausgefunden und förmlich in das j. D. aufgenommen. Sie bilden zwei Klubs. Beide waren während meiner Anwesenheit in Bern versammelt und zeigten nicht allein viel Enthusiasmus, sondern sogar viel Bildung. Einige von ihnen begleiteten mich drei Stunden weit. – In Biel besteht schon seit langer Zeit ein wohlorganisierter Klub, desgleich hier. Morgen werden wir die Handwerker in großer Menge versammeln und so jeden Sonntag. Wahrscheinlich werden wir hier wahre Klubs bilden können. – In Genf wird ganz in der Kürze ebenfalls eine Versammlung der Deutschen stattfinden. – Mehrere Emissäre sind überall sehr tätig. (Karlsruhe, Generallandesarchiv, Abt. 236 Nr. 8763; der Brief trägt den Poststempel Bienne, 19. September 1834)

Die Handwerker sammelten sich zuerst in einem mehr unterhaltenden, größeren, öffentlichen Verein. Die entschiedensten wurden in die Geheimorganisation aufgenommen. Einen anschaulichen Einblick in einen solchen Arbeiterverein erhalten wir durch Verhöre des Jahres 1837. Darin sagten nach Deutschland zurückgewanderte, verhaftete Gesellen über ihre Teilnahme am Arbeiterverein «Löwenfels» von Mülhausen/Elsaß (Mulhouse) aus. Verhört wurden Ernst Julius Haller (Apothekersohn aus Tübingen, ledig, 22 Jahre, Zimmermannsgeselle) und Immanuel Herrmann (im Geheimklub Hektor genannt, Schreinergeselle aus Dürrwangen in Württemberg, Oberamt Balingen, heute ein Vorort von Balingen). Herrmann, der länger als Haller Mitglied gewesen war, erklärte:

An Weihnachten 1835 habe der Schlosser Nievergelder, früher Student, Mitglied des Jungen Deutschlands, zur Zeit flüchtig, zu Mülhausen einen Leseverein deutscher Handwerker gebildet. [Ludwigsburg, Staatsarchiv, E 319 Bü. 57. Es handelte sich um Ludwig Nievergelder aus Kranichstein (heute Vorort von Darmstadt), Student der Forstwissenschaft, Burschenschaftler, seit Sommer 1835 flüchtig.] Über die Organisation dieses Vereins gaben Haller und Herrmann in der Hauptsache übereinstimmend folgendes an: Der Verein habe weder eine Regel oder Statute noch einen eigentlichen Vorstand gehabt, sondern nur einen Kassier, welcher von Zeit zu Zeit neu gewählt worden, und – wie Herrmann angibt, Haller aber nicht wissen will – einen Kontrolleur. Zur Anschaffung der Schriften für den Verein haben die Mitglieder Geldbeiträge gegeben, die jedoch sowohl in Ansehung der Pflicht als in Ansehung der Größe der Leistungen ganz in das Belieben der Mitglieder gestellt worden seien. Übrigens soll – wie wenigstens Herrmann anführt, während Haller in dieser Beziehung Nichtwissen vorschützt – der Versuch gemacht worden sein, die Mitglieder zu bestimmten Beiträgen zu verpflichten. Die Aufnahme in diesen Verein sei lediglich an keine Form und an kein besonderes Erfordernis geknüpft gewesen. Es habe jeder kommen können, und ebenso sei jedem Mitglied zu jeder Zeit der Austritt unbedingt freigestanden. Übrigens haben nur deutsche Handwerker an dem Vereine teilgenommen und zwar meistenteils Bayern, Sachsen, Darmstädter. [...]

Die von Herrmann und Haller namentlich bezeichneten Mitglieder des Vereins sind:

1. der oben erwähnte Nievergelder,
2. ein in Mülhausen verheirateter Schlosser Kurz,
3. ein Schlosser Hahn aus Sachsen,
4. ein Bürstenmacher Minnert aus Norddeutschland,
5. ein Bürstenbinder aus Münster, Huber,
6. ein Kaufmann Schmid aus Freiburg,
7. Kaufmann Eichborn aus Rheinbayern.

Die Zahl der Mitglieder soll sehr verschieden gewesen sein, bald 6–7, bald 10–12, 20–22 betragen haben. Der Verein habe sich gewöhnlich am Sonntag, hie und da auch an einem Werktage versammelt. Ein bestimmtes Lokal zur Versammlung sei nicht vorhanden gewesen, sondern die Mitglieder seien in verschiedenen Wirtshäusern zusammengekommen.

Der Zweck dieses Handwerkervereins war nach den Angaben und Bekenntnissen beider Angeschuldigten ein hochverräterischer. Herrmann gibt hierüber folgendes an: man habe zwar vorgegeben, dieser Verein habe lediglich den Zweck, die deutschen Handwerker durch Lektüre besser zu unterrichten und auszubilden, um sie von Saufgelagen und Ausschweifungen abzuhalten; allein der wahre Zweck des Vereins sei wenigstens nach der Absicht des Stifters und der Leiter des Unternehmens dahin gegangen, die Handwerker so zu bearbeiten, daß man mittelst derselben seinerzeit [in Zukunft] etwas in Deutschland anfangen könnte.

Der Stifter und die Leiter des Vereins haben gesagt: Der Handwerker, Bürger und gemeine Mann sei in Deutschland zu sehr gedrückt und mit Abgaben überladen. Dieser Zustand von Deutschland tauge nichts, es müsse anders werden. Damit es anders werden könne, müsse man die erwähnten Klassen der Untertanen belehren, daß sie, wenn es zu einer Staatsumwälzung komme, dasjenige wollen und ergreifen, was zu ihrem Vorteile sei. Es sei nicht ausdrücklich gesagt worden, daß man mit den deutschen Handwerkern einen Einfall in Deutschland machen wolle, um die dort bestehenden Regierungen umzustürzen und andere einzuführen; aber aus den Reden Einzelner sei zu entnehmen gewesen, daß die Haupturheber dieses Treibens für den Fall, daß sich etwas Günstiges ereigne oder daß sie in Deutschland etwas von der Art anfangen, einen Stützpunkt in den jungen Handwerkern finden möchten.

Der Schlosser Kurz von Mülhausen (ein vorzüglich tätiges Mitglied dieses Vereins) habe gesagt: «Die deutschen Handwerker können jetzt nichts anfangen, um den Zustand in Deutschland zu ändern, aber es werde sich nach gewissen Jahren die Gelegenheit dazu geben, und für diesen Fall müsse die Jugend so belehrt werden, daß sie die Gelegenheit sofort ergreife.»

Der Handwerkerverein – sagt Herrmann weiter – gebe sich für eine Lesegesellschaft aus, die nur den Zweck habe, die jungen Handwerker zu belehren und sie von schlechten Gesellschaften abzuhalten; allein der Verein gehe auf dasselbe los, was das junge Deutschland sich als Ziel gesetzt habe, welches offen bekenne, daß es eine revolutionäre Verbindung sei, die das Heil des deutschen Volkes nur in einer Republik finde, und diese selbst nötigenfalls im Wege der Gewalt einzuführen willens sei. [...]

Ebenso sagte Haller: die Anstifter haben gesagt, wenn so etwas sich ereigne, daß man die Republik mit Gewalt einführen könne, so sollen alle darüber einig sein, daß man nur die Republik und keine andere Verfassung wolle; dann müssen alle zusammenstehen.

Auf die Frage, unter welchen Voraussetzungen die Republik in Deutschland hätte eingeführt werden sollen, gaben beide Angeschuldigte – in der Hauptsache übereinstimmend – an, daß man hierzu eine Revolution in Frankreich oder Deutschland hätte abwarten müssen, und sie fügten bei, daß die Ansichten über den wahrscheinlichen Eintritt eines solchen Ereignisses sehr verschieden gewesen seien. Mehrere haben gemeint, das Ganze sei unausführbar. Andere haben geglaubt, es stehe jedenfalls noch lange an, bis ein Ereignis eintrete, das man zur Einführung der Republik in Deutschland benützen könnte, und die Tollsten seien der Ansicht gewesen, es gehe vielleicht bald; es könne in Frankreich bald wieder losgehen, und dann könne es in Deutschland nicht fehlen.

Als Mittel, die Handwerker so zu bearbeiten, daß sie zur Teilnahme an einer Revolution in Deutschland behufs des Umsturzes der bestehenden Verfassungen und Einführung der Republik sich entschließen, bezeichnen beide Angeschuldigte: Aufreizung der Handwerker durch Wort und Schrift gegen die bestehende Ordnung und Vereinigung Gleichgesinnter in mehr oder minder enge Verbindungen.

Nach den Bekenntnissen beider Angeschuldigten bestunden, um nun auch das Treiben in dem Vereine näher darzulegen, die von dem Verein angeschafften Schriften, welche in der Regel der Schlosser Kurz in Verwahrung hatte, fast ausschließlich aus solchen, deren Inhalt entweder eine offene republikanisch revolutionäre Tendenz hat oder doch zur Aufreizung gegen die bestehende Ordnung geeignet ist. Sie wollen mehrere dieser Schriften nicht mehr näher bezeichnen können; die von ihnen namhaft gemachten sind folgende:
a. die Volksbibliothek,
b. die junge Schweiz,
c. der rheinische Courier,
d. die Verteidigungsschrift des Dr. Wirth und verschiedene Gedichte.

Diese Schriften wurden teils in Zirkel [Umlauf] gesetzt – wie wenigstens Herrmann sagt, wovon aber Haller nichts wissen will – teils wurden sie – nach Angabe beider Angeschuldigten – in den Wirtshäusern, in welchen sich die Mitglieder versammelten, aufgelegt, wo sie von Mitgliedern gelesen wurden. Häufig lasen Nievergelder, Kurz oder ein anderer bei solchen Zusammenkünften aus solchen Schriften vor.

Ebendieser Nievergelder und der Schlosser Kurz hielten aber auch von Zeit zu Zeit Reden, in welchen sie den politischen Zustand der Deutschen als eine Kalamität [Notlage] schilderten, – die Notwendigkeit einer Änderung dieses Zustandes und zwar durch Einführung der Republik, deren Vortrefflichkeit sie priesen, darzutun sich bemühten und darauf aufmerksam machten, daß dieses Ziel voraussichtlich nur durch Gewalt erreicht werden könne, – und den Wunsch und die Hoffnung ausgesprochen, daß sich einer solchen Revolution die jungen Handwerker anschließen werden.

Um die Handwerker aufzureizen und zu fanatisieren, seien häufig Freiheitslieder gesungen worden, von welchen die Angeschuldigten einige näher bezeichneten. Beide Angeschuldigten versicherten übrigens, daß über die von Nievergelder, Kurz und andern gemachten revolutionären Vorschläge und Anträge nie eine Beratung noch eine Abstimmung stattgehabt und daß also von Abfassung eines Beschlusses in solchen Beziehungen keine Rede gewesen sei. Diese Sache sei eben jedesmal im Wirtshause hinter dem Glase vor sich gegangen. Da habe dieser und jener gepredigt, dieser oder jener gelesen oder einen Toast [Trinkspruch] auf Freiheit, Republik und dergleichen ausgebracht und dieser und jener mit angestoßen und beigestimmt, solange er sich in einem durch Getränke gesteigerten Zustande befunden; aber nur wenigen sei es bei der Sache ernst gewesen. (Ludwigsburg, Staatsarchiv, E 319 Bü. 57)

Verständlich, daß die Inhaftierten von nichts Ernstem mehr wissen wollten. Alles sollte auf das Konto der Besoffenheit gehen. Die offene Form des Lesevereins bot beides: Anziehungspunkt für die revolutionäre Geheimorganisation und spätere Ausrede für den Fall der Verhaftung. Dieser Fährte folgte das weitere Verhör.

Haller will bis zu seinem Abgange von Mülhausen in diesem Handwerkerverein nur darum geblieben sein, weil es hier lustig hergegangen sei und er hier wenigstens eine bessere Gesellschaft gefunden habe, als auf der Herberge der Zimmergesellen, in welcher man Gefahr gelaufen, bei irgendeinem Wortwechsel geprügelt zu werden, wie ihm dies selbst begegnet sei. [...] Er habe gedacht, es sei so ziemlich gleich, wo er revolutionäre Lieder und Reden höre. In Mülhausen habe man in allen Kneipen und Wirtshäusern ähnliche Räsonnements [kritische Überlegungen] reden und solche Freiheitslieder singen hören. Um so was nicht zu hören, hätte er sich ganz von Gesellschaften ausschließen müssen. Er sehe wohl ein, daß er sich durch die lange Teilnahme an dem Verein und durch Mitsingen auf Fanatisierung und Aufreizung abzielender Lieder dem Verdachte ausgesetzt habe, ebenfalls revolutionär gesinnt gewesen zu sein; allein dieser Verdacht sei dennoch grundlos. Hätte er diesen Verein in Württemberg gefunden, so würde er gleich aus solchem sich entfernt haben; allein in Frankreich und besonders in Mülhausen habe man fast nicht verhindern können, solche Dinge mit anzusehen und mit anzuhören. (Ludwigsburg, Staatsarchiv, E 319 Bü. 57)

Der Tübinger Zimmermann spürte den großen Unterschied zwischen seiner Heimat und dem Gastland Frankreich. Ein Unterschied, der noch lange nachleben wird.

Herrmann konnte sich nicht so leicht aus den Klauen des Untersuchungsrichters fortstehlen. Er hatte länger am Leseverein teilgenommen, es zum Kontrolleur gebracht, war sogar Mitglied des Geheimklubs geworden. So versuchte er, sich mit einer Entwicklungsgeschichte herauszuwinden.

Er sei in Frankreich, wo man so frei über alles räsonniere, auch etwas schwärmerisch geworden, und so sei es gekommen, daß er sich habe überreden lassen, an diesem Handwerkerverein teilzunehmen. Durch die einbekannten Aufreizungen der Handwerker mittelst Wort und Schrift sei auch in ihm einige Zeit eine Unzufriedenheit mit dem Zustande in Deutschland und der Wunsch entstanden, daß es dort anders werden möchte. Manchmal sei er für den Augenblick von einem Vortrage (des Nievergelder, Kurz usw.) ganz hingerissen worden, so daß er geglaubt habe, er enthalte nichts als Wahrheit. Wenn in diesem Vereine tolles Zeug gesprochen worden, so sei er für den Augenblick auch hitzig geworden; denn er habe ein gar lebhaftes und feuriges Temperament, das überdies hie und da durch den Genuß einer zu großen Quantität geistiger Getränke gesteigert worden sei. Da habe er dann hie und da seinen Beifall gegeben und sich so geäußert, als würde er gleich in Deutschland einfallen und zuschlagen, wenn es dort zu einer Staatsumwälzung käme. (Ludwigsburg, Staatsarchiv, E 319 Bü. 57)

Die Bieler Polizei erwischte 1837 bei der Verhaftung Ernst Schülers einen Brief, der unsere Kenntnisse über den Mülhauser Klub vervollständigt.

Mülhausen, den 9. Juni 36.

F[reiheit] G[leichheit] H[umanität]

Lieber Bruder!

Die Statuten habe ich erhalten. Ich berichte Euch jetzt, daß ich hier 2 Brüder, Arnold und Reiter, die Sch. d[er] Kaufmann hier aufgenommen hat, zufällig getroffen habe, indem ich den zuerst ernannten aufnehmen wollte. Sie wünschen gerne zu wissen, wie es um die Verbindung steht; denn sie sind ganz unerfahren in der Sache. Sch. ist hier fort und hat ihnen auch weiter nichts hinterlassen als seine Adresse. Sie haben an ihn geschrieben, aber keine Antwort erhalten. Woran sollten sie sich wenden? Beide sind gute Patrioten. Von Arnold höre ich besonders, daß er sich zu jeder Zeit als ein rechtschaffener Bursch betragen hat, von Reiter in der letzten Zeit nicht viel Gutes, jedoch kann ich ihn noch nicht verstoßen. Wir haben all unsere Fehler. Wir haben ihn aufmerksam auf seine gemacht. Er verspricht, daß er suchen werde, das wieder gutzumachen, was er verschuldet hat. Wir haben 2 Mitglieder aufgenommen, deren Namen unten bemerkt sind.

Da wir jetzt stark genug sind, um Klub zu stiften, so haben wir am verflossenen Sonntag die erste Sitzung gehalten. Nachdem ich die jetzt hier befindlichen Mitglieder nochmal an ihre Pflichten erinnerte, schritten wir zur Wahl. Da ist Eichbaum zum Präsident und Abgeordneten, Hektor Sekretär und Muxel zum Kassier erwählt. Die übrige Zeit unterhielten wir uns über die Aufgabe des j. E. [jungen Europa]. Monatsgelder wird für diesen Monat nicht gehoben. Wir werden suchen, die Pflichten pünktlich [zu] befolgen, die uns auferlegt sind in den Statuten. Wir hoffen, daß Ihr uns von allem berichten werdet, was vorgefallen ist seit der Zeit, daß ich bei Euch war, weil ich seitdem nichts von keinem Kreisschreiben [Rundschreiben] gehört habe. Ich hoffe, Briefe und Bericht von Euch zu erhalten, die uns aufmuntern. So werdet Ihr auch nicht vergessen, die Aufnahms- und Klubskarten zu schicken. Findet ihr nicht gut, dieselben über die Grenze zu senden, so schickt an Hauser in Kassel und gebt mir alsdann Nachricht, wann sie da sind. So werde ich sie holen lassen; denn es gibt oft Gelegenheit. Ich werde auch gleich an dem schreiben. Da die Klubs Namen annahmen, so haben wir dem unsrigen den Namen *Löwenfels* beigelegt. [...]

Die Namen der Aufgenommenen:

1. Immanuel Herrmann (Hektor), Schreiner, 23 Jahre alt, aus Dürrwangen in Württemberg.
2. Julius Kuster (Muxel), Schlosser aus Posen, preußisch Polen, 22 Jahre alt.

Auch feierten wir am 28. Mai hier das Hambachfest. Wir waren 24 Personen und waren die Nacht bis 2 Uhr lustig und vergnügt beieinander. Es wurden einige Reden verlesen, die zu Hambach gehalten worden sind. Unser Lese- und Singverein kömmt wieder empor. Wir sind 16 Mann stark. Wir halten sie am Mittwoch und legen die Woche 4 Sols [sous, franz. Münze, Mitgliedsbeitrag] auf. Dieses Geld soll an Schriften verwendet werden, und wenn ein Mitglied krank wird, soll [es] ebenfalls von dem eine kleine Unterstützung haben. Gestern wurde ein neuer Vorstand gewählt, das ist Kurz zum Kassier und Wittkopp zum Kontrolleur erwählt. Die Amtszeit dauert 1 Monat. Da uns mehrere Schriften fehlen, so ersuche ich Euch, uns eine Tabelle zu senden, was Ihr an politischen Schriften vorrätig habt. Fürs erste sendet uns 24 Exemplare vom Nationalkatechismus (die hier gratis erteilt werden); und was sie kosten, wir hoffen sie bis kommenden Mittwoch hier zu haben. [Ludwigsburg, Staatsarchiv, E 319 Bü. 51 St. 101; der Brief ist von «Eichbaum» unterzeichnet.]

Der im Juni 1836 gegründete Klub hatte, zusammen mit dem öffentlichen Leseverein, Aufgaben zu erfüllen, die für die Gesellen früher die Gesellenbruderschaften erledigt hatten: Unterhaltung und Unterstützung. Von einem völligen Neuanfang kann also nicht die Rede sein.

Weitere Einzelheiten erfahren wir schließlich aus dem Verhör des Schustergesellen Peter Mott aus Fulda, der den Decknamen «Winnewald» trug.

Als Vorbildungsschule für die Klubs bezeichnet er die von der Direktion der Verbindung in allen schweizerischen Kantonsstädten eingerichteten Lesekränzchen, in welchen jeder, der Sinn dafür habe, aufgenommen werde und an denen neben Deutschen auch Schweizer, zu Luzern sogar Regierungsmitglieder, teilnahmen. Wer in diesen Gesellschaften, wo Schriften gegen die deutschen Regierungen aufgelegt seien und Freiheit und Gleichheit gepredigt werde, hinreichenden Enthusiasmus zeige, werde in die Klubs gezogen. [...]

Die Zahl der deutschen Klubisten in der Schweiz und dem angrenzenden Savoyen, wohin sie sich gleichfalls ausgebreitet, schätzt Mott auf 2000, das Dritteil der in der Schweiz und Savoyen in Arbeit stehenden deutschen Handwerker, auf dem Lande seien sie noch zahlreicher als in den Kantonsstädten.

Das Erkennungszeichen der Klubisten sei ein Efeublatt, das am Knopfloch oder in der Hand oder im Mund getragen werde, und das Aussprechen der ersten zwei Silben des Wortes «Humanität» von Seiten des einen, worauf der andere die Schlußsilben nachspreche; sodann gebe man sich die linke Hand, die rechte in die Seite stützend.

Die aufwieglerischen Schriften werden meist zu Biel und Luzern gedruckt und durch Handwerksburschen, die nach Deutschland reisen, verbreitet. (Ludwigsburg, Staatsarchiv, E 319 Bü. 51 St. 68)

Die Arbeitervereine des Jungen Deutschland verbreiteten sich bis 1836 über 20 Städte der Schweiz und Frankreichs. Die Mitgliederzahl – Mott nannte sicher eine zu hohe – unterlag einer hohen Fluktuation, bei Gesellen auf der Wanderschaft nicht verwunderlich. Die Geheimklubs sollen im Frühjahr 1836 268 Mitglieder gehabt haben. Mitgerechnet alle Mitglieder der Lesezirkel, können wir von rund 500 Mitgliedern ausgehen.

Auch Peter Motts Verhör bestätigt, daß im Jungen Deutschland die Hoffnung lebte, ein bewaffneter Einfall nach Deutschland sei möglich. Diese Idee wies weit voraus, auf das Frühjahr 1848, als eine deutsche Arbeiterlegion aus der Schweiz und eine aus Frankreich von Südbaden her die erste deutsche Republik zu erkämpfen suchten.

Quellen und Literatur
DIRK EUSTERBROCK: Industrielle Entwicklung und Integration im südlichen Oberrheingebiet (Oberbaden-Oberelsaß) 1740–1966, Phil. Diss. Freiburg 1968
HAASIS: (siehe Kapitel 98)
Histoire documentaire de l'industrie de Mulhouse et ses environs au XIX. siècle, 2 Bände, Mulhouse 1902
Karlsruhe, Generallandesarchiv, 236/8763
Ludwigsburg, Staatsarchiv, E 319 Bü. 51 St. 68 und 101; Bü. 57
HANS JOACHIM RUCKHÄBERLE: Flugschriftenliteratur im historischen Umkreis Georg Büchners, Kronberg/Ts. 1975
Ders. (Hg.): Frühproletarische Literatur. Die Flugschriften der deutschen Handwerksgesellen in Paris 1832–1839, Kronberg/Ts. 1977
WOLFGANG SCHIEDER: Anfänge der deutschen Arbeiterbewegung. Die Auslandsvereine im Jahrzehnt nach der Julirevolution von 1830, Stuttgart 1963
ERNST SCHÜLER: Die Regierung der Republik Bern und die Verfolgten der Könige, Biel 1837
Die Ermittlungen der französischen Polizei über den Mülhauser Klub finden sich in Paris, Archives Nationales, série BB 18, dossier 1364 (Schieder, S. 42, Anm. 83)

101 Die Siebenbürger Sachsen in der 48er Revolution

Die deutschen Minderheiten in Europa, in der 1. Hälfte des 20. Jahrhunderts unter dem Namen «Auslandsdeutschtum» zu einem Bollwerk der Reaktion und der Arroganz gegen andere Nationen und Kulturen ausgebaut, trugen 1848/49 einen guten Teil zum Freiheitskampf der Völker bei. Die Verquickung mit der nationalsozialistischen Expansionspolitik endete 1945 zumeist mit der Vertreibung der Deutschen aus Osteuropa, abgesehen von Rumänien. Noch heute lebt, gepflegt von den Vertriebenenverbänden, ein merkwürdiges Geschichtsbewußtsein, das jede revolutionär-demokratische Richtung der eigenen Geschichte leugnet, im besten Fall als unbedeutende Randerscheinung abtut oder gar als Volksverrat brandmarkt. Indem diese unheilvolle Kontinuität gestört, die historische Berechtigung dieser schon einmal verheerenden Position bestritten wird, unterstützt eine solche Arbeit am Geschichtsbewußtsein die aktuellen Freiheitsbestrebungen.

Die Literatur über die Revolution von 1848/49 füllt inzwischen Bibliotheken. Doch was am Rande der österreichischen Monarchie geschah, die sich neben Preußen als entscheidende Macht demokratischen Verhältnissen in Mitteleuropa entgegenstemmte, bleibt in unserem Geschichtsbild so gut wie ausgeklammert. Selten schweift der Blick über Wien hinaus nach Prag, nach Budapest oder gar nach Siebenbürgen.

Nur ein beschwerlicher Weg führt uns heute zur Kenntnis der Siebenbürger Revolution. Quellen sind zuerst einmal unzugänglich. Die erreichbaren Geschichtsbücher spiegeln nur die nationalen Spannungen wider. Die Siebenbürger Sachsen weisen empört jeden Gedanken an eine Revolutionsteilnahme weit von sich. Die Ungarn pflegen ein beschönigendes Bild ihrer expansiven, andere Völker unterdrückenden Revolutionsbewegung. Die Rumänen schätzen alles, was auf einen rumänischen Nationalstaat abzielt, auch wenn dabei Antidemokraten und Feudalherren den Ton angeben.

Die Geschichtsschreibung Siebenbürgens leidet noch heute unter den nationalen Gegensätzen. Im Hochland zwischen den Ost- und Südkarpaten und dem Siebenbürgischen Erzgebirge lebten vier Nationen: Rumänen, Ungarn, Szekler (ein madjarischer Volksstamm zur Grenzsicherung) und Siebenbürger Sachsen (Nachkommen von Einwanderern des 12. Jahrhunderts aus der Moselgegend). Die in Siebenbürgen herrschenden Ungarn weigerten sich jahrhundertelang, die Rumänen als vierte Nation anzuerkennen. Der ererbte Nationalismus feierte in der staatlich-marxistischen Geschichtsschreibung seine Auferstehung. Die Historiker der einen Nation gaben sich die größte Mühe, die andere Nation als reaktionär und konterrevolutionär zu überführen. Die feudalen Bauernschinder der eigenen Nation erschienen dagegen im milden Licht der Entschuldigung oder verschwanden gar in gnädigem Vergessen.

Eine Ausnahme stellt die fleißige Arbeit des siebenbürgisch-sächsischen Marxisten Carl Göllner dar, auch wenn sie sich jeder Kritik an den Rumänen enthält. Doch tauchen neue Hindernisse auf: die nicht erklärten, komplizierten Rechtsverhältnisse Siebenbürgens, übersät mit zuerst einmal unverständlichen Begriffen und Sachverhalten, mit starken ungarischen und rumänischen Einflüssen, auch sprachlicher Art.

Deshalb versuchte ich, mir Quellen zu verschaffen, die leichter zu erschließen wären: Zeitungen der Revolutionsepoche. In der Bundesrepublik Deutschland existiert nichts davon. Das Forschungsprojekt von Rolf Taubert über deutsche Zeitungen 1848 bis 1850, betrieben im Zusammenhang des Instituts für deutsche Zeitungsforschung in Dortmund, umfaßt nur das Reichsgebiet in den Grenzen von 1938. Über das Rumänische Staatsarchiv von Bucureşti (Bukarest) bestellte ich eine Auswahl von siebenbürgisch-sächsischen 48er-Zeitungen. Nach rund einem halben Jahr hielt ich vorzügliche Fotoabzüge in Händen, allerdings zu einem empfindlichen Preis.

Eine bescheidene Ergänzung bot ein Zufallsfund in Wien, im Österreichischen Kriegsarchiv. In der Standrechtsakte des am 9. November 1848 ermordeten Abgeordneten Robert Blum fand ich eine Denkschrift von Jo-

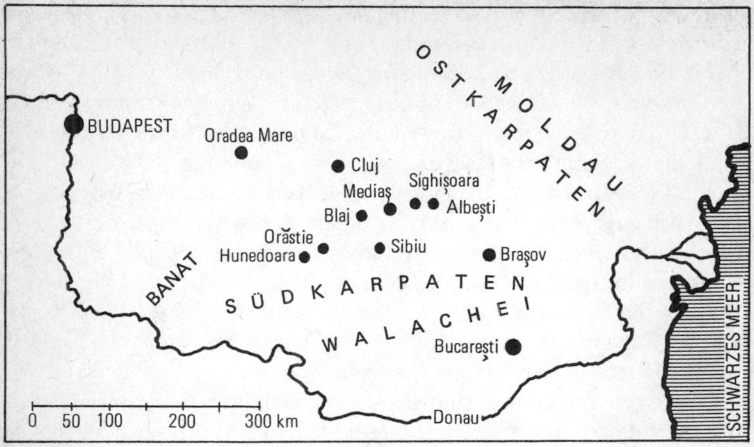

Karte 46

hann Maioresco, des Bevollmächtigten der provisorischen Regierung der Walachei bei der deutschen Zentralgewalt in Frankfurt. Als dieses Schriftstück, eine Eingabe an das Reichsministerium, in einer Abschrift in Wien eintraf, war Robert Blum bereits hingerichtet. Er hatte sich für ein Bündnis des angestrebten rumänischen Staates mit dem Deutschen Reich eingesetzt.

Siebenbürgen hatte 1841 2,1 Millionen Einwohner, davon 61 Prozent Rumänen, 29 Prozent Madjaren (Ungarn, Szekler), 10 Prozent Deutsche; die restlichen 10 Prozent entfielen auf Zigeuner, Armenier und Juden. Unter den Rumänen war der blutig erstickte Bauernaufstand von 1784/85 (Kapitel 83) alles andere als vergessen. Auch Siebenbürger Sachsen hatten sich der internationalen Jakobinerbewegung der 1790er Jahre angeschlossen (Kapitel 90).

Die Jahre 1848/49 in Siebenbürgen offenbaren überaus deutlich den schillernden sozialen Charakter der revolutionären ungarischen Demokratie. Vor uns taucht ein Januskopf auf: nach vorne gerichtet, bisher ausschließlich beleuchtet, die Befreiung aus der österreichischen Monarchie; nach hinten aber, bisher gekonnt verdunkelt, die weitere Unterdrückung der anderen, den Ungarn untergebenen Völker: Rumänen, Kroaten, Slowaken und Slawonen. Das nach vorne gewandte Gesicht gibt sich demokratische Züge, das nach hinten weisende behält die blutigen Spuren der Grundbesitzer.

Im Großfürstentum Siebenbürgen herrschten kümmerliche Verhältnisse. Die Mehrzahl der Bauern war noch grundhörig, darunter übrigens auch viele Sachsen. Die wenigen größeren Städte waren meist noch nicht über ihren mittelalterlichen Mauerring hinausgewachsen. Kronstadt (Braşov) hatte 24000 Einwohner, darunter 3000 Taglöhner; Hermannstadt (Sibiu) 18000 Einwohner, die Hälfte Rumänen, teilweise vermögende Kaufleute; Klausenburg (Cluj) als Sitz des Guberniums (Provinzialregierung) 28500 Einwohner, die Hochburg des ungarischen Adels, der rumänische wie ungarische und sächsische Bauern für sich schuften ließ.

Das Siebenbürger Handwerk konnte gegen die österreichische Konkurrenz kaum mithalten. Die ersten Manufakturen blieben klein, behindert von den Zünften. Der intensive Handel mit den rumänischen Fürstentümern (Walachei unter türkischer, Moldau unter russischer Oberhoheit) lag in den Händen rumänischer Großkaufleute.

Nach ihrer Verfassung genossen die Siebenbürger Sachsen Selbstverwaltung auf dem sogenannten Königsboden, dem sächsischen Siedlungsland an der kleinen und großen Kokel (Tîrnava Mică, Tîrnava Mare; siehe Karte bei Kapitel 83). Mit 172000 wohnten hier 80 Prozent der Sachsen. Hermannstadt bildete den Mittelpunkt, wo sich als oberste Behörde die sogenannte sächsische «Nationsuniversität» unter dem Vorsitz des vom österreichischen Kaiser ernannten «Nationsgrafen» versammelte. Siebenbürgen bestand aus dem sächsischen Königsboden, elf Komitaten (der Komes oder Graf wurde vom Kaiser ernannt) und dem autonomen Gebiet der Szekler im Osten.

Die Zahl der freien Bauern sank in der ersten Hälfte des 19. Jahrhunderts. Die erbuntertänigen Bauern sollten pro Woche drei Tage Robot (Fron) leisten. Tatsächlich mußten sie im Sommer, gerade während der Erntezeit, wöchentlich sechs Tage roboten. Im Winter blieben sie monatelang ohne Dienstauftrag. Im Sommer verkam ihre eigene Ernte, im Winter fehlte die gutsherrliche Ernährung der Fronbauern durch den Ausfall der Diensttage. Der Adel riß, wo er nur konnte, die Gemeindewälder und -äkker an sich. Die schon im 13. Jahrhundert beobachtete Enteignung des Gemeinbesitzes (vgl. Kapitel 29) ist hier noch nicht abgeschlossen.

Endlich, im Jahr 1847, kam das Urbar zustande, ein Verzeichnis der bäuerlichen Dienst- und Abgabepflichten. Damit wären die Belastungen der Bauern begrenzt gewesen. An diesem Reformversuch hatte sich schon unter Kaiser Joseph II. (1765–90) erwiesen, daß die Gesellschaft der österreichischen Monarchie, gegründet auf den Adel, reformunfähig war. Den Bauern blieb kein anderer Weg als der der Revolution.

Auch 1847 scherte sich der ungarische Adel in Siebenbürgen den Teufel um die Beschränkung der Bauernlasten. So halfen sich die Grundhörigen selbst. Sie verweigerten massenweise ihre Pflichten. Sächsische Bauern von Peschendorf (alter rum. Name: Peşa, heute: Stejăveni, bei Albeşti/Weißkirch) schrieben an ihre, auf die Abwehrkämpfe gegen die Türkeneinfälle zurückgehende Kirchenburg folgenden revolutionären Text:

Was kann der stolze Feind dir rauben?
Dein Hab und Gut bleibt doch allhier.
Geh du ihm aber auf die Hauben
Und brich ihm seinen Hals dafür.
(Göllner, Siebenbürger Sachsen, S. 21)

Die Nationsuniversität wurde ganz vom sächsischen Patriziat bestimmt, den vermögenden, beamteten Herrschaften von Hermannstadt. Der Bürgermeister regierte die der Stadt gehörenden rumänischen Dörfer wie ein Großgrundbesitzer. So wurde es verständlich, daß sich die sächsische Beamtenaristokratie zur Metternichschen Politik hingezogen fühlte und in der Revolution die schwarz-gelbe Fahne der reaktionären, österreichischen Monarchisten hißte. Anders Kronstadt (Braşov), wo Kaufleute, Handwerker, Lehrer und Journalisten, alle ohne Feudalrechte, einen oppositionellen Kurs einschlugen.

Ähnlich wie in Oberösterreich (vgl. Kapitel 97), gelang es Metternich nicht, in Siebenbürgen Friedhofsruhe zu schaffen: 1821 ein rumänischer Aufstand unter Tudor Vladimirescu; auch sächsische Untertanen verweigerten damals die Fron; 1834 rumänischer und sächsischer Bauernwiderstand in Boian (Bonnesdorf); 1837 Unruhen im Bergwerk von Hunedoara (Hunyad, Eisenmarkt); 1838 Erhebung rumänischer und ungarischer Bauern im Komitat Zarand, gemeinsamer Kampf rumänischer, ungarischer und deutscher Bergarbeiter im traditionell freiheitsbewußten Apuseni-Gebirge (siehe Kapitel 83); 1839 Aufstand rumänischer und ungarischer Bauern in Baiţa (Szászbanyca, Ginsdorf), angeführt von Katharina Varga.

1838 brachen die herrschenden Ungarn den sogenannten «Sprachenkampf» vom Zaun, als sie allen anderen Nationen Siebenbürgens die ungarische Sprache als die allein zugelassene aufzwingen wollten. Der daraus sich ergebende Haß der Nationen paßte so recht ins Konzept der Monarchie. Kaiser Franz II. (1792–1835) gefiel der Grundsatz:

Meine Völker sind eines dem andern fremd – umso besser. Aus Antipathie entsteht die Ordnung und aus ihrem wechselseitigen Haß der Friede. (Göllner, Siebenbürger Sachsen, S. 32)

Gegen die Madjarisierung Siebenbürgens erklärte sich 1841 der sächsische evangelische Pfarrer, Schriftsteller und spätere Revolutionär Stephan Ludwig Roth (1796–1849):

Die Herren auf dem Landtag in Klausenburg mögen eine *Kanzleisprache* gebäret haben und sich nun freuen, daß das Kind zur Welt gebracht ist – – – eine Sprache zur Landessprache zu erklären, hat nicht Not. Denn eine *Landessprache* haben wir schon. Es ist nicht die deutsche, aber auch nicht die magyarische, sondern die *walachische* [rumänische]! Mögen wir ständische [auf dem Landtag vertretenen] Nationen uns stellen und gebärden, wie wir wollen, es ist nun einmal so und nicht anders. [...] Sobald zwei verschiedene Nationsgenossen zusammenkommen, die ihre Sprache nicht können, ist gleich das Walachische als dritter Mann zum Dolmetschen da. Man mache eine Reise, man begebe sich auf einen Jahrmarkt. Walachisch kann jedermann. Ehe man den Versuch macht, ob dieser deutsch oder jener magyarisch kann, beginnt die Unterredung in walachischer Sprache. Mit dem Walachen kann man ohnedem nicht anders reden, denn gewöhnlich redet er einzig die seinige. Das kommt daher: um magyarisch oder deutsch zu lernen, bedarf man des Unterrichtes und der Schule, walachisch lernt man auf der Gasse, im täglichen Verkehr, von selbst. (Roth, Schriften, S. 215/6)

Die am 28. Februar 1848 von Paris ausgehende Revolutionswelle erreichte am 13. März Wien, am 15. März Pest. Der letzte Punkt des ungarischen Revolutionsprogramms strebte die Union Ungarns mit Siebenbürgen an, freilich ohne eine Verständigung mit den Rumänen und Sachsen zu suchen. Die für Ungarn proklamierte Aufhebung der Erbuntertänigkeit fiel dagegen nicht ins Gewicht, weil der Siebenbürger Adel in gewohnter Weise den Gehorsam verweigerte.

Damit spaltet sich die Revolutionsbewegung im Vielvölkerstaat Siebenbürgen. Die Rumänen befürchten zu Recht die Madjarisierung. Sie wollen lieber mit den Rumänen der Moldau und der Walachei einen eigenen Staat gründen. Die Sachsen, gerade die liberalen, schließen sich zuerst der ungarischen Revolution an. Die Alternative hieße ja nur die alte Metternich-Ära. Stephan Ludwig Roth schreibt dazu später:

Als Ungarn seine Untertanen freisprach [15. März 1848] und förmlich die Gleichberechtigung aller Staatsbürger ausrief [11. April 1848], schlug auch mein Herz, ich leugne es nicht, für die Union. Es war nämlich damals nur zwischen zwei sehr ungleichen Gegenständen zu wählen, nämlich zwischen ungarländischer Freisinnigkeit und österreichischer Bürokratie. Bei damaliger Sachlage wählte ich das Bessere, nämlich die Union. Aber gar bald änderte sich die Sache. Österreich bietet mehr als Ungarland; die Konstitution [Verfassung] Östreichs [April 1848] ist freisinniger als die ungarländische. Die östreichische Konstitution gewährte Rechtsgleichheit auch in Betreff der Nationalität. (Roth, Schriften, S. 231)

Der alte österreichische Dualismus, wonach der Kaiser mit dem Druck der Bauern den Adel im Zaum zu halten sucht, bringt eine heillose Verwirrung in die Siebenbürger Revolution. Mit dem Köder der Gleichberechtigung aller Nationen in der österreichischen April-Verfassung will der noch fest im Sattel sitzende Wiener Hof die unter Ungarn stöhnenden Völker zu sich herüberziehen. Die Revolutionsbewegung bricht auseinander. Nicht nur Sachsen stehen gegeneinander, Patrizier und Demokraten, auf der Seite der alten schwarz-gelben Monarchie, gegen andere Demokraten, auf der Seite der ungarischen Revolution. Als die ungarischen Adligen im Windschatten ihres erfolgreichen Heeres über ihre rebellischen Hörigen herfallen, richten auch ungarische Bauern ihre antifeudalen Aktionen gegen das Demokratenheer. Ebenso kämpfen Rumänen und selbst die Szekler auf beiden Seiten. Das Durcheinander ist komplett. Alle gängigen Unterscheidungen und Erklärungen purzeln durcheinander.

Offenbar nur rumänische Flugschriften erwärmen sich im Frühjahr 1848 für das Vorbild der Eidgenossenschaft. So wäre in der Tat die komplizierte Nationalitätenfrage zu lösen. Auch der Bauernrevolutionär Michael Gaismair strebte 1526 für Südtirol diese Lösung an. Ein Modell, das bis heute für viele nationale Minderheiten in Europa Utopie geblieben ist.

Noch am 31. März 1848 erklärt das revolutionäre Sicherheitskomitee von Pest:

> Wir haben einen gemeinsamen Feind: die tyrannische österreichische Bürokratie. Gegen diese müssen wir uns vereinigen, Ungarn, Kroaten, Serben, Deutsche, Rumänen. – Alle, die in unserem Vaterland wohnen. Nur so können wir die Freiheit erringen und sichern. [...] Vergessen wir die Sprachunterschiede, [...] gebt denen nicht Gehör, die uns gegeneinander aufhetzen. Brüder, vereinigt Euch! (Göllner, Siebenbürger Sachsen, S. 65)

Dieses liberale Programm glaubt, leichtfüßig über die schwerwiegenden materiellen Interessen des ungarischen Adels von Siebenbürgen hinwegspringen zu können. Ganz andere Töne sind zu hören, als zur selben Zeit erneut eine militante Bauernbewegung ausbricht, ohne Unterschied der Nationalität. Die Ungarn kämpfen die Robotverweigerung wie eh und je mit dem Militär nieder. Ungarn wie sächsische Patrizier, die sich bald entzweien werden, stellen rasch bauernfeindliche Bürgerwehren auf.

Indessen betreiben die Ungarn die Eingliederung Siebenbürgens, was sie «Union» nennen. Dagegen wehren sich die sächsischen Patrizier, aber auch Demokraten und natürlich die Rumänen, die nicht einmal gefragt werden. Über die Union entscheidet der Siebenbürger Landtag in Klausenburg (Cluj). Von 315 Abgeordneten ernennt der Kaiser allein 205 – die sichere Mehrheit –, 110 werden aus den reichsten Bürgern gewählt (hoher Zensus). 22 Abgeordnete sind Sachsen, die übrigen alles Madjaren, natürlich kein einziger Rumäne.

Die Mehrzahl der sächsischen Städte wehrt sich gegen den Anschluß an Ungarn und hofft auf mehr Freiheiten vom Wiener Hof, der sich geschickt in das Licht der demokratischen Hauptstadt zu stellen weiß. Das sächsische Bürgertum des Königsbodens, eingezwängt vom österreichischen Dualismus und der drohenden Madjarisierung, stellt sich zum großen Teil auf die Seite der Monarchisten, um seinen Besitz, seine nationalen und sozialen Rechte und seine kulturelle Identität zu wahren. Der Bruch in der Unionsfrage durchzieht so gut wie alle sächsischen Gemeinden.

Der ungarische Gouverneur von Klausenburg erklärt handstreichartig Anfang Mai, die Union Siebenbürgens mit Ungarn sei faktisch schon vollzogen. Der Landtag schließt sich am Anfang Juni an. Unter schweren Bedrohungen müssen die mehrheitlich widerspenstigen sächsischen Abgeordneten zustimmen.

Im Gegenzug bildet sich eine rumänische Nationalbewegung heraus, mehrheitlich Bauern, die sich auf Volksversammlungen in Blaj (Blasendorf) verständigen, am Sitz des rumänischen Bischofs Şaguna. Erstmals fordern dort am 30. April 1848 4000 Rumänen die Anerkennung als gleichberechtigte Nation und die sofortige Aufhebung der Leibeigenschaft. Die größte Versammlung findet in Blaj am 15. Mai statt. Dazu schreibt der demokratische «Siebenbürger Volksfreund»:

Die allgemeine Nationalversammlung der Walachen in Blasendorf.
In welchem Geiste diese abgehalten werden und auf welche Weise dieselbe vor sich gehen würde, konnten alle die im voraus vermuten, welche am Abend des 11. Mai in Hermannstadt dem Fackelzuge beigewohnt hatten, den damals hier die gebildeten Walachen der Stadt und Umgegend ihrem Bischofe Schaguna brachten.

Man erkannte schon aus den bei jener Gelegenheit vorkommenden Reden die Stärke des Nationalgefühls der Walachen, die Treue derselben für ihren Kaiser Ferdinand und – daß sie wüßten, was sie wollten!

Die Blasendorfer große Versammlung der Walachen war jedenfalls eine Nationalversammlung derselben zu nennen und wurde auch von dem Herrn Bischof Schaguna in einer Rede als solche bezeichnet. Die schönste Frühlingswitterung begünstigte sie, und ein außergewöhnlicher Geist der Ordnung beseelte dieselbe auf eine bewundernswürdige Art. Schon Sonntags, den 14. Mai, wurden in der Kirche Vorberatungen in Beziehungen auf die Punkte gehalten, die man in die Petition aufzunehmen habe, welche an Seine Majestät den Kaiser, sowie an den bevorstehenden Siebenbürgischen Landtag zu richten beschlossen war.

Montags aber, den 15. Mai, versammelten sich die Volksmassen (nur Männer!) zuerst auf dem großen Platze vor der Kirche, vor deren Tür die Häupter der Versammlung standen und die nötigen Einleitungen zu den Beratungen trafen. Da man bald erkannte, daß dort das Volk nicht Raum finde, so begab man sich nach 10 Uhr hinaus auf die Wiese an der großen Kokel, dicht am Fuße des Hügels, worauf die Kirche nebst dem Priesterseminar liegt.

Hier lagerten sich vielleicht 30000 Mann in schönster Ordnung so, daß mitten ein großer Raum für die Sprecher und überhaupt für das gebildete Publikum blieb, und zum Andenken an diese große Versammlung und den großen Zweck derselben wurde die Wiese *Freiheitsfeld* genannt.

Ob sie diesen Namen mit Recht bekommen habe und führen werde, wird der Erfolg der von den Walachen in Blasendorf am 15. Mai getanen Schritte und der von ihnen am 16. abgefaßten Petition lehren.

Sie haben nämlich zunächst das Interesse ihrer Nation vor Augen und haben deshalb gegen alles das gesprochen, was sie drückt, was sie einengt, und fordern, davon befreit zu werden.

So wurde schon Sonntags gegen die vor kurzem erfolgte Publikation des Standrechts im Kokelburger und Unteralbenser Komitat sowie gegen die in vielen Orten neuerdings errichteten Galgen öffentlich gesprochen. Montags wurde an S. Exzellenz, den Landesgouverneur, eine Schrift befördert, in welcher die walachische Nationalversammlung die Freilassung eines politischen Gefangenen verlangt und sich gegen oben erwähnte Maßregeln ausspricht. In diesen Tagen aber schon wird die Petition nach Wien befördert, welche die Anerkennung der walachischen Nation, ihre bürgerlichen und gesetzlichen Verhältnisse sowie den nächsten Landtag betrifft.

Die Punkte selbst sollen nächstens mitgeteilt werden. Für heut war noch die Bemerkung, daß in Blasendorf keineswegs *ungarische* Fahnen zu sehen waren, wie man schon hie und da ausgesprengt hat. Es waren nämlich 6 weiß-rot-blaue Fahnen [die Farben der revolutionären Rumänen Siebenbürgens waren rot-blau-weiß; die der rumänischen Fürstentümer, wie der Rumänischen Volksrepublik heute, blau-goldgelb-rot] da, welche mit schwarz-gelben [Farben der österreichischen Monarchie] Bändern geziert waren und daneben auch eine allein schwarz-gelbe Fahne! Das stimmte auch ganz sowohl mit dem Geiste der Vorträge als auch mit dem der Versammlung überein. Denn so wie jede Rede, welche die Interessen der Nation berührte, mit allgemeinem Vivat aufgenommen wurde, so erweckte jedes dem Kaiser gebrachte Lebehoch einen allgemeinen Vivatsturm. Auch dem anwesenden, aber auf der Wiese an der kleinen Kokel aufgestellten Militär brachte man unzählige Vivats! (Siebenbürger Volksfreund, Nr. 27 vom 19. Mai 1848, S. 167/168)

Stephan Ludwig Roth, der an dieser mächtigen Volksversammlung der Rumänen teilnahm, schreibt zehn Tage später in einem Brief:

Was eine Volksversammlung heißt, weiß ich nun. Der Stürmischste findet immer die Beistimmung. Zu vielem gaben die Weiterstehenden ihren Beifallsruf, da ich doch sicher wußte, daß sie es nicht hatten hören können und nur die Beistimmung der Nächsten für sie das Signal der Beistimmung war. Personen neben der Tribüne bestimmten das Volk durch Mienen und Zeichen zur Beistimmung oder Mißbilligung. Jedoch bin ich überzeugt, daß sie, wenn sie es auch selber gehört hätten, nicht anders geurteilt haben würden. (Roth, Schriften, S. 235/6)

Freilich sind auch die Rumänen gespalten, streben doch die entschiedensten unter ihnen, die in Blaj vom Bischof in Schach gehalten werden, die Loslösung von der österreichischen Monarchie und das Zusammengehen mit der Moldau und der Walachei zu einem eigenen Staat an. Dadurch verwirren sich die Fäden der Siebenbürger Revolution noch mehr.

Während der Klausenburger Landtag die Bauernbefreiung proklamiert, richten die Szekler Grenzer ein Blutbad unter rumänischen Bauern an: zwölf Tote, neun Schwerverletzte. Die ungarische Freiheit bringt Fronarbeit, Militär, Standrecht, Galgen und Gefängnis. Die sächsischen Bauern des Burzenlandes (nördlich von Kronstadt) schließen sich der großen Zehntverweigerung an, mit Billigung der liberalen Kronstädter, die zu Ungarn halten und für die Union gestimmt haben. Dazu schreibt das «Siebenbürger Wochenblatt» in Kronstadt:

Aus dem Sachsenland, 6. August. Allerwärts, wo ich die Landbauern eben im Heimführen ihrer Kornernte begriffen fand, habe ich erfahren, daß sie sich darüber ungemein freuen, durch keine Zehntabgabe mehr in der Einsammlung ihrer mit saurem Schweiß erzeugten Früchte gehindert zu sein. Es hängt jetzt nicht mehr vom Barometer des zehntberechtigten Geistlichen, von den Zurüstungen der Ortspfarrerin gegen das Zehntmal und von den Launen der Fiskalzehner und dem weingewürzten Frühstück der Ortsbeamten ab, ob die ganze schwer errungene Ernte im Feld zugrunde gehe oder nicht. Jetzt erst ist der Landbauer wahrer Herr und Eigentümer seines Grund und Bodens geworden. Hinfort kann und darf der Bodeneigentümer bauen, was er will, seinen Grund verwandeln, wie er will; er darf um die Befugnis, Eigentümer seines Eigentums zu sein, nicht mehr Instanzen über Instanzen machen, nach deren Jahre währender Erledigung ihm sowohl das Geld als die Lust abhanden zu kommen pflegte, mit deren Hilfe er Grund und Boden am vorteilhaftesten benützen sollte. (Siebenbürger Wochenblatt, Nr. 64 vom 10. August 1848, S. 387)

Im Juni siegen die Rumänen der Walachei mit der Revolution in Bukarest (Bucureşti). Kurz bevor Anfang Oktober 1848 Türken in der Walachei und Russen in der Moldau einmarschieren und die Revolution niederwerfen, versucht der rumänische Gesandte Johann Maioresco in Frankfurt, die deutsche Zentralgewalt für ein Bündnis gegen Rußland und Polen zu gewinnen.

An das Reichsministerium in Deutschland, den 17. [rumänischer Kalender]/29. [deutscher Kalender] September 1848.

Hohes Reichsministerium!

Die romanische Revolution vom 11./23. Junius lenkte die Aufmerksamkeit aller gebildeten Völker Europas auf die untere Donau. Das Ereignis hat einen um so tieferen Eindruck gemacht, als man in Europa durchgängig der Überzeugung war, die romanischen Donaufürstentümer [Walachei und Moldau] seien durch und durch russisch gesinnt. Dieses Vorurteil – wurde es nicht von irgendeiner Seite absichtlich genährt – konnte nur aus der Unkenntnis des Volkes und seiner politischen Stellung zu der Türkei und zu der nordischen Schutzmacht entstehen. Nein, die Romanen waren und sind nichts weniger als russisch gesinnt. Als die Februar-Ereignisse dieses Jahres die Welt erschütterten und eine gänzliche Umgestaltung der gesellschaftlichen Zustände der Völker verhießen, regte sich auch in den Romanen der durch den früheren Druck niedergehaltene Geist der Freiheit kräftig, und sie machten ihre politische Bewegung, eine der friedlichsten, die je gewesen; denn sie entsprang den innigsten Gefühlen und Wünschen des ganzen romanischen Volkes. Sie hatte auch keine allgemeine Verständigung oder Verschwörung zu Grunde, wie Rußland zu verbreiten sucht; denn die politischen Manifestationen der Romanen kommen zu verschiedenen Zeiten in verschiedenen Ländern zum Vorschein: so in der Moldau im Monate März, in Siebenbürgen zu Blasendorf im Mai, im eigentlichen Romanien – Walachei – im Junius und etwas später im Banate; und eben hierin liegt schon der Beweis vor, daß das ganze romanische Volk zu dem Bewußtsein und Bedürfnis einer nationalen Selbständigkeit und Freiheit gekommen ist. (Wien, Österreichisches Staatsarchiv, Abt. Kriegsarchiv, Zivil- und Militärgouvernement Wien 1848, Standrechtsakte Robert Blum, Beilage Nr. 10d, Blatt 34)

Der rumänische Gesandte bittet – bei der machtlosen deutschen Zentralgewalt vergeblich – um Hilfe gegen Rußland und Polen. Maioresco hofft, wie er im Begleitbrief an den schon ermordeten Robert Blum ausführt, auf eine neue Machtkonstellation im Balkan:

Es ist kein anderes Mittel, diese Gefahr [Rußland und Polen] zu neutralisieren als in der Begründung eines freien romanischen Staates an der Unteren Donau, in der Alliierung [Bündniszusammenschluß] dieses Staates mit Ungarn und in der Annäherung beider an Deutschland. Ein starkes Romanien, alliiert mit Ungarn und an Deutschland angelehnt einerseits und andererseits ein stärkeres Griechenland sind die einzigen Bürgen der Freiheit und des Friedens in Europa. (Blatt 40 Rückseite)

Mit der Niederschlagung der Wiener Oktoberrevolution durch die Kaiserlichen, vor allem die Kroaten unter Joseph Jellačić (1801–59), beginnt die letzte Phase der ungarischen wie der Siebenbürger Revolution. Ungarn wird eingekreist. Ein rumänischer Pazifikationsausschuß, dem sich Stephan Ludwig Roth zur Verfügung stellt, organisiert die Landesverteidigung gegen das ungarische Heer. Das Zentrum Siebenbürgens verwandelt sich über weite Strecken in einen Schlachthof. Die Gutsbesitzer mischen auf ihre Art mit, wie der «Siebenbürger Bote» überliefert:

Von einem Augenzeugen, einem alten, im Dorfe Weißkirch [Albeşti] zurückgebliebenen Romänen ist mir bekanntgegeben worden, daß am 27. Oktober zwischen 9 und 10 Uhr abends 16 gutgekleidete Männer (Herren) aus dem Schlosse des Grafen Haller mit brennenden Fackeln dem von der walachischen Bevölkerung seit einigen Tagen schon beinahe gänzlich verlassenen Weißkirch zueilten und daselbe Haus für Haus [an]zündeten. Der Brand war allgemein, und als wir am 28. morgens in Weißkirch anlangten, waren bereits alle Bauernhäuser eingeäschert und noch einzelne in stärkerer Flamme. Das Schloß, sämtliche Wirtschaftsgebäude, das herrschaftliche Wirtshaus allein waren vollständig erhalten und standen gleichsam als Zeugen gegen den elenden Besitzer und seine Helfer, welche diese Schandtat verübt hatten.

Die Erbitterung der einrückenden Mannschaft bei dem Anblicke dieser Greueltat war unbeschreiblich, und es war eine schwierige Aufgabe, die hier vorhandenen bedeutenden Vorräte an Getreide, dann Steinsalz und Munition dem Verderben zu entreißen, was durch energisches Einschreiten des Militärkommandanten gelungen ist.

Später einrückende Romänen haben dann Volksjustiz über die Möbel des gräflichen Schlosses gehalten und leider alles zertrümmert, was einem ungebildeten, rohen, durch Jahrhunderte in Knechtschaft gehaltenen Volke eher verzeihlich und als Repressalie betrachtet werden kann, als wenn ein Gebildeter sich selbst zum Mordbrenner stempelt.

Nach dieser Heldentat entfloh der hochgräfliche Brandstifter. Die dach- und fachlosen Bewohner Weißkirchs sind einstweilen in den herrschaftlichen Gebäuden notdürftig untergebracht und werden aus den herrschaftlichen Vorräten verpflegt. Das Gestüt, Vieh und sonstige Eigentum Hallers wird plus offerenti [an den Meistbietenden] versteigert und der Ertrag zur Unterstützung der von den Szeklern des Ihrigen beraubten Romänen verwendet werden. (Der Siebenbürger Bote, Hermannstadt, Nr. 119 vom 6. November 1848, S. 477)

Die nationalen Gegensätze zerreißen alle sozialen Orientierungen. Antifeudale Kämpfe finden auf beiden Seiten statt. Gegen die Ungarn erhebt sich eine starke rumänische Bauernbewegung, der es zuerst einmal um die Beseitigung der Gutsherrschaft geht.

Mit dem polnischen General Jozef Bem (1794–1850) – 1830/31 führend im polnischen Aufstand, 1848 Kommandant der Wiener Oktoberrevolution – erhalten die Ungarn Mitte Dezember 1848 einen erfahrenen Partisanen zum Anführer. In seinem Heer sammeln sich vor allem Freiwillige aus ganz Europa, darunter 600 Wiener, viele Polen, auch Deutsche. Nach und nach schließen sich 3000 Rumänen an. Bem hat als einer der vielen, für die europäische 48er Bewegung unersetzlichen polnischen Berufsrevolutionäre kein Interesse an der ungarischen Adelspolitik. Ihm geht es um die Versöhnung und gleichberechtigte Zusammenarbeit aller Nationen.

Zu seinen Adjutanten und persönlichen Sekretär macht Bem den berühmten ungarischen Dichter Sándor Petőfi (1823–49), den Kronstädter Journalisten und fruchtbaren Historiker Anton Kurz und den Rumänen Mozés Berki. Mitte März 1849 drängen die Ungarn die Kaiserlichen über die Karpaten in die Walachei ab.

Doch nun greift Rußland ein, stets bereit, Freiheitsbewegungen der Nachbarländer mit Gewalt niederzuwerfen. Während die Ungarn, entgegen ihren Versprechungen, an den ersten Wahlen nur vermögende Leute teilnehmen lassen, gibt Bem noch einmal einen völkerversöhnenden Aufruf heraus, in Kronstadt am 21. März 1849, den er damit schließt:

Magyaren, Sachsen und Romänen, reicht Euch brüderlich die Hände, verbannt jeden Nationalhaß und werdet glücklich. (Siebenbürger Bote, Hermannstadt, Nr. 36 vom 3. April 1849, S. 138)

Die ungarischen Adligen kümmern sich nicht um das, was ihr General, ein Pole, proklamiert. Sie verlangen weiterhin die Erfüllung aller Feudalpflichten. Von Bauernbefreiung keine Rede. Blutgerichte terrorisieren das Land. Sie bringen 4425 Rumänen, 252 Sachsen und 165 Ungarn um – nicht gerechnet die im Kampf Gefallenen. Zu den bekanntesten Opfern gehört Stephan Ludwig Roth, Pfarrer und Revolutionär von Mediaş. Im Abschiedsbrief, bevor er auf der Zitadelle von Klausenburg erschossen wird, schreibt er seinen Kindern am 11. Mai 1849:

Ich bin eben zum Tode verurteilt worden, und über drei Stunden soll dieses Urteil an mir vollzogen werden. Wenn mich etwas schmerzt, so ist es der Gedanke an Euch, die Ihr ohne Mutter seid und nun auch den Vater verliert.

Roth fügt am Ende hinzu:

Nachträglich muß ich noch ansetzen, daß ich weder im Leben noch im Tode ein Feind der ungarischen Nation gewesen bin. Mögen sie dieses mir, als dem Sterbenden, auf mein Wort glauben, in dem Augenblick, wo sonst alle Heuchelei abfällt. (Roth, Schriften, S. 47/49)

Bem hebt, so rasch er kann, die blutrünstigen Standgerichte auf. Doch der chauvinistisch-grundherrlichen Politik der Ungarn kann er nicht überall in den Arm fallen.

Inzwischen hat sich im Apuseni-Gebirge eine rumänische Partisanenarmee festgesetzt, die, befehligt von Avram Iancu, von Oraştie (Broos) bis Oradea Mare (Großwardein) das Siebenbürgische Erzgebirge kontrolliert, die Westkarpaten. Alle Versuche, diese gegen die Grundherrschaft gerichtete Bewegung zu einem gemeinsamen Vorgehen mit den Ungarn zu bringen, scheitern am blinden ungarischen Nationalismus. Erst als alles zu spät ist, nähert sich das bisher strikt abweisende ungarische Revolutionshaupt Lajos von Kossuth (1802–94) dieser Bauernarmee. Auch hier hält sich die Freiheit am längsten im unwegsamen Gebirge.

Die Ungarn haben ihre Chance vertan. Am 31. Juli verlieren sie auf dem Feld zwischen Weißkirch (Albeşti) und Schäßburg (Sighişoara). Dabei fallen Petöfi und Anton Kurz. Die am 13. Juni begonnene Invasion der Russen reibt die Ungarn auf. Übrigens marschieren am selben Tag die Preußen in die Pfalz ein, um die dortige Erhebung für die demokratische Reichsverfassung Deutschlands niederzuschlagen.

Kaum ist der Gegner aus dem Land gejagt, treiben es die Österreicher in Siebenbürgen, wie wenn nichts gewesen wäre. Alle Versprechungen sind wie vom Wind weggeblasen. Die Siebenbürger stehen ohne Garantien da, ebenso die Rumänen. Die Österreicher halten nichts von den Wünschen ihrer Verbündeten. Der alte Absolutismus zieht wieder ein. Die Nationen Siebenbürgens kommen vom Regen in die Traufe. Selbst der konservative Hermannstädter Joseph Bedeus hat zu klagen:

Ohne vorhergegangenes Urteil hatte man uns totgeschlagen und uns ohne «Kreuz und Licht» zu Grabe getragen. Das war der Lohn für alles, was wir in den Jahren der Gefahr geleistet und gelitten hatten! Eine solche Behandlung haben wir in der Tat nicht verdient. – Zuerst hat man uns zu Demonstrationen mißbraucht, hat unsere Spenden und Opfer willig angenommen, hat uns Federn aufgesteckt und goldene Berge versprochen. Doch kaum war die Gefahr vorüber und man glaubte, uns nicht mehr zu brauchen, so hat sich alles geändert. Und als wir uns unserer Haut wehrten und uns erlaubten, um Erhaltung unserer bisherigen Existenz zu bitten, wurden wir als Zöpfe, Reaktionäre und Unruhestifter verschrien. (Göllner, Siebenbürger Sachsen, S. 239)

Die Sachsen verloren ihre Sonderrechte, hörten als Nation zu existieren auf. Österreich machte sich endlich alle Nationen im eigenen Staat zu Feinden. Damit schuf es die Voraussetzungen dafür, daß die Donaumonarchie 1914–18 auseinanderfiel. Der Schlüssel zum Ersten Weltkrieg liegt in der Revolutionszeit von 1848/49, als die österreichische Demokratie zu schwach und die ungarische unfähig war, mit einem eidgenössischen Modell sowohl die anderen Nationen als auch die Bauern zu befreien und den Adel zu entmachten.

Quellen und Literatur

Werner Bahner: Nicolae Bălcescu (1819–1852). Ein rumänischer revolutionärer Demokrat im Kampf für soziale Befreiung, Berlin (DDR) 1970

Ludwig Binder: Franz Obert in den Revolutionsjahren 1848/49, in: Forschungen zur Volks- und Landeskunde, 4, Bukarest 1961, S. 175–177

Cornelia Bodea: The Romanian's Struggle for Unification 1834–1849, Bucharest 1970

Braşov (Kronstadt), Arhivele Statului (Staatsarchiv), Zeitungen von 1848/49

Bucureşti (Bukarest), Arhivele Statului, Zeitungen von 1848/49

V. Cheresteşiu/S. Benkö/C. Göllner/P. Teodoru: Archivale Forschungen zur Geschichte der Revolution des Jahres 1848 in Siebenbürgen. In: Forschungen zur Volks- und Landeskunde, 7, Bukarest 1964, S. 84ff

Johann Czetz: Bem's Feldzug in Siebenbürgen in den Jahren 1848–1849, Hamburg 1850

OTTO FOLBERTH: Der Prozeß Stephan Ludwig Roth, Graz/Köln 1959
CARL GÖLLNER: Betrachtungen zum fortschrittlichen Denken der Siebenbürger Sachsen im 19. Jahrhundert, in: Forschungen zur Volks- und Landeskunde, 1, Bukarest 1957, S. 7–72
Ders.: Beziehungen zwischen George Bariţiu und dem Kronstädter Buchdrucker Johann Gött, in: Forschungen zur Volks- und Landeskunde, 9, 1966, S. 74–90
Ders.: Anton Kurz. Ein siebenbürgischer Freiheitskämpfer, in: Forschungen zur Volks- und Landeskunde, 10, Bukarest 1967, S. 21–77
Ders.: Die Siebenbürger Sachsen in den Revolutionsjahren 1848–1849, Bukarest 1967
ARTHUR GÖRGEI: Mein Leben und mein Wirken in Ungarn in den Jahren 1848 und 1849, 2 Bände, Leipzig 1852
Hundert Jahre sächsische Kämpfe, Hermannstadt 1896
J. IMREH: Über die Fronarbeit der leibeigenen Bauern in Siebenbürgen am Ende des 18. Jahrhundert, in: Forschungen zur Volks- und Landeskunde, 6, Bukarest 1963, S. 139–151
VASILE MACIU: Mouvements nationaux et sociaux aux roumains en 19ème siècle, Bucarest 1971
STEPHAN LUDWIG ROTH: Gesammelte Schriften und Briefe, hg. von Otto Folberth, 4. Bd., Hermannstadt 1933
Ders.: Schriften, Briefe, Zeugnisse. Vorwort und Auswahl: Michael Kroner, 2. Aufl., Bukarest 1974
FRIEDRICH TEUTSCH: Geschichte der Siebenbürger Sachsen, 3. Bd., Hermannstadt 1910
Ders.: Georg Daniel Teutsch. Die Geschichte eines Lebens, Hermannstadt 1909
ERNST WAGNER (Hg.): Quellen zur Geschichte der Siebenbürger Sachsen 1191–1975, Köln/Wien 1976
E. WEISENFELD: Die Geschichte der politischen Publizistik bei den Siebenbürger Sachsen, Frankfurt 1939
Wien, Österreichisches Staatsarchiv, Abt. Kriegsarchiv, Zivil- und Militärgouvernement Wien 1848, Standrechtsakte Robert Blum, Beilage Nr. 10d

102 Barrikadenkampf von zehn Leipziger Arbeitern (6./7. Mai 1849)

Nach endlosen, das Volk mehr und mehr ermüdenden Debatten verabschiedete die deutsche Nationalversammlung in Frankfurt am 28. März 1849 die erste Reichsverfassung, eine demokratische obendrein. Bis zum 14. April anerkannten 28 Regierungen kleinerer deutscher Staaten diese Verfassung, am 24. April beugte sich auch der württembergische König dem Druck seines damals noch mehrheitlich demokratischen Volkes und akzeptierte ebenfalls die Reichsverfassung. Als Festung gegen die Demokratie erwies sich Preußen, in dessen Windschatten sich die Könige von Sachsen und Bayern drückten.

Nun proklamierten am 1. Mai die Pfälzer den bewaffneten Kampf für die Reichsverfassung; am 3. Mai erhob sich Dresden, die sächsische Hauptstadt. Nach knapp einer Woche, am 9. Mai, wurde Dresden blutig niedergeworfen, vor allem durch preußische Truppen. Preußen mauserte sich zum Garanten der Fürstenherrschaft gegen das Volk. Seine Armeen fielen am 13. Juni rechtswidrig in die Pfalz ein, selbst gegen den Willen des bayerischen Königs. Das Schwergewicht des Reichsverfassungskampfes lag im Südwesten, in Baden und in der Pfalz (Haasis, S. 183–241). Am 11. Juli mußten die Trümmer dieser Freiheitsarmee schweren Herzens ins Schweizer Exil gehen.

Bei der jahrelangen Beschäftigung mit der pfälzischen und badischen Erhebung des Frühsommer 1849 bin ich, völlig unerwartet, auf eine Erinnerung an einen Leipziger Barrikadenkampf gestoßen. Die «Karlsruher Zeitung», das Organ des badischen Landesausschusses, später der badischen Revolutionsregierung, setzte zehn Leipziger Arbeitern in schriftlicher Form ein Denkmal. Den Bericht verfaßte offenbar ein unbekannter Leipziger Flüchtling, der sich dem badischen Aufstand angeschlossen hatte. Da die Spuren geschlagener Freiheitskämpfer selten für geschichtswürdig galten, geriet, was auf der Flucht und in der Emigration geleistet wurde, schnell ins dunkel. So blieb der Leipziger und der sächsischen Geschichtsschreibung diese Erinnerung bisher unbekannt. Sie wird deshalb vollständig abgedruckt.

Zum Verständnis ist vorauszuschicken: Der Stadtrat (Magistrat) und die Stadtverordneten Leipzigs baten am 26. April 1849 den sächsischen König, die Reichsverfassung anzuerkennen. Aus der unnachgiebigen Politik des Monarchen gegen sein demokratisches Volk hatten sie noch nicht die Erkenntnis gewonnen, daß Fürstenherrschaft und Volksherrschaft zusammenpaßten wie Wasser und Feuer. Der König ließ sich nicht beirren, löste zwei Tage darauf die beiden sächsischen Kammern auf. Es folgten weitere illusionäre Bittgänge. Am 30. April traten von der fünfköpfigen Regierung drei Minister zurück, die die Reichsverfassung anerkennen wollten. Es blieben nur die Reaktionäre von Beust und der Oberst Rabenhorst, der Kriegsminister.

Der große Dresdener Aufstand brach endlich am 3. Mai aus und trieb den Monarchen zur Flucht auf die Festung Königstein in der sächsischen Schweiz. Zur Rettung vor seinem Volk brauchte er preußische Truppen. Um den Aufstand zu unterstützen, eilten aus dem ganzen Land Freischaren und Kommunalgarden (Bürgerwehren) nach Dresden.

Die führenden Leipziger Bürger meinten es so ernst wiederum nicht mit der Reichsverfassung. Ihr Herz und ihr Kopf hingen an der seit Mitte April stattfindenden Ostermesse. Es ging ums Geschäft. Ja, wenn beim Kampf für die Demokratie höhere Gewinne zu erwarten gewesen wären, dann hätte alles anders ausgesehen. Aber Unruhe, Aufläufe, Versammlungen, gar Barrikadenkämpfe schadeten den zahllosen Meßbuden und dem blendenden Ruf der Stadt.

Während des Dresdener Aufstandes erschüttert eine militante Volksbewegung die Messestadt Leipzig. Am 3. Mai, Donnerstag, zerstören Volksmassen die Eisenbahnschienen, damit königstreue Truppen nicht rasch nach Dresden gelangen. Ein 1848/49 gar nicht so seltenes Kampfmittel, wirksamer als eine soundsovielte papierene Erklärung. Abends, als preußische Truppen angekündigt werden, entstehen hohe Barrikaden vor und hinter dem Frankfurter Tor. Nachts um elf Uhr läuten die Radikalen Sturm auf den Türmen der Nikolai- und der Thomaskirche.

Nun schlägt der rechte Flügel in der politisch uneinigen Kommunalgarde – vermögende, angesehene Bürger – zurück. Er verhaftet die Sturmläutenden – und läßt die Reichsverfassung hochleben. Das Frankfurter Tor wird wieder passierbar gemacht. Erst morgens um drei Uhr kann die Kommunalgarde ins Bett kriechen. Sie hat dem für die Demokratie sich schlagenden Volk den Kampf angesagt.

Am 4. Mai will sich eine Volksversammlung auf dem Fleischerplatz beraten, wie Waffen und Hilfswillige für Dresden zu organisieren wären. Die Kommunalgarde räumt, besetzt den Platz und gleich auch noch den strategisch wichtigen Bahnhof. Die zunehmende Feindseligkeit dieser Bürgertruppe spaltet die bisher einigen politischen Vereine der Stadt. Um nicht länger untätig bleiben zu müssen, ziehen einige Hundert revolutionärer Leipziger auf eigene Faust nach Dresden. Damit öffnet sich dem Druck des aufgebrachten Volkes ein Ventil, das die Widerstandskraft Leipzigs mehr und mehr untergräbt.

Eine Volksversammlung auf dem Platz vor der ersten Bürgerschule fordert am Samstag, 5. Mai, den Stadtrat auf, Waffen oder mindestens 50000 Taler zum Waffenkauf herauszurücken. Der Sozialist Semmig erscheint mit einer roten Fahne. Der Stadtrat lehnt ab, ist froh, als viele aufstandsbereite Leipziger mit freier Fahrt nach Dresden entschwinden.

Sonntag, 6. Mai: inzwischen regiert in Dresden eine provisorische Regierung, Organ der neuen Revolution. Die Leipziger Stadtbehörden leisten sich einen Schildbürgerstreich. Sie wollen sich vom Kampfplatz wegstehlen, indem sie beschließen:

Die Gemeinde Leipzig stellt sich bis zu Austrag der Konflikte zwischen Krone und Volk unter den Schutz der deutschen *Zentralgewalt.* (Sparfeld, S. 28)

Die erklärte Absicht: das erregte Volk soll beschwichtigt werden. Nur die Orientierung auf eine kurzfristig unumstrittene Regierung kann die Messe vor dem drohenden Zusammenbruch retten. Politisch hatte die Zentralgewalt spätestens im Herbst 1848 ausgespielt, als Preußen und Österreich die Revolutionsbewegung in den eigenen Ländern niedertraten.

Am Sonntagmittag beschließt eine weitere Volksversammlung vor der ersten Bürgerschule, ein Bataillon der Kommunalgarde in der Pleißenburg, dem Schloß, zu entwaffnen. Der erste Versuch mißlingt. Ein zweiter abends um neun Uhr, mit einer Massenbewegung vom nahen Peterstor her, führt zum Zusammenstoß mit der berittenen Garde: zwei tote Demokraten, Wrede, der Souffleur des Stadttheaters, und der Schlossergeselle Merkisch.

Dies ist das Zeichen für den Barrikadenbau. Wie groß die allgemeine Erregung ist, zeigt sich daran, daß mittags eine Frau Waffen für eine Frauentruppe fordert, um Dresden zu Hilfe zu eilen (zu Aktivitäten von Frauen 1848/49 vgl. Hummel-Haasis). Die Kommunalgarde riegelt das Rathaus ab. Messebesucher verlangen vom Stadtrat eine Garantie, auf den Straßen nicht erschossen zu werden. Das schöne Geschäft des letzten, des krönenden Messesonntags, droht ins Wasser zu fallen.

Die Messe legt passendes Baumaterial für Barrikaden in den Weg: Buden, Bretter, Fässer, Kisten. Barrikaden entstehen in der Burggasse, in der Thomasgasse, Ecke Reichsstraße/Schuhmachergasse, Ecke Quergasse/Dresdener Straße, an der Vorstadtkirche (Johanniskirche), am Ausgang der Grimmaischen Straße nach dem Augustusplatz (heute Karl-Marx-Platz), dem Zentrum der Messe. In der Thomasgasse wird ein Gewehrladen ausgeräumt.

Der folgende Bericht über die zehn Leipziger Arbeiter handelt von der Barrikade in der Grimmaischen Straße, ungefähr 30 m entfernt vom Eingang der Ritterstraße, beim Café Français. Bis zum zweiten Stockwerk soll dieses Kunstwerk der Volksfreiheit gereicht haben. Es deckt den Augustusplatz, der die ganze Nacht hindurch in den Händen der Aufständischen bleibt. Mit den heiligen Meßbuden besitzen die Revolutionäre ein starkes Faustpfand. Durch die Drohung, die Buden in Flammen aufgehen zu lassen, erreichen sie, daß das im nahe gelegenen Postamt stationierte Bataillon der Kommunalgarde nicht angreift.

Erst beim Morgengrauen des 7. Mai erkennt die Truppe der begüterten Herren, von wie wenigen Kämpfern sie die ganze Nacht zurückgehalten worden sind. Die Kommunalgarde zählt neben zahlreichen Verwundeten auch zwei Tote: den Konsul und Kaufmann Friedrich Gontard und den Schneidermeister Friedrich Müller. In der ganzen Stadt werden in dieser Nacht 70 Aufständische festgenommen.

Hier nun der knapp drei Wochen nach dem Barrikadenkampf veröffentlichte Bericht.

Die guten Bürger von Leipzig oder der 6. Mai.
Die Auflösung der Kammern und das Standrechtsministerium hatte[n] alles in Aufruhr gebracht. Magistrat und Stadtverordnete schickten Deputationen, die Demokraten hielten Volksversammlungen, alle verlangten von dem «guten Könige» ein gutes Ministerium [Regierung] und die Reichsverfassung. Der «gute König» erklärte, er ginge und schösse mit Preußen. Die gute Stadt Leipzig schrie: «das glaubte sie nicht, und es wären keine Preußen angemeldet.» Selbst die guten Demokraten sagten: «die Preußen wären eine bloße Theorie, und es wäre unpraktisch, an sie zu glauben.»

Dieser Dusel der guten Meßstadt Leipzig wurde unsanft unterbrochen durch die Kanonenschüsse gegen die Dresdener und durch die Spitzkugelschützen des Garde-Alexanderregiments, die so lange umsonst nach dem Blute der Weiber, Kinder und Spaziergänger Berlins gelechzt. Der «gute König» wohnte der Jagd auf seine Untertanen nicht persönlich bei, flüchtete vielmehr auf den Königstein, weil die Preußen nicht gleich da waren und von den Sachsen zu fürchten war, daß sie besiegt würden oder übergingen.

Als der «gute König» und die guten Minister Rabenhorst und Beust flohen, fragte es sich, ob das Land die provisorische Regierung anerkennen und unterstützen werde, oder vielmehr, es fragte sich nicht, denn die provisorische Regierung versprach alles, das zu tun, was das ganze Land verlangte und nur der «gute König» nicht zugeben wollte.

So dachte[n] aber der Leipziger Rat und die Stadtverordneten nicht. Sie sagten: 1) es gibt keine Preußen, 2) aber wir wollen doch erst sehen, ob die provisorische Regierung auch siegt und welche Grundsätze sie hat. Die Leipziger Demokratie dagegen verlangte 6000 Gewehre und Zuzug von 6000 Mann, selbst die Kommunalgarde hätte das gewünscht und ohne Zweifel gern ihre 6000 Gewehre hergegeben; aber die Väter der Stadt blieben bei ihren Sätzen und schickten zwei Heuler [Reaktionäre; Dr. E. Stephan; Dr. Rüder, Advokat, Vizevorsteher der Stadtverordneten] nach Dresden, um zu sehen, ob die provisorische Regierung «fest stünde». Endlich gaben sie den Zuzug und die Eisenbahn frei und versprachen, für die 6000 Gewehre das Geld «zusammenzuschießen». Beide Beschlüsse teilte der Kommunalgardist und Demokrat Haßfeld vom Balkon des Rathauses mit. Am Abend sollten die Gewehre ausgeteilt werden. Aber es kam kein Geld zusammen, und es fanden sich keine Gewehre.

Hieraus entstanden die Barrikaden am 6. Mai, deren Geschichte hier folgt:

Ewiger Ruhm den 6000 Leipziger Bürgern, die am 6. Mai den König gerettet und das Vaterland verraten haben durch ein unaufhörliches Ausreißen die Ritterstraße hinunter, über den Brühl auf den Markt! Der Feind war stark, er hatte 10 Flinten, 20 Piken und eine Bretterbarrikade, desgleichen 2 steinerne. Warum ist die Schlacht jener fluchtwürdigen Regennacht nicht schon in allen Journalen erzählt? Ach, es gäbe viel mehr Helden, wenn es mehr Homere gäbe! Kein einziger Literat war auf den Barrikaden, und kein einziger Bürger hat es über sich vermocht, von seinen Taten zu reden. Es ist so damit:

Der Rat und die Väter der Stadt bewilligten freie Eisenbahn nach Dresden, aber Geld und keine Waffen. Das Volk verlangte Waffen, um den bedrängten Dresdnern beizustehen. Die Bürger wurden absurd und meinten, ihre Buden und ihre Kassen wären in Gefahr; es war gerade Messe; sie zogen in großen Massen bewaffnet durch die Straßen, sperrten die Plätze und verdrängten die Menschen. Nun hatte man gehört, auf dem Schloß befänden sich Waffen. Das Volk eilte dorthin, um sie zu holen; die Bürgerwehr widersetzte sich. Die Masse wuchs, sie griff zu den Steinen, warf die Gardisten und trieb sie in den Hof. Nun schossen diese, und als sie eine große Verstärkung erhalten hatten, trieben sie die Menschen aus den Straßen und töten 2, verwundeten mehrere. Der eine von den Gefallenen war der Theatersouffleur, den ein reitender Gardist mit der Pistole vom Pferde herab ins Gesicht schoß. Viele kleine Kugeln hatten dem Mann den Kopf zerrissen.

Diese scheußliche Szene, zu der gar keine Veranlassung gegeben war, empörte das Volk. Mit dem Ruf: «Rache! Rache! Wenigstens 20 von den Hunden wollen wir für die zwei totschießen!» stürzten die Leute fort. In kurzem erhob sich eine Barrikade in der Grimmaischen Gasse zwischen dem Café français und der Ritterstraße. Sie war aus den Buden und Kisten der Porzellanhändler, die vor dem Café stehen, gemacht und mit einigen Steinen befestigt. Eine andere Barrikade aus Steinen sperrte die Quergasse und den Ausgang nach dem Torberge bei der Kirche der Vorstadt; auch die Bosenstraße war gesperrt.

Die Insurgenten [Aufständischen] brachten eine bewaffnete Macht von 10 Flinten und etwa 20 Piken zusammen; ein Soldat, der auf der Durchreise nach Schleswig war, machte sich das Vergnügen, mitzufechten; alle übrigen Kämpfer waren Arbeiter aus der Stadt. Als der Angriff beginnen sollte, ließ ein Schlaukopf die Schusterbuden auf den Postplatz zusammentragen und anzünden. Sogleich erscholl die Sturmglocke von allen Türmen, und das Landvolk kam herein mit einigen Signalisten und Piken. Zuerst galt es der Barrikade in der Grimmaischen Straße. Bevor sie angegriffen wurde, erboten sich die Chefs der demokratischen Partei beim Magistrat, die Sache ohne Blutvergießen beizulegen, wenn man ihnen die Unterhandlung mit den Arbeitern übertragen wollte. Der Magistrat nahm das Anerbieten an und wies die Vermittler an den Kommandanten der Bürgermeister, den Degen Neumeister. Dieser nahm zuerst das Anerbieten an, dann lehnte er es ab und schwur, den Feind zu schlagen.

Jetzt griff Achilles [sagenhafter griechischer Held vor Troja] Otto Wigand [Stadtverordneter 1848/49, sozialistischer Buchhändler und Verleger] mit seiner Kompanie an. Die Grimmaische Straße ertönte von den Fußtritten der Helden bis 50 Schritte vor der Barrikade, hier war die Ritterstraße. «Halt! Feuer!» rief Achilles, und eine ungeheure Salve rasselte in die Porzellankisten. Es ist einen Augenblick still; dann fallen einige wohlgezielte Schüsse von der Barrikade; einige Bürger sind verwundet; es gibt sogar einen Toten zu beklagen. Jetzt ist es Zeit. Die ganze Kompanie mit ihrem glorreichen Feldherrn an der Spitze reißt aus, die Ritterstraße hinunter; und: «der König ist gerettet, nieder mit dem Volk!»

Neumeister rekognosziert [erkundet] das Schlachtfeld; er ist aber entschlossen, zu siegen oder besiegt zu werden. Er beordert den Dr. Ajax [griechischer Held vor Troja] Heiner mit mehreren Kompanien zugleich, um das Ungeheuer in der Grimmaischen Straße zu vertilgen und der Erde gleich zu machen. Dieselben tapfern Fußtritte erschallen, dieselbe Position wird mit Weisheit eingenommen. Dieselbe Salve, dieselbe Flucht durch die Ritterstraße. Sieben Tote verliert die große Armee der 6000 Mann Bürgerwehr. Unzählige Male wiederholt sie das Unmögliche, und um 10 abends bis 5 Uhr morgens bekämpft sie die verwegnen 10 Flinten. Denn als es hell wird, sehen die Philister in den Häusern die geringe Anzahl ihrer Feinde; sie holen sich Flinten und beschießen die Barrikadenkämpfer aus den Fenstern von hinten. Hier ist der edle Gontard gefallen; er schoß eben aus dem Café français herab, als ihm die Kugel eines Demokraten antwortete.

Nun wurden alle Fenster besetzt. Die Schlacht war nicht mehr zu halten; die 10 Büchsen und die 20 Piken zogen sich zurück. Als die Barrikade verlassen war, wurde sie von den 6000 Mann Bürgergarden mit Sturm genommen. Die siegreiche Fahne des Reichs wehte auf den Porzellankisten; eine rote Fahne ist nicht erbeutet worden, weil die 10 Männer keine gehabt hatten.

Aber das Werk war jetzt erst halb getan. Die Sieger eilten die Straße entlang über den Postplatz und verfolgten den Feind, der verschwunden war in die Dresdner Straße. Sie schossen mutig alle ihre Gewehre ab und erlegten noch um 5 Uhr einen Milchesel, der mit seinem Kaffen zum Tore hereinkam.

Am andern Tage erklärten Bürgermeister und Rat den Belagerungszustand. Man sandte in die drei nächsten preußischen Garnisonen um Verstärkung gegen die Rebellen, und Dr. Göschen holte ein Detaschement [Abteilung] Braunschweiger mit der Eisenbahn.

Ehre und Ruhm den 6000 Leipziger Bürgern, die am 6. Mai in der Grimmaischen Gasse das Königtum gerettet und die 10 Proletarier geschlagen! (Karlsruher Zeitung, Organ des Landesausschusses, Nr. 11 vom 26. Mai 1849, S. 3)

Der Stadtrat mußte am 7. Mai zu seinem Bedauern die Messe für beendet erklären, eine Woche vor der Zeit. Die Behörden riefen alle obrigkeitstreuen Männer auf, für Sicherheit und Ordnung zu sorgen. Erkennungszeichen: eine weiße Armbinde, schon in Straßburg 1789 die passende Farbe für das zwischen Revolution und Reaktion sich durchwindende Bürgertum (Kapitel 85). In Leipzig herrschte jetzt Ausnahmezustand. Nachts kamen sächsische Truppen aus Dresden herüber.

Die Geschlagenen mußten fliehen. Wie viele andere schlossen sie sich wohl der badisch-pfälzischen Freiheitsarmee an, versuchten ein letztes Mal, die preußische Kriegsmaschine aufzuhalten. Ihre Lebensgeschichten verlieren sich in den Kämpfen, in Gefängnissen, im Exil, sie liefen im Niemandsland aus: nicht mehr im eigenen Volk, aber auch kein Teil des Volkes, das den Emigranten aufnahm. Nur ein Geschichtsbild, das die beengenden nationalen Grenzen überschreitet, vermag die Spuren dieser Besiegten beiden wiederzugeben: der zwangsweise verlassenen Heimat und dem Exilland wider Willen.

Quellen und Literatur

Hellmut G. Haasis: Die Pfälzer Revolution von 1849 und Friedrich Albrecht Karchers Novelle «Die Freischärlerin», in: F(riedrich) A(lbrecht) Karcher: Die Freischärlerin. Eine Novelle aus der Pfälzer Revolution von 1849. Mit Beiträgen von Rothild Wambsganß-Eisenmenger und Elsa Neuesleben. Mit Nachwort, Anmerkungen, Reisevorschlägen, Lebensläufen, Bücher- und Schallplattenhinweisen hg. von Hellmut G. Haasis, Frankfurt/Main 1977, S. 183–241 (Literatur S. 269–276)

Gerlinde Hummel-Haasis: Schwestern zerreißt eure Ketten. Zeugnisse zur Geschichte der Frauen in der Revolution von 1848/49, München 1982

Karlsruher Zeitung, Organ des Landesausschusses, Nr. 11 vom 26. Mai 1849, S. 3 (Standort: Freiburg, Universitätsbibliothek)

Eduard Sparfeld: Leipzig in den Jahren 1848–1850. Nebst den nötigen Adressen, Plakaten und Bekanntmachungen. Ein Nachtrag zur «Chronik von Leipzig», Leipzig 1850 (Standort: Leipzig, Staatsbibliothek)

Franz Ulrich: Leipzigs Wühler und Wühlerinnen. Daguerreotypen und Vereinsgestalten, Nordhausen 1849 (Standort: Dresden, Landesbibliothek)

Rolf Weber: Die Revolution in Sachsen 1848/49. Entwicklung und Analyse ihrer Triebkräfte, Berlin (DDR) 1970

Ders.: Stadt und Universität Leipzig in der sächsischen Reichsverfassungskampagne 1849, in: Sächsische Heimatblätter, Heft 1, 1960, S. 39–50

Emil Wörner: Leipzig in den Jahren 1848 und 1849, in: Schriften des Vereins für die Geschichte Leipzigs, 9, 1909, S. 142–188

Hartmut Zwahr: Zur Konstituierung des Proletariats als Klasse. Strukturuntersuchungen über das Leipziger Proletariat während der industriellen Revolution, Berlin (DDR) 1978

P 2057/5

P 2056/5